요한일서의 이해 - 세상을 이기는 교회의 해법

코이노니아와 코스모스

삼위 하나님과의 사귐, 새 언약의 성취,

그리고 세상의 회복

요한일서의 이해 – 세상을 이기는 교회의 해법
코이노니아와 코스모스
삼위 하나님과의 사귐, 새 언약의 성취, 그리고 세상의 회복

채영삼 지음

초판 1쇄 발행	2021년 3월 8일
초판 2쇄 발행	2023년 10월 20일
발행처	도서출판 이레서원
발행인	문영이
출판신고	2005년 9월 13일 제2015 - 000099호
기획, 마케팅	신창윤
편집	송혜숙
총무	곽현자

경기도 고양시 일산동구 백석로71번길 46, 1층 1호
Tel. 02)402 - 3238, 406 - 3273 / Fax. 02)401 - 3387
E-mail: jireh@changjisa.com
Facebook: facebook.com/jirehpub

책값은 표지에 있습니다.

ISBN 978-89-7435-560-9 03230

신저작권법에 의해 한국 내에서 보호받는 저작물이므로 저작권자의 서면 허락 없이 이 책의 어떠한 부분이라도 전자적인 혹은 기계적인 형태나 방법을 포함해서 그 어떤 형태로든 무단 전재하거나 무단 복제하는 것을 금합니다.

요한일서의 이해 – 세상을 이기는 교회의 해법

코이노니아와 코스모스

삼위 하나님과의 사귐, 새 언약의 성취,
그리고 세상의 회복

채영삼 지음

Koinonia and Cosmos

이레서원

| 추천사 |

⁂

남다른 애정과 사명감으로 요한일서를 해설한 이 책에서 채영삼 교수는 요한일서가 교회론의 책이며, 삼위 하나님과의 코이노니아가 교회의 본질임을 매우 설득력 있게 주장한다. 이 책의 미덕은 본문 해설이 한국 교회의 현실에 깊이 뿌리를 내리고 있다는 점이다. 본질을 상실하고 있는 교회를 안타깝게 바라보며 본질 회복을 촉구하는 저자의 목소리에서 사도 요한의 마음이 느껴진다. 하늘에서 사도 요한도 이 책의 출간을 기뻐하시리라.

길성남 고려신학대학원, 신약학

⁂

바야흐로 새로운 지평을 열었다. 이제 독자들은 공동서신에 관한 한, 더 이상 서구 학자들의 저술들에 일방적으로 의존할 필요가 없게 되었다. 저자의 다른 저서들과 마찬가지로, 이 책에서도 학문적 탁월함, 신학적 건전함과 명료함, 그리고 목회적 적실성이 일관성 있게 흐르고 있다. 한국 교회는 오랫동안 지나친 부흥주의와 물량주의로 인해 참된 코이노니아를 상실하였다. 저자는 이 코이노니아를 재생하여 독자들에게 생생하게 부각시킨다. 요한일서를 코이노니아를 중심으로 이렇게 집요하게 파헤친 저술은 아직 보지 못했다.

김추성 합동신학대학원대학교, 신약학

⁂

깊이 있는 본문 주석, 삶에 대한 진지한 성찰, 말씀에 기초한 속 시원한 길 안내, 믿음의 전투력을 북돋는 적확한 비유와 감동이 있는 해설! 이 책을 읽고 떠오르는 느낌들이다. 이 책은 세상의 풍랑을 견뎌 내며 삼위일체 하나님과의 코이노니아 안에서 사랑의 열매 맺는 삶을 살도록 용기와 힘을 더하는 안내서로 손색이 없다. 힘겨운 믿음의 여정에서 힘이 되는 길동무를 찾는 모든 분들에게 이 책을 기꺼이 추천하고 싶다.

이두희 대한성서공회 번역 담당 부총무

૱

원사도들의 메시지가 담긴 공동서신을 꾸준히 천착하여 따뜻한 필치로 전해 주던 채영삼 교수가 이번에는 사랑의 사도 요한의 음성을 '코이노니아-커버넌트-코스모스'라는 주제로 친절하게 해설한다. 교회사 속에서 늘 소외되었던 공동서신을 학자 겸 목자의 마음으로 들려주는 본서를 통하여 독자는 이 어려운 시절에 세상(코스모스)을 이기는 언약(커버넌트) 백성의 코이노니아의 능력(사랑)을 맛보는 복을 누리게 될 것이다.

장동수 한국침례신학대학교/신학대학원, 신약학

૱

'한국 교회의 성경 교사'답다. 공동서신의 세계를 차례로 열어 가고 있는 저자가 이번에는 그중에서도 가장 따뜻한 편지로 우리를 안내한다. 이번 책은 시의적절하기까지 하다. '코이노니아로서의 교회'를 재건하자는 이 책의 메시지는 어느 시대에나 유효하지만 특히 지금의 한국 교회에 절실히 필요하다.

정성국 아세아연합신학대학교, 신약학

૱

요한일서를 변증적이 아니라 목회적으로 접근하여 이해하려는 흐름이 최근에 더욱 힘을 얻고 있다. 저자는 '코이노니아로서의 교회'를 교회의 본질로 규정한다. 교회는 '악이 지배하는 세상' 속에 존재하기에 필연적으로 그 속에서 '세상을 이기는 진리와 사랑의 코이노니아'의 모습으로 나타나야 한다. 이에 대한 통찰력 있는 저자의 해석을 통해, 독자는 요한서신이 담고 있는 풍성한 의미와 성도가 나아가야 할 삶의 방향을 더 깊이 깨닫게 될 것이다.

정창욱 총신대학교, 신약학

추천사 ·· 4
머리말 ·· 8

서론   11
  1. 공동서신 안에서 요한일서의 위치   13
  2. 요한서신 속의 '적대자들'   17
  3. 요한서신과 사도 요한   27
  4. 요한일서의 문학적 구조   39
  5. 신약에 나타난 코이노니아 관련 용어   46

제1장 코이노니아, 탄생과 소속(1:1-10)   51
  1. 근거(1:1-2)   57
    • 삶으로 내리는 뿌리 따뜻한 태초 ·· 73
  2. 탄생(1:3-4)   76
    • 삶으로 내리는 뿌리 기도, 거룩한 교환 ·· 96
    • 삶으로 내리는 뿌리 코이노니아의 중심 ·· 112
  3. 문제(1:5-6, 8, 10)   115
    • 삶으로 내리는 뿌리 무능하신 하나님? ·· 137
  4. 해법(1:7, 9)   140
    • 삶으로 내리는 뿌리 그저, 그분의 품에 안기라 ·· 153
    • 삶으로 내리는 뿌리 과정은 시시각각 그 결과를 돌려준다 ·· 155

제2장 코이노니아, 보장과 확증(2:1-27)   157
  1. 보장(2:1-2)   162
    • 삶으로 내리는 뿌리 말씀 앞에 엎드러지다 ·· 172
    • 삶으로 내리는 뿌리 회개 ·· 174
  2. 확증(2:3-11)   176
    • 삶으로 내리는 뿌리 기독교 정통 신비주의와 일상 ·· 193
    • 삶으로 내리는 뿌리 그리스도인이라는 확증 ·· 222
  3. 승리[a](2:12-14)   224
    • 삶으로 내리는 뿌리 '세상을 이긴 자'가 누리는 복 ·· 242
  4. 사랑[a](2:15-17)   244
    • 삶으로 내리는 뿌리 재창조는 창조의 역순 ·· 263
  5. 경계(2:18-23)   265
    • 삶으로 내리는 뿌리 교회가 세상에 관여하는 방식 ·· 285
  6. 확신(2:24-27)   288
    • 삶으로 내리는 뿌리 기도가 없다면 ·· 298
    • 삶으로 내리는 뿌리 너의 어둠을 밟으며 ·· 299

요한일서의 이해 – 세상을 이기는 교회의 해법
코이노니아와 코스모스
삼위 하나님과의 사귐, 새 언약의 성취, 그리고 세상의 회복

채영삼 지음

초판 1쇄 발행	2021년 3월 8일
초판 2쇄 발행	2023년 10월 20일
발행처	도서출판 이레서원
발행인	문영이
출판신고	2005년 9월 13일 제2015 · 000099호
기획, 마케팅	신창윤
편집	송혜숙
총무	곽현자

경기도 고양시 일산동구 백석로71번길 46, 1층 1호
Tel. 02)402 · 3238, 406 · 3273 / Fax. 02)401 · 3387
E-mail: jireh@changjisa.com
Facebook: facebook.com/jirehpub

책값은 표지에 있습니다.

ISBN 978-89-7435-560-9 03230

신저작권법에 의해 한국 내에서 보호받는 저작물이므로 저작권자의 서면 허락 없이 이 책의 어떠한 부분이라도 전자적인 혹은 기계적인 형태나 방법을 포함해서 그 어떤 형태로든 무단 전재하거나 무단 복제하는 것을 금합니다.

요한일서의 이해 – 세상을 이기는 교회의 해법

코이노니아와 코스모스

삼위 하나님과의 사귐, 새 언약의 성취,

그리고 세상의 회복

차례

제3장 코이노니아, 성화와 사랑(2:28-3:24) — 301
1. 성화(2:28-3:3) — 304
   - 삶으로 내리는 뿌리 수련회 신학 ·· 321
2. 능력(3:4-9) — 324
   - 삶으로 내리는 뿌리 말씀과 세상 ·· 346
3. 사랑[b](3:10-16) — 348
   - 삶으로 내리는 뿌리 질문 ·· 363
4. 소통(3:17-24) — 364
   - 삶으로 내리는 뿌리 우리의 '칭의' 신앙 ·· 392

제4장 코이노니아, 사랑과 온전함(4:1-21) — 395
1. 소속(4:1-6) — 398
   - 삶으로 내리는 뿌리 예수님은 보수? 진보? ·· 416
2. 사랑[c](4:7-10) — 418
   - 삶으로 내리는 뿌리 사랑에 관한 '팡세'(1) ·· 444
3. 온전함(4:11-21) — 447
   - 삶으로 내리는 뿌리 사랑에 관한 '팡세'(2) ·· 481

제5장 코이노니아, 승리와 지킴(5:1-21) — 485
1. 승리[b](5:1-4) — 488
2. 증거(5:5-9) — 496
   - 삶으로 내리는 뿌리 세상에 '감동'을 주는 교회 ·· 508
3. 영생(5:10-13) — 510
4. 간구(5:14-17) — 523
5. 지킴(5:18-21) — 533
   - 삶으로 내리는 뿌리 우리 다시 만날 때까지 ·· 548

에필로그 — 551
코이노니아, 커버넌트의 성취를 통한, 코스모스의 회복 — 553

부록 — 561
요한일서 저자 사역 — 563
기초 참고 문헌 — 573

| 머리말 |

『베드로후서의 이해: 신적 성품과 거짓 가르침』을 출판한 후에, 3년여가 흘렀다. 곧바로 요한서신에 관한 책을 쓰기에는 연구가 부족했다. 지난 10여 년간 원문을 분석하고 묵상하며, 학자들의 견해들을 살피고, 학생들에게 수차례 가르치고 교회에서 설교도 했지만, 무엇보다 나 자신의 충분한 연구가 필요했다. 그리고 그 열매로 요한일서에 관한 두 편의 논문을 발표할 수 있었다. 요한일서의 '나타남의 신학'에 관한 것과 '요한일서 3:9의 이해를 통한 새 언약의 성취'에 관한 연구였다.

이제 요한일서에 관한 책을 마무리하는 지금, 돌아보면 야고보서부터 시작하는 공동서신의 주제가 보다 선명하게 보인다. 그러니까 공동서신은 정경적으로 서로 사슬처럼 맞물려 있고, 주제적으로는 '세상을 맞닥뜨린 교회에 요구되는 절실한 해법'을 제시한다. 야고보서는 세상과 하나님 사이에서 갈등하며 여러 가지 시험에 든 교회를 다루면서, '심긴 말씀'을 통해 '나뉜 마음'을 극복하고 '전심'(全心)이 될 것을 요구한다. 그래야만 베드로전서가 말하는 '세상에서 나그네'요, 동시에 '열방 앞에서 제사장 된 교회'의 영광과 사명을 제대로 감당할 수 있기 때문이다.

교회가 세상 속에서 그렇게 살려면, 영원한 나라의 '살아 있는 소망'을 붙들고, 꾸준히 자기 안에 있는 거짓 가르침과 싸우며 '신적 성품'에서 성장해야만 한다. 이것이 베드로후서에서 말하고자 하는 내용이다. 그렇다면 어떻게 해야 신적 성품에서 제대로 성장할 수 있단 말인가? 그 해답은 뒤에 나오는 요한일서에서 찾아진다. '코이노니아'로서의 교회이다. '코이노니아'란 무엇인가? 예배 후에 식당에서 밥 먹고 난 후 커피 마시며 나누는 교제인가? 아니면 산속에 들어가 수도원을 짓고 세상과 분리된 '공동체' 생활을 하는 것을 뜻하는가? 요한일서 안에 그 답이 있다.

요한일서 뒤에 나오는 요한이서와 삼서는, 요한일서의 기독론과 신학을 '진리와 사랑'이라는 교회의 덕목으로 풀어 설명하는 서신들이다. 요한일서의 신학을 '교회론적으로' 다시 한 번 강조하는 것이다. 그러니까 이렇게 요한일서에 관한 책을 따로 내는 것이 편의성 때문만은 아니다. 요한일서가 '삼위 하나님과의 코이노니아'라는 교회의 본질을 묘사한다면, 요한이서와 삼서는 '어떻게' 그 코이노니아를 지켜 낼 것인가를 보다 구체적인 교회의 상황들을 통해 다루는, 조금은 다른 성격의 서신이기 때문이다.

유다서는 세상을 맞닥뜨린 교회라는 공동서신의 큰 주제를 마무리한다. 세상 속의 교회가 어떻게 '하나님의 사랑'(요한삼서)과 '예수 그리스도의 진리 안에서'(요한이서) 지키심을 입었으며, 그래서 그 사랑과 진리 안에서 어떻게 자신을 지켜 갈 것인지를 그려 낸다(유 1, 21절). 그러니까 조금 넓게 보면, 유다서는 요한이서와 삼서와 함께 공동서신의 결론 부분을 형성하는 셈이다.

'요한일서의 이해'의 책 제목을 '코이노니아와 코스모스'라 한 것은, 요한일서의 가장 핵심적인 주제인 '코이노니아'가 '악한 자의 코스모스'를 배경으로 설명되기 때문이다. 요한일서에 이르면, 공동서신의 큰 주제인 '세상 앞에 선 교회'의 절정으로서 '세상을 이기는 교회'의 모습이 확연히 드러난다. 교회는 무엇으로 세상을 이기는가? '코이노니아'인데, 무엇보다, 새 언약의 성취를 통해 이루어진 종말의 코이노니아이다. 이것이 요한일서가 제시하는 세상을 이기는 교회의 본질이다.

돌아보면, 교회를 설명하기 위해 가장 많이 쓰이는 용어이면서도, '코이노니아'처럼 제대로 규정되거나 설명되지 않은 단어도 드물다. 대면 예배가 옳은지, 비대면 예배가 옳은지를 두고, 교회의 본질을 다시 고민하는 한국 교회에 '코이노니아'가 과연 무엇인지, 코이노니아가 어떻게 교회의 본질이 되며,

그것을 어떻게 회복해야 할지는 다방면으로 풀어내야 할 중요한 숙제가 되리라 생각한다.

한 가지, 요한일서를 '코이노니아'를 중심으로 살펴보면서 책을 다 쓰고 난 후에, 필자에게 남은 것은, 더 깊고 풍성한 코이노니아에 대한 갈망이었다. 요한의 글은 그런 식이다. 모두 헤쳐 풀어도 다 파악되지 않고, 오히려 그 생명과 사랑과 사귐 속으로 더욱더 우리를 깊이 끌어들인다. 이 책을 다 읽은 독자들과 교회 역시, 더 깊고 넓은 코이노니아에 대한 갈망을 품고 책을 덮게 된다면, 그리고 실제로 그 코이노니아의 중심 속으로 직접 걸어 들어가게 된다면, 그보다 더 바랄 일은 없을 것이다.

〈신약의 이해〉 시리즈를 기획할 때부터, 함께 기도하고 격려를 아끼지 않으신 나기영 부사장님께 이 자리를 빌려 감사의 말씀을 드린다. 늘 꼼꼼히 원고를 살펴 주는 송혜숙 과장님과 새로 같이 일하게 된 김정태 팀장님, 그리고 지금은 홀로서기에 분주한 이혜성 전 편집장님도 마음을 같이해 주셨다. 어려운 환경에서도 기독교 출판을 통해서 하나님 나라의 한몫을 묵묵히 감당하고 있는 이레서원의 모든 동역자들에게 깊은 감사의 말씀을 드린다. 이 책은 그들 모두의 사랑과 헌신의 결과이다.

주님의 발 앞에 이 책을 내려놓는다.
주님, 이 땅의 교회를 긍휼히 여겨 주소서.

채영삼
2021년, 봄을 기다리며

서론

Koinonia and Cosmos

1. 공동서신 안에서 요한일서의 위치

공동서신은 애초에 왜, 무슨 이유로 신약 성경에 포함되었는가? 야고보서, 베드로전서, 베드로후서, 요한일서, 요한이서, 요한삼서, 그리고 유다서를 관통하는 일관된 신학이 있는가? 있다면, 그것은 무엇인가? 더 나아가서, 공동서신의 신학은 바울서신의 신학과 어떤 관계에 있는가? 이러한 질문들은 듣기에 생소할 수도 있지만, 정당할 뿐만 아니라 절실한 질문들이기도 하다.[1] 필자는 공동서신 전체를 포괄하는 일관된 관심을 '세상을 맞닥뜨린 교회'(the church facing the world)라고 본다. 초기 교회가 예수 그리스도의 복음을 받아 그것을 설명하고 제시하려고 했을 때 상대했던 1세기 당시의 '대적'(counterpart)이 크게 둘이 있었는데, 하나는 안디옥의 사도 바울이 주로 상대했던 유대교(Judaism) 즉, 율법과 성전을 중심으로 한 옛 언약의 체계였고, 다른 하나는 주로 예루살렘의 초기 교회 지도자들이 상대해야 했던 로마(Rome)라고 하는 '세상'이었기 때문이다.

물론 바울서신이나 공동서신 모두 새 언약의 성취의 신약 정경으로서 같은 하나의 뿌리를 갖고 있다. 하지만 가지와 줄기로 치자면, 각기 다소 다른 방향으로 뻗어 나간 정경 모음집이라 할 수 있다. 즉, 바울서신에서도 당시

---

1 채영삼, 『공동서신의 신학』, 특히, 18-61, '공동서신의 새 관점'에 관한 내용을 참조하라.

로마, 곧 세상을 향해 복음은 무엇이며 교회는 어찌해야 하는가에 대한 신학과 윤리를 찾을 수 있고, 마찬가지로 공동서신 안에서도 유대교나 율법과 관련된 복음의 내용과 교회를 향한 지침을 찾을 수 있다. 하지만 마치 내과의사가 할 수 있는 치료와 외과의사가 잘하는 수술이 다르듯이, 바울서신은 유대교 특히 '율법'과 관련해서 복음을 설명하는 일에, 공동서신은 당시 로마라고 하는 '세상' 앞에서 복음이 무엇이며 교회가 어떠해야 하는지에 관해 더 집중적이고 원숙한 이해를 제공한다.

그래서 요한서신이 포함된 공동서신은 바울서신과 본질상 충돌하지 않으며 반(反)바울적이 아니라 비(非)바울적이라 할 수 있다. 공동서신은 바울서신과 함께 균형을 맞추며 서로 보완하는 관계에 놓여 있고, 이를 통해 초기 교회의 신학과 '신앙의 규범'(regula fidei)을 세워 나아가려 했던 결과인 것이다. 그런 점에서, 공동서신은 '믿음과 행함'에 관하여 바울의 복음을 오해하지 않도록 바로잡는 역할을 할 뿐 아니라, 보다 적극적으로, 로마라는 세상 속에 존재해야 했던 교회를 위한 정통 신학과 신앙을 제공한다.

요한서신에는 '세상'(코스모스, κόσμος)이라는 용어가 무려 24회나 나오는데 요한복음에서 78회 사용되는 경우까지 합하면 신약에서 사용된 용례의 57퍼센트에 이른다. 분량으로는 요한서신과 요한복음을 합쳐야 신약의 15퍼센트 정도이지만 그 안에서 κόσμος라는 용어를 이렇게 집중적으로 사용했다는 것은 요한서신의 주된 관심사를 보여 주는 단서이다. 만일 야고보서를 '하나님과 세상 사이에서 갈등하는 교회', 베드로전서를 '세상 속의 교회', 그리고 베드로후서를 '교회 속의 세상'이라는 주제로 요약할 수 있다면, 요한서신, 특히, 요한일서는 '세상을 이기는 교회'로, 그리고 요한이서는 '진리의 공동체'로, 요한삼서는 '사랑의 공동체'로 그 핵심 주제를 요약할 수 있다.

무엇보다, 요한서신이 제시하는 교회의 본질은 '코이노니아'(κοινωνία)라 할 수 있는데, 그것은 두 가지의 큰 신학적 축의 만남의 결과이다. 그 하나는 구약에서 이미 예언된 새 언약의 내용이 종말론적으로 성취된 결과로서 '코이노니아'이고, 다른 하나는 '묵시론적 이원론'을 배경으로 세상과 충돌하며 세상을 이기는 교회로서 '코이노니아'의 모습이다.² 요한서신이 묘사하는 '코이노니아'로서의 교회는 '에클레시아'(ἐκκλησία)와 함께 교회의 정체성과 본질을 표현하는 또 다른 용어라 할 수 있다. 그 차이는, 에클레시아가 '…으로부터'(from) 부름 받아 나오게 된 언약 백성의 해방과 세상을 향한 제사장 나라의 사명을 가리킨다면, 코이노니아는 그래서 '…에로'(into) 이르게 된 삼위하나님과의 교제의 삶과 그 영광의 본질적 내용을 가리키는 표현에 가깝다는 것이다. 예컨대 구약의 옛 언약 백성이 하나님의 부르심을 받고 이집트에서 나와 광야로 들어가게 된 것을 '에클레시아'라고 한다면, 그들이 결국 '젖과 꿀이 흐르는 땅'인 가나안으로 들어가 거기에 거(居)하며 누리게 되는 언약 백성의 특징적인 생명의 삶을 '코이노니아'라 할 수 있는 셈이다.

특히 공동서신 전체의 전망에서 볼 때, 요한서신이 수신자 교회를 '코이노니아'라는 칭호를 중심으로 이해하는 것은 매우 흥미로운 대목이다. 만일 베드로전서가 세상 속을 지나가는 교회로서 '에클레시아'의 측면을 가장 잘 보여 주는 서신이라면(벧전 2:9; 참조. 출 19:6), 베드로후서는 그 '영원한 나라'(벧후 1:11; 3:13)의 '신적 본성'(벧후 1:4)에 참여함을 가르치면서 세상을 지나가는 교회의 내면을 확대하여 보여 준다. 하지만 요한서신은 그보다 한 걸음 더 나아가서, 과연 그 신적 성품의 성장을 가능하게 하는 '삼위 하나님과의 코이노니아'(1:1-4)를 서신 전반에 걸쳐 더욱 구체적이고 선명하게 드러낸다고 할 수 있다. 그만큼 요한서신은 부르심 받은 새 언약 공동체로서의 교회의 내면과

---

2 '묵시론적 이원론'(apocalyptic dualism)은, 역사 안에서 세상이 더 이상 개선될 희망이 없을 때 초월적인 하늘의 통치가 악한 자의 세상에 전격적으로 임하여, 악인의 심판과 함께 세상과 역사는 끝나고 의인들을 위한 영원한 나라가 임한다는 급진적 우주적 종말론의 일종이다. 구약의 다니엘서나 일부 쿰란(Qumran) 문서들, 제1에녹서(1 Enoch) 85-90장의 '동물 묵시록'(*Animal Apocalypse*) 등이 대표적이다.

그 영적인 삶을 가장 깊고 생생하게 묘사하고 있다.

무엇보다 요한일서가 집중적으로 묘사하는 교회의 본질로서의 코이노니아의 이러한 내면적이고 영적인 삶은 '새 언약의 성취'로 말미암은 것이다. 특히 새 언약이 약속했던 '성령의 역사를 통한 말씀의 내주'(indwelling Word of God, 렘 31:33; 겔 36:26-27)가 그 핵심이라 할 수 있다.[3] 곧, '영원한 생명의 말씀'이 나타난 바 됨으로써(1:1-2) 그 말씀이신 아들을 받은 자들 안에 아버지 하나님의 사랑이 거하게 되었고(4:14-16), 그 영원한 생명과 사랑이 그 안에 거하는 새 백성이 자신 안에 거하는 그 말씀을 순종함으로써 지속적으로 아버지의 사랑 안에 거함으로써 그 사랑을 흘려 보내는 것, 그것이 코이노니아로서 새 언약 백성 된 교회의 본질이요 삶의 핵심이다.

이와 동시에, 새 언약의 성취로서 '삼위 하나님과의 내면적이고 영적인 교제'를 회복하게 된 코이노니아로서의 교회는 특징적으로 '코스모스' 곧 '악한 자 아래 놓인 이 세상'(5:19) 한복판에서, 마치 회복된 새 에덴동산(New Eden)처럼 하나님과의 참된 교제 가운데 기쁨을 회복한 새로운 공동체(1:3-4)로 제시된다. '악한 자 마귀'(3:8)의 거짓과 죄, 불의, 죽음과 왜곡된 사랑에서 해방된 하나님의 자녀들로서 새 하늘과 새 땅의 영원한 생명의 삶을 '지금, 여기에서, 육체 가운데' 누리고 있다(특히, 3:1-3). 이것이 요한서신이 보여 주고자 하는 큰 그림인데, 그 배경에는 '하늘의 통치'가 '이 악한 세상' 안으로 침투해서 들어오는 '묵시론적 이원론'의 구도가 깔려 있다.

다시 말해서, 요한서신이 제시하는 코이노니아로서의 교회는 수평적, 역사적으로는 새 언약의 성취로 말미암아 드디어 '나는 너희의 하나님이 되고, 너희는 내 백성이 되리라'(렘 31:33; 겔 36:28) 하신 언약의 핵심 관계가, 내면적, 영적, 지속적, 인격적 사귐으로 그 절정에 이른 모습을 보여 준다. 그리고 동시

---

[3] 채영삼, "요한일서 3:9의 '그의 씨'(σπέρμα αὐτοῦ)의 의미, 공동서신의 전통 그리고 새 언약의 성취", 574-632 참조.

에, 수직적, 공간적으로는 바로 그 영적이고 영원한 하늘의 빛과 생명과 사랑의 통치가 악한 자 아래 갇혀 거짓과 불의와 죽음과 허무, 타락한 사랑의 세상 속으로 침투하여, 그 세상을 중심에서부터 무너뜨리며 장차 주의 다시 오심과 함께 완성될 새 하늘과 새 땅의 통치로서의 '삼위 하나님과의 코이노니아'를 그려 내고 있는 것이다.

이로써 새 언약의 성취로서, 그리고 동시에 악한 자 아래 놓인 세상을 이기는 코이노니아로서 교회는, 그 아들을 대변하는 '생명의 말씀'을 가진 '진리의 공동체'이며, 그 생명의 말씀이신 그 아들을 세상에 보내신 '아버지의 사랑'이 거하는 '사랑의 공동체'이다. 흥미롭게도, 전자는 요한이서의 강조점이고(요이 9-11절), 후자는 요한삼서의 강조점이라는(요삼 9-11절) 사실도 매우 체계적이라는 인상을 던져 준다.

정리하면, 요한서신은 '세상을 이기는 진리와 사랑의 코이노니아'로서의 교회의 모습을 제시하는데, 우리는 앞으로 요한서신의 본문 해석을 통해, '진리'는 곧 생명의 말씀이신 그 아들에 관한 것으로서 기독론적인(christological) 특징을 나타내고, '사랑'은 그 아들을 세상에 보내신 아버지 하나님의 특징으로서 신학적인(theological) 측면을, 그리고 '코이노니아' 자체는 성령 하나님의 (pneumatological) 두드러진 역사임을 확인하게 될 것이다. 그리하여 요한서신이 어떻게 교회를, 새 언약의 성취로 말미암아 '그 아들(진리)과 아버지(사랑)와 함께하는 코이노니아(성령)로서 '세상을 이기는' 자들의 새 하늘과 새 땅의 공동체로 그려 내는지를 살펴보게 될 것이다.

2. 요한서신 속의 '적대자들'

한편, 요한서신이 '삼위 하나님과의 진리와 사랑의 코이노니아'로서의 교회를 강조하게 된 배경을 생각해 보지 않을 수 없다. 그것은 곧 요한서신이 보내진 수신자 교회들이 처한 정황에 대한 분석을 요구한다. 전통적으로 요한서신이 기록된 이유와 목적을 찾는 과제는, 수신자 교회를 분리시키고 복음을 떠나게 만든 적대자들의 정체와 가르침, 그리고 그들의 윤리적 행태를 파악하는 것과 깊이 연관되어 왔다. 요한일서 2:19에서 그 단서를 찾을 수 있다: "저들은 우리에게서 나갔으나 우리에게서 난 자들이 아닙니다"(참조. 4:3; 요이 7절). 여기서 '저들은' 누구인가? 그들은 왜 교회를 분리시키고 나갔는가? 그 분리가 가져온 위기의 본질은 무엇이었는가? 그리고 요한서신은 이 위기와 도전에 어떤 식으로, 어떤 내용으로 응답하고 있는가?

(1) 역사적 배경, 목회적 의도

요한일서의 적대자의 정체에 대한 학계의 흐름은, 전통적인 역사적 배경에 대한 분석으로부터 요한서신에 대한 문학적 분석으로 그 경향이 옮겨 가고 있다.[4] 근래에 대두되기 시작한 문학적 분석의 핵심 주장 가운데 하나는, 요한일서의 수신자 교회를 향한 윤리적 권면이 적대자들의 기독론적 주장들이나 그들의 정체성과 필연적인 관련이 없다는 것이다. 대표적인 예로, 기존의 공동체로부터 분리되어 나온 적대자들에 대해 기록한 본문이 2:19에서야 처음으로 언급되기 때문에, 그 이전까지 '만일 우리가 … 말한다면(εἴπωμεν)'으로 시작하는 1:6, 8, 10, 그리고 '만일 누가 … 말하면(ὁ λέγων)'으로 시작하는 2:4, 6, 9에서 언급되는 다양한 문제 상황들과 그에 대한 대응은 모두 적대자들과는 상관없이 주어진 목회적, 윤리적 권면이라는 것이다.[5]

---

4 이하는, 채영삼, "요한일서의 φανερ-용어 사용과 '나타남'의 신학적 의미", 518-529, '적대자의 나타남과 그 정체'에서 다룬 내용을 해설하고 정리하였다.
5 Lieu, "Authority to Become Children of God: A Study of 1 John", 210-211; Painter, "The

하지만 설혹, 요한일서가 적대자들의 주장을 반박하는 정략적 서신이 아니라 단지 목회적이고 윤리적 권면을 위한 서신이라 할지라도, 서신 전반에 걸쳐 그 권면의 배경이요 '논박의 상대'로 지목된 적대적인 주장들의 출처를 묻는 것은 서신의 이해에 있어서 여전히 유의미할 수밖에 없다(2:18-23; 4:1-3; 5:18). 무엇보다 2:19에서 명시된 적대자들의 출현, 곧, 그들의 '나타낸 바 된'(파네로쏘신, φανερωθῶσιν) 것은, 서신의 서두인 1:2에서 선포된 '생명의 말씀, 영원한 생명'의 '나타내신 바 된'(에파네로떼, ἐφανερώθη [x2]) 사실과 병행을 이룸을 알 수 있다.

그뿐 아니라, 종말에 성도의 영화로운 상태에 근거한 현재의 성화(聖化)를 강조하는 2:29-3:3에서, 장차 다시 오실 예수 그리스도의 '나타내신 바 될'(ἐφανερώθη, 3:2) 것, 그리고 그때에 그와 함께 드러날 성도의 영화로운 상태의 '나타낸 바 될'(ἐφανερώθη, 3:2) 것, 또한 죄를 없이하시고 마귀의 일을 멸하시기 위하여 이미 '나타내신 바 된'(ἐφανερώθη, 3:5, 8) 예수 그리스도의 첫 번째 오심과 함께, 말씀을 순종하여 의를 행하는 하나님의 자녀들이 '나타나 있는'(파네라 에스틴, φανερά ἐστιν, 3:10) 것, 그리고 특히, 형제 사랑의 근거가 되는 하나님 아버지의 사랑의 '나타내신 바 된'(ἐφανερώθη, 4:9) 것 등의 반복되는 표현들은,[6] 요한일서에서 적대자의 출현이 기독론적 '나타남'을 배경으로 할 뿐 아니라, 명백히 교회의 '성화'에 관한 윤리적 권면과도 뗄 수 없이 연결된다는 사실을 보여 준다(2:19-26; 2:28-3:2; 3:3-10, 또한, 4:1-6, 7-11, 12-21).

Johannine Epistles as Catholic Epistles", 274-278. 4:20의 '누가 말하면'(ἐάν τις εἴπῃ)을 포함해 소위 '적대자들의 일곱 개의 슬로건 또는 자랑들(boasts)'로 불린다.
6 채영삼, "요한일서의 φανερ-용어 사용과 '나타남'의 신학적 의미", 509-539.

(2) 적대자들은 누구인가?

역사적으로 요한일서의 적대자들의 정체를 규명하는 문제를 논할 때, 크게 보면 그 적대 그룹이 소위 '요한 공동체 내부'의 적대자들인지, 아니면 외부로부터 온 적대자들인지의 문제로 구분하여 두 방향으로 접근할 수 있다. 하지만 흥미로운 점은, 두 방향에서 다양한 적대자들이 후보군에 올라 있지만, 어느 경우이든 적대자들의 주장은 대체로 일관되게 한 방향, 즉, '헬라적 이원론'(Hellenistic dualism)의 영향과 도전을 가리키고 있다는 것이다.

우선, 적대자들이 공동체 내부의 분리주의자들이었다는 가설은, 요한복음 해석에 있어서 공동체 내부에 헬라적 이원론의 영향을 받은 이단이 생겨났고, 이들이 결국 공동체 교회로부터 떨어져 나간 것이라는 주장이다. 이들은 그리스도의 선재하심의 전통을 고수하며 예수의 인성(人性)까지도 인정하지만, 육체로 오신 그의 생애와 죽음은 그리스도, 즉, 선재하시는 하나님의 아들로서의 본질을 '확증하는' 정도이지, 그가 육체로 오신 것 자체에는 '구원론적 가치'(salvific value)가 없다는 주장에 이르렀다고 여겨진다.

그래서 요한일서는 그 아들의 오심을 굳이 '물로만이 아니라, 물과 피'(5:6), 곧 육체로 오셔서 세례받으시고 십자가에서 죽으신 것을 증거로 반박하는 것이며,[7] 그 내부의 적대자들은 아마도 '아는 것'(to know)이 곧 '순종'(to obey)을 의미하는 히브리적 관념에서도 떠나 있었던 헬라적 그리스도인일 것이라 생각되기도 한다.[8] 즉, 영원부터 선재(先在)하시는 하나님의 아들임을 강조하며, 비록 세상에 보냄을 받았지만 신적(神的)인 그리스도에 치우쳐 읽는 독법(2:22; 4:2; 요이 7절)은, 공동체 안에 들어온 이방인 그리스도인들이 유대교와의 갈등

---

7   Brown, 『요한서신』, 169-174.
8   Painter, "The 'Opponents' in 1 John", 59, 66-67.

관계에서 해석해 오던 요한복음의 전통을 재해석하면서, 예수 그리스도의 육체의 생애나 죽음의 가치를 홀대하는 데에까지 나아가 결국은 교회를 떠나게 된 분파(分派)였다고 주장하는 것이다. 이렇듯 내부의 분파로 보는 입장에서 적대자들의 경향은, 신비주의나 헬라적 이원론에 뿌리를 둔 것으로 여겨진다.

(3) 헬라적 이원론, 가현설적 이단

다른 한편으로 외부로부터 적대자들이 들어왔다는 견해도 이런 경향을 크게 벗어나지 않는다. 우선, 늦은 시기의 영지주의자들을 비롯한 다른 희박한 가능성들을 제외하면,[9] 유대주의자들(Jewish teachers), 그리고 쎄린투스(Cerinthus)와 같은 가현설론자들(docetists)이 서신의 묘사에 근접한 적대자들로 제시되어 왔다. 반대자들의 주장으로 여겨지는 본문들을 살펴보면, 대체로 예수 그리스도께서 세상에 육체로 오신 사실을 부인하는 경향 즉, 물질세계는 실재(實在)와 분리되어 있고 그 안에서 육체로 하는 일은 무의미하며 천하다고 여기는 헬라적 이원론의 경향이 반영되어 있는 듯이 보인다(4:2; 5:5-6; 또한, 1:6, 8, 10; 2:4, 6, 8; 4:20). 유독, '예수께서 그리스도이심을 부인하는 자'(2:22) 라는 표현은 마치 유대인들의 불신앙을 지적하는 것처럼 들린다. 요한복음에 나타나는 적대자들도 예수가 그리스도 곧 하나님의 아들임을 부인하는 불신앙으로 특징지어졌기 때문이다(요 9:22; 10:24, 36; 19:7).

하지만 '예수가 그리스도임을 부인한다'는 의미를, 육체로 살고 죽으신 예수는 인정하는데 그가 메시아 곧 하나님의 아들임을 부인함이 아니라, 바로

---

[9] Perkins, *Johannine Epistles*, 9-10. '예수가 그리스도임'을 부인하는(2:22) 영지주의 기독론은 알려진 바 없다; Jensen, *Affirming the Resurrection of the Incarnate Christ*, 16-17, 21-22. 나그함마디 문서(*Nag Hammadi*)에 기초하는 영지주의 자료들은 요한일서보다 50-200여 년 늦다. '헬라 철학을 가르치던 자들'(Weiss), '부유한 신자들'(Klauck), '극단적 성령론자들'(Von Warde) 등을 가리킨다고 보는 견해들도 있다.

그 '육체로 오신 예수'가 그리스도 곧 하나님의 아들임을 부인한다는 뜻으로 읽고, 이들이 '예수(그리스도, 하나님의 아들)께서 육체로 오신 것을 부인하는'(4:2) 요한일서의 전형적인 반대자들과 실제로는 다르지 않은 자들이라고 생각하기도 한다. 더구나 요한일서가, 요한복음처럼 유대인들을 향해 적극적으로 구약을 사용하며 변론하는 것처럼 보이지는 않는다는 점도 이를 뒷받침한다.

다른 한편으로, 본격적으로 예수 그리스도께서 육체로 오심을 부인하는 적대자들로 거론되었던 이단들도 있다. 이레나에우스(Irenaeus) 이후부터 유력한 배경으로 지목되어 왔던 쎄린투스 이단이나 가현설론자들이 그러하다. '가현설'(docetism)이라는 표현은 헬라어 δοκέω(도케오, '상상하다, 가정하다, 하는 체하다')에서 유래했는데, 이그나티우스(Ignatius)가 2세기 초에 쓴 편지에 기초해서, 육체와 영혼, 인성과 신성이 분리된다는 고대 헬라 사상의 영향을 받아, 인간이신 예수는 단지 죽고 부활한 것처럼 '보인 것'일 뿐이라고 주장하며, 따라서 죄의 대속도 믿지 않았고 주의 만찬(성찬)도 하지 않았던 초기 교회의 이단을 가리킨다(Smyrn. 5:1; 6:1-7:1; Trall. 9:1-2).[10] 가현설에는 여러 변종들이 있었다. 예컨대, 십자가에 달려서 피 흘리며 고통받고 실제로 죽으신 이는 하나님의 아들 그리스도가 아니라 구레네 시몬이었다고 주장한 바실리데스(Basilides)나, 인간 예수는 실제로 신성(divine)을 가진 그리스도였지만, 정작 예수께서 십자가에 달려 죽으신 사건은 그 자체가 '단지 그렇게 보였던' 허상이었다고 주장하는 발렌티누스(Valentinus) 같은 이단도 있었다.

특히 이레나에우스는 당시 서머나의 감독이었던 폴리캅(Polycap)이 들려준 쎄린투스와 사도 요한의 일화를 전해 주는데, '주의 제자였던 요한'이 하루는 에베소에 있는 공중목욕탕에 갔다가, 거기서 쎄린투스가 욕조 안에 있는 것을 보고는 들어가려다 말고 뛰어나오며 '전부, 도망쳐라! 이 목욕탕도 무너질

10　Jensen, *Affirming the Resurrection*, 14-16.

지어다. 쎄린투스, 진리의 원수가 그 안에 있기 때문이다'라고 했다는 내용이다. 쎄린투스는 무엇을 가르쳤기에 '진리의 원수'라는 소리까지 들었는가? 그것은, 인간 예수가 세례를 받았을 때 신적인 그리스도가 강림해서 둘이 결합했고, 그 이후 인간 예수는 그 신적 능력으로 기적을 일으켰지만, 정작 그의 십자가에서의 죽음 직전에 그 신적인 그리스도는 인간 예수를 떠나 분리되었다는 것이었다(*Against Heresies* 2.22.5; 3:3.4; 3:11.1).[11]

(4) 적대자들의 핵심 주장과 윤리적 태도

그렇다면 쎄린투스를 비롯한 가현설론적 이단들은 왜 그런 주장을 하게 되었을까? 그리고 요한은 어떤 식으로, 어떤 내용으로 이런 가현설적 이단의 주장을 반박하고 진리를 변호하는가? 이런 질문들이 앞으로 우리가 본문을 다루면서 보다 진지하게 파고들어야 할 문제들이다. 하지만 대체로 큰 그림은 그려 볼 수 있다. 즉, 요한서신이 대적해야 했던 '가현설'적 이단적 주장의 독버섯들은, 1세기 당시 초기 영지주의나 고대 헬라의 '이원론적 세계관'(dualistic view of the world)이 깔아 놓은 두터운 습지에서 자라났다는 것이다.

사실 헬라의 전통적인 이원론이 동양의 신비주의와 결합한 형태의 영지주의(Gnosticism)는 주후 2세기 정도가 되어서야 그 모양을 갖추는데, 그 이전 1세기경에도 그 초기 형태가 있었을 것이며 요한서신의 적대자들이 그런 영향 아래 놓였다고 상정할 수 있다. 하지만 후대에 금욕주의에서부터 쾌락주의적 형태까지 다양한 형태로 나타난 영지주의가 요한서신 기록 당시에는 어떤 모습이었으며, 그런 초기의 영지주의가 쎄린투스와 같은 가현설적 이단의 가르침에 어떤 영향을 끼쳤는지는 확인할 길이 없다.

---

11 Schnackenburg, *The Johannine Epistles*, 23.

초기 영지주의자들은 '물질세계보다 육체가 더 악하다'는 생각에 더 몰입해 있었다고 가정할 수 있는데, 요한서신에서도 예수 그리스도께서 '육체로 오셨다'(2:22; 4:2; 요이 7절)는 사실을 강조하는 점은 그런 경향의 반증일 수 있다. 대체로 영지주의에서 육체는 영혼과 정신의 '감옥'이며, 구원은 영혼이 '지식'을 통해서 이 육체로부터 탈출하는 것으로 이해한다. 그래서 구원은 개인적이고 영적인 지식에 의한 '계몽'(enlightenment)이며, 구원을 주는 이런 신비한 지식은 죄에 대한 회개가 아니라 특별한 예식(ritual)을 통해 전달된다.

또한, 그런 지식을 줄 수 있는 일종의 '영적 특권층'(spiritual elite)을 자처한 자들은 아직 신비적 지식에 의해 계몽되지 못한 '혼(魂)적인 사람들'(프쉬키코이, ψυχικοί)로부터 자신들을 구별하여 스스로를 '영적인 자들'(프뉴마티코이, πνευματικοί)로 불렀다. 이들은 육체 안에 있지만 그 육체를 벗어나 이미 구원을 주는 신비한 지식에 이른 자들로서, 육체로 행하는 도덕적 행동과는 상관없이 스스로를 '의로운 자들'(디카이오이, δίκαιοι)로 부르기도 했다.

이레나에우스에 의하면, 쎄린투스의 경우는 탐욕과 행음을 자행했던 '니골라 당'의 행색을 좇았으며(계 2:6, 14-15), 알렉산드리아의 클레멘트도 이 쎄린투스의 행위가 전혀 절제 없는 방종이었다고 증언한다. 이들은 자신들을 구원에 이르는 '특별한 영적 지식'을 소유한 소수의 '엘리트'로 자처했기 때문에, 육체로 행하는 도덕적인 문제를 하찮은 것으로 치부했다. 이런 영적, 도덕적 우월감과 차별 의식이 그들 가운데서 형제 사랑으로 나타났을 리가 없다. 안디옥의 감독이었던 이그나티우스는 서머나에 보내는 그의 편지에서, 쎄린투스와 같은 이단들이 그들의 공동체 안에서 서로를 대할 때도 질시(疾視)와 시기로 대하며, 사랑이라는 것을 생각지 않는다고 지적한다.

이렇게 보면 이런 영지주의적 경향이나 가현설적 신앙 이해는, 오늘날의 '구원파'처럼 자신의 육체로 이 세상 속에서 무슨 짓을 해도 이미 받은 구원에는 전혀 아무런 영향이 없다고 주장하는 '오직 믿음주의'(sola fideism)의 이단적 신앙과 사뭇 닮았다는 인상을 준다. 이런 신앙의 문제가 무엇인가? 문제는 구원에 대한 확신이 아니다. 요한서신도 구원의 확신, 곧 믿는 자 안에 영원한 생명이 있음을 확신시킨다(1:2-4; 2:14, 27; 3:9; 4:4, 15; 5:13).

정작 문제는, 신자가 확신하는 구원과 그런 그가 육체로 이 세상 안에서 사는 삶 사이에 놓인 그 관계에 있다. 즉, 영적인 구원과 육체의 삶 사이에, 또는 이미 하나님의 아들을 믿어 영원한 생명을 가진 것과, 지금 이 세상 속에서 사는 육체와 물질적인 실존 사이에 본질상 서로 아무런 필연적 관계가 없다고 주장하는 것, 그것이 헬라적 이원론을 배경으로 한 영지주의의 가현설적 이단의 주장의 핵심인 것이다.

(5) 이원론적 코스모스와 코이노니아

육체나 물질세계는 불완전하며 악한 것이고 구원이란 그런 육체와 물질세계로부터 벗어나는 것이라는 그 궁극적인 '방향성'은, 그 두 세계의 '분리'라는 헬라적 이원론의 세계관을 전제한다. 사실 이런 헬라적 이원론은 단지 사상이나 철학, 세계관의 차원에 그치지 않는다. 1세기 전후의 그레코로만(Greco-Roman) 사회의 경제, 정치, 문화 체계 자체가, 바로 이런 이원론적 세계와 육체-물질세계에 대한 정신-영혼 우위의 차별적 세계관에 정초해 있었던 것이다. 생각해 보면, 인구의 3분의 1에 육박했던 노예들의 육체적, 물질적 노동 위에 세워졌던 고대 그레코로만 사회 속에서, '가변적'(可變的)이며 단지 '그럴듯한'(docetic) 가짜의 물질세계를 벗어나 영원한 실재가 존재하는 플라톤적 '이데아'(Idea)의 세계로 탈출하는 구원을 추구하던 철학자들과 시민들의 자유 사회는, 다수의 노예들이 갇혀 있는 육체-물질세계를 거짓되고 무가치한 것으로, 그로부터 탈출하는 것이 자유요 구원인 그런 '부정당해야 하는' 세계라고 가르치지 않을 수 없었을 것이다.

이렇듯 존재하는 세계에 대한 이원론적 분리와 구원이라는 가치가 결정된 그레코로만의 사회적, 경제적, 문화적 배경에서, 과연 예수 그리스도가 '육체로' 세상에 오셨으며, 그가 '육체로' 부활했다는 기독교의 복음은 어떤 의미였을까? 누가 이 복음을 가장 환영했으며, 누가 이 복음을 극렬히 거부했을까? 그것이 헬라의 철학이든, 초기 영지주의든, 또는 가현설적 이단이든, 그런 영향을 받은 요한서신의 적대자들이 굳이 예수 그리스도께서 '육체로' 오셨음을 부인하고, 교회를 분리시키면서까지 반대하고, 이를 인정하지 않으며 또 인정하려 하지 않았던 이유는 무엇일까?

요한서신의 주장은 확실히 '육체-물질'과 '정신-영혼'이 분리된 세계, 그리고 구원이란 전자의 세계에서 후자의 세계로 탈출하는 것이라는 당시 그레코로만의 '코스모스'와 '구원'에 대한 이해를 거부한다. 거부할 뿐 아니라 반박한다. 반박할 뿐 아니라, 예수께서 '육체로' 오셨듯이(2:22; 4:2; 요이 7절), 하나님 아버지께서 그 아들을 '세상에 보내셨다'(4:9, 14)고 선언하며 그와는 전혀 반대의 방향으로 나아간다. 한 걸음 더 나아가서, 요한서신은 그 대안적 구원으로, '악한 자의 세상(κόσμος) 속에 있는 하나님의 코이노니아(κοινωνία)'를 제시한다. 만일, 예수 그리스도께서 참으로 육체를 입고 세상에 오신 것이 사실이고 그것이 복음이라면, 당시의 그레코로만 사회, 그 이원론적으로 분열된 세계는 그것의 구원에 대한 이해와 함께 결정적으로, 즉, 다시 돌이킬 수 없는 방식으로 영원히 붕괴될 수밖에 없다. 하나님의 아들이, 실제로 육체를 입고, '물과 피로'(5:6), 이 세상 한가운데, 이 세상을 뚫고, 그 안으로 영원히 들어와 버리셨기 때문이다.

특별히, 그것이 그 아들을 세상에 보내신 하나님 아버지의 사랑 때문이었다는 요한의 설명은(4:7-14), 육체-물질세계에 갇혀 있던 당시의 노예들에게 어떻게 다가왔을까? 반면에, 노예들을 육체-물질의 감옥에 가두어 두고, 그들을 착취함으로써 그들의 희생 위에서 세운 추상적인 정신-영혼의 세계 속에서 가상(假想)의 구원을 추구했던 철학자들과 당시의 자유 시민들에게는 또한 어떤 의미로 다가왔을까?

요한일서는 '영원한 생명'(조엔 텐 아이오니온, ζωὴν τὴν αἰώνιον, 1:2; 5:12, 20)을 받은 성도들이 '세상의 생명'(톤 비온 투 코스무, τὸν βίον τοῦ κόσμου; '재물', 개역개정, 3:17)을 가지고 형제의 궁핍함을 돕고 나누는 코이노니아 공동체의 모습을 소개한다. 요한이서와 삼서는 모두, 육체로 오신 예수 그리스도를 믿는 사람들의 공동체 곧 코이노니아로서의 교회 안에서 서로 '얼굴과 얼굴을'(스토마 프로스 스토마, στόμα πρὸς στόμα; 문자적으로, '입과 입으로', 요이 12절; 요삼 14절) 마주보며 사귐의 기쁨을 나누는 연대와 친교의 공동체의 모습을 얼핏 보여 준다.

코이노니아 된 교회 안에서 노예와 주인이 그리스도 안에서 한 형제자매가 되어 재물을 나누며 서로 얼굴과 얼굴을 맞대고 환대하는 공동체는, 당시 육체-물질과 정신-영혼의 이원론적 세계뿐 아니라 노예와 자유인으로 나뉘었던 분리와 차별의 사회 속에서 진정으로 어떤 의미로 받아들여졌을까? 그런 코이노니아 공동체의 존재 자체는 당시의 이원론적으로 양분된 세계와 사회 속에서 무엇을 증거하고 있었을까? 요한서신을 읽으며 요한서신이 그려 내는 세상 속의 교회, 즉, '그 아들과 아버지와 우리와 너희의 코이노니아'로서의 교회를 재구성하려 할 때는, 이러한 시대적 배경, 그 사상으로서 이원론적 세계관과 함께 당시의 사회적, 경제적, 문화적 배경을 염두에 두는 것이 필수적이다.

3. 요한서신과 사도 요한

요한서신의 적대자들의 사상적 배경이 이원론적 세계관에 있었고 그들의 이단적 주장의 핵심이 예수 그리스도께서 '육체로 오심'에 대한 부인(否認)이었다는 사실은, 요한서신이 강조하는 '코이노니아'로서 교회라는 주제뿐 아니라, 예수 그리스도의 죽으심에 대한 기독론적 의미에도 집중하게 만든다. 그렇다면, 왜 적대자들은 극구 예수 그리스도의 '육체로 오심'을 부인했을까?

(1) 속죄 제물과 이원론적 구도

기독론적으로 볼 때, 만일 쎄린투스와 같은 가현설론자들의 주장대로 예수께서 하나님의 아들 그리스도이시지만 십자가에서 죽으신 그가 우리와 같은 육체를 가진 온전히 사람이 아니었다면, 결국 무엇이 문제가 된다는 것인가? 적대자들은 예수 그리스도가 하나님의 아들이거나 신적인 존재로서 그리스도이거나 심지어 하나님이라고 해도, 그것으로는 별로 반대할 이유가 없었을 것이다. 예수 그리스도가 그런 신적인 존재라는 것은 그레코로만 사회에서 믿었던 수많은 신(神)들 가운데 하나이든지, 영지주의에서 말하는 '조금 열등한 신'(lesser divinity) 가운데 하나로 치부할 수 있었을 것이기 때문이다.

문제는, 그런 신의 아들 그리스도가 '육체로' 세상에 왔으며 '육체로' 십자가에서 죽었다는 사실에 있었고, 적대자들은 그것만큼은 극구 부인하려 했던 것이다. 왜 그랬을까? 요한서신의 기독론에 관련된 이 질문에 대한 답은 역시 요한서신이 전제로 하고 있는 '묵시론적 이원론'을 배경으로 이해해야 한다. 즉, 요한서신의 묵시론적 이원론의 구도에서는, 자기 아들을 이 세상에 보내신 하나님이 계신 쪽과 대조되고 대립되는 다른 한쪽, 즉, 하나님의 아들이 육체로 오신 그 세상을 현재 장악하고 있는 악한 자 마귀의 모습이 선명하게 그려진다(3:5, 8; 5:19). 요한서신은, 그 악한 자 마귀가 자기 아래 놓인 이 세상을 '죄와 죽음과 증오'의 지배로 장악하고 있으며, 거짓 영과 거짓 선지자들을 통해, 그리고 세상을 사랑하는 정욕과 하나님과 그의 자녀들에 대한 증오 등을 통해 이 세상을 지배하고 있다는 사실을 보여 준다.

하지만 사복음서가 증언하듯이, 예수께서는 실제로 육체로 오셨고 실제로 십자가에서 육체로 죽으셨으며, 마귀는 그것을 그 어떤 유혹과 협박과 조롱으로도 막지 못했다. 실패한 것이다. 그렇다면, 이제 마귀는 포기한 것인가? 그렇지 않다. 마귀는 예수 그리스도의 '구속 사건'(salvific work) 자체를 되돌릴 수 없다면, 이번에는 그 예수 그리스도의 구속 사건에 관한 '가르침, 교리'(teaching, dogma)를 변질시키는 거짓된 이단적 가르침을 만들어 세상 사람이나 믿는 사람이 그 '구속 사건의 효력'을 누리지 못하도록 막으려 한다. 이것이, 요한서신에서 악한 자 마귀가 세상에 거짓 영과 거짓 선지자들을 보내서(4:1-2; 요이 7절) 교회를 분리시키고 미혹하는 적대자들을 만들어 내는 전략의 핵심이다. 예수 그리스도의 '순종'을 막을 수 없다면, 예수 그리스도의 사역에 대한 '교리'를 훼손시키고, 그 교리를 담보한 교회를 궤멸시켜 세상이 죄와 죽음에서 해방되는 길을 차단하고자 하는 것이다.

그래서 요한서신은 예수께서 실제로 성육신하셨고 속죄 제물로서 육체로 죽으셨다는 사건 자체보다는, 그 사건에 대한 '진리를 알고 누리며' 그 진리, 말씀이 수신자 성도 '안에 거해야' 함을 반복해서 강조한다. 그것은 '거짓의 아비 된 마귀'(3:8; 요 8:44)가 여전히 그 '거짓을 통해' 죄와 죽음의 통치 아래 놓여 있는 온 세상에 대한 그의 지배권을 놓지 않으려 하기 때문이다. 따라서 요한서신에 나타나는 적대자의 정체는, 자기 아들을 세상에 보내신 아버지와 그 세상에 육체로 오신 아들, 그리고 그 아들을 증거하시는 성령과 그 성령의 교제를 통해 세상 한가운데서 그 아들과 아버지와의 '코이노니아'를 이룬 교회에 결단코 그 '온 세상'을 빼앗기려 하지 않는 악한 자 마귀 자신에게 이르러서야 마침내 명확해진다.

결국 요한서신에서 적대자들의 거짓 가르침과 윤리적 공격에 대한 변론은, 요한서신이 배경으로 하고 있는 특징적인 이원론적 우주론, 그것도 단지 그레코로만 세계의 이원론만이 아니라 악한 자 마귀의 지배적 구도 아래 있는

'묵시론적 이원론'의 조명 아래서 해석될 때에, 참으로 그 본모습, 즉, 이 세상 속에 침입하신 하나님 나라(the invasion of the kingdom of God)의 현존과 약속으로서의 '코이노니아'의 중요성과 의미, 그 사명을 드러내는 것이다.

(2) 기록 목적, '믿는 것'과 '아는 것'

요한복음이 예수 그리스도를 '믿고 받아들이는 것'에 집중한다면, 요한서신은 한 걸음 더 나아가서, 그렇게 믿고 받아들인 예수 그리스도를 참으로 '알고 누리는 것'의 중요성을 강조한다. 이를테면 악한 자 마귀의 죄와 사망의 지배에 대해 생명과 의의 권능으로 맞서는 '능력 대결'(power-encounter)보다는, 아예 그 해방의 길목을 차단하는 마귀의 거짓말을 대적하는 '진리 대결'(truth-encounter)을 강조하는 것이다. 구원과 해방의 사건이 이루어졌어도, 그것에 대한 진리를 바로 '아는 것'이 없으면, 실제로 그 능력과 효력을 누릴 수 없기 때문이다.

이것이 요한복음과 요한서신의 기록 목적의 차이이다. 요한복음은, "오직 이것을 기록함은 너희로 예수께서 하나님의 아들 그리스도이심을 믿게 하려 함이요, 또 너희로 믿고 그 이름을 힘입어 생명을 얻게 하려 함이니라"고 밝힌다(요 20:31). 반면에 요한일서는, "이것을 내가 여러분에게 쓴 것은, 하나님의 아들의 이름을 믿는 여러분에게 영원한 생명이 있음을 여러분이 알게 하려는 것입니다"(5:13)라고 밝힌다. 마치, 예수 그리스도를 믿는 믿음에 관해 쓴 시리즈물처럼, 요한복음은 '믿어서 생명을 얻게' 하는 것이 목적이고, 요한일서는 이미 믿은 자 안에 '영원한 생명이 있음을 알게 하려는' 것이라고 말한다. 그렇다면, 예수 그리스도를 믿어서 자기 안에 영원한 생명을 이미 받았어도 그것을 '알지 못할 수도' 있지 않은가?

이것이 요한서신이 기록된 목적이다. 예수가 그리스도임을 증거하는 요한

복음의 경우와는 조금 다르게, 요한서신은 그 하나님의 아들 그리스도를 믿는 자가 이미 받은 그 '영원한 생명'을 '알고 누리는 코이노니아'가 결정적으로 중요하다는 사실을 강조한다. 요한복음이 기독론에 집중한다면, 요한서신은 새로운 도전을 배경으로 재해석한 기독론에 기초한 '코이노니아'를 본질로 하는 교회론을 전개하는 것이다. 그렇다면, 왜 요한서신의 수신자 교회는 예수 그리스도를 믿으면서도 자신 안에 있는 '영원한 생명'을 알지 못했을까? 왜 믿는 자들 안에 이미 주어진 영원한 생명을 '알지도, 누리지도' 못했을까? 이 질문에 대답하는 것이 요한서신의 본문을 살필 때 주의 깊게 찾아야 할 과제가 될 것이다. 그리고 그 질문은 정확히, 요한일서가 오늘날의 교회에도 던지는 질문이 아닐 수 없다.

(3) 요한복음과 요한서신, 기독론과 교회론

요한복음의 강조점이 기독론에 있고 요한서신의 강조점은 교회론에 있다고 할 수 있지만, 두 문헌은 상당히 많은 주제들을 공유한다. 대표적으로, 요한일서 1:1-4은 요한복음의 서문인 1:1-18과 '태초에', 말씀, 생명, 빛, 어둠, 아버지, '우리가 보았다', '충만하다'라는 주제들을 중심으로 상당 부분이 서로 닮아 있다. 그 외에도 두 문헌에는, 생명과 죽음, 진리와 거짓, 사랑과 증오, 하나님의 자녀들과 마귀의 자식들, 하나님께 속해 있다면 세상에 속한 것이 아니라는 주장 등처럼 다양한 주제들이 이원론적인 대립 구조를 이루며 공유된다. 구원에 관해서도, 마귀가 처음부터 거짓말한 자요 살인자라는 것(3:8; 요 8:44), 어둠 가운데 행한다는 표현(1:6; 2:11; 요 8:12; 12:35), 특별히 하나님께서 그 아들을 세상에 보내셨다는 것이나(4:14; 요 3:16; 4:42), 그 아들이 육체로 오셨고(4:2; 요 1:14), 우리를 위해 자기의 생명을 주셨다는 것(3:16; 요 10:11-18) 등의 유사한 표현들이 나온다.

하지만 요한서신이 요한복음과 함께 동일한 주제를 유사하게 다룬다고 해서 항상 위의 표현들을 같은 의미로 사용하는 것은 아니다. '말씀'은 요한복음에서 예수 그리스도와 보다 직접적으로 일치되지만, 요한서신에서는 '생명의 말씀'처럼 전해진 복음을 강조하기도 한다(1:1; 요 1:1, 14). 요한복음에서 '보혜사'(파라클레토스, παράκλητος)는 성령님을 가리키지만, 요한서신에서는 죄인들의 변호사 되시는 예수 그리스도에게 적용된다(2:1; 요 14:16). 요한복음에서 예수 그리스도는 '참빛'이요 '사람들의 빛'이며 '세상의 빛'이신데, 요한서신에서는 '하나님이 빛'이심을 예수 그리스도를 통해 알게 된다(1:5; 요 1:9; 8:12; 9:5). 하나님에 관해서도 요한복음은 '하나님은 영'이시라고 소개하지만, 요한서신은 하나님이 '빛'일 뿐 아니라 '사랑'이라고 직접적으로 묘사한다(1:5; 4:8, 16; 요 4:24).

또한 '담대함'(파레시아, παρρησία)이라는 표현도, 요한복음에서는 주로 예수께서 세상 앞에서 자신에 관해 밝히 증거하시는 문맥에서 사용되지만, 요한서신에서는 예수를 믿는 신자가 하나님과의 코이노니아 가운데서 갖는 영적, 심령적 담대함, 그리고 그 절정으로서 심판날에 하나님 앞에서 갖는 담대함을 묘사하는 데 사용된다(2:28; 3:21; 4:17; 5:14; 요 10:24; 11:14; 16:29; 18:20). 무엇보다 요한복음에서는 최후의 영생과 심판이 '지금 여기에서' 성취된 '실현된 종말론'적 관점이 강렬하게 드러난다(요 3:16-18; 5:24-25; 11:25-27; 참조. 요 5:28-29). 반면에 요한일서에서는 지금 여기서 영생을 누리는 '실현된 종말론'도 여전히 강조하지만, 아직 남아 있는 최종적인 심판과 구원이라는 '미래적 종말론'과도 적절히 균형을 이루고 있는 점도 특이하다(1:2; 2:8; 3:1-3; 5:12-13, 20).

결국 요한서신과 요한복음에서 발견되는 이러한 유사점과 차이점의 존재는, 두 문헌이 동일한 신학을 근간으로 가지고 있으면서, 각기 다른 상황에서 예수 그리스도의 복음을 설명하고 전개했다는 결론에 이르게 한다. 비교적, 요한복음이 옛 언약과 유대교적 전통과 대화하면서 세상을 향해 예수 그리스도를 믿도록 선포하고 설득하는 과정이었다면, 요한서신은 예수 그리스도를 통해 성취된 새 언약의 결과로서의 코이노니아를 누리는 교회에, 예수 그리스도에 대한 정통 교리에서 떠나 다시 세상과 악한 자의 지배 안으로 돌아간 적대자들의 공격을 막아 내는 신학적, 교회론적, 목회적 권면과 가르침을 제공하는 서신이라 할 수 있다.

(4) 사도 요한과 에베소

그렇다면 요한서신은 요한계시록과는 어떤 관련이 있을까? 요한일서는 당시의 통상적인 서신의 형식을 따르고 있지 않다. 처음 인사말에서 발신자나 수신자를 언급하지도 않고, 맺는말에서 수신자의 안녕을 비는 축원도 발견되지 않는다. 요한이서와 삼서의 경우에는 발신자가 '장로'(πρεσβύτερος, 요이 1절; 요삼 1절)로 명시되어 있기는 하지만, 수신자 교회의 지역이나 그와 연관된 배경에 대해서 추정할 수 있는 단서가 거의 없다. 그렇다면 요한서신은 어디서 어떤 상황에 처해 있던 교회들에 보낸 서신인지 어떻게 알 수 있을까?

근래에 이와 관련된 흥미로운 제안은, 요한서신과 요한계시록 2-3장에 언급되는 소아시아의 일곱 교회의 연관성에 관한 것이다. 이런 연구는 사도 요한이 에베소 지역을 무대로 활동했다는 흔적이 역력하다는 사실에서 출발한다. 유세비우스(Eusebius)는 이렇게 말한다. "현재(즉, 트라얀 황제의 즉위 시작 년도, 주후 98년), 예수께서 사랑하셨던 바로 그 제자인 요한, 사도요 동시에 복음 전파자인 그가 아직도 아시아 어딘가에서 살아 있으며 거기서 교회를 섬기고 있는데, 이는 도미티안 황제 사망 이후, 그가 추방된 섬에서 돌아왔기 때문이다. 그가 지금껏 생존해 있다는 것은 두 증인들에 의해 확실히 인정되었는데, 적어도 이레나에우스와 알렉산드리아의 클레멘트에 의해 그러하다"(Hist. eccl.

3.23.1-2).¹²

실제로 이레나에우스는 "주의 제자, 주의 품에 안겨 기대었던 요한은 아시아에 있는 에베소에 있었던 기간 동안 복음서를 기록하였다"(Haer. 3.1.1)고 증언하며, 자신의 이단에 관한 변론서에서 요한일서 2:18-22, 4:1-3, 5:1, 그리고 요한이서 7, 8절 등을 인용하기도 한다(Haer. 3.16.18). 알렉산드리아의 클레멘트(Clement of Alexandria) 역시 이런 사실들과 부합하는 증언을 남긴다. "사도 요한은 밧모 섬에서의 유배 생활 후에 다시 에베소로 돌아와 살았으며, 거기서부터 인접한 이방인들의 지역에 초청받아 선교 활동을 했는데, 어떤 곳에서는 감독들을 임명했고 다른 곳에서는 전체 교회들의 조직을 정비했으며, 또 다른 곳에서는 성령에 의해 선택된 어떤 자들을 사역을 위해 택하여 세우기도 했다"(Hist. eccl. 3.23.6).

아마도 서머나의 감독으로 임명된 폴리캅은 그렇게 세워진 지역 교회의 지도자들 가운데 대표적인 사례일 것이다. 이레나에우스는 "폴리캅은 사도들에 의해 교훈을 받았을 뿐 아니라, 그리스도를 보았던 많은 증인들과 교류가 있었으며, 아시아에 있던 사도들에 의해 서머나에 있는 교회들의 감독으로 임명되었다"(Haer. 3.3.4)고 증언하고 있고, 터툴리안(Tertullian)은 보다 구체적으로, "폴리캅이 요한에 의해 서머나의 감독으로 임명되었다"(Praescr. 32.2)고 기록한다.¹³

이렇듯 요한계시록의 저자인 사도 요한이 1세기 중후반경 밧모 섬에서 다시 에베소로 돌아왔고, 에베소를 기점으로 서머나를 포함한 소아시아 지역의 여러 교회들을 돌보며 감독들을 임명하는 등, 상당한 신학적, 교회적, 목회적 지도력을 행사했다는 것은 사실에 가깝다. 그렇다면 이미 1세기 말경에 복음

---

12 Yarbrough, *1-3 John*, 17-26.
13 Schnabel, *Early Christian Mission*, 819-842.

이 충분히 전파되었다고 알려진 소아시아 지역에 세워진 교회들, 특히, 요한계시록 2-3장이 묘사하는 일곱 교회들은 사도 요한이 기록한 요한서신과 아무런 관련이 없을까?

(5) 요한서신, 계시록의 일곱 교회(계 2-3장)와 주요 주제들

사도 요한과 관련 있는 교부들의 증언이 뒷받침해 주는 한, 요한서신이 1세기 어간 아마도 80년대 즈음에 당시 아나톨리안 반도 소아시아의 에베소 인근 지역 교회들의 정황을 염두에 두고 기록되었으리라 보는 것은 무리가 없다. 그렇다면, 요한서신의 수신자 교회들과 요한계시록 2-3장에 나타난 소아시아의 일곱 교회들의 연관성은 상당히 고무적인 착안이 되는 것이다. 계시록의 일곱 교회들의 정황이 비교적 상세히 기록되어 있고, 그 지역 교회들이 맞닥뜨렸던 세속적 유혹과 핍박, 거짓 가르침, 그리고 이에 대한 사도 요한의 경고와 권면들이 요한일서의 수신자 교회들의 대략적 정황과 크게 다르지 않을 것이기 때문이다.

이런 시각에서 계시록의 일곱 교회들이 당한 도전과 사도 요한의 응답에 대한 특징들을 크게 세 가지로 정리할 수 있는데, 첫째는 '세속적 도전으로서 유혹과 핍박'이며, 둘째는 악한 자 마귀로부터 나오는 거짓 선지자, 거짓 교사들을 통한 '거짓 가르침', 그리고 마지막으로 이에 대한 경고와 권면으로, '인내, 온전함, 사랑, 생명', 그리고 특히 '이김' 등의 주제가 강조된다는 사실이다.

우선, 계시록이 묘사하는 소아시아의 일곱 교회들이 직면한 위협은 로마라고 하는 다신교적(多神敎的)이고 제국주의적인 세속 사회로부터의 강력한 유혹과 핍박이 그 특징이었다. 당시 로마에서도 에게해 연안 소아시아 지역은 물자가 풍부하고 상업적, 문화적 교류의 중심지로서 사치와 향락의 문화가 극에 달한 곳이었다. 대부분이 외국인이나 소작농이었을 그곳의 그리스도인들의 눈에는 유혹이고 때로는 위압적인 문화가 아닐 수 없었을 것이다. 그래서 사도 요한은 교회가 정체성과 사명을 잃고 주변 문화에 흡수되고 동화되어 버리는 '혼합주의'(syncretism)를 경계한다.

세상의 부(富)를 동경하며 자신이 진정 '부요한 자'임을 잊었던 서머나 교회(계 2:9), 스스로 세속적으로 '부자요 부요하여 부족한 것이 없다'고 자랑했지만 영적으로는 가난하고 나태하며 무기력하여 영향력을 잃었던 라오디게아 교회가 대표적이다(계 3:17-18). 요한서신 역시, '세상이나 이 세상에 있는 것들을 사랑하지 말라'고 권면하며 '이 세상도, 정욕도 다 지나가는 것'(2:16-17)임을 강조하면서, 궁핍한 믿음의 형제자매들을 위해 세상 재물을 아낌없이 나누는 일(3:17; 4:20), 지역 교회가 가난한 순회 전도자들을 접대하고 지원하는 일(요삼 5-8, 11절)의 중요성을 강조한다.

반면에 계시록의 일곱 교회는 주변 세상으로부터 강력한 핍박도 받았는데, 그것은 주로 예수 그리스도의 복음의 진리에 충실하려는 교회를 향한 거짓 선지자, 거짓 교사들의 거짓 가르침의 공격 때문이었다. 에베소 교회에는 초기 영지주의의 영향을 받았고 반(反)율법주의적이라고 알려진 '니골라 당'(Nicolaitans)의 미혹이 있었고, 버가모 교회에는 니골라 당을 좇는 행색에 더해 발람을 따라 거짓 가르침과 탐욕, 방탕을 행하는 자들이 있었다(계 2:6, 14-15). 또한 서머나 교회에서는 실상은 '사탄의 회당'(쉬나고게 투 사타나, συναγωγὴ τοῦ σατανᾶ)인 유대인들의 핍박이 있었으며, 두아디라 교회에서는 아마도 상업적 길드(guild)와 연관된 '자칭 선지자라 하는 이세벨'이 우상 숭배와 방탕을 조장했다(계 2:9, 20). 성도는 이로 인해 '옥에 던져'져 고난을 받기도 했고, 우상 숭배에 참여하여 변절하기도 했다(계 2:10, 20).

마찬가지로, 요한서신 역시 '여러분 자신을 그 우상들로부터 안전하게 지켜 내십시오'(5:21)라는 말씀으로 서신을 맺을 만큼 거짓 가르침에 대한 경고와 권면으로 가득하다. 마귀는 요한일서에서 '악한 자'(2:13, 14; 3:13; 5:18, 19)로 묘사되며 '적그리스도'(2:18, 22; 4:3; 요이 7절)의 직접적인 배경이다. 악한 자 마귀는 세상 속으로 거짓 영과 거짓 선지자들을 보내어, 예수 그리스도에 관한 '진리를 왜곡'하여 교회를 분열시키고 세상을 미혹하며, 이단들과 세상으로 하여금 하나님의 자녀들을 '혐오'하고 '핍박'하게 만든다(2:19, 22; 3:13; 4:3, 6).

그렇다면 사도 요한은 소아시아의 일곱 교회들이 당한 세속으로부터의 유혹과 핍박, 거짓 선지자와 거짓 교사들의 거짓 가르침의 공격들에 맞서 어떤 경고와 권면들을 제시하는가? 요한계시록 2-3장에 기록된 서신들은 일곱 교회들이 맞닥뜨린 도전에 각기 적실한 응답을 제시하는데, 각 교회마다 특별한 지침도 있고 일곱 교회 모두에 공통적으로 해당되는 격려와 약속의 내용도 있다.

구체적으로, 에베소 교회에는 예수 그리스도에 대한 지속적이고 충실한 증언을 의미하는 '처음 사랑, 처음 행위'(계 2:4, 5)를 요구하고, 서머나 교회에는 '죽도록 충성할 것'을 권면하는데(계 2:10), 요한서신에서도 '사랑'과 '행함'이 중심 주제임은 말할 것도 없으며, 삼위 하나님과의 코이노니아 안에 지속적으로 '거할 것'을 권면하는 강조와도 병행한다(1:7; 2:6, 10, 17, 27; 3:11-18; 4:7-21; 요삼 4, 11절). 버가모 교회에는 회개할 것과 특히 '말씀의 검'으로 싸울 것을 강조하는데(계 2:16), 요한서신에서도 역시 '말씀'은 악한 자 마귀와 그의 세상을 상대하여 싸우는 데 있어 결정적인 무기이다(1:10; 2:14, 16-17; 3:9). 두아디라 교회에는 사탄의 깊은 것을 깨달을 것과 회개, 인내를 요구하는데(계 2:21-25), 요한서신 역시 성령의 '기름 부음'으로 그들이 이미 알고 있는 진리에 지속적으로 거할 것을 요청한다(1:8; 2:4, 24, 28; 3:1-2).

사데 교회에는 그들의 흰옷, 즉, 거룩한 행실을 끝까지 '지키는' 그 행위의 '온전함, 충만함'을 요구하는데(계 3:2-3), 요한일서에서도 예수 그리스도의 다시 오심을 바라보며 자신의 '온전함'의 약속을 따라 자신을 거룩하게 '지키는' 일의 중요성을 강조한다(2:28-3:2; 5:18, 21; 참조. 유 1, 21, 24절). 빌라델비아 교회에 권면하는 '인내의 말씀을 지키는' 일 역시(계 3:8, 10), 성도 안에 그 '말씀이 거하는' 것과 세상과 우상으로부터 '자신을 지키는' 것을 강조하는 요한서신의 강조와 잘 맞아 들어간다(1:10; 2:14, 17; 27; 요이 6-8절).

그리고 라오디게아 교회에 당부한 '열심을 내어 회개'하는 일뿐 아니라, 문 밖에 서 계신 예수 그리스도를 맞이하고 실제로 '코이노니아를 누릴 것'을 강조하는 대목은(계 3:19-20), 요한서신의 신학의 핵심인 '삼위 하나님과의 코이노니아'가 세상의 유혹과 도전, 그리고 그 세상을 장악한 악한 자 마귀의 거짓 가르침의 미혹을 견뎌 낼 수 있는 교회의 해법임을 확인할 수 있게 해 준다(1:1-4; 3:24; 4:13-16; 5:11-12, 18-19).

이렇듯, 요한계시록 2-3장의 각각의 교회에 준 권면들이 요한서신의 주제들과 일치하기도 하지만, 대체로 그 일곱 교회 전체에 해당하는 공통된 교훈들 역시 요한서신의 강력한 신학적 강조들과 맞물린다는 사실을 알 수 있다. 특히, 자주 언급되는 '인내'나 '충성'에 대한 강조는, 요한일서가 묘사하는 '코이노니아'의 핵심인 '거함'으로 말미암아 얻어질 수 있는 신앙적 덕목임이 드러난다. 계시록이 말하는 인내와 충성, 즉, 요한서신이 말하는 '거함'을 통해서 얻어지는 열매의 핵심이 '생명나무의 열매'(계 2:7), '생명책에 기록됨'(계 3:5) 등, 요한서신이 그토록 강조하는 '영원한 생명'이라는 사실 역시 결정적이다(1:2; 5:11-13).

마지막으로, 계시록의 일곱 교회 전체를 향해 독려하는 '이김'의 모티브 역시 특징적이다(계 2:7, 11, 17; 3:5, 12, 21[x2]). 당시 지중해 연안 지역들을 군사적으로 정복했고 원형 경기장에서 검투사들의 경기를 즐겼던 로마 제국에서 '이김'보다 큰 가치는 찾기 어려웠을 것이다. 사도 요한이 거주했던 에베소에서 북쪽으로 73킬로미터 정도 떨어진 서머나에서 숭배되었던 신들 가운데 승리의 여신 '니케'(Nike)가 있었다는 사실도 흥미롭다. 로마 사회에서 '승리'는 그만큼 큰 가치였는데, 요한계시록은 십자가에 달려 죽은 어린양 예수 그리스도를 '이긴 자'로 부른다. 요한서신 역시, 예수 그리스도의 승리를 전제로 악한 자나 세상을 이기는 교회에 '이긴 자'(호 니콘, ὁ νικῶν)라는 승리자의 칭호를 사용하고 있음은 분명한 연결점을 시사한다(3:13, 14; 4:4; 5:4[x2], 5).

그렇다면 '세상을 이긴다'는 것은 어떻게 한다는 뜻인가? 요한서신을 해석하면서, 아마도 이것보다 더 중요한 질문은 없을지 모른다. 그것은 적어도, 오늘날 왜곡되고 축소된 복음을 따라 가르치는 바대로 '세상에서 세상의 방법으로 세상 사람들보다 더 성공해서 승리하는 식'의 이김이 아니다. 요한계시록이나 요한서신은 모두, '세상에서 이기는 것'이 아니라 '세상을 이기는 것'에 대해 말하고 있기 때문이다.

그리고 요한계시록은 이렇게 '세상을 이긴 자' 된 성도가 얻는 결과, 그 열매를 꾸준히 '생명' 언어로 표현하고 있다. '이긴 자'들은 '생명나무의 열매'를 먹을 것이며 그들의 이름은 '생명책'에 기록될 것이다. 마찬가지로 아니 그보다 더욱 요한일서는 그 '생명, 영원한 생명'을 강조한다. 무엇보다, 그 '영원한 생명'은 요한복음에서처럼 '이미' 그 아들을 믿는 자, 그 아들을 믿고 받아들여 그와의 코이노니아 가운데 거하는 자에게 주어져 있다(5:11-12; 참조. 요 3:16-18; 11:23-27).

그렇다면, 그 '영원한 생명'의 실체는 진정 무엇인가? 악한 자의 지배 아래 놓여 있는 적대적인 세상 한복판에서, 하나님의 자녀들이 소유하고 누리는 영원한 생명의 실체는 무엇이며, 그 영원한 생명은 지금, 여기에서 어떻게 나타나는가? 요한서신은 이 결정적인 질문에 답을 주는 서신으로 읽어야 한다.

4. 요한일서의 문학적 구조

정확히 언제 기록되었는지 알 길은 없지만, 요한서신은 1세기 이전 사도 요한이 에베소를 배경으로 기록했으며, 그가 꽤 늦은 나이까지 그 지역에 머물며 초기 교회의 2세대 지도자들을 세우는 등 흩어진 주의 교회를 이끄는 신학적이고 목회적인 지도력을 행사했던 것은 분명하다. 하지만 요한일서의 경우, 발신자조차 명확히 언급하지 않는다. 다만 1:1에 '우리가 들었고 우리 눈으로 보았던 것, 그리고 주목하여 우리 손으로 만진 바 되었던'이라는 표현이 사도 요한이 했을 법한 표현이고(행 4:19-20), 여기서 사용된 동사들의 주체인 '우리' 역시 예수님의 공생애 사역을 실제로 보고 경험한 '직접 증인들'(eye-witnesses) 가운데 유력한 사도로서 요한을 포함한다는 것을 알 수 있다.

(1) 발신자 사도 요한

요한일서는 서신으로 불리기는 하지만, 인사말과 맺는말에서 발신자와 수신자를 소개하고, 그리고 문안인사를 포함하는 당시의 통상적인 그레코로만 서신이나 신약의 전형적인 서신 형식과는 사뭇 다른 형태를 가지고 있다. 반면에, 요한이서와 삼서는 각기 첫 구절에서 발신자를 '장로'(프로스뷔테로스, πρεσβύτερος)라고 명확히 지칭하고, 수신자의 경우도 이서는 '부녀와 그의 자녀들'에게, 그리고 삼서는 '가이오'에게 편지한다고 명확히 밝힌다. 서신을 맺는 말에서도 이서와 삼서 모두 그 마지막 구절에 문안인사를 기록하고 있다. 발신자로 명시된 '장로'가 어떤 직분인지, 단지 나이 든 원로를 가리키는지 명확하지는 않지만, 이서와 삼서를 요한일서에 동봉된 편지로 가정한다면 '장로'는 사도 요한이 지역 교회를 섬기는 직분자나 신앙의 어른으로서 자신을 낮추어 부르는 표현으로 간주할 수 있다.

예수님의 품에서 예수님을 직접 뵙고 그로부터 듣고 배웠던 '사랑하시는 제자'(요 13:23; 19:26; 21:7, 20)이며, 예루살렘의 실질적 지도자였던 주의 형제 야고보, 그리고 사도 베드로와 함께 초기 교회의 유력한 지도자로서 당시 에베소 교회를 관할하고 있었던 사도 요한이, 자신을 지역 교회의 장로로 낮추고 섬기는 자의 모습으로 표현한 것은 인상 깊은 자기소개가 아닐 수 없다(참조. 벧전 5:1-3). 교부 제롬(Jerome)이 갈라디아서 6:10을 주해하면서 사도 요한에 대해 전해 주는 일화는 유명하다. 사도 요한이 에베소에서 매우 나이 들어 늙었을 때, 제자들에게 부축을 받으며 회중 가운데 서서 말도 제대로 할 수 없는 상태에서 늘 '자녀들이여, 서로 사랑하십시오'를 반복했는데, 왜 항상 같은 말만 반복하시느냐는 제자들에게, '그것이 주님의 명령입니다. 그리고 그것을 행하면 그것으로 충분합니다'라고 했다는 일화이다.

(2) 요한일서의 문학적 구조

어쩌면 요한일서의 문학적 구조 안에서도 사도 요한이 노년까지 강조했다는 그 '사랑'이 중심적인 위치를 차지하고 있을지 모른다. 또는, 위에서 살펴본 대로 소아시아의 일곱 교회들의 배경과 함께 강조되었던, 인내, 말씀, 거짓 가르침, 사귐과 거함, 영원한 생명, 그리고 이김 등의 주제가 요한일서 안에서 중요한 위치에 배치되었으리라 짐작할 수도 있다. 하지만 요한일서의 문학적 구조 안에서 이런 주제들이 어떤 식으로 배열되어 있는지는 상대적으로 명확치 않다.

사실 요한일서의 문학적 구조는 파악하기 어렵기로 유명하다. 애초에 문학적 구조가 있기는 한 것인지를 질문할 만큼 쉽지 않기도 하고, 혹자는, 사도 요한이 너무 나이 들어 기록한 서신이라 한 말을 또 하고 다른 생각이 나면 불쑥 그 주제로 옮겨 버려서 몇 가지 내용이 뒤섞이고 산만한 구조라고 체념하기도 한다. 요한은 종종 경계가 불분명하고, 하나를 표현하면서 다른 것들을 연상하게 만들며, 한 가지를 말하다가 그것과 연관되는 것들을 주르륵 쏟아놓고는 다시 원래 말하던 그 주제로 돌아가는 식의 어법을 구사한다. 그야

말로 신비주의적 문학 양식에 걸맞은 표현법이라 할 수 있는데, 우리는 본문에서 요한의 이런 이야기 전개 방식을 자주 마주치게 될 것이다.

그래도 몇 가지 단서들이 있기는 하다. 우선, 특징적으로 '이것이 그 소식이라'(호이테 에스틴 헤 앙겔리아, αὕτη ἐστὶν ἡ ἀγγελία)라는 표현이 두 군데 나오는데, '하나님은 빛이시라'(1:5)와 '서로 사랑하라'(3:11)라는 말씀과 연결된다. 이 두 본문을 중심으로 본론을 둘로 나누고 서론과 결론을 구별해서, 요한일서의 전체 구조를 서론(1:1-4), 첫째 본론(1:5-3:10), 둘째 본론(3:11-5:12), 결론(5:13-21)으로 구분하기도 한다.

하지만 문제는, '하나님은 빛이시라'는 주제를 설명하는 1:5-3:10에서도 '서로 사랑'에 관련된 주제가 반복적으로 소개되며(2:7-11, 12-17), '서로 사랑하라'를 중심 주제로 보는 3:11-5:12에서도 역시 속죄, 세상을 이김, 예수 그리스도에 대한 증거, 영원한 생명 등의 색다른 주제들이 무게 있게 다루어진다는 점이다(4:10; 5:4-8, 11-12). 그래서 요한일서의 구조는 단지 일직선(linear)의 논리로 진행되지 않고, 요한계시록의 경우처럼 몇 가지 주제들이 덩어리처럼 묶인 채 나선형처럼 반복되면서(recapitulated) 점진적으로 절정에 이르는 것으로 생각되기도 한다.

그럼에도 불구하고 비교적 명확한 부분은, 서론과 결론이 서로 상응하며 짝을 이룬다는 점이다. 최근의 분석들 가운데 하나는, 요한일서가 이처럼 처음과 끝이 상응하면서 전체적으로 전후 대칭적(chiastic) 구조를 이룬다고 보는 관점이다. 즉, 서론(1:1-4)과 결론(5:13-21)이 '영원한 생명'을 다루며, 본론에서는 '세 가지 증거들'의 주제 아래 1:5-2:2과 5:1-12이 짝을 이루고, '하나님과 형제 사랑'의 주제로 2:3-17과 4:7-21이, 그리고 '거짓 그리스도'(2:18-27)와 '거짓 선지자들'(4:1-6)이, 또한, '신자의 확신'이라는 주제로 2:28-3:10과 3:19-24이 서로 대칭된다. 그리고 전체적으로 전후 대칭적인 구조의 중심부에는 '거하는 사랑'(love proves abiding, 3:11-18)이 놓여 있다고 보는 견

해이다.¹⁴

필자는 대체적으로 요한일서가 서론과 결론을 비롯해서 전후 대칭적 구조를 가지고 있다고 파악한다. 하지만 위의 분석에서는 전체 구조의 가장 중심부로 간주되는 3:11-18의 주제가 '거하는 사랑'인데, 실제로 '거하는 사랑' 곧 '사랑의 상호 내주'(mutual indwelling)의 주제에 관해서는 4:11-16도 만만치 않은 본문이라는 점을 고려해야 한다. 또한, 요한계시록의 일곱 교회에서도 강조되듯이, 요한일서의 전반부인 2:14의 '악한 자를 이김'과 후반부인 5:4의 '세상을 이김'이라는 주제는, 5:19이 알려 주는 대로 '악한 자 아래 놓인 세상'이라는 요한일서 전체 구조를 고려할 때 묻혀 둘 수 없는 중심된 주제이기도 하다. 이런 점들을 들어 필자는 아래와 같은 문학적 구조를 제안한다.

요한일서의 문학적 구조

(A) 영원한 생명의 사귐 1:1-10(서론)

  (B) 계명을 지킴 2:1-11
    (사귐의 보장과 확장)

    (C) 악한 자를 이김 2:12-17
      (사귐과 악한 자를 이김)

      (D) 미혹과 기름 부음 2:18-27
        (사귐의 경계와 확실성)

        (E) 마귀와 죄 2:28-3:9
          (생명의 사귐과 성화)

---

14 Bigalke, "Unravelling the structure of First John: Exegetical analysis, Part 2", 1-7(6).

> (F) 진실한 사랑 3:10-24
> (사귐과 행하는 사랑)
>
> (D′) 미혹과 진리의 영 4:1-6
> (사귐과 성령의 증거)
>
> (E′) 아들과 죄 4:7-10
> (사귐과 아버지의 사랑)
>
> (F′) 온전한 사랑 4:11-21
> (사귐과 형제 사랑)
>
> (B′) 계명을 지킴 5:1-4
> (사귐과 사랑의 확증)
>
> (C′) 세상을 이김 5:5-13
> (사귐과 삼위 하나님의 증거)
>
> (A′) 영원한 생명의 사귐 5:14-21(결론)

우선 위의 도표를 보면, 요한일서는 '영원한 생명의 사귐[코이노니아]'(A와 A′)의 주제로 편지를 열고 닫는다는 사실을 알 수 있다. 하지만 성경에서 자주 사용되는 '반복'이나 '평행' 기법은 단순히 동일한 내용을 중복하는 것이 아니므로, 결론으로 나오는 '영원한 생명의 사귐'(A′)은 서론인 A의 내용 안에 서신의 본론에서 다루어진 주제들이 풍성하게 녹아져 들어가 있음을 전제해야 한다.

동시에, 전체 구조의 중심부에는 '사랑'에 관한 단락이 이중적으로 중첩되어 있음을 알게 된다. 먼저는 '진실한 사랑'(F)이고 그 뒤에는 '온전한 사랑'(F′)이다. 각각의 내용이 어떻게 공통된 기반을 가지면서 다른 강조점을 드러내는지는 주해에서 다루겠지만, 핵심은 요한일서의 중심부에 '사랑'이 자리하고 있다는 사실이다. 그러므로 위의 문학적 구조는, 요한일서가 '영원한 생명의 사귐'(A와 A′)을 전제하고 설명하면서, 그 영원한 생명이 드러나고 도달하는 그 목적지인 '진실한 사랑, 온전한 사랑'(F, F′)에 어떻게 이르느냐를 설명하고 있다는 사실에 주목하여 그 흐름을 따라가는 것이 결정적이다.

다시 말해서, 요한일서는 수신자 교회가 '영원한 생명'을 받았는데, 그 영원한 생명을 누리고 드러내며 결국에는 진실하고 온전한 사랑에 이르러야 한다고 설득하고 권면하는 중인 셈이다. 쉽게 질문해 보자. 당신은 예수를 믿는가? 예수를 믿는 당신 안에 영원한 생명이 있다는 사실을 알고 확신하며, 지금, 여기서, 누리고 있는가? 그 영원한 생명을 누리는 결과로 당신의 사랑은 진실로 구체적으로 나타나고 있는가? 온전한 사랑에 이르렀는가? 아니면, 아직도 여전히 '다른 사랑들'로 고통당하며, 세상에 지며, 미혹에 빠지며, 죄와 불의, 사망과 어둠 아래 '거하고' 있는가? 무슨 이유 때문인가?

이런 질문들이 요한일서의 본문을 읽으며 마음속에 계속해서 떠오르도록 의도된 도전들인 셈이다. 그러니까, '영원한 생명의 사귐'(A)이 '진실하고 온전한 사랑'(F와 F′)에 이르려면, 도대체 무슨 장애물들이 있으며, 그런 장애물들을 어떻게 뛰어넘고 이겨 내야 하는가 하는 관점에서, 나머지 단락들을 살펴보면 전체 구조가 어떻게 흘러가고 있는지를 가늠할 수 있다. 그래서 요한은 '계명을 지킴'의 문제(B와 B′), '악한 자를 이김'(C)과 '세상을 이김'(C′)의 능력, '미혹과 기름 부음, 진리의 영'의 문제(D와 D′), 그리고 '죄와 마귀 그리고 그 아들'(E와 E′)의 문제들을 다루지 않을 수 없는 것이다. 결국, 이런 문제들의 극복이 왜 중요한지, 어떻게 참으로 '영원한 생명의 사귐'(A′)을 지키고 누리고 드러낼 수 있는지를 주목하여 살펴야 할 것이다.

마지막으로, 위의 도표에서는 각 단락을 나누고 괄호 안에 부제(subtitle)들을 넣어 두었으며, 그 부제들은 모두 '코이노니아' 곧 '사귐'에 관련된 부가적인 제목들이다. 말하자면, 신자가 영원한 생명을 받고 누리며 진실하고 영원한 사랑에 이르는 그 결정적인 방법으로 제시된 길은 '삼위 하나님과의 코이노니아로서의 교회 공동체'라는 뜻이다. 그래서 이 책에서 요한일서를 주해하고 설명하는 '목차'는, 편의상 서신의 각 단락이 제시하는 '코이노니아'의 구체적이고 다양한 측면들을 따라 제시되었다.

5. 신약에 나타난 코이노니아 관련 용어

요한일서에서 가장 중요한 개념인 '코이노니아'(κοινωνία)란 무엇인가? 일단, 구약을 헬라어로 번역한 칠십인경(LXX)에서 '코이노니아'는 '하베르'(חבר)를 번역한 것인데, 이 단어는 한 번도 하나님과 사람 사이의 관계를 묘사한 적이 없다. 그 관계가 선하든지 악하든지 사람과 사람 사이의 '친구 또는, 동무, 동류' 관계를 표시하거나(시 119:63; 잠 28:24), 이방 신들과의 음란한 연합을 표현하기도 했다(사 44:11; 호 4:17). 이런 경향은, 헬라 세계에 들어오면 더 뚜렷해지는데, 플라톤, 에픽테투스, 그리고 헬라의 다른 저자들은 여러 '신(神)들과의 코이노니아'라는 표현을 일상적으로 사용하였다.[15]

흥미롭게도 신약에서 '코이노니아'는, 사람 간의 관계뿐 아니라 예수 그리스도, 하나님, 성령님처럼 삼위 하나님과의 관계에서도 사용된다. 추상 명사형인 '코이노니아'는 신약에서 모두 19회 사용되며, 요한 문헌에서는 유독 요한일서에만 4회가 나온다(1:3[x2], 6, 7). 가장 자주 사용되는 기본적인 의미는 '상호 교제'(communion)이고, '어떤 대상을 공동으로 소유하거나, 공동의

---

[15] 이하의 내용에 관해서는, TDNT, 789-808. Panikulam, *Koinōnia in the New Testament*, 177, 110-134; Strecker, *The Johannine Letters*, 20-21; Yarbrough, 1-3 John, 41; Malatesta, *Interiority and Covenant*, 3-25; 성희찬, "코이노니아: 신약에 나타난 교회론적 의미 연구", 5-8; Brown, 『요한서신』, 321; 한의신, 『신약성서의 코이노니아』, 28-54을 참조하라.

무엇에 참여하는 행위'를 전제하며, 그 상호 교제와 공동 참여의 방식 그리고 그 결과로서 '나눔'(sharing; the shared)을 동반한다.[16] '코이노니아'의 어근인 κοιν-(코인-)을 포함한 형용사 '코이노스'의 기본적인 의미는 '공동의'이다. 또한, 신약에서 '공동으로 소유하다'라는 의미의 동사인 '코이노네오'는 4회, '나눔'을 강조하는 형용사인 '코이노니코스'는 1회, 그리고 '교제하는 사람'을 의미하는 '코이노노스'는 모두 10회 사용된다.

(a) 동사형 '코이노네오'(κοινωνέω): '코이노네오'는 근본적으로 '무엇인가를 공동으로 나누어 소유한다'는 의미이다. 즉, '공유'의 뜻이 있다. '그리스도의 고난에 참여하는 것'(벧전 4:13)은 그리스도의 고난이 그분만의 것이 아니라, 나의 것도 되게 한다는 의미이다. 공동으로 나누는 것이다. '남의 죄에 간섭한다'(딤전 5:22)의 경우도 그 일이 공동의 것이 되게 한다는 의미이다. 여기서 더 나아가서 물질적인 것을 '함께 나누는 일'도 이에 해당한다(갈 6:6; 롬 12:13). 즉, '코이노네오'는 무엇인가를, 그것이 그리스도의 고난이든, 죄이든 물질이든, '서로의 것' 즉, '공동의 것이 되게 한다'는 뜻인 것이다.

(b) 명사형 '코이노노스'(κοινωνός): '공동으로 어떤 일에 참여함으로 그것을 함께 나누는 사람'을 가리키는 '코이노노스'는 신약에서 10회 사용된다.

우선, (i) 일반적으로 '같은 일을 함께하는 자' 그래서 '동역자'로 이해될 수 있는 용법이 있다. '피 흘리는 일에 참여'(마 23:30)한다든지, 시몬 베드로와 어부의 일에 동업자가 되는 것(눅 5:10), 또 어떤 특정한 행위들에 참여하는 것(히 10:33)이 그 예이다. 그리고 함께 고난에 참여하는 자(고후 1:7)도 포함된다.

또한 (ii) 명사형인 '코이노노스'는 단순히 같은 일을 함께 한다는 차원을

---

16 '코이노니아'가 사용된 19회 중에서, '상호 교제'의 의미는, 사도행전 2:42; 고린도후서 6:14; 13:13; 빌립보서 1:5; 2:1, 빌레몬서 6절, 요한일서 1:3[x2], 6, 7; 로마서 15:26; 고린도전서 1:9; 갈라디아서 2:9를 들 수 있고, '공유, 참여'의 의미는, 고린도전서 10:16[x2]; 빌립보서 3:10을, 그리고 '나눔'의 의미는 고린도후서 8:4; 9:13; 히브리서 13:16을 들 수 있다.

넘어서서, 보다 친밀한 전인격적 교제를 하는 사람을 가리키기도 한다. 단순한 동역자를 넘어서서 '동무', '동료' 등으로 번역되는 경우이다(몬 17절, 개역한글; 고후 8:23).

(iii) 마지막으로, 그 대상이 두드러지게 신적(神的)인 예도 있다. 이방인의 제사에서 제물을 먹음으로 '제단에 참여'하여 '귀신과 교제'(고전 10:18, 20)하는 경우이다. 하나님이 그 대상일 때는, 그리스도의 증인이 되는 것처럼, 장차 오는 '영광에 참여'(벧전 5:1)하는 것이며, 이는 친밀한 교제를 통하여 하나님 자신의 성품을 공유하는 '신성한 성품에 참여'하는 것에서 절정에 이른다(벧후 1:4).

(c) 형용사형 '코이노니코스'(κοινωνικός): '코이노니코스'는 '너그러운'(딤전 6:18, 개역개정; '동정하는', 개역한글)으로 번역되었는데, '나누고자 하는'이라는 의미로, 긍휼과 자비에 기반을 둔 너그러움, 자신의 것을 가난한 이들과 함께 공유하고자 하는 마음을 가리킨다.

(d) 추상 명사형 '코이노니아'(κοινωνία): 무엇인가를 공동으로 나누고 함께 소유하는 관계, 사람들, 행위를 추상적으로 총칭하는 '코이노니아'는 19회로 가장 많이 사용되는 형태이다. '코이노니아'가 기본적으로 '무엇인가를 공동으로 나누는 것'이라 할 때, 이 단어는 문맥 안에서 공동으로 나누는 그 대상에 따라 다양하게 쓰인다. 기본적인 의미는 '빛과 어둠이 어찌 사귀며'(고후 6:14)의 경우처럼 서로 공동으로 나눌 것이 없는 경우에 극명하게 드러난다.

(i) 우선, '하나님 자신이나 하나님의 것'을 공동으로 나누는 경우는 특이하고 주목할 만하다. 성도가 '그리스도의 피와 몸에 참여'하고(고전 10:16), 하나님은 '그리스도 주와 더불어 교제'하게 하시며(고전 1:9), '그리스도와 그 부활의 권능과 그 고난에 참여'하고(빌 3:10), '아버지와 아들과 함께하는 교제'이다(1:3[x2], 6, 7). 무엇보다, 하나님과의 교제는 '성령의 교통하심'(고후 13:13), '성령의 교제'(빌 2:1)를 통해 이루어진다.

(ii) 또한, 이러한 하나님과의 교제는, 다양한 '신앙적 활동'들에 공동으로

참예함으로써 이루어진다. 성도들은 함께 사도들의 가르침을 받았고, 함께 기도하고, 함께 물질을 나누는 교제를 했다(행 2:42). 마찬가지로, '복음에서 교제함'(빌 1:5)이나 '믿음의 교제'(몬 6절), '친교의 악수'(갈 2:9)를 하는 것도 같은 맥락이다.

(iii) 마지막으로, 하나님과의 교제, 특별히 교회의 다양한 신앙적 활동에 참여함으로써 이루어지는 하나님과의 교제는, '결과적으로 봉사와 물질의 나눔'으로까지 이어진다. 아가야 지역의 교회가 로마의 가난한 이들을 위해 '어떤 교제'(롬 15:26), 즉, 연보를 한 것이나, '은혜와 봉사의 나눔'(고후 8:4), '후한 연보와 넘치는 교제'(고후 9:13)는 진실하고 풍성한 사귐의 증거로 여겨진다. '선을 행하고, 나누어 주기를 잊지 말라'(히 13:16)는 것도 하나님과의 교제, 성도 간의 교제가 물질의 나눔으로 이어져야 함을 보여 준다.

요약하면, 신약에서 '코이노니아'라는 용어는 첫째, 무엇인가를 '공동'으로 소유하는 행위를 가리킨다. 둘째는, '서로 교제'하는 행위를, 그리고 마지막으로는, 그래서 '나누는' 일 또는 그 '결과'를 가리킨다고 할 수 있다. 요한일서에서는, 교회가 예수 그리스도와 아버지 하나님과 공동으로 영원한 생명, 삶을 소유하고, 서로 교제하며, 계명을 지킨다든지 빛 가운데 걷는 것, 형제 사랑이나 재물을 나누는 결과까지를 총칭하는 용어라 할 수 있다.

그렇다면, '코이노니아'라는 용어가 왜 구약에서나 칠십인경에서는 하나님과의 관계에서 사용되지 않았는가? 당시 헬라 문화권에서 '신(神)들과의 코이노니아'로 사용된 경우와 어떤 점들에서 다르고 또 유사한가? 요한서신은 왜 '코이노니아'를 강조하는 것일까? 요한서신이 정의한 '코이노니아'로서의 교회는 오늘날 우리에게 어떤 의미, 어떤 도전, 어떤 메시지를 던지고 있는가? 이런 질문들에 대한 답을, 요한서신의 본문을 다루며 찾아보자.

제1장

코이노니아, 탄생과 소속

(1:1–10)

　당신의 교회에 분란이 있다. 당장 쪼개질 판이다. 어떻게 그리스도인으로서 저런 주장을 할 수 있을까? 어떻게 저런 짓들을 할 수 있을까? 같은 그리스도인이지만 이해가 되지 않는다. 결국, 저들은 교회를 떠날 모양이다. 예배를 드려도 드린 것 같지가 않다. 괴롭다. 월요일이 되어 직장에 간다. 학교에 간다. 거기서 동료나 친구들이 눈치를 준다. "너 교회 다니지?" 안 그래도 자주 뉴스에 오르내리는 교회의 부정적인 모습 때문에, 세상 사람들의 적대감도 더 심해졌다. 사회생활하기가 불편할 정도이다. 계속 예수 믿고 신앙생활 할 수 있을까?

　요한일서는 아마도 이런 식으로 기독교 신앙에 대해 완연히 적대적인 사회가 되어 버린 세상 속에서 살아가는 교회를 위한 서신에 해당한다. 게다가 교회 안에서 그런 세상의 거짓 가르침과 풍조를 그대로 본받아 따르던 자들이 끝내 교회를 흔들고 나가 버리는 아픔까지 소개한다. 이런 상황에서, 예수 믿는다는 것은 무엇인가? 아니, 도대체 예수는 누구인가? 정말이지, 교회란 또 무엇이란 말인가?

　예수 믿고 교회에 다닌다고 해서, 자신이 믿은 내용의 의미를 하루아침에 풍성하게 다 깨닫게 되는 것은 아니다. 어떤 계기들이 주어진다. 말씀을 배우고 하나님을 사랑하고 교회를 사랑하며 믿음으로 살아가다 보면, 많은 시험과 환난, 유혹이나 핍박의 고통스러운 경험을 지나게 된다. 그리고 다시 말씀을 통해, 예수 믿는다는 것의 의미, 교회란 무엇인가에 대한 확신이 새로운 차원으로 깊어지게 된다.

  요한일서는 교회로서 아주 고통스러운 경험을 겪고 있는 수신자 그리스도인들에게 보낸 서신이다. 과연 예수 믿는 신앙이란 무엇이며 교회란 정말 무엇인지를 새롭게 확신시켜 주는 권면의 말씀이다. 그리고 이런 권면은 교회를 혼란하게 하는 거짓 가르침을 따르는 자들의 출현과 맞물려 있다. 요한일서 2:19은 이들로 인해 교회가 쪼개지는 아픔을 겪었던 정황을 알려 준다: "저들은 우리에게서 나갔으나 우리에게서 난 자들이 아닙니다. 만일 우리에게서 난 자들이라면, 우리와 함께 머물렀을 것입니다. 그러나 저들에 관한 모든 것이 우리에게서 난 것이 아님이 나타내진 것입니다."[17]

교회 분열, 물어야 했던 질문들

  그저 읽기만 해도 그 수신자 교회의 당혹감과 고통을 짐작하게 하는 말씀이다. 사실 오늘날 이런저런 모양으로 교회의 분열과 그로 인한 아픔을 겪는 우리 자신의 모습을 돌아보게 만든다. 저들은 왜 나갔을까? 그렇게 분리된 교회에 남아 있는 자들은 어떤 생각을 했고, 또 해야 했을까? 더구나 그렇게 나갔던 '한때 형제자매들'로 불렀을 그들은 무슨 이유로, 어떤 주장을 하며 나갔던가? 2:22은 그 질문에 대한 단서를 제공한다: "만일 예수께서 그리스도이심을 부인하는 자가 거짓말하는 자가 아니면 누가 거짓말하는 자이겠습니까? 그는 적그리스도이며, 아버지와 아들을 부인하는 자입니다."

  그러니까 교회를 나갔던 그들은, 그들이 한때 남아 있던 성도들과 함께 믿었던 예수 그리스도에 대한 신앙 고백에 있어서 결정적으로 '다른' 신앙을 고백하고 나갔음을 알 수 있다. 그들이 믿는다는 그 예수에 대한 '다른 신앙 고

---

[17] 이후로 사용되는 요한일서의 본문은 따로 표기하지 않는 한, 네슬-알란드 27판과 28판에 근거해 번역한 저자의 사역(私譯)임을 밝힌다. 전체 사역 본문은 책 뒤에 부록으로 첨부한다.

백'이 문제였던 것이다. 그것은 확실히 큰 문제였다. 분명히 그들은 '예수 그리스도께서 육체로 오셨다는 것을 부인하는' 자들이었다(4:2; 요이 7절).

수신자 교회가 두 쪽이 난 것이다. 생각해 보라. 그것은 당사자들이나 또 그런 상황을 바라보는 사도 요한에게 얼마나 당혹스럽고 고통스러운 경험이었겠는가? 교회가 분열을 겪으면, 그 안에 속한 성도들의 고통은 이루 말할 수가 없다. 교회에 가서 예배를 드리고 와도, 집에 그저 앉아 있어도 몸이 아플 정도의 고통을 겪는다. 이런 상황을 어떻게 수습할 것인가? 그들은 왜 나갔는가? 그들은 왜 굳이 '예수 그리스도가 육체로 오셨다'는 사실을 극구 부인했으며, 왜 견디지 못하고 모(母)교회를 뛰쳐나가게 되었는가?

더 나아가서, 이제 저자는 이런 교회 분열의 고통을 겪은 수신자 교회에 무엇이라고 말해야 했는가? 우선, 나간 자들이 주장하는 잘못된 신앙 고백을 바로잡아야 하지 않았겠는가? 그리고 남아 있는 자들이 붙잡고 있는 올바른 신앙 고백과 그들이 '처음부터 들었던'(2:24) 올바른 가르침을 확신시킬 필요가 있지 않았겠는가? 그리고 무엇보다 그들을 위로하며 더욱 뜨겁게 서로 사랑함으로써 더욱 든든히 서 가는 교회가 되도록 격려해야 할 필요가 있지 않았겠는가?

분열과 시험을 능가하는, 기쁜 소식

요한일서의 첫 문단은 이런 배경을 염두에 두고 읽을 때, 제대로 이해될 수 있다. 요한일서가 편지라면, 저자인 사도 요한이 얼마나 다급하고 절박한 심정으로 이 글을 썼는지 짐작할 수 있다. 발신자인 자신에 대한 소개도 인사도 없이, 1절부터 곧바로, 그들이 흔들림 없이 붙들어야 하는 예수 그리스도의 복음과 그로 말미암아 그들에게 허락된 교회의 영광을 확실히 보여 주고 싶어 하는 마음이 역력히 읽힌다. '태초부터, 처음부터 있는 생명의 말씀에 관하여는!' 그러니까 '너희들이 받은 이 복음의 생명과 영광이 무엇인지 아느냐!' 이렇게 힘 있게 시작하는 것이다. 1-4절까지의 말씀을, 동일한 위로와 감격, 기쁨을 품고 찬찬히 읽어 보자.

> ¹ 그것은 태초부터 있어 온, 우리가 들었고 우리 눈으로 보았던 것, 그리고 주목하여 우리 손으로 만진 바 되었던 그 생명의 말씀에 관한 것입니다. ² 그리고 그 생명은 나타내신 바 되었고, 우리는 보았으므로 증거하여 여러분에게 그 영원한 생명을 전하는데, 이는 아버지와 함께 있다가 우리에게 나타내신 바 된 것입니다. ³ 우리는 보았고 들었던 것을 여러분에게 전하고 있습니다. 이는 여러분도 우리와 함께 사귐을 가지게 하려는 것이며, 이는 우리 아버지와 그 아들 예수 그리스도와 함께하는 사귐입니다. ⁴ 무엇보다, 이것을 우리가 여러분께 쓰는 것은 우리의 기쁨이 충만하게 하려 함입니다.

'생명의 말씀, 영원한 생명'이 나타났다! 그 때문에 사귐 곧 '코이노니아'(κοινωνία)가 생겨났고, 그 결과는 '충만한 기쁨'이다! 이것이 1-4절이 전하고 싶은 소식이다. 위에서 언급한 2:19, 22이 묘사하는 교회 분열의 뼈아픈 상황을 염두에 두면, 4절이 '충만한 기쁨'으로 끝나는 것은 매우 희망적이고 감격적이다. 아직 소망이 있다는, 아니, 더 충만하고 확실한 기쁨이 있다는 메시지이기 때문이다. 이 기쁜 소식의 실체는 무엇인가? 무엇이 그들로 하여금, 교회가 쪼개지고 믿음이 흔들리는 이 상황을 넉넉히 이기고도 남게 만들 수 있다는 것인가?

교회가 분열의 아픔 같은 고난의 시기를 지나갈 때, 세상이 교회를 적대하며 혐오할 때, 심지어 교회에 대한 신뢰가 무너져 내리고 우리의 신앙 고백조차 흔들릴 때, 그런 어두운 날들을 지나갈 때, 우리는 무엇을 해야 하는가? 엎드려 기도하며, 부지런히 서로를 위로하고, 더욱 결속력을 공고히 다지는 많은 모임들을 가질 수도 있다. 하지만 요한일서가 제안하는 우선적인 방식은 단순하고 전통적이다. 곧, 예수 그리스도에게 돌아가는 것이다. 교회란 무엇인가를 다시 물어야 하는 혹독한 시련 앞에서, 성도는 마땅히 교회의 존재와 교회가 소유한 그 내용을 가능하게 하신 예수 그리스도가 누구신지를 아는 지식과 확신에로 되돌아가야만 한다.

이것이 1절이, 갖은 시련에 흔들리는 이 땅의 모든 교회들에게 주는 도전이요, 가장 안전하고 확실한 해결책이다. 교회가 믿는, 교회가 거기에 기초한 그 반석이신 예수 그리스도는 누구신가? 당신들이 믿어 왔던 그 예수 그리스도는 진정 어떤 분이신가? 교회는 오직 그분을 아는 만큼, 그만큼만 기뻐하고 그만큼만 영광스럽고 그만큼만 능력 있게 살 수 있다. 우리가 사는 삶의 크기와 영광은, 우리가 알고 있는 예수 그리스도의 크기와 영광만큼뿐이기 때문이다.

1. 코이노니아의 근거(1:1-2)

요한일서 1:1-2이, 코이노니아로서의 교회를 탄생시킨 근거로서 '예수 그리스도의 나타나심'을 집중적으로 선포하고 설명하는 이유는 여기에 있다. 이 분열과 적대감의 시기에, 우리가 믿는 이 예수는 누구인가를 아는 것은 결정적이다. 교회가 거짓 가르침으로 상처받고 쪼개져서 양 무리가 흩어지는 이 괴로운 날에, 이 교회를 세우신 예수 그리스도는 진정 누구신가? 묻고 또 물어야 한다. 우리의 모든 치유와 회복과 전진은 오직 여기로부터 나오고 또 그래야 하기 때문이다. 그런데 이 예수 그리스도의 나타나심을 묘사하는 방식이나 표현들이 놀랍기 그지없다.

우선 예수 그리스도는 '생명의 말씀'(1절), '생명' 또는 '영원한 생명'(2절)으로 표현된다. 그리고 그분은 요한복음 1:1에서 '태초에 … 하나님과 함께 있던 말씀'처럼 '아버지와 함께 있던 말씀'(2절)으로 묘사된다. 무엇보다 그 '태초부터 있어 온 생명' 또는 '영원한 생명'은, 그 '말씀'이신 예수 그리스도를 통해 이 세상 안으로 진짜 '나타내신 바' 되었다! 이것보다 더 크고 놀라운 소식은 없다. 이것이 교회 곧 세상 속에 있는 '하나님의 코이노니아'를 탄생시킨 놀랍고 변치 않는 근거이기 때문이다.

세상이 창조되기 이전

이게 다 무슨 소리인가? 하나씩 찬찬히 살펴보자. 먼저, 요한일서에서 첫 번째 나오는 단어는 1절의 '태초부터'(아프 아르케스, ἀπ' ἀρχῆς)이다. 시작 자체가 충격적이다. 요한복음 1:1의 '태초에'(엔 아르케, ἐν ἀρχῇ)뿐 아니라, 창세기 1:1의 '태초에'(엔 아르케, ἐν ἀρχῇ, 칠십인경)를 떠올리기에 충분할 만큼 인상적인 표현이 아닐 수 없다. 시작이 얼마나 웅장하고 엄청난가. 모든 것들의 시작, 더 정확히는, '세상'(코스모스, κόσμος)이 창조되기 그 이전부터 출발하겠다는 것이다. 지금 요한은 분열을 겪고 어려움을 당하는 교회에 편지를 쓰고 있다는 사실을 잊지 말라. 잔뜩 움츠러든 교회, 한때 함께 신앙생활하던 교인들이 자신들을 등지고 세상으로 나가 버린 후, 당혹감과 소외감, 패배의식에 짓눌린 교회에 '너희가 과연 누구냐'를 설명하려는 것이다.

그리고 그 근거를 예수 그리스도로부터 시작한다. 그런데 그 예수 그리스도의 '시작'이 '태초' 즉, 세상의 창조 '이전'인 것이다. 물론 여기 1절에서 '태초부터' 또는 '처음부터'(ἀπ' ἀρχῆς)라는 말은 '처음부터 들은 것'의 경우처럼 (2:24) 수신자 교회가 예수 그리스도의 '목격자들'인 '우리'(1-4절) 곧 사도들로부터 복음을 전해 들은 시점을 떠올리게 할 수도 있다. 하지만 이런 경우에도 요한일서에서 '처음부터'라는 표현은 그 이전 시점과의 경계가 불분명한 다수의 시점들을 포함한다. 예컨대 '처음부터 가지고 있던 옛 계명'(2:7)의 경우처럼 옛 언약 시대나, '처음부터 죄를 짓는 마귀'(3:8)의 경우처럼 창조 시의 시점, 그리고 급기야는 '태초부터 계신 이'에서처럼 창세 이전, 영원 전의 시점을 가리키기도 한다(참조. 계 22:13, '알파와 오메가, 처음과 마지막').

그러니까 요한이 '처음부터'라고 할 때, 그것은 딱 떨어지는 어떤 시점이라기보다, 그 문맥에서 두드러지는 시점을 가리키면서도 다른 '처음'의 시점들을 포함하는 듯한 여운을 남긴다. 사실, 이런 식의 다소 모호하지만 포괄적인 어법은 신비주의적(mystical)인 문학 장르에나 잘 어울리는데, 요한은 종종 이러한 어법을 사용한다. 그래서 1절의 '태초에'는, 수신자 교회가 예수 그리스도의 '생명의 말씀'을 전해 들은 시점을 함축적으로 포함하면서도, 의도적으로 요한복음 1:1뿐 아니라 창세기 1:1을 떠올리게 하는 그 '세상 이전의 절대적 시작(the absolute beginning)의 시점'을 가리킨다는 사실은 확연하다(Klauck, 58-66; Strecker, 9).

그렇다면, '태초부터'가 무엇이 그리 중요한가? 지금 요한은 4절의 '코이노니아'로서의 교회의 근거를 설명하기 위해, '태초' 곧 '세상'이 창조되기 이전의 시점으로 거슬러 올라갔다. 왜 그랬을까? 세상은 무엇이란 말인가? 그레코로만과 같은 고대(古代) 사회에서는 '오래된 것일수록 더 권위 있고 가치가 있는 것'으로 여기는 문화가 있었다는 것을 고려하면,[18] 지금 요한이 어떤 식으로 논리를 전개하고자 하는지 눈치챌 수 있다. 세상과는 비교할 수 없는 시작이라는 것이다. 그것이 예수 그리스도를 통해 '코이노니아'에 참여하게 된 교회의 정체성이요, 위치요, 영광이요, 능력이라는 것이다. 조금 더 살펴보자.

---

[18] 베드로전서 1:20에서도, 흥미롭게도, 예수 그리스도는 '창세전'부터 알려지셨고, 이 말세에 세상에 '나타내신 바' 되었다고 표현된다. 요한일서 1:1-2에서 '태초부터' 있는 생명의 말씀이 '나타내신 바' 되었다는 표현과 유사하다.

목격한 '그것'

그렇다면, 도대체 '무엇이' 나타내신 바 되었다는 것인가? 1절에서 목격자들이 듣고 보고 손으로 만진 바 된 그 실체는 '태초부터 있어 온 그것'이다. 그런데 '그것'(호, ὅ)은 중성 관계대명사로서, 그 뒤에 나오는 '생명의 말씀'에서 남성 명사인 '말씀'(투 로구, τοῦ λόγου)이나 2절에 나오는 '생명' 또는 '영원한 생명'에서 여성 명사인 '생명'(헤 조에, ἡ ζωή)과도 정확히 일치하지 않는다. 그렇다면, 목격자들이 듣고 보고 만진 '그것'은 무엇을 가리키는가?

1절에서 목격자들이 '듣고 보고 주목하여 손으로 만졌다'는 표현은, 예수 그리스도의 성육신, 세례, 공적인 사역, 십자가 사건, 그리고 심지어 부활 후에 제자들에게 나타나셨을 때, 그들이 직접 그분을 목격하고 손으로 만졌던 사건들, 즉, 그가 '육체로 오셨던' 그 사건들을 떠올리게 만든다(2:23; 4:2). 그러니까, 요한의 '그것'이 정확히 다른 무엇과도 일치하지 않는 그 모호함은 차라리, 하나님의 독생하신 아들이 '육체로 오셔서 나타나신' 그 신적 현현(theophany, 神顯)의 신비하고 장엄하고 말로 형용하기 어려운 영광스러운 사건의 총체를 표현하는, 포괄적이고 중의적인 어법이라 할 수 있다.

그러므로 1절에서 '그것'과 문법적으로 정확히 일치하는 단어를 찾을 수 없다는 학자들의 불평은, 요한이 이 광경, 이 사건을 얼마나 장엄하고 신비한 경험으로 묘사하는지를 짐작하지 못했기 때문일 수도 있다. 요한은 모든 것이 딱 떨어지는 식으로 묘사하지 않는다. 아니 그러지 못하는 것일지도 모른다. 도대체, 삶에서 진정으로 중요하고 결정적인 것들 가운데, 딱 떨어지게 묘사할 수 있는 것이 무엇인가? 사랑이 그러한가? 믿음, 하나님, 생명, 진리, 은혜, 영광, 소망, 그 어느 하나 신비한 차원을 포함하지 않는 실재(reality)는 존재하지 않는다. 요한은 이런 영적이고 동시에 너무도 구체적이고 육체적이고 현실적인 신비의 차원을 우리에게 활짝 열어 보여 준다.

다시, 2절의 본문으로 가 보자. 2절에서는, '나타내신 바 된' 것을 비교적 명확하게 '생명' 또는 '영원한 생명'이라고 구체적으로 표현한다. 그러니까 2절에서 '나타내신 바 된' 그 '생명, 영원한 생명'은, 1절에서 목격자들이 듣고 보고 만진 '그것' 즉, 예수 그리스도께서 육체로 나타나신 그 '계시 사건'(revelatory event)의 일부, 중요하고 결정적이지만 그 핵심적인 일부의 내용인 셈이다(참조. 히 1:1-2). 그 '아들-계시' 사건의 전체는 말로 다 형용할 수 없는 것이다.

태초의 생명, 영원한 생명

그렇다면, 2절에서 '생명' 또는 '영원한 생명'은 무엇을 가리키는가? 이것은 1절 끝에 나오는 '생명의 말씀에 관한'이라는 문구와 함께 해석되어야 한다. 보다 꼼꼼하게 읽으면, 2절에서 '나타내신 바 된' 것은 정확히 '영원한 생명'(줄여서, '생명')이고, 1절에서 목격자들이 듣고 보고 만진 것은, '생명의 말씀'에 '관한'(페리, περὶ) 것이다. '생명의 말씀'(투 로구 테스 조에스, τοῦ λόγου τῆς ζωῆς)은 무슨 뜻인가? 그것은 '생명을 주는 말씀'(기원)일 수도 있고, '생명인 말씀'(동격)일 수도 있다.

요한복음을 배경으로 읽으면 '말씀'과 '생명'의 관계가 조금 더 명확해지는데, 그 '말씀 안에 생명'이 있는 것이고(요 1:1-4), 동시에 '말씀이 육신이 되신'(요 1:14) 예수 그리스도 자신이 '생명' 자체요 생명을 주시는 분이시기도 하다(요 5:24-26; 11:23-27). 그러니까, 그 '영원한 생명'은 말씀이 육신이 되어 세상에 오신 그 아들 예수 그리스도 자신이요, 그 예수 그리스도를 영접하여 믿는 자 안에 주어진다. 왜냐하면 그 '영원한 생명'은 '아버지와 함께 있어 온', 즉, 세상 이전에 그리고 세상 이후에도 존재하며, 세상을 초월해서도 존재하는, 그런 의미에서 세상이 어찌할 수 없는, 영원한 생명이기 때문이다.

이런 점에서, 1절에서 '태초부터 있어 온(에엔, ἦν) 그것'과 2절에서 '아버지와 함께 있어 온(에엔, ἦν) 영원한 생명'은 서로 짝을 이루고 병행된다. 미완료 형태인 '있어 온'이라는 표현은, 그러니까 태초부터 하나님 아버지와 함께, 그와의 코이노니아 속에서, 말씀이 육신이 되어 세상에 거하시는 '지금까지도' 함께 있는 그 영원한 생명을 가리킨다. 이것은 얼마나 엄청난 진리요, 놀라운 소식인가! 생각해 보라. 지금 무엇이 나타났다고 말하고 있는가? 태초부터 있어 온 그 생명, 세상 이전에 있던 그 생명, 그리고 세상 이후에도 영영히 존재할 그 생명이, 지금, 이 땅에, 이 세상에, 말씀이 육신이 되신 그 아들 예수 그리스도를 통해, 실제로, 진짜, 나타났다는 것이다. 이 죽음의 땅에 말이다!

요한은, 그것이 교회 곧 그 영원한 생명을 받아 누리는 '코이노니아'(3-4절) 속에 들어온 교회의 능력이요, 참된 영광이라고 말하고 싶은 것이다. 본문의 말씀을 조금 더 찬찬히 들여다보자. 모든 능력, 치유, 회복, 은혜와 기쁨, 그 생명은 오직 말씀으로부터 나온다. 그러니 이 '생명의 말씀'에 집중해야 한다. 1절에서 '태초부터 있어 온 그것'은 '생명의 말씀에 관한' 것이다. 2절에서 '아버지와 함께 있어 온' 그리고 '나타내신 바 된' 것은 다름 아닌 '영원한 생명'이다. 다시 말해서, 1절에서 목격자들은 '말씀이 육신이 되신' 그 아들 예수 그리스도를 경험한 사실을 말하고 있고, 2절에서 그들이 목격한 증거의 내용, 즉, 복음, 기쁜 소식의 핵심은 그 아들 안에 '영원한 생명'이 나타났다는 사실이다!

그래서 요한일서 5:12은, '아들을 가진 자에게는 생명이 있다'라고 선언하는 것이다. 1:1식으로 말하면, 목격자들은 그 아들을 목격한 것이고, 2절식으로 하면, 그 아들 안에서 그들이 받은 것은 '영원한 생명'이라는 것이다. 즉, 그 아들을 받았다면, 그 아들을 받은 자 안에는 영원한 생명이 있다는 것을 말하고 싶은 것이다. 아니, 당연한 것 아닌가? 아니다. 뒤집어 생각해 보라. 예수를 믿고 있는데, 그것이 무엇을 의미하는지 모르는 경우가 허다하다. 예수를 믿었는데, 그 예수를 믿은 자신 안에 '영원한 생명'이 있다는 사실을 모르는 그리스도인들이 얼마나 많은가!

　정확히, 지금 요한서신의 수신자 교회가 그 모양이었을 것이다. 그들과 함께 예수 믿던 자들이 그들을 버리고 떠났다. 세상으로 떠났다. 아마 세상과 세상에 있는 것들을 사랑해서 갔을 것이다(2:15-16; 3:13-18; 4:5-6, 20; 5:21). 그들은 버려지고 남겨졌다. 그들은 모든 것을 잃은 것처럼 느꼈을 것이다. 예수를 믿는다는 것은 무엇인가? 세상에 속할 수도 없고, 세상을 따라갈 수도 없는 교회는 그러면 도대체 무엇이란 말인가? 요한은 5장 끝부분에서 다시 확실하게 말하고 싶은 내용을, 편지의 첫 문장에서부터 강렬하게 선포하고 있다. 예수를 믿는다는 것은, 당신 안에 '영원한 생명'이 있다는 사실을 알고, 누리고, 나누고, 전하는 것이다! 이것이 요한이 이 편지를 쓰는 목적이 아닌가.

> "이것을 내가 여러분에게 쓴 것은, 하나님의 아들의 이름을 믿는 여러분에게 영원한 생명이 있음을 여러분이 알게 하려는 것입니다"(5:13).

　그러니까 문제는, 단지 예수를 믿었다는 것이 아니다. 심지어 영원한 생명을 '갖고 있다'는 사실도 아니다. 정말 문제는, 예수를 믿었는데도, 그래서 자기 안에 영원한 생명이 이미 있는데도 불구하고, 그것을 '모르는 상태'에 있는 것이다. 그러니까, 요한은 그것을 '알게 하려고' 이 편지를 쓰고 있다. 어떻게 하면 알 수 있을까? 그것이 바로 요한이 교회를 '코이노니아' 곧 '삼위 하나님과의 사귐'으로 정의하는 이유이다.

　그래서 '사귐' 곧 '코이노니아'가 없다면, 예수를 믿어도, 믿어서 영원한 생명이 자기 안에 실제로 있다 해도, 마치 그 영원한 생명을 얻지 못한 자처럼, 그 생명이 없는 사람처럼, 세상의 헛된 생명을 찾아 날마다 목마르고 주리고 허덕이게 될 것이다. 빵을 손에 쥐고 있어도 그것을 먹지 않으면, 여전히 배가 고픈 것과 마찬가지이다. 분명 갖고 있는데도, 없는 것과 방불한 결과이다. 예수를 믿지만, 그렇지 않은 것과 무엇이 다르다는 것인가? 그래서 요한일서는, 예수 그리스도 없는 세상이 생명을 줄 줄로 알고 믿음을 떠난 자들을 향한 경고이다. 동시에, 그들과 분리되어 남아 있는 하나님의 자녀들을 일깨우는 뼈아프고도 기쁘기 한량없는 가르침인 셈이다.

그렇다면 예수 믿고 얻은 그 '영원한 생명'이란 무엇인가? 그저 이 세상에서 생물학적 생명을 연장해서 병들지 않고 길고 길게 죽지 않고 계속해서 사는 것인가? 그렇지 않다는 것은 명확하다. 이미 1절에서 '말씀을 통해 주어지는 생명'은 '태초부터' 있는 생명이라는 사실이 함축되어 있기 때문이다. 즉, 1-2절에서 예수 믿고 우리가 얻는 생명은 두 방향으로 생각할 수 있다. 첫째, 그 생명은 '태초부터' 즉, 세상이 창조되기 이전부터 말씀 안에 감추어졌던 생명이다(1절). 둘째, 그 생명은, '영원한 생명' 즉, 세상이 끝나고 시작되는 새 하늘과 새 땅에서 영영히 누릴 새로운 생명이다(2절).

조금 더 상세하게 들여다보자. 2절의 '영원한 생명'(텐 조엔 텐 아이오니온, τὴν ζωὴν τὴν αἰώνιον)으로 표현되는 '생명, 삶, 삶의 방식'은 그 자체로는 통상 육체적 '생명, 삶'을 표현하는 '비오스'(βίος)와 어떻게 다른지 명확히 구분하기 어렵다. 차이점은 차라리 '생명'을 수식하는 '영원한'이라는 형용사에 의해 구분하는 것이 적절할 것이다. 그렇다면, '영원한'(아이오니오스, αἰώνιος)이란 어떤 의미인가? 원래 '아이온'(αἰών)은 통상 '시대'(時代)로 번역되기도 하지만, 정확히는 시간과 공간을 포함하는 '어떤 일정 기간의 세상'을 가리킨다. 그래서 '무수한 시대 또는 세상들'이라는 의미의 '아이오니오스'는, 예컨대 수만 년 주기로 지속되는 '아이온' 즉, 그런 시대 또는 세상이 수만 개씩 겹치는 무수한 시대들(ages) 또는 그런 세상들(worlds)을 통칭해서 '영원'(eternity)이라 부르는 셈이다.

하지만 이것은 '영원'을 비교적 문자적으로 해석한 것이고, '영원한 생명'

에서처럼 '그런 영원한 나라에서 누리게 되는 생명, 삶, 삶의 방식'이라 할 때는, 그러한 삶의 '질적인(quality) 차원'을 설명해야 한다. 이런 점에서, 1절에서 태초부터 있어 온 그것 즉, 그 생명의 말씀에 관한 계시인 그 아들을 '보았다'(헤오라카멘, ἑωράκαμεν)는 표현과, 2절에서 다시 한 번 그 영원한 생명이 나타내신 바 된 것을 '보았다'(헤오라카멘, ἑωράκαμεν)는 표현을 사용한 것에는 중요한 의미가 있다.

왜냐하면 요한복음 20:25-29에서, 부활 후에 나타나신 예수 그리스도를 '보았다'(헤오라카멘, ἑωράκαμεν, 25절)고 했을 때도 동일하게 완료형의 동사가 사용되었기 때문이다. 더구나 거기에도, 요한일서 1:1에 '만졌다'는 표현이 있는 것처럼, 도마가 부활하신 예수님의 손의 못자국과 허리의 상처를 '손으로 만진' 사건이 기록되어 있기 때문이다.[19] 그러니까, 만일 요한일서 1:1-2에서 '보았고, 만졌다'는 목격의 증거가 요한복음 2:25-29에서 부활하신 주를 '보았고, 만진' 사건을 배제하지 않는다면, 요한일서 1:1-2에서 언급하는 '생명' 또는 '영원한 생명'은 예수께서 죽음을 이기신 그 '부활 생명'의 차원을 포함하는 것이 분명하다.

이것이 예수 그리스도를 믿는 자가 자기 안에 갖게 된 '영원한 생명'의 내용이다. '죽음을 이긴, 그러므로 죄를 이긴 부활 생명'을 누리는 것을 포함하는 삶인 것이다. 이렇게 보면, 1, 2절에서 '영원한 생명'은 필연적으로 '그 아들'과 함께 또는 '생명의 말씀'과 함께 주어진다. 3, 4절에서는, 그 아들과 '생명의 말씀'이신 그 아들을 세상에 보내신 아버지와 함께 누리는 공동체적인 코이노니아의 삶을 가리킬 수밖에 없다.

그러니까 새 언약의 표현으로 하자면 '영원한 생명'이란 '새 하늘과 새 땅'

---

[19] 요한일서 1:3에도 동일하게 완료형 '보았다'(ἑωράκαμεν)가 한 번 더 나타난다. 요한복음 3:11에서도 '보았다'(ἑωράκαμεν)가 사용되었으며, 요한일서 1:2에서와 똑같이 '증거한다'(μαρτυροῦμεν)와 함께 사용되었다. 헬라어에서 완료형은, 어떤 사건이 일어났다는 것과 그 일어난 '결과'를 함께 표시한다.

에서의 삶이다. 그것을 요한일서는 특징적으로 '아들과 아버지와 그리고 우리와 너희가 함께 누리는 코이노니아'의 삶으로 표현하는 것이다. 놀라운 것은, 이 '영원한 생명'이 지금, 여기, 즉 세상 한복판에, 세상 안에서 육체와 물질의 한계에 갇혀 있는 교회에 '이미' 주어져 있다는 사실이다. 요한복음이나 요한서신에 특징적으로 나타나는 이런 사상을 '실현된 종말론'(the realized eschatology)이라 부른다. 이것은 '종말'(eschaton)에 일어날 일들이 '이미, 여기에서 성취되었고, 일어나고 있다'는 사실을 의미한다(참조. 요 3:18; 11:25). 1-2절이 보여 주는 이 '태초의, 영원한 생명의 침입'을 알기 쉽게 도표로 나타내 보자.

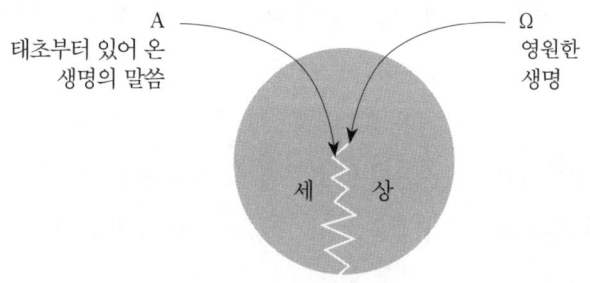

[도표 1] 영원한 생명의 침투

"영원한 생명의 침투!" 이것이 1-2절이 전하고 싶은 메시지의 핵심이다. 죄와 죽음 아래 갇혀 있는 이 세상 안으로, 육체로 오신 그 아들, 말씀이신 그 아들을 통해, 이 세상에는 없는 '생명'(조에, ζωή)이 이 세상 안으로 침투해 들어왔다는 것이다. 죽음의 영역 속으로 생명이 들어왔다면 그것은 무엇을 의미할 것인가? 세상은 더 이상 그 이전과 똑같을 수가 없다. 죽음의 지배에는 돌이킬 수 없는 균열이 생기게 된 것이다. 그리고 그 깨어진 틈, 균열의 틈새에 '삼위 하나님과의 코이노니아'(3-4절)로서의 교회가 세워진 것이다.

그러므로 1-2절은 그 자체로 우주론적인 사건이다. 예수 그리스도의 복음을 우주론적으로, 세상을 배경으로 설명한 셈이다. '악한 자가 지배하고 있는 이 세상'(5:19) 안으로, 그 아들을 통해 하나님의 생명이 침투했다. 그리고 그 생명의 크기와 영광은, 위의 그림에서 보는 대로 이 세상의 크기와 영광을 초월하고 벗어난다. 먼저, 위의 그림에서 왼쪽에 해당하는 '태초부터 있어 온 그것' 곧 '생명의 말씀에 관한 것'(A), 다시 말해서, '태초부터 있어 온 생명' 역시 이 세상 안으로 들어왔다고 선언한다(1절).

죄와 죽음과 하나님 없는 허무에 갇혀 있는 타락한 세상과는 별개로 그 이전부터 존재했던 그 '생명'이, 하나님께서 세상에 보내신 그 아들을 통해, '그 악한 자 아래 잠시 놓여 있는 세상' 안에 침투해 들어온 것이다. 얼마나 놀라운 일인가! 태초에 천지를 창조하실 때, 하나님 아버지께서 가지고 계셨던, 그것으로 말미암아 세상을 창조하셨던 그 말씀, 그 지혜 자신이(잠 8:22-36), 육신이 되어 세상에 나타나신 것이다(요 1:1-2, 14).

또한 '그 아들의 생명'은, 그림의 왼쪽에서 보는 대로 '영원한 과거' 곧 '태초에서부터' 왔을 뿐 아니라(A), 반대쪽, 즉, '영원한 미래'에서 오는 '영원한 생명'은 이 세상이 심판을 받고 사라지고 난 후에(2:17; 참조. 벧후 3:10-13) 펼쳐질 그 새 하늘과 새 땅에서나 온전히 누리게 될 '삶, 삶의 방식'이라는 것이다(Ω). 세상이 끝난 후에나 시작될 그 '영원한 생명'이, 지금, 여기에, 아직도 죄와 죽음과 하나님 없는 허무의 지배 아래 있는 이 세상 안으로 침투해 들어왔다면, 그 영원한 생명을 받아 누리는 '코이노니아'로서의 교회는 얼마나 놀라운 것을 받았는가!

이것이 요한이 예수 그리스도와 그로 말미암아 주어지는 영원한 생명에 대해 설명하는 특별한 방식이다. 공관복음서와 비교해 보면, 요한이 얼마나 장엄하고 웅장하게 이 초월적이고 우주론적인 복음을 소개하고 있는지 더욱 분명해진다. 마태복음은 예수님을 '아브라함의 아들, 다윗의 아들, 메시아'(마 1:1)로 소개한다. 예수 그리스도를 구약으로부터 내려오는 역사적 방향을 따라, 약속되어 온 언약적 인물들로 소개하는 것이다. 예수 그리스도는 아브라함 언약의 성취요, 다윗 언약의 성취요, 새 언약을 성취하신 메시아이다. 이것도 놀랍고 엄청난 복음이다. 예수 그리스도 안에서 열방이 돌아오고, 약속된 다윗의 왕국 곧 종말의 하나님의 통치가 실현되고, 기름 부음 받은 자 곧 메시아가 속죄(贖罪)의 피로 새 시대를 여는 것이다.

마가복음은 예수 그리스도를 하나님의 아들로 소개한다(막 1:1). 당시 로마의 황제들은 자신을 '신의 아들'(filius dei)로 부르기도 했다. 그러니까, 마가복음에서 예수는 로마 제국의 황제가 앉아 있는 왕좌를 자신의 발등상으로 밟고 있는, 지극히 높으신 하늘의 하나님의 보좌 우편에 앉으신, 지존한 하나님의 아들이시다. 그렇게 지극히 높으신 분이 이 땅에 내려오셔서 자신의 목숨을 죄인들을 위한 대속물로 내어 주기까지 섬기시는 것(막 10:45), 그런 의미에서 누가 진짜 왕인지, 권력이란 진정 무엇을 위한 것인지를 보여 주신다(막 1:1; 15:39).

누가복음에서 예수 그리스도는 '아담, 사람의 아들'로 소개된다. 그분은 죄인들의 친구이시며 잃어버린 자를 찾으시는 목자로서, 온 세상 사람들을 하나님께로 불러 모으시는 '새 아담'이시다(눅 3:38; 15:1-32).

그런데 요한복음이나 요한서신은 예수 그리스도를 어떻게 소개하는가? 요한이 전하는 예수 그리스도는 아예, 역사나 세상의 테두리를 벗어나, 세상의 창조 이전과 세상 이후의 영원에서부터 오신다. 초월과 신비와 영원으로부터 육체를 입고 이 세상 안으로 들어오신다. 그 신비를 말로 다 할 수 없다.

이렇듯 요한이 전하는 대로, 세상 이전에 그리고 세상 이후에나 올 그 '태초의, 영원한 하나님의 생명'을 받았다면, 교회에 있어서 세상이란 무엇이란 말인가? '알파와 오메가'가 되시고, '시작과 마지막'이 되신 이, '이제도 계셨고 지금도 계시고 장차 오실' 그가 이미 너희 안에 '영원한 생명'으로 계신다면 무엇이 두렵겠는가?(계 1:8; 21:6; 22:13) 만일 이런 분을 우리가 가졌다면,

문자 그대로 이 세상이 전부 사라진다 해도 우리는 아무것도 잃을 것이 없는 존재가 아닌가? 실로, '너희 안에 계신 이'가 세상에 있는 자나 이 세상보다 크시고, 그 아들을 주신 '아버지의 사랑 안에서 아무 두려움이 없지 않은가?'(4:4, 18) 그것이 교회 아닌가?

'나타남'의 중요성

1-2절을 떠나기 전에, '나타내신 바 되었다'는 표현이 얼마나 중요하고 어떤 의미가 있는지를 짚어 보아야 한다. 요한서신의 이해에 결정적이기 때문이다. '나타내신 바 되었다'(에파네로떼, ἐφανερώθη)는 표현은 '확정적 사건'을 의미하는 부정 과거형으로 2절에만 두 번 나온다. 한 번은 '생명'이 주어이고, 또 한 번은 '영원한 생명'이 주어인데, 두 번 다 확정적으로 일어난 사건을 '보고, 듣고, 증거하고, 전한다'는 구체적인 사실과 연관되어 있다. 원래 '나타난다'(파네로오, φανερόω)는 용어는, 이런 식으로 보이지 않던 영적 실체가 실제로 만져지고, 들리고, 보이는 식으로 인지(認知)되어 경험되는 측면, 이 세상의 영역 안으로 실제로 들어왔다는 측면을 부각시킨다.

하나님께서 자신이나 자신에 관한 것을 나타내시는 '계시' 활동을 표현하는 또 다른 동사인 '드러낸다'(아포칼륍토, ἀποκαλύπτω)가 감추어졌던 것을 이제 내보인다는 측면을 강조한다면, '나타낸다'(φανερόω)는 용어는 그렇게 드러나서 구체적으로 만져지고 경험되고 알려졌다는 차원을 강조하는 셈이다. 그래서 2절에서 그 영원한 생명이 '나타내신 바 되었다'는 것은, 예수 그리스도께서 '육체로' 오셨다는 사실과도 직결되며, 실제로 '말씀'이신 예수 그리스도를 전파하는 복음 선포나 증거를 통해서 구체적으로 나타나는 영적 생명의 역사와도 연관된다.

요한일서에서 '나타남'(파네르, φανερ̂)에 관련된 용어는 총 10회나 사용된다.

2절에서처럼 예수 그리스도의 선재(先在)나 성육신, 죽으심과 부활의 사건, 재림 때 나타나심에 관련되어 사용되는 경우가 6회로 가장 많다(1:2[x2]; 2:28; 3:2b, 5, 8). 교회나 적대자들과 관련해서(2:19; 3:2a, 5, 8), 그리고 '하나님의 사랑'(4:9)에 관련해서도 사용된다. 그러니까, 요한일서는 '나타남'의 용어를 신학적으로 매우 폭넓게 자주 사용하는 셈이다.

왜 그랬을까? 그것은 아마도 적대자들이 주장했을 법한 '가현설적'(docetic)인 거짓 가르침 때문이었을 것이다. 예수 그리스도가 하나님의 아들이라는 것을 인정해도, 그분이 실제로 육체로 세상에 오셨고, 물로 세례를 받으셨으며, 십자가에서 그 육체로 죽으셨을 뿐 아니라, 육체로 부활하셨다는 것을 인정하기를 거부했던 자들이 있었기 때문이다.

그들은 왜 그것을 극구 부인하려 했을까? 이 문제가 요한일서를 이해하는 데 가장 결정적인 문제일 수 있다. 만일, 예수가 하나님의 아들이지만, 그가 실제로 육체를 입고 세상에 온 것은 아니라면 어떻게 될까? 쎄린투스(Cerinthus)의 거짓 가르침처럼, 예수가 세례를 받았을 때 하나님의 아들 그리스도와 연합되었고, 그 후에 기적과 능력을 베풀다가, 십자가에서 죽기 전에 하나님의 아들 그리스도가 육체인 예수의 몸에서 분리되었다고 주장한다면, 무엇이 문제가 될 것인가?

무엇보다, 요한일서가 반복해서 중요하게 강조하는 '속죄'(atonement)의 근거가 무너질 것이다(2:1-2; 3:5; 4:10; 5:6). 죄가 없으신 하나님의 아들이 십자가에서 죽은 것이 아니라 육체 덩어리인 인간 예수만 죽은 것이 되어 버린다면, 어떻게 그가 우리의 죄를 담당하여 그 죄를 없이하실 수 있었겠는가? 그러므로 '예수께서 육체로 오심'을 부인하는 것은, 일차적으로 그리고 근본적으로, 예수 그리스도의 '대속의 교리'를 무효화시키는 마귀의 계략이다.

복음서에서 보듯 마귀는, 하나님의 아들이시며 인간이신 예수 그리스도께서 실제로 육체로 죽으셔서서 우리의 죄를 대속(代贖)하셨다는 사건 자체를 막을 수 없었다. 하지만 포기하지 않았다. 예수 그리스도께서 십자가를 지신 사건을 막을 수 없었기에 이번에는 그 사실 자체를 믿지 못하도록, 즉, '그 구속 사건에 관한 가르침, 교리'를 거짓으로 뒤바꾸려 든다. 믿음을 통해 그 대속의 효력에 다가가지 못하도록 훼방하는 것이다. 이것이 거짓 가르침으로, '마귀의 일을 멸하신 예수 그리스도의 사역'을 무력화시키려는 악한 자 마귀의 계략이다(2:22; 4:1-4; 5:10, 참조. 1:10). 그래서 요한서신에서는 예수 그리스도께서 '육체로 오셨다'는 사실에 관한 증거, 정통적인 가르침, 바른 교훈을 붙들고 지켜 보존하는 것이 교회에 있어 그토록 중요한 관건이 된다.

그뿐만 아니라, 초기 영지주의적 이단에 속하는 쎄린투스와 같은 가현설 론자들은, 실제로 그들의 공동체적 삶에 있어서도, 서로 사랑하는 형제 사랑의 윤리가 없었다. 어차피 육체로 하는 일들을 모두 가짜이며 의미가 없는 것으로 여겼으므로, 육체로 무엇을 하든, 그것이 그들의 '신비한 지식'으로 얻은 '영적인 구원'에 아무런 영향을 주지 못한다고 믿었기 때문이다. 쎄린투스는, 탐욕과 방탕을 좇았던 '니골라 당'의 행색을 따랐으며(계 2:6, 14-15), 자기들만 구원에 이르는 특별한 '영적 지식'을 가진 자들로 간주하여 육체적으로는 절제 없는 방종을 행했다. 서머나의 그리스도인들에게 보내는 그의 편지에서 이그나티우스는, 그 이단의 거짓 가르침을 가르치는 자들이 '서로를 대할 때도 질시(疾視)와 시기로 대하며, 사랑이라는 것을 생각지 않는다'고 전한다.

요한일서가 그토록 '형제 사랑'을 강조한 이유, '눈에 보이는 형제를 사랑하지 못하는 자가 어떻게 눈에 보이지 않는 하나님을 사랑하겠느냐'며 믿음의 공동체 안에서 형제자매가 서로 사랑하는 것을 그토록 강조한 이유도 여기에 있다(4:20). 예수 그리스도께서 '육체로' 오셨다는 것은, 그래서 영적 세계와 이 세상을 연결하는 유일무이한, 충격적일 만큼 놀랍고 영광스러운 통로이다. 그러므로 누구든지 예수 믿어 영원한 생명을 얻었다고 말하면서 동시에 그의 육체로 사는 삶은 아무 상관도 없다는 식으로 말하거나 행동할 수 없다. 그것은 '예수 그리스도께서 육체로 오셨다'는 기독론적 신앙 고백을, 그의 몸으로, 말로, 행동으로, 실제로는 부인하는 '이단적' 신앙이 되는 셈이다.

그러므로 요한일서가 지금 그 '영원한 생명'이신 그 아들 예수 그리스도가 '나타내신 바' 되었다고 표현하는 것은, 기독론적으로나 교회론적으로 얼마나 중요하고 결정적인 고백인지 모른다. 예수 그리스도를 이해하는 우리의 신앙에 관해서나, 그 신앙에 기초해서 믿음의 삶을 살아가는 교회에도, 이 '나타남'의 신학은 치명적으로 중요하다. 요한일서는 더욱더 깊이, 다양한 방식으로, 이 '육체의 신학'을 전개해 나간다. 우리의 신앙 고백은 육체로 표현되기 전까지는 온전해지지 않는다. 우리의 삶으로, 지금, 여기에서, 우리가 받은 영원한 생명과 사랑, 그 신앙하는 바의 영적 내용이, 구체적으로 나타나고 실현되는 것은 얼마나 중요한 일인가. 그것은 영원(永遠)이 일상(日常)으로, 일상이 영원으로 드나드는 '신비적 신앙의 삶'의 특징이다. 이것이 '코이노니아'의 본질이다.

따뜻한 태초

 태초에는 무엇이 있었을까? '빅뱅'이 있었을까? 물질만 있었을까? 어둠만 있었을까? 인간의 경험으로부터 출발하고, 경험에 기초할 수밖에 없는 과학은 그 이상을 상상할 수 없다. 과학의 상상력이란 아래에서부터, 지상에서부터, 경험으로부터 출발하기 때문이다. 과학이 상상하는 '태초'가 황량한 이유는, 혹시 과학이 출발하는 전제인 인간의 경험과 이성(理性) 자체가 황량하기 때문은 아닐까?

 하나님의 계시의 말씀은, 그때 그 모든 것의 '시작'을 다르게 묘사한다. 우리의 경험 이전에서, 시간의 시작 그 이전에서, 우리의 이성을 초월한 그 위에서부터, 하나님 자신의 계시(revelation)로부터 시작한다. 태초에 무엇이 있었는가? 말씀이 있었다. 말씀이 있었다는 것은, 그 말씀을 하신 하나님이 계셨다는 뜻이다.

 말씀은 그 아들이시며, 하나님이시다. 그리고 그의 신(神), 성령 하나님이 계셨다. 성경이 묘사하는 태초는, 물질만, 어둠만이 존재했던, 우연하고 허무하고 황량한 시작이 아니다. 태초 그 이전부터, 아버지 하나님과 아들이신 말씀이 성령이신 하나님과 함께 영원한 사귐, 코이노니아 가운데 계셨다.

 이것이 경험과 계시의 차이이다. 과학과 성경의 차이이다. 과학과 성경은 둘 다 창조를 설명하지만, 서로 다른 언어로 표현한다. 과학은 인간이 실증(實證)할 수 있는 인과관계로 설명하지만, 성경은 사실과 진리, 현실과 초월, 실제와 신비가 공존하는 언어로 설명한다.

 그래서 성경을 과학처럼 읽거나, 과학을 성경처럼 사실과 해석을 뒤섞은 세계관으로 제시하면 혼란스러워진다. 성경이 실증적(positivistic) 세계에 갇히거나, 과학이 초월과 신비의 영역을 장악하려 할 때, 둘 다 길을 잃게 될 것이다. 성경은 과학에 빛을 던지고, 과학은 그 빛을 따라 성경이 말하는 바를 풍성하게 확인해 갈 뿐이다. 은혜는 자연을 회복하지만, 자연은 그 스스로 은혜의 세계를 재구성할 수 없다. 흙으로부터 상상하는 태초는 가득한 먼지의 세계일 뿐이다.

성경이 묘사하는 초월적이고 신비한 태초는, 이 땅으로부터 상상하는 차갑고 메마른 '시작'이 아니다. 태초부터 '영원한 생명'이 있었다. 아니, 영원한 생명과 사랑으로부터 '태초'가 나온다. 성경은 그렇게 출발한다. 물질 덩어리에서 우연히 생겨난 아메바가 아니다. 태초에 '인격'이신 하나님이 계셨다. 그 생명은, 거룩과 의와 영광과 사랑의 인격적 생명이셨다.

태초부터 풍성한 생명과 따뜻한 사랑과 교제가 가능한 인격이 존재했다. 시작을 그렇게 한다. 태초에 삼위 하나님께서 완전한 '사랑 가운데 함께' 계셨다. 태초부터 있었던 것은, 생명과 사랑과 영원의 사귐이었다. 얼마나 충격적이고 생생하고 풍요하고 아름다운 시작인가?

'시작'(beginning)은 또한 '기초요 근거'(foundation)이다. 성경은 태초를, 계시의 말씀에 근거해서 생각하도록 초대한다. 태초에 대한 당신의 시각, 당신의 상상이, 당신이 바라보는 세상의 그 모든 본질을 형성하는 '기초'가 되기 때문이다. 과학을 따라 메마르고 차갑고 우연에 근거한 태초를 상상하면, 당신이 바라보는 세상은 존재의 의미를 찾기 어려운 약육강식과 적자생존의 허무한 정글이 되기 쉬울 것이다.

어쩌면, 과학이 태초를 황량하고 어둡고 차갑고 메마른 시작으로 상상하는 것은, 인간의 속 깊은 곳에 자리한 그 황량함, 어두움, 메마르고 무의미함의 투영(projection)이기 때문이다. 성경은 태초에 아들이 아버지의 품 안에 계셨고, 그 안에 영원한 생명이 있었다고 전해 준다. 그것은 사실이고 기쁜 소식이다. 믿고 받아들이면, 세상이 무엇인지, 인생이 무엇인지 정확히 알 수 있다.

태초(太初)가 아버지의 품에 있는 아들과 그 안에 있는 영원한 생명으로 시작했다면, 그것을 믿는 성도의 삶 역시, 아버지와 아들과 그의 성령 안에서, 풍성한 생명과 영원토록 따뜻한 사랑을 누리는 삶이 된다. 세상은 아버지와 함께 누리는 아름답고 풍요한 에덴동산이 된다. 에덴동산에서처럼 노동은 힘들어도 즐겁고 보람된 것이고, 아버지와 아들과 성령 안에서의 사귐은 늘 온전한 기쁨을 가져다준다. 태초에 무엇이 있었는가? 당신은 어디서부터 '시작'할 것인가? 당신에게는, 무엇이 혹은 누가, 이 모든 것들의 '기초'인가?

2. 코이노니아의 탄생(1:3-4)

당신이 가장 큰 기쁨을 느끼는 때는 언제인가? 갑작스러운 질문이지만, 매우 근본적인 질문이다. 언제 가장 행복한가? 월급을 받았을 때? 학생이라면 좋은 성적을 받았을 때? 원하던 것을 얻었을 때? 가만히 생각해 보면, 설령 무엇을 얻었거나 성취했을 때에라도, 그것은 그런 사실을 함께 기뻐해 줄 사람, 아니면 최소한 자랑이라도 할 누군가가 있어야 기쁜 일이 됨을 알 수 있다. 무인도에서 갑자기 다이아몬드를 발견한들, 그것이 무슨 기쁨이 된다는 말인가? 그것을 선물해 줄 사람도, 보여 주고 말해 줄 사람도, 보고 함께 놀라워할 사람도 없는 무인도라면 말이다. 이제부터 전개되는 이야기들은, 이렇듯 '사귐'의 본질에 관한 것, 곧 코이노니아에 관한 내용들이다. 이 중요한 주제를 차분히 살펴보자.

전달, 생명의 나눔

1절에서, 태초부터 있어 온 그것, '생명의 말씀에 관한 것'이 나타난 사건은 결국 무엇을 위한 것인가? '영원한 생명'(1:2)이 이 세상 안으로 들어온 사건은 과연 어디로 향하고 있는가? 요한일서 1:1-2은, 자연스럽게 3-4절을 향해 나아간다. 1-4절은, 첫째, 영원한 생명의 나타남, 둘째, 목격자의 증거와 전달, 그리고 마지막으로, 코이노니아의 탄생이라는 세 가지 중요한 주제들로 연결되어 있다.

코이노니아의 탄생을 설명하기 전에, 영원한 생명의 나타남과 코이노니아의 탄생 사이에서 연결 고리 역할을 하는, 목격자들의 증거와 전달을 먼저 살펴보자. 2절에서 '우리가 증거하고 있다(마르투루멘, μαρτυροῦμεν)'는 표현은, 그 앞에 나오는 '이 영원한 생명을 우리가 보았다(헤오라카멘, ἑωράκαμεν)'에 바로 이어 나온다. '헤오라카멘'은 헬라어로 완료형인데, 이는 '이미 일어난 사건이 지금까지 영향을 미치는 그 결과나 상태'를 강조하는 표현이다. 그러니까 그 '영원한 생명'을 목격했고 그 '영원한 생명'을 경험한 결과와 상태가 지금도 그 증인들의 심령에 살아 있음을 강조하려는 것이다.

'영원한 생명'을 목격하고 경험한다는 것은, 단순히 그것에 대한 신비한 지식을 듣거나 그저 교리적 차원에서 기억하고 있는 것과는 비교할 수 없이 다르다. 그 '영원한 생명'을 경험한 사람, 즉, 예수 그리스도를 만나고 믿음으로써 그 영원한 생명을 받아 경험한 사람은, 그의 안에 그 영원한 생명의 결과와 실재(reality)가 생생하게 영원토록 살아 있게 되기 때문이다. 지식은 지식을 낳고, 생명은 생명을 낳듯이, 자신 안에 그 영원한 생명의 실재가 있다면, 그 영원한 생명을 나누지 않을 수 없게 된다. 그것도 항상 그렇게 할 수밖에 없는데, '보았다' 뒤에 나오는 '증거하고 있다'(μαρτυροῦμεν)가 계속 반복되는 행동을 표현하는 현재형으로 된 것은 이런 면에서 자연스럽다.

실제로, 우리가 보고 만지고 경험한 것은 그렇게 우리 속에 남아 있게 되고, 그런 생생한 경험은 전달 역시 생생하게 만든다. 예컨대, 그곳이 백두산이든 그랜드 캐니언(Grand Canyon)이든, 명소를 TV로 시청하거나 관광 안내지로 본 사람과, 실제로 그곳에 직접 가서 보고 경험한 사람이 느끼는 차이와 같은 것이다. 미국에 옐로우스톤(Yellowstone)이라는 국립공원이 있다. 오래전, 허름한 중고차로 2박 3일을 달려 도착한 곳이었다. 입구에 들어서면서부터 펼쳐지는 풍광은 그동안 갖고 있던 '자연'이라는 개념을 통째로 바꿀 수도 있을 법한, 난생처음 보는 경치였다. 초여름이었는데도 산 중턱에 광대하게 펼쳐진 눈 덮인 호수며, 깎아지른 절벽으로 둘러싸인 계곡은 수만 년에 걸쳐 여러 지층들이 겹겹이 쌓인 시간의 변화를 그대로 노출하고 있었다. 이렇게 말해도 그때 본 광경에 대한 감격은 그때 느낀 그대로 전달되지 않는다.

자연의 멋진 풍광(風光)을 보고도 그 감격이 잊히지 않는데, 하물며 그런 세상이 창조되기 전부터 계셨던 그 '영원한 생명'의 나타남을 목격하고 경험했다니! 요한복음 4장에 나오는 수가성 여인이 예수님의 실체를 만난 그 경험 같은 것을 어떻게 말로 다 표현할 수 있을까. 그녀가 자신의 끝나지 않은 갈증을 채워 주시는 '생명수'(生命水)의 근원이신 그분을 만나고 경험하고 받아들였을 때, 아무도 그녀를 마을로 보내 그분을 전하라고 말할 필요가 없었다. 그녀는 물동이를 내던지고 마을로 뛰어가, 그 마을 사람들에게 영원한 생명수 되신 예수님을 전했다. 사마리아로 파송된 첫 번째 선교사가 탄생한 순간이었다.

생명은 본질상 나타나고, 자신을 나누지 않을 수 없다. 차라리 생명은, 빛이나 사랑처럼, 오직 '나눔'의 형태로만 존재한다고 해야 맞을 것이다. 어둠 속으로 달려가지 않는 빛이 없고, 자신을 나누려 하지 않는 사랑이 없듯이, 나타나고 자라고 자신을 나누려 하지 않는 생명은 없기 때문이다. 그러니까, 2-3절에서 목격자가 경험한 것이 '영원한 생명'이라면, 그는 그 생명을 전하고 나누지 않는 방식으로는 이를 소유할 수 없는 셈이다. 따라서 영원한 생명을 경험했는데, 그것을 증거하고 나누지 않을 수가 없는 것이다.

성경 해석과 설교의 관계도 이와 같다. 말씀의 생명을 경험한 해석자라야, 그 생명의 말씀을 먹고 마시는 설교를 전할 수 있게 된다(『코이노니아 성경 해석 가이드북』 참조). 누가 계속 신실하게 복음을 전할 수 있는가? 그의 안에 그 복음의 생명, 예수 그리스도의 영원한 생명을 경험하고 그 생명이 그의 안에 살아서 거하는 사람이다. 그는 자신 안에 있는 그 영원한 생명을 드러내고 전하고 나누지 않을 수 없다. 이것이 증인이다. 무릇, 전도자도 설교자도 이러해야 한다. 관건은, 그가 과연 예수 그리스도의 복음의 생명을 만나고 경험하고 소유하며 그 영원한 생명을 지속적으로 누리고 있느냐이다. 그것이 코이노니아의 본질적 역할이다.

'코이노니아'의 탄생과 그 의미

그래서 요한은 3-4절에서 사귐, 곧 '코이노니아'라는 주제로 넘어간다. 이번에는 2절의 '증거한다' 대신에 3절에 '전한다'(아팡겔로멘, ἀπαγγέλλομεν)는 표현이 나온다. 차이는 크게 없지만, '증거한다'의 중심이 그 목격의 대상에 놓여 있다면, '전한다'는 것은 그런 증거를 마찬가지로 듣고 보듯이 경험하여 그 영원한 생명을 소유하고 누려야 하는 청중에 초점이 있는 표현이라 할 수 있다.

그러니까, 2절의 '증거한다'는 것은 1절에서 소개된 '태초부터 있어 온 생명의 말씀'에 집중된 행위이고, 3절의 '전한다'는 것은 그 소식을 듣고 마찬가지로 그 영원한 생명을 소유하고 누려야 하는 '여러분'(휘민, ὑμῖν)과 '코이노니아'에 강조점이 있는 표현인 셈이다. 말하자면, 코이노니아는 '태초부터 있는 생명의 말씀' 그리고 '영원한 생명'의 나타남의 결과이다. 그 생명의 말씀의 나타남이 코이노니아의 탄생을 가져온 것이다. 세상 속에서 영원한 생명을 품은 이 놀라운 코이노니아를 묘사한 3-4절을 다시 한 번 자세히 들여다보자.

> ³ 우리는 보았고 들었던 것을 여러분에게 전하고 있습니다. 이는 여러분도 우리와 함께 사귐을 가지게 하려는 것이며, 이는 우리 아버지와 그 아들 예수 그리스도와 함께하는 사귐입니다. ⁴ 무엇보다, 이것을 우리가 여러분께 쓰는 것은 우리의 기쁨이 충만하게 하려 함입니다.

3절에서 '사귐을 가지게 하려는 것'이라는 표현은 뚜렷하게 목적이나 결과(히나, ἵνα)를 가리킨다. 복음 전파의 목적과 결과가 교회의 설립이라면, 요한은 그 교회를 '코이노니아'로 표현하는 셈이다. 즉, 코이노니아를 교회의 본질, 핵심으로 보고 있는 것이다.

그렇다면 '코이노니아'는 무엇인가? 코이노니아는 적어도 세 가지 의미를 갖고 있다. 첫째는, '어떤 대상을 공동으로 소유한다'는 뜻이다. 이는 형용사 '코이노스'(κοινός, common)에서 가장 잘 드러나는데, 이는 '사적인'(이디오스, ἴδιος)과 대척점에 서 있는 표현이다. 둘째는, 단지 무엇을 공유할 뿐 아니라, '상호 교제'(mutual fellowship)한다는 개념을 포함한다. 요한일서식으로 하면, 교회는 그 아들의 영원한 생명을 소유하며 그것을 통해 하나님과 그리고 성도 간에 서로 인격적으로 교제하는 것이다.

셋째로, 코이노니아는 그런 공유와 교제의 방식으로서의 '나눔'과 그 결과로서 '나누어진 것'을 가리킨다. 코이노니아가 영원한 생명을 공유하고 서로 교제하는 것이라 할 때, 그 '생명'이나 '공유'나 '교제'는 모두 본질적으로 '나눔'이라는 방식을 포함한다. 공유는 함께 소유하는 그 대상을 나누는 것이며, 상호 교제는 자기 자신을 서로에게 주는 것이고, 생명조차 나눔이라는 방식으로만 존재하기 때문이다. 그래서 나누지 않는 것은 코이노니아가 아니다. 그리고 그렇게 나눈 결과로서 나누어진 형제 사랑의 행함이나 재물, 연보 같은 것들도 코이노니아의 일부가 된다.

그렇다면, 요한일서에서 코이노니아는 우선, 삼위 하나님과 교회가 '영원한 생명'으로 표현되는 구원 또는 하나님의 나라를 공동으로 소유하는 것이라 할 수 있다. 그리고 그 영원한 생명을 통해 삼위 하나님과 교회가 인격적으로 상호 교제하는 사귐의 공동체를 이룬다고 할 수 있다. 마지막으로, '나눔'은 이 모든 코이노니아의 특징들의 기저(基底)에 깔려 있는 존재 방식이고 동시에 그 결과이다.

빛과 사랑과 생명은 모두 '나눔'의 방식으로만 존재한다. 그리고 그 나눔의 결과도 빛과 사랑과 생명이다. 빛은 빛을 낳고, 사랑은 사랑을, 생명은 생명을 낳듯이, 생명의 코이노니아는 생명의 코이노니아를 낳는다. 그리고 영원한 생명의 코이노니아는, 사귐의 방식으로써 자신을 나눔으로 그 영원한 생명을 공유하는 또 다른 코이노니아를 낳는 방식으로 존재한다. 이것이 교회이다. 우리는 앞으로 코이노니아로서의 교회의 이러한 흥미로운 본질과 특징들을 세밀하게 살펴볼 것이다.

교회, 에클레시아와 코이노니아

다시 한 번 묻자. 코이노니아로서의 교회란 무엇인가? 일단, 교회란 우리가 흔히 그렇게 부르는 것처럼, 건물로서의 예배당을 가리키지는 않는다. 건물이 코이노니아는 아니기 때문이다. 코이노니아로서의 교회는 그 예배당에 모이는 회중 가운데서 일어나는 교회의 본질이다.[20] 역으로, 코이노니아가 없다면 예배당에 모여도 교회가 될 수 없을 것이다. 정기적으로 예배당에 함께 모여 예배드리는 것은 신앙의 공동체로서 매우 중요하다.

하지만 교회는 건물이 아니다. 예배당을 '성전'이라고 부르는 한, 그런 신앙은 신약 성경이 말하는 '새 언약 백성의 교회'에 이르지 못한 것이다. 예수님은 돌로 지은 성전을 무너뜨리셨다. 그리고 부활하신 자신의 몸을 새롭고 신령한 참성전으로 세우셨다(요 2:13-22). 예수 그리스도를 믿고 받아들이고 그와 연합하여 그분 안에서 신령한 성전으로 지음 받은 새 언약 백성이 '참성전'이다(벧전 2:1-10; 엡 2:19-22).

교회가 건물이 아니라면 무엇인가? 신약 성경에서 새 언약 백성 된 교회를 가리키는 대표적인 칭호로 '에클레시아'(ἐκκλησία)와 '코이노니아'(κοινωνία)를 들 수 있다. 용어 자체가 주는 함의를 생각할 때, 전자는 하나님의 새 언약 백성이 '무엇으로부터'(from) 부르심을 받았는지를 강조한다면, 후자는 그 백성이 '무엇 안으로'(into) 부르심을 받았는지를 표현한다고 할 수 있다. 구약의

---

[20] 전통적으로 교회의 본질적 기능 가운데 '말씀 선포'(*kerygma*), '가르침'(*didache*), '봉사'(*diakonia*), 그리고 '교제'(*koinonia*)를 포함시키곤 한다.

언약 백성을 생각해 보자. 그들은 이집트'로부터' 해방되었다. 그래서 광야에 이르렀지만 거기서 영원토록 머물도록 되어 있지는 않았다. 가나안 땅 '안으로' 들어가도록 부르심을 받은 것이다.

그러니까, 에클레시아는 구약식으로 하면 과거에 노예로 살던 이집트 제국의 압제로부터, 또한 신약식으로 하면 죄와 죽음과 허무의 노예로 살던 '세상'으로부터 부르심을 받아 거기로부터 해방된 백성임을 강조하는 표현이다.[21] 하지만 구약의 옛 언약 백성이 광야에만 머물지 않고 결국 '젖과 꿀이 흐르는' 가나안 땅에 들어갔듯이, 코이노니아는 결국 하나님의 백성이 그 안으로 들어가야 할 목적지인 '하나님과의 사귐의 삶'으로서의 교회를 표현한다. 즉, 에클레시아와 코이노니아는 하나의 교회를 서로 반대 방향에서 본 것이며, 한 걸음 더 나아가서, "에클레시아는 코이노니아로서 알려져야만 한다"(Hugh T. Kerr; 한의신, 235).

고린도전서 1:9은 이 두 개념의 차이를 명확히 보여 준다: "너희를 불러 그의 아들 예수 그리스도 우리 주와 더불어 교제하게 하시는 하나님은 미쁘시도다." 원문에서 '에클렉떼에테 에이스 코이노니안'(ἐκλήθητε εἰς κοινωνίαν)이라는 표현은 '교제를 위하여 부르심 받았다'는 뜻으로, '코이노니아'가 '에클레시아'의 목적이라는 사실을 잘 드러내 보여 준다. 다시 말해서, 만일 에클레시아가 '세상에 속해 있지 않지만 세상에 있는 교회'로 정의될 수 있다면, 코이노니아는 그 에클레시아의 영적이고 내면적인 삶의 본질이요, 동시에 최종적으로 도달하는 목적지를 가리키는 칭호인 셈이다.

요한일서 1:1-4에서, 태초부터 '있어 온' 생명의 말씀이나, 그 생명의 말씀이 아버지와 함께 '있어 온'이라 표현된 미완료형은, 영원 전부터 지금까지도 그런 관계라는 사실을 강조한다. 반면에, 그 생명의 말씀이나 영원한 생명이

---

21 물론 '에클레시아'는 로마 사회에서 사회적이고 정치적인 사안을 다루기 위해 모인 시민들의 '민회'(民會)로, 오늘날 '마을 회의'(town-hall meeting)에 준하는 역할도 포함했다.

'나타내신 바 되었다'(1:2)는 것은 부정 과거로, 뒤바꿀 수 없는 확정적인 사건을 표현한다. 마치 출애굽 사건이나 십자가와 부활 사건처럼, 그 확정적인 구속사적 사건을 통해 하나님의 백성이 해방된 측면을 가리킨다. 그리고 무엇보다, '들었고, 보았고, 만졌다'(1:1-3)는 완료형의 표현들이나 '증거한다, 전한다'(1:2-3)에 사용된 현재형의 표현들은 모두, 그 나타내신 바 된 영원한 생명을 경험하고 누리고 나누는 차원, 곧 코이노니아의 현재적인 '교제의 차원'을 가리키는 표현들이다.

코이노니아, '삼위 하나님과의 사귐 공동체'

요한일서에서 '코이노니아'는 구체적으로 어떻게 정의되고 어떻게 나타나는가? 이 주제는 아마도 요한서신 전체의 주제라 해도 무방할 만큼 결정적이다. 교회 안에서 코이노니아는 쉽게 입에 오르내리지만, 정의하기가 쉽지 않다. 예배가 끝나고 삼삼오오 둘러앉아 커피를 마시며 나누는 성도들의 소소한 사귐에서부터, 성(聖) 프란체스코(St. Francesco)가 수도원에서 해를 형제요 달을 자매로 부르며 하나님의 사랑 안에서 창조 세계와 친밀한 교제를 나누었던 그런 사귐에 이르기까지, 코이노니아의 의미는 평이하고도 깊고 엄밀하면서도 방대하다. 코이노니아란 무엇인가?

만일 에클레시아를 '하나님께 부르심을 받아 세상으로부터 나온 교회'라 할 수 있다면, 코이노니아는 그래서 '삼위 하나님과의 교제 가운데 들어간 교회'라고 말할 수 있다. 여기서 강조점은 '어디로부터 나왔다'가 아니라, 그래서 '어디로 들어가 있느냐'는 질문이다. 생각해 보면 구약에서도 그렇고 오늘날에도 그렇듯이, 구원을 '어디로부터 나온' 것으로는 잘 알고 있지만 '어디로 들어간 것'으로는 잘 정리하지 못한다. 물론, 예수를 믿게 되면 지역 교회에 소속되어 교인들의 회중 안으로 들어갈 것이다. 세례를 받고 성찬도 할 것이다. 하지만 그렇게 하고 나서도, 실제로는 다시 세상에서 잘되는 것을 성공한 믿음의 최고의 증거로 삼으며 '세상과의 깊은 교제 가운데' 거하는 그리스도인들이 허다하다. 그렇지 않은가?

요한일서가 주는 답은 명확하고 단호하기까지 하다. 예수를 믿었다는 것을, 단지 '율법의 저주에서 해방'되어 오직 그리스도를 믿음으로 의롭다 함을 얻었다는 식으로 선포하고 있지 않다. 보다 적극적이고 직접적으로, 예수 믿었다는 것은 이제 '세상에서 해방'되어 '삼위 하나님과의 교제 안에 들어가 거하게' 되었다는 뜻이라고 선포한다. 교회 즉, 하나님의 백성이 되었다는 것은, 죄와 죽음과 허무가 지배하는 세상으로부터 해방되었다는 것뿐 아니라, 이제 필연적으로 '삼위 하나님과의 영원한 생명과 사랑의 사귐의 공동체 안으로 들어와 있다(!)'는 사실을 의미하는 것이다. 그리고 그것을 바꿀 수 없다는 사실이 요한이 강조하는바, 예수 믿었다는 것, 구원받았다는 사건의 핵심이다.

더 이상 혼자가 아니다!

엄밀한 의미에서 이 세상에 태어난 인간은 각자 '개인'(個人)으로서 자기 자신 안에 갇혀 있다.[22] 불교의 창시자 싯다르타가 태어나면서 말했다는 '천상천하유아독존'(天上天下唯我獨尊)이라는 말은 원래는 흔히 생각되듯이 '고집이 세다', '자기밖에 모른다'라는 의미는 아닐 것이다. 하늘 위와 하늘 아래 즉, 신들의 세계나 인간들의 세계를 포함해 전(全) 우주에서 '나'라는 존재가 가장

---

[22] 원래 '개인'(individual)은 서구 중세가 붕괴하면서 생겨난 근대적 개념이다. 16세기의 철학자 데카르트의 '나는 생각한다. 고로 존재한다'(*Cogito, ergo sum*)가 그 핵심 정신을 잘 표현하고 있다. '더 이상 나눌 수 없는 최소 단위'라는 의미의 'individual', 즉 개인을 모든 것의 중심에 놓는 사상이다. 계몽주의의 '이성'(理性) 중심 사상이나, 후기 현대주의의 윤리적 상대주의, 즉 내가 '선과 악을 판단하는 최고의, 최종적 권위'라는 사상도 여기에 뿌리를 둔다.

'존귀하다'라는 뜻으로, 인간의 존엄성을 선언한 말로 해석될 수 있다. 하지만 그럼에도 불구하고 이 '깨달음'은 인간이 태어나서 처음 자신을 의식하는 자각(自覺)을 잘 드러낸 표현으로서, 신(神)들과 세상의 모든 것들의 중심에 '자기 자신'이 있다는 내적 확신을 잘 보여 준다.

긍정적으로 말하면 인간 자신이 모든 것의 중심이고 가장 소중한 존재이지만, 부정적으로 보면 결국 인간은 태어나면서부터 '자기 자신 안에 갇혀 있는 존재'임을 잘 드러낸 표현인 것이다. 성경은 그렇게 시작하지 않는다. 태초에 '오직 나'(唯我)만 존재한 것이 아니다. 인간이 자기 자신의 의식 안에 갇혀 있는 그 '나'로부터 시작하지 않는다. 태초부터 '관계'가 있었다. 더 나아가서 성부, 성자, 성령 하나님의 사랑의 교제, 곧 코이노니아가 존재했다. 그렇게 시작한다. 인간은 이 타락한 세상 안에서 태어나면서부터 자기 자신 안에 갇혀 있는 존재로 태어난다. 그래서 스스로의 힘으로는 '절대 고독'을 벗어나지 못한다. 마치, 17세기의 철학자 라이프니츠(G. W. Leibniz)가 말한바 외부로 난 창(窓)이 없는 '단자'(monad, 單子)처럼, 인간은 태어나면서부터 외부와 단절된 존재, 자기 안에 갇혀 있는 존재로 살게 되는 것이다.

이 원초적 단절의 상태, 태어나면서부터 그것이 부모이든 형제이든, 누군가와의 관계를 경험하기는 하지만, 그 관계가 단절되어 있고, 자신은 자기 안에 갇혀 있다는 의식, 거기서 오는 해결할 수 없는 절대 고독, 그것을 성경은 '죄'의 상태라고 부른다. 그것을 죄의 상태라고 부를 수 있는 것은, 그것이 원래 하나님께서 사람을 창조하셨을 때의 모습이 아니기 때문이다. 인간은 자신도 어쩔 수 없이 자기 안에 갇혀 타인과 단절되고 '소외된 개인'으로 창조되지 않았다. 인간은 처음부터, '삼위 하나님과의 교제 안에서 살도록' 창조된 것이다.

그것이 우리가 잘 알고 있는 창세기의 에덴동산 이야기가 전해 주는 실재에 관한 진리이다. 그것을 '실재'(reality)라고 부르는 이유는, 그것 즉, 우리가 하나님과의 관계 속에서 그 사귐을 누리도록 지음 받았다는 사실이 우리의 원래의 본성에 가장 적합하기 때문이다. 마치 어떤 자동차에 그 종류에 알맞은 엔진을 얹었을 때, 비로소 씽씽 달리며 제 기능을 발휘하는 것과 같다. 자기 안에 갇혀 있던 '개인'으로서의 인간이 그 아들 곧, '생명의 말씀'을 듣고 받고 소유하고 누림으로써 그 태초의 코이노니아 안으로 회복되는 것이다.

이런 구원은 세상 어디에서도 얻을 수 없고, 세상 그 어떤 것도 줄 수 없다. 오직, 그 영원한 삼위 하나님과의 코이노니아 안에 '있어 온' 그 '생명의 말씀'이 이 세상 안으로 육체를 입고 오셔서, 각기 창이 없는 '단자'로 자기 안에 갇혀 살아가고 있는 인간의 외부로부터, 그 '닫힌 개인'을 뚫고 들어갈 때에만 일어나는 일이다. 우리가 통상, 말씀과 성령을 통해 중생과 믿음과 회심에 이르는 그 과정이다. 오직 그때에만, 인간은 진정한 의미에서 외부로 열린 창을 가질 수 있게 된다. 하나님과의 사귐의 관계가 회복됨으로써, 비로소 다른 사람들과의 관계, 세상과의 관계도 진정한 의미에서 열리게 된다.

오직 그때에만, 하나님 앞에서 처음으로 '겸손'이 무엇인지 아는 존재가 된다. 오직 그때에만, '타인(他人)은 지옥'이기를 그친다. 그 타인의 존재와 필요 앞에 진정으로 자신을 내려놓을 수도 있는 사랑의 존재가 된다. 오직 그때에만, 자연 곧 세상에서 하는 노동은 그것이 결국 나의 생명을 소진하고 앗아가 버리는 '소외'의 현상이 아니라, 창조와 이웃 사랑의 '즐거운 놀이'가 될 가능성을 얻게 된다. 그것이 개인으로부터 '인격(人格)'으로의 변화이다. 코이노니아는 자기 안에 갇힌 한 개인을, 삼위 하나님과 이웃과 세상과 더불어 사귐을 누리게 하는 '인격'으로 변화시킨다.

이렇듯 인간이 스스로 해결할 수 없는 '닫힘과 고독과 죽음'에서 나와, 생명의 말씀이신 그 아들을 통해 아버지와의 사귐 가운데로 들어가는 곳, 처음으로 진정한 의미의 '열림과 사귐과 나눔' 곧, 코이노니아가 생겨나는 곳, 거기가 교회이다. 그래서 예수를 믿는다는 것은, 이제 더 이상 혼자가 아니며 더 이상 혼자일 수 없는 삶이 되었다는 뜻이다. 아무리 외로워도 절대 고독에 갇힐 수 없게 된 것이다. 영원토록 생명과 사랑과 의미가 풍성한 삼위 하나님과의 사귐 안에 들어가 있기 때문이다. 이것이 '그 아들과 아버지와 우리와 너희'의 코이노니아 공동체에 참여한다는 의미이다. 예수를 믿는다는 것은, 이제 '나는 교회가 되었다'는 뜻이다.

코이노니아의 다각적 의미

코이노니아의 의미를 더 파헤쳐 보자. 요한일서는, 적대자들이 교회를 흔들고 나가 버린 뒤, 예수 그리스도에 대해 저들이 했던 거짓된 주장을 반박하면서, 동시에 남아 있는 참된 하나님의 자녀들에게 교회가 무엇인지 확실히 알려 주어야만 했던 상황에서 기록되었음을 잊지 말자. 이제 수신자 교회는 그들이 잃어버렸던 것보다 훨씬 더 많은 것, 비교도 할 수 없이 큰 것을 얻게 될 것이다. 왜냐하면 그들이 받은 '육체로 오신 예수 그리스도'가 가지신 비밀이 실로 크기 때문이다. 그 능력과 크기와 영광은 말할 것도 없다. 그 놀라운 비밀 중 하나가, 코이노니아이다. 저들의 교회는 두 쪽이 난 것처럼 보이지만, 실제로 참된 그리스도인이 참여하게 된 '삼위 하나님과의 코이노니아'는, 이를테면, 이 세상이 있기도 전에 그리고 이 세상이 사라진다 해도 전혀 흔들리거나 분리될 수 없는 영원한 '연대'(solidarity)로 묶여 있다는 선언인 셈이다.

절대로, 결단코, 지금의 이 분리와 혼돈은, 그 아들의 생명의 말씀을 받은 자들이 누리고 있는 '영원한 생명의 코이노니아'를 어찌할 수가 없다! 문제는, 진정으로 그 아들의 생명을 받은 자들이 자신 안에 있는 그 영원한 생명의 코이노니아를 전혀 깨닫지도, 누리지도, 드러내지도 못하고 있을 가능성이다. 그래서 요한은 이 서신을 쓰고 있다(5:13). 그렇다면 다시, 코이노니아란 무엇인가? 요한일서에 나타난 그 특징들을 일목요연하게 정리해 보자.

[도표 2] 코이노니아의 특징들

(A) 소속 — 관계 속으로 열린 인격
(B) 역사 — 새 언약의 성취, 말씀과 성령의 내주
(C) 구조 — 코이노니아와 악한 자의 코스모스
(D) 현상 — 나눔, 연대, 참여, 동역, 사랑의 행위, 연보
(E) 본질 — 아들의 생명, 아버지의 사랑, 성령의 지식
(F) 방식 — 거함과 사귐
(G) 목적 — 기쁨의 충만

이렇게 열거된 코이노니아의 일곱 가지 특징들은, 요한서신의 본문에 깊고 넓게 퍼져 있다. 위에서 설명한 바 있는 '코이노니아'의 세 가지 본질적인 의미를 따른다면, 첫째, 코이노니아가 '무엇인가를 공유한다'는 차원에 해당하는 것은, (B) 새 언약의 성취, (C) 세상과 하나님 나라의 이원론적 구도, 그리고 (E) 아들의 생명, 아버지의 사랑, 성령의 지식이 될 것이다. 둘째, 코이노니아가 '서로 인격적 교제'를 의미한다는 차원에서는, (A) 관계 속으로 열린 인격, (F) 거함과 사귐이 해당된다. 마지막으로, 코이노니아가 '나눔'의 방식 특히 그 결과를 표현하는 차원에는, (D) 전함, 연대, 나눔, 동업, 연보, 또한, (G) 기쁨의 충만이 여기에 해당된다. 이렇듯, 위의 일곱 가지 특징들은 코이노니아의 세 가지 본질적 의미에 해당되지만, 설명하는 순서는 위에 열거된 차례대로 진행하기로 한다. 이를 하나씩 살펴보자.

(A) 소속 — 관계 속으로 열린 인격: 앞서 언급한 대로, 구원받았다는 것은 '닫힌 개인'으로부터 '열린 인격'으로 변화되었다는 뜻이다. 예수를 믿는다는 것이 무엇인가? 그 '생명의 말씀'을 들었다는 것이다. 들었다는 것은 무엇

인가? 음식은 입으로 들어가서 배로 가고, 사람의 말은 귀로 들어가서 마음에 떨어진다. 그것이 미움의 말이든, 감사의 말이든, 말은 사람의 마음의 배를 채워 든든하게도 하고, 그 마음을 찢어 병들게도 하지 않던가. 이와 유사하게, 하나님의 말씀, 예수 그리스도에 관한 복음, 영원한 생명을 주는 말씀은 귀로 듣고 마음으로 받으며, 결국은 그 사람의 영(靈)에 가서 닿는다. 사람의 영을 변화시키는 것은 오직 하나님의 말씀뿐이다. 그 영을 창조하신 분의 말씀이기 때문이다.

그렇게 '닫힌 개인'으로서의 인간의 외부(外部)에서부터, 그 개인에게 주신 믿음의 통로를 따라 그의 안에 떨어져 심긴 말씀은, 그의 속에서 그에게 속해 있지 않은 생명, 밖에서 온 영적 생명, 태초부터 있는 생명, 영원한 생명의 꽃을 피워 낸다. 그때 이미, 그 닫혀 있던 개인은, 그 생명의 말씀을 통해, 그 생명의 말씀을 주신 하나님 아버지와의 살아 있는 인격적 관계 안으로 회복된다. 비로소 처음으로 '인격'이 되는 것이다.

'인격'(persona, 페르소나)이란, 원래 헬라 문화권에서는 그 사람 자신에게 속해 있는 본질이 아니라 그의 사회적 위치나 기능에 따라 주어진 것, 예컨대 그런 역할을 위해 썼다가 벗을 수 있는 가면(假面) 같은 것이었다. '인격'이 원래 그 사람의 본질을 가리킨다거나, 그것도 사랑을 나누고 사랑할 수 있는 자유를 가진 '관계적이고 자유로운 인격'이라는 개념은, 성경의 하나님, 삼위 하나님으로서 서로 사랑의 관계 속에 존재하시는 인격적 하나님이 소개되면서부터 생겨났다.[23]

---

23 Zizioulas, *Being as Communion*, 16-19. '헬라 철학의 일원론적(一元論的) 존재론'을 따라, 신(神)을 '부동의 동자'(the unmoved mover) 즉, 자신은 결과가 아니면서 원인이 되는 첫 번째 원인자(the prime cause)처럼 생각했던 알렉산드리아의 학문적인 교부들은, 성경의 하나님도 그렇게 추론했다. 반면에 안디옥의 목회적인 교부들은, 성경의 하나님을 교회론적으로, 즉, 인격적 관계와 사랑을 통해 알려지는 '관계 안에서의 인격'으로 파악했다. 인간의 피조 된 인격은, 피조성의 한계에 매여 있지만, 절대적 자유를 향한 인격의 요구를 간직한 것으로 이해되었다.

여기서 '인격과 교제'는 서로 뗄 수 없는 개념들임을 알게 된다. 교제는 인격을 요구하고, 인격은 교제를 전제하기 때문이다. 요한일서 1:1-2이 요한복음 1:1-4을 배경으로 함축하는바, 태초부터 계신 말씀이신 그 아들은 아버지의 품 안에 계셨다. '아들'과 '아버지'로서 서로 다른 인격이지만, 필히 교제 가운데 계셨고, 영원 전부터 그렇게 '사랑의 품의 교제' 가운데 계셨던 것이다. 이것이 우리가 성경 계시를 통해 떠올리는 태초, 그 '처음'이다. 모든 것의 처음에, 인격이신 삼위 하나님이 계셨고 삼위 하나님은 교제, 코이노니아 가운데 계셨다.

예수를 믿었다는 것은 이렇게 놀랍고 황홀한 것이다. 예수를 믿었다는 것은, 우리가 그 영원한 삼위 하나님의 교제 가운데 들어가, 거기서 삼위 하나님과 '인격'으로서 '교제'하는, 그 코이노니아 속으로 들어가게 되었다는 의미이다. 무엇보다 이것은 또 하나의 코스모스, 또 하나의 영원한 세상 즉, 이 세상이 사라져도 결코 사라지지 않는 영원한 사랑의 코스모스의 시작이다. 이 영원한 코스모스로의 회복으로서의 코이노니아가 이 세상 안에 '성도의 공동체'로 존재하는 것, 그것이 교회라고 선포하는 것이다.

조금 많이 앞서 갔지만, 다시 생각해 보자. 그러니까 처음부터 하나님의 존재는, 고대 헬라의 철학자들이 생각했던 것처럼 '더 이상 쪼개어지지 않는, 모든 사물들의 배후에 있는 궁극적 실체(substance)'로서 고독하게 '홀로' 존재한 것도 아니다. 혹은, 후기 플라톤주의나 동양 사상에서 언급된 것처럼, 만물이 거기서부터 분열되어 나오게 된 그 맨 처음의 시작인 '일자'(一者)로서 존재한 것도 아니다. 성경은, 무엇보다 지금 창세기 1-3장과 요한복음 1장을 배경으로 다시 선포하는 요한일서 1:1-4은, 태초부터 계신 삼위(Three Persons) 하나님의 존재는 처음부터 '코이노니아 공동체'로 존재했다고 알려 준다.

그러므로 말씀이신 그 아들을 믿고 받아서, 그 영원한 코이노니아에 들어가 '인격'으로 회복된 교회도, 영원토록 삼위 하나님과의 사귐의 관계 가운데 존재한다. 서구 근대의 이상(理想)은, 지금의 후기 현대주의에 와서까지도 '자아실현'(self-realization)이다. 하지만 그 '자아'가 코이노니아 속의 인격으로 회복되면 그 회복된 인격은 '관계 실현'(relation-realization)이 곧 자신의 온전한 실현임을 알게 된다. 하나님과의 관계 회복은 자기 자신과의 관계를 회복시킨다. 하나님 안에서 자신을 바로 사랑하는 법을 배울 때, 우리는 비로소 이웃과의 관계, 즉, 이웃을 '내 몸처럼 사랑'하는 길로 나아간다. 그런 삶은 우리로 하여금, 세상과의 관계를 회복하게 하고, 이런 관계들이 온전히 실현됨으로써 자아는 비로소 그 온전한 실현에 이르게 된다.

세간에는, '나 혼자 산다'라는 말이 유행이다. 하지만 그렇게 '나 혼자 산다'는 사람들이 모여 사는 TV 프로그램을 만들고, 그렇게 '나 혼자 산다'는 사람들이 '함께' 보며 위로받고 '함께 살아간다.' 세태를 풍자한 모순이다. 인간은 결코 '나 혼자 살 수' 없다. 관계 실현에 참된 만족이 있다는 것을 알고는 있지만, 그것이 불가능한 상황이거나, 그것이 개인적으로 너무도 어렵거나, 혹은 그것을 의도적으로 기피할 뿐이다. 인간은 자기 안에 갇혀 홀로 살도록 지음 받지 않았다.

또한 세상은 사람을 종종 숫자나 수단 즉, '그것'(it)으로 만든다. 악한 자 마귀는 '비인격화(非人格化)의 영'이다. 사람을 '물화'(物化)한다. 사람에게서 하나님의 형상을 빼앗고, 그 얼굴을 빼앗는다. 가장 심한 경우가 귀신 들림이다. 귀신이 인격적인 코이노니아를 할 수 없다. 일방적이다. 마귀는 인격적 코이노니아가 불가능한 존재이다. 악한 자 마귀가 지배하는 세상의 특징도 똑같다. 세상에서든 교회에서든, 독재적 지도자가 자신이 지배하는 모든 사람들에게서 인격과 얼굴을 빼앗으려는 '갑질' 현상도 마찬가지다.

예수 믿을 때에 회복되는 '인격'은 하나님이 주신 선물이다. 원래 그렇게 지음 받았지만, 이제 '영원한 사귐 가운데 거하시는 삼위 하나님과의 코이노니아'를 통해 회복된 것이다. 이때에 사람은 비로소 참된 '자기다움'의 삶을 살 수 있게 된다. 그 회복된 인격은 비록 피조물인 인간이지만, 창조주요 거룩하신 하나님과 더불어 사랑받고 사랑할 수 있는 자유를 누리기 때문이다. 그 사랑의 자유를 통해, 자신과 이웃과 세상과 코이노니아 속에서 생명과 의미가 충만한 의(義)의 관계를 회복해 가는 것이다.

(B) 역사 — 새 언약의 성취, 말씀과 성령의 '내주': '코이노니아'라는 단어는 어디서 나왔을까? 구약을 헬라어로 번역한 칠십인경(LXX)에서 '코이노니아'(κοινωνία)에 해당하는 구약의 용어는 '하베르'(חבר)이다. '동무, 동류, 한패'를 뜻하는 이 단어는, 구약에서 '사람과 사람 사이' 또는 '이방 신들과 음란한 연합'을 가리키는 데는 사용되었지만(시 119:63; 잠 28:24; 사 44:11; 호 4:17), 이스라엘의 하나님과 그 백성 사이에는 한 번도 사용된 적이 없다. 반면에 헬라 문화권에서 여러 '신(神)들과의 코이노니아'라는 개념은 플라톤, 에픽테투스 등 여러 저작들에서 일상적으로 사용되었다(TNDT, 789-809; 한의신, 54). 그렇다면, 왜 요한일서는, 구약에도 용례가 없고 당시 이교 문화권에서나 사용되던 '신들과의 코이노니아'라는 개념을 사용했을까? 아니, 그보다 먼저, 왜 구약에서는 '코이노니아'가 직접적으로 사용되지 않았을까?

물론, 특정 용어가 사용되지 않았다고 해서 그런 개념조차 적용된 적이 없다고 보는 것은 피상적이다. 하나님은 자신과 '언약'을 맺은 아브라함에 대해, 그가 하나님께 순종함을 배운 신앙의 여정 말미에서 그를 '내 친구'라 부르신다(사 41:8; 약 2:23). 이렇게 볼 때, '코이노니아'라는 1세기 헬라적 개념에 상응하는 가장 특징적인 구약의 개념이 있다면, 그것은 다름 아닌 '언약'(베리트, ברית)이라는 생각에 도달하게 된다. 그러니까 구약은 하나님과 사람 사이의 관계성을 표현하기 위해, 당시 이방 신(神)들과의 관계에서는 부정적으로 쓰였던 '하베르'(동류, 한패) 대신 '언약'(covenant)이라는 또 다른 개념을 통해 하나님과 사람 사이의 관계를 묘사했다고 볼 수 있다(창 9:8-17; 15:18; 출 19:5-6; 삼하 7:12-14; 겔 36:22-28; 37:24-28; 렘 31:31-34).

동시에 요한일서가, 당시 헬라 문화권에서 '신들과의 관계'나 '동업자', '교제', '나눔' 등의 의미를 가졌던 '코이노니아'라는 용어를 차용해서, 구약의 전통적인 '하나님과 그의 백성 사이의 언약 관계(covenant relationship)'를 표현하려 했던 것이라면, 이는 당시 로마 사회에서 '코이노니아'로 대변되는 '사람과 신들의 교제' 그리고 '사람과 사람 사이의 교제, 동업' 등의 제반 세속적인 관계들에 대한, 새롭고 혁명적인 대안적(代案的) 관계를 제시하려는 의도가 아니었을까? 요한일서를 이해하려 할 때, 우리는 바로 이런 점에서 '코이노니아'와 '코스모스'의 밀접하고도 충돌하는 관계를 살펴보아야 할 것이다.

이런 면에서, 요한일서의 '코이노니아'가 구약의 '언약' 개념과 어떻게 유사하고 어떻게 다른지도 매우 결정적인 문제이다. 지금은 여기에 집중해 보자. 우선, 두 개념이 서로 유사한 점은, 둘 다 '하나님과 사람 사이의 의미심장한 관계'를 표현한다는 사실에 있다. '언약'도 앞서 언급한 코이노니아의 세 가지 특징들을 그대로 갖고 있다. 우선적으로 언약은, 하나님과 그의 백성이 '함께 소유하고 참여하는 대상'을 공유한다. 그것은 '하나님의 나라'이다. 또한 언약은 하나님과 언약 백성이 은혜와 계명, 특권과 사명, 구원과 헌신의 관계 속에 묶여 있는 '상호 교제'의 관계를 포함한다. 그리고 그 공유와 교제의 결과로서 항상 율법에의 순종, 의(義)의 열매 곧 열방의 회복과 새 하늘과 새 땅의 도래를 요구한다.

그렇다면, 구약의 '언약'과 요한일서의 '코이노니아'가 서로 다른 점이 있다면 무엇일까? 우선, 구약에서 말하는 '언약'이 하나님과 그의 백성 사이의 외적이고, 형식적이고, 집단적인 관계를 표현하는 개념이라면, '코이노니아'는 하나님과 그의 자녀 사이의 훨씬 더 '내적이고, 영적이고, 인격적인' 친밀한 관계를 표현한다는 사실이 두드러진다. 특별히 새 언약은, 옛 언약에서와는 '다른 차원의 영적이고 내적인' 친밀한 관계를 약속한다. 옛 언약 아래서 율법은 두 돌판에 기록되어 있었지만, 새 언약에서 율법, 곧 하나님의 말씀은 새 백성의 심령에 '기록될 것이다'(렘 31:33). 또 옛 언약에서 하나님의 임재, 하나님의 영은 돌로 지은 성전에 머물렀지만, 새 언약에서 하나님의 영, 성령은 이제 하나님의 백성의 심령 안에 직접 거하게 될 것이다(겔 36:26-27). '말씀과 성령의 내재화(interiority)'는, 옛 언약 아래서도 본질적으로 요구되기도 하고 간헐적으로 일어나기도 했던 현상이지만,[24] 새 언약이 성취된 '코이노니아'에서는 전형적으로 그리고 항시적으로 일어나는 근본적으로 새로운 특징이 되는 것이다.

요한일서가 말하는 '아들과 아버지와의 코이노니아'(1:3)의 관계는, 이렇듯 새 언약의 '말씀과 성령의 내주'로 말미암은 하나님과의 '친밀한 영적이고 내면적인 인격 간의 교제'로 이해할 때 가장 체계적이고 조화롭게 이해될 수 있다.[25] 더구나 하나님과 그의 자녀들의 '상호 내주'(mutual indwelling)를 통한 이러한 영적이고 내면적인 인격 간의 교제는 새 언약이 약속한 바대로 '영원한 속죄'를 전제한다는 점도 중요하다(1:7; 2:2, 27-28; 3:6-9, 24; 4:12-16).

그리고 이런 교제의 결과가, 새 언약이 이루고자 하는 목적인 말씀에의 순종과 의의 삶, 계명의 성취, 온전한 사랑의 행위라는 점은, 요한일서가 말하는 '하나님과의 코이노니아'는 사실상, 하나님과의 새롭고 친밀하며 영적이고 내적인, 동시에 외적인 열매를 맺는 '새 언약 관계의 성취'(!)라는 점을 더욱 분명하게 보여 준다.

요한일서 1:3에서 '하나님과의 코이노니아'라는 개념은 신약에서 그 용례를 찾을 수 없는 독특한 표현이다. 그럼에도 불구하고 그 표현은 신약이나 구

---

[24] 옛 언약에서도 율법을 마음으로부터 지켜야 한다는 것을 알고 있었다(신 6:4; 10:16; 11:18; 시 51:10, 17; 73:1, 13; 잠 22:11).

[25] 채영삼, "요한일서 3:9의 '그의 씨'(σπέρμα αὐτοῦ)의 의미, 공동서신의 전통 그리고 새 언약의 성취", 574-632 참조.

약 성경에서 전혀 새로운 개념이 아닌 셈이다. 다만, 새 언약의 근본적으로 새로운 차원인 하나님과의 내면적이고 영적이고 친밀한 직접적인 인격적 사귐의 관계를 표현하고자 '코이노니아'라는 개념을 가져다 쓴 것이다. 참으로 성령 안에서 하나님의 신령한 말씀을 순종하는 그 영적이고 참된 사랑의 열매들은, 오직 마찬가지로, 성도가 하나님과의 사랑의 교제를 통해 성령 안에서 자신의 심령에 심긴 말씀을 순종하는 진실한 사귐을 통해 나온다는 사실을 보여 주려 하는 것이다.

그러므로 '아들과 아버지와의 코이노니아'라는 이 영적이고 신비하고 인격적인 사귐은, 모든 새 언약 성도에게 전혀 낯선 것이 아니며, 도리어 주어진 특권이요 또한 사명이다. 성도라면 누구나 하나님과의 영원한 생명과 사랑과 성령의 내적이고 신비한 사귐을 누릴 수 있고, 또 항상 누리고 있어야 한다. 교회의 모든 활동과 사역은, 바로 이 하나님과의 코이노니아를 전제하며, 이 하나님과의 코이노니아로부터 흘러나오는 생명과 사랑과 성령의 사역이어야만 하는 것이다.

그렇지 못할 때, 하나님과의 영적이고 내면적이며 신비한 인격적 사귐이 사라진 교회에는 단지 종교적이고 인간적인 단체의 껍데기들, 바람에 나는 겨와 같은, 위선되고 악하며 헛된 '종교 놀음'만이 가득 차게 될 것이다. 교회의 핵심은 '하나님과의 영적이고 내적이고 신비하며 인격적인 코이노니아'이다. 이것이 빠진 교회는 결코 교회가 될 수 없다.

삶으로
내리는 뿌리

기도, 거룩한 교환

기도는 고통스러운 일이다. 나 혼자 스스로 살 수 없다는 사실을 인정하는 일이기 때문이다. 무릎을 꿇고 머리를 조아리는 일, 나는 그분으로 살며 그분의 것들로 채워져야 산다는 사실을 인정하는 항복이기 때문이다.

기도는 고통스러운 일이다. 내 생각들을 들여다보고, 그분의 생각들로 조명하여 비추고 거르고 바로잡는 일이기 때문이다.

그래서 하나님은 기도를 귀히 보신다. 아무것도 없이 빈손으로 온전히, 그분 앞에 오직 믿음으로만 나아가기 때문이다. 그것은 사랑이다. 우리가 하나님께 대하여 표현할 수 있는 가장 기뻐하실 만한 사랑이다. 아무것도 없이 그분과만 마주 서는, 그분의 마음에 내 마음으로 다가서는 일이기 때문이다.

그분이 계신다는 것을 믿고, 보이지 않는 그분을 오직 믿음과 사랑으로 찾아가는 그 일, 하나님은 이런 순간을 기뻐하신다. 사랑을 나누는 순간, 아들이 아버지의 품에, 딸이 엄마의 품에 안기는 그런 순간이기 때문이다. 무슨 일로서가 아니라, 그대와 내가 함께한다는 그것만으로 사랑을 나누는 그런 순간이기 때문이다.

나는 내 것을 그분에게 드리고, 그 부족한, 간절한 모든 것들을 그분에게 내어 드리고, 그분은 자신의 가장 탁월한, 영원하고 빛나며 깨끗하고, 하늘에 속한 생명의 풍성한 것들로, 그 말씀으로, 영으로, 그 아들로 나를 채우신다. 그렇게 거룩한 교환(holy exchange), 행복한 교환이 마무리되는 것, 그것으로 문을 걸어 나오면, 오롯이 그분은 곁에, 함께 계신다.

(C) 구조 — '하나님의 코이노니아'와 '악한 자의 코스모스': 이렇게 생각해 보자. '하나님의 코이노니아'가 세상 한복판에 존재하게 된 것은, 두 가지 방향에서 설명될 수 있다. 먼저는, 수평적이고 역사적인 방향이다. 요한일서가 말하는 '그 아들과 아버지와의 코이노니아'는 새 언약의 성취로 탄생한, 그 이전과는 비교할 수 없는 하나님과의 영적이고 친밀한 교제 가운데 들어간 새 언약의 교회를 의미한다.

동시에, 수직적이고 공간적인 방향도 있다. 즉, 새 언약의 성취로 탄생한 '하나님의 코이노니아'로서의 교회는, 하늘의 통치가 이 세상에 침투하여 진입한 하늘의 통치의 임재로서, 우주적으로도 이 세상 곧 '코스모스'와 대립되는 이원론적 구도에 놓이게 된다. 이를 간단한 도표로 그리면 아래와 같다.

[도표 3] 코이노니아와 코스모스

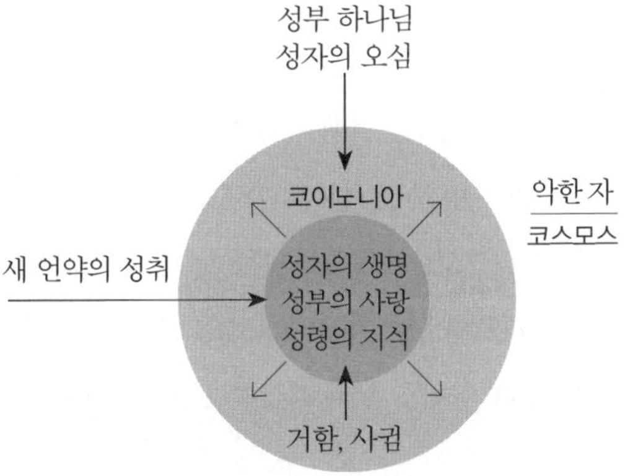

성부 하나님
성자의 오심

코이노니아
성자의 생명
성부의 사랑
성령의 지식

악한 자
코스모스

새 언약의 성취

거함, 사귐

위의 그림에서 큰 원은 '코스모스'(세상)이고, 그 안에 들어 있는 작은 원은 '삼위 하나님과의 코이노니아'이다. 코이노니아는 세상 속에 있지만, 실제로는 그 코스모스보다 크고 영원하다(4:4). 다만, 코이노니아가 세상 속에 들어와 있고, 그 안에서부터 그 코스모스를 붕괴시키고 새롭게 재창조하기 때문에 큰 원 곧 '코스모스' 안에다 그려 넣었다.

이 세상 곧 '코스모스'는 일시적으로 그리고 제한적으로 '악한 자의 지배 아래에 놓여 있다'(5:19). 하지만 그 '악한 자'는, 성부 하나님과 그 아버지의 품 안에 있다가(1:4) 이 세상 안에 육체를 입고 오신 그 아들의 권세와 비교할 수 없다. 그 악한 자는 일시적이고 제한적으로 자신의 지배 아래 놓인 세상과 동일 운명으로 묶여 있다. 이것을 악한 자와 코스모스의 '연대'라 할 수 있는데, '코이노니아'의 여러 의미 가운데 하나가 '연대'라는 점을 감안하면, 세상은 그 악한 자와의 '죄와 죽음의 코이노니아'로 묶여 있다고 말할 수 있다. 이런 식으로, '그 아들과 아버지와의 코이노니아'(1:3)는, '악한 자와 세상의 코스모스'와 이원론적으로 분리되어 있고 대립되어 있다는 사실이 중요하다.

요한일서는 신약 교회의 실재(reality)를 '하나님과의 코이노니아'라는 개념으로 표현한다. 이는 당시 헬라 문화권에서 사용되던 '신들과의 코이노니아'라는 용어를 차용한 것이 분명하다(참조. 고전 10:20, '귀신과 교제하는 자', κοινωνοὺς τῶν δαιμονίων). 중요한 사실은, 바로 그렇기 때문에 그것은 당시 이방 세계를 향한 코이노니아 개념의 '선교적' 변형으로 볼 수 있다는 점이다. 즉, 요한일서는 당시 주변 문화에서 사용하던 '신(神)과의 코이노니아'라는 개념을 '어떻게 다르게, 차별화된 방식으로' 사용하는지를 보여 줌으로써, 한편으로는 새 언약 교회에는 하나님과의 새로운 차원의 교제를 친숙한 방식으로 깨닫게 하고, 다른 편으로는 주변의 다신적(多神的) 문화를 향해 선교적 도전을 던지고 있는 셈인 것이다.

이런 관점을 갖고, 다시 위의 그림을 보자. 수직으로 표시되어 위에서부터 내려오는 화살표는, '그 아들과 아버지와의 코이노니아'가 이 세상 곧 '악한 자의 코스모스'와 충돌하는 '묵시론적 실재'(apocalyptic reality)라는 사실을 보여 준다. 다시 말해서, 하늘로부터 이 세상 안으로 들어와 '육체적으로' 실재하는 '그 아들과 아버지와의 코이노니아'의 존재 자체는 '그 악한 자의 코스모스'(5:19)의 종말과 심판, 새로운 시작을 의미하는 것이다. '하나님과의 코이노니아'로 인해 세상 속에서 '코스모스의 우상들'(5:21)이 차지할 수 있는 신(神)의 자리나 왕좌는 더 이상 존재하지 않는다는 뜻이기도 하다.

그래서 요한은 1:3에서 '아들과 아버지와 함께하는 코이노니아'를 설명하기 전에, 먼저 1:1-2에서 '그 아들'이 누구인지에 관한 결정적인 메시지를 제시한다. 헬라 문화권에서 사용된 '신들과의 코이노니아'에서 과연 그 '신들'은 어떤 존재들이었던가? 상대적으로, 지금 요한이 듣고 보고 전하는 '그 아들' 곧 '생명의 말씀'은 진정 어떤 분이시란 말인가? 비교할수록, 전혀 비교가 되지 않는다. 요한일서의 수신자 교회가 교제하고 있는 '그 아들'은, 헬라의 이방 신들과 이 세상이 창조되기 그 이전부터 계셨던, '태초부터 있어 온 생명의 말씀'(1:1)이시다. 동시에 그 헛된 신들과 세상이 사라지고 난 그 후에도, 영원히 존재할 '영원한 생명'(1:2)이신 분이다. 요한은 서두부터, 도저히 비교가 불가능한 '유일무이한 신(神)과의 독특하고 영광스러운 코이노니아'를 소개하는 셈인 것이다.

이런 맥락에서 '자녀들이여, 여러분 자신을 그 우상들로부터(에이돌론, εἰδώλων) 안전하게 지켜 내십시오'라는 요한일서의 마지막 본문(5:21)의 권계는, 서신의 시작인 1:1-3에서 밝혔던 '그 아들과 아버지와의 코이노니아'의 절대적 가치와 중요성을 다시 기억나게 하고, 그 안에 적극적으로 머물기를 촉구하는 서신의 시작과 짝이 맞는 권면이다. 무엇보다, 요한일서가 제시하는 '그 아들과 아버지와의 코이노니아'를 본질로 갖는 교회를 이해하려면, 이 세상이 그 아래 놓인 그 '악한 자 마귀'와 헛된 우상들, 거짓 선지자와 적그리스도(2:22; 4:1)와 결탁한 '마귀의 자식들'(3:10)의 '코스모스'와 '코이노니아'가 대립하는 그 이원론적 구도를 잊지 말아야 한다.

예를 들어 이런 질문을 해 보자. 요한일서는 서두부터 예수 그리스도를 '생명'이나 '말씀' 또는 '진리'(1:1, 6, 8, 10)로 묘사한다. 왜 그렇게 할까? 요한일서를 이해하는 데 있어 5:19 즉, 코스모스 전체가 악한 자 아래에 놓여 있다는 것은 중요한 전제이다. 그 '악한 자'는 누구인가? 그의 특징은 무엇인가? 그는 '처음부터 살인한 자요, 진리가 그 속에 없으므로 진리에 서지 못하고 거짓을 말할 때마다 제 것으로 말하나니, 거짓말쟁이요 거짓의 아비'이다(요 8:44). 이것이, 그 아들이 세상에 육체로 오셨을 때 '살인 곧 죽음'이 아니라 '생명, 그것도 영원한 생명'으로 오셨으며, '거짓'이 아니라 '말씀' 곧 '진리'로 오셨다고 강조하는 이유 아닌가.

즉, 요한이 예수 그리스도와 그의 복음을 설명하는 방식 자체가, '악한 자의 지배 아래 있는 세상'과의 이원론적 대립 구도를 배경으로 한다는 사실이다. 세상을 잠시 자신의 지배하에 둔 마귀가 장악한 그 영역 안으로, 하나님의 아들이 '육체를 입고' 즉, 그 코스모스의 실체 속으로 들어오셨다. 그런데 그 아들 자신은 죽음이 아니라 '영원한 생명'이며 거짓이 아니라 '진리'이시고 '말씀'이시다. 그렇다면 이제 악한 자의 코스모스에 무슨 일이 일어날까? '그 아들과 아버지와의 코이노니아'로 인해, 이 코스모스 안에는 다시는 그 이전으로 돌이킬 수 없는 결정적인 균열이 생겨 버린 것이다. 마치 댐의 수문이 무너져 물이 쏟아져 넘쳐 나오는 것처럼, 이 코스모스는 점차로 그 악한 자의 손아귀로부터, 그 거짓과 죄와 죽음의 지배로부터 빠져나오고 있다.

이 세상 안에는 '하나님의 코이노니아'를 중심으로 무엇인가 엄청나고 결정적인 사건이 일어났고 지금도 일어나고 있다. 요한은, '이 세상도 그 정욕도 지금 지나가고 있다(파라게타이, παράγεται)'고 말한다(2:17). 코스모스가 사라지고 있는 것이다. 그 악한 자에게는 무슨 일이 일어난 것일까? 그 아들이 그 악한 자의 일을 멸하려 나타나셨다(3:9). 그분은 어떻게 악한 자의 일을 멸하셨는가? 그리고 '코이노니아'로서의 교회는 이 균열된 코스모스 안에서 어떤 존재이며 어떤 역할을 맡고 있는가?

(D) 현상 — 연대, 참여, 동역, 나눔, 사랑의 행위, 연보: 하나님은 눈에 보이지 않으신다. '그 아들과 아버지와의 코이노니아'도 눈에 보이지 않는다. 하지만 교회 공동체로서 '코이노니아'는 눈에 보인다. 그래서 드러나는 '현상'으로서의 코이노니아는 어떤 '교제'(fellowship)의 사회적 조건이나 그 결과로서, 사람들 간의 공동체 그리고 그런 관계를 통한 나눔의 결과를 표현하기도 한다.

요한일서가 코이노니아를 묘사하는 방식을 보면, 코이노니아의 주도권이 하나님 아버지 자신과 보내심을 받아 육체로 이 세상 안으로 들어오신 그 아들에게 놓여 있음을 강조한다(1:1-2). 하지만 동시에, 그 아들이 '육체로' 오셨고, 목격자들이 그 '생명의 말씀'을 듣고 만지고 보았던 것처럼, 그 아들의 '육체성'은 곧 이 '신적인 코이노니아'의 육체성, 피조 된 이 코스모스의 일부인 '사람들' 속으로 들어와 있는 실재임을 알 수 있다. 그래서 '그 아들과 아버지와의 코이노니아'는, 또한 삼위 하나님 안에서 '우리와 너희의 코이노니아'이다(1:3-4). 그 아들을 통해 가능하게 된 아버지 하나님과의 코이노니아는, 항상 신(神)적인 코이노니아에 참여하는 사람들 사이의 수평적인 코이노니아 공동체를 의미하기 때문이다.

원래 '코이노니아'나 이와 관련된 용어들은 헬라의 세속 사회에서, 자주 사람들 사이의 '나눔'(sharing)이나 '참여'(participation), 또는 그 결과로서 '회합'(association)이나 '연대'(solidarity), 그리고 '동역'(partnership)의 의미를 포함했다. 무엇인가에 함께 참여하며, 그것을 함께 나누고, 그런 일에 함께 동역하는 것 또는 그런 관계를 표현하는 것이다. 신약도 코이노니아의 이러한 공동체적 차원을 자주 묘사한다. 교회의 코이노니아는 말씀을 가르치고 배우며, 서로 함께 식사하며 교제하는 공동체이다(행 2:42). 또한 코이노니아로서의 교회는 성찬의 떡과 포도주 곧 그리스도의 살과 피에 함께 '참예'할 뿐 아니라(고전 10:16), 성도를 섬기는 일에 참예하는 공동체이다(고후 8:4).

한 걸음 더 나아가서, '코이노니아'는 이러한 참여와 연대, 동역과 나눔의 결과인 사랑의 행위나 실제로 나누어진 재물, 성도의 연보를 뜻하기도 한다. 이런 의미에서 '코이노니아'는 '선한 행실'과 뗄 수 없는 '나눔의 행위 또는 그 결과'를 의미하기도 하며(히 13:16), 하나님의 은혜 안에서 복음을 진실히 믿고 순종하며 모든 사람을 섬기며 나누는 영적 교제의 진실한 열매로서 '후한 연보'를 뜻하기도 한다(고후 9:13).

요한일서에서 '코이노니아'라는 용어가 사용된 본문은 1:3과 6, 7절에 불과하지만, 사실상 요한일서 전체가 '코이노니아로서의 교회'의 본질과 현상을 설명한다고 해도 지나친 표현은 아닐 것이다(Malatesta, 6, 40). 특별히, 하나님께서 그 아들을 세상에 보내실 때 '육체로' 보내셨고, 그 아들이 '주목하여 만지고 볼 수 있는' 형태로 오셨다는 사실, 즉, '나타내신 바 되셨다'는 사실은 요한일서의 기독론과 교회론, 신학과 윤리를 관통하는 중요한 주제이다.

그 아들 예수 그리스도께서는 태초부터 있는 '영원한 생명'을 그의 육체를 통해, 그리고 실제의 남자와 여자로 구성된 성도의 코이노니아 속에 나타내셨다. 마찬가지로, 코이노니아로서의 교회는, 그 영원한 생명을 소유한 것과 누리고 나누는 그 영적 교제의 실재를 그들의 육체를 통해, 보이고, 만져지고, 경험되는 방식으로 이 세상 속에서 드러내고 나타내야만 한다(3:16-17; 4:20). 바로 여기에, 코이노니아가 코스모스 안에서 삼위 하나님의 사랑과 생명과 거룩의 통치를 드러냄으로써, 이 '악한 자의 코스모스'의 균열을 가속화하고 하나님의 새로운 코스모스를 가져오는 동력의 역할을 하는 열쇠가 놓여있다.

(E) 본질 — 아들의 생명, 아버지의 사랑, 성령의 지식: 요한일서가 말하는 '코이노니아'는 무엇인가? 우리는 그것이 단순히 차를 마시며 담소하는 정도의 교제가 아님을 알게 되었다. '코이노니아'를 교회의 본질이라고 할 수 있

는 것처럼, 사실, 코이노니아의 중심에는 '그 아들' 곧 '생명의 말씀'(1:1)이 자리 잡고 있다. 거꾸로 말하면, 그 중심에 '생명의 말씀'이신 그 아들이 없다면, 그것은 교회라 이름 붙이든지 혹은 공동체라 이름 붙이든지 간에 '코이노니아'가 되지 못한다. 그만큼, '코이노니아'는 그리스도 중심적이다.

요한일서 1:1-3에서뿐 아니라, 6, 7절, 그리고 10절에서도 '코이노니아'는 그 중심에 있는 '말씀' 또는 '진리'를 벗어나서 존재하지 않는다. 코이노니아의 탄생 자체가, 아버지께로부터 세상으로 보내어진 '생명의 말씀'을 받은 사실에 기초해 있다. 그 '생명의 말씀'을 받은 자들 안에, '영원한 생명'으로 거하시는 그 아들과의 교제가 생겨나는 것이다. 그래서 '아들을 가진 자는 그 생명을 가지고 있는 것이며, 하나님의 아들을 가지지 않은 자는 그 생명을 가지지 못한 것이다'(5:12). 그러므로 내가 그 아들을 믿었다는 것, 그 아들을 영접했다는 것은 곧, 내 안에 그 영원한 생명이 있다는 사실을 의미한다.

그리고 바로 거기, 그 '영원한 생명'이 있는 성도의 코이노니아 안에, 그 아들을 세상에 보내신 그 아버지의 '사랑'도 반드시 함께 거한다. 하나님이 그 아들을 세상에 보내신 것은 '이 세상을 이처럼 사랑하셨기' 때문이다(요 3:16; 요일 4:9-10, 14-16). 그래서 신자가 예수를 믿었다는 것은 그 안에 영원한 생명이 있을 뿐 아니라, 그 영원한 생명이신 아들을 보내어 주신 아버지 하나님의 사랑이 거기에 넘치도록 충만하게 부어져 있다는 뜻이다. 거꾸로 말하면, 예수를 믿었다면 그것은 하나님의 더할 나위 없는 지극한 사랑을 '이미' 받았고, 그 최고의 사랑의 교제 안으로 초대받았다는 뜻이 된다.

그래서 그 영원한 생명은, 우리가 이 땅에서도 새 하늘과 새 땅의 코이노니아, 곧 아들의 생명과 아버지의 사랑 안에서 교제하게 되었음을 의미한다. 그렇다면, 성령은 무슨 역할을 하는가? 성령은 이 모든 것, 즉, 하나님께서 그 아들을 보내어 주신 사랑과 그 아들이 믿는 자들 안에서 영원한 생명이 되심을 '알게' 하신다(2:27; 3:24; 참조. 5:20). 그 영적 지식을 따라 그 코이노니아 가운데 거하게 하신다. 사실, '코이노니아'라는 말 자체가, 성령의 활동을 전제하지 않고는 있을 수 없는 개념이다. 그래서 '그 아들과 아버지와의 코이노니아'(1:3)라는 표현에 성자 하나님, 성부 하나님만 직접적으로 명시되어 있지만, 성령 하나님은 '코이노니아'라는 표현 안에 이미 전제되어 있는 셈이다. 성령 하나님은, 우리가 그 아들과 아버지와의 코이노니아를 누리게 하시는 '코이노니아의 영'이시다.

그러므로 교회의 본질로서 '코이노니아'는 그 아들의 영원한 생명을 통해서만 존재하며, 그 아버지의 사랑으로 채워지고, 오직 성령께서 실제적으로 가능하게 하신다. 삼위 하나님이 주체가 되시고 그 중심에 거하시며 주도해 가신다. 요한일서에서 '생명'은 기독론의 중심이다. '사랑'은 신학의 중심이다. '지식 곧 교제'는 성령론의 핵심이다. 사귄다는 것은 알아 간다는 뜻이기 때문이다. 앎이 없으면 사귐도 없다. 성령께서 우리가 받은 그 아들이 곧 영원한 생명임을 알게 하시고 누리게 하신다. 그 생명으로 살아나 우리가 그 아들을 통해 받은 것이 아버지의 사랑임을 더욱 알게 하신다. 그 사랑을 받고, 그 사랑 안에 거하며, 그 사랑으로 사랑하게 하신다. 그것이 '삼위 하나님과의 코이노니아'의 본질이다.

(F) **방식 — 거함과 사귐**: 씨앗을 땅에 심었다고 생각해 보라. 그리고 다음 날, 다시 씨앗을 파서 다른 자리에 심었다 하자. 그리고 그다음 날 또다시 씨앗을 꺼내서 그 옆자리에 심었다. 이렇게 한 달, 두 달을 그렇게 했다 하자. 싹이 나는가? 싹이 나겠는가? 한자리에 '머문다'든지 그곳에 상당 기간 '거한다'든지 하는 개념은, 생명의 성장에 있어서 우리 생각보다 훨씬 중대하고 결정적인 의미를 갖는다. 비록 좋은 땅이라도 씨앗을 그 심은 곳에 '머물게' 하지 않는다면, 싹도 꽃도 열매도 볼 수 없는 것과 같은 이치이다.

신앙생활로 들어오면, 우리는 이것이 '인내'(약 1:3-4; 5:7-8) 또는 '소망' 혹은, '소망으로 인한 인내'(벧전 1:3-9; 유 21절)에 해당하는 영역임을 알 수 있다. 죄 아래에서 살다가 이제 은혜의 통치 아래로 옮겼다든지(롬 6:14), 사망에서 생명으로 옮겼다 해도(롬 5:17), 실제로 그 은혜 아래, 그 생명 안에, 머물고 거하지 않으면, 그 은혜가 그를 양육하는바 경건의 열매나(딛 2:11-12) 생명의 열매, 또는 그리스도를 닮아 가는 일은 실제로 일어나지 않는다. 그만큼 '머묾, 거함'은, 신학적으로나 신앙적으로 중요하고 결정적인데도 자주 간과되는 요소 중 하나이다.

요한일서는 '코이노니아'의 탄생(1:3-4)으로부터 시작하면서, 그 '하나님과의 코이노니아'에 '머물고, 거하는' 일의 중요성을 신약의 그 어떤 책보다 더 강조한다. '머문다'는 의미의 '메노'(μένω)라는 동사는 신약에서 요한일서가 가장 집중적으로 사용하는 용어 중 하나이다.[26] 그만큼 요한일서는 '머문다'는 개념을 중심으로 펼쳐진다 해도 과언이 아니다. 요한일서의 매 장마다 비록 '코이노니아'(κοινωνία)라는 단어는 나오지 않는다 하더라도, '머문다'는 의미의 '메노' 동사는 서신 구석구석에 퍼져 다양한 방식으로 '코이노니아'의 핵심을 반복해서 강조하고 있기 때문이다.

'코이노니아'와 관련해서 요한일서에서 100여 회나 사용되는 '…에 속해 있다'(에이나이 엔, εἶναι ἐν)는 표현은, '하나님께 속해 있다'든지 또는 '하나님의 자녀'라는 정체성과 소속을 나타낼 때 자주 사용된다. 상대적으로 '…에 머문다, 거한다'(메네인 엔, μένειν ἐν)는 표현은, 그런 정체성과 소속 안에 '지속적으로 거하고 있느냐'는 문제를 가리킨다. 소속(belonging)과 거함(indwelling)은 분리되지 않지만, 서로 구분된다. 집을 소유하고 있어도 그 집에서 살지 않

---

26 신약 전체에서 여러 형태로 70여 회 사용되는데, 불과 5장에 그치는 요한일서에만 20여 회 사용된다: '메네이'(μένει, 2:10, 14, 17, 27; 3:9, 14, 17, 24; 4:12, 15, 16), '메네인'(μένειν, 2:6), '메네이테'(μενεῖτε, 2:24), '메네테'(μένετε, 2:27, 28), 메네토 (μενέτω, 2:24), '메노멘'(μένομεν, 4:12), '메논'(μένων, 3:6; 4:16; 요이 9절), '메누산'(μένουσαν, 3:15; 요이 2절).

는 것과 같다. 소속은 하나님의 자녀이지만, 어둠 속에 '머물고, 거할 수' 있는 것이다. 그러나 그렇게 되면, 그가 본래 빛에 속해 있는 하나님의 자녀인지에 대한 확인이 불투명해진다.

말하자면, 요한은 끊임없이 그 사람의 '소속'과 거기에 '머묾, 거함'이 일치해야 하고 그래야 마땅하다고 가르치며 경고하는 셈이다. 요한일서의 수신자 교회 안에 잠시 '머물고 거하다'가 끝내 나가 버린 적대자들의 사례야말로, '머묾, 거함'이 얼마나 '소속'만큼이나 중요한지를 잘 보여 주는 결정적인 배경이다(2:19). 스스로 그리스도인이라는 어떤 사람이 자신이 '하나님으로부터 난 하나님의 자녀'라고 주장해도, 그 사람이 어둠과 죄 가운데 지속적으로 '머물고, 거하고' 있다면, 그는 자신의 소속이나 정체성을 확신할 수도 증명할 수도 없다. 소속과 거함은 구분되지만 분리될 수는 없기 때문이다. 빛의 자녀이면 빛에 거하고, 어둠에 속한 자라면 어둠에 거할 것이다. 빛의 자녀이면서 어둠에 거하거나, 어둠의 자녀이면서 빛에 거하는 것은, 둘 다 자신의 진짜 소속을 드러내지 못하는 것이다.

더 나아가서, 자신의 소속과 정체성이 하나님께로부터 온 것이라고 주장해도 그가 어둠 속에 거하고 있다면, 그는 하나님의 자녀의 열매, 빛의 열매를 맺지 못한다. 결국, '머묾, 거함'은 그 사람이 주장하는 '소속, 정체성'이 그에 합당한 열매를 맺는 일에 있어서 결정적인 역할을 한다. 위에서 예를 든 그대로, 살아 있는 씨앗이 열매를 맺는 경우는 떨어진 그곳에 머물고 거할 때뿐이기 때문이다. 그래서 그 열매, 그 행함이 그의 소속과 정체성에 대한 원인은 아니지만 열매요, 근거는 아니지만 확실한 증거가 된다(참조. '행함은 믿음의 증거', 약 2:14-26).

요한일서가 제시하는 '코이노니아'를 이해한다는 것은 결국, '머묾, 거함'의 신비를 이해한다는 뜻이다. 여기가 새 언약의 성취가 가져온 '코이노니아'의 절정이고, 이 '악한 자의 코스모스'를 붕괴시키는 '하나님과의 교제'가 이루어지는 중심이며, 하나님의 계명 곧 말씀을 순종하고 사랑을 행하는 열매를 산출하여, 이 파괴된 코스모스가 요구하는 그 의(義)의 관계들이 나타나는 산실이다.

요한일서에서 '머묾, 거함'은 결국, 하나님과 그의 새 언약 백성인 교회 사이의 '상호 내주'의 개념에서 그 절정에 이른다(3:24; 4:12-16). 그리고 이것은, 구약에서부터 하나님의 거룩한 계시의 역사가 약속해 왔던 '언약'(covenant)의 핵심 내용인 '나는 너희의 하나님이 되고, 너희는 내 백성이 되리라'의 성취와 다름이 아니다(레 26:12; 출 19:5-6; 렘 30:22; 겔 36:28; 37:27).

그 새 언약의 성취 중에서도 가장 친밀하고, 내적이고, 영적이며, 인격적이고, 영속적인 사귐으로의 성취이다. 새 하늘과 새 땅이란 무엇인가? 거기는 하나님이 그의 백성과 함께 친히 거하시는 곳이다. 그 어느 것도, 죄나 죽음이나 악이나 악한 자나 허무조차, 하나님과 그의 백성 사이의 사랑의 사귐을 막을 수도 방해할 수도 없는 곳이다(계 21:1-4). 그 영원한 사귐이 지금, 여기, 이 땅, 세상 한복판에서 시작되었다는 것, 그것이 복음, 기쁜 소식이다.

(G) 목적 — 기쁨의 충만: '코이노니아'의 결과요 동시에 목적은 가득한 '기쁨'이다(1:4). 사람은 어느 때에 가장 큰 기쁨을 느끼는가? 어머니는 새벽부터 밥을 지어서 자녀가 아침밥을 든든히 먹고 나가는 것을 보면 안 먹어도 배부른 것 같은 기쁨을 느낀다. 열심히 공부해서 좋은 직장 가고, 돈 잘 벌어, 좋은 차 혼자 몰고, 크고 비싼 집에서 죽을 때까지 홀로 거하고 싶은 사람은 없을 것이다. 인생의 목적은 무엇인가?

세상의 많은 사람들은 자주 맹목적으로 경쟁에 매달린다. 무엇을 향해 가는지도 잘 모르거니와 그 목적지가 자신에게 정말 행복을 가져다줄 수 있는지도 충분히 검토하지 않는다. 생존은 다급한 경쟁을 부추기고, 경쟁은 생각할 여유를 빼앗는다. 숙고되지 않은 삶은 살 가치가 없다는 말은 뜻깊다. 목적지에 도달했는데 원하는 바가 거기에 없다면, 그것은 얼마나 허망한 것인가.

부모가 높은 연봉을 받고 많은 부동산을 소유하는 데 성공했더라도, 그런 집안에서 가정적 화목과 안정, 행복을 경험하지 못한 자녀가 소위 '아메리칸 드림'을 내동댕이치는 경우들이 종종 있다. '그렇게 해서 나중에 뭐가 될래?'라고 부모가 다그쳐도, 좀처럼 경쟁 사회에 적응하려 하지 않는 청년들이다. 이런 젊은이들이 중요하게 여기는 것은, '친구들과의 친밀한 관계' 속에서 적은 소유로도 '소소하지만 확실한 행복'을 누리며 사는 것이다. 부모 세대는 왜 자녀 세대가 자신들처럼 더 크고 높은 곳으로 올라가려는 꿈을 꾸지 않는지 이해하기 어려워하지만, 자녀 세대는 그런 성취를 이룬 부모의 삶 속에서 무엇인가 결정적인 것이 빠져 있다는 사실을 뼈저리게 경험한다. 행복, 삶의 기쁨은 어디서 오는가?

생각해 보면, 기쁨은 사귐에서 온다. 하루 종일 직장 상사의 갑질과 고된 노동을 참아 내는 이유, 홀로 독서실에서 수개월, 수년을 참고 공부하는 이유, 한 사람이 가장 가슴 설레는 이유, 결혼하는 이유, 자녀를 낳고 기르며 수고를 다하는 이유, 따지고 보면 삶의 가장 큰 기쁨은 그것이 어떤 종류이든 '사귐'에서 나온다는 사실을 알 수 있다. 깊고 충만한 기쁨은 대부분 사람이 사람과 맺는 관계와 사귐으로부터 오지만, 때로, 죄와 죽음과 허무가 지배하는 이 세상에서 그런 사귐은 물론 거기서 오는 기쁨조차 얼마든지 왜곡되고 변질된다.

날이면 날마다 술과 떨어질 수 없는 사귐에 중독된 사람, 몰래 컴퓨터 앞에서 음란물과 깊은 사귐에 빠진 청소년, 잔소리하는 엄마 앞에서 문을 '쾅' 닫고는 자기 방에 들어가, 하루 종일 인터넷에 빠져 길을 잃은 아이들, 지하철을 타고 가면서 거의 예외 없이 핸드폰을 들여다보며, 어디 무엇에라도 연결되고 싶어 하는 사람들.

사람은 그 어떤 경우에도 '사귐'을 포기하지 못하며, 본능적으로 '기쁨'이 그 사귐으로부터 온다는 사실을 알고 있다. 어떤 사람은 돈과 사귀고, 다른 사람들은 거창한 이념과 목표를 내세워 권력과 깊은 사귐에 빠지기도 하며, 또 어떤 사람들은 그것이 도박이든 약물이든 혹은 스포츠든 애국심이든, 어떤 대상과의 깊은 사귐에 빠져서 거기에서 오는 그런 종류의 즐거움을 갈망한다.

요한일서는 '악한 자 아래에 놓인 코스모스' 한복판에 '그 아들과 아버지와의 코이노니아'가 회복되었음을 알린다. 예수 그리스도의 복음을 그렇게 소개하는 것이다. 하나님을 알든 모르든, 피조 된 인간은 누구나 본능적으로 사귐을 통해 기쁨을 얻고자 한다. 다만 타락한 코스모스 속에서 진정한 코이노니아와 그로부터 오는 참된 기쁨을 알지 못할 뿐이다. 사귐이 왜곡되고 변질된 것이면, 그로부터 나오는 기쁨도 왜곡되고 변질된다. '쾌락'(pleasure)은 그 자체로 나쁜 의미는 아니나, 종종 부정적인 뉘앙스로 변질된 '기쁨'(joy)을 뜻하기도 한다. 변질된 기쁨으로서의 쾌락은, 잘못된 대상을 향한 잘못된 관계를 통해 발생하는 악한 쾌감을 가리킨다. 작게는 연약한 벌레나 곤충을 죽이는 쾌감에서부터, 학교에서 일어나는 왕따나 직장에서의 힘 있는 자의 '갑질'을 거쳐, 크게는 국가 간의 전쟁과 같이 잘못된 관계 속에서 생명을 죽이고 파괴하는 것을 즐기기까지 하는 악마적 쾌감도 있을 것이다.

하지만 '기쁨은 사귐에서 온다'는 창조의 원리 자체는 바뀌지 않고, 누구도 바꾸지 못한다. 그러므로 잘못된 사귐과 잘못된 쾌락을 바로잡는 유일한 길은, 올바른 사귐을 회복하고 그 회복된 사귐에서 오는 참된 기쁨을 추구하고 누리는 법을 배우는 것이다. 성경은 '사람의 제일 되는 목적은, 하나님을 영화롭게 하고 그를 영원토록 즐거워하는 것'이라고 가르친다(웨스트민스터 소요리문답, 1문; 고전 10:31; 롬 11:36; 시 73:24-26; 요 17:22-24). 세상을 창조하신 하나님께서 사람에게 의도하신 '사귐' 곧 '코이노니아'는 원래 어떤 것이었는가?

창세기에 나오는, 하나님과 그가 지으신 첫 사람 아담과 하와의 이야기는 이런 점에서 참된 기쁨으로 충만한 코이노니아의 본질을 보여 준다. 거기에도, 하나님과 사람 사이의 '온전한 사귐'의 중심에 하나님의 말씀이 자리 잡고 있다. 하나님은 말씀으로 세상을 창조하셨고, 첫 사람에게 '말씀'하셨다. 하나님과 사람의 코이노니아에는 언제나 그 중심에 말씀이 놓여 있다. 말씀이신 그 아들 예수 그리스도가 중심에 놓이지 않는 코이노니아는, 그것이 교회에서 일어나는 사귐일지라도 언제나 실패하고 만다.

에덴동산에서 하나님은 아담과 서늘한 때에 동산을 함께 거니셨다. 아담과 하와는 벗었으나 서로 수치를 느끼지 않았다. 하나님과의 관계도, 인간들끼리의 관계도 모두 거리낌 없는 친밀함이 그 특징이었다. 하나님은 아담에게로 동물들과 새들을 이끌어 오시고, 아담은 하나님 앞에서 그들에게 이름을 지어 주었다. 그것이 그가 세상을 돌보며 하는 '일, 노동'이었다. 그리고 그 '노동'은 그 자신으로부터 소외되지 않았다. 세상은 아버지가 그 뒤에 든든히 서 있는 그의 놀이터요, 그의 노동은 특권이며 즐거움이었다. 아담은 하와를 보고 낯설어하거나, 적대감을 느끼거나, 경쟁적으로 느끼지도 않았다. '내 뼈 중의 뼈요, 내 살 중의 살'이라고 느꼈다. '내 이웃을 내 몸처럼 사랑'하는 것은 자연스러운 교제에서 솟아나는 충만한 기쁨이었다.

기쁨은 사귐에서 온다. 에덴동산은 기쁨으로 가득 찬 곳이었다. 왜 그랬는가? 거기에는 아직 하나님과의 사귐, 자신과의 사귐, 이웃과의 사귐, 세상과의 사귐이 깨어지고 왜곡되고 변질됨이 없었기 때문이다. 죄는 '단절'이다. 하나님은 그 단절을 회복하신다. 하나님은 모든 사귐이 깨어지고 변질된 혼돈의 코스모스 가운데로, 자기 아들을 보내셨다. 그 아들은 실제로 육체로 이 세상에 들어오셨다. 단지 우리를 율법 아래에서 건져 내어 '법정적으로 거저 의롭다 칭하기' 위해서만이 아니라, 하나님께서 코스모스를 창조하신 원래의 목적, 즉, 그 '영원한 생명과 사랑의 코이노니아'를 회복하시기 위함이었다.

왜냐하면 거기에서만 창조의 기쁨이 회복되기 때문이다. 기쁨은 또 다른 목적을 위한 수단으로 환원되지 않는다. 기쁨은 그 자체가 다른 모든 수단들을 통해 이루고자 하는 궁극적 목적이다. 하나님은 세상을 창조하시고 나서 '심히 좋았더라'고 하셨다. 생각해 보면, 창조의 목적은 기쁨이다. 창조는 그래서 '예술적 차원'에서 그 절정에 이른다. 가장 아름답고 선하고 참된 기쁨, 그 기쁨은 하나님을 영원토록 즐거워하는 사귐에서 흘러나온다. 그 영원한 기쁨을 위해 하나님은 코스모스를 창조하셨다. 그리고 코스모스의 중심에는 에덴동산, 곧 참된 코이노니아가 놓여 있다. 기쁨이 거기서 나오기 때문이다. '에덴'(Eden)이 무슨 뜻인가? '기쁨'이다.

코이노니아의 중심

"우리는 예수 그리스도를 통해서만 서로의 형제가 된다. 나는 그리스도가 나에게, 나를 위하여 해 주신 일을 통해 다른 사람의 형제가 된다. 우리가 그리스도를 통해서만 형제가 된다는 이 사실은 측량할 수 없이 중요하다. 그리스도인으로서의 교제는 그리스도인 자신의 영성, 그의 경건함 등으로 공동체의 기초를 삼는 것이 아니다. 오직, 그리스도가 우리를 위해 행하신 일에만 근거한다. 이것은 초기 단계에서만 그렇고, 도중에 그 외에 다른 무엇이 공동체에 추가되어야 하는 것이 아니다. 영원토록 그렇게 존재한다. 이 교제는 오직 예수를 통해서만 계속 소유할 수 있게 된다." – 디트리히 본회퍼(*Life Together*)

그리스도인의 공동체에 대하여 본회퍼 목사님이 간파한 진리는, 코이노니아로서의 교회는 오직 예수 그리스도를 통해서만 존재한다는 사실을 알려 준다. 우리는 오직 예수 그리스도를 통해서만 서로에게 형제가 된다. 우리가 그리스도인으로서 서로를 인격적으로, 사랑의 대상으로 대하고 섬기려면, 우리 사이에는 언제나 예수 그리스도가 계셔야 한다. 성도의 사이에 예수 그리스도가 빠지거나 희미해질 때, 우리는 언제나 다시 세속적인 인간관계로 되돌아갈 수밖에 없다.

청년부를 맡은 어떤 전도사의 하소연을 들은 적이 있다. 청년들 사이를 더욱 끈끈하고 돈독하게 만들기 위해, 성경 공부를 줄이고 볼링 모임이나 등산 야유회 등을 많이 가지라는 담임 목사님의 지시가 있었다고 한다. 그 청년부는 그렇게 했고, 그래서 정말 서로 너무 끈끈해져서 결국 시기와 다툼 속에 뿔뿔이 흩어지는 파국을 맞게 되었다는 것이다.

정서적인 나눔과 소통도 중요하지만, 그것이 교회의 코이노니아를 보장해 주지는 않는다. 교회 안에서의 코이노니아의 중심에는 언제나 말씀의 생명이 나누어지고 경험되고 있어야 한다. 그 말씀의 떡을 떼어 먹고 성령의 포도주를 마실 때, 거기서 성령의 자유하게 하시고 치유하시고 하나 되게 하시는 신비한 역사가 일어난다. '코이노니아'의 중심에는 말씀으로 임재하시는 예수 그리스도의 영, 곧 성령의 일하심이 있다. 그것을 놓치면 코이노니아는 단순히 오락 프로그램으로 전락한다.

또 다른 극단은, 어떤 모임이든 모여서 형식적인 예배를 드리는 것으로 코이노니아를 대치시키는 전통적인 이해요 습관이다. 주일 예배 후에 따로 구역으로 모일 때에도 다시 '예배를 본다.' 그리고 정작 '나눔'으로서의 코이노니아는 그 예배와 상관없이, 세속적인 대화나 그보다 더 심한 온갖 시기와 분란을 일으키는 모임으로 이어지는 경우이다.

성도의 코이노니아의 중심에 말씀의 떡과 성령의 포도주가 있고, 그것을 함께 먹고 마시는 기쁨이 넘치는 것이 코이노니아의 내용일 때가 가장 바람직하다. 말씀 몇 구절이라도, 각 성도가 묵상하고 깨닫고 살아 내려 애써서 본 경험을 서로 나누는 것보다 풍성한 코이노니아의 식탁은 없다. 그럴 때에, 주께서 영으로 그 말씀과 함께 역사하셔서, 그 자리를 풍성한 성찬의 신비 가운데로 인도하신다. 모두가 '그 아들과 아버지와 우리와 너희의 코이노니아'(1:3-4)에 참여하게 되는 것이다. 그래서 설교나 성찬의 본질은 똑같다. 말씀을 전하든지, 떡과 포도주를 떼든지, 둘 다, 예수 그리스도의 생명을 먹고 마시는 코이노니아의 잔치이기 때문이다.

하지만 교회 공동체 안에는, 종종 인간에 대한 실망과 상처로 가득하다. 성도는 목회자를, 목회자는 성도를, 또 성도들은 서로서로, 흙탕물에서 솟아나는 것 같은 온갖 더러움으로 서로를 더럽힌다. '교회가 왜 이래?' 교회에 대한 기대가 이상적이고 고결할수록, 실망과 상처는 더 크고 깊어진다. 그래서 코이노니아로서의 교회의 중심에는 언제나 예수 그리스도만 계셔야 한다.

그분이 우리의 모든 더러움을 씻으시고 덮으시며, 다시 새롭게 서로를 바라볼 수 있게 하시는 생명 샘이시다. 우리 사이에 그 아들 예수 그리스도가 없다면, 우리 사이의 코이노니아는 단 한 순간도 존재하지 않는다.

용서 없이, 공동체는 한순간도 존재하지 못한다. 말씀의 떡이 나누어지지 않는 코이노니아는 순식간에 흩어지는 모래성이다. 오직 예수 그리스도, 그 '생명의 말씀'(1:1)만이, 코이노니아로서의 교회, 그리고 교회 안의 모든 코이노니아를 시작하고, 유지하며, 열매 맺기까지 붙들고 나아가는 유일한 중심이다.

3. 코이노니아의 문제(1:5-6, 8, 10)

"그 교회 참 좋다더라. 그 공동체 참 모범적이야. 말씀대로 살아. 목사님도 그렇고 성도들도 대단해." 혹시 그런 소문을 듣고 찾아갔다가 실망을 안고 돌아온 적이 있는가? 기대가 너무 크다 못해, '가장 이상적인' 공동체의 모습을 바라고 갔기 때문일 것이다. 그런 경우, 작은 불친절이나 사소한 실수조차 다시 그 공동체에 발 딛고 싶지 않을 이유가 되기도 한다.

'그 아들과 아버지와의 코이노니아'(1:3)는 엄청난 축복이다. 그것이 얼마나 말로 다 형용할 수 없이 영광스러운 교제인지는 앞에서 자세히 설명했다. 거기서 우리는 비로소 '인격', 그것도 하나님께서 우리를 자신과 같은 인격으로 대접해 주시는 거룩하고 놀라운 사랑을 만난다. 그 사랑을 받고, 그 사랑 안에 거하며, 그 사랑을 따라 성장하는 코이노니아는 참으로 복되기 그지없는 선물이다.

하지만 문제에 부딪히지 않는 것은 아니다. 요한일서는, 그 코이노니아가 얼마나 영광스럽고 기쁨으로 가득 찰 수 있는지를 선포한 후에(1:4), 갑작스럽게 당혹스러운 소식을 들이민다. "하나님은 빛이시며 그에게는 어둠이 결단코 조금도 없으시다는 것입니다!"(5절) 조금 전까지도 기쁨이 가득할 것 같았던 코이노니아가, 순식간에 범접할 수 없는 장벽처럼 느껴진다. 우리가 그 영광스러운 코이노니아 안에서 대면하고 있는 하나님은 '그 안에 어둠이 조금도 없으신 빛'이시다. 어쩌자는 것인가?

이제 요한은, '빛이신 하나님과 함께하는 코이노니아'에 소속된다는 것은 과연 무엇을 의미하며, 어떻게 그런 코이노니아가 참된 기쁨이 될 수 있는지, 그 사귐의 비밀을 조금씩 풀어낼 것이다. 5-10절까지, 우리의 심령을 밝히시는 이 거룩한 생명의 말씀을 찬찬히 읽어 보자.

⁵ 그리고 이것이 우리가 그에게서 듣고 여러분에게 전하는 소식입니다. 하나님은 빛이시며 그에게는 어둠이 결단코 조금도 없으시다는 것입니다. ⁶ 만일 우리가 그와 더불어 사귐을 가지고 있다고 말하면서 어둠 가운데 행하고 다니면, 우리는 거짓되고 진리를 행하지 않는 것입니다. ⁷ 하지만 그가 빛 가운데 계신 것같이 우리도 그 빛 안에서 행하고 다니면, 우리가 서로 사귐을 갖고 또한 그의 아들 예수의 피가 우리를 모든 죄에서 깨끗하게 합니다. ⁸ 만일 우리가 죄가 없다고 말하면 스스로를 속이는 것이요, 진리가 우리 안에 있지 않습니다. ⁹ 만일 우리가 우리의 죄들을 자백하면, 그는 신실하시고 의로우시므로 우리에게 그 죄를 사해 주시고 우리를 모든 불의에서 깨끗하게 해 주실 것입니다. ¹⁰ 만일 우리가 죄를 지은 적이 없다고 하면, 우리는 그를 거짓말쟁이로 만드는 것이요, 또한 그의 말씀이 우리 안에 없는 것입니다.

기쁨이 충만하려면

위의 본문에서 확인할 수 있는 몇 가지 사실이 있다. 우선, 5절의 대전제이다. '하나님은 빛이시고 그 안에는 어둠이 조금도 없다'는 선언이다. 그런데 왜 갑작스럽게 이런 선언이 튀어나오는가? 4절까지는 그런대로 희망적이다. 그런데 갑자기 5절에서 분위기가 조금 냉정하고 엄숙해 보인다. 4, 5절을 연이어 읽어 보면, 무슨 뜻인지 짐작할 수 있다. 그러니까, '기쁨이 충만한 코이노니아'가 되려면, 우리가 초대받은 그 교제의 대상인 '하나님이 빛이시며, 그 안에는 어둠이 결단코 조금도 없다'라는 냉정한 사실을 받아들여야만 한다는 것이다.

특히, 어둠이 '결단코 조금도 없다'(우크 에스틴 우데미아, οὐκ ἔστιν οὐδεμία)라는 것은, 이 코이노니아에 참여하는 자가 그 어떤 식으로도 '하나님이 빛'이신 사실을 바꿀 수 없고, 그래서도 안 된다고 선을 긋는 표현이다. 말하자면 이런 것이다. 사귐이란 혼자 하는 것이 아니다. 상대가 있다. 그리고 그 상대는 내가 아니다. 사귐에 있어서 내가 '상대'를 '상대로' 인정하지 못하는 것이, 사귐에서 가장 자주 겪는 어려움이지 않은가. 상대를 나처럼 여기거나, 내가 그렇기 때문에 상대도 그럴 것이라고 쉽게 가정하는 태도, 그것이 종종 사귐을 망치지 않는가. 5절은 그런 위험의 싹을 애초에 잘라 버리는, 어쩌면 냉정하지만, 진정한 기쁨이 충만한 코이노니아를 위해서는 어쩔 수 없는 선포인 셈이다.

그분과의 사귐에서 우리가 바꿀 수 없는 유일한 것, 바꾸려 해서도 안 되는 것, 감히 꿈도 꾸지 말아야 하는 것은, '하나님은 빛이시며, 그에게는 우리에게서 발견되는 것과 같은 그런 어둠이 조금도 없다'는 사실이다. 그렇다면, 하나님과의 코이노니아에서 우리가 가장 자주 하는 실수, 실패는 어디에서 오는가? 그것은 하나님을 '나처럼' 생각하는 것이다. 하나님도 나처럼 '어둠이겠지. 어둠이 있겠지. 별것 아니겠지' 이런 식으로 여기는 것이다. 이것을 '하나님을 상자에 가두기'(boxing God)라고 부를 수 있다. 하나님을 '우리 생각, 우리 기분, 우리 욕망, 우리 이념, 우리 종교 형식' 안에 구겨 넣을 수 있게 축소시키고 내 안에, 우리의 틀 안에 가두어 버리는 것이다.

이것이 바로 코이노니아를 '나와 그것(it)'의 관계로 변질시키는 것이고, 하나님을 끝내 '그것'으로 환원시켜 변질된 신학, 말라 버린 종교, 죽어 가는 신앙 안에 가두는 일이 된다. 거기에는 하나님과의 참된 코이노니아, 그 코이노니아 안에서 나의 죄성(罪性)이 드러나고 치유되고 회복되어 그분의 신성(神性)에까지 참여하는 참된 기쁨은 존재하지 않는다. 하나님을 언제나 내 쪽으로, 여기까지, 이 비참한 어둠 속으로 끌고 내려오는 일만 있을 뿐이다. 그것은 교회의 코이노니아가 아니다. 그저 종교 형식만 남은 껍데기뿐인 교회이다.

사실, 이런 식의 사귐은 꼭 하나님과의 관계뿐 아니라 인간관계에서도 문제를 일으킨다. 코이노니아, 곧 인격 간의 교제는 언제나 상대방을 있는 그대로 인정하고 시작한다. 상대방의 변화는 인격 간의 사랑의 나눔 속에서 일어나는 열매이지, 그 사귐의 조건이 아니다. '당신이 나와 같아져야, 내가 당신과 사귈 수 있어'라고 말하는 것은, '나 혼자 살겠다'는 것이지, 나와 다른 인격과 마주하는 사귐의 관계 속에 들어가겠다는 것이 아니기 때문이다. 5절에서 '하나님은 빛이시며, 그 안에는 어둠이 결단코 조금도 없다'는 말씀은 그런 의미이다. 선을 긋는 것이다. 받아들여야 한다. 이것이 하나님과의 코이노니아의 첫걸음이다. 충만한 기쁨에 이르는 첫걸음이다.

하나님이 '빛이시라'는 문제

그렇다면, 5절을 뒤집어 읽어 보면 어떻게 될까? 혹시 요한일서의 수신자인 성도들 가운데, 이를테면 '우리가 이렇게 이런 일을 하는 것은 괜찮아. 하나님도 그런 것쯤은 눈감아 주셔. 그런 건 죄도 아니야' 이렇게 생각하는 사람들이 있었던 것은 아닐까? 예수를 믿는다고 말은 하면서, 어둠 가운데서 어두운 일들을 아무렇지도 않게 하고는, '뭐, 하나님도 그래. 하나님도 우리와 같을 거야. 뭐, 크게 다른 게 있겠어?' 이런 식으로 생각하는 태도 말이다.

'하나님은 빛이시다'라는 선포 뒤에 나오는 6, 8절, 그리고 10절은 이런 정황을 표출하는 본문들이다. 흥미롭게도, 세 구절 모두 '만일 우리가 … 말한다면'(에안 에이포멘, ἐὰν εἴπωμεν)으로 시작한다. 하나님과의 코이노니아에 있어서 세 종류의 잘못된 주장을 소개하는 이 도입구는, 직접적으로는 수신자 공동체 안에서 일어날 수 있는 주장들을 가리킨다. 그러니까, '우리가' 말한다고 표현한 것이다. 하지만 분리주의자들이 교회를 떠난 뒤에 남아 있는 수신자 공동체에게 이런 표현을 하는 이유는, 원래 그런 잘못된 주장들이 적대자들 자신의 것이었을 충분한 가능성을 제시한다. '우리도 그들처럼, 이런저런 잘못된 주장을 한다면…' 이런 뜻인 것이다.

그래서 종종 '적대자들의 슬로건'으로 분류되는 6, 8, 10절의 잘못된 주장들은, 일차적으로는 수신자 공동체를 떠나간 적대자들 자신의 주장이라 볼 수 있다(Painter, 274-278). 하지만 '만일 우리가 … 말한다면'으로 시작되는 위의 세 구절이 전적으로 적대자들의 주장만을 가리키는 것이라면, 5절에서 말하는 '빛과 어둠'은 윤리적인 내용이라기보다 신학적인 내용, 즉 하나님의 계시인 예수 그리스도를 믿느냐 또는 믿지 않느냐의 문제를 가리킬 것이다. 말하자면, '어둠 가운데 행한다'는 것은 무슨 죄를 짓는다는 것이 아니라, 참빛이신 그 아들을 받아들이지 않는 불신앙을 의미하게 된다.

이런 해석을 따른다면, 6, 8, 10절의 잘못된 주장은 원래 교회에 남아 있는 수신자 공동체와는 관련 없는 적대자들의 이단적 주장으로 남게 된다. 다시 말해서 5-10절까지의 본문은, 분리주의자들인 이단적 적대자들의 거짓 주장을 지적하는 것일 뿐이며, 대조적으로 수신자 교회는 그 아들 예수 그리스도를 믿고 받아들임으로써 안전하게 '빛이신 하나님과의 참된 코이노니아' 안에 거하는 자들로 묘사하는 것으로 이해된다.

이런 견해는, 5절의 선포 즉, '하나님은 빛이시며 그에게는 어둠이 결단코 조금도 없으시다'라는 선언을 종교적인 믿음의 차원, 즉, 신앙 고백의 차원에서 바라봄으로써, 교회와 교회 밖의 구분을 통해 '빛과 어둠'의 이미지의 복합성을 매우 날카롭고 간결하고 쉽게 단순화시킨다는 장점이 있다. 하지만 '빛과 어둠'이라는 이미지는, 구약에서와 마찬가지로 신약에서도 계시와 불신(不信)의 맥락 외에도, 거룩과 죄, 앎과 무지, 생명과 죽음 등, 그 상징하는 바가 복합적이고 풍성하다. 5-10절까지의 내용이나 문맥도, 그저 윤리적인 차원을 배제한 채, '믿느냐, 안 믿느냐'의 단순한 상황으로 설명되기는 어렵다는 것이다(Strecker, 25-29; Yarbrough, 50).

우선 6, 8, 10절의 주장이 오직 적대자들의 잘못된 주장들이며, 7, 8절은 수신자 교회 내부에 있는 진짜 예수 믿는 성도들에게 해당된다고 한다면, 위의 5절에서 모두 '우리'라는 일인칭 복수를 사용하는 점을 쉽게 이해할 수 없다.

'만일 우리가 … 말한다면'(6, 8, 10절)에서처럼, 7절에서도 '우리도 그 빛 안에서 행하고 다니면'이라 하고, 또한 9절에서도 '우리가 우리의 죄들을 자백하면'이라 한다. 사실상 6-10절은 모두 일관되게 '우리'와 '그들'을 따로 구분하지 않고 '우리가'로 시작하고 끝맺는다. 잘못된 주장들도 '만일 우리가 말하면서'로 시작하고, 그것을 바로잡는 해결책에서도 '우리가'로 시작한다. 구분이 없다.

만일 잘못된 주장들을 '저들은'으로 시작하고 7, 9절은 '우리는'으로 대조시켰다면 구분이 명확했을 것이다. 그들은 '어둠'이고 우리는 '빛'인 셈이다. 하지만 '빛과 어둠'이 상징하는 것뿐 아니라, 문맥도 그리 간단치가 않다. 예컨대, 6-7절의 문맥에서 6절의 '어둠'은 예수 그리스도의 계시를 거절하는 종교적 신앙의 무지라기보다, 바로 7절에서 언급하는 '모든 죄'(πάσης ἁμαρτίας)가 의미하는 바에 병행하며 서로 교차된다. 마찬가지로, 8절에서 '우리가 죄가 없다'는 주장에서 그 '죄'는 9절에서 '우리'가 자백하는 죄들, 즉, 주께서 깨끗하게 해 주시는 '모든 불의'(πάσης ἀδικίας)에 포함된다는 점에서 단순히 적대자들의 주장만을 가리킨다고 볼 수 없다.

덧붙여서, '만일 우리가 … 말한다면'의 문법적 형태 역시 이런 이중적인 의도를 확인할 수 있게 해 준다. 여기서 '우리'는, 6절의 '우리가 하나님과 더불어 사귐을 가지고 있다고 말한다면'에서처럼 명확하게 수신자 교회에 남아 있는 성도들을 가리킨다. 더구나, '만일 우리가 … 말한다면'은 부정 과거 가정법의 형태로, 혹시 있을지 모르는 잘못된 발언의 가능성을 겨냥한 표현이다. 그러니까 '만일 여러분이 혹시 적대자들이 말하는 것처럼 여러분도 그런 식으로 말한다면'이라 하며, 양쪽 모두를 경계하는 표현인 셈이다.

결론적으로, 6, 8절, 그리고 10절의 잘못된 주장들은, 한편으로는 적대자들의 이단적 주장을 겨냥하면서도, 다른 한편으로는 수신자 공동체가 '신학적으로나 윤리적으로나' 잘못된 적대자들의 주장들에 의해 영향을 받지 않도록 경고하고 권면하는 말씀이다. 말하자면, '하나님과의 코이노니아를 누리는 너희는, 너희를 떠난 적대자들의 그런 불신앙적인 신앙 고백을 따라해서는 안 되는 것은 물론이고, 그들의 그런 비윤리적이고 거짓된 삶으로 자신을 변명해서는 결코 안 된다'는 것이 핵심 메시지인 것이다.

위선, 말과 행동의 분리

이제, 6-10절에서 펼쳐지는 요한의 예리하고 놀랍도록 은혜로운 권면을 한 단계씩 살펴보자. 우선, 5절부터 '하나님이 빛'이시라고 소개하는 이유가, 그 앞에 소개된 3, 4절에서 제시한 '코이노니아의 충만한 기쁨'을 위한 것임을 다시 기억할 필요가 있다. 즉, 하나님과의 기쁨 가득한 코이노니아를 누리기 위해서, 가장 먼저 '버려야 할 태도'가 있다면 그것은 무엇인가?

온전하고 충만하며 열매 맺는 코이노니아를 방해하는 첫 번째 걸림돌은, 남을 속이고 자신도 속이는 '위선'(僞善, hypocrisy)이다. 그렇지 않은가? 어찌 보면 흔하디흔한 이 잘못된 태도가, 하나님과의 사귐을 방해하는 첫 번째 장애물로 지적된다. 6절에서 '우리가 하나님과 사귐이 있다 하고'(개역개정)라는 표현은, 정확히는 '그와 더불어 사귐을 가지고 있는'(코이노니안 에코멘 메트 아우투, κοινωνίαν ἔχομεν μετ' αὐτοῦ)이라는 뜻으로, 친밀한 인격적 사귐의 모양새를 강조하는 표현이다. 그러니까, 단지 예배 모임에 참석하는 것뿐 아니라, 하나님과 내적이고 영적인 교제를 하고 있다고 당당히 말하고 있는 것이다.

그러면서도 동시에 '어둠 가운데 행하고 다닌다'는 것인데, 여기서 '어둠'을 예수 그리스도를 믿지 않는 불신(不信)의 상태라 보기 어렵다. 그 앞에 '우리가 그와 더불어 사귐을 가지고 있다'는 주장과 모순되게 들리기 때문이다. 물론 하나님과 더불어 사귄다는 표현이, 유대교에서처럼 애초에 예수 그리스도를 인정하지 않는 것이라면 몰라도 말이다. 6절에 함축된 적대자의 주장이

유대교의 주장이 아니라면, 이는 예수 그리스도를 믿는다고 말하면서도, 실제로는 어둠 가운데, 즉 7절에서 말하는 대로 '모든 죄' 가운데서 행하는 위선적인 신앙을 겨냥하고 있는 것이다.

다시, 6절에서 '행하고 다니면'(페리파토멘, περιπατῶμεν)이라는 표현은, 문자적으로는 '여기저기 걸어 다니는' 모양새를 표현한다. 가정법이지만 현재형으로서 언제든 일어날 수 있는 일, 그것도 지속적이고 관행적으로 일어나는 행위를 가리킨다. 그러니까, 입으로는 하나님과 영적인 교제를 하고 있다고 말하고는, 실제로는 상습적으로 어둠 속의 죄 가운데서 '행하고 사는' 신앙이다. 벌써, 뜻밖에도 6절이 언급하는 '위선적인 신앙'을 옹호하고 싶은 생각이 스멀스멀 올라오지는 않는가? 어떻게 항상 거룩한 생활을 틀리지 않고 지속적으로 유지할 수 있다는 말인가. 이 세상에 사는 한, 어둠 속에서 살기도 하고, 종종 죄를 짓기도 하지 않는가?

그렇다면, 6절이 지적하는 바는 너무 심한 판정이 아닌가? 위선이 아닌 신앙이 어디 있다는 말인가? 사실은, 우리 마음속에서 올라오는 이런 반론(反論) 또는 반발이 하나님과의 사귐에 있어서 어떤 걸림돌이 되는지 꼭 들여다보아야 할 영역이 된다. 그런 마음의 저항이 의미하는 바는 과연 무엇인가? 하나님이 완전한 빛이시고 거룩이시라도, 우리를 좀 봐주셔야 한다는 것이 아닌가? 하나님이 우리 수준으로 내려오시든가, 우리의 어둠을 있는 그대로 받아들여 주셔야 우리도 살 수 있다고 불평하고 있는 것은 아닌가? 그런 반발의 밑바닥에는, '나는 내 어둠을 포기할 의향이 없다'는 의지가 깔려 있을 수도 있다. '나는 내 어둠을 그냥 둔 채로 하나님과의 교제를 유지하고 싶다'고 주장하고 싶은 셈이다. 그렇지 않은가?

물론, 요한은 그것을 모르지 않는다. 예를 들어, 9절에 '우리가 우리의 죄들을 자백하면'이라는 말씀이나, 2:1에서 '만일 누가 죄를 지으면'이라는 표현이 이를 증명한다. 요한은 분명히 우리가 세상의 어둠에 휩쓸리기도 하고 더러 죄를 짓기도 한다는 사실을 알고 있다. 하지만 6절이 지적하는 문제는, '하나님과 교제하고 있다'고 말하면서 동시에 '어둠 가운데 행하는 일'을 아무런 자책 없이 병행하며, 더 큰 문제는 그렇게 병행하면서도 그것이 정상적인 신앙생활인 것처럼 간주하며 아무렇지도 않게 말하고 다닌다는 것이다.

그것은 '위선', 즉 '선을 가장하는 행위'이다. 자신이 말씀대로 살지 못하고 빛 가운데 항상 거하지 못해서 늘 괴롭고 고통스럽고, 애통하고, 의에 주리고 목마른 삶, 자신도 용서받은 죄인으로서 주의 긍휼을 바라며 이웃에게도 긍휼을 베풀 수밖에 없는 빚진 자의 처지를 처절하게 직면(直面)하며 사는 것이 아닌 것이다. 도리어, 자신은 의로우며, 신앙생활 문제없이 잘하고 있으며, 다른 사람들보다 천국에 훨씬 가까운 자라고 확신하며 자랑하면서도, 실제로는 세상 사람들보다 못한 몰상식과 무례함, 불의를 행하기를 아무런 감각 없이 하는 그런 위선적 신앙을 가리키는 셈이다.

종종, 자신은 오랫동안 기도하고, 새벽에 기도하고, 한 달을 기도하고, 성령이 충만하며, 하나님이 자신에게 직통으로 계시를 주셔서, 하나님의 음성을 듣는다고 주장하는 사람들이 있다. 만일 그런 사람들의 말과 행동이, 사랑 안에서 참된 것을 행하며 덕을 세우고 이웃 사랑을 위한 희생의 본이 되지 않고, 도리어, 온갖 거짓말과 악덕, 탐욕과 다툼을 일으키는 어둠의 열매들을 맺는다면, 그는 거짓말을 하고 있는 것이다. 그는 성령으로 충만한 것도 아니고 하나님과의 내적이고 영적인 교제를 하고 있는 것도 아닌 것이다.

진정성과 코이노니아

요한은, 종교적으로 그리고 겉으로는 '선(善)을 가장한' 이러한 불의한 삶이, 하나님과의 친밀한 교제의 결과일 리가 없다고 잘라 말한다. "그의 신앙적인 말과 실제 삶의 행동이 분리되어 있고, 그 분리가 고착화된 신앙이다."

사실, '위선'은 모든 진실한 만남과 사귐의 장애물이다. 위선하는 자와는 진정한 만남과 사귐을 가질 수가 없다. 왜인가? 코이노니아란 인격과 인격이 자유와 사랑의 관계 속에서 진실하게 만나야 시작되고 가능해지기 때문이다. 사귐 안에서 그 사람을 만난다 해도, 진짜로 그 사람 자신을 만날 수가 없는데, 어떻게 사귐이 가능해지겠는가? 그래서 위선적인 신앙은, 성도 간의 코이노니아는 물론, 이웃과의 만남도, 본질적으로는 하나님과의 만남과 사귐도 불가능한 신앙이다.

한 걸음 더 나아가서, 6절 하반절에서, 그런 자는 '거짓되고 진리를 행하지 않는 것'이라고 못 박고 있다. 여기서 '거짓되고'(프쉐도메따, ψευδόμεθα)는 단순히 어떤 거짓된 행동을 가리키지 않고, 그 사람 자신이 거짓된 성품으로 변질되는 현상을 가리킨다. 말과 행동이 서로 분리되지 않아야 할 이유가 여기에 있다. 우리의 윤리적 선택과 행동은 행동에 그치지 않고, 결국 우리 자신을 아예 그런 선택을 하는 사람으로 바꾸는 결과를 낳기 때문이다.

6절 끝의 '진리를 행하지 않는 것'이란 무슨 의미인가? 이것은, 신앙 고백과 실제 행위가 분리되고 그 분리가 고착화될 때 생기는 현상에 대한 최종 판결문이다. 여기서 '행하는'(포이우멘, ποιοῦμεν)의 의미는 '열매 맺는'으로 이해할 수도 있다. 오랜 기간 행하여 그 결과가 나타나는 것이다. 예수님께서 '그들의 열매로 그들을 알지니'(마 7:16)라고 하신 그대로이다. 이런 면에서 '진리'란 6절의 문맥 안에서는, 그가 '하나님과의 사귐이 있다'고 한 그 신앙 고백의 진실성을 가리킬 것이다.

더 넓게 보면, 그가 예수 그리스도를 믿음으로써 자기 안에 '생명의 말씀'을 받았다고 주장한다 해도, 그의 위선적 신앙으로는 결코 그 말씀의 생명을 따라 열매 맺는 일은 일어나지 않을 것이라는 뜻이기도 하다. 아니 그렇다면, 그런 위선적 신앙은 애초부터 그 '생명의 말씀'을 받은 것인가? 처음부터 '하나님과의 사귐'이 있기나 한 것이었을까? 그의 영적 상태에 대한 최종적 판결은 최후의 심판과 그 심판을 하시는 주께 달려 있을 것이다. 하지만 요한의 논증을 따라가면, 그렇다는 증거를 발견할 수 없다. 그 자신을 포함해서, 아무도 확신할 수 없는 것이다.

위선적 신앙에 대한 해법은 무엇인가? 우리는 요한이 이미 알고 있고, 다른 곳에서 언급하는 것처럼(1:9; 2:1), 우리가 세상의 어둠 속에서 죄를 짓기도 한다는 사실을 알고 있다. 그러나 그것을 항상 그래도 좋은 것이라고 당연하게 받아들이지도 않는다. 동시에 그런 죄들보다 더 큰 죄를 피하라고 가르친다. 그것은 '위선'이다. 위선이 무서운 죄인 이유는, 사귐 곧 '하나님과의 코이노니아' 자체를 회피하게 만들기 때문이다. 위선하는 자는 하나님과의 사귐이 없이도 얼마든지 신앙생활을 할 수 있다. 그것도 '선하다고 칭찬받으며 잘할 수' 있다. 그것이 가장 위험한 상태이다.

그래서 위선적 신앙에 대한 가장 적실한 해법은 '진정성'(authenticity)일 것이다. 죄를 죄라고 말하고, 인정하고, 자백하는 것이다. 윤동주의 시(詩)에서처럼, '잎새에 이는 바람에도 나는 괴로워'하는 것이다. 죄를 지을 수도 있지만, 그것에 대한 참회와 고통까지 피할 수는 없다. 그럴 필요도 없다. 진정성이 없는 만남은, 만남으로 성립하지 않는다. 진정성이 없는 사귐은, 앞으로 나아가지도 깊어지지도 못한다. 진정성이 없는 신앙은, 마치 넓은 강을 건넌다고 장담하면서도, 그 강물에 발을 딛지 않고 뛰어 건널 수 있다고 상상하는 사람의 어리석음과도 같다.

기만, 남과 자기를 속임

위선적 신앙에 대한 '코이노니아'적인 해법에 대한 설명은 7, 9절을 살피면서 더 깊이 해 보도록 하자. 지금은, '하나님과의 사귐'을 회피하고 무력화시키는 또 다른 장애물을 직시해야 할 필요가 있다. 그것은 8절에서 언급한 '기만'(欺瞞, deceit)의 장벽이다.

흥미로운 점은, 6-8절을 거쳐 10절에 이르는 '사귐의 장애물' 곧 '코이노니아의 문제'를 다루는 방식이 '점진적'이라는 사실이다. 점진적인데, 더 좋아지는 것이 아니라, 더 나빠지고 더 악한 방식이 등장한다. 6절의 '위선'보다 8절의 '기만'이 하나님과의 코이노니아를 회피하고 무력화시키는 더 악한 태도이다. 그렇다면, 10절이 묘사하는 '왜곡'의 문제는, 8절의 '기만'보다 더 악한 상태일 것이다.

사실, 악(惡)은 멈추지 않는 습성을 갖고 있다. 처음에는 자신을 부끄러워하지만, 조금 지나면 악을 선하다 하고 선을 악하다 하며, 그보다 더 지나치면, 선을 그냥 두고 보지 못하고 없애 버리려 하는 데까지 이른다(참조. 사 5:20; 요일 3:12-13). 요한일서 1:8이 언급하는 사귐의 문제 역시, 6절에서 말하는 '위선'의 경우보다 더 심해진 상태를 가리킨다. 위선의 본질이 기만이기도 하지만, 기만은 남을 속일 뿐 아니라 더 적극적으로 자기 자신까지도 속이려 하는 경우이기 때문이다.

8절은, '우리는 죄가 없다'는 기만적인 주장을 소개하는데, 문자적으로는 '죄를 가지고 있지 않다'(하마르티안 우크 에코멘, ἁμαρτίαν οὐκ ἔχομεν)는 의미이다. '죄를 가지고 있지 않다'는 것은, 일단 '어떤 것이 죄이다'라는 것은 인정하는 상태를 전제한다. 다만, 그런 죄가 자신들에게 '해당되지 않는다'라고 변명하는 경우이다. 그것이 죄이기는 하지만, 나에게는 해당되지 않는다고 주장하는 것이다. 그러니까 바로 뒤에서 그런 태도는 '우리가 스스로를 속이는 것'이라고 판정하는 것이다. 여기서 '속인다'(플라노멘, πλανῶμεν)는 표현은 종종 '미혹한다'는 식으로 번역되기도 하는데, 원래의 이미지는 '바른길을 벗어나 길을 잃어버리는' 상태를 묘사한다. 진리의 길을 떠나게 되는 것이다.

요한은 8절에서 적대자들의 어떤 태도를 염두에 두었을까? 남아 있는 성도들에게는 무엇을 경계하라고 말하고 싶어 하는 것일까? 어떤 행동이 분명히 죄라는 것을 인정하면서도, 그리고 설령 그 죄를 내가 지었다고 해도, 그것이 '나에게는 죄가 되지 않는다'라고 주장하는 태도는 당시의 영지주의적인 '가현설론자들'(docetists)의 주장이었을 법하다. 영혼은 이미 특별하고 신비한 지식으로 구원을 받았고, 육체는 어차피 버려지는 것이니, 육체로 무슨 죄를 짓든 그것이 이미 구원을 얻은 나에게 무슨 해가 되며, 무슨 죄가 될 것인가?

더구나 그들은 예수 그리스도께서 '육체로 오셨음'을 부인함으로써(2:22; 4:2), 육체의 영역, 이 세상에서 실제로 윤리적으로 사는 영역은 그들의 영혼의 구원과는 상관없는 것으로 여기지 않았는가? 이런 이단적 발상은, 오늘날에도 큰 문제를 일으키는 '구원파 이단'에서도 쉽게 찾을 수 있다. 구원은 이미 따 놓은 당상이고 결코 변하지 않으니, 자신이 육체로 무슨 일을 하든 구원과는 상관없다고 주장하는 이단이다.

얼핏 들으면, 보통의 신자가 받아들이는 구원의 확신과도 크게 다르지 않아 보인다. 하나님께서 예정하신 '아무도 흔들 수 없는 구원' 아닌가? 하지만 '구원의 확신'을 갖는 것과 그가 받은 '구원의 증거'는 결코 서로 분리시킬 수 없다. 여기에 함정이 있다. 8절이 밝혀 주는 바에 의하면, 이 둘을 분리시키는 것이 '스스로 속는 일'이 될 수 있기 때문이다. '스스로 속지 않으려면' 어떻게 해야 한다는 것인가? '육체의 영역'에서 우리가 행하는 일들이 구원과 전혀 관련 없다고 믿는 것, 그것이 이단적인 생각이다. 그것이 요한서신에서 '가현설론자들' 또는 초기의 영지주의자들이 퍼뜨렸던 독버섯과 같은 이단적 발상인 것이다.

그렇다면, 죄는 죄이지만, '나에게는 해당되지 않는다' 또는 '내 구원과는 상관없다'는 주장은 왜 속이는 것이며 이단적인가? 우선, 이런 주장이 이단적인 이유는, 이런 비윤리적인 태도가 기독론적으로 이단적인 주장에 근거해 있기 때문이다. 예수 그리스도께서는 '육체로 오셨다'(2:22). 육체의 영역은 구원 사건에서 전혀 배제되지 않는다. 영지주의적 이단이든, 오늘날의 구원파 이단이든, 우리의 구원이 육체적 영역에서 우리가 행하는 윤리적 행위와 분리되어 있다는 주장은 모두 속이는 것이요 이단적인 발상이다.

왜냐하면 첫째, 육체로 세상에 들어오신 그 아들 예수 그리스도께서는 육체로 죽으셨고 육체로 부활하셨다. 그를 믿는 우리의 구원도 육체의 영역을 포함하고, 새 하늘과 새 땅에서 사망을 이긴 부활 생명의 육체를 받음으로써 완성된다. 마찬가지로, 우리의 구원은 지금, 여기, 이 땅에서도 '육체로' 표현되고 드러나며, 드러날 수밖에 없고, 드러나 열매 맺고 있어야 한다(3:16-18; 4:7-21).

둘째는, 내가 한 어떤 행동은 죄로 규정되지만, 그것이 나에게는 아무런 영향이 없다는 식으로 말하는 것은, 자기를 속이는 '기만'이다. 왜냐하면 구원을 확신하는 자가 육체로 행하는 행위는 은혜로 받은 구원의 '원인'은 아니지만 '결과'이며, '근거'는 아니지만 '증거'이기 때문이다(참조. 약 2:14-26; 딛 2:11-14). 원인은 있는데 결과는 전혀 없을 수도 있다는 말은 기만이다. 나무를 모아 불을 피우면 연기가 나고 주변이 환해지며 따스한 열이 난다. 연기도 없고 빛도 없고 열도 나지 않는 모닥불을 보았는가? 아무런 증거도 없이, 어떤 주장을 하는 것은 그저 헛된 상상이거나 속이는 말에 불과하다. 딱딱한 탱자가 잔뜩 달린 나무 앞에 '잘 익은 사과나무'라는 팻말을 붙이는 것이 속임수가 아니면 무엇인가?

그러므로 사과나무가 사과 열매를 맺고, 그렇게 맺은 열매와 그 나무를 구분할 수는 있지만 분리할 수 없듯이, 구원을 확신하는 자가 육체로 행하는 일도 마찬가지이다. 영적인 구원의 확신과 그의 육체로 드러나는 삶은 구분되지만 결단코 분리되지 않는다. 따라서 어떤 행동이 죄이기는 하지만, '이미 구원받은 나에게는 아무런 영향도 없고, 상관도 없다'는 식으로 말하는 것은, 속된 말로 '유체이탈 화법'인 셈이다. 하기는 했지만, '내가' 했다고는 안 했기 때문에, 내가 한 것으로 볼 수 없다는 무책임한 변명과 다르지 않다.

책임성과 코이노니아

그래서 8절이 밝혀내는 '속이는' 태도의 핵심적인 결함은, '책임 있는 인격성'의 포기이다. '인격' 곧 자유 안에서 사랑받고 사랑하기를 선택하는 인격은, 또한 그 선택에 대한 책임을 지는 존재이다. 인격적 자유에 근거한 인격적 선택은 인격적인 책임을 수반한다. 인격의 특징이란 관계 속에서 사랑을 주고받을 수 있는 능력인데, 이는 인격적 자유를 전제하며, 동시에 인격적 자유는 인격적 책임과 분리되지 않는다.

그러므로 하나님이 나를 사랑하셔서 은혜로 구원하셨음을 확신하면서, 그런 인격적 사랑을 받은 자로서 내 선택과 행동에 따르는 책임을 회피하려는 것은, 스스로 인격임을 포기하는 것이다. 동시에, 이는 하나님과의 인격적 관계, 그 코이노니아 자체를 훼손하는 결과를 가져온다. 인격적 책임을 거부한다면, 인격적 자유도 거부하는 것이고, 그것은 결국, 인격 간의 선택에 따른 사랑의 관계인 코이노니아를 거부하는 것과 마찬가지이다. 그래서 어떤 죄의 행동을 자신의 것으로 받아들이기를 회피하는 사람이, 하나님과 코이노니아를 누리고 있다는 것은 거짓말이며 자신을 속이는 일이 되는 것이다. 인격성 없는 코이노니아는, 마치 돈을 넣으면 물건을 내놓아야 하는 자판기 앞에 서는 것처럼 기계적인 관계로 변질되기 때문이다.

물론, 우리는 우리가 선택하고 저지른 죄악 된 일의 결과에 대해 책임질 수 있을 만큼 강한 존재가 아니라고 느끼기도 한다. 만일 우리가 행한 악한 일들에 대한 책임을 우리가 다 진다면, 우리에게는 지옥 외에 다른 마땅한 처소가 없으리라는 사실도 알고 있다. 그럼에도 불구하고, 그것이 죄일 뿐 아니라, 바로 '나의 죄'라고 받아들일 때(1:7, 9; 2:1), 즉 부정적인 결과이기는 하지만 그 책임을 받아들임으로써 자신의 인격성을 포기하지 않을 때, 그때에만 하나님과의 인격적인 코이노니아를 유지할 수 있다.

바로 그럴 때에만, 성도 간에 그리고 사람들과 더불어 인격적 관계를 유지할 수 있음도 사실이다. 그 반대는 비극이다. '나는 하나님께서 용서하셨어, 그러니까, 너한테 한 잘못은 없는 셈이야. 너의 용서도 필요치 않아. 하나님이 다 용서하셨거든.' 그런 태도는 사람 간의 관계에 있어서 책임 있는 인격이기를 포기하는 태도이며, 결코 하나님과의 관계에서도 인정받을 수 없는 방식이다(참조. 마 6:12-15). 하나님과의 코이노니아는 사람들과의 코이노니아와 분리되지 않는다(2:9; 3:16; 4:20). 모두, 동일한 한 인격이 다른 인격과 맺는 관계요 사귐이기 때문이다.

하나님께 용서받은 것을 내가 확신하기 때문에, 내가 잘못을 행한 어떤 사람에게 용서를 구할 필요가 없어지는 것이 아니다. 그렇게 하는 것은, 결국 자신을 비인격화시킴으로써 그 피해자도 비인격화시켜 버리는 것이며, 결국 하나님도 비인격화시킴으로써, 코이노니아, 사귐의 파괴를 가져오고 만다. 말씀을 순종하든지, 또는 말씀을 불순종하든지, 그 선택과 행위에 대한 인격적 주체로서 책임을 지는 것을 포기할 때, 그때, 코이노니아, 사귐은 막혀 버리고 궤멸되기 시작한다.

8절은, 이런 자에게, 6절에서보다 더 심한 판정을 내린다. 6절은 코이노니아에 있어서 '위선'의 태도로 일관하는 자는, 자신이 받았다고 주장하는 그 '생명의 말씀' 곧 그 진리를 행하지 않기 때문에 열매를 맺지 못하리라고 경고했다. 하지만 8절에서는 '진리가 우리 안에 있지 않다'(우크 에스틴 엔 헤민, οὐκ ἔστιν ἐν ἡμῖν)고 단언함으로써, 아예 처음부터 그 '생명의 말씀'을 받은 것이 아닐 수도 있다고 경고한다. 증상이 더 악화된 것인 만큼, 진단도 더 심각한 결과로 나타난 것이다.

마치, 6절의 위선의 경우에는 코이노니아가 개선될 여지가 있지만, 8절에서 자기를 속이면서까지 죄와 관련된 자신의 인격성을 폐기하는 경우는, 처음부터 코이노니아가 있었던 것이 아니라는 증거일 수 있다고 말하는 셈이다. 그만큼, 죄에 관련해서 그것을 자신의 죄라고 인정하지 않으려는 '자기기만'은 근본적으로 불신앙적이며, 사람들과의 코이노니아를 파괴할 뿐 아니라 '그 아들과 아버지와의 코이노니아'를 파괴하는 치명적인 장애물이다.

왜곡, 말씀을 부인함

10절은, 코이노니아를 파괴하는 6절의 '위선'과 8절의 '기만'보다 더 큰 장애물을 소개하는데 그것은 '왜곡'(歪曲, distortion)의 태도이다. 이것이 '그 아들과 아버지와의 코이노니아'를 누리며 '기쁨'으로 충만하고자 하는 교회라면 반드시 피해야 할 장애물들 가운데 가장 큰 것이다. 이제는 자기 자신을 속이는 정도가 아니라, 아예 화살을 하나님께 돌린다. '나는 잘못이 없고, 그것을 잘못이라고 말하는 당신이 잘못된 것이요'라고 주장하는 태도이다.

10절의 '만일 우리가 죄를 지은 적이 없다고 하면'에서 '죄를 지은 적이 없다'(우크 헤마르테카멘, οὐχ ἡμαρτήκαμεν)는 표현은, 완료형으로 이미 일어난 일과 그 현재적 결과까지를 포함한다. 그러니까, 애초부터 자신이 한 행동은 죄가 되지도 않고 그래서 지금도 죄가 없다고 주장하는 경우이다. 왜 애초부터 죄가 되지 않는가? 하나님의 말씀이 그것을 죄라고 규정하는 것 자체가 잘못되었다고 여기기 때문이다. 즉, 이런 주장은, 하나님의 말씀이 어떤 것을 죄라고 규정하는 것에 반발하여, 그것이 애초부터 죄가 아니라고 맞받아치는 경우에 해당한다고 할 수 있다.

이렇게 볼 수 있는 근거는, 10절 하반절에서 이런 주장이 곧바로 하나님을 '거짓말쟁이로 만든다'(프쉐텐 포이우멘, ψεύστην ποιοῦμεν)는 결과에 의해 뒷받침된다. 즉, 어떤 행동을 놓고 하나님의 말씀은 그것을 죄로 규정하는데, '만일 우리가' 그것을 죄가 아니라고 우긴다면, 그것은 하나님 자신을 거짓말쟁이로 만들어 버리는 결과를 낳기 때문이다. 그러므로 10절의 말씀이 밝히는 코이노니아의 장애물은, 하나님의 말씀 자체가 거짓된 것이라는 '왜곡'의 상태라 할 수 있다.

확실히, 10절이 지적하는 '왜곡'은, '하나님과의 코이노니아'를 방해하는 문제에 있어서 6절의 '위선'이나 8절에서 언급한 '기만'보다 한 단계 더 악화된 모습을 보여 준다. 6절이 말하는 '위선'의 상태에서는, 하나님의 말씀이 '그것이 죄이다'라고 할 때, 감히 그 말씀의 진리성 자체는 건드리지 못한다. 그래서 마치 '말씀을 떠나 타락한 성령 운동, 신비주의'에서처럼 하나님과 사귐이 있다고 말하고 말씀을 진리라고 인정하지만, 결코 그 진리를 행하거나 열매 맺지는 못하게 된다. 그런데 8절에서는, 마치 예정론이나 이신칭의 교리를 잘못 생각하여 오해하거나, 극단적으로는 '구원파' 이단을 따르는 경우처럼 하나님의 말씀이 죄라 하는 그 죄를 지으면서도 그것이 자신의 구원과는 전혀 상관없다는 식으로 자신을 기만하는 자리에 이르는 것이다. 요한은, 이런 경우는 아예 처음부터 그에게 진리가 있기는 했었는지를 의심해 보아야 한다고 경고한다.

그리고 이제 10절의 경우는 '코이노니아'에 대해 가장 공격적인 경우를 묘사한다. 이번에 파괴하려는 것은, 신앙 고백과 삶이 일치하는 온전한 믿음도 아니고(6절), 죄를 지으면서도 자신은 죄가 없다고 스스로 속는 그 사람 자신도 아니다(8절). 6절에서는 온전한 신앙이 깨졌고, 8절에서는 그 사람 자신이 파괴되었다면, 10절에서는 아예 하나님의 말씀을 공격하여 그 말씀을 파괴하려 드는 것이다. 예를 들면, '무신론적 인본주의'에서처럼, 인간에게 원죄라는 것은 애초에 존재하지 않으며, 사람의 모든 욕망들은 원래 그에게 있는 자연스러운 본성이라고 주장함으로써, 그 자연스러운 본성에서 나오는 행위를 죄라 할 수 없으니, 그것은 하나님의 말씀이 '틀린 것'이라는 식으로 공격해 오는 것이다.

사실, 이것은 사람이 '그 자신의 말'로 할 수 있는 가장 악하고 파괴적인 태도인데, 자신의 말로 '하나님의 말씀'을 '거짓'이라 하고 파괴하며 대치시키려는 죄성(罪性)에서 나오는 반역 행위로 나타난다. 그래서 10절 하반절은, 만일 우리가 이러하다면 '그의 말씀이 우리 안에 없다'고 단언하는 것이다. 여기서 '그의 말씀'(호 로고스 아우투, ὁ λόγος αὐτοῦ)이라 할 때, 그 '말씀'은 1장 전체에서 1절에서 '생명의 말씀'(투 로구 테스 조에스, τοῦ λόγου τῆς ζωῆς)으로 처음 나온 후에, 10절에서만 마지막으로 나타난다(참조. 창 1:1; 요 1:1-3). 그런 점에서 '말씀'은 1장 전체를 열고 닫는 주제임이 분명하다.

그런데 10절은, '그 아들과 아버지와의 코이노니아'(1:3)를 탄생시켰던 근거로서 나타난 '생명의 말씀'(1:1)이 아예 그 안에 '없는 자들'의 경우를 지적하는 것이다. 그러니까, 하나님의 말씀이 죄라고 하는 것을 '죄가 아니다'라고 '말하는' 경우는 '말씀' 자체를 부정한 것이므로, 그 '생명의 말씀'을 통한 '그 아들과 아버지와의 코이노니아'가 애초에 있을 수도 없다고 판단할 수 있게 되는 것이다.

수납성(겸허함)과 코이노니아

그렇다면, 10절에서 지적하는 '왜곡'의 문제는 '하나님과의 코이노니아'에 있어서 어떤 중요한 요소를 가르치는가? '왜곡'이라는 문제의 핵심은, 사람이 자신의 말로 하나님의 말씀을 대치하고자 하는 그 죄악 된 본성의 뿌리에 놓여 있다. '하나님, 내 말이 맞고, 당신의 말씀이 틀렸소!'라고 윽박지르고 싶은 것이다. 겉으로는 그렇게 거칠게 주장하지는 않지만, 인간은 끊임없이 하나님의 말씀을 변질시키고, 해체하고, 파괴하려 든다.

그것을 사상과 교육, 철학과 신학, 심지어는 성경 해석학을 통해서도 하려 드는 것이 인간의 타락한 본성이다. 그렇다면 누가 그토록, 하나님의 참되고 권위 있는 말씀을, 자기의 거짓되고 속이고 파괴적인 '말'로 대치하고 싶어

하는가? 마귀가 아닌가? 마귀는 처음부터 '거짓말쟁이'였지 않은가?(요 8:44) 그래서 인간이 자신의 '말'로 하나님의 '말씀'을 공격하는 일은, 창세기의 에덴동산에서부터 사복음서가 기록하는 예수님의 광야 시험, 십자가 위의 유혹, 그리고 서신서가 자세히 경고하는 온갖 거짓 선지자와 거짓 영들의 거짓 가르침까지, 세상 끝 날까지 계속되는 '거짓의 아비, 마귀'의 핵심 전략임을 잊지 말아야 한다(참조. 창 3:1-5; 마 4:1-11; 약 3:1-18; 요일 4:1-2; 계 20:3).

하나님께서 그 '생명의 말씀'을 믿음으로 받아들인 성도와, '그 아들과 아버지와의 코이노니아' 안에서 교제하신다는 것은, 이제 그를 '인격'으로 회복하신다는 의미이다. '인격'은 '자기 안에 닫힌 개인'이 아니라, 그 아들을 통해 인격이신 하나님을 받아들이고 그 하나님과 인격적인 교제를 나누는 사람이 되었다는 뜻이다. 더 나아가서, 그렇게 인격이신 하나님을 받아들인 인격적 존재로서의 성도는 마찬가지로 다른 사람들도 인격으로 인정하며 받아들이고, 그들과도 인격적인 관계 안에서 살아가는 코이노니아적인 존재가 된다. 그러므로 성도가 하나님과의 관계 안에서 인격으로서 하나님과의 코이노니아 안에서 존재한다는 것은, 그가 이미 '생명의 말씀'을 믿음으로 받아들였음을 전제하는 것이다.

그것을, 하나님의 말씀을 받아들임으로써 인격이신 하나님과의 코이노니아에 들어간 '인격의 수납성(收納性)'이라 부를 수 있을 것이다. '인격'으로서의 사람은, 하나님과 이웃을 '인격'으로 받아들인다. 그것이 인격의 가장 큰 특징 중에 하나이다. '자기 안에 갇힌 개인'으로서의 사람은, 사실상, 아무도, 하나님조차도 받아들이지 않는다. 그 자신 안에서 오직 자신만이 고립되고 유일한 '인격'으로 존재하며, 하나님을 포함하여 다른 모든 존재들은 오직 '그것'(it)이라는 대상으로만 존재한다. 거기에는 수단과 목적의 관계는 성립해도, 인격 간의 코이노니아는 존재하지 않는다.

우리가 다른 사람을 인격으로 대접한다는 것은, 상대방의 고유한 의지, 감정, 생각을, 그것이 비록 나의 의지, 감정, 생각과 전혀 다를지라도, 나와 같은 또 다른 인격에 속한 것으로 인정하고 받아들인다는 의미이다. 유사하게, 우리가 하나님과의 관계에서 인격이신 하나님을 받아들인다는 것은, 하나님의 말씀을 나의 말과는 달리, 오직 절대적인 진리로 받아들인다는 것을 의미한다(요 14:6; 17:17).

왜냐하면 하나님은 인격이시지만, 우리 자신과는 달리 언제나 절대적인 진리(眞理)이시고 절대적으로 선(善)이시며 절대적으로 아름다우신(美) 분이기 때문이다. 그래서 우리의 '말'과 그분의 '말씀'이 충돌할 때, 언제나 그분의 말씀이 진리라고 받아들이는 것, 이것이 하나님과의 인격적 코이노니아의 '수납성'이라는 전제이다.

코이노니아와 인격 – 진정성, 책임성, 수납성(겸허함)

이제껏 살펴본 요한일서 1:6, 8, 그리고 10절은, 모두 1:3에서 밝힌 '그 아들과 아버지와의 코이노니아'의 외곽의 경계성을 명확히 그려 놓은 것이나 마찬가지이다. 위의 세 본문에서 '만일 우리가 … 말한다면'으로 시작하는 잘못된 주장들은 모두 적대자들이 했을 법한 '슬로건'이기 때문이다. 만일 누군가가 교회 안에 남아 있으면서 그런 잘못된 주장을 한다면, 그런 자에게는 '하나님과의 코이노니아' 곧 참된 교회에 참여할 기회는 전혀 없다고 경고하는 셈이다.

동시에, 6, 8절, 그리고 10절의 그 잘못된 주장들은, 아직 교회 안에 남아서 '하나님과 교제가 있다'고 주장하거나, '우리는 구원받았다'고 확신하거나, '그것은 죄가 아니다'라고 주장하면서, 하나님의 말씀이 죄라고 하는 것을 행하면서도 그렇지 않은 척 가장하거나, 죄를 짓고도 자신과 상관없다고 스스로 속이거나, 아니면 말씀을 왜곡해서라도 자신의 죄를 정당화시키려는 악한 경향을 경고한다. 이렇게 함으로써, 이미 이 '코이노니아' 안에 들어와 있는 남아 있는 자들 역시, 적대자들의 주장에 동조하거나 그런 악한 경향에 휩쓸린다면, 결단코 '빛이신 하나님, 어둠이 그 안에 조금도 없으신 하나님'과 누리는 '코이노니아의 충만한 기쁨'에 이를 수 없다는 사실을 경계하며 권면하는 것이다.

우리는 '생명의 말씀'을 통해 '말씀'이신 그 아들을 영접하고, 그 안에 있는 '영원한 생명'을 받게 되면서 하나님 아버지를 아는 참된 지각(知覺)을 얻게 된다. 그리고 그렇게 해서 알고 누리게 되는 그 아들의 은혜와 아버지의 풍성한 사랑을 먹고 마시며, 그 사랑 안에서 하나님과 나 자신과 이웃을 사랑하게 되는 '인격'으로 회복된다. 그리고 그런 '인격 간의 코이노니아'는 그 교제에 참여하는 모든 인격에게 진정성과 책임성 그리고 또 다른 인격에 대한 수납성 곧 겸허함을 요청한다. 무엇보다, 하나님을 인격적으로 받아들인다는 것은 그의 말씀은 언제나, 그 말씀이 나의 말과 충돌하는 그때조차도, 오직 절대적으로 진리라고 인정하는 겸허한 고백을 의미한다. 그는 빛이요, 그에게는 어둠이 조금도 없으시기 때문이다.

무능하신 하나님?

학생들이 자주 묻는 질문이 있다. 한 학기에 대여섯 번은 나오는 질문이다. 하나님은 왜 아담이 선악과를 따 먹을 때, 그것을 막지 않으셨나요? 하나님이 예정하셨다면, 내가 예수님을 안 믿으려 할 때 강제로라도 믿게 만드실 수 있지 않은가요? 아니, 하나님은 사랑이신데, 도대체 왜 지옥을 만드셨나요?

단번에 대답하기에는 어려운, 끝없이 복잡해질 수 있는 질문들이다. 하지만 이런 질문들 속에는 한 가지 공통점이 있다. 하나님이 '인격'이시며, 우리를 '인격'으로 대하고 계신다는 사실을 잊고 있다는 점이다.

하나님은 전능하시다. 못하는 것이 없으시다. 사실, 오늘 저녁에라도 이 문제 많은 세상을 뒤집어엎고, 새 하늘과 새 땅을 가져오실 수 있다. 그런데 그렇게 하지 않으신다. 능력이 없으신가? 아니다. 그분은 세상을 창조하신 창조주이시다. 심판할 권세도 있으시고, 다시 창조할 능력도 있으시다.

능력의 문제가 아니라면 무엇인가? 왜 아담이 범죄할 때 그의 손을 잘라 버리지 않으셨는가? 왜 당신이 믿지 않으려고 온갖 의심을 부풀릴 때, 억지로라도 믿게 만들어 버리지 않으시는가? 왜 그것을 그저 두고 보시는가? 결국, 내가 하나님을 믿지 않는 것도 다 하나님 책임이 아닌가?

생각해 보면, 인생이 복잡해지는 이유도 이와 크게 다르지 않다. 힘이 있고 능력이 되어도, 할 수 없는 일들이 생기기 때문이다. 핸드폰은 고장 나면 고치고, 고쳐도 안 되면 버리면 된다. 하지만 자식은 그렇게 할 수가 없다. 우리 인생에서 떼어 버릴 수 없는 사랑하는 사람들에게는 힘도 능력도, 돈도 강제도 통하지 않는 때가 많다.

그래서 그렇게 돈 많은 아버지가 제멋대로 하는 아들에게 간곡히 부탁하기도 하고, 모든 것을 다 해 주는 엄마가 막 나가는 딸에게 간절히 비는 일들이 벌어진다. 힘으로도 능으로도 되지 않는 일이 있다. 인격 간의 관계가 더욱 그러하다.

여기에 하나님의 놀라운 무능(無能)이 있다. 동시에 그보다 더 놀라운 그분의 인격성과 참으로 하나님다우신 성품의 위대함이 있다. 우리가 날마다 찬송하는 십자가를 바라보라. 거기에 전능하신 주(主), 죽음도 삼킬 수 없는 생명의 주께서 스스로 달려 계신다. 천지를 창조하셨을 때 하나님과 함께하신 그 창조의 말씀, 그 말씀이신 하나님 자신이 십자가에 못 박혀 계신다. 도대체, 그런 분이 왜 거기에 달려 계신가?

전능하지만 스스로 무능하기를 택하신 하나님, 우리는 그런 하나님을 만난 것이다. 그래서 우리는 교회 공동체 안에서도, 나의 능력이나 힘이나 권세 나부랭이들을 내려놓고, 기다리고 참고 품고 또 기다리기를 선택한다. 그분이 나에게, 우리에게 먼저 그렇게 하셨기 때문이다.

그래서 가정에서는 철없는 아이를 등에 태우고, 아이가 '이랴 이랴!' 할 때, '히잉, 히잉' 소리 내며 조랑말로 엎드린 아빠가 된다. 그래서 눈에 넣어도 아프지 않은 딸이 방문을 '쾅' 닫고 들어갈 때, 하늘이 무너져 내리는 엄마가 되는 것이다. 부모란 그렇게 말 안 듣는 자식 앞에서 이러지도 저러지도 못하고, 단지 하나님 앞에 나아와 무릎을 꿇을 수밖에 없는 존재가 된다. 돈으로도 힘으로도 못 가는, 무능하기 짝이 없는 사랑의 길을 가는 것이다.

만일, 인격이신 하나님이 우리를 인격으로 대하지 않으셨다면, 역사도 인생도 이렇게 길지는 않았을 것이다. 끝나도 이미 오래전에 끝났을 것이다. 길고 복잡하며, 기승전결이 있는 드라마틱한 이야기들은, 모두 인격 간의 사랑과 갈등과 설득과 용납들로 채워진다.

하나님은 왜 선악과를 따 먹는 아담의 팔을 부러뜨리지 않으셨는가? 하나님은 왜 예수 안 믿는 당신을 강제로 믿게 만들어 버리지 않으시는가? 왜 하나님을 거부하는 책임마저 하나님께로 돌리는 당신에게 벼락을 내리지 않으시는가? 그분이 무능하신 것이 아니다.

그런 질문이 궁금하다면, 스스로에게 물어볼 필요가 있다. 당신은 당신의 힘으로는 어쩔 수 없는, 인격 간의 관계에 대한 문제를 경험해 본 적이 없었는가? 당신은 분명히 잘못된 길인 줄 알면서도, 당신을 사랑해서 그것을 막았던 부모, 선생, 친구들의 말을 끝내 듣지 않은 적은 없었던가? 당신이 사랑하는 사람은 항상 당신 마음대로 되던가? 한 걸음 더 가면 나락으로 떨어질 게 너무 뻔한데, 그래서 극구 말렸는데, 끝까지 당신의 말을 듣지 않던 친구를 가져 본 적은 없었는가?

하나님도 그러하시다. 다만, 그분의 '전지전능'하심에 비해, 그런 하나님이 그렇게까지 하셨고, 지금도 그렇게 하고 계신다는 사실이 쉽사리 믿기지 않을 뿐이다. 왜 아직 최후의 심판도, 새 하늘과 새 땅도 오지 않았는가? 성경은 그분이 '오래 참으시기 때문'이며 '아직도 기다리고 계시기 때문'이라고 알려 준다(벧후 3:8). 전능해도 할 수 없고, 하지 못하는 일이 있다는 사실은 참으로 기이하다.

하나님은 인격이시며, 우리를 인격으로 지으셨고, 인격으로 회복하신다. 하나님께서 우리를 그 인격적 사랑의 관계로 대하고 계신다는 사실을 이해할 때, 위의 질문들은 더 이상 물을 필요가 없는 질문이 될 수도 있다. 우리의 '인격'이란, 제한적이지만 사랑을 받고 사랑하기로 선택하는 자유 안에서 존재한다. 그리고 제한적이지만, 그런 사랑의 자유는 그 자신의 인격적 선택에 따르는 책임을 수반한다. 인격은 사랑하거나 사랑하지 않기로 선택하는 방식으로 존재하기 때문이다.

4. 코이노니아의 해법(1:7, 9)

'하나님은 빛이시다. 그에게는 어둠이 조금도 없으시다'(1:5). 하지만 위선과 기만으로, 그리고 말씀을 왜곡하면서까지, 우리는 우리 자신의 어둠, 이 세상의 어둠 속에 머물려고 한다. 요한일서의 수신자 교회 가운데 어떤 자들은, 아예 '하나님과의 코이노니아'를 떠나 그 어둠의 세상 속으로 나가 버렸다. 처음부터 '빛이신 하나님과의 코이노니아' 안에 들어와 본 적도 없던 자들임이 들통난 것이다(2:19).

하지만 하나님의 자녀라고 고백하면서도, 빛이신 하나님과 교제하기보다는 자신의 어둠 속에, 세상의 어둠 속에 지속적으로 머물러 사는 신자들도 있다. 그들은 빛이신 하나님과의 교제 안으로 들어오기를 꺼린다. 말로는 하나님과 사귐이 있다고 하지만, 실제로는 어둠 가운데 행하고 거기에 거한다. 습관적으로 그렇게 하면서도 선(善)을 가장하고, 그래도 상관없다고 스스로 속이기도 하며, 더 나아가서 그것을 죄로 규정하는 하나님의 말씀을 왜곡하려는 자리에 떨어지기도 한다. 어둠은 참으로 완악해서, 그냥 두면 점점 더 굳어지고, 차가워지고, 모든 것을 혼미하게 만드는 법이다. 과연, 이 어둠을 어떻게 몰아낼 수 있겠는가?

요한일서 1:6, 8, 10이 마치 구름이 잔뜩 낀 밤하늘에 퍼진 깊은 어둠과 같다면, 7, 9절에서 우리는 그 칠흑 같은 어둠 한복판에서 화안하게 빛나는 별빛 아래 서게 된다. 또는, 차가운 겨울밤의 들판을 헤매다가 뜻밖에 마주치게 된 모닥불의 따뜻한 온기가 전해지는 것과도 같다. 이 놀랍고 신비한 말씀을 통해, 우리는 부담스럽게만 보였던 그 교제, 즉, '빛이시며 그에게는 어둠이 결단코 조금도 없으신 하나님과의 코이노니아'가 어떻게 가능한지를 깨닫게 된다. 코이노니아의 해법을 제시하는 7, 9절의 말씀의 빛 가운데 들어가 잠시 거기 머물러 보자.

7 하지만 만일 그가 빛 가운데 계신 것같이 우리도 그 빛 안에서 행하고 다니면, 우리가 서로 사귐을 갖고 또한 그의 아들 예수의 피가 우리를 모든 죄에서 깨끗하게 합니다. … 9 만일 우리가 우리의 죄들을 자백하면, 그는 신실하시고 의로우시므로 우리에게 그 죄를 사해 주시고 우리를 모든 불의에서 깨끗하게 해 주실 것입니다.

어둠이 빛과 사귀는 법

어둠이 어떻게 빛과 사귀는가? 하나님은 빛이신데, 그리고 그 안에는 어둠이 조금도 없으신 분인데, 어둠을 완전히 벗어 버릴 수 없는 우리가 어떻게 빛이신 하나님과 사귈 수 있다는 말인가? 이것이 종종 우리가 어둠 가운데 거하며 우리 자신을 변명하는 이유이기도 하고, 빛이신 하나님 앞으로 나아가기를 꺼리는 이유이기도 하다.

7절은 '빛이신 하나님과의 교제'에 관한 근본적인 해법을 제시한다. 하나님께서 '빛 가운데 계신 것'(에스틴 엔 토 포티, ἐστιν ἐν τῷ φωτί)은 그가 일시적으로 어둠 가운데도 거하고 빛 가운데도 거하시는 것이 아니라, 언제나 변함없이 빛 가운데 계심을 가리킨다. 상대적으로 "하지만 만일 우리도 그 빛 안에서 '행하고 다니면'(페리파토멘, περιπατῶμεν)"이라는 표현은, 우리가 빛에 속하여 하나님의 자녀라 할지라도, 일시적으로 어둠 가운데 거하며 행할 수도 있고 또한 빛 가운데 거하며 행할 수도 있는 가능성을 전제하는 표현이다. 물론, 처음부터 빛에 속하지 않았고 하나님의 자녀가 아니라면, 빛 가운데 거하거나 행하는 것도 '단지 그렇게 보일 뿐이고' 실제로는 그렇게 할 수 없음을 의미할 것이다(2:19, 22).

흥미로운 것은 7절 하반절이다. 우리가 빛 안에서 행하고 다니면, 그 빛이신 하나님과 '서로 사귐을 갖게'(코이노니안 에코멘, κοινωνίαν ἔχομεν) 된다는 것인데, 그 사귐의 결과가 놀랍다. 그 사귐을 통해 '그의 아들 예수의 피가 우리를 모든 죄에서 깨끗하게' 하는 결과를 누리게 된다는 것이다. 우선 여기서 '모든 죄'는, 곧 우리의 '어둠'을 함축하는 표현이다. 우리가 하나님의 자녀라도 어둠 가운데 거하고 행할 수 있는데, 그 결과로 짓게 되는 '모든 죄', 그것도 '모든'(파세스, πάσης), 즉 그 어떤 죄라도 깨끗이 씻음을 받을 길이 열려 있다는 것이다.

그 길, 모든 죄를 깨끗이 씻음 받는 길, 우리 안에 있는 어둠을 모두 몰아낼 수 있는 길, 그 길은 무엇인가? 그 답은 7절의 중심부에 놓여 있는 '우리가 서로 사귐을 갖고'라는 표현에 다 들어 있다. 이 '사귐'을 중심으로 전후에 놓인 중요한 의미들이 드러난다. 빛 안에서 '행하고 다니는 것'은 이 '사귐'의 방식이기도 하고 겉으로 드러나는 결과이기도 하다. 하지만 자세히 살펴보면, 빛 안에서 행하는 것은 오히려 하나님과의 사귐을 지속하게 해 주는 열쇠일 뿐 아니라, 우리로 하여금 더욱 빛 안에서 행할 수 있도록 예비시켜 준다.

중요한 것은, 7절 하반절에 '모든 죄를 깨끗이 씻음 받는' 것이 이 '사귐'의 조건이 아니라 도리어 결과로 표현되어 있다는 사실이다. 그러므로 7절에서 가장 중심에 놓여 있고, 가장 결정적인 요소는 '코이노니아'이다. 이 '코이노니아'가 핵심이다. 어둠 가운데 머물며 행하는 우리가 어떻게 빛이신 하나님과 사귈 수 있는가? 7절이 그 답을 제시한다. 하나님과의 코이노니아가 답이다. 왜 하나님과의 코이노니아 자체가 답이 되는가? 하나님과의 코이노니아 안에 '그 아들 예수의 피'가 준비되어 있기 때문이다. 이 부분이 '하나님과의 코이노니아'의 가장 놀라운 부분이다.

1:5에서 '하나님이 빛'이라는 선포와 6, 8, 10절에서 거론된 코이노니아를 회피하거나 부인하는 문제들은, 모두 '빛이신 하나님'을 거부하고자 하는 '어둠'의 속성에 따른 것이다. 그렇다면 '빛이신 하나님과의 코이노니아'에 가장 큰 방해물은 세상의 어둠 가운데 거하고자 하는 우리의 어둠이다. 도대체 그런 '어둠'을 어떻게 해결할 수 있는가?

7절은 '하나님과의 코이노니아' 자체 안에 답이 있다고 알려 준다. '빛이신 하나님과의 코이노니아' 안에 또한 그와 더불어, '그 아들 예수 피', 곧 우리의 모든 어둠을 몰아내고 그 모든 죄를 깨끗이 씻어 낼 수 있는 속죄의 피, 하나님의 뜨거운 긍휼과 자비가 이미 예비되어 있기 때문이다.

거룩은 사귐의 '결과'

칠흑 같은 밤 차갑게 얼어붙은 벌판 한가운데 타오르는 모닥불을 떠올려 보라. 거기서부터 주변을 환하게 밝히는 큰 빛이 퍼져 나온다. 그 빛은 모든 것을 드러낸다. 어둠 속에 있는 모든 추하고 더러운 것, 마주 대하고 싶지 않은 수치와 상처, 죄악들도 모두 밝히 비춘다. 빛이신 하나님, 그 안에 어둠이 조금도 없으신 거룩하신 하나님께 접근하는 일은 그래서 어렵다. 우리의 어둠과 우리에게 익숙한 세상의 어둠이 우리의 발목을 잡는다. 그 빛 가운데 나아가기가 두려운 것이다. 그래서 위선과 기만을 행하고, 심지어는 그 빛이 드러내 밝히는 진리마저도 감히 왜곡하려 드는 것이다.

그러나 7절은, '빛이신 하나님, 그 안에 어둠이 조금도 없으신 하나님과의 교제'가 단지 두려운 것만은 아니라는 사실을 보여 준다. 다시 그 모닥불을 떠올려 보자. 한 치 앞을 분간할 수 없는 캄캄한 밤에 모든 것이 차갑게 얼어붙은 추위에 저 멀리 타오르는 아주 큰 모닥불이 보인다. 그 화안한 불빛에 이끌려 그 불빛 가운데 우리 자신을 노출할 용기만 있다면, 우리는 그 활활 타오르는 모닥불에 우리의 얼어붙은 몸과 마음을 녹일 수 있다. 그 밤을 견딜 수 있는 것이다.

7절이 제시하는 코이노니아의 해법은, '거룩하신 하나님과의 코이노니아' 한복판에 하나님께서 친히 준비하신 뜨겁고도 강렬한 그분의 긍휼의 불길이 타오르고 있다는 사실을 보여 준다. 거룩 속에 긍휼이 있는 코이노니아이다.

우리의 모든 더러움, 어둠, 죄까지도 모두 씻어 내시고 몰아내시고 깨끗하게 하실 수 있는 코이노니아이다. 그 빛이신 하나님 안에 뜨거운 열(熱)이 있다는 사실, 그 거룩 안에 우리의 거룩하지 못한 죄까지 해결할 수 있는 속죄 제물을 마련하신 하나님의 자비와 사랑, 뜨거운 긍휼이 있는 코이노니아라는 사실을 믿고 깨닫고, 그 코이노니아 안으로 걸어 들어가야 하는 것이다.

그러므로 우리의 거룩은, 하나님과의 사귐의 조건이 아니라, 도리어 그 사귐의 결과이다. '하나님은 빛이시다'(1:5)라는 선언은, 거룩하지 못한, 종종 어둠 가운데 거하는, 그래서 그 결과로 죄를 짓고 죄 가운데 행하고 다니는 우리에게는 위협이다. 그분과의 코이노니아는 그래서 마치 절벽을 마주 대하는 느낌을 준다. 하지만 그것은 오해이다. 모닥불에는 빛과 함께 열이 있는 것처럼, 우리를 자신과의 코이노니아로 '환대'하시는 하나님 안에는 뜨거운 긍휼도 준비되어 있다. 다가가기만 하면 된다.

우리는 자주 우리가 거룩해야만 하나님께 나아갈 수 있다고 생각한다. 거룩한 하나님과 사귀려면, 우리도 죄가 없이 거룩해야만 한다고 느낀다. 그래서 하나님께 나아가지 않고, 도리어 위선을 행한다. 교제를 피하는 것이다. 그래서 자신을 속이기도 하고, 어둠 속으로 더 멀리 달아나, 하나님의 말씀을 애써 외면하고 부인하려고까지 든다. 그럴 필요가 없다는 것이 7절이 전하는 기쁜 소식이다.

하나님과의 코이노니아에는 그러니까 양면(兩面)이 다 있다. 빛이신 그분의 거룩은 우리의 어둠, 우리의 죄를 밝히 드러낸다. 하지만 그렇게 하는 이유는, 우리로 하여금 더욱더 빛으로부터 멀리 달아나 익숙한 어둠 가운데 숨어들게 하려 함이 아니다. 오히려 그 빛 가운데 나아와, 무엇보다, 빛이신 하나님 안에서 우리의 모든 어둠과 죄를 씻어 내시는 그 아들의 피, 속죄의 제물(2:1; 3:5; 4:10; 5:6)을 통한 아버지의 사랑을 누리게 하려 하심이다.

그러니까 죄가 없기 때문에 거룩하신 하나님과의 교제 가운데 나아가는 것이 아니다. 정확히 그 반대이다. 우리 속에 있는 어둠, 그 익숙한 어둠을 우리 자신이 어쩔 수 없기 때문에, 그 빛 가운데로 나아가는 것이다. 그것은 어려운 일이다. 그 빛이신 하나님이 그 빛으로 우리를 폭로하시고 죽이려 하시는 것이 아니라는 신뢰가 있어야 가능하기 때문이다(참조. 요 3:19-21). 그래서 7절은, 그 빛이신 하나님의 중심에 그 아들의 피가 뜨겁고도 강렬한 사랑으로 흐르고 있음을 보여 주려는 것이다. 그분을 믿고 나아가는 것, 그 빛을 뚫고 그 사랑 안으로 뛰어드는 것, 그것이 하나님과의 코이노니아이다.

무엇보다 중요한 것은, 오직, 하나님과의 코이노니아만이, 우리의 어둠을 해결할 수 있는 유일한 길이라는 사실이다. 다른 길이 없다. 우리가 하나님과의 교제에 걸림돌이라고 생각하는 우리의 어둠, 우리의 죄는 오히려, 우리가 그 사귐의 한복판으로 걸어 들어갈 때에만 해결된다. 바로 이것, 하나님과의 코이노니아를 방해하는 가장 큰 장애물인 어둠과 죄조차 오직 하나님과의 코이노니아를 통해서만 해결된다는 것, 그것이 '그 아들과 아버지와의 코이노니아'의 비밀이고 능력이며, 참으로 기쁜 소식이다.

그래서 거룩은 사귐의 조건이 아니라, 그 사귐의 결과인 것이다. 거룩하고 죄가 없고 어둠이 없어서 거룩한 하나님과의 교제 가운데 나아가는 것이 아니라, 정확히 그 반대이다. 바로 우리가 우리의 어둠과 죄를 스스로 해결하지 못하기 때문에, 하나님과의 코이노니아 안으로 들어가야만 하는 것이다. 그렇지 않다면, 만일 하나님과의 코이노니아가 아니라면, 우리는 어디에서 어떻게 우리의 어둠과 죄를 해결할 수 있다는 말인가?

'말씀'을 따라 하는 말, 적극적 피동성

9절은 하나님과의 코이노니아가 어떻게 우리의 문제를 풀어 주는지를 더 상세히 설명한다. 7절이, 하나님과의 사귐의 장애물인 어둠과 죄는 오직 하나님과의 사귐을 통해서만 해결될 수 있다는 사실을 전한 것이라면, 9절은 한 걸음 더 나아가서, 실제로 어떻게 해야 그 어둠과 죄가 씻겨 나갈 수 있는지를 보여 주는 장면이다.

7절은 마치 환자가 의사에게 가지 않으면 결코 그의 병을 고칠 수 없다는 식의 메시지를 전달하는데, 9절은 이제 의사가 수술대 위에 누운 환자를 고치기 위해 무엇을 어떻게 하는지를 보다 상세히 보여 주는 것과 같다고도 할 수 있다. 여기서 환자가 해야 하는 일이 있고, 또한 그 의사가 하는 일도 있다. 사실, 코이노니아는 인격적 사귐이고 동시에 상호적이다. '상호적'(mutual)이라는 말은 피동적이거나 일방적이지 않다는 의미이다. 하나님께서 하시지만, 하나님께서 하시도록 우리가 해야 하는 일도 있다. 물론 우리가 그렇게 하는 것도 하나님께서 그 사귐 자체를 허락하셨기 때문이다. 그럼에도 코이노니아는 인격적인 상호 관계로서의 교제를 포함하는 것이다.

앞서 살펴본 7절에서도 '사귐'은 상호적임이 암시된다. '서로 사귐을 갖는다'는 표현에서 '서로'(메트 알렐론, μετ' ἀλλήλων)라든지 '갖는다'(에코멘, ἔχομεν)는 표현들은 모두 상호적이고 인격적인 교제를 강조하려 함이다. 9절에서도 마찬가지로, 하나님과의 사귐의 장애물들인 우리의 죄와 불의가 하나님과의 인격적인 코이노니아를 통해서 해결됨을 보여 준다.

우선, 우리의 죄와 불의의 문제를 해결하시는 분은 하나님 자신임이 명확하다. 빛이신 하나님은 우리의 죄와 불의를 모두 죄와 불의로 드러내신다. 그러나 거기서 그치지 않는다. 하나님의 빛은, 그래서 우리를 심판하고 죽이기 위함이 아니다. 도리어 우리를 그 죄와 불의로부터 해방하시고 치유하며 자유하게 하시기 위함이다. 그리고 그 죄를 사하시고 불의를 깨끗하게 해 주시는 것도 하나님께서 친히 하시는 일이다.

그렇다면, 우리 편에서 해야 하는 일은 무엇인가? 9절에서는 그것을 '만일 우리가 우리의 죄들을 자백하면'이라고 명시한다. 여기서 '자백하면'(호모로고

μεν, ὁμολογῶμεν)은 원래 '무엇과 똑같이, 같게 말한다'는 뜻을 담고 있고 이는 문맥 안에서도 잘 들어맞는다. 즉, '우리가 우리의 죄들을 자백하면'이라는 것은, 그 죄를 그대로 죄라고 인정하는 것이다. 죄의 사실, 불의의 사실을 위선으로 덮거나, 죄나 불의가 아니라고 부인하거나, 아니면 그것을 죄나 불의라고 폭로하는 하나님의 말씀을 왜곡하지 않는 우리의 말, 그것이 곧 자백인 것이다. 이는 빛이신 하나님과의 교제에서 그 빛을 거부하지 않고, 그 빛이 드러내는 모든 어둠을 어둠으로 인정하고 받아들이는 태도이다. 즉, 죄의 현실뿐 아니라, 그것을 죄라고 지적하는 말씀의 진리성을 그대로 인정하며 하는 '말', 곧, 말씀을 따라 말씀과 함께 말하는 우리의 말이다.

하나님과의 코이노니아는 인격적이고 상호적인 교제이다. 그래서 우리 편에 요구하시는 것이 생기게 된다. '죄의 자백'이 그런 경우이다. 이것을 '적극적인 피동성'이라 부를 수 있다. '기도'의 경우도 마찬가지이다. 기도나 죄의 자백은 '피동적'이다. 왜냐하면 결국 기도를 통해 역사하시는 분은 하나님이시고, 죄의 자백을 통해서 실제로 우리의 죄를 사하시고 불의를 깨끗하게 하시는 분도 오직 하나님뿐이시기 때문이다. 하지만 하나님의 그런 주권적인 역사를 누리기 위해서, 우리는 적극적으로 피동적이 되어야 한다. 마치 의사가 환자를 수술할 수 있도록 환자가 그 수술대 위에 올라가 누워 있는 것과도 같다. 아무것도 하지 않는 것처럼 보이지만, 하나님이 모든 것을 하시도록 겸허히 받아들이고 있는 것이다.

이것이 '하나님과의 코이노니아'에 있어서 죄의 자백의 의미이다. 그 죄의 자백만으로도 우리는 이미, 빛이신 하나님과의 교제 가운데 들어선 셈이다. 그리고 그렇게 할 때에, 그 빛이, 그 말씀의 진리와 생명과 거룩이, 우리의 죄와 불의로 상처 난 부분을 비추며 그 환부(患部)를 치유하기 시작하는 것이다. 즉, 죄의 자백 자체가 치유의 시작이다. 이미 그 빛을 받아들이기 시작했기 때문이다. 그 빛을 받아들였다는 것은, 이미 그 빛 가운데 들어서기 시작했고, 빛이신 하나님과의 사귐 안에 들어섰다는 뜻이기 때문이다. 그 하나님과의 사귐 자체가 그 사귐을 방해하는 어둠, 죄, 불의를 치유하는 해법이므로, 그 사귐의 시작 자체가 사귐의 회복의 시작을 의미하는 것이다.

'하나님이'(!) 빛이시라는 소식

치유는 하나님의 몫이다. 어둠을 물리치는 것은 빛이신 하나님뿐이시다. 죄를 사하시는 것도 하나님께서 그 아들의 피로 행하시는 능력이다. 우리를 불의로부터 깨끗하게 하시는 것도 하나님 자신의 역사이다. 하지만 하나님과의 사귐 가운데서 그 놀라운 하나님의 일이 일어나도록 허락하는 것은, 우리의 죄의 '자백'이다. 말씀을 옳다고 인정하는 우리의 말을 통해서이다. 우리의 죄를 죄라고 인정하고, 불의를 불의라고 인정하는 거기에서, 사귐은 다시 시작되고 회복된다.

9절의 '그는 신실하시고 의로우시므로'에서, 하나님의 '신실하심'(피스토스, πιστός)은 언약적인 표현으로서 그가 약속하신 그대로 '우리에게 그 죄를 사해 주시는'(아페 … 하마르티아스, ἀφῇ … ἁμαρτίας)는 것과 짝을 이루며, 그의 '의로우심'(디카이오스, δίκαιος)은 유사하게 우리를 모든 '불의에서 깨끗하게 해 주시는'(카타리세 … 아디키아스, καθαρίσῃ … ἀδικίας) 역사와 짝을 이룬다. 그러므로 우리가 우리의 죄를 자백할 때, 하나님께서 우리의 죄와 불의를 해결하실 뿐 아니라, 그 결과로서 우리도 그분처럼 '신실하고 의로운' 자들로 닮아 가게 하신다는 의미가 함축되어 있다. 이로써 9절이 밝혀 주는 하나님과의 코이노니아는, 하나님의 주권적 은혜 안에서 상호 교제를 통해 우리가 깨끗하게 하심을 입고, 더 나아가서 그분의 신적 성품에 참여하는 놀라운 '변혁적 사귐'임을 종합적으로 잘 드러내고 있다.

그러므로 이처럼 '하나님과의 코이노니아' 안에서는, 항상 '거룩하고도 복된 교환'(holy and blessed exchange)이 일어난다. 하나님의 것들을 받기 때문에 거룩하다고 부를 수 있는 교환이고, 그런 거룩한 교환을 믿을 수 없는 은혜의 방식으로 얻기 때문에 복된 교환이다. 우리가 '자백'을 통해 주께 드리는 것은 죄뿐이다. 우리의 어둠과 불의뿐이다. 그런데 그 '자백'만으로, 하나님께서는 우리에게 '죄 사함'과 '그 아들의 의'와 생명, 그분의 거룩함까지 선물로 주신다(참조. 고전 1:30).

세상에 이런 교환이 있는가? 세상 어디에 이런 '불공평한' 교환이 있는가? 무엇이 이 '은혜의 사귐'을 가능하게 하는가? 하나님께서 먼저 이 은혜와 생명의 코이노니아를 우리에게 허락하셨다. 그 '생명의 말씀'이 나타나신바 된 것이다(1:1). 그리고 '그 아들과 아버지와의 코이노니아'(1:3)의 복된 사귐 안으로 우리를 부르신 것이다. 그래서 코이노니아는 전적으로 하나님의 주권적 은혜에 기초해 있고, 그 은혜의 역사 속에서 주어진다.

결코 우리가 하는 것이 아니다. 우리가 어떻게 우리의 어둠을 물리치겠는가? 우리가 어떻게 우리의 죄를 스스로 해결하며, 우리의 불의를 어떻게 우리의 힘만으로 바로잡겠는가? 어둠 속에 있으면서 어떻게 어둠을 없앨 수 있는가? 어둠을 없애는 방법이 무엇인가? 힘으로도 능으로도 할 수 없고, 되지도 않는 일이다(슥 4:6).

어둠을 없앨 수 있는 간단한 방법은, 그래서 그 어둠을 빛 가운데로 끌고 들어가는 것이다. 그 빛을 어둠에 비추게 하는 방법뿐이다. 빛이 어둠을 몰아내기 때문이다. 그리고 오직, '하나님이' 빛이시다. 5절에서 하나님과의 사귐에 있어서 커다란 장벽처럼 느껴졌던 그 문제, 곧 하나님은 '빛이시다'라는 문제가, 7, 9절에서는 오히려 복음, 기쁜 소식이 된다.

오직 '하나님만이'(!) 빛이시다. '우리는' 빛이 아니고, 빛일 수도 없다. 우리는 세상의 어둠에 들락거린다. 우리 속에는 어둠이 똬리를 틀고 있다. 우리는 어둠에서 완전히 벗어날 수 없다. 그래서 우리는 빛이 필요하고, 빛이신 하나님과의 코이노니아가 언제나, 절대적으로 필요하다. 오직, '하나님만'이 빛이시고, '하나님만'이 우리의 어둠을 몰아내실 수 있는 분이기 때문이다.

'빛이신 하나님'과의 사귐 안에 들어가야만 한다. 모든 어둠은 하나님이 몰아내시고, 오직 하나님만이 몰아내시지만, 그 빛이신 하나님과의 사귐 안에는 '우리가' 들어가야 하기 때문이다. 이것이 우리가 피동적이지만 적극적이어야 하는 이유이다. '빛이신 하나님'이 우리의 어둠에 비추시게 하는 것, 그 빛이 우리의 죄와 불의를 밝히 드러낼 뿐 아니라, 그 빛 가운데 있는 뜨거운 열(熱), 그 뜨거운 긍휼과 사랑, 속죄와 치유, 생명과 회복의 능력이 우리에게 역사하도록 우리가 그 빛과 사랑을 받아들여야 한다. 인격적이고 상호적인 코이노니아이기 때문이다. 그것이 자백이다. 그것이 죄를 죄라 인정하는 우리의 자백이고, '말씀이 옳고, 내가 틀렸다'는 것을 인정하는 자백, 오직 하나님의 말씀만이 진리임을 인정하는 자백이다.

그러므로 우리에게 필요한 것은 자백뿐이다. 마치, 창문도 없는 캄캄한 방 안에서 그 방 안 가득한 어둠을 몰아내기 위해 우리가 할 수 있는 일은, 단지 스위치를 켜서 방 안에 불이 켜지게 하는 것뿐인 것과 같다. 내가 형광등의 불빛이 될 수는 없다. 전기는 외부로부터 흘러들어 오는 것이다. 전기가 불빛이 되게 할 수도 없다. 내 안의 어둠을 몰아내기 위해, 내가 할 수 있고 하지 않으면 안 되는 단 한 가지 절대적인 일은, 그저 믿음의 스위치를 켜는 것이다. 그러면 순식간에 불이 켜지고, 마치 방 안을 밝힌 불빛이 그 방 가득한 어둠을 쫓아내듯이, 하나님의 거룩하고 뜨거운 빛이 내 어둠을 그 온갖 더러움과 두려움과 함께 내어 쫓는다.

이것이 '빛이신 하나님과의 코이노니아'의 신비(神祕)이다. 힘으로도 능으로도 해결할 수 없는 우리의 어둠, 우리의 죄와 불의를 몰아내고 해결하는 것은, '오직 빛이신 하나님' 자신과의 코이노니아뿐이다. 그것은 복음, 기쁜 소식이다. 우리가 빛이 아니라는 것도 복음, 기쁜 소식이다. 빛일 필요도 없다.

그분이 빛이시기 때문이다. 우리에게 주어진 일은, 그 빛이신 하나님과의 사귐 가운데 머무는 것이다.

그러므로 누가 그 빛이신 하나님과의 사귐 안에 '자주, 오래 머무는지'가 결정적이다. 그 빛 가운데 머물면 머물수록, 그의 안에 그 빛이 가득 채워질 것이기 때문이다. 그 아들의 생명으로 가득 채워질 것이기 때문이다. 그 말씀의 깨끗함과 의로움과 영원함으로 가득 채워질 것이다. 그러므로 누가 그 말씀 안에 오래 거하느냐, 그 말씀이 그 안에 오래 거하게 하느냐의 문제가 핵심이다(1:8, 10; 요 15:1-11). 이것이 '코이노니아'의 중요성이다. 여기서 세상을 이기는 말씀의 능력이 나오기 때문이다(2:14; 5:3-4).

코이노니아의 중요성, 그 문제와 해법

결국 요한일서 1:5-10에서는, '그 아들과 아버지와 함께하는 코이노니아'가 얼마나 복되고 놀라운 은혜의 선물인지를 보여 준다. 겉으로는 어려워 보인다. '빛이신' 하나님과의 사귐이라니! 부담스럽기 짝이 없다. 결코 거룩할 수도 없고, 평생 세상의 어둠과 자신의 어둠을 떨쳐 낼 수 없는 교회가 '그 안에 어둠이 조금도 없으신 하나님과의 사귐' 가운데로 부르심을 받은 것이다. 어떻게 가능한가?

요한이 전하는 기쁜 소식은, 하나님과의 사귐에서 생길 수 있는 모든 문제들 역시, 그분과의 사귐 안에서만 해결된다는 사실이다. 그러므로 하나님과의 사귐에서 문제가 생길 때, 다시 어둠에 얽힐 때, 다시 죄와 불의로 더러워질 때, 우리는 빛이신 하나님과의 사귐에서 멀어질 것이 아니라, 오히려 그 빛의 사귐 속으로 뛰어들어야 한다. 왜 그런가? 다른 길이 없기 때문이다. 어둠이 어둠을 없앨 수 없다. 오직 빛만이 어둠을 내어 쫓는다. 그런 의미에서, '하나님이' 빛이시라는 소식은 기쁘기 그지없는 소식이다. 더구나 그 빛 안에는 뜨거운 긍휼, 우리의 얼어 버린 마음과 굳어진 인생을 녹여 낼 수 있는 충분한 사랑이 있다. 그 사랑 안에 그 아들의 생명이 거저 은혜로 주어진다. 그저 다가가기만 하면 되는 것이다.

 하지만 진리가 없는 사랑은 사랑이 되지 않는다는 사실을 기억해야만 한다. 하나님과의 사귐에서 당신이 먼저 만나는 것은, 그의 빛 가운데서 폭로되는 당신의 죄들일 것이기 때문이다. 하나님께서 우리의 모든 죄들을 폭로하시는 이유는, 죽이고 심판하여 멸망시키고자 하심이 아니다. 반대이다. 살리고자 하심이다. 우리도 어쩔 수 없는 우리의 어둠과 죄, 죽음과 허무를 그의 빛과 의, 생명과 영원으로 채워 주시기 위함이다. 세상에, 이런 사귐이 어디에 있는가?

그저, 그분의 품에 안기라

'하나님과의 코이노니아'에는 적극적인 피동성이 필요하다. 하나님과의 사귐 가운데서 적극적 피동성을 발휘해야 하는 때는 주로 '기도'의 경우이다. 기도는 적극적이어야 한다. 기도는 꾸준한 만남이고, 끈질긴 만남이다. 믿음으로 담대하게 나아가서 그분의 얼굴을 구하는 것이다. 하늘의 보좌 앞이라도, 담대한 믿음으로 은혜 주실 줄 알고 엎드려 나아가는 것이다. 물러서지 않고 그분의 얼굴을 바라보는 것이다.

빈손으로, 가장 가난한 거지처럼 손을 내미는 마음으로, 파산해서 그 어떤 곳에서도 다른 희망을 찾을 수 없는 사람의 심정으로 그분을 받아야 한다. 그래서 '적극적 피동성'이란, 인격적인 상호성을 가지면서도 하나님의 주권적 행동을 함께 포함하는 개념이고 태도이다. 우리의 죄를 자백하며 하나님과의 사귐 안으로 들어가는 일도 이와 같다. 예를 들어 보자. 어린아이가 밖에 나가서 놀았다. 비가 많이 와서 진창이 된 흙바닥에서 놀았다. 한참을 놀고 나니, 옷이 다 젖고 더러워졌다.

이 아이는 어떻게 해야 할까? 주저하지 않고 집 안으로 뛰어 들어가 어머니의 품에 안기면 될 것이다. 어머니는 두말없이 자기를 끌어안으실 분이고, 그런 사랑으로 가득한 대상임을 알고 있기 때문이다. 그러면 어머니는 아이의 손을 잡고 목욕탕으로 데리고 간다. 가서 더러운 옷을 벗기고, 깨끗이 씻기기 시작하신다. 코도 풀어 주고, 얼굴도 목도 여기저기 손으로 뽀득뽀득 씻기신다. 따뜻한 물을 머리에서부터 부어 온몸을 깨끗하게 씻어 내신다.

그러고는 부드럽고 바싹 마른 깨끗한 수건으로 몸을 닦아 주신다. 마침

내, 새 속옷으로 갈아입히고는, 깨끗한 옷으로 덧입히신다. 아이는 무엇을 하면 되는가? 가만히 있으면 된다. 엄마의 손에 붙들려, 엄마가 씻기고 새 옷으로 입히기까지 그저 엄마의 품에 가만히 있으면 된다.

아이가 엄마에게 달려간 것으로, 엄마의 품에 안긴 것으로, 그가 해야 할 모든 일은 끝난 것이나 다름이 없다. 그것이 믿음의 '적극성'이다. 그리고 엄마가 그 몸의 더러운 것을 씻어 내고 깨끗한 옷으로 입히실 때도, 엄마의 손에 다른 저항 없이 잠잠히 붙들려 있는 것, 그것이 신뢰의 관계에서 생기는 '피동성'일 것이다.

하나님과의 인격적 교제는 이런 적극적 피동성의 태도를 통해, 그분의 모든 복되고 탁월하고 풍성한 생명으로 우리를 채우신다. 그분이 죄를 씻어 주실 뿐 아니라, 의로 덧입히신다. 성화(sanctification)도 영화(glorification)도 그분의 몫이다. 그분이 해 주신다. 하나님과의 사귐이란, 그분의 풍성하고 영원한 생명을 받는 시간이다. 우리의 더러움은 그분의 것이 되고, 그분의 거룩함은 우리의 것이 된다. 우리의 죄는 그분이 가져가시고, 그분의 의는 우리에게 주어진다.

사실상 죽음을 드리고 생명을 받는 일이며, 허무한 것을 드려서 영원한 것을 받는 일이다. 어둠을 내어 드리고 빛으로 채워지는 일이다. 어찌 이런 지복(至福)의 사귐을 저버리랴. 세상 어디에서 이런 복된 사귐을 찾을 수 있으랴. 젖먹이 어린아이에게 있어서 어머니의 품보다 더 안전하고 따뜻한 곳이 세상 어디에 있으랴. 성도여, 그저 그분의 품에 달려들라. 그 품에 항상 머물기를 기뻐하라.

"너 예수께 조용히 나가 네 마음을 쏟아노라.
늘 은밀히 보시는 주님 큰 은혜를 베푸시리."

과정은 시시각각 그 결과를 돌려준다

세상은 결과를 중시한다. 때로는 결과만을 본다. 하지만 과정이 치명적으로 중요한 경우가 있다. '성장'의 경우이다. 생명이 성장한다든지, 인격이 성숙해진다든지, 성품이 온전해진다든지 하는 경우에는, 과정이 결과보다 더 중요한 의미를 갖는다. 실패해도 성장할 수 있고, 성숙해질 수 있고, 온전해질 수 있기 때문이다.

그것보다 과정이 더 의미가 있는 경우도 있다. '사귐'의 경우이다. 사랑하는 연인이 아침에 만나 온종일 돌아다니며 데이트를 했다. 결과가 무엇인가? 남자가 여자를 집에 바래다준 것이다. 원점이다. 아침에 집을 나갔고, 밤에 각자의 집으로 돌아온 것이다. 하지만 두 사람은 결과로는 측정이 불가능한 사귐의 시간을 가졌다. 그 사귐을 통해 두 사람이 나눈 사랑은 함께 보낸 시간의 열매로 남는 것이다.

하나님과의 코이노니아 역시 사귐으로서, 결과보다는 과정이 더 큰 의미를 갖는 경우이다. 하나님과의 사귐을 통해 생기는 무슨 결과나 열매가 있다면, 그것은 전적으로 그분과의 '사귐을 통해서' 얻어진다. 혼자서는 얻을 수 없는 사귐의 열매에는 그래서 '사귐의 과정'이 중요해진다.

이런 경우와 유사하다. 학교 앞에는 원룸들이 있다. 여름 방학을 보내고, 다시 가을 학기를 시작할 때 학생들이 방 청소를 한다. 장마철에 눅눅해지고 곰팡이까지 생긴 이불을 들고 나온다. 그리고 쨍쨍한 가을볕에 널어놓는다. 만일 그렇게 들고 나와 빨랫줄에 널어놓자마자 금방 다시 걷어가 버린다면, 그 눅눅함과 곰팡이는 없어질 수 있을까? 그럴 수 없을 것이다. '햇볕 아래 한참을' 널어놓아야만 한다.

그런 과정이 곧 결과를 가져온다. 이렇게도 생각해 보자. 밖에 비가 온다. 시원하게 주룩주룩 내리고 있다. 방에 있다가 비를 맞으러 밖으로 나간다. 하지만 앞마당에 잠깐 나갔다가 금방 뛰어 들어오면 비에 젖겠는가? 그럴 수 없을 것이다. 비에 흠뻑 젖으려면, 비 내리는 그 한가운데 '한동안 서 있어야' 한다. 빗속에 서 있는 만큼 젖게 될 것이다.

햇빛에 나가 몸을 덥히는 경우도 마찬가지이다. 어렸을 때 마을 공터에서 친구들과 구슬 놀이를 하곤 했다. 한겨울에 그늘진 곳에서 오래 놀다 보면, 몸이 떨릴 만큼 추워진다. 그러면 모두 햇살이 비치는 쪽 담벼락으로 몰려가, 햇살이 덥혀 놓은 담벼락에 늘어서 몸을 붙여 기대어 있곤 했다. 겨울 햇살은 의외로 강렬해서 담벼락은 이미 따스한 온기를 품고 있다. '한참을 그렇게 하고 있으면' 몸이 조금씩 풀어진다.

하나님과의 사귐도 이와 같다. 그 사귐 가운데 '머무는 만큼' 따뜻해진다. 어둠 속을 돌아다니느라 차가워지고 더럽혀지고 메말랐던 우리의 심령은, 그분의 거룩하고 뜨거운 긍휼의 빛 안에 거하는 그만큼 따뜻해지고 깨끗해지고 풍성해진다. 어둠은 물러가고, 죄와 불의의 곰팡이는 말라 죽는다. 그분의 말씀과 성령의 품에 안겨 그 사랑의 사귐 안에 머무는 동안, 우리는 생명수에 흠뻑 젖게 된다. 사귐의 비밀은 그 과정에 있다. 과정은 시시각각 그 결과를 돌려준다. 그분과의 사귐 안에 머물라. 머무는 만큼 채워진다.

> "저 장미꽃 위에 이슬 아직 맺혀 있는 그때에
> 귀에 은은히 소리 들리니 주 음성 분명하다.
> 주가 나와 동행을 하면서 나를 친구 삼으셨네.
> 우리 서로 받은 그 기쁨을 알 사람이 없도다."

제2장

코이노니아, 보장과 확증

(2:1-27)

그 아들을 통해 세상에 침투한 하나님의 빛은 멈추지 않는다. 세상의 온갖 어둠이 남김없이 물러날 때까지, 계속해서 세상 속으로 우리 안으로 침투해 들어오신다. 그 아들의 영원한 생명이 죄와 죽음을 완전히 정복할 때까지 결코 쉬지 않기 때문이다. 하나님의 코이노니아는 세상과 분리되어 있지 않고, 세상 속에 있으면서, 세상을 삼키고 있다. 세상을 삼키면서 세상을 붕괴시킨다.

마치 빛이 어둠 속을 달리며 어둠을 몰아내는 것처럼, 마치 생명의 봄이 얼어붙은 대지를 꽃과 푸른 초목들로 채워 가는 것처럼 말이다. 세상 안으로 들어온 하나님의 코이노니아의 중심에는 이렇듯, 세상에 없는 밝고 거룩한 빛과 함께 세상에 없는 뜨거운 하나님의 긍휼의 불길이 항상 타오르고 있다. 이미 참빛이 세상에 들어왔으며, 어둠도 세상도 '지나가고 있다'(2:8, 17). 벌써, 세상 한복판에 새 하늘과 새 땅이 시작되고 있는 것이다.

그래서 2장에서도, 요한은 계속해서 '그 아들과 아버지와 함께하는 코이노니아'(1:3)를 굳게 지켜 가도록 권면한다. 결단코 그 사귐을 떠나지 말아야 한다. 무엇이 우리로 하여금 그 사귐을 떠나게 만드는가? 죄이다. 우리의 죄는 이 사귐을 파괴할 수 있는가? 요한은 피할 수 없는 죄의 문제와 관련해서, 그럼에도 불구하고 어떻게 '하나님의 코이노니아'가 보장되는지를 설명한다(2:1-2).

그렇다면 보다 적극적으로, 무엇이 이 사귐을 더욱 견고하게 하는가? 그것은 계명 곧 말씀을 지키는 것이다(2:3-11). 그렇다면, 우리는 무엇 때문에 서로 사랑하라는 계명의 말씀을 지키지 못하는가? 다른 것들을 사랑하기 때문이다. 다른 코이노니아 때문이다. 세상을 사랑하는 것은 그래서 '하나님의 코이노니아'를 흔드는 중대한 위험이다(2:12-17). 온 세상은 악한 자 아래 놓여 있음을 잊지 말아야 한다(5:19). 그 아들을 대적하는 악한 자의 코스모스가 아니라, '그 아들과 아버지와의 코이노니아' 안에 머물라!(2:18-23)

그렇게 하기 위해, 교회는 자신이 믿음을 통해 받은 것이 무엇인지 확신해야만 한다. 그것은 다름 아닌, 영원한 생명이다. 또한, 그것을 알게 하는 것도 이미 참된 교회 안에 주어진 '기름 부음'을 통해서이다(2:24-29). 받은 영생을 알고 누리는 일, 곧, 하나님의 코이노니아에 참여하는 일만이 세상을 이기는 유일한 하나님의 방법이다. "그의 안에 거하라"(2:27). 이것이 요한일서 2장의 시작과 마지막이 모두 강조하는 결론이다.

코이노니아를 흔드는 자들

요한은 수신자 교회 안에서 코이노니아를 흔드는 자들을 언급한다. 흥미롭게도 1장에서 '만일 우리가 … 말한다면'(1:6, 8, 10)의 경우와 유사하게, 2장에는 '누가 … 말하면'이라는 표현이 세 번 나온다(2:4, 6, 9). 1장의 '만일 우리가 … 말한다면'은 적대자들의 극단적 주장에 영향을 받아 그렇게 '말할 법한' 가능성을 염두에 둔 것이다. '하나님의 코이노니아'를 부인하고 떠나는 무지한 악행을 좇지 말라는 경고가 담긴 표현이었다.

그런데 2장의 '누가 … 말하면(ὁ λέγων)'이라는 표현은 현재 분사형으로서, 실제로 수신자 교회 안에서 그렇게 말하는 사람들이 있다는 사실을 전제한다. 그들 가운데 누가 이미 그렇게 말하고 돌아다니는 것이다. 4절에는 '그를 아노라' 하고 계명을 지키지 않는 자들이 언급되었고, 6절에는 '그 안에 거한다'고 하면서도 행함이 없는 자들, 그리고 9절에는 '빛 가운데 있다' 하며 형제를 미워하는 자들이 언급되었다.

이런 자들이 교회 공동체 내부에서 '하나님의 코이노니아'를 흔들고 위태롭게 하는 자들이다. 이들이 하는 말들을 보면 1장에 나오는, 코이노니아 자체를 거부하는 듯한 적대자들의 주장보다는 덜 과격해 보인다. 적어도 2장의 이탈자들은, 1장에서처럼 고의적으로 어둠 가운데서 행하고도 그것을 죄가 아니라고 하거나(1:6), 죄를 짓고도 자기는 죄가 없다고 하거나(1:8), 아예 죄를 죄라 지적하는 하나님의 말씀이 틀렸다고 우기는 패악을 저지르는 것 같지는 않다(1:10). 다시 말해서, 1장에 언급된 주장들이 '하나님의 코이노니아' 밖으로 나가 그 코이노니아를 부인하는 적대자들의 영향을 받는 내부의 동요를 차단하기 위한 것이었다면, 2:4, 6, 8에 언급된 주장들은, 그보다는 훨씬 내부적으로 '하나님의 코이노니아'를 흔들며 위태롭게 할 수 있는 잘못된 태도들을 바로잡고자 하는 의도가 강한 것이다.

2장에 언급되는 이런 실제적 문제들에는 한 가지 공통점이 있다. 주장하는 말들은 다양하지만, 잘못된 지점은 핵심적으로 볼 때 한 가지이다. 즉, 이들은 어떤 종교적 말은 하는데, 그에 따르는 '행함이 없다'는 사실이다. 하지만 이것은 단순한 위선의 문제를 지적하려는 것이 아니다. 보다 적극적으로, '행함'은 '사귐'에서 나온다는 사실, 그러니까, 행함이 없다는 것은 '사귐이 없다는 증거'임을 강조하려는 것이다.

그러니까, 이들은 종교적인 말로는 '하나님을 안다'(2:4), '그의 안에 거한다'(2:6), 그리고 '빛 가운데 있다'(2:9)고 떠벌린다. 그런데 하나님의 계명, 말씀을 지키지 않고(2:4), 예수님처럼 행하지 않고(2:6), '그의 형제를 미워한다'(2:9). 무엇이 잘못된 것인가? 어떻게 바로잡아야 하는가? 이것이 수신자 교회를 바라보는 요한의 안타까운 목회적 고민이다.

1. 코이노니아의 보장(2:1-2)

요한은 2장의 초두에서부터, '죄를 짓지 않게 하려 함'이라는 선언으로 시작한다(1절). 1:5-10까지는 주로, 죄를 짓고도 죄를 부인하기 때문에 죄 문제를 해결하지 못하는 경우들을 염두에 두고 가르쳤다. 하나님과의 코이노니아를 피하면, 즉 그 거룩과 긍휼의 사귐 자체를 회피하면, 거기는 어둠과 죽음의 코스모스 한복판일 뿐이라는 것이다.

그런데 2장에 들어와서는 보다 적극적으로, '하나님과의 코이노니아'의 내부에 들어와 있는 공동체 안에서 그 빛과 생명의 역사에 저항하는 정황들을 언급한다. '하나님을 안다', '그의 안에 거한다', '빛 가운데 있다'는 식으로 신앙 고백을 하지만, 실제로는 말씀을 행하지 않고, 그를 따르지도 않고, 어둠 가운데서 형제를 미워하는 길을 가는 것이다. 그것은 코이노니아가 아니다. 그렇게 하는 것은 하나님과의 사귐이 없다는 증거가 될 뿐이다.

그래서 요한은 '하나님과의 코이노니아' 안에서 실패하는 경우들을 다루고자 한다. 하나님과 사귐이 있다고 하면서도, 우리가 죄를 범하면 어떻게 되는가? 요한은 왜 죄를 짓지 말라고 하는가? 그것은 본질적으로 하나님과의 코이노니아를 방해하기 때문이다. 코이노니아를 방해하는 것은 왜 문제가 되는가? 그것은 세상에 침투한 빛과 생명의 통치를 가로막는 일과도 같기 때문이다. 더 적극적으로 그것은 '다른 사랑의 코이노니아'에 참여하는 것이고, 결국 '하나님 없는 코스모스'와 같은 운명에 묶여 있다는 뜻이 된다. 요한은 이런 목적을 염두에 두고 죄의 문제를 다루기 시작한다. 2:1, 2은 당연한 듯하면서도, 깊은 울림을 주는 본문이다.

¹ 나의 자녀들이여, 내가 이것을 여러분에게 쓰는 것은 여러분이 죄를 짓지 않게 하기 위함입니다. 하지만 만일 누가 죄를 지으면, 아버지 앞에서 변호하시는 분이 우리에게 있

으니, 곧 의로우신 예수 그리스도이십니다. ² 그는 또한 우리의 죄를 위한 속죄 제물이시니, 단지 우리의 죄뿐 아니라 온 세상의 죄를 위한 것입니다.

죄를 짓지 말라

1절의 '나의 자녀들이여'(테크니아 무, τεκνία μου)는 매우 따뜻한 호칭이다. 어쩌면 수신자 공동체 안의 신자들은 요한과 같은 사도들의 증거를 통해 그 말씀을 받고 영원한 생명을 얻어 거듭난 성도들일 수도 있다. '자녀들'이라는 표현은 육적이든 영적이든 우선적으로 부모와 자식의 관계에서처럼 생명에 관련된 칭호이다(참조. 2:13-14, 27-28; 4:4-6).

그래서 2장의 정황은 확실히 수신자 교회 공동체 내부 사정을 염두에 둔 것이다. 밖에서도 '하나님과의 코이노니아'인 교회를 부정하고 위협하고 있지만(1:5-10), 교회 내부에서도 이 '코이노니아'를 온전하게 누리지 못하게 하는 요인들이 도사리고 있다는 뜻이다.

그것이 무엇인가? 죄이다. 그래서 2:1의 강력한 논조는 이 편지를 쓰는 목적을 분명하게 밝히는 것으로 시작한다. 그것은 '죄를 짓지 않게 하기 위함'(히나 메 하마르테테, ἵνα μὴ ἁμάρτητε)이다. 이는 마치 1:5에서 '하나님은 빛이시며 그에게는 어둠이 결단코 조금도 없으시다'는 선언을 반복하는 것만큼이나 단호하게 들린다. 후자가, '하나님의 코이노니아'에 대해 하나님을 중심으로 설명한 원칙이라면, 전자는 성도인 우리를 중심으로 설명한 원칙이라는 양상이 다를 뿐이다.

다시 말하면, '하나님의 코이노니아'는 어둠이나 죄를 받아들이고 해결하지만, 그 코이노니아 자체를 우리의 어둠과 죄의 수준으로 끌어내리는 것은 그 어떤 경우에도 용납될 수 없다. 그래서 1절 이후의 내용에 대한 어떠한 이해나 설명도, 그것이 우리로 하여금 더 죄를 짓게 만든다면 이 편지를 잘못 읽은 것이 된다. 혹시, 하나님의 크신 은혜나 이미 얻은 확실한 구원, 그리고 우리에게 주신 영원한 생명과 성령의 지식이 차고 넘치더라도, 그 결과는 우리로 하여금 죄를 짓지 않는 삶으로 나아가게 하는 것이어야만 한다는 것이다.

그러면 어떻게 해야 죄를 짓지 않을 수 있을까? 단순하지만 매우 중요한 질문이다. 최소한, 죄를 지었을 때 그 죄의 결과와 죄책감에서 회복되지 못한다면, 그 죄에 계속 얽매이게 될 것이다. 처음부터 죄를 짓지 않을 수 있다면 좋겠지만, 죄를 짓게 된다면 어떻게 해야 할까? 요한은 우리가 죄를 짓는다는 사실을 잘 알고 있으며, 매우 실제적인 문제를 다룬다.

최고의 변호인

이제부터 하는 말들은 모두 '죄를 짓지 않게 하기 위함'이라는 목적을 확실히 해 놓은 후에, 요한은 하고자 하는 이야기를 계속 이어 간다. 사실, '죄를 짓지 않게 하기 위함'이라고 선언하고 시작한다는 것은, 거꾸로 뒤집어 생각하면, 그 이후에 하고자 하는 말이 충분히 오해를 불러일으킬 수도 있는 내용이라는 뜻도 된다. 그 말을 다 듣고 나면, '어, 이거 죄를 지어도 아무런 문제 없겠네'라고 생각할지도 모르기 때문이다. 그만큼 1절 하반절과 2절의 내용은 파격적일 수 있다.

우선 1절 하반절에서, '변호하시는 분'(파라클레톤, παράκλητον)은 신자의 곁에 함께 계시면서 그가 받은 은혜를 끝까지 보전하게 하며 도우시는 '보혜사'(保惠師)와 같은 의미이다. 요한복음에서는 예수께서 자신의 부활 승천 후에 세상에 보내실 성령, 진리의 영을 가리키는 칭호였다(요 15:16, 26; 16:7). 지금 요한일서 2:1-2의 문맥에서는 명확히 예수 그리스도를 가리키는데, 하나님의 법정에서 우리의 죄를 위해 '대언하는'(개역개정) 변호인의 역할을 감당하시는 분으로 묘사된다.

어떤 범죄를 저지르고 법정에까지 불려가 재판관 앞에 선다는 것은 끔찍하고 두려운 일일 것이다. 자유를 구속당하는 것뿐 아니라 자신에 대한 생사여탈권이 그 재판관의 손에 달려 있다는 사실이 그 죄인의 심장을 쪼그라들게 만들 것이다. 누가 이 피고인을 도와줄 수 있을까? 과연 눈을 들어 '나의 도움이 어디서 올 것인지' 먼 산만 바라볼 수밖에 없는 고독한 처지가 된다. 그럴 때 변호사란 어떤 존재인가? 그는 내가 비록 죄를 지었지만 그래도 내 편이 되어 줄 유일한 사람, 나를 이 곤경에서 구해 줄 능력이 있는 유일한 존재이다. 그렇다면 당연히 최고의 변호사를 찾아야 한다. 가장 비싼 변호사가 최고의 변호사인가? 그렇지는 않다. 변호사 중에 최고의 변호사는 그 피고인의 처지를 '자신의 처지처럼' 생각하고 진심을 다해 변호해 주는 변호사일 것이다.

그리스도인은 하나님의 엄위한 심판대 앞에 설 때, 자신이 의지할 수 있는 유일한 존재, 가장 능력 있는 변호인을 소유한 사람이다. 곧 예수 그리스도이시다. 그런데 그분이 우리를 체휼(體恤)하시는 변호인이다. 우리의 처지를 아시고, 아실 뿐 아니라 친히 경험하신 것처럼 이해하고 불쌍히 여기신다(히 4:15). 이보다 더 의지할 만한 최고의 변호인을 어디에서 얻을 수 있을까? 더구나 그분은 '의로우신'(디카이온, δίκαιον) 분이시다. 거룩한 심판주 앞에서 우리의 죄를 변호하는 자가 불의한 존재라면 그의 변호는 힘을 잃고 땅에 떨어지고 말 것이다. 그런 면에서 그분이 의로우시다는 것은, 우리를 변호하기에 전혀 흠이 없는 완벽한 변호인이라는 의미이다. 심판의 때에, 이런 능력 있는 변호인을 어디에서 얻겠는가?

'모두를 위한' 충분한 속죄 제물

게다가 2절은 그보다 더 놀라운 보장을 약속한다. 우리가 죄를 지었을 경우, 어떻게 우리가 그 죄의 형벌과 죄책에 묶여 더 큰 죄로 떨어지지 않을 수 있는지를 알려 주려 한다. '속죄 제물'(힐라스모스, ἱλασμός)은, 1절의 '변호인'에 이어 죄인이 갖게 된 커다란 속죄의 보장이다. 더러 '화목제물'(개역개정)로 번역되기도 하는 '힐라스모스'는 헬라 문화권에서 간혹 신의 진노를 달래는 제물을 가리키는 데 쓰이기도 했다. 하지만 2절의 경우처럼 '보혜사'(파라클레토스, παράκλητος)와 함께 쓰일 때는 그리스도의 속죄를 강조하는 표현이다(Jintae Kim, 111-116).

무엇보다 2절 전후 문맥의 배경이, 죄인에 대한 하나님의 진노라기보다는 우리를 '온 세상' 곧 마귀의 지배 아래 놓인 코스모스 속으로 끌고 가는 죄의 구속력이다(3:5-8; 5:19). 그렇다면 과연 누가, 우리가 죄로 말미암아 그 악한 자의 세상 곧 그 '파괴적인 코이노니아' 속으로 빨려 들어가는 것을 막아 주는가? 누가 어떻게 우리를 거기서부터 건져 내어 계속해서 '하나님의 코이노니아' 안에 거할 수 있게 하는가? 우리의 완벽한 '변호인'이신 예수 그리스도뿐이시다.

주목할 것은, 1절에서 그 '의로우신 변호인'이신 예수 그리스도가 동시에 2절에서는 우리의 죄를 대속할 흠 없이 완벽한 '속죄 제물'도 되신다는 사실이다. 세상에 이런 변호인은 없지 않은가? 변호인이 법정에서 피고인을 변호할 뿐 아니라, 피고인에게 선고되는 형량이나 배상금도 대신 감당해 준다고 생각해 보라. 이런 변호인을 본 적이 있는가? 이 악한 자의 세상에서 혹시 죄를 범하는 성도들을 건져 내기 위한 안전장치는 여기서 멈추지 않는 듯하다.

2절 하반절은 한 걸음 더 나아간다. 하나님께서 자신과의 코이노니아 안으로 부름 받은 성도를 위해 마련하신 속죄 제물은 단지 '우리의 죄뿐 아니라, 온 세상의 죄를 위한 것'이라는 사실이다. 여기서 '온 세상의 죄를 위한 것'(페리 홀루 투 코스무, περὶ ὅλου τοῦ κόσμου)이라는 표현이 흥미롭다. 우선, 예수 그리스도께서 온 세상의 죄를 위한 속죄 제물이라면, 흔히 '만인 구원론'(萬人救援論)

의 주장처럼, 모두가 결국은 저절로 구원받는다는 것을 의미하는가? 그렇지 않다는 것은 분명하다. 믿음 없이 모든 사람이 저절로 구원을 받게 된다는 생각은 성경에서 찾아볼 수 없다.

요한일서 2:1-2의 문맥에서 '온 세상의 죄를 위한 것'이라는 표현은, 예수 그리스도의 속죄의 '충분성'을 강조하는 데에 초점이 있다. 예수 그리스도의 속죄의 가치와 크기가 온 세상의 죄에 대한 형벌의 대가를 전부 치르고도 남을 만큼이라는 뜻이다. 온 세상의 죄를 다 합치고 그 죄에 대한 형벌을 다 계산하여 실행한다고 해도, 그것을 다 해결하고도 남을 만큼 넉넉하고 충분한 속죄 제물이라는 의미이다.

당연히 그러하다. 그분은 세상보다 크신 분이기 때문이다. 그분은 세상 이전에도 계셨고 이후에도 계시는 영원한 생명의 말씀이시다(1:1-2; 4:4). 그분이 이 세상에 육체로 오셔서, 우리 죄뿐 아니라 온 세상의 죄를 위한 속죄 제물로 피 흘려 죽으셨다. 이미 세례 요한은 '육신을 입고 오신 말씀'이신 그 아들을 향해 '보라, 세상 죄를 지고 가는 하나님의 어린양'이라고 증거한 바 있다(요 1:29; 요일 4:14). 그러므로 이제는 예수 그리스도를 믿음으로 '얼마든지' 죄 사함을 얻을 수 있다. 그가 세상 마지막 날에 나타나셔서 자신을 '단번에 영원한 속죄 제물'로 드리셨기 때문이다(히 7:27; 9:26).

히브리서가 '단번에 영원한 속죄 제물'로 드렸다고 하는 것이나, 요한일서가 '온 세상을 위한 속죄 제물'이라고 표현하는 것이나 모두, 하나님께서 우리의 죄를 위해 마련하신 '그 아들의 피'(1:7) 곧 예수 그리스도의 죽으심으로 드려진 속죄 제물은, 더 이상 반복될 필요가 없는, 영원토록 충분한 속죄 제물이라는 의미이다.

특별히 요한일서 2:1-2을 기록하는 이유는, '너희로 죄를 짓지 않게 하려 함'이다. 어떻게 죄를 짓지 않게 하겠다는 것인가? 일차적으로는, 우리가 실제로 죄를 지었을 때 그 죄가 우리의 발목을 잡는 일이 없게 하겠다는 것이다.

죄에 발목을 잡히면 계속해서 그 죄와 또 다른 죄의 사슬에 매여 끌려가게 된다. 하지만 설사 죄를 지었다 하더라도, 우리에게 있는 그 '충분하고도 남는 영원한 속죄 제물'이신 '그 아들의 피'로 말미암아, 우리는 언제나 그 죄의 결과인 형벌과 죄책에서 깨끗이 씻음을 받고 자유를 회복할 수 있다(1:7, 9).

이것이 '소극적으로나마' 죄에서 자유로이 놓여나게 되는 방식이다. 그러므로 하나님께서는, 죄가 우리를 형벌과 죄책으로 얽매어 더 큰 죄악과 어둠 속으로 끌고 가지 못하도록 그 죄의 사슬을 끊어 내는 안전장치를 마련하신 것이다. 오직 예수 그리스도께서 우리의 '의로우신 변호인'이시요, 동시에 온 세상의 죄를 다 속하고도 남을 만큼 충분한 '속죄 제물'이 되신다. 무엇이 더 필요한가?

예를 들어 보자. 당신이 어떤 잘못을 저질러서 타인의 귀중한 재산을 파괴했다. 그것을 배상하자니 너무 큰 돈이다. 물어보니, 1억이라고 한다. 그런데 당신의 오랜 친구가 변호사이다. 그 변호사 친구가 나서서 이 문제를 해결하기로 했다. 결국 감옥은 가지 않아도 되었지만, 배상은 해야 했다. 하지만 당신은 돈이 없다. 그런데 그 변호사 친구가 선뜻 100억을 내민다. 그저 갖다가 쓰라 한다. 당신은, "아니, 1억만 주면 되지 왜 100억을 주느냐"고 되묻는다. 그 변호사가 당신에게 말한다. "걱정 말게. 나에게 돈은 문제가 안 되니, 그것으로 배상해 주고, 병원비나 요양하는 데도 쓰고, 무엇보다 새롭게 출발하는 사업 자금으로 쓰게나."

물론, 이런 친구도 이런 변호사도 세상에서 찾아볼 수 없을 것이다. 하지만 지금 요한일서 2:1-2의 본문은, 그런 친구이자 변호사가 우리 각자에게 있다고 알려 준다. 아니, 그보다 더 놀라운 변호사이고 그보다 더 신실한 친구이다. 그러므로 죄를 지었을 경우, 우리는 얼마든지 그 죄의 굴레를 벗고 그 사슬을 끊으며 자유를 되찾을 수 있다. 그렇게 하지 못한다면, 그것은 하나님 편의 잘못이 아니다.

죄보다 더 싫어하시는 것

하나님께서는, 우리가 죄를 지었을 때 그 죄에서 다시 나올 수 있게 하는 '은혜의 안전망(safety net)'을 마련해 주셨다. 이것이 '하나님의 코이노니아'에 대한 하나님의 보장이다. 그러면 이제 어떤 생각이 드는가? '와, 이거 놀라운데? 이제 죄 따위는 문제도 되지 않겠군.' 그렇게 생각이 드는가? 그래서 이제는 죄에 대한 경계심을 내려놓고, 조금 더 느슨하고, 조금 더 방만하게 살아도 되겠다는 생각이 드는가?

물론, 그런 생각이 순간적으로 스쳐 갈 수도 있다. 하지만 진실로 생명의 말씀으로 거듭난 사람이라면, 그런 의향을 품지 못한다. 만일 이런 사귐의 보장에 대한 말씀을 듣고, 정말 '이제부터는 아무렇게나 살아도 되겠네'라고 생각한다면, 그런 자는 아예 처음부터 거듭난 하나님의 자녀라고 볼 수 없다. 구원은 그렇게 기계적인 것이 아니기 때문이다. 요한은 구원을 '하나님의 코이노니아'라고 말한다. 그 사귐 안에 거하면, 상대방이 정말 원하지 않는 것을 내가 할 경우, 나에게는 고통스러운 후회와 아픔이 따라올 것이다. 인격적이고 상호적인 사귐이기 때문이다.

그래서 이미 1절 초반부터, 이런 내용을 전하는 이유는 우리로 하여금 '죄를 짓지 않게 하려 함'이라고 단단히 못을 박아 둔 것이다. 먼저 우리는, 하나님께서 우리의 연약함을 잘 알고 계신다는 것에 감사해야 한다. 하나님은 우리가 '아직' 세상의 어둠 속을 지나가고 있음을 알고 계신다. 그 어둠이 우리 속에도 도사리고 있음을 알고 계신다. 그래서 우리가 죄에 넘어지기도 하고 죄를 짓기도 한다는 사실을 알고 계신다.

그리고 너무도 놀라운 것은, 설령 우리가 죄를 지었을지라도 우리가 원한다면 얼마든지 그 죄에서 나올 수 있도록 모든 장치와 보장을 해 두셨음을 깨닫게 되는 일이다. 그러니까 우리가 그 죄에 계속 거한다면 그것은 전적으로 우리의 선택이고 책임일 뿐, 그 원인을 하나님께 돌릴 수 없다는 사실도 알게 된다. 하나님은 우리에게 그 아들을 주셨고, 그 아들은 우리를 위한 완전한 보혜사, 곧 우리가 받은 은혜를 보전해 주시는 분이시다. 즉, 그는 우리의 변호인일 뿐 아니라, 우리의 죄를 보상하고도 남는 영원하고 충분한 속죄 제물도 되시는 것이다.

이것이 '하나님과의 사귐'을 위한 최고의 안전장치이다. 우리의 실수나 죄는, 결단코 하나님과의 코이노니아를 파괴하는 최종적인 원인이 될 수 없다. 우리의 죄조차 파괴할 수 없는 하나님과의 사귐인 셈이다. 마치 어둠이 빛에 가까이 갈 수 없고 그 빛을 소멸시킬 수도 없는 것처럼, 하나님의 코이노니아 안에 거하는 속죄 제물이신 그 아들 예수 그리스도의 보혜사 되심이, 우리 죄조차 그 사귐을 온전히 소멸시키지 못하도록, 그 안에서 빛을 발하며 뜨겁게 불타오르고 있는 것이다.

우리의 '죄'가 결코 방해할 수 없는 '하나님과의 코이노니아', 이것이 핵심이다. 거꾸로 말하자면, 우리가 짓는 죄들은 하나님과의 사귐 안에서 얼마든지 해결이 가능하다는 뜻이다. 오해하지만 않는다면, 죄 자체는 결정적인 문제가 되지 않는다고도 할 수 있다. 그러면 무엇이 문제인가? 그 죄의 문제를 해결할 수 있는 '하나님과의 사귐'에 거하려 하지 않는 것, 그것이야말로 치명적인 문제, 진짜 결정적인 죄가 된다.

사실, 죄에는 여러 가지 의미가 있다. 하나님의 말씀이 명하는 어떤 '기준에 도달하지 못하는 것'(failure)도 죄요, 하지 말라고 하는 '선을 넘는 것'(transgression)도 죄이다. 죄는 그래서 하나님의 말씀이 정하고 명하는 질서가 파괴된 '혼돈'(confusion)을 가리키기도 한다. 하나님은 이 모든 죄들을 싫어하신다. 하나님의 말씀의 요구에 순복하지 못하여 발생하는 실패와 범죄, 그리고 혼돈의 죄를 싫어하신다.

하지만 하나님께서 우리가 짓는 이러한 죄들보다 더 싫어하시는 죄가 있다. 그것은 이런 죄 때문에, 하나님과의 사귐에서 멀어지는 죄이다. 하나님은 죄를 싫어하신다. 하지만 그런 죄 때문에, 하나님에게서 멀어지는 것, 그와의 사귐을 회피하여 더욱 어둠 속으로 숨어 들어가는 것, 그것을 더 싫어하신다. 하나님께서 원하시는 것은 우리의 거룩이다. 하지만 거룩하지 못한 우리라도, 그와의 복되고 은혜로운 사귐 안에 뛰어 들어오는 것, 그것을 더 기뻐하신다.

그래서 죄는 또 다른 의미에서 '단절'의 상태라 할 수 있다. '하나님과의 코이노니아'를 회피하는 것, 그것보다 큰 죄는 없다. 다른 모든 죄들은, 하나님과의 사귐 안에서 해결될 수 있다. 사람이 망하는 것은 죄 때문이 아니라, 그 죄에서 돌이키지 못하기 때문이다. 돌이키려면 하나님과의 사귐이 필요하다. 그런데 우리가 하나님의 낯을 피하고 그의 빛 가운데 거하기를 꺼리면, 우리는 어디에서 어떻게 그 죄들로부터 놓여날 수 있는가? 그래서 하나님은 처음부터 사람을 그 사귐 안으로 부르셨다. '기쁨'을 의미하는 에덴동산에서 하나님은 아담을 향해 말씀하셨고 지금도 말씀하신다. "사람아, 네가 어디에 있느냐?"

말씀 앞에 엎드러지다

성경의 명확한 가르침과 우리 자신의 부패한 욕망이 충돌하면, 일단 '우리의 욕망이 틀렸고 성경이 맞다'고 인정해야 한다. 가장 나쁜 선택은, 우리의 욕망을 정당화하기 위해 '성경이 틀렸다고 말하는' 것이다. 바로 거기서, '말씀'을 압도하는 '말'의 신상(神像)이 세워진다. 그다음부터는 '사상과 이념'의 신전(神殿)에 우뚝 서 있는 당신이 하나님 자리에 서고, 하나님은 당신을 예배하는 종이 되어야 한다.

그런데 그런 일은 일어나지 않는다. 전능하신 하나님 앞에서 모든 우상들은 고꾸라졌고, 고꾸라질 것이기 때문이다. 말씀은 살았고 영원하며(벧전 1:23-25), 당신의 거짓된 말은 한낱 지나가는 물 없는 구름이요, 뿌리까지 뽑힌 열매 없는 가을 나무요, 자기 수치의 거품을 뿜는 바다의 거친 물결일 뿐이다(유 12-13절). 말씀과 우리의 부패한 욕망이 충돌한다면, 말씀이 맞고 우리가 잘못된 것이다. 그래서 성경은 모든 사람이 하나님의 영광에 이르지 못하는 죄인이라고 선포한다. 성경이 우리를 '죄인'이라고 정죄해서 기분 나쁜가? 의사가 '당신, 암에 걸렸소'라고 하면 그것은 '말의 폭력'인가?

포스트모던이라는 신(神)의 제단에는, '모든 것을 관용하라'라고 쓰여 있다. 성경에는 그렇게 쓰여 있지 않다. "그(성령)가 와서, 죄에 대하여, 의에 대하여, 심판에 대하여 세상을 책망하시리라"(요 16:8)고 하신다. 죄나 심판, 긍휼이나 구원은, 소수나 다수를 가리지 않고 찾아온다.

신(神)이 된 자본주의의 제단에는, '탐욕이 모든 것에 우선한다'라고 쓰여 있다. 성경에는 그렇게 쓰여 있지 않다. '탐욕은 우상 숭배'(골 3:5)이다. 탐욕은, 수직적으로는 하나님을 피조물의 자리로 끌어내리고, 수평적으로는 가난한 이웃을 짓밟는다. 탐욕은, 말씀과 그 말씀이 붙들고 있는 피조 세계와의 모든 바른 관계들을 파괴한다. 그리고 세상의 신(神)들은 결국 말씀을 대적하여 싸운다. 시대정신(zeitgeist)의 세례를 받고 해석의 예전(ritual)을 이끄는 '거짓 선지자들'은, 오늘도 힘을 합쳐 '선진국의 세련된 문화'와 '기업이 된 종교'라는 제단에 올라가서, '욕망은 결코 죄가 될 수 없으며 탐욕은 가장 신성한 것'이라고 설교한다.

우리의 무절제한 욕망을 추구할 권리, 우리의 끝없는 탐욕을 채울 자유, 그런 권리와 그런 자유가 '말씀'을 짓밟을 때, 오늘도 '말씀'은 침 뱉음과 조롱과 채찍질을 당한다. 말(言)은 종종 우리의 욕망과 탐욕의 칼집에서 나오는 칼(刀)이 된다. 오늘도 어김없이, 우리의 말이 '말씀'의 옆구리를 찌르고, '말씀'을 십자가에 못 박는 일이 일어난다.

'육신이 되어 나타나신 말씀'(요 1:14)이신 그 아들은, 우리를 위해 자신의 욕망을 부인했고 우리를 위하여 자신의 자유를 내려놓으셨다. 그것이 그의 육체로 드리신바, 하늘에 있는 참성전의 제단에 바친 제물이었고, 종말의 새 언약 백성이 드려야 할 '성령과 진리 안에서의 예배'(요 4:23)였다. 말씀을 침묵하게 하는 우리의 말은 바람에 나는 겨보다 가볍다. 말씀의 광대함 앞에 우리의 존재는 찾을 수도 없이 작다. 말씀의 그 거룩하심 앞에서, 우리의 누추함은 쳐다보기조차 부끄럽다. 말씀의 그 온전함의 빛 앞에서, 우리 속에 숨어 있던 욕망들은 인기척을 느낀 뱀처럼 사방으로 흩어져 달아난다.

말씀의 불같은 긍휼 앞에 엎드러질 때, 그 하나님의 말씀은 우리를 얼마나 깊이 파고들며, 얼마나 깨끗하게 치유하는가. 우리를 얼마나 거룩하게 하며 얼마나 다시 살려 내는가. 말씀 앞에 엎드러질 때, 그 말씀은 그 거룩함과 진실함을 따라 우리의 말들조차 깨끗하게 씻어 낸다. 자기부인이 없는 진리는 거짓이다.

회개

회개는 일방적인 통보가 아니다. 나는 잘못했고 잘못을 고백하고 있으니 이제 용서하라는 일방적 요구가 아니다.

회개는 함께 우는 것이다. 그분과 함께 울고 그분과 함께 슬퍼하는 것이다. 나의 이런 실패한 모습을 원하지 않으신 그분을 따라 함께 슬퍼하고 함께 고통당하는 것이다.

회개는 관계에서 온다. 사귐에서 온다. 먼저 우리를 사랑하신 그분과, 그래서 그분을 사랑하게 된 우리가 함께 사귀는 사귐 안에서 슬퍼하고 통회하는 것이다.

그분과 묶여 있는 우리의 양심과, 그분의 사랑에 얽혀 있는 우리의 사랑이, 함께 아파하는 것이다. 함께 거하시는 성령님을 근심하게 한 것과, 우리 안에 두신 말씀을 외면한 것에 대한 그분의 아픔에 우리가 참여하는 것이다.

그분이 고통스러워하시는 것에 내가 동참하는 것, 그것이 회개이다. 거기서 그분은, 이미 우리를 위해 흘리셨던 그분의 피와 사랑을 다시 새롭게 일으키신다. 그분의 의와 거룩과 지혜와 구원을, 이미 주신 그 은혜를 새롭게 부으시고 장차 더욱 온전하게 하실 것을 약속하며 위로하신다.

참된 회개에서는, 죄인이 먼저 일어나는 법이 없다. 우리의 아픔과 슬픔, 자복과 통회함으로 위로받으신 그분께서 일으키시는 회복이 있을 뿐이다. 회개는 그래서 나 자신의 돌이킴이고, 또한 나를 향하신 그분의 돌이키심이다.

회개는 그 거룩하고 따뜻하고 영원한 사귐이 회복되는 것이며, 그 사귐 안에서 그분과 우리가 함께 서로를 향해 다시 돌아서고 만나 손잡는 새로운 시작이다.

　충분히 사과하고, 충분히 슬퍼하고, 당신의 죄에 대한 그분의 슬픔에 충분히 공감하고, 그분과 함께 울라. 그분이 돌이키셔야 우리의 회개는 비로소 그분의 품 안에 이른다.

2. 코이노니아와 확증(2:3-11)

한창 건물을 지어 올리는 공사장에서, 인부가 옥상 난간에 올라가 서서 1층과 2층의 사이 외벽을 둘러 설치해 놓은 안전망으로 뛰어내린다. 다행히 다치지는 않았지만 하마터면 죽을 뻔했다. 그를 꺼내어 살려 주고 이제 일하라고 했더니, 다시 옥상으로 올라가 또 뛰어내린다. 안전망이 있으니 죽지 않을 것이라고 믿는단다. 이런 정신 나간 공사장 인부를 보았는가?

불가피한 실수가 아니라면, 아무도 그런 위험한 짓을 하지 않을 것이다. 안전망이란 거기에 걸터앉아 살라고 만들어 놓은 것이 아니다. 그것은 위험의 때, 위기의 때에 절망하여 포기하지 않도록 마련해 놓은 최소한의 응급조치이다. 거기서 아예 머물러 살라는 것이 아니라, 그것이 있음을 알고 이제는 믿음 위에 기초한 선하고 경건한 사랑의 삶을 건축하는 데에 매진하라고 마련해 주신 장치인 것이다.

마찬가지로, 자신에게 훌륭한 변호인이 있고 죄의 대가인 형벌까지 대신 치러 줄 방책이 있다고 해서, 평생 구치소와 재판정만을 드나들기 원하는 사람은 없을 것이다. 사람들은 자신의 죄의 문제가 해결되고 나면, 다시는 경찰서나 재판정을 드나들고 싶어 하지 않는다. 성도도 그와 같고 그와 같아야 한다. 의롭다고 선언을 받았다면 자유인으로서 마땅한 경제 활동, 사회적 활동, 생산적 활동을 해야 한다. 그러려고 죄인으로서 형벌을 받게 하지 않고 의인인 것처럼 선고하고 풀어 준 것이 아닌가? 그런 것이다.

그래서 2:3부터는 한 걸음 더 앞으로, 더 빛 가운데로 나아가고자 한다. 요한은 1절부터 이 '죄짓지 않게 하기 위함'이라는 목적을 분명히 밝혔다. 설령 죄를 짓는다 해도, 그것이 하나님과의 사귐을 파괴할 수는 없다. 오히려 더욱 더 하나님과의 사귐이 필요하고 그래서 그 사귐을 더욱 공고히 하는 계기가 될 것이다. 하지만 한 걸음 더 나아가서, 3절 이하는 죄짓지 않는 더 좋은 방법을 제시한다. 그것은 하나님의 말씀, 계명을 순종하는 것이다. 이것이 '빛과 생명과 사랑의 코이노니아' 안으로 더 깊이 들어가는 방법이다. 우선, 3-6절까지를 살펴보자.

> ³ 그리고 우리가 그의 계명을 지킨다면 이로써, 우리는 우리가 그를 알았다는 사실을 알게 됩니다. ⁴ 그를 알고 있다고 말하는 자가 그의 계명을 지키지 않는다면, 그 사람은 거짓말쟁이요, 이로써 자기 안에 진리가 없는 것입니다. ⁵ 하지만 그의 말씀을 지키는 자라면, 이로써 하나님의 사랑이 참으로 온전하게 된 것이고, 우리가 그의 안에 있다는 것을 이로써 아는 것입니다. ⁶ 그의 안에 거하고 있다고 말하는 자는, 저가 그와 같이 행하신 것처럼 자신도 이렇게 행하여야 마땅합니다.

3-6절까지의 핵심적인 주장은 '코이노니아와 확증'에 관한 것이다. 하나님을 안다고 말하든지, 그와 사귐이 있다고 말하든지 간에, 그런 눈에 보이지 않는 영적 실재를 '어떻게 확인할 수 있느냐'는 것이다. 그러니까, 위의 본문은 단순히 하나님의 말씀을 지키고 순종하라는 식의 일차원적인 명령에 관한 것이 아니다. 1장에서부터 계속 설명해 온 대로 우리가 '하나님의 코이노니아'에 거하고 있다는 사실을 어떻게 알고 확신할 수 있느냐에 관한 문제인 것이다.

당신이 예수 믿는다는 증거

요한은 2:1-2에서 이미, 신자가 자신 안에 영적 생명이 있고 하나님과의 코이노니아 안에 거하고 있다는 사실을 확인하는 소극적이고 부정적인 방식을 소개했다. 즉, 죄를 지었을 때, 오히려 하나님과의 사귐 안에서 그 은혜의 보장을 확인하는 방법이다. 하지만 3-6절에서처럼, 더욱 적극적이고 긍정적인 방식으로 자신의 영적 생명과 하나님과의 사귐을 확인하는 방식도 있다.

예컨대 이런 것이다. 내가 살아 있다는 사실을 확인하는 데 부정적인 방식을 사용할 수 있다. 즉, 내 살을 꼬집어 보거나 어디에 부딪혀서 통증을 느끼는 방식이다. 상처와 고통을 통해서 자신이 살아 있음을 알 수 있다. 그러나 내가 살아 있다는 것을 확인하기 위해 늘 길에서 넘어지고 벽에 부딪히고 싸우다가 깨지고 다치는 방식으로 그것을 확인할 필요는 없지 않은가. 오히려, 건강하게 팔다리를 움직이고, 온전한 지성과 선한 의지와 건강한 정서를 활용해서, 의미 있고 선한 열매를 맺는 방식으로 나의 살아 있음을 확인하는 것이 정상이고 목적에 부합하는 바람직한 방식이 아니던가.

그래서 지금 3절부터는 '하나님의 코이노니아'에 거하는 보다 적극적이고 긍정적인 방식에 대해 말하고 있는 것이다. '그의 계명'(ἐντολὰς αὐτοῦ, 엔톨라스 아우투)은 요한일서에서 여기에 처음으로 등장하는 표현이다. 왜 갑자기 '계명'인가? 여기서 '계명'은 구약의 모세의 율법을 가리키는 용어인가? 그런 것같지 않다. 곧이어 나오는 7절은, 3절의 '그의 계명'이 곧 '새 계명'(엔톨렌 카이넨, ἐντολὴν καινὴν)이라는 사실을 밝혀 준다. 그리고 새 계명이란 5절의 '하나님의 사랑', 그리고 '형제를 사랑하는 자'라는 표현들로 볼 때, 다름 아닌 예수님께서 제자들에게 주신 '새 계명' 곧 '사랑의 계명'을 뜻한다는 사실을 쉽게 알 수 있다.

"새 계명을 너희에게 주노니 서로 사랑하라. 내가 너희를 사랑한 것같이 너희도 서로 사랑하라"(요 13:34; 참조. 요 15:12). 이것이 예수 그리스도께서 그를 믿는 제자들에게 주신 새 계명이다. 우선, '계명'이라는 표현에 주목해 보자. '계명'(엔톨레, ἐντολή)이란 다분히 하나님의 말씀에 관한 언약적인 표현이다. 하나님께서 베푸신 언약 관계 안에 들어온 자기 백성에게 요구하시는 내용이 '계명'이기 때문이다. 특히, 5절에서 '말씀'(톤 로곤, τὸν λόγον)으로 표현되는 이 계명은, 예수 그리스도로 말미암아 성취된 새 언약의 '영원한 속죄'(2:1-

2; 3:9-10; 5:6; 참조. 렘 31:34; 슥 13:1-2)의 은혜와 함께 주어지는 언약적 요구로, '서로 사랑하라'는 새 계명을 가리킨다.

사실 넓은 의미에서 새 언약의 요구인 '계명'은, 3:23이 명확히 보여 주는 대로, '하나님의 아들을 믿으라'는 은혜의 초청과 그 아들을 통해 나타난 아버지의 사랑으로 '서로 사랑하라'는 순종의 요구 둘 다를 가리킬 수 있다. 하지만 좁은 의미로서 새 언약의 '계명'은, 지금 2:4에서처럼 주께서 친히 명하신 '서로 사랑'의 요구를 특정해서 가리키는 것이다. 요한은 조금 뒤에 나오는 7절 이하에서 '새 계명'에 대해 길게 이야기할 것이다. 지금 3-6절에서는, '서로 사랑하라'는 새 계명의 내용이 아니라 '계명을 지키는 것'이 '하나님과의 사귐'의 실재(reality)를 확인해 주는 결정적인 방식이라는 점을 강조하고 싶어 한다.

여기서 잠깐, 요한이 이 편지를 보내고 있는 수신자 교회의 상황을 생각해 보자. 그들 안에 무슨 문제가 있는 듯하다. 4절에 보면, '그를 알고 있다고 말하는 자'들이 있다. '그를 알고 있다'(에크노카 아우톤, ἔγνωκα αὐτόν)는 표현은, 마치 하나님을 만나서 그를 알게 된 영적 경험이 있었고 지금도 그런 영적 지식을 갖고 있다고 떠벌리는 어떤 자들이 수신자 공동체 안에 있었으리라 짐작하게 한다. 앞에서 설명했듯이, 이렇게 '말하는 자'(호 로곤, ὁ λέγων)는 아마도 수신자 교회를 아예 떠나 버린 이단적인 적대자들의 영향을 받은 자들로서, 교회 안에 남아서 계속 그런 식으로 자신들의 영적 경험과 지식을 자랑하며 내세우는 사람들을 가리키는 것으로 보인다.

6절에서도 비슷한 부류의 사람들이 발견된다. 이들은 자신이 '그의 안에 거하고 있다'(호 레곤 엔 아우토 메네인, ὁ λέγων ἐν αὐτῷ μένειν)고 떠벌리고 다녔던 사람들일 것이다. 그들 역시 '하나님과의 영적인 교제와 사귐'을 주장했을 법하다. 만일 이들이 '가현설론자'들처럼 초기 영지주의의 영향을 받아 결국 수신자 교회를 나가 버린 적대자들에게 영향을 받은 것이라면 더욱 그런 추측

이 가능하다. 곧, 스스로를 '영적인' 신자들로 치부하며, 하나님과의 특별한 교제를 통해 그들만이 알고 있다는 어떤 신비하고 영적인 지식을 자랑하고 다녔을 것이다.

오늘날 교회 안에서도 이런 자들이 발견된다. 자신들만이 '정통 신학'을 알고 있어서, 다른 형제들이 사소한 주제에 대해 조금만 다른 주장을 해도 그것은 이단적이라고 몰아붙이며, 형제를 실족시키고 파멸시키려는 자들이다. 경건에 더해야 할 신적 성품은 형제 우애이다(벧후 1:7). 형제 우애에 이르지 못한 경건은 아직 부족한 경건임을 그들은 알지 못하는 것이다.

신비주의적 경향도 있다. 입만 열면 '직통 계시'를 운운하며, 자신은 '하나님의 보좌를 흔들 만큼 하나님과 각별한 사이'이고, 자신이 곧 '성령의 본체'라는 식의 망언을 주저하지 않는 자들도 있다. 이들은 정말 예수를 믿는 자들인가? 이들이 주장하는 하나님에 대한 경험이나 지식, 영적 교제의 체험만으로는, 이들이 정말 예수 그리스도를 믿는 하나님의 자녀들인지 확증할 길이 없다.

요한은 그와는 다른 확실한 증거를 제시한다. 그것은 그들이 과연 하나님께서 주신 계명을 지키는지, 하나님의 말씀을 순종하는지의 여부이다. 특히, 그 계명 곧 그 말씀의 구체적인 내용은 7절 이하가 보여 주는 대로 '사랑의 새 계명'이다. 다만 3-6절까지는, 그 사랑의 계명의 내용보다 그 계명을 지키는 것이 왜 중요한지를 설명한다. 정말, 중요한가? 사랑의 새 계명을 행하는 것은 우리의 신앙에서 얼마만큼 본질적이고 결정적인가?

우리는 흔히, '믿음으로 구원받았다'고 말한다. 예수 그리스도를 믿음으로 거저 의롭다 함을 받았고, 그래서 구원받았다고 확신하곤 한다. 그 믿음의 확신이 진짜라는 사실을 어떻게 아는가? 그 믿음의 확신은 우리 안에서 성령의 확신으로 다가온다. 하지만 그 영적인 경험, 그 영적인 지식이 진짜 구원받은 증거라는 사실을 어떻게 확증할 수 있는가? 요한은, 그것만으로는 확실한 증거가 될 수 없다고 가르친다.

그러므로 구원받았다고 확신하는 신자가, 그의 계명과 말씀을 지키고 순종하는 것은 다만 부차적인 것이며, 있어도 좋고 없으면 할 수 없는, 아니, 없어도 크게 상관없는 것이라고 간주할 수 없다. 요한은, 주께서 '열매를 보아 나무를 알리라'(마 7:20)고 가르치신 대로, 계명을 지키고 말씀을 행하는 것은 결단코 구원의 확신에 있어서 부차적인 것이 아니라, 그 믿음의 내용이 진짜임을 확증하는 필연적이고 본질적인 요소임을 강조한다.

하나의 통합된 세계

요한은 왜 이렇게 생각하는가? 왜 계명을 행하는 것이 곧 신자의 영적 실체를 확증하는 필연적 요소라고 보고 있는가? 이것이 요한의 특징적인 '통합된' 실재관(view of reality)이 엿보이는 대목이다. 요한에게 있어서, 영적인 세계와 우리의 인식의 세계, 그리고 그 영적 존재가 인식의 과정을 거쳐 행동으로 자신의 정체를 드러내는 세계는, 비록 각기 '구분'되는 차원이기는 하지만 결코 서로 '분리'되어 있지 않다. 여기가 핵심이다. 3-6절까지의 본문을 토대로 보기 쉽게 만든 아래의 도표를 상세히 살펴보자.

[도표 4] '존재, 사귐, 행위'에 대한 통합적인 관점

(A) 영적 '존재'	하나님을 알았다	진리가 그 사람 안에 있다
(B) '사귐'과 인식	하나님을 알았다는 것을 알고 있다	그의 안에 거하고 있다
(C) 신앙의 '행위'	계명/말씀을 지킨다	그와 같이 행한다

요한일서의 표현들은 얼핏 들으면 '그게 그것'같이 들린다. 혹은 빙빙 돌리

면서 같은 말을 되풀이하는 것처럼 들리기도 한다. 하지만 요한은 몇 가지 중요한 범주들과 일관된 주제들을 전개한다. 앞으로 나오는 요한일서의 다른 본문들을 이해하기 위해서라도, 지금부터 요한이 말하는 방식을 명확하게 정리해 둘 필요가 있다. 하나씩 살펴보자.

신앙의 세 가지 차원

먼저, 3-6절까지의 본문은 '신앙의 세 가지 차원'을 다루고 있다. 말하자면 우리의 신앙에는 우리가 의식해야 하는 세 영역이 있다. 첫째는 보이지 않는 '영적 존재'의 영역이고, 둘째는 '사귐'의 영역, 그리고 마지막으로는 '행위'의 영역이다. 중요한 사실은, 이 세 영역이 모두 '하나의 통합된 영역'이라는 점이다. 신앙의 이 세 차원은, 각기 구분되기는 하지만 결코 서로 분리되지 않는다. 오히려 일관된 채로 존재하고 또한 일관되게 나타나야 한다.

(A) '영적 존재'의 차원: 우선 본문은, 신자의 '영적 존재'의 차원에 대해 언급하고 있다. 3, 4절에서 "우리가 그를 '알았다'(에그노카멘, ἐγνώκαμεν)"든지 "그를 '알고 있다'(에그노카, ἔγνωκα)"는 표현에서 완료형이 뜻하는 바는, 하나님을 알게 된 중생의 경험이 있고 그 결과로 현재 하나님을 아는 영적 지식을 갖고 있음을 시사한다. 왜냐하면 그 아들을 믿어 죄 사함을 얻는 것은 그에게 거듭남, 곧 영적 생명을 선물하고(1:1-2; 4:7; 5:12), 그의 안에 있는 영적 생명은 하나님을 아버지로 아는 영적 지식을 가능하게 해 주기 때문이다(2:12, 14). 그래서 '하나님을 알았고 알고 있다'는 표현은, 자신이 정말 예수를 믿어 거듭났고, 그 아들의 영적 생명을 갖고 있는 존재임을 나타낸다.

(B) '사귐과 인식'의 차원: 또한, 신자의 '사귐과 인식'의 차원도 있는데 3-6절에서 가장 완연하게 드러나는 중심적인 개념이다. 우선, 3절에서 '우리가 그를 알았다는 사실을 알게 됩니다'라는 표현에 주목해 보라. 여기서 '그

를 알았다'는 것은 앞에서 설명한 대로 신자가 중생 때 얻는 하나님을 아는 영적 지식을 가리킨다. 하지만 그 하나님을 알았다는 것을 '알게 된다'(기노스코멘, γινώσκομεν)는 표현은 현재형으로서 자신이 하나님을 알게 된 경험과 지식을 스스로 자각하는 지식이다. 4절에 나오는 '그를 알고 있다'는 표현 역시 현재형으로서 자신이 하나님을 알고 있다는 사실을 아는 의식에서 나오는 지식이다. 또한 5절에서 우리가 하나님 안에 거하고 있음을 '안다'는 현재형 표현 역시 사귐에 관련된 지식이다.

무엇보다 이런 부차적인 지식, 즉 중생 때에 얻은 영적인 지식을 자각하는 지식은 '하나님과의 사귐'에서 나온다는 사실이 중요하다. 5절에서 '우리가 그의 안에 있다'라든지, 6절에서 '그의 안에 거하고 있다'는 표현들은 모두, '하나님의 코이노니아' 곧 그 사귐 안에 '거하는 것'의 중요성을 강조하는 표현들이다. 사귐은 지식을 가져온다. 우리는 하나님과의 사귐 안에 거하면서 하나님을 더 알아 가게 된다. 상대방을 알아 간다는 것은 사귐의 가장 큰 특징이요 열매이기 때문이다.

(C) '신앙 행위'의 차원: 마지막으로, 3-6절의 본문은 '신앙 행위'의 영역을 뚜렷이 묘사한다. 3절에서 '계명을 지킨다'든지 4절에서 '계명을 지키지 않는다'는 표현, 그리고 5절에서 '그의 말씀을 지키는 자'라든지 6절에서 '그와 같이 행하여야 한다'는 표현도 마찬가지로 신앙에 있어서, 존재와 사귐의 영역 외에 행함의 영역이 구별되어 있다는 사실을 알려 준다.

3, 4절, 그리고 5절에서 계명이나 말씀을 '지킨다'는 표현은 '테레오'(τηρέω)라는 동사를 사용하는데, 통상 어떤 규범이나 규례를 준수한다는 의미도 있지만, 여기서는 하나님과의 새 언약 관계 안에 머물기 위해 그의 새 계명을 보존하고 실행한다는 뜻으로 읽을 수 있다. 6절에서 마땅히 '행하고 다닌다'(페리파테인, περιπατεῖν)는 표현, 즉 삶의 방식으로 나타나는 행함과 크게 다르지 않은 의미이다.

이렇듯, 3-6절은 신앙의 세 가지 영역 곧, 영적 존재, 하나님과의 사귐, 그리고 삶으로 나타나는 행함의 영역을 제시한다. 이 영역들은 앞으로 요한일서가 전개하는 '코이노니아'의 다양한 측면들을 나타내는 데 중심적으로 사용되는 범주들이다.

세 영역의 상호 관계

그렇다면, 요한은 신앙의 이 세 영역들 간에 어떤 관계를 설정하는가? 하나님의 자녀로서 우리의 영적 존재는 그와의 사귐과 어떤 관계에 있는가? 또한 우리의 행함은 하나님과의 사귐과 어떤 관계에 있는가? 이 관계들을 파악하는 것이, 요한이 전개하는 논리를 이해하는 데 매우 결정적이다. 인내심과 호기심을 가지고, 조금 더 자세히 들여다보자.

(a) **사귐의 중요성**: 먼저, 그의 영적 존재가 하나님의 자녀로서 하나님을 아버지로 '알았다'고 하더라도, 그 하나님과의 사귐이 자동적으로 이루어지는 것이 아니라는 사실이다. 하나님과의 코이노니아는 인격적이고 상호적이다. 인격적인 사랑의 교제 안에서 자유와 책임을 수반한다. 하나님의 자녀로 태어나는 것은 전적으로 하나님의 주권적인 역사이다. 하나님과의 사귐도 하나님께서 주도적으로 마련해 주시지 않으면 신자가 거기에 참여할 수 없다. 하지만 코이노니아의 경우에는 우리가 그 사귐 안에 인격으로서 의도적으로 '거하는' 일이 요구된다(5-6절).

그렇다면 하나님의 자녀로서, '빛이신 하나님'(1:5) 안에 거할 수도 있고, 잠시 어둠 가운데 거할 수도 있을 것이다. 그래서 '거함' 곧 '사귐'이 중요한 요소가 된다. 특히, 세상 속에 있는 교회, 곧 코스모스 안으로 들어오신 그 아들을 통해 세워진 '하나님의 코이노니아'로서의 교회에 있어서(1:1-4), 하나님의 자녀들이 의도적으로 '하나님과의 사귐 안에 거하는' 일의 중요성은 이루 말할 수 없을 만큼 결정적이다(5-6절). 왜 그런가? 왜 코이노니아가 그렇게 중요한가?

그것은 3-4절이 밝혀 주는 대로, 하나님과의 사귐이 '확증'에 관련되기 때문이다. 우리가 하나님과의 사귐 안에 거함으로써, 하나님을 알았다는 것 곧 하나님의 자녀라는 영적 존재의 사실을 '알게 되기' 때문이다. 즉, 우리가 세상에 속해 있지 않고, 그 아들을 통해 아버지와 함께하는 영원한 코이노니아에 '속해 있다'는 사실을, 하나님과의 사귐 안에 '거함으로써' 확인하게 되는 것이다. 마치 사랑하는 사람들이 서로의 사귐을 통해, 서로가 서로에게 속해 있다는 사실을 알게 되는 것과 같다.

만일, 하나님의 자녀이고 하나님을 알았지만, 하나님과의 사귐이 없다면 어떻게 될까? 당연히 이런 질문을 할 수 있다. 그래도 그의 영적 존재, 곧 그가 하나님의 자녀라는 사실은 변함이 없을까? 논리적으로는 그럴 수 있을지 몰라도, 요한은 그런 식으로 말하지 않는다. 하나님과의 사귐이 없다는 것은, 그가 더 이상 하나님의 자녀임을 '알 수 있는' 증거가 없다는 뜻이다. 요한은 신자로서의 영적 존재보다는, 우리가 그런 영적 존재, 즉 하나님의 자녀라는 사실을 '과연 어떻게 알 수 있는가, 어떻게 확증할 수 있는가'에 더 큰 관심이 있다.

다시 말하면 요한일서의 기록 목적은, 우리로 하여금 그 아들 예수의 이름을 믿고 '생명을 얻게 하려 함'(요 20:31)이 아니라, 그 아들을 믿은 우리에게 '영원한 생명이 있음을 알게 하려는'(5:13) 것이다. 어떻게 '알 수' 있는가? 그 답은 '사귐' 곧 '하나님과의 코이노니아'에 있다. 사귐은 지식, 곧 확증을 주기 때문이다. 그러므로 하나님과의 사귐 가운데 머무는 사람만이, 자신이 진정 하나님의 자녀임을 아는 확실한 지식을 가질 수 있다. 처음부터 '알았던' 하나님을, 그 사귐을 통해 '계속 알아 가고' 있기 때문이다. 그래서 요한에게 있어서는 '사귐'이 그렇게 중요한 주제가 된다.

(b) 행함이라는 증거: 요한일서가 알려 주는 바에 의하면, 신앙에는 존재와 사귐, 그리고 행함, 이렇게 세 가지 차원이 있다. 앞에서 설명한 대로, 신자의 존재와 그의 사귐이 필연적인 관계에 놓인 것과 마찬가지로, '신자의 존재와 사귐' 그리고 '행함' 사이의 관계도 필연적이고 결정적이다. 무슨 말인가?

4절을 보자. '그를 알고 있다고 말하는 자'는 자신이 하나님의 자녀라고 확신하는 자이다. 그런데 그 사람이 하나님의 계명, 곧 새 계명을 지키지 않는다. 행함이 없는 것이다. 그러면 어떤 문제가 생기는가? 이미 구원은 따 놓은 당상이고, 절대로 변치 않을 것이기 때문에, 계명을 지키는 행함은 있어도 좋고 없어도 그만인가? 요한은 그런 식으로 말하지 않는다. 그럴 수가 없다. 거꾸로, 하나님의 자녀라고 말하면서 계명을 지키는 것이 없다면 그는 '거짓말쟁이'(프쉐스테스, ψεύστης)라고 단언한다. 즉, 그가 하나님의 자녀라고 말한 것이 거짓이라는 뜻이다.

'오직 믿음으로 거저 의롭다 함을 얻는다'고 확신하는 신자에게 이런 표현은 충격적이지 않은가? 사람이 행함으로 구원받는 것이 아니지 않은가? 행함이 없다고 해서, 그 믿음이 거짓된 것이라고 말할 수 있다는 말인가? 하지만 지금 요한은, 사람이 행함으로써 의롭다 함을 얻는 것, 즉 행함으로써 구원을 얻는 것이라고 가르치는 중이 아니다.

단지, 하나님의 자녀라고 확신한다고 해도, 그에게 이에 합당한 믿음의 행함이 나타나지 않는다면, 그것은 그가 '신자로서의 영적 존재'를 부정하는 증거가 된다고 말하는 셈이다. 요한에게 있어서도 '영적 생명, 영원한 생명'을 얻는 구원은 오직 그 아들을 믿음으로만 되는 것이다(요 20:31; 요일 5:13). 그러나 하나님의 자녀라고 하면서 그의 계명을 지키지 않는다면, 그것은 거짓이다. 즉, 그것이 참이라는 증거가 없고, 도리어 반대의 증거가 되는 셈이 아닌가?

그러므로 '행함'은 '믿음'의 원인은 아니지만 결과이다. 또한, 조건은 아니지만 증거이다(약 2:14-26).[27] 예수 그리스도를 믿음이 없는 행함은, 생명이 없는 것이다. 영적 생명이 없는데 어떻게 하나님께서 받으실 만한 영적이고 선한 행함이 나오겠는가? 믿음 없는 행함은 구원을 만들지 못한다. 하지만 예수 그리스도를 믿음에서 나오는 행함은, 그 '생명의 말씀'을 통해 '영원한 생명'이 나타나는 활동이요 열매이다. 그래서 '믿음의 행함'은 그 믿음을 가진 자 안에 예수 그리스도의 생명이 살아 있다는 확실한 증거이다.

요한은 이런 식으로 '사랑의 행함'이 '하나님과의 사귐의 증거'일 뿐 아니라, 더 나아가서 하나님의 자녀로서 그의 영적 존재에 대한 확증임을 선언한다. 거듭난 성도라면 당연히 그 아들과 아버지와의 사귐을 간절히 목말라하고 그리워할 것이다. 그리고 하나님과 인격적 사귐을 하고 있다면 거기로부터 반드시 '사랑의 행위'라는 열매와 증거가 나타날 것이다. 그것은 자연스럽고도 마땅한 일이다.

그러므로 거꾸로도 마찬가지이다. 스스로 신자라고 주장하고 동시에 하나님과 사귐이 있다고 주장하면서도, 그에게서부터 '사랑의 행위'가 나오지 않는다면, 우리는 그가 진정으로 하나님과 사귐이 있는지 그리고 그가 진정으로 하나님의 자녀인지, 확증할 수 있는 길이 없게 된다. 요한은 이렇듯, 신자의 영적 존재와 하나님과의 사귐으로부터 나오는 '사랑의 행위'가 얼마나 결정적인 열매인지를 강조한다. 그리고 그것을 강조하기 위해서 한 걸음 더 나아가서, '증거'로서의 '사랑의 행위'가 얼마나 핵심적이고 결정적인지를 콕 집어 강조하는 것이다.

(c) 열매로 그들을 알리라: 하나님께로부터 난 하나님의 자녀라면, 하나님께서 주신 계명을 순종하려 할 것이다. 그 아들을 통해 하나님의 사랑을 받았고 그래서 하나님을 사랑하기 때문이다. 사랑하는 사람의 말을 들어주고 싶

---

27 채영삼, 『지붕 없는 교회』, 185-211; "공동서신에 나타난 구원론과 선한 행실", 154-205을 참조하라.

은 것이 사랑의 속성이다. 그러므로 하나님의 계명에 순종하지 않는다는 것은, 하나님의 사랑이 그 안에 없다는 뜻이다. 그가 '생명의 말씀'을 받았다고 주장해도, 그 말씀이 그의 안에서 '진리'로 대접받는지 알 길이 없다. 4절은 그런 자를 가리켜 '진리가 그 안에 없다'고 단언한다.

요한의 어투는 단호하다. 4절에서 '진리'(알레떼이아, ἀλήθεια)란 어떤 의미일까? 일차적으로는, 그의 신앙 고백의 '진정성'(authenticity)을 가리킬 것이다. 진짜요, 참되다는 의미이다. 그가 주장하는 자신의 영적 존재도 하나님과의 사귐도 모두 진짜 그러하다는 뜻이다. 만일 여기에 '신실함, 진실로 그러함, 견고함'을 뜻하는 구약적 의미의 '진리'(에멧, אֶמֶת)라는 개념이 그 배경에 깃들어 있다면, 그 의미는 더욱 견고해진다. 또한, 이 '진리'라는 개념 뒤에 헬라적 배경이 깃들어 있다면, 그 의미는 '원형'(archetype)에 가까울 것이다. 이 경우도 본문의 의미를 풍성하게 할지언정 다르게 바꾸지는 않는다.

다시 말해서, 요한은 사랑의 계명을 순종하며 지켜 내지 않는 자는 '거짓말쟁이'이며, 그가 주장하는 자신의 영적 존재에 대한 신앙 고백조차 내용이 없는 공허한 껍데기뿐이라고 단언하는 것이다. 요한의 이런 단호한 어법은 어디서 왔을까? 아마도 주께서 친히 거짓 선지자들에 대해 '그들의 열매로 그들을 알리라!'(마 7:20)고 하신 가르침에서 왔을 것이다. 그 논리나 단호함이 모두 닮아 있다. 그러므로 사랑의 계명을 행하는 것은 전혀 부차적인 일이 아니다. 그것이 있고 없고의 차이는, 당신이 진실로 거듭난 신자인지 아니면 가짜인지를 판별해 주는 증거요 기준이기 때문이다.

(d) 그 사랑을 온전하게 하는 삶: 또한 요한은 한 걸음 더 나아가서, 사랑의 계명을 순종하는 것은 곧 하나님의 사랑을 온전하게 하는 일이라고 힘주어 말한다. 이것은 사랑의 행위가 갖는 보다 적극적인 의미이다. 5절에서 '계명'(3, 4절)은 '말씀'(톤 로곤, τὸν λόγον)으로 바뀌었는데, 계명이 언약적 관계를 강조하는 반면 '말씀'은 아버지 하나님의 사랑과 짝을 이루는 그 아들의 생명

을 강조하는 측면이 있다(참조. 1:1; 2:14; 4:4). 그래서 5절에서 말씀을 순종하는 것은 곧 '그 아들을 통해' 우리에게 부어진 아버지의 사랑 안에서 그 사랑을 나타낸다는 것과 잘 조화를 이루는 것이다.

하나님의 사랑은 그 아들을 세상에 구주로 보내신 것으로 나타났다(4:9, 14). 그래서 그 아들을 받는 자는 하나님 아버지의 사랑을 받은 자가 된다. 그렇다면 말씀을 지킴으로써 그 사랑이 '온전하게 된다'는 것은 무슨 뜻인가? 여기서 '온전하게 된다'(테텔레이오타이, τετελείωται)는 것은 완료형 수동태로서, 하나님의 사랑이 어떤 최종적인 상태에 이른다는 의미이다. 그러니까, 하나님에게서 출발한 사랑이 그 아들 곧 생명의 말씀을 통해 우리에게 전달되고, 우리가 받은 그 하나님의 사랑은 우리 안에서 우리를 통해 원래 그것이 향했던 그 '목적지에 이른다'는 뜻이다. 하나님의 사랑이 온전하게 된다는 이 주제는 요한일서의 후반부에서 더욱 분명하고 풍성하게 전개된다(4:7-21).

여기서는, 우리가 그 아들을 믿음으로써 받았고 그와의 사귐을 통해 그 안에 거하고 있는 그 사랑은, 또한 우리의 행함을 통해 형제 사랑으로, 이웃 사랑으로, 이 세상 한복판에서 '반드시 나타나야만 하는' 사랑임을 기억하는 것으로 충분하다. 만일 우리가 말씀을 행하지 않음으로 우리가 받은 아버지의 사랑을 나타내지 못한다면 어찌되는가? 그것은 우리가, 그 사랑이 원래 이르고자 하는 그 목적지에 이르지 못하도록 막아서는 방해물이 되어 버린다는 사실을 의미할 것이다.

그것은 코이노니아의 단절이다. 즉, 그 아들을 통해 이 '악한 자 아래 있는 코스모스' 안에 창조해 두신 '하나님의 코이노니아'가 더 이상 이 코스모스의 어둠 속으로 침투해 들어가지 못하도록 막는 일이 되는 것이다. 그러므로 사랑의 계명을 행하지 못하는 것은 우리의 죄에 관련된 문제만이 아니다. 하나님의 사랑의 통치가, 마치 빛이 어둠을 몰아내는 것처럼 이 세상을 장악해 가는 길을 막는 일임을 기억해야 한다.

(e) **사귐과 일상**(日常): 마지막으로 6절에서, 요한은 그 아들과의 사귐 안에 있는 우리가 '저가 행하신 것처럼' 우리도 그렇게 행하는 것이 마땅하다고 가르친다. 그러니까 이제 6절은, '계명이나 말씀을 지킨다'는 것은 곧 그 아들과의 인격적 사귐 안에서, 그 아들과 함께 살아가며 그 아들의 길을 함께 따라가는 것임을 밝혀 보여 준다. 즉, 말씀을 지킨다는 것은, 어떤 '규율의 체계'나 '법'을 비인격적으로, 율법적으로 지키는 것이 아니다. 그것은, 그 아들과의 인격적 사귐 안에서 그의 은혜와 진리와 생명을 누리며 그를 사랑하여 그와 함께 그의 길을 기쁘게 좇아가는 것을 의미한다.

여기서 한 가지 주목할 것이 있다. 6절에서 '거한다'(메네인, μένειν)는 표현은 움직이지 않는 모양새이다. 한곳에 머무는 상태이다. 하지만 대조적으로 '행하며 다닌다'(페리파테인, περιπατεῖν)는 말은 움직임을 뜻한다. 여기저기 다니는 모양새이다. 우리는 하나님과 사귐이 있다고 하면, 신비적으로 생각하기 일쑤이다. 하나님과의 깊은 교제가 어떤 묵상이나, 기도나, 신비한 영적 체험에 국한된다고 생각하기 쉽다. 하지만 그렇지 않다. 하나님 안에 '거한다, 머문다'는 것은, 그가 행하시는 대로 나도 '행하는 삶'을 가리킨다. 그의 삶의 행적을 따라 우리도 우리의 구체적인 일상 속에서 그의 행적을 따라가는 것을 의미한다. 사귐은 곧 삶이다. 둘이 사귀는데, 한 사람은 동쪽으로 가고 다른 사람은 서쪽으로 간다면 서로 만나 사귈 수가 없다. 교제가 있을 수가 없다. 삶이 다른데 어떻게 사귀는가?

하나님과의 교제는, 그분의 사랑 안에서의 교제이다. 그 사랑을 받는 교제이며, 그 사랑을 누리는 교제이며, 그 사랑을 흘려 보내는 교제이고, 그래서 그 사랑을 '따라 밀려가는' 교제이다. 마치 바다에 떠 있으면서 그 바다의 거센 파도에 밀려 파도가 데려가는 곳까지 가는 것처럼, 그 사랑이 가는 곳까지 가는, 그 사랑이 우리를 인도하는 곳까지 가는 떠밀려 가는 교제이다. 주께서도 아버지 하나님의 사랑에 떠밀려 골고다까지 가셨다. 그것이 그 사랑이 온전하게 되는 길이다. 나도 그 사랑의 파도에 떠밀려 가고 있는가? 나도 그 사랑의 홍수에 휩쓸려 가고 있는가? 그 파도에 몸을 맡기라. 아버지의 사랑이 인도하는 곳까지 아무런 저항 없이 따라가는 것, 그것이 사랑의 시작이요, 그 결과이다.

(f) 언약과 계명: 그러므로 하나님과의 코이노니아는 어떤 신비한 경험에 국한되지 않는다. 하나님과의 사귐이, 살아 있는 인격적 교제 안에서 일어나는 것이라면 이것은 얼마든지 당연한 결과이다. 6절의 '마땅하다'(오페이레이, ὀφείλει)는 표현은, 윤리적인 당위성을 의미하는데, 당연히 '그럴 수밖에 없고, 그래야 하는' 관계를 가리킨다. 여기에는 '자연스럽다'는 뜻도 있고, '당연히 그래야 한다'는 책무감도 포함되어 있으며, 은혜와 사랑을 받은 자로서 어떤 빚진 자의 의식 같은 것도 포함되어 있다.

하나님의 언약 안에서 선물로 주어지는 은혜는 언제나 하나님의 거룩한 요구 곧 계명에 순종하는 우리의 응답을 수반한다. 이렇듯, 언약 안에서 주어지는 은혜와 요구는 서로 구분되지만 결코 분리되지 않는다. 물론, 우리가 그 계명에 순종하는 것이 은혜받는 조건은 아니고 그렇게 될 수도 없다. 하지만 그 언약 안에서 은혜를 받은 증거는 언제나 그분의 계명, 그분의 말씀을 지키고 순종하는 것으로 나타난다. 계명을 행하는 것은, 은혜받는 조건은 아니지만 은혜받은 증거이다. 그러므로 계명을 행함이 없다면, 그는 은혜받았다는 확실한 증거가 없는 셈이다. 요한은 바로 이 부분을 단호하고 분명하게 밝히고 있는 것이다.

확실히 요한이 3절부터 '계명'을 꺼내든 것은, 1-2절에서 먼저 제시한바, '새 언약' 안에서 베푸시는 '영원한 속죄의 약속'(렘 31:34)에 대한 성취가 전제된 것이었다. 구약과 신약이 언급하는 '언약'(covenant)이란 무엇인가? 요한일서가 말하는 '코이노니아'(κοινωνία)가 그 원형(原型)이라면, 구약의 언약은 그 '모형'(模型)이라 할 수 있다. 그만큼 요한일서가 제시하는 '코이노니아'는 새 언약의 성취의 절정이고 그 열매이다. 하나님께서 이제는, 자신의 종말의 새 백성의 밖에가 아니라 그들의 심령 안에 영원토록 내주하는(indwelling) 말씀과 성령을 통해, 종말의 은혜와 새 계명의 순종까지 이루어 내시는, 영적이고 인격적이며 총체적인 '코이노니아'를 창조하신 것이다.

그러므로 예수 믿는 누구나, 이 새 언약의 성취로 이루어진 하나님과의 관계, 즉 '영원한 생명과 사랑의 코이노니아' 안에 머물 수 있고, 거기서 떠나지 않을 수 있으며, 죄로부터 지켜질 수 있고, 더 나아가서 그 사귐의 한복판에서 얼마든지 하나님과 더불어 빛과 생명과 사랑의 통치를 누릴 수 있다. 이 복된 코이노니아는 하나님의 은혜로 보장되어 있으며, 우리의 인격적인 순종을 통해 얼마든지 이 세상, 코스모스 속으로 침입해 들어갈 수 있는 것이다. 여기에 교회의 특권과 사명이 놓여 있다.

기독교 정통 신비주의와 일상

　기독교 정통 신비주의는 '일상'(日常) 속에 있다. 날마다 하는 일과(日課), 설거지, 청소, 가족을 대하는 일, 이웃을 대하는 일, 사소한 친절, 거짓된 일과 유혹을 뿌리치는 일, 불리해도 약속을 어기지 않는 일, 믿을 만한 사람이 되는 일, 하나님의 뜻을 저버리지 않는 인내, 용서하는 일, 용기 내어 진리를 말하고 행동으로 실천하는 일, 맡겨진 책임을 다하는 일, 끝까지 사랑하는 일, 그런 일상 속에 주어진 작은 일들에 있다.

　40일을 금식했든, 400일을 기도했든, 그 긴 날 동안 과연 '무엇을' 기도했는지가 훨씬 더 중요하다. 그 결과, 그 영적 경험이 과연 일상에서 참된 사랑으로 나타나는지가 가장 중요하다. 그렇지 않다면 가짜이다. 이단적이고 거짓이다. 성경적인 신비주의, 신령한 체험, 성령의 깊은 것을 알고 경험하는 모든 일은, 땀 흘리는 정직한 노동, 일한 것으로 먹고사는 검소함, 노동하지 않고 떼돈 벌겠다는 유혹을 버리는 절제, 더 큰 하나님 나라를 위한 형제 우애와 경건 그리고 사랑의 삶으로 나타난다.

　누가 와서, 자신은 산속에 굴을 파고 거기 들어가 오래 금식을 했으며, 성경 전체를 암송한다고 자랑하거든, 그의 일상을 보라. 그가 이웃을 사랑하는 사람인지, 그가 진실한 사람인지, 그가 하나님의 이름을 위하여 자신의 욕망과 헛된 자랑을 내려놓을 수 있는 사람인지, 교회와 세상 앞에 선한 행실로 덕을 세우며, 모든 공(功)을 하나님께 돌리는 겸허한 사람인지, 그의 일상과 그의 성품을 보라.

　성경이 말하는 신비주의는 어떤 '영적 체험이나 능력이나 지식'에 있지 않다. 거기가 본질도 절정도 아니다. 하다못해 고대에 무예(武藝)를 닦는 세계에도, 기이한 능력을 행하는 자들, 장풍(掌風)을 날리며, 축지법으로 천 리를 간다 하며, 비범한 검(劍)을 쓴다 하는 자들은 모두 하수(下手)에 속한다. 최고의 무예가들은 '도'(道)의 세계를 걷는다고 한다. 곧 인의(仁義)와 충절(忠節)의 정도(正道)를 걷는 자들이다.

기독교 신비주의는 '길' 되신 '말씀' 속에 있다. 성경이 명확히 가르치는 진리와 형제 사랑, 이웃 사랑의 길을 걷지 않으면서, 하나님과의 신비한 사귐이나 체험을 말하는 자들은, 모두 성경에서 떠난 자들이다. 성경이 가르치는 신비주의는 성령 안에서 오직 말씀을 따르는 것으로 나타난다.

말씀을 떠난 성령 운동은 그래서 거짓이며 속임수이다. 성령께서는 말씀을 증거하시고, 말씀을 이루게 하시며, 말씀의 길을 따라가게 하신다. 말씀을 떠난 기독교 신비주의는 모두 거짓이다. 하나님을 아는 지식과 그 분과의 깊은 사랑의 사귐은 모두, 언제나, 일상 속에서 참된 사랑의 삶으로 나타나야 한다. 그것이 정통 기독교적, 성경적 신비주의이다.

이 조각난 세상

죄의 가장 큰 특징 중에 하나는 '파편화'이다. 마치 폭탄이 땅에 떨어져 모든 것이 조각나 버린 상태처럼 따로따로 흩어져 있는 것이다. 하나님은 원래 진실하시고, 선하시고, 아름다우시다. 그분 안에서 진, 선, 미는 하나로 조화롭게 어우러져 있는 것이다. 하지만 세상에서 진실한 사람이 선하고 아름답거나, 선한 사람이 진실하고 아름답거나, 아름다운 사람이 선하고 진실하기는 쉽지 않다. 진리를 추구하는 학자들은 종종 악하고, 선을 행한다는 정치가들은 자주 진리나 진실을 떠난다. 아름다움을 자랑하는 예술가들이 반드시 진리를 추구하거나 선하지는 않은 경우도 마찬가지이다.

그래서 과학자들은 물리학적 진리를 찾지만 세계를 산산이 파괴하고도 남을 핵폭탄을 만들기도 하고, 선한 것으로 가장한 선진국의 문화는 사람을 점점 더 하나님께로부터 멀어지게 하는 죄에 빠지게 만들기도 한다. 예술은 아름답지만 얼마나 자주 우리의 죄를 정당화시키며 하나님을 대적하게 만드는가. 그러므로 각기 좋은 것들이 있지만, 그것이 서로 분리되고 파편화될 때, 그것 자체의 선한 창조의 목적을 달성하지 못하는 경우들이 많다.

세상은 모든 것이 조각조각 나뉘어 서로 관계없이 분리되고 떨어진 채 생명을 잃고 혼돈 속에 빠져 있다. '하나님의 코이노니아'가 파괴된 상태인 것이다. 이런 파편화된 파괴의 모습은 이 땅의 교회에서도 나타난다. 종종 신학자에게는 목회자의 긍휼이 없고, 목회자에게는 신학 지식이 없다. 정통 신학을 꿰고 있다는데 사소한 문제로 형제를 비판하기 일쑤이고, 신령한 체험을 했다고 주장하지만 사랑은 고사하고 상식마저 없는 경우를 자주 보지 않는가.

성도들의 경우도 다르지 않다. 성경을 배우고 기도 많이 하고 교회 일에 열심이라는데, 형제 사랑도 이웃 사랑도 찾아볼 수 없이 이기적일 수 있다. 반대도 마찬가지이다. 세상 모든 사람들을 환대할 것처럼 사랑하자고 말하지만, 진리를 버렸기 때문에 정작 아무도 살려 내지 못한다. 사랑이 없는 진리는 쉽게 폭력적이 된다. 마찬가지로, 진리가 없는 사랑은 아예 사랑도 되지 못하는 것이다. 그럼에도 교회는 종종 진리를 주장하면서 사랑은 버리고, 사랑을 외치면서도 진리는 무시하지 않는가.

요한은 신학과 경건과 삶과 지식을 '하나님의 코이노니아를 통해 회복된 사랑' 안에서 모두 하나로 묶어 낸다. 사랑은 단순히 너그러운 감정이 아니다. 요한에게 있어서 사랑은 신학의 절정이고, 신비주의적 체험의 열매이다. 그 안에 모든 신학과 모든 경건이 녹아 있는 그런 사랑이다. 이제 요한일서를 따라, 이 조각난 세상을 치유하고 회복할 그 온전한 사랑을 향해 한 걸음 더 나아가 보자.

새 계명, 사랑, 그리고 세상

2:1-2은, '하나님의 코이노니아'가 우리의 죄에도 불구하고 얼마나 확실하게 보장되어 있는지를 보여 주었다. 뒤이어 나오는 3-6절은, 그 '코이노니아'가 계명을 순종함과 그에 따르는 온전한 사랑을 통해 더욱 적극적으로 확증된다는 사실을 가르쳐 주었다. 이제, 7-11절은 그 은혜의 코이노니아 안에서 우리가 지키는 계명은 '사랑의 새 계명'이며, 우리가 그 새 계명을 받았다는 것은 이 악한 자의 '코스모스' 안에 참빛이 이미 도래했다는 사실, 곧 하나님 나라가 이 코스모스에 들어왔다는 우주적 선포를 소개한다(7-9절).

그 결과, 우리는 이미 세상에 도래한 이 하나님 나라의 코이노니아 안에 거할지, 아니면 여전히 이 세상의 어둠 속에 거할지, 그 '사귐'에 관해 항상 선택하고 결정해야 한다(10-11절). 그렇다면 우리가 그 참빛 가운데 거하는지, 아니면 여전히 이 세상의 어둠 속에 거하는지를 어떻게 알 수 있는가? 그 표지는 '사랑의 삶'이다. 우리가 알고 있는 하나님에 대한 지식은 모두, 우리가 형제들과 이웃을 사랑하고 있느냐 그렇지 않느냐에 달려 있다. 이 흥미로운 본문을 세밀하게 읽어 보자.

> 7 사랑하는 여러분, 내가 여러분에게 쓰는 것은 새 계명이 아니라, 여러분이 처음부터 가지고 있던 옛 계명입니다. 그 옛 계명은 여러분이 들었던 그 말씀입니다. 8 내가 다시 새 계명을 쓰는 것은, 이것이 그의 안에서와 우리 안에서 참되고, 이미 참빛이 비치며 어둠이 지나가고 있기 때문입니다. 9 빛 가운데 있다고 말하면서도 그의 형제를 미워하는 자는 아직까지 어둠 가운데 있는 사람입니다. 10 그의 형제를 사랑하는 자는 빛 가운데 거하고 그의 안에 실족하게 하는 것이 없습니다. 11 그의 형제를 미워하는 자는 어둠 가운데 있고 그 어둠 안에서 행하여 어디로 가는지를 알지 못합니다. 왜냐하면 어둠이 그의 눈을 멀게 하였기 때문입니다.

'새 계명'이란 무엇인가? 7절에서 새 계명이란 옛 계명과 본질상 다르지 않은 것이며, 특히 '여러분이 들었던 그 말씀'이라는 표현을 보면 수신자 공동체가 들었던 복음의 어떤 내용이나 가르침을 지칭하는 것처럼 들린다. 하지만 9절 이하에서 곧바로, 이 '새 계명'의 내용은 '서로 사랑하라'는 예수님의 명령임을 금방 알 수 있다. 그렇다면, 요한일서의 다른 본문들과 신약의 본문들이 지지하는 것처럼 이 '새 계명'은 새 언약을 성취하신 예수님께서 새 언약의 은혜와 함께 명하신 요구 곧 '서로 사랑하라'는 새 언약의 새 계명임이 분명하다(3:23; 요 13:34; 15:12).

그렇다면 7절에서 '여러분이 처음부터 가지고 있던 옛 계명' 또는 '여러분이 들었던 그 말씀'은 무엇을 가리키는가? '처음부터'(아프 아르케스, ἀπ' ἀρχῆς)라는 표현은 '태초부터 있어 온 생명의 말씀'(1:1)이라 할 때도 사용되었고, 수신자 교회가 전해 들었던 복음이나 가르침에 대해서도 사용되었다(2:24). 그러므로 요한이 '처음부터'라고 할 때는, 그것이 세상이 창조되기 이전인지, 예수님이 선포하신 천국 복음을 들었을 때인지, 또는 수신자 교회가 메시지를 들었을 때인지, 어떤 하나의 고정적인 시점을 특정하기 어려운 것이 사실이다. 그만큼 요한의 표현은 자주 포괄적이고 중의적이다.

따라서 7절에서 '여러분이 처음부터 가지고 있던 옛 계명'은, 일차적으로 수신자 교회가 사도들로부터 전해 들었던 메시지나 가르침일 수 있지만, 구약부터 내려오는 옛 언약의 율법에 관한 가르침을 지칭할 가능성을 배제하기 어렵다. 오히려 8절 이하에서 보듯이 '참빛'이신 예수 그리스도의 오심을 통해 이루어진 '새 언약의 성취'를 염두에 둔다면, 7절에서 수신자 교회가 듣고 배운 내용들 가운데에 옛 언약의 옛 계명인 구약의 율법에 관한 가르침이 적극적으로 포함되어 있었다고 추정할 수 있다.

왜 '새' 계명인가?

우선 '새 계명'도 옛 계명처럼, 언약 안에서 주어진 계명이다. 7절은, 새 계명이 사실은 옛 계명과 다르지 않다는 것, 즉 본질상은 같은 '계명'(엔톨레, ἐντολή)이라는 '연속성'을 강조한다. 실제로, 예수님께서 명하신 새 계명은 구약의 율법의 핵심인 '사랑의 계명'과 그 본질이 같다. 한 율법사가 물었을 때, 예수님은 이렇게 대답하셨다: "예수께서 이르시되, 네 마음을 다하고 목숨을 다하고 뜻을 다하여 주 너의 하나님을 사랑하라 하셨으니, 이것이 크고 첫째 되는 계명이요, 둘째도 그와 같으니 네 이웃을 네 자신같이 사랑하라 하셨으니, 이 두 계명이 온 율법과 선지자의 강령이니라"(마 22:37-40).

옛 계명 곧 율법에는 많은 내용들이 있지만, 그것들은 결국 하나님 사랑, 이웃 사랑으로 요약될 수 있다. 사랑이 율법의 핵심이요 완성이다: "사랑은 이웃에게 악을 행하지 아니하나니, 그러므로 사랑은 율법의 완성이니라"(롬 13:10). 옛 계명이든 새 계명이든, 하나님께서 언약 안에서 은혜 베풀어 주심과 함께 요구하시는 계명의 내용은 '사랑'인 셈이다. 거저 은혜받은 자가 그 은혜를 거저 베푸는 원리이다. 언약 안에서 하나님의 무한하고 신실하신 사랑을 받은 자가, 역시 같은 방식으로 끝까지 신실하게 형제와 이웃을 사랑하는 것은 당연하고 또 마땅하다. 언약의 내용으로서 은혜와 요구는, 그래서 사실상 동전의 양면과도 같다.

그렇다면 '새 언약'은 왜 '새'(카이네, καινή) 계명이라 부르는가? 이 질문은 예수님께서 새 언약의 은혜를 베푸시면서 요구하신 새 계명은, 과연 어떤 점에서 옛 계명과 '불연속적'인지를 묻는 것이나 다름없다. 둘 다 '사랑'을 명하신 것은 같은데, 어떤 점에서 '새 계명'은 '새로운' 것인가? 아래의 도표는 옛 언약과 새 언약의 연속성과 불연속을 이해하는 데 있어서 매우 중요하다. 복음서에서 '예수와 율법의 성취'라는 주제로 자주 다루어지는 본문이기도 하다: "내가 율법이나 선지자를 폐하러 온 줄로 생각하지 말라. 폐하러 온 것이 아니요 완전하게 하려 함이라"(마 5:17). 무엇보다, 요한일서에서 말씀, 성령, 중생, 성화의 문제를 이해하는 데 있어서 결정적인 내용이므로 주의 깊게 살펴야 할 필요가 있다.

[도표 5] 새 계명이 '새로운' 여섯 가지 이유

(A) 옛 언약의 율법의 '참된 의미'를 드러내는 새 계명
(B) 예수님께서 율법을 '성취하심을 근거'로 명하신 새 계명
(C) 새 언약을 따라 새 백성의 '심령에 기록한' 새 계명
(D) 새 언약을 따라 '성령의 내주'와 함께 주어진 새 계명
(E) 내주하는 말씀을 '성령을 통해 순종'할 수 있는 새 계명
(F) 세상을 회복하는, '말씀을 순종하는 새 백성'을 창조

'새 계명'에 관한 앞의 여섯 가지 항목은, 요한일서에서 '새 계명' 또는 '계명'이 언급될 때마다 함께 기억해야 할 내용들이다. 왜냐하면 요한이 '계명'이나 '서로 사랑'의 주제를 언급할 때는, 그 배후에 '새 언약의 성취'라는 거대한 근거를 전제하기 때문이다.[28]

신약의 교회인 우리는 새 언약 백성이다. 그러므로 우리는 새 언약이 무엇인지, 새 계명이 무엇인지를 명확히 알아야만 한다. 그것이 우리 자신이 누구인지, 하나님께서 새 언약 백성인 교회를 위하여 무엇을 하셨고, 하고 계시며, 하려 하시는지를 알게 해 주기 때문이다. '새 계명'이란 무엇인가? 새 언약 백성인 교회에 어떤 의미가 있는가? 이 중대한 질문에 하나씩 답을 해 보자. 오늘날 교회가 새 언약을 누리며 새 언약 백성이 되기 위해서는, 빠뜨림 없이 꼼꼼히 기억해야 할 내용들이다.

(A) '같은 본질, 다른 수준' – 구약 율법의 참뜻을 드러냄: 먼저, 예수님께서 새 언약 백성인 교회에 명하신 새 계명은, 옛 계명 곧 율법의 참뜻을 드러낸다. 율법은 언약 백성을 향한 하나님의 뜻을, 주로 소극적이고 부정적인 방식으로, 즉, 어떤 테두리 밖으로 나가지 않도록 하는 금지 조항으로 표현했다. 그래서 1세기의 바리새인들은, 율법이 정확히 어떤 것을 금지하고 어디까지를 허용하는지를 따지는 율법 해석 작업을 '울타리 정하기'(fencing around)라고 불렀다.

하지만 예수님께서 옛 계명 곧 율법의 요구에 친히 순종하시고 그 모든 의(義)를 이루신 후에, 새 언약 백성에게 '영원한 속죄'와 '성령의 내주'의 은혜를 베푸시면서 지키라고 명하신 새 계명은, 하나님의 법의 중심에서부터 확대되는 그 참된 뜻과 의도를 드러낸다. 예컨대, 구약에서 '살인하지 말라'는 계명은 사실 이웃을 '죽이지 않는' 선에서 그치라는 말이 아니라, 새 계명에

---

[28] 이 책의 '서론'을 참조하라. 또는, 채영삼, "요한일서 3:9의 '그의 씨'(σπέρμα αὐτοῦ)의 의미, 공동서신의 전통 그리고 새 언약의 성취", 특히, 604-609 참조.

서처럼 '네 형제를 마음으로부터 용서'하고, '형제를 위하여 목숨까지 내어 주라'는 의도였음이 드러난다(마 5:21-26; 요 15:12-13).

간음하지 말라는 계명은, 단지 간음만 하지 않으면 되는 것이기 때문에 그렇게 명령하신 것이 아니다. 예수님은, 이성(異姓)을 단지 욕망 충족을 위한 성적(性的) 대상으로 물화(物化)함으로써 그 상대방과 우리 자신이 모두 하나님의 형상으로서 갖는 인격성을 파괴하지 말라고 가르치신다. 즉, 사랑과 생명의 문제를, 남자와 여자 사이의 항구적이고 신실한 결혼이라는 '언약 관계'에 두는 것이 본래 하나님의 의도였음을 밝히 드러내시는 것이다(마 5:27-32).

이런 식이다. 맹세하지 말라는 것은, 하나님의 주권을 인정하고, 언약을 신실하게 지키시는 하나님을 따라 우리도 말을 신실하게 지켜야 한다는 것이 그 참뜻이다. 또한, 구약에서도 '눈에는 눈, 이에는 이'라는 법은 보복법이 아니라, 그가 주인이든 노예이든, 하나님의 형상으로서 상대에게 피해를 받은 만큼만 배상받을 수 있다는 보복 제한법이었다. 하지만 그 계명의 참뜻은, 네 이웃을 네 몸과 같이 사랑하라는 것이다(마 5:33-48). '네 이웃'이 누구인가? 누가 내 이웃인가? 나의 도움을 필요로 하는 사람이다(눅 10:36).

마찬가지로, 요한일서에서 새 계명을 따라 명하는 '형제 사랑'에서도 역시 교회가 사랑해야 할 '형제'가 일차적 대상이지만, 더 나아가서 하나님의 자녀를 증오하고 핍박하는 세상 사람들에게까지 새 계명의 사랑은 확장되어야 한다(3:13-16). 예수 그리스도의 사랑의 새 계명은, 본질상, 단지 교회 안에서만 하는 형제 사랑에 그치지 않는다. 형제 사랑이 우선적이지만(5:1-2), 그 새 계명의 사랑은 예수님의 경우처럼, 우리 같은 죄인들과 하나님의 원수들에게도 적용된 것이었고 또 그래야 하기 때문이다.

(B) '더 큰 은혜, 더 큰 요구' - 예수님의 성취를 근거로 한 새 계명: 새 계명이 옛 계명과는 대조적으로 '새로운' 이유는, 예수 그리스도께서 옛 계명 곧 율법의 모든 요구를 친히 성취하신 사실을 근거로, 그 성취의 결과인 새

언약의 은혜와 함께 명하신 계명이기 때문이다. 옛 언약의 율법은 하나님께서 모세를 통해서 전달하셨지만, 새 언약의 새 계명은 하나님의 아들 예수 그리스도께서 직접 제정하셔서 주셨다: "옛 사람에게 말한 바 … 나는 너희에게 이르노니"(마 5:21-22, 27-28, 33-34, 38-39, 43-44).

무엇보다, 새 계명은 예수 그리스도께서 옛 언약의 율법이 요구하는 바의 '모든 의'를 자신이 성취하신 결과를 근거로 명하셨다는 사실이 결정적이다(마 3:15; 참조. 롬 5:18-19). 그러므로 예수 그리스도를 믿는 새 언약의 성도는 더 이상 옛 언약의 '율법 아래에'(휘포 노몬, ὑπὸ νόμον) 있지 않다(롬 6:14-15). 이제는 예수 그리스도를 믿음으로 말미암아 그 '율법의 저주'에서 해방되었을 뿐 아니라, 그 옛 언약의 계명인 율법의 직접적인 요구 아래에 놓여 있지도 않게 된 것이다(갈 3:10-14).

그래서 바울에 의하면 새 언약의 성도는 구약의 율법 아래에 갇혀 있지 않고, '은혜의 통치 아래에' 있으며 '예수 그리스도 안에' 있다(롬 5:14-15; 8:1-2, 38-39). 요한일서식으로 옛 언약의 율법이 아니라 '코스모스' 곧 타락한 세상을 배경으로 말한다면, 새 계명을 받은 새 언약 백성은 더 이상 '악한 자 아래 놓인 세상'에 속해 있지 않고, 그 아들을 통해 받은 영원한 생명으로 인해 '하나님의 코이노니아 안에 거하'게 된 것이다(1:3-4).

그러므로 새 언약의 새 계명은, 언제나 예수 그리스도의 인격과 사역이 기준이다. 그의 삶과 사역, 그가 십자가에서 순종하고 죽으심을 근거로 새 언약의 내용과 기준이 세워졌기 때문이다. 주께서 '내가 너희를 사랑한 것과 같이' 너희도 서로 사랑하라 하신 뜻이 여기에 있다. '내가 너희를 사랑한 것과 같이'가 새 언약의 내용과 기준을 결정한다. 옛 언약에서는 '살인하지 않으면' 되었다. 사실은, 그런 율법을 주신 의도가 그것만은 아니었지만, 옛 언약 백성이 받은 은혜, 그들이 알고 있는 은혜와 하나님에 대한 지식으로서는 그 이상을 할 수 없었기 때문이다.

하지만 새 언약의 새 백성은, 하나님의 아들 예수 그리스도께서 자신의 생명을 내어 주실 만큼의 은혜를 받았다. 십자가에서 자신을 내어 주신 그분께서, 그 자신의 영원한 생명을 거저 은혜로 받은 우리에게 요구하시는 것이다. '너희도 이와 같이 서로 사랑하라'이다. 어떻게, 얼마만큼 사랑하라는 것인가? 나는 내 형제, 이웃을 얼마만큼 참고 이해하고 견디며 사랑을 베풀어야 하는가? 어느 때까지 그렇게 하면 되는가? 새 계명은, '너희가 예수 그리스도를 통해 받은 은혜와 사랑만큼 그렇게 하라'는 것이다.

그렇다면, 용서 못 할 죄인이 있는가? 나는 용서받을 만한 죄인이었던가? 나는 얼마나 철면피인가? 나는 제대로 회개하고 사과하고 배상하는가? 그렇게 하지 못하면서도 날마다 예수 그리스도의 죽으심을 근거로 하나님의 죄 사함과 은혜와 사랑을 요구하지 않는가? 그렇다면 왜 그런 똑같은 용서와 은혜와 사랑을 우리의 형제, 이웃들에게 베풀지 않는가? 그렇게 하지 않는다면, 그것은 새 언약 안에 거하면서도, 받은 은혜와 마땅히 행해야 할 요구를 서로 분리시키는 위선이요, 기만이요, 왜곡이 아닌가. 새 계명은 '더 큰 요구'를 해 온다. 왜냐하면 '더 큰 은혜'를 받은 자들에게 주어지는 요구이기 때문이다. 더 큰 은혜는 더 큰 요구를 수반함을 의미한다.

(C) '돌판이 아니라, 마음에' – 새 백성의 심령에 기록한 새 계명: 새 계명이 '새로운' 이유는, 하나님의 계명이 이제는 모세의 십계명처럼 돌판에 새겨진 것이 아니라, 거듭난 새 언약 백성의 심령에 직접 기록되어 있기 때문이다. 하나님의 법, 곧 그의 언약적 요구는 폐하여지지 않는다. 옛 언약의 율법은 거룩하고 의롭고 선한 것이다(롬 7:12). 다만, 그 율법, 그 옛 계명은 새 언약의 새 계명을 통해서 그 참뜻이 드러났고, 그 율법의 요구를 모두 성취하신 예수 그리스도께서 '그 완전한 의(義)의 선물'과 함께(롬 3:28; 갈 2:6; 고전 1:30), 그가 사랑하신 것과 같이 사랑하라는 새 계명을 주신 것이 다른 점이다.

그런데 여기서 한 가지 더 결정적인 차이가 있다. 옛 언약의 계명은 돌판에 기록되었지만, 새 언약의 새 계명, '곧 이와 같이 너희도 서로 사랑하라'는 말씀은, 그 아들의 '완전한 의'를 선물로 받은 새 언약 백성의 심령에 직접 '심겨져 있기' 때문이다. 통상, 새 언약 백성이 교회의 정체성을 이야기할 때, 이 놀라운 복음의 사실은 종종 간과되기 일쑤이다.

다시 한 번 강조하지만, 새 언약 백성으로서 교회란 새 언약의 복음과 계명, 곧 그 '말씀이 그들의 심령에 기록된 사람들'이라는 뜻이다. 신자의 중생(regeneration)을 그들의 심령에 말씀이 기록되는 것으로 설명하는 방식은, 새 언약의 약속이 성취된 사실에 따른 것이다: "그러나 그날 후에 내가 이스라엘 집과 맺을 언약은 이러하니 곧 내가 나의 법을 그들의 속에 두며 그들의 마음에 '기록하여'(그랍쏘, γράψω, 칠십인경) 나는 그들의 하나님이 되고 그들은 내 백성이 될 것이라 여호와의 말씀이니라"(렘 31:33).

신약에 오면, 바로 예레미야의 이 새 언약의 약속이 성취된다. 야고보서 1:18-21은, 복음을 듣고 거듭난 신자란 '너희 영혼을 능히 구원할 바 마음에 심어진 말씀'을 온유하게 받는 자라고 선포한다. 중생한 성도의 심령에 '심긴 말씀'(엠퓨톤 로곤, ἔμφυτον λόγον)이 그들을 구원할 능력이고 그 구원의 능력이 새 언약 복음의 은혜와 계명의 말씀으로 그들 안에 이미 심겨 있다는 것이다. 새 언약 성취를 중생과 말씀에 관련해서 설명하는 이러한 방식은, 베드로전서 1:23-25에서도 확증된다. 우리가 거듭난 것은 '썩어질 씨로 된 것이 아니요, 썩지 아니할 씨로 된 것'임을 알려 준다. 그리고 우리를 중생하게 한 그 '썩지 아니할 씨'는 곧 '살아 있고 항상 있는 하나님의 말씀'(로구 존토스 떼우 카이 메논토스, λόγου ζῶντος θεοῦ καὶ μένοντος)이며 '너희에게 전한 복음'이다.[29]

흥미롭게도 같은 공동서신의 일부로서 요한일서에서도, 중생한 신자 안에 '거하는 말씀'(indwelling word of God)은 완연하게 강조되는 주제이다. 하나님

---

[29] 채영삼, 『지붕 없는 교회: 야고보서의 이해』, 123-143. 그리고 『십자가와 선한 양심: 베드로전서의 이해』, 102-119을 참조하라.

의 코이노니아 안에 들어온 성도는, '생명의 말씀'이 그들 안에 있는 자들이다(1:1, 10). 그들은 자신들 안에 거하는 '말씀의 생명'으로 살고 있다. 그러니 그 말씀의 진리를 따라갈 수밖에 없고, 그 말씀의 진실성이 그들의 사귐과 행함을 통해 나타나고 또 그래야만 한다(1:6; 2:4-6). 그들이 세상과 그 세상의 악한 자를 이기는 것은, 그들 안에 거하는 이 '말씀' 때문이다(2:14).

새 언약의 성도란, 그들을 구원하는 예수 그리스도의 은혜의 복음과 새 계명 자체가 그들의 심령에 심겨 있고 그들 안에 거하는 자들이라는 뜻이다. 예수 믿는다는 것은 무엇인가? 그리스도인이 되었다는 것은 무슨 뜻인가? 그것은 이제 '살았고 영원한 하나님의 말씀'이 당신 속에 '썩지 않는 씨앗'으로 심겨 있게 되었다는 것이다. 그러면 어떤 일이 일어나는가? 당신의 심령 안에 심겨 있는 그 살아 있는 말씀이 그 안에서부터, 당신의 생명이 아닌, 이 세상의 생명도 아닌, 하나님의 영원한 생명의 싹을 틔우고, 꽃을 피우고, 열매를 맺는 일이 일어난다. 이것이 예수 믿고 거듭나 새 언약 백성이 되었다는 의미이다.

예수 믿는 싱도 안에 심겨 있는 그 말씀의 내용은 무엇인가? 그것이 새 계명이다. 곧 새 언약 안에서 하나님께서 우리에게 믿고 행하라고 주신 복음의 내용이다. 예수 그리스도의 십자가와 부활의 복음 그 자체가 우리의 심령 안에 심겨 있다. 그리고 그 은혜와 생명의 복음에 합당한 새 계명, 곧, '그가 우리를 사랑하신 것같이, 우리도 서로 사랑해야 한다'는 말씀이다. 그래서 신자는 하나님의 말씀을 그 심령 안에, '이미' 가지고 있는 자이다. 형제를 살인하지 않았어도, 단순히 용서하지 않고 미워한다는 사실만으로도 밤잠을 설치고 괴로워할 수 있는 존재가 된 것이다.

(D) '예배당이 아니라 심령에' – 성령의 내주와 함께 주어진 새 계명: '새 계명'이란 무엇인가? 왜 '새' 계명인가? 언약 안에서 주어진 계명의 핵심은 사랑이다. 그런데 그것이 '새로운' 이유는 위에서 여러 가지로 설명한 바 있

다. 여기에 덧붙일 한 가지 중대한 '새로움'이 또 있다. 그것은 '새 계명'은 구약에서처럼 돌로 지은 성전에서 선포되거나, 그 돌로 지은 성전 안에서 속죄의 제사를 드린 후에 임하는 하나님의 영광 가운데서 가르쳐지는 거룩한 명령에 그치지 않는다는 것이다. 새 언약의 성도가 받은 새 계명은, 예배당에 모여 거룩한 예배를 드릴 때 찬양과 설교를 통해서만 주어지는 것이 아니다.

새 언약 백성인 교회가 받은 새 계명은, 항상 그들의 심령 가운데 심겨 있다. 중생한 성도라면 그 새 계명과 거듭난 그의 심령, 이 둘을 서로 갈라놓지 못한다. 그의 거듭난 심령 안에는 이미 그 새 계명이 그 영원한 생명으로 심겨 있다. 마치 화분의 흙 속에 씨앗을 심어 놓은 것과 같다. 그렇다면, 씨앗을 심을 때 물도 주지 않는가? 그리고 그 씨앗이 싹을 틔우고 줄기가 뻗어 나오며 잎사귀가 달리다가 결국 꽃 피고 열매 맺을 때까지, 계속해서 물도 주고 거름도 주고 공기가 통하게 해 주고 햇빛도 비추어 주지 않는가?

그것이 새 언약의 영 곧 성령의 역할과도 같다. 새 언약 백성의 심령에 새 언약의 복음과 계명의 말씀이 심기게 될 때, 이미 성령께서 함께 역사하신다. 구약에 기록된 새 언약의 내용에는, 종말에 하나님께서 그의 영, 그의 신(神) 곧 성령을 더 이상 '돌로 지은 성전'에 가두어 두지 않으시고 자기 백성의 심령 안에 내주(內住, indwelling)하게 하겠다고 약속하셨다: "또 새 영을 너희 속에 두고 새 마음을 너희에게 주되 너희 육신에서 굳은 마음을 제거하고 부드러운 마음을 줄 것이며, 또 내 영을 너희 속에 두어 너희로 내 율례를 행하게 하리니 너희가 내 규례를 지켜 행할지라"(겔 36:26-27).

그러므로 새 언약의 가장 큰 특징 중에 하나는 '성령의 내주'이다. 예수님께서는 돌로 지은 예루살렘 성전을 보시고, '너희가 이 성전을 헐라. 내가 사흘 동안에 일으키리라'고 말씀하셨고, 그것은 '성전 된 자기 육체'를 가리켜 말씀하신 것이었다(요 2:19-21). 성전에는 두 가지 핵심적인 요소가 있다. 하나는 속죄(atonement)이고 다른 하나는 하나님의 임재(presence of God)이다. 하나님의 임재는 속죄를 전제한다. 성전이, 성전이 되는 이유는 거기에 속죄와 임재가 있기 때문이다.

오순절에 하나님의 성령이 예수 믿는 자들 안에 임재하신 것은, 새 언약의 혁혁한 성취이다(행 2:1-4). 이는 그들 안에 예수 그리스도로 말미암은 '영원한 속죄'가 있고, 그 속죄 위에 하나님의 성령이 그들 안에 공식적으로 임재하신 사건이다. 그리고 이제 자신들 안에 영원한 속죄 제물이 되신 예수 그리스도가 계시고, 또한 하나님께서 성령으로 친히 내주하여 계신 새 백성은, 종말의 '하나님의 살아 있는 성전'으로 지어져 가고 있다(엡 2:20-22; 벧전 2:3-5).

그러므로 성전을 성전 되게 하시는 하나님의 성령은, 새 언약 백성의 심령에 부어져 있다. 요한일서는 성도에게 '그(주)에게 받은 그 기름 부음'이 그들 안에 '거하고 있다'(메네이, μένει)고 알려 준다(2:27). 그 '기름 부음'은 내재하는 말씀을 가리킬 수도 있지만, 그보다는 성령의 내주에 더 부합하는 이미지이다. 마치 밭에 씨앗을 심을 때에 단단한 씨앗만이 아니라, 그 씨앗이 계속 생명을 틔울 수 있도록 물을 부어 주는 것과 유사한 모습이다.

새 언약 성도의 거듭난 심령에 심겨진 말씀은, 그러므로 그들 안에 부어진 하나님의 성령과 함께 역사한다. 성도 안에 내재하는 말씀과 성령을 통해, 새 언약 성도는 이제, '이 산에서도 저 산에서도'가 아닌, '영과 진리로'(엔 프뉴마티 카이 알레떼이아, ἐν πνεύματι καὶ ἀληθείᾳ, 요 4:24) 즉, 그들 안에 '내주하는 성령과 진리의 말씀'을 통해, 어디서나 하나님을 예배한다. 그것이 삶의 한복판이든, 예배당 안이든, 일상 속이든, 광야이든, 그 어디서나 하나님을 참으로 예배하는, 새 언약의 새 백성이 된 것이다.

(E) '우리가 아니라, 하나님께서' – 말씀과 성령으로 순종하는 새 백성: 새 언약은 왜 필요했을까? 새 계명은 왜 생겨났을까? 그것은 옛 언약 관계가 그 언약 백성의 불순종으로 실패했기 때문이다. 물론 하나님의 언약이 실패한 것은 아니다. 그 옛 언약 백성의 불순종이 문제라는 사실이 명확해진 것이다.

예레미야의 새 언약은 이렇게 시작한다. "이 언약은 내가 그들의 조상들의 손을 잡고 애굽 땅에서 인도하여 내던 날에 맺은 것과 같지 아니할 것은, 내가 그들의 남편이 되었어도 그들이 내 언약을 깨뜨렸음이라"(렘 31:32). 옛 언약의 은혜는 받았지만 그 계명을 순종하지 못했던 그 언약 백성의 '무능'(inability)이 문제였던 것이다.

에스겔도 한탄한다. "이스라엘 족속이 그들의 고국 땅에 거주할 때에, 그들의 행위로 그 땅을 더럽혔나니 … 그들을 그 행위대로 심판하여 각국에 흩으며 여러 나라에 헤쳤더니 그들이 이른바 그 여러 나라에서 내 거룩한 이름이 그들로 말미암아 더러워졌나니 … 너희가 그들 가운데서 더럽힌 나의 큰 이름을 내가 거룩하게 할지라"(겔 36:17-23). 이것이 하나님께서 옛 언약을 갱신하여 새 언약을 체결하신 이유이다. 문제는 그들이 젖과 꿀이 흐르는 약속의 땅에 들어갔어도 거기서 열방이 보는 앞에서 하나님의 말씀을 버리고 짓밟아 하나님의 이름을 더럽힌 까닭이었다.

그렇다면 새 언약은 이 문제를 어떻게 해결하는가? 문제가 그 언약 백성의 불순종이었기 때문에, 새 언약은 적극적으로 우리 편의 불순종의 문제를 해결하는 방향으로 전개된다. 즉, 우리의 불순종이라는 무능력까지 하나님 자신이 책임지는 방식이 제시된다. 그것이 '말씀과 성령의 내재화'(indwelling of the Word and the Spirit)로 나타난 것이다. 새 언약에서는 옛 언약의 실패한 방식과는 다르게, 새 언약의 복음 곧 그 은혜와 요구의 계명이 성령과 함께 그들의 심령 안에 기록되고 내주하는 새로운 방식으로 성취된다.[30]

놀랍게도 요한일서는, 바로 이런 새 언약의 중대한 두 가지 비전 곧, 말씀과 성령의 내주(內住)가 그 새 언약 백성에게 실현되었음을 전제하고 있다. 새 언약의 성취로 말미암아, '생명의 말씀'(1:1)과 '기름 부음'(2:27)이 '하나님의

---

30 Raitt, *A Theology of Exile*, 201; Brueggemann, *Jeremiah*, 293.

코이노니아'(1:3-4)에 속한 성도의 심령 안에 직접 거하는 것이다. '코이노니아'란 그런 점에서 '언약'(covenant)의 다른 표현으로서, 새 언약의 말씀과 성령이 신자 안에 내주하는 상황에서 하나님과의 내적이고, 영적이고, 인격적이고, 직접적인 사귐이 가능한 '언약 관계'가 성취된 그 절정의 모습, 그 풍성한 열매이다.

새 언약의 다른 표현인 '하나님의 코이노니아' 안에서, 신자의 순종과 성화는 하나님이 친히 그들 안에 내주하는 말씀과 성령으로 주도해 나가신다(3:9-10). 그것은 전적으로 '하나님의' 코이노니아이다. 하나님께서 시작하셨고, 그의 말씀과 성령을 우리 안에 거하게 하심으로써 우리 편에서 순종을 이끌어 내시는 새 언약의 관계이기 때문이다. 그렇다면, 이제 말씀과 성령이 그들 안에 내주하며 하나님의 코이노니아 안에 거하는 새 언약 백성이 된 교회는, 하나님의 말씀을 순종하는 일에 실패하는 일이 없이 언제나 성공하는가?

요한일서의 가르침이나 우리의 현실을 보면 그렇지 않다는 사실이 분명하다. 새 언약 백성인 성도 역시 죄를 짓는다(1:8-9; 2:1-2). 왜냐하면 새 언약의 성취인 '하나님의 코이노니아'는 동시에 인격적 상호 교제의 관계이기 때문이다. 그래서 우리 편의 '적극적인 피동성'이 필요하다. 인격적으로 순복하며, 그분이 우리 안에 두신 말씀과 성령의 이끌림에 피동적이지만 수납하고 따라가는 사귐의 관계인 것이다. 여기서, 우리가 하나님의 자녀이지만, 여전히 '어둠 가운데 거할' 가능성이 남아 있게 된다. 그 허락된 사귐을 거부하는 경우이다.

(F) '이미'와 '아직' – 세상을 회복하는, '말씀을 순종하는 새 백성'을 창조: 또 하나는, 현재의 이 코스모스의 어둠이 여전히 남아 있다는 사실이다. 이 세상은 악한 자 아래에 잠시, 그리고 제한적으로 놓여 있지만, 여전히 그 악한 자의 거짓과 살인, 미혹과 우상 숭배, 그리고 왜곡된 사랑의 어둠 아래에 붙잡혀 있다(5:19). 세상은 이미 지나가고 있지만, 다 지나가지는 않았다(2:8,

17). '하나님의 코이노니아'는 그 아들을 통해 세상 속으로 침투해 들어와 있고, 여전히 세상 속에 남아 있다. 이 악한 자의 세상은 그 코이노니아 안에 거하는 영원한 생명과 아버지의 빛과 사랑으로 균열되고 있지만, 여전히 그 어둠의 그늘을 드리우고 있다.

구약에 나타난 새 언약의 비전은 언제나 '열방의 회복'(렘 31:34; 겔 36:16-24; 37:38)과 그에 이어지는 '새 하늘과 새 땅'의 재창조의 전망을 바라보고 있다(겔 36:28-38; 37:15-28; 47:17-48:35; 참조. 사 11:1-10; 51:1-11). '새 계명'의 성취도 이러한 궁극적인 전망에서 예외는 아니다. 오히려 적극적으로 이러한 재창조(re-creation)의 전망 안에서 이해되어야만 한다. 교회가 '주께서 우리를 사랑하셨듯이 형제 사랑과 이웃 사랑을 실현'하는 것은, 단지 우리의 구원만이 걸려 있는 문제가 아니다. 그것은 이 세상에 침투한, 그 아버지 하나님의 사랑을 통해, 열방이 하나님께로 돌아올 뿐 아니라, 이 악한 자의 코스모스가 '하나님의 코이노니아' 곧 새로운 에덴동산으로 재창조되는 날을 바라보며 사는 신앙의 결단이기 때문이다.

그래서 새 언약의 성취로서 '하나님의 코이노니아'는 '이미' 이 세상에 침투했지만, '아직' 온전히 이루어지지 않았다. 마찬가지로, '하나님의 코이노니아'에 거하며 새 언약의 말씀과 성령의 내주를 통해 그들 안에서 그들의 순종을 이루어 가는 놀라운 역사도, '이미' 시작된 일이지만 동시에 '아직' 온전히 성취되지 않았다. 요한일서는 그날, 주께서 다시 오셔서 우리를 '그와 같이' 변화시키시는 그 재림의 날을 적극적으로 바라본다(2:28-3:1).

하나님의 코이노니아는 확실히, 이 세상에 침투한 새 하늘과 새 땅의 놀라운 실재(reality)이다. 그 안에서 삼위 하나님과의 '내면적이고 영적이고 인격적인' 사랑과 순종의 관계가 놀라운 방식으로 경험될 수 있기 때문이다. 하지만 '아직' 새 하늘과 새 땅에서 경험될 그 온전한 코이노니아는 아니다. 그날에는 하나님의 말씀에 순종하는 일이 아무런 방해 없이 숨 쉬는 것처럼 자연스러워질 것이다. 하지만 그것은 주의 영광스러운 재림과 그의 주권에 달려 있는 일이다. 동시에, 그것은 아직 이 세상의 어둠과 싸우며, 그 어둠이 아니라 빛이신 하나님과의 사귐 안에 거하기를 택하는 우리에게 달려 있는 문제이기도 하다.

'이미' 참빛이 왔다

이제 우리는 '새 계명'에 대한 중요한 공부를 마쳤다. 신약의 교회인 우리는 새 언약 백성이다. 우리는 새 언약의 은혜인 그 아들 예수 그리스도를 받았고, 그와 함께 그가 주신 새 계명을 받았다. 새 언약의 새 계명은, 하나님께서 세상에 보내신 그 아들 예수 그리스도를 통해 그의 새 언약 백성에게 주신 것이다.

요한일서 2:8은, 이것을 두고 '이미 참빛이 비치고 있다'고 표현한다. '참빛'(토 포스 토 알레띠논, τὸ φῶς τὸ ἀληθινὸν)은 무엇인가? 왜 '참'빛이라 하는가? '가짜' 빛도 있는가? 여기서 '참'이라는 표현은 앞서 '진리'(알레띠노스, ἀληθινός)로 번역되기도 한 단어이며(1:6, 8; 2:4), '진실한' 또는 '신실하게 성취된' 그리고 '원형(原型, archetype)의'라는 의미도 있다.

그러므로 '참빛'이란, '진짜 빛'이다. 일반 은총의 피조 세계에서 빛을 비추는 태양이나 달, 별들이 아니라, 그것들이 원래 가리키도록 의도되었던 바의 그 '참빛'인 하나님과 그의 아들 자신인 것이다. 동시에 그것은 구약의 특별 계시인 '빛 된 말씀'(시 119:105)이, 장차 오리라고 예언했던 바의 그 참빛, 즉 '세상의 빛'(요 9:5)으로 오신 예수 그리스도를 통해 나타나게 되었다. 요한일서에서 '하나님은 빛이시다'(1:5). 그리고 그 '하나님의 빛'은 그 아들 예수 그리스도를 통해 이 '어둠의 세상' 곧 '온갖 가짜 빛들'로 가득한 이 '악한 자의 세상' 가운데 들어옴으로써, '참빛'으로 드러난 것이다.

빛의 이미지는, 1:5-10에서 '하나님은 빛이시라' 할 때처럼, 여러 가지 차원의 의미를 전달할 수 있다. 영적으로, 감추어져 있던 하나님의 계시가 '나타나는' 차원이 있고, 영적인 불신이나 도덕적인 죄악을 들추어내고 '폭로하는' 역할도 있다. 동시에 우리의 무지(無知)를 밝히 깨닫게 하여 '알게 하는' 역할도 있고, 차갑게 죽어 가는 것을 '살려 내는' 역할도 있다.

이렇게 보면, 악한 자가 지배하는 이 세상에 얼마나 많은 '가짜 빛'들이 있는지 짐작할 수 있을 것이다. 무엇인가 신비한 영적 지식이라고 하면서, 소수의 선택받은 엘리트들만이 알고 있다는 어떤 '직통 계시' 같은 것을 주장하는 거짓 교사들이 얼마나 많은가. 세상의 헛된 이념이나 사상들도 모두 나름대로의 자유와 평등, 사랑과 번영을 약속하지만, 그것은 종종 평등 없는 자유이거나, 자유 없는 평등, 진리 없는 사랑, 생명 없는 번영처럼, 본질적으로는 '속이는, 가짜 빛들'이라는 사실이 드러나지 않는가.

요한은 이제 그 아들을 통해 참빛이신 하나님의 빛이 세상 안으로 이미 들어왔다고 선언한다(2:8). '이미 비추고 있다'(헤데 파이네이, ἤδη φαίνει)는 말은, 그 참빛이 원래는 종말 곧 세상의 끝에서, 그러니까 원래는 새 하늘과 새 땅에서 온전히 비추게 되어 있는 '빛'이라는 의미이다. 그 종말의 빛, 새 하늘과 새 땅의 빛, 곧 하나님 자신이 빛이 되셔서 비치는 그 빛이(계 22:3-5), 이미, 이 어둠의 세상 한복판에, 그 아들을 통해 들어왔고(요 8:12; 9:5), 그 '하나님의 코이노니아' 안에 지금도 환하게 비추고 있다는 사실을 선포한 것이다.

그러므로 예수 그리스도의 오심이나 그를 통해 '이미' 지금 이 세상에서 시작된 '하나님의 코이노니아'는 본질상 종말의 실현이다. '아직' 오지 않은 새 하늘과 새 땅의 빛과 그 '빛의 코이노니아'가 지금 이 어둠의 세상 한복판에서 시작되었다는 것이다. 이것이 복음이다. 이것이 교회이고, 교회의 본질이 여기에 있다. 교회는 새 하늘과 새 땅의 '빛의 코이노니아'가 지금 이 어두움의 세상 한복판에서 시작된 종말론적인 실재인 것이다.

무엇보다 중요한 사실은, '어둠이 지나가고 있다'(혜 스코티아 파라게타이, ἡ σκοτία παράγεται)는 것이다. 아침에 해가 뜨면, 온 세상이 밝아진다. 해가 비치는 곳에 어둠이 버티고 설 수가 없다. 어둠은 저항할 수도 없이 물러간다. 빛을 이기는 어둠은 없기 때문이다. 물리적으로도 그렇지만, 영적으로, 인식적으로, 그리고 윤리적으로도 마찬가지이다. 진리가 오면 거짓은 거짓임이 폭로된다. 진리를 깨닫고 알게 되면, 더 이상 거짓에 사로잡혀 있을 수가 없다. 선(善)을 행하고 있는 동안은, 죄를 짓거나 악을 행할 수 없다.

이 세상과 함께 그 어둠이 '지나가고 있다'는 선언은, 종말론적인 사실이면서 동시에 윤리적인 권면의 근거가 된다. 먼저, 그것은 '사실'이며 '진리'이다. 세상에는 무서운 것들이 많다. 권력도 돈도 핵폭탄도 전염병도 모두 무서운 것들이다. 하지만 가장 무서운 것이 있다면 그것은 '사실'(fact)이요 '진리'(truth)이다. 사실과 진리 앞에서는 아무것도 견딜 수 없다. 그래서 진리를 빛이라 하고, 사실이 드러나는 것을 두고 어둠을 폭로하는 것이라고 말한다. 모든 것이 이미 결정되어 있다. 빛은 이미 왔고, 어둠은 지금도 지나가고 있으며, 결국 완전히 지나가 버릴 것이다. 이미 일어났고, 일어나고 있고, 반드시 될 일이다.

그래서 '이미' 참빛이 왔고, 지금 이 순간에도 '어둠이 지나가고 있다'는 소식은, 우리에게 신앙적, 윤리적 선택을 하게 만든다. 당신은 계속해서 지나가고 있고, 결국 완전히 지나가 버리고 말 어둠에 계속 거하고 있으려는가? 언젠가는 반드시, '이미' 와 있는 빛 가운데서 모든 것이 폭로될 것을 알면서도 그렇게 할 참인가?

도리어 힘을 다해, 기회 있는 동안 빛 가운데 거하며 하나님과 사귀는 사귐을 연습해야만 하지 않는가. 결국, 원하든지 원하지 않든지, 즐거워하든지 꺼리든지 상관없이, 모든 것이 빛 안에서 폭로되고 말 것이기 때문이다. 미리 그 빛에 익숙해지는 수밖에 다른 길이 없지 않은가. 아직 기회가 있을 때에,

그 사귐 안에서 하나님의 진리와 생명과 사랑에 접촉되며, 거기에 머물러, 그 빛에 익숙해지는 삶을 사는 수밖에 없지 않은가.

'확신'이 아니라 '확증'

그렇다면 구체적으로 '빛 가운데' 거한다는 것은 어떻게 한다는 것인가? '이미 참빛이 왔다'는 것은 새 언약이 성취되었다는 뜻이다. 새 언약의 은혜와 사랑 안에서 새 계명이 주어졌다는 뜻이다. 그리고 그 새 계명의 내용은 '서로 사랑하라'는 명령이다. 그러므로 빛 가운데 거한다는 것은 새 계명을 따라 서로 사랑하는 삶을 산다는 뜻이다. 또한 '참빛이 이미 세상에 들어왔다'는 것은, 하나님께서 '세상을 이처럼 사랑하사' 그 아들을 보내셨다는 뜻이다(요 3:16). 그 아들이 오셔서 '세상의 빛'이 되셨고, '빛이신 하나님과의 코이노니아'를 만들어 내셨다는 뜻이다. 그러므로 '빛 가운데 거한다'는 것은 그 아버지의 사랑을 받고, 그 사랑 안에 거하며, 그 사랑을 믿음의 형제자매들과 세상의 이웃에게 흘려 보내는, '사랑의 삶'을 가리킨다.

결국 10절에서처럼, 이미 도래한 참빛 가운데 거하는 삶이란 결국 '그 형제를 사랑하는 삶'으로 규정된다. 반대로 9절은 '형제를 미워한다면' 그것은 '아직까지'(헤오스 아르티, ἕως ἄρτι) 세상의 어둠 가운데 거하는 삶이라고 단죄한다. 여기서 우리는 '빛 가운데 거하는 신앙'의 결정적인 판별 기준이 곧 '사랑의 삶'이라는 사실을 깊이 묵상해야 한다. 8절은 구속 역사적인, 그리고 전 우주적인 변화를 선포한다. 옛 언약의 시대는 이미 지나갔다. 새 언약이 성취되었다. '악한 자가 지배하는 이 세상의 어둠'도 이제는 '물러가기 시작했다.' 마치 아침에 해가 떠오르자 온 땅에서 어둠이 물러가기 시작한 것과 같다.

모든 것이 바뀌었다. 이제 돌이킬 수 없는 새날이 왔다. 예수 그리스도를 믿는 자들은 모두 새 언약에 속해 있다. 그 '악한 자의 세상'에 속해 있지 않고, '그 아들과 아버지의 코이노니아' 안에 속해 있다. 세상의 '어둠'에 속해 있지 않고, 그 아들과 아버지의 '참빛' 안에 속해 있다. 하지만 그것을 '어떻게 알 수' 있는가? 그것을 어떻게, '무엇으로 확증'하는가? 우리가 진짜 하나님의 자녀들이라는 사실을 무엇으로 어떻게 확증한다는 말인가?

교회의 분리를 겪은 요한일서의 배경을 생각하면, 이 문제는 매우 실제적이고 절박했을 것이다. 누가 진짜 교회인가? 누가 진짜 그리스도인인가? 그것을 어떻게 확인할 수 있는가? 물론 신앙 고백이 중요하다. 요한일서의 배경이 되는 적대자들은 명확하게 '예수께서 육체로 오심'을 부인한 자들이다(2:22; 4:2). 하지만 말로는 '하나님과 사귐을 가지고 있다'고 하고, '빛 가운데 거한다'고 하며, '하나님을 안다'고 하는 자들도 있었음은 물론이다(1:6, 8, 10; 2:4, 6, 9).

말로는 그리스도인이라 하고, 교회에 간다 하고, 직분이 있다 하며, 기도 많이 한다 하고, 신학을 논하며, 목사라 하며, 신학자라 한다고 해서, 그가 정말 새 언약 백성이며, 세상의 어둠이 아니라 참빛이신 하나님과 그 아들의 코이노니아 안에 거하는 자인 줄을, 어떻게 무엇으로 확인할 수 있겠느냐는 것이다. 요한은 이렇듯, 신자의 자기 '확신'(確信)이 아니라 그 신앙에 대한 '확증'(確證)의 문제에 매달린다. 누구나 자신의 신앙에 대해 얼마든지 확신을 가질 수 있다. 하지만 그것이 진짜인지 어떻게 '확증'할 수 있다는 말인가? 요한에게 있어서 이 문제는 매우 중요했고, 오늘날 우리에게도 이 문제는 치명적으로 중요하다.

교회 안에 거짓 교사들이 난무하고 거짓 가르침이 판을 친다면, 그리고 저마다 자신이 진정한 그리스도인이며, 교회는 이러해야 하고, 하나님의 나라는 저러해야 한다고 주장하고 행동한다면, 우리는 어떻게 그 진짜와 가짜를 분별할 수 있는가? 요한은 여기서 '사랑의 시금석'(test of love)을 제시한다. 새 언약의 새 계명의 핵심도 '사랑'이요, 하나님께서 참빛이신 그 아들을 세상에 보내신 것도 모두 '사랑' 때문이기 때문이다.

그러므로 '사랑'이 신앙 고백의 진위를 판단하고 확증할 수 있는 기준이다. 아무리 교회에서 직분이 높고, 신학을 공부하고, 목회를 하고, 기도하다가 직통 계시를 받았다고 해도, 그런 신앙적 주장을 액면 그대로 믿지 말라는 것이다. 그런 말들을 믿기 전에, 그가 믿음의 형제자매에게 사기를 치지 않고, 교회 앞에 사랑의 덕을 세우는지, 하나님을 믿지 않는 이웃 앞에서 선한 행실로 은혜를 끼치며 사랑의 덕을 세우는지를 확증하라는 것이다.

만일 그렇지 못하다면, 그런 주장을 하는 자는 '아직도' 새 언약 백성이 아니요, 하나님의 코이노니아에 속한 자도 아니요, 아직도, 이 세상의 어둠 '가운데' 거하는 자라는 뜻이다. 물론 그런 자가 실제로는 '하나님께 속한 하나님의 자녀'이지만, 잠시 세상의 어둠 가운데 '거할 수'는 있다. 하지만 이런 경우라도, 그가 정말로 빛에 속한 하나님의 자녀인지, 그 영적 실체를 확증할 수 있는 근거는 찾지 못하게 된다는 뜻이다. 그만큼 '형제 사랑, 이웃 사랑'은 신자의 영적 실체를 '확증하는' 결정적 기준이 됨을 잊지 말아야 한다.

빛 가운데 거하는 방법

이처럼 '사랑'은 신자가 자신의 구원을 확신할 뿐 아니라, 그 영적 실체를 '확증'하는 결정적 기준이다. 해도 좋고 안 해도 좋은 것이 아니다. 있어도 좋고 없어도 구원받는 데에는 지장이 없는 것이 결코 아니다. 당신에게 '형제 사랑, 이웃 사랑'이 없다면, 궁극적으로 당신이 구원받았다는 '증거'는 없는 셈이다. 당신의 신앙 고백만으로는 확인할 길이 없기 때문이다.

'사랑'은 보이지 않는 우리의 영적 본질의 '보이는 증거'이면서, 또한 이 세상의 어둠 속에서 예수님을 따라갈 수 있는 가장 '확실한 길'이다. 물론, 예수님을 믿지 않아도 사랑을 따라 살면 그것으로 하나님께 이르게 되는 것은 아니다. 모든 사랑은 하나님에게로부터 나온 것이지만, 이 세상의 어둠 속에서 흐려지고 뒤섞이고 왜곡된 채로 남아 있기 때문이다(2:15-16).

그래서 '하나님께로부터 온 하나님의 사랑'을 받아야 한다(4:7-10). 그것은 그 아들이 이 세상에 가지고 들어와 그를 믿는 자들의 심령 안에 부어 주셨다(롬 5:5). 참된 신자는 '그 아들과 아버지와의 코이노니아' 안에서, 그 사랑을 받아 누리고 그 사랑 안에 거하며, 그 사랑을 따라 행한다. 그럴 때에, 그는 결코 이 '악한 자의 세상 속'에서도, 이 짙고 혼란스러운 어둠 속에서도, 결단코 길을 잃는 법이 없다.

10절은 어둠 속에서도 길을 찾게 하는 이 '사랑의 능력'에 대해 잘 알려 준다. '빛 가운데 거하는' 방법들에는 여러 가지가 있을 것이다. 말씀도 빛이므로 말씀을 묵상하고 공부하는 것은 빛 가운데 거하고 행하는 방법이다(벧후 1:19-21). 예배 중에, 기도 중에, 믿음으로 하나님의 얼굴을 구하는 것도 빛 가운데 거하는 방법이다. 하나님의 얼굴에서 나오는 거룩하고 영광스러운 빛이 믿는 자의 심령을 채우기 때문이다(시 67:1; 80:3). 우리 주 예수 그리스도를 묵상하는 것도 빛 가운데 거하는 방법이다. 그의 얼굴에 하나님의 영광을 아는 빛이 가득하기 때문이다(고후 4:6).

하지만 이런 것들은 잘 보이지 않는다. 모두 믿음으로 하는 영적인 사귐의 활동들이다. 요한은 빛 가운데 거하는 것을 증거하는 더 확실한 방법을 제시한다. 그것은 '하나님의 사랑을 따라' 생각하고 판단하고 선택하고 행동하는 '사랑의 삶'이다. 만일 하나님의 사랑을 받은 그대로 그 사랑 안에 거하며, 그 사랑을 따라 믿음의 형제를 사랑하고 이웃을 사랑하고 있다면, 우리는 빛 가운데 거하는 것이다. 그 어떤 신비한 영적 체험보다, 그 어떤 영광스러운 신학 지식보다, 예배당에 있지 않은 경우라도, 기도원에 있지 않은 경우라도, 우리가 하나님의 사랑으로 사랑할 때, 우리는 가장 확실한 방식으로 '빛이신 하나님 안에 거하고' 있다.

사랑 안에 길이 있다

하나님의 사랑을 따라 행할 때, 우리는 하나님의 빛 가운데 거한다. 세상의 어둠 가운데서 벗어나는 것이다. 어떻게 세상의 어둠으로부터 빠져나올 수 있는가? 세상의 죄와 악, 거짓과 불신, 죽음과 파괴적인 삶으로부터 빠져나온다는 것은 어떻게 한다는 것인가? 그것은 하나님의 사랑을 받고 그 사랑 안에 거하며 그 사랑을 따라 걷는다는 뜻이다. 그러면, 거기에 세상의 어둠이 덮을 수 없는 빛이 거한다. 빛 가운데 거한다는 것은 사랑 안에 거한다는 뜻이기 때문이다. 하나님이 빛이시고(1:5), 하나님은 사랑이시다(4:8).

이것을 요한일서 2:10은 '그의 안에 실족하게 하는 것이 없다'고 말한다. 여기서 '실족하게 한다'(스칸달론, σκάνδαλον)는 것은 말 그대로 '걸려서 넘어지게' 만든다는 것이다. 그렇게 걸려 넘어지면 제대로 길을 갈 수 없을 것이다. 거기서 주저앉을 수도 있고, 전혀 엉뚱한 길로 내달려 길을 잃게 될 수도 있을 것이다. 하지만 하나님의 사랑을 따라 사랑을 행하는 자의 삶은 빛이 환하게 비치는 대로(大路)를 걷는 것과 같아서, 그 앞에 무엇이 놓여 있든 환히 보여, 장애물을 피해 갈 수 있는 분별력을 갖게 된다는 뜻이다.

요한의 말은 듣기에는 모두 단순하게 들린다. 다 알 것처럼 느껴지기도 한다. 하지만 실제로는 그것을 행해 본 사람만이 그 깊이를 알 수 있는 그런 진리를 전해 준다. 사랑이 좋다는 것은 누구나 다 안다. 하나님의 사랑도 받았다. 하지만 그 사랑으로 가족을 사랑하고 성도를 사랑하고 다른 교단에 있는 다른 그리스도인들을 사랑하고, 예수님을 믿지 않는 거칠고 험한 이웃을 사랑하는 일은 결코 쉽지 않다. 그것이 쉽지 않기 때문에 행하지 않는다면, 요한이 말하는 '사랑 안에는 거치는 걸림돌이 없다'는 말이 무슨 말인지, 일평생 신앙생활을 해도 알 수 없을 것이다.

내가 알고 있는 성경 지식이나, 갖고 있는 교회의 직분, 쌓아 온 신앙의 경륜으로도 해결할 수 없는 일이, 예수 그리스도를 통해 내가 받은 하나님의 사랑을 회복할 때, 비로소 해결되는 경우가 허다하다. 사랑은 모든 엉킨 실타래는 푸는 '마법의 열쇠'이다. 가족 간에 용서하지 못한 일, 성도 간에 풀지 못한 오해와 상처, 이웃 간에 해결되지 않은 이해관계, 그 어떤 것도, 하나님 앞에 엎드려 '위로부터 오는 지혜'를 구할 때, 해결될 실마리를 찾는다.

그 '위로부터 오는 하늘의 지혜'의 특징이 무엇인가? 그것은 '깨끗함과 긍휼'이다(약 3:17). 하나님의 '거룩하고 뜨거운 긍휼' 그것이 우리 안에 회복될 때, 우리는 언제 어디서나, 그 어떤 경우라도, 앞으로 나아갈 길을 얻게 된다. 밤안개는 걷히고, 달빛이 비쳐 온다. 칠흑 같은 어둠이라도 별들이 길을 비춘다. 그 사랑을 따라 걷다 보면, 결국 힘차고 뜨거운 해가 떠오르고, 우리의 삶은 다시 새 아침의 빛과 사랑과 생명으로 가득 차게 된다. 잊지 말라. 사랑 안에는 언제나 길이 있다.

사랑은 최고의 지식

2:11은 더 놀라운 말씀을 전해 준다. 아무리 자신이 '나는 빛 가운데 거하고 있다'고 말한들, 그가 형제를 사랑하지 못하고 미워한다면, 그는 빛이 아니라 '어둠 가운데' 거하고 있는 것이다. 보이는 것이 보이지 않는 것을 확증한다. 열매가 나무를 드러내는 것이다(마 7:20). '미워하는'(미숀, μισῶν) 것은, 상대방에 대해 파괴적이고 부정적인 태도나 행위를 취하는 것이지만, 동시에 '하나님의 사랑'을 그에게 흘려 보내지 않는 것이다. 하나님의 사랑의 코이노니아에서 그 상대를 배제해 버리는 것, 그가 그 하나님의 사랑의 사귐의 혜택을 받지 못하도록 막아서는 것이다.

그렇게 되면 어떤 일이 일어나는가? 11절은, 형제를 미워하는 그 사람 자신이 '어디로 가는지를 알지 못하게'(우크 오이덴 푸 휘파게이, οὐκ οἶδεν ποῦ ὑπάγει)

된다고 말한다. '알지 못한다'는 말은, 상황을 제대로 이해하지도 못하고 판단력도 흐려져서 분별을 못하게 된다는 뜻이다. 어둠 속에서 길을 잃게 된다는 말이다. 상대방을 증오하는 것은 확실히 판단력을 흐리게 만든다. 이것은 단지 성경적 가르침만이 아니다. 기업을 경영하거나 전쟁을 치르는 군사들도 상대나 적(敵)을 미워하지 않으려고 조심한다. 방심하게 되거나, 적의 실력을 오판하거나, 분노에 휘말려서 일을 그르치기가 십상이기 때문이다.

하지만 지금 요한은 그런 현실적인 이해관계 때문에 형제를 미워하지 말라고 권면하는 것은 아니다. 형제를 미워하기를 계속할 때, 가장 큰 해악은 하나님과의 교제가 깨지는 일이다. 형제를 미워하면서 어떻게 '사랑이신 하나님과의 사귐' 가운데 거할 수 있는가? 그것은 불가능한 일이다. 사귐은 소통이다. 코이노니아는 막힘없는 연결을 창출해 낸다. 하나님과의 막힘없는 사랑의 교제는, 믿음의 형제뿐 아니라 원수까지도 사랑하는 사랑의 교제 없이는 온전해지지 않는다.

흥미롭게도, 여기서 요한은 한 걸음 더 나아간다. 미움은 눈을 멀게 한다. 어둠 속에 오래 있으면 시력을 잃는다. '어둠이 그의 눈을 멀게'(헤 스코티아 에투프로센, ἡ σκοτία ἐτύφλωσεν) 했기 때문이다. 눈을 멀게 했다는 것은, 보고 깨닫고 판단할 수 있는 능력을 잃게 되었다는 뜻이다. 사랑하지 않고, 미움 가운데 오래 있으면, 점점 더 '모르게 된다'는 뜻이다. 사랑이 지식에 막대한 영향을 미친다. 증오가 사람을 얼마나 어리석게 만드는지를 종종 목격하게 되지 않던가.

지금도 종교 간의 분쟁이 심한 지역에서는, 상대방의 종교에 대한 비방과 욕설이 자주 오간다. 처음에는 한두 마디이지만, 그것에 분노하고 상대에 대한 적개심이 커지면서, 폭언과 폭력이 오간 끝에, 유혈이 낭자한 참혹하고 기나긴 종교 분쟁이 일어난다. 증오가 얼마나 무지(無知)하고 어리석은 참혹한 결과를 가져오는지는 역사 속의 수많은 전쟁들이 증명한다. 작은 가정 단위에서도 마찬가지의 비극이 일어난다. 친척 간의 사소한 말다툼이 그간 쌓여 있던 미움의 감정에 방아쇠를 당기고, 결국에는 참혹한 사건 사고로 뉴스에 오르는 일이 매년 명절 때마다 빠지지 않고 일어나지 않는가.

사랑이나 증오는, 사람의 인식에도 지대한 영향을 미친다는 사실을 기억해야 한다. '사랑'과 '지식'은 서로 분리되어 있지 않다. 많은 지식을 가진 사람이, 누구를 미워함으로 자신과 다른 사람의 인생을 파국으로 끌고 갈 수도 있다. 많이 배우지는 않았어도, 사랑이 많은 어머니는 누구보다 자식을 지혜롭게 가르치고 인도할 수 있다. 청소년기에 학원에서 살다시피 하며 경쟁에 짓눌려 많은 공부를 했다고 해도, 그런 학생이 정말 자신의 인생과 사회를 위해 알아야 할 것들을 충분히 알았다는 보장이 없다. 상대적으로, 부모로부터 충분한 사랑을 받고 형제와 친구들의 건강한 사랑 안에서 성장한 청소년들이, 오히려 자신과 이웃을 위해 반드시 알아야 하는 지식을 따라 행동하는 경우가 많다.

사실 이것은, 신앙 세계의 원리이다. 사랑 안에 거하는 것이, 곧 빛 가운데 거하는 것이다. 빛이신 하나님 안에 거하는 자는 반드시 하나님의 사랑 안에서 행하게 되어 있다. 믿음의 형제나 이웃을 증오함은, 마치 어둠 속에서 아무것도 볼 수 없는 것처럼, 우리의 영적, 도덕적 인식력(認識力)을 마비시킨다. 그래서 하나님의 사랑 안에서 행하는 사람이 실은 가장 '많이 아는' 사람이다. 그가 그 빛 가운데서 많은 것을, 가장 환하고 또렷하게 분별하며 판단할 수 있기 때문이다. 사랑이 보이게 한다. 사랑이 최고의 지식이다.

그리스도인이라는 확증

그리스도인의 정체는, 그의 신앙 고백이나 말로는 확증되지 않는다. 직분이나 신앙 경력으로도 확증되지 않는다. 신학을 얼마나 했든, 신학 지식이 얼마나 있든, 그것으로도 확증되지 않는다. 직통 계시를 받았든, 자신이 성령의 본체라 하든, 입신을 했든, 그런 것들로 확증되지 않는다.

'신자'라고 스스로 주장하는 자의 어떤 말이나, 신앙 고백이나, 그의 교회 직분이나, 신앙 경력이나, 신학 지식이나, 직통 계시나, 성령 체험이나, 입신이나 그 어떤 것들도, 그가 정말, 자기 안에 예수 그리스도의 생명을 갖고 있는 자인지, 하나님께로부터 난 자인지 확증해 주지 않는다.

무릇 보이지 않는 것들은, 보이는 것으로 나타난다. 열매와 나무가 다른 종류일 수가 없다. 그것은 주님의 말씀이기도 하고, 신약 저자들의 일관된 증언이기도 하다. 내가 예수 믿고 있다는 확실한 증거는 무엇인가?

그것은 '형제 사랑, 이웃 사랑'의 삶이다. 하나님 아버지를 사랑한다면, 그의 자녀들 또한 사랑할 것이다(5:2). 같은 믿음의 형제들을 실망시키거나 그들에게 수치를 안기거나 고통을 주는 일을 견딜 수 없어 할 것이다.

그러므로 믿음의 형제들을 사랑하지 않으면서, 하나님을 알고 있다든지, 예배한다든지, 정통 신학을 알고 있다든지, 영적 경험이 있다든지, 그렇게 말하는 것은 모두 확인할 수 없는, 증명되지 않는 공허한 주장에 그친다. 하나님을 사랑한다면, 그의 이름이 우리의 이웃들에 의해 짓밟히고 모욕을 당하는 것을 견딜 수 없어 할 것이다. 세상 사람들이 당신이 믿는 하나님 아버지의 이름을 모욕하지 않도록, 애써 선을 행하고, 기꺼이 양보하고, 차라리 희생하려 들 것이다(벧전 2:12, 18-25).

이웃 사랑은 그래서, 당신이 하나님을 사랑하고 있다는 가장 확실한 증거이다. 믿지 않는 이웃들에게, 선한 행실로 하나님의 사랑을 나타내 보이지 않는다면, 당신이 그리스도인이라는 확증은 아직 찾기 어렵다.

보이는 사랑이, 보이지 않는 사랑을 확인해 준다. 보이지 않는 영적 실재에 대한 주장은, 단지 고백과 주장에 그친다. 그것이 진짜라는 증거는, 보이는 형제 사랑, 이웃 사랑밖에 없다. 당신의 보이지 않는 신앙적 실재는, 당신의 보이는 사랑의 삶과 전혀 분리되지 않는다. 당신이 믿는 하나님의 아들 예수 그리스도는 '육체로' 세상에 오셨기 때문이다(2:22; 4:2).

그러므로 그 자신의 신앙 고백이나 교회의 직분이나 신학 지식이나 영적 체험에 대해 떠벌리는 그 어떤 말도 액면 그대로 믿을 수 없다. 아직 믿지 말아야 한다. 우리가 진정으로 믿음의 형제를 사랑하고 있는가. 교회를 위한 덕을 세우고 있는가. 믿지 않는 이웃을 사랑하고 있는가. 세상 사람들 안에서 선을 행하며 덕을 세우고 있는가. 그것이 확실한 증거이다. 그 증거가 없다면, 우리가 그리스도인이라는 아직 확실한 증거는 없다.

"이러므로 그들의 열매로 그들을 알리라"(마 7:20)

"행함이 없는 네 믿음을 내게 보이라"(약 2:18)

"부당하게 고난을 받아도 하나님을 생각함으로 슬픔을 참으면 이는 아름다우나"(벧전 2:19)

"그를 알고 있다고 말하는 자가 그의 [사랑의] 계명을 지키지 않는다면, 그 사람은 거짓말쟁이요, 이로써 자기 안에 진리가 없는 것입니다"(요일 2:4)

"눈으로 본 그의 형제를 사랑하지 못하는 자가, 보지 못한 하나님을 사랑할 수가 없기 때문입니다"(요일 4:20)

3. 코이노니아와 승리[a](2:12-14)

요한일서 2장 전체를 보면, 1-17절까지 '하나님의 코이노니아'가 점점 더 단단해지고 적극적인 모습으로 묘사된다는 사실을 확인할 수 있다. 1-2절에서는 수신자 교회가 이 '하나님의 코이노니아' 안에서 떨어져 나가지 않도록 '은혜의 안전망'을 설치하는 모습을 볼 수 있다. 3-11절에 오면, 교회는 단지 그 사귐의 안전지대에 머물지 않고 적극적으로 계명을 순종함으로써 '이미' 이 세상에 도래한 참빛 가운데 거하고, '아직' 남아 있는 세상의 어둠에 결단코 참여하지 말라는 권면을 받는다.

한 걸음 더 나아가서 12-14절에 이르면, '하나님의 코이노니아'는 마치 '악한 자의 코스모스'를 대적하여 전열(戰列)을 정비하고 견고한 진(陣)을 형성하여 서 있는 하나님의 군대처럼 묘사된다는 인상을 받는다. 물론 이 전쟁은 총이나 칼로 하는 전쟁이 아니다. 어떤 세상적인 정치권력이나 이념으로 대결하는 투쟁도 아니며, 경제력이나 어떤 다른 세상적 능력으로 싸우는 그런 싸움이 아니다.

그런데도 이 싸움은 명백히 '빛과 어둠'의 싸움이다. 하나님의 계명과 악한 자의 거짓 간의 대결이다. 무엇보다, 사랑의 힘과 증오의 세력 간의 싸움이다. 누가 이길 것인가? 어둠이 빛을 이길 것인가? 하나님의 계명이 승리할 것인가, 아니면 악한 자의 거짓이 이길 것인가? 사랑의 힘이 정복할 것인가, 아니면 증오의 세력이 최종적으로 지배할 것인가?

복음이란, 이 결정적인 대결의 결론, 이 영적이고 전 우주적인 싸움의 결말이 이미 내려졌다는 사실을 선포하는 것이다. 참빛이 이미 이 어둠의 세상을 깨뜨리고 침입해서 들어와 그 하늘의 빛을 비추고 있다(2:8). 지금 요한은 이 편지를 쓰면서, 싸워서 이기자고 독려하는 것이 아니다. '이미 이겼다(!)'는 소식을 전하고, 그 이긴 쪽, 그 이긴 편의 진영(陣營)에 거하며 거기를 떠나지 말라고 격려하는 것이다. 이미 승리한 진영을 떠나서는, 당신 혼자 어둠 속에서 어둠을 이길 방법이 없음은 물론이다.

'이긴 자'는 따로 있다. '이긴 자'의 편에 서는 것이 승리이다. 오히려, 그 이기신 분의 승리를 영원히 당신의 것으로 소유하는 방법을 배우라는 것이다. 그것이 '코이노니아'이다. 그것은 곧 '승리의 연대(solidarity)'이다. 그 결속을 풀지도 말거니와, 더욱 견고히 할 때, 악한 자에 대한 승리, 어둠에 대한 승리, 증오와 죄와 죽음에 대한 승리는 영원히 당신의 것이 된다는 격려이다. 무엇을 더 바랄 수 있을 것인가. 12-14절의 본문을 살펴봄으로써, 이 '승리의 코이노니아' 안에서 어떻게 굳게 성장해 가야 하는지를 확인해 보자.

> [12] 자녀들이여, 나는 여러분에게 씁니다. 그의 이름으로 인해 여러분의 죄가 사해졌습니다. [13] 아비들이여, 나는 여러분에게 씁니다. 여러분은 태초부터 계신 그를 알고 있습니다. 청년들이여, 나는 여러분에게 씁니다. 여러분은 그 악한 자를 이겼습니다. [14] 아이들이여, 내가 여러분에게 쓴 것은, 여러분이 아버지를 알게 되었다는 것이며, 아비들이여, 내가 여러분에게 쓴 것은 여러분이 태초부터 계신 이를 알고 있다는 것이며, 청년들이여, 내가 여러분에게 쓴 것은, 여러분이 강하고 하나님의 말씀이 여러분 안에 거하고 있으며 여러분이 그 악한 자를 이겼다는 것입니다.

성경의 본문을 해석할 때, 그 전후 문맥을 살피는 것보다 더 중요한 일은 없다. 어느 한 구절도 그 앞뒤에 나오는 구절들과 동떨어져 아무렇게나 던져진 말씀이 아니기 때문이다. 그렇다면, 12-14절까지의 말씀을 하는 이유는 무엇일까? 12절 바로 이전에 나오는 11절을 살펴보면 이해될 수 있다. 11절은 어떻게 끝나는가? "왜냐하면 어둠이 그의 눈을 멀게 하였기 때문입니다."

즉, 어떻게 이런 어리석은 일을 하겠느냐고 묻는 것이다. 하나님의 코이노니아 안에 거한다고 말하면서, 그 안에서 죄 사함의 은혜를 마음껏 누리면서,

그 안에서 새 계명을 받고 빛 가운데 거한다고 말하면서, 그 결국이 어둠 때문에 눈이 먼 것이라면, 세상에 그보다 더 어리석은 일이 어디에 있다는 말인가! 수도꼭지에서 물이 콸콸 흘러나오고 마실 물이 들어 있는 생수병이 냉장고에 가득 차 있는데, 집 안에서 목말라 죽었다고 하면 세상에 그렇게 어리석고 황당한 일이 또 어디에 있는가 말이다.

12-14절은 이런 논조로 전개되는 말씀이다. 대낮이 되어 빛이 환하게 비치는데, 왜 이불을 뒤집어쓰고 굳이 어둠 속에 갇혀 있으려고 하느냐, 그런 뉘앙스이다. 이 단락이 14절의 당당한 승리의 선포로 끝나고 있음을 주목하자: "여러분이 그 악한 자를 이겼다는 것입니다." 이미 이겼고, 이기고 있고, 얼마든지 이길 수 있다면, 왜 그 어둠에 지는 인생, 증오와 죄와 죽음과 패배에 붙잡힌 인생을 살고 있느냐는 논조이다. 설득력이 있지 않은가? 도대체 요한은 무슨 이유로 이렇게 당당하게 말할 수 있는지 궁금하지 않은가?

사귐과 성장

왜 하나님과의 사귐이 있다 하면서도 늘 어둠에 붙잡혀 살게 될까? 왜 하나님을 알고 교회에 다닌다고 하면서도 늘 말씀을 순종하지도 못하고 사랑하지도 못할까? 왜 점점 더 죄에 대해 무기력해지고, 분별력을 잃어 가며, 갈 바를 알지 못하고 좌충우돌 상처뿐인 신앙생활을 하게 될까? 왜 교회는 구원을 확신한다고 하면서, 세상 사람들보다 못한 비양심적인 일과 악한 일을 스스럼없이 하는 것일까? 어떻게 해야 이 어둠을 온전히 이길 수 있을까?

12-14절까지의 말씀은, '사귐 안에서의 성장'이 그 답이라고 말한다. 그래서 자녀들이여, 아비들이여, 청년들이여, 그런 식으로 영적 성장의 단계를 구분하여 편지를 쓰는 것이다. 물론, '자녀들, 아비들, 청년들'의 구분이 단지 육체적인 '나이'에 따른 구분이라고 보는 견해도 있다. 아니면, 동일한 부류의

사람들을, 자녀와 아비, 그리고 청년, 이렇게 세 번에 걸쳐 다른 방식으로 부르는 표현들이라고 보기도 한다. 또는, '자녀들'은 이 편지를 쓰는 사도 요한과 코이노니아 관계에 있는 회중 전체를 가리키는 표현이고, '아비들과 청년들'은 수신자 교회 안에 있는 대표적인 두 그룹인 '장로들과 젊은 자들'(참조. 벧전 5:1, 5)을 지칭하는 표현으로 보는 견해도 있다.

하지만 그보다는 전통적인 견해를 따라, 수신자 교회 성도들의 신앙 성숙의 정도에 따른 단계적 구분으로 보는 것이 적합하다(Clement, Origen, Stott; Bruce, 58). 무엇보다 본문 자체가, '자녀들', '아비들', 그리고 '청년들'의 신앙 상태에 해당하는 각기 고유한 특징들을 묘사하고 있고, 각 부류가 어떤 그룹인지에 대해 현재 본문 안에 제시된 이러한 묘사들보다 더 직접적이고 확실한 근거는 없기 때문이다.

혹자는, 수신자들을 지칭하는 위의 칭호들이 '세례 이후의 신앙의 영적 성숙 단계를 나타내는 것이 목적이라면, 왜 내림차순 즉, 아비들, 청년들, 자녀들의 순서로, 또는 왜 오름차순 즉, 자녀들, 청년들, 아비들의 순차로 되어 있지 않은지 반문한다(Brown, 535-540). 하지만 이것은 단순하고 피상적인 관찰일 수 있다. 왜냐하면 위의 칭호들이 신앙의 성숙에 따른 구분이라 하더라도, 반드시 내림차순이나 오름차순으로 배열하지 않을 수도 있기 때문이다. 이를 각 단계의 특징들과 함께 한눈에 볼 수 있도록 도표로 정리해 보자.

[도표 6] '코이노니아 신앙' 성장의 세 단계

(A) 자녀들/아이들	(B) 아비들	(C) 청년들
a 너희 죄가 사해졌다	b 태초부터 계신 이를 알았다	c 악한 자를 이겼다
a′ 아버지를 알게 되었다	b′ 태초부터 계신 이를 알았다	c′ 너희가 강하고, 하나님의 말씀이 너희 안에 거하고, 악한 자를 이겼다

이 도표를 보면, 금방 눈에 띄는 강조점들이 있음을 알게 된다. 첫째, 청년들에 대한 언급이 가장 나중에 나온다. 순차적으로라면, 자녀들(A) 다음에 청년들(C)이 오고, 그다음에 아비들(B)이 와야 맞지 않은가? 이유가 무엇인가? 둘째, 청년들에 대한 묘사(c′)가 상대적으로 너무 길다. 왜 그런가? 셋째, 각 단계가 즉, 자녀들, 아비들, 그리고 청년들에 대한 내용이 비슷한 듯한데 왜 굳이 반복하는가? 이런 문제들에 대해 대답을 찾을 수 있다면, 본문이 하고자 하는 말과 그 강조점을 찾을 수 있을 것이다.

성장의 목표와 방법

먼저, 왜 자녀, 청년, 그리고 아비의 순으로 배열되지 않고, 청년이 맨 나중에 나오게 되었는가? 하지만 반대로 물을 수도 있다. 왜 영적 성장의 단계를 꼭 생물학적 순차대로 배열해야 하는가? 왜 요한일서가 굳이 오늘날의 인간의 성장과 발달 과정에 따른 '심리학 교과서'처럼 기술될 필요가 있는가? 요한일서는 특정한 수신자 공동체에게 보내는 문학적 서신이다. 나름대로의 취지와 강조점이 있을 수 있다.

생각해 보라. 지금 수신자 교회에서 일단의 '교인'들이 이단적 주장을 외치면서 교회를 적대시하고 떠나 세상으로 돌아갔다. 남아 있는 성도들은 잔뜩 위축되어 있다. 떠나간 그들을 미워하게 되었을 뿐 아니라, 남아 있는 성도 간의 사랑도 식어 간다. 정체성이 흔들리고 있는 것이다. 한때 함께 있었던 '교인들'이 몰려 나가 힘을 실어 준 '저 밖의 세상'은 더 기세등등하게, 남아 있는 교회를 깔보고 핍박할 준비가 되어 있다.

이런 위기 상황에서, 사도 요한이 마치 '인간의 발달과 성장'에 관한 심리학 강의라도 하듯 질서 정연하기를 바라는 것이 도리어 이상한 일 아닐까? 이렇게 생각해 보자. 당신이 훈련소에 입소했다. 군대도 좋고 어떤 회사도 좋다. 당신은 이제 막 입대한 군인이거나 입사한 회사원이다. 훈련하는 쪽에서는 당신을 '신입' 취급할 것이다. 훈련을 시작하는 첫날, 제대로 된 훈련소라면, 이 훈련을 마치고 나면 '과연 얼마나 훌륭한 군인, 사원'이 되는지, 오리엔테이션 시간에 성공 사례를 먼저 제시해 주지 않겠는가?

그러고 나면, 훈련받는 사람들 쪽에서 자연스럽게 먼저 질문을 품게 된다. '어떻게 하면 저런 목적지에 도달할 수 있지?' '어떻게 하면 저런 멋진 군인이 될 수 있지?' '어떻게 해야 저런 훌륭한 경력 사원이 될 수 있을까?' 이렇게 되면, 훈련이 쉬워진다. 목표를 달성하고 싶어 하는 성취동기가 불타오르고, 또한 그것을 위해 무엇을 훈련해야 하는지 알고 싶어 하는 열망이 구체화되기 때문이다. 그때, 어떤 것들을 훈련하고 어떤 과정을 지나가야 하는지, 그 핵심적인 훈련 내용을 훈련소 쪽에서 제시하면, 그들이 효과적으로 목표를 달성할 수 있게 되지 않겠는가?

요한일서 2:14-17의 본문은, 마치 이런 식으로 배열되었다고 말할 수 있다. 출발점은 '자녀들'로 시작한다. 이제 '죄 사함' 받고 자녀들이 된 성도들이다. 그리고 목적지는 '아비들'이다. 그들은 이제 '태초부터 계신 그'를 알고 있다. 결국 영적으로 성장해서 도달해야 하는 성숙한 자리이다. 그렇다면, '과연 어떻게 해야' 그런 영적 성숙의 자리에 도달할 수 있는가? 당연히 '청년'의 단계를 지나야 한다. 그 내용은 무엇인가? 어떤 훈련을 거쳐야만 그렇게 되는가? 여기가 가장 중요한 부분이다. 그래서 '청년들'에 대한 묘사가 가장 뒤에 오고, 가장 자세하게 묘사되어 있는 것이다.

가장 뒤에 오는 이유는, 그것이 영적 성숙의 목표인 '아비들'의 수준에 이르는 가장 중요한 '방법'이기 때문이다. 가장 자세히 설명되는 이유는, 그것이 수신자 공동체 성도들에게 가장 절실한 것, 뒤집어 말하면, 그들이 지금 가장 취약한 부분이기 때문이다. 그렇지 않은가? 그들은 지금, '교회 분열'을 통해 터져 나온 '이단적 적대자들'(2:22)로 인해 크게 흔들리며, 결국 '악한 자의 세상'(5:19)의 강력한 도전 앞에 서 있지 않는가? 어떻게 계속 '죄 사함'에 만족하는 '아이들'의 수준에만 머물 수 있겠는가? 도대체 어떻게 해야 세상을 이긴 '영적 아비들'의 수준에 이를 수 있다는 말인가? 이런 것들을 확인하는 것이, 본문과 전체 문맥에 대한 납득할 만한 해석을 가져다줄 것이다. 하나씩 찾아보기로 하자.

자녀들의 특징

먼저, '자녀들'을 살펴보자. 흥미롭게도 12절에는 '자녀들'로 되어 있고, 14절에는 '아이들'로 되어 있다. 같은 영적인 초보적 상태를 나타내는데 그 표현이 다소 다르다. 왜 다를까? 큰 차이는 없다고 할 수 있지만, '자녀들아'라는 호칭은 주로 '생명적 관계'를 연상하게 만든다. 원래 '자녀들'(테크니아, τεκνία)은 부모와 자식 사이처럼 혈연으로 낳은 자녀들을 지칭하기에 적당한 용어이다. 반면에 '아이들'(파이디아, παιδία)이라는 호칭은 장성한 어른이 아니라는 의미에서, 즉 아직 성장해야 할 과정이 더 많이 남아 있는 '미숙한, 어린' 아이라는 뉘앙스가 더 크다.

이런 차이가 억지스럽지 않은 이유는, '자녀들'이 사용된 12절과 '아이들'

이 사용된 14절의 내용이 각기 다르고, 그 다른 점들이 각기 그 칭호들과 잘 어울리기 때문이다. 다시 말해서, 12절에서는 특징적으로 '자녀들'의 '죄가 사해진' 점이 강조되어 있다. 죄가 사해졌다는 것은 '거듭남'을 상징한다. 죄 사함을 받고 죽음에서 벗어나 부활 생명을 얻은 자로서, 영원한 생명을 얻은 자로서, 하나님의 자녀가 되는 것이다.

반면에, 14절에서 '아이들'의 특징은 '아버지를 알게 되었다'는 것이다. 그러나 이 상태는 갓 태어난 아기가 '엄마, 아빠'를 알아보는 정도를 가리킨다. 아직, '아비들'의 경우처럼 '태초부터 계신 이'로 알지 못한다. 그것은 한참 뒤에 일어날 일이다. 그런 점에서, '자녀들'이 영적 생명의 관계에서 거듭난 성도를 부르는 호칭이라면, '아이들'은 그래서 아직 더 성장하고 성숙해 가야 하는 성도들을 가리키는 호칭이라 할 수 있다.

흥미로운 점은, 12, 14절에서 각기 '자녀들'과 '아이들'로 불리는 단계의 신앙에서(A), '죄 사함'(a)을 얻은 것과 '하나님을 알게 된'(a′) 것이 구조적으로 짝을 이루며, 서로를 설명하고 있다는 사실이다. 즉, '죄 사함'은 단지 죄 사함의 경험으로 그치지 않는다! 2장의 시작에서 요한은 이미 '죄 사함의 은혜를 보장'하는 메시지를 전달했다(2:1-2). 참으로 하나님의 자녀 된 자들에게는 '죄 사함'의 은혜가 충분히 보장되어 있다.

하지만 '하나님의 코이노니아'는 그 이상이고, 그 이상일 수밖에 없다. 죄 사함은 '거듭남'을 통해, 즉 죄 사함을 거쳐 얻게 된 '영원한 생명'을 통해 '하나님을 아는 지식'으로 나아간다. 14절에서 '하나님을 알게 되었다'(에그노카테 톤 파테라, ἐγνώκατε τὸν πατέρα)는 표현은 완료형으로, 죄 사함을 받고 중생한 참 된 '하나님의 자녀'가 그 영적 생명을 통해 영적으로 하나님을 알게 되었다는 사실과 그의 안에 거하는 영원한 생명을 통해 지금도 하나님을 '아버지'로 알고 그렇게 부르고 있다는 사실을 의미한다. 즉, 12, 14절을 합쳐서 설명하면, 죄 사함을 받았다는 사실의 중대한 의미는, 그가 이제 하나님을 알았고, 알고 있고, 앞으로도 계속해서 알아 가야 하는 성장의 과정 속에 들어섰다는 뜻인 것이다.

아마도 요한일서의 수신자 교회 안에, 단지 '죄 사함' 정도로 구원을 확신하고, 그것을 떠벌리거나, 그것만을 믿고 도리어 영적, 도덕적으로 어둠에서 행하는 자들이 많았을지 모른다. 오늘날에도, '죄 사함 받고 천당 가는 것'을 신앙의 전부로 알고, 남은 인생은 '세상에서 복 받는 것'을 신앙의 최대 목표로 믿고 살아가는 신자들이 많지 않은가? 그렇게 해서 정말 세상에서 복 받고, 그 받은 세상 복 속에서 시험에 들고, 세상처럼 '더럽고, 썩어지고, 허무해져서'(참조. 벧전 1:3-4) 결국 믿음과 선한 양심에 있어 파선(破船)된 것 같은 나락에 떨어진 그리스도인들은 또 얼마나 많은가?

왜 예수 믿고 죄 사함을 받았고, 구원을 확신하는데, 여전히 세상에 지게 되는가? 왜 세상의 어둠 속에서 길을 잃고 오히려 '눈까지 멀게' 되어, 영적 분별도 잃어 가는가? 요한일서는, 죄 사함 받았다는 것은 중생하여 '영원한 생명'을 얻은 것이며(5:5-12), 그 '영원한 생명'은 무엇보다 우리 안에서 하나님을 아는 지식을 가능하게 한다고 말한다. 그리고 하나님을 아는 지식에서 성장하는 길은 오직 하나님과의 사귐을 통해서뿐이다. 지식은 사귐의 결과요, 가장 큰 특징이기 때문이다. 상대방을 어떻게 그렇게 잘 알게 되는가? 사귐을 통해서이다. 그래서 '하나님과의 코이노니아'가 있다는 말은, 하나님을 아는 지식에서 성장하고 있다는 뜻이다. 그것이 영적인 '아비들'의 자리에까지 성장하는 길이다.

아비들의 특징

자녀들의 특징은 '죄 사함'을 받고 하나님을 아버지로 '아는' 것이다. 그것은 출발이다. 목적지는 어디일까? 출발선상에 서서 긴 여행길을 가기 전에 우리는 지도를 확인하곤 한다. 그리고 손가락으로 그 도착점을 짚어 보기도 한다. 13, 14절에서 '아비들'(파테레스, πατέρες)에 대해 쓴 내용에는 그런 의미가 있다. '여기까지 성장해야 한다', 이런 것이다. '하나님과의 사귐을 통해서 결국 도달해야 하는 자리는 여기'라는 의미가 포함된 것이다.

흥미로운 점은, '아비들'(B)에 대한 묘사가 13, 14절에서 모두 똑같다는 점이다. 이는, '자녀들/아이들'(A)이나 '청년들'(C)의 경우, 두 번의 묘사에서 각기 다른 사례를 보면 더 특이하다. 왜 나머지 경우들은 각기 변화를 주며 다르게 묘사하는데, '아비들'의 경우만 두 번을 똑같이 묘사했을까? 도착지는 결국 같은 곳이라는 의미는 아닐까? 두 번이나 반복해서, 결국 이 동일한 지점에 도착해야 한다고 힘주어 말하는 것은 아닐까? 그보다 다른 이유는 찾기 어렵다.

특히, 12, 13절에 세 번이나 나오는 '나는 여러분에게 씁니다'에서 현재형으로 표현된 '쓰고 있다'(그라포, γράφω)라는 단어는 편지를 쓰는 행위, 즉, '이런 내용을 전달하고자 한다'는 의도를 강조한다. 반면에, 14절에서도 세 번 반복되는 '내가 여러분에게 쓴 것은'에서 '썼다'(에그라파, ἔγραψα)라는 표현은, 서신에서 사용되는 부정 과거형(epistolary aorist)으로, 딱히 과거에 편지를 썼다는 뜻이 아니라, 편지를 쓴 결과로서 그 전달하고자 하는 '내용'을 강조한다고 볼 수 있다. '아비들'의 경우는 이런 차이에 상관없이 동일한 내용으로 기술했다는 점에서, 그 내용이 영적 성장의 '변함없는 목적지'라는 인상을 강하게 남기는 것이다.

그렇다면 '태초부터 계신 그'는 누구를 가리키는가? 요한일서에서 '태초부터, 처음부터'(아프 아르케스, ἀπ' ἀρχῆς)라는 문구는, 세상이 창조되기 이전, 예수님의 성육신 시점, 예수님이 가르치시기 시작한 시점, 또는 구약 시대부터 요한일서의 수신자 공동체가 복음을 처음 들었던 시기까지를 포괄하는, 매우 폭넓고 의도적으로 중의적 의미(multiple meaning)를 가진 표현이다(1:1; 2:7, 24;

3:8). 하지만 2:13, 14에서 '태초부터 계신 이'(톤 아프 아르케스, τὸν ἀπ᾽ ἀρχῆς)는 그 '태초'라는 시점과 그 모든 것의 시작에 있는 '존재'를 합친 개념으로, 1:1에서 '생명의 말씀'의 경우처럼 세상이 창조되기 이전부터 계셨던 말씀이신 성자 예수 그리스도를 지칭할 가능성이 매우 높다. 하지만 '태초부터 계신 그'가 성부 하나님을 배제할 만큼 명확하게 예수 그리스도만 가리키는 표현은 아니다. 오히려 이 표현 역시 '중의적'이라고 보는 것이 적절하다.

그렇다면 '아비들'이 '태초부터 계신 그'를 알게 되었다는 것은 무슨 의미인가? 만일, '태초부터 계신 이'가 이 세상에 '육체로 오신'(2:22), 일차적으로는 예수 그리스도를 가리키는 것이 맞는다면, 이는 문맥상 가장 설득력 있는 해석을 제공할 수 있다. 생각해 보자. 지금 수신자 공동체와 분리되어 나가 버린 '이단적 적대자들'은, 예수 그리스도가 '육체로 오신' 것을 부인하는 자들이다(2:22). 그들은 그렇게 미혹하는 세상으로 돌아갔고(4:1-2), 그 세상의 본질은 '악한 자 아래 놓인 코스모스'(5:19)이다. 그래서 교회는, 지금 이단적 적대자들뿐만 아니라 그들이 속해 있는 '온 세상'을 맞닥뜨리고 있는 형국에 처해 있다.

그런데 교회가 믿음으로 받아들인 예수 그리스도는, 성도 안에 거하는 '영원한 생명'(1:2; 5:12)이 되신다. 그 영원한 생명은 어디서 왔는가? 그 아들을 믿고 '죄 사함'(2:1)을 얻어 거듭난 결과로 그들 안에 주어진 것이다. 무엇보다 그 '죄 사함'은, 그들에게 '아버지 하나님을 아는 지식'을 선물한다(2:12, 14). 그렇게 하나님과의 사귐을 통해 하나님을 아는 지식에 성장해 가면 결국 어디에 도착하는가? 거기가 '아비들'이 있는 자리이다.

그 '아비들'의 신앙은, 이제 '태초부터 계신 이를 아는' 신앙으로 설명된다. 즉, 세상이 창조되기 이전부터 계시며(1:1), 세상에 있는 이보다 그리고 세상보다 크신(4:4), 그 아들 예수 그리스도를 알고 누리고 사귀며 그 안에 거하는 신앙이다. 그 '아비들'은 어디에 이르렀는가? 그들은 지금 여기 이 세상 한복판에 있지만, 그리고 이 세상에 속한 적대자들을 맞닥뜨리고 있지만, 그들은 '이미' 세상보다 크시며 세상 이전부터 계신 '그 아들과 아버지와의 영원한 코이노니아'(1:3) 안에 거하고 있지 않은가!

요한은 이런 점에서 신비적이다. 아마도 성경적인 신비주의의 원류(原流)가 아닐까도 생각된다. '아비들'은 이미 세상을 이긴 자들이다. '청년들'처럼 아직 세상의 육신의 정욕과 안목의 정욕과 이 생의 자랑과 피나는 싸움을 하는 중이 아니다. 물론 '자녀들'처럼, 죄 사함을 확신하면서 하나님을 아버지로 알게 되어 이제 '아버지 빽이면 뭐든 된다'는 식으로 세상에서 싸워 이겨 보려고 하는 중도 아니다. '아비들'은 이미 세상 너머에, 세상 이전에, 세상보다 크신 이와의 영원한 사귐과 그 '사귐의 기쁨'을 항상 충만하게 누리고 있는 자들이다(1:4).

어떻게 이런 '아비들'의 신앙에 이를 수 있겠는가? 어떻게 '그 아들과 아버지와의 코이노니아' 안에 그토록 깊게 뿌리내릴 수 있는가? 얼마나 뿌리를 내려 그 사귐 가운데로 옮겨 갔기에 세상 안에 있으면서도, 그 영원한 사귐의 기쁨으로 충만할 수 있는가? 그들의 입에서 언제나, '초막이나 궁궐이나, 그 어디나 하늘나라'라는 찬송이 끊이지 않는 이유는 무엇인가? '악한 자의 코스모스'로부터 '하나님의 코이노니아' 안으로 옮겨 가는 것, 그 영원한 사귐으로 이 악한 자의 세상을 압도하는 것, 그것이 아비들의 신앙으로 나아가는 길이다.

청년들의 신앙

'청년들의 신앙'은, 아이들과 아비들의 신앙의 중간 지점에 있다. 죄 사함 받고 하나님을 아버지로 부르게 된 신앙에서 출발한다. 그리고 최종적으로 이 세상 전에, 이 세상 너머에, 이 세상보다 크신 '그 아들과 아버지와의 영원한 사귐' 안에 이르게 된다. 어떻게 거기까지 갈 수 있단 말인가?

생각해 보면, 평생을 '죄 사함'의 은혜에서만 머무는 그리스도인들도 있다. 물론 죄 사함은 평생토록, 우리가 이 땅의 여정을 다 마치는 그날까지, 그리고 심판주이신 예수 그리스도 앞에 서는 그때에도 더욱더 절대적으로 절실한 은혜이다. 하지만 평생을 자신의 나약함만을 호소하며, '내 모습 있는 그대로 받아 주시는' 하나님만을 붙들고, 거기서 한 걸음도 나아가지 않을 뿐 아니라, 그런 연약한 상태를 변명하기 위해 은혜를 고의적으로 악용하는 경우도 있다.

지나친 경우에는, '은혜를 방탕거리로 바꾸는' 신앙에 떨어지기도 하고(유 4절), '은혜를 더하게 하기 위해, 죄에 거하는 것이 무엇이 문제랴'라는 식으로 죄 가운데 얽혀 한 걸음도 나아가지 못하는 신앙에 머물 수도 있다(롬 6:1; 고전 3:15). 마치 소돔과 고모라 같은 패역한 도시 한가운데 거하면서, 거기서 노아처럼 '의의 전파자'로 사는 것이 아니라 결국 자기 자신만 겨우 심판의 불길에서 빠져나올 뿐, 아무런 빛과 소금으로서의 증거나 영향력도 남기지 못했던 롯과 같은 처지에 머물 수도 있는 것이다(벧후 2:7-8). 아무리 오래 믿었어도, 여전히 '어린아이들'의 신앙에 갇혀 있는 경우이다.

자녀들의 신앙에 또 다른 유형이 있다. 하나님을 '내 아버지'라고 부르지만, 그 아버지의 '빽을 믿고' 세상에서 남들보다 더 잘살아 보겠다고 달려드는 것이 전부인 신앙이다. 하나님을 아버지로 안다고 하지만, 참으로 그 아들을 통해 자신을 나타내신 아버지의 진면목, 그분의 거룩한 뜻과 온전한 성품은 알지 못하는 철없는 자녀 같은 신앙이다. 이런 어린아이 신앙은, 세상 사람들이 세상적인 방법으로 세상적인 목표를 위해 힘쓰고 애쓰는 그것을 자신도 하나님을 이용해서 훨씬 빨리 훨씬 많이 달성하겠다는 '자기중심성'이 그 본질이다.

평생을 하나님께 충성하고 헌신해도, '아이들'의 신앙은 결국은 '나를 위한 하나님'이라는 본질에서 벗어나지 못한다. 물론 우리는 평생 하나님이 베푸시는 복을 받아야 산다. 복을 싫어하는 사람은 없고, 하나님은 실로 만복(萬福)의 근원이시다. 하지만 어린아이의 신앙은, 원하는 장난감을 한번 손에 쥐면 부모가 뭐라고 말해도 결코 놓으려 하지 않는 아이의 경우와 같다. 정말 하나님의 이름과 영광이 걸려 있는 결정적인 순간인데도, 어린아이의 신앙은 그동안 자신이 추구해 왔던 자신의 욕망이나 자신이 예수 믿고 받은 복을 결단코 내려놓지 못한다. 그것이 비록 하나님의 이름을 땅에 떨어뜨리고, 교회와 세상 앞에서 덕을 무너뜨리는 일일지라도, 자신이 예수 믿고 받은 복, 아버지에게서 받은 세상 복을 결단코 놓지 못하는 것이다.

그에게 '아버지'란 어떤 의미인가? 그가 알고 있는 '아버지'는 어떤 분이신가? 아마도 '아비들'(파테레스, πατέρες, 13, 14절)은, 하나님 '아버지'의 참으로 아버지 됨을 알아서 점차 그리고 결국 그 아버지 되신 하나님을 진실로 닮아 간 자들일 것이다. 하나님을 단지 '나의 아버지'로만 아는 것이 아니라, 그 아버지 된 하나님, 곧 그 아들을 우리 같은 죄인들을 위하여 아낌없이 내어 주신 사랑까지 그대로 닮은 성숙한 신앙이다(4:7-10, 14). 아버지가 되면 자녀를 기르고 사랑한다는 것이 무엇인지 알게 되지 않는가? 그처럼 신앙의 아비들 역시, 그 아버지 하나님의 지극하고 참된 사랑 안에 거할 뿐 아니라 그 사랑으로 사는 자리에 이른 자들일 것이다.

그렇다면 청년들은 어떠한가? 청년들은 적어도 아이들처럼 '자기중심적 신앙'에서 벗어나 그 이상으로 나아간 자들로 이해할 수 있다. 이들은 적어도 세상에 맞서 싸우는 중이다. 세상은 이들에게서 '하나님의 사랑'을 빼앗으려 한다. 세상은 자기 안에 있는 모든 것들을 동원해서, 이들을 유혹하거나 핍박하고, 위협하고 속인다(2:15-17). 그렇게 하는 목적은, 이들에게서 '하나님의 사랑' 곧 '하나님의 사랑을 받고 그 사랑 안에 거하며, 그 사랑으로 하나님과 자신과 이웃을 사랑하는 그 사랑의 코이노니아'를 붕괴시키기 위함이다. 그러니까, 세상의 문제는 곧 사랑의 문제이다. 요한은 이 세상의 핵심을 겨냥하고 있다. 결국 '코스모스'의 핵심은 '코이노니아'이기 때문이다.

'청년들'에 대한 첫 번째 묘사는, 그들이 '악한 자를 이겼다'는 표현이다(13절). '악한 자'(톤 포네론, τὸν πονηρόν)는 마귀를 가리키는데, 저는 '처음부터 범죄한 자요'(3:8), 사람들을 '마귀의 자녀로' 삼아 죄를 통해 사망으로 끌고 가는 일을 한다(3:9-10). 지금 '온 세상은 그의 아래 놓여 있으며'(5:19), 저는 이 세상 속으로 '거짓 영'과 '거짓 선지자들'을 보내어, '그 아들'과 그 아들을 세상에 보내신 아버지 하나님을 대적하는 '적그리스도'의 배후이다(4:1-2; 2:18). 즉, 악한 자 마귀는 하나님을 떠난 이 세상과 한 덩어리이다. 어떤 의미에서는 악한 자 마귀와 세상과 그 안에 속한 '마귀의 자녀들'(3:10)은 이를테면 '악의 연대'(solidarity of evil) 또는 단단하고 완고한 '악의 카르텔(Kartell)'을 구축하고 있는 셈이다.

'그 아들과 아버지의 코이노니아'(1:3)는 이 '악의 연대'의 사슬을 끊고 붕괴시킨다(3:4-10). 어떻게 그렇게 할 수 있는가? 죄 사함(1:7, 9; 2:1-2)과 말씀 곧 진리, 빛, 생명, 사랑의 코이노니아의 침투와 확산(1:5-10; 2:3-11)으로 그렇게 한다. 왜 그렇게 하는가? '악의 연대'를 묶어 주는 고리는 거짓이요, 어둠이요, 증오와 살인이기 때문이다. 이것은 총과 칼, 무기와 돈으로 하는 전쟁이 아니다. 진리와 의와 생명과 빛과 사랑으로 치르는 전쟁이다.

그래서 '악한 자를 이기는 것'은 '생명의 말씀'(1:1, 10)이다. 그 '말씀'이 그 말씀을 받은 자 안에서 죄 사함을 통한 영적 '생명'을 주며, 그 말씀의 '진리'로 거짓에서 놓여나게 할 뿐 아니라, 그 아들을 그에게 주신 아버지의 '사랑'으로 모든 증오와 파괴, 죽음의 세력에서 그를 영원히 해방시키기 때문이다. 그럴 때, 그가 속해 있는 '악의 연대' 그 '악의 카르텔'은 붕괴되고 마는 것이다.

어떻게 이기는가?

청년들이 '이 세상의 악한 자'를 '이기는' 것은 바로 이런 방식을 통해서이다. '악한 자를 이겼다'(14절)에서 '이겼다'(네니케카테, νενικήκατε)는 완료형으로, 이미 이긴 사실이 있고, 이미 승리한 그 승리의 결과가 지금도 그들에게 작동하고 있음을 표현한다. 청년들이 언제, 이 세상의 악한 자를 이겼는가? 그들은 지금도 싸우는 중이 아닌가? 그러므로 '이미 이겼다'는 확증은, 예수 그리스도의 승리를 전제하는 표현이다. '이미 승리하신 분'은 오직 예수 그리스도뿐이다: "담대하라. 내가 세상을 이기었노라"(요 16:33).

요한은, 그 아들이 어떻게 마귀의 일을 멸하셨는지는 조금 후에 상세히 설명할 것이다(3:9-10). 지금은 세상과 세상의 악한 자를 맞닥뜨려 싸우고 있는 '청년들'이 어떻게 이미 이 싸움에서 승리하신 예수 그리스도의 승리에 참여할 수 있는지를 알려 주려 한다. 우리는 어떻게 세상과 그 악한 자를 이기신 그리스도의 승리를 우리 자신의 것으로 만들 수 있는가? '악한 자'를 이긴다는 것은, 우리가 그 악한 자보다 '강해야'만 가능한 일이다. 14절에서 '여러분이 강하고'(이스쿠로이 에스테, ἰσχυροί ἐστε)라는 표현은, 우리가 '강한 힘'을 가졌다기보다는 우리 자신이 '강하게 되었다'는 쪽에 가까운 의미이다. 어떻게 해야 우리가 강해질 수 있는가?

이 모든 전략의 핵심이 14절의 '하나님의 말씀이 여러분 안에 거하고'에 놓여 있다. '하나님의 말씀'(호 로고스 투 떼우, ὁ λόγος τοῦ θεοῦ)은 문맥 안에서, 넓은 의미로는 '생명의 말씀'(1:1, 10)이기도 하고 좁은 의미로는 사랑의 '새 계명'(2:2-3)이기도 하다. 그보다 깊은 의미로, '하나님의 말씀'의 임재는 곧 '그 아들'의 임재이다. 그 아들은 태초부터 계신 말씀이요 또한 하나님께서 이 세상에 보내신 '육신이 되신 말씀'이기 때문이다(요 1:1, 14; 요일 1:1; 4:2). 즉, 세상의 그 악한 자를 이기시는 것은 그 아들 예수 그리스도뿐인데, 그의 승리가 우리의 승리가 되는 것은, '말씀이신 그 아들'이 '하나님의 말씀'으로 우리 안에 거하실 때인 것이다.

그래서 악한 자를 이기는 것은 하나님의 말씀이 우리 안에 거할 때이다. '여러분 안에 거하고'(엔 휘민 메네이, ἐν ὑμῖν μένει)라는 표현은 '하나님의 코이노니아'를 연상하게 만든다. '거함'은 '사귐'의 특징적인 현상이기 때문이다. 하나님의 자녀로 거듭나는 것은 생명에 관련된 존재의 문제이지만, 하나님과의 코이노니아 안에 '거하는' 문제는 사귐의 문제이고 하나님을 알아 가는 문제이며, 그 말씀의 생명이 그의 행동과 삶으로 열매 맺는 데 결정적인 관건이 된다.

그렇다면 악한 자를 이기는 것이, 왜 하나님의 말씀이 우리 안에 거하는 일에 달려 있는가? 우선, 승리는 예수 그리스도의 것이다. 그분이 이미 승리하셨고, 그분은 말씀으로 우리 안에 내주하신다. 더구나 새 언약 백성의 특징은, 하나님의 말씀이 그의 심령에 기록된 것, 심겨 있는 것, 영원히 내주함에 있다(렘 31:33). 공동서신은 새 언약의 성취로서 '내재하는 말씀'(indwelling word of God)을 강조한다. 야고보서 1:21에 따르면, 우리를 구원할 말씀이 우리의 마음에 심겨 있기 때문에, 그 말씀을 온유함으로 받으면 우리는 그 아들의 승리와 그의 구원하는 능력을 계속적으로 소유하고 누릴 수 있는 것이다.

베드로전서 1:23-25에 의하면, 성도는 '썩지 않고 더럽지 않고 쇠하지 않는, 살아 있고 항상 있는 그 말씀'으로 거듭난 자들이다. 동일한 '말씀과 중생'의 관계를 요한일서는 '생명의 말씀'이 그 안에 거하는 것으로 묘사하며, 그것이 '그 아들과 아버지의 코이노니아'의 핵심이다(1:1-2, 3, 5-10). 더 나아가서, 그 생명의 말씀이 우리 안에 '거하고' 또한 우리가 그 말씀 안에 '거하는' 과정, 그 말씀과의 사귐의 과정만이 우리로 하여금 세상과 그 세상의 악한 자에 대한 승리를 보장하기 때문이다. '말씀'이신 그 아들의 승리는, 그 '말씀'이 우리의 안에 거할 때 우리의 것이 되기 때문이다. 요한에게 있어서, 그리스도가 우리 안에 거하신다는 것과 말씀이 우리 안에 거한다는 것, 그리고 새 계명인 사랑을 따라 행한다는 것은, 이렇듯 긴밀하게 연결된 개념들이다(요 15:1-14).

요한이 굳이 서신의 초반부터 '말씀'을 강조하는 이유도, '악한 자를 이김'과 깊이 관련되어 있다고 볼 수 있다. 요한일서는 이원론적 구도가 그 배경에 있기 때문이다. '그 아들과 아버지의 코이노니아'와 '악한 자와 세상의 코이노니아'가 서로 대적하는 관계에 놓여 있는 것이다. 그러므로 하나님께서 그 아들을 세상에 보내셨다는 것은, 곧, '거짓'으로 세상을 장악하고 있는 그 악한 자의 진영(陣營) 속으로, 그 아들이 말씀 곧 '진리'로 들어오셨다는 뜻이 된다. 어둠이 빛을 이길 수 없는 것처럼, 거짓도 진리가 오면 힘을 잃고 물러설 수밖에 없다. 마귀의 지배는 총이나 칼이나 핵무기나 정치권력으로 무너뜨리는 것이 아니라, 진리로 파괴하는 것이다. 그는 '거짓의 아비'이고 거짓으로 세상을 지배하기 때문이다(요 8:44).

그러므로 우리는 거짓을 만났을때, 낙심하거나 결코 지치지 말아야 한다. 진리를 말하고 행동하는 것은, 빛으로 어둠을 쫓는 일처럼 막강한 능력임을 확신해야 한다. 결국, 하나님의 말씀이 우리의 심령, 곧 우리의 생각과 의지와 감성에 깊이 뿌리내리는 일은, 세상과 그 악한 자를 이기는 신앙에 있어서 치명적이다. 이미 승리하신 '그 아들' 없이는 악한 자 마귀나 그의 세상을 이길 수 없듯이, 하나님의 말씀을 읽고, 묵상하고, 행하지 않는 삶에는 세상이나 그 악한 자 마귀를 이길 방도가 전혀 있을 수 없다. 진리가 없이 어떻게 거짓을 이기는가? 그것은 어둠 속에서 어둠을 물리치겠다고 어둠을 휘젓는 것과 같이 어리석은 일이다.

'세상을 이긴 자'가 누리는 복

'세상을' 이긴다는 것은, '세상에서' 이긴다는 것과 다르다. 세상에서 이겨도, 세상에 질 수 있기 때문이다. 세상에서 져도, 세상을 이길 수 있는 것과 마찬가지이다. 예수님도, 주의 형제 야고보, 사도 베드로, 사도 요한, 사도 바울, 그리고 초기 교회에서 순교했던 모든 성도들도, 전부 세상에서는 졌지만, 세상을 이긴 자들이었다.

오늘날은 교회가 세상에서 이기는 법은 가르치지만, 세상을 이기는 법은 잘 가르치지 않는다. 예수 믿고 세상에서 복 받고 성공하는 법은 설교하지만, 정작 거짓 없이 정직하게 살며 손해 보더라도 공의(公義)와 선(善)을 행하며 이웃을 사랑하는 삶이 '세상을 이긴 삶'이라는 복음을 설교하려 들지 않는다.

물론, 세상에서도 성공하고 세상을 이기는 신앙을 가질 수 있다면 더없이 좋을 것이다. 그러나 '세상에서는' 이길 수 없지만 '세상을' 이겨야 하는 상황에서, 세상을 이기는 쪽을 택하는 신앙이 성경적인 신앙이다. 무슨 짓을 하든, 세상에서 이기는 신앙으로는 더 이상 교회가 세상 속에서 승리를 누릴 수 없다.

성경에서 '이긴 자'란, '세상을' 이긴 자이다. 초기 교회 성도들은 세상에서 '주리고 목마르고 헐벗고 떠도는' 자들이 많았다. 로마의 변두리에서 '나그네와 행인들'로 살아가는 자들이 대부분이었다. 여전히 집안 노예들이었고, 소작농들이 대다수였다.

그들은 예수 믿고 부자가 되기 위해 예수 믿지 않았다. 그들은 예수 믿고 부자가 되어 로마 시민권을 사서 그 제국에서 천년만년 사는 것을 목표로 삼지 않았다. 그들은 헌금을 모아 로마의 시민권을 사는 대신, 가난한 다른 교회 성도들을 구제하는 데 사용했다.

예수 믿고 세상을 이긴다는 것은 무엇인가? 성도는 이미 '썩지 않고 더럽지 않고 쇠하지 않는 나라'를 유업으로 받았다. 우리 안에는, 이 세상에서 얻을 수 없는 '부활 생명', '영원한 생명'이 요동치고 있다.

성도는 그 아들 안에서 '이미' 세상을 이긴 자들이다. 이미 이긴 세상을 그분과 함께, 교회와 함께 계속해서 그 승리를 누리며 살아간다. 그런 삶은 '세상에서 진' 인생처럼 보일 수도 있다. 그러나 그렇지 않다.

이미 썩어지고 더럽고 허무한 세상에서 그런 세상의 복을 받는다는 것은, 마치 사과는 사과지만 '썩은 사과'를 한 트럭 받는 것과 같다. 그 썩은 사과를 다 먹으면 어떻게 되겠는가? 그래서 예수님은 창세기의 복음을 산상수훈의 팔복으로 바꾸어 말하신 것이다. 그럴 수밖에 없다. 창조 세계의 복이 그대로 복이 되지 않는 부패한 세상이기 때문이다.

그래서 썩지 않고 더럽지 않고 쇠하지 않는 나라, 하나님 나라를 받은 사람은, 심령이 가난하다. 애통할 수밖에 없다. 더러운 세상에서 의롭게 살려 하고, 죽음이 지배하는 세상에서 두려워하지 않으며, 허무한 세상에서 영원한 진리와 사랑을 따라 살려 하면, 의에 주리고 목마를 수밖에 없다. 하지만 하늘에서 상이 크다. 그 하늘은 그들 안에 이미 와 있다. 기쁘고 즐거워할 수밖에 없다. 이미 세상을 이기신 분과 함께 살고 있기 때문이다.

세상을 이기는 것이, 진정으로 세상에서 이기는 것이다. 이 세상은 지금도 지나가고 있고, 새 하늘과 새 땅이 우리 안에 있다. 그 아들과 아버지와 우리와 너희가 함께하는 영원한 코이노니아는, 이미 우리 안에서 시작되었다. 우리는 세상을 이긴 자들이다. 이미 세상을 이긴 인생을 끝까지 살아 내야 한다.

4. 코이노니아와 사랑[a](2:15-17)

"세상이나 그 세상 안에 있는 것들을 사랑하지 마십시오"(15절). 이것이 새 단락의 첫 구절이다. 왜 이렇게 시작할까? 왜 갑자기 '세상'을 언급하며, '사랑'의 주제를 꺼내는가? 조금 떨어진 문맥인 앞의 11절에서는, 형제를 미워하는 자는 어둠 속에서 그의 눈이 멀게 된다고 경고했다. 왜 믿음의 형제를 미워하게 되는가? 왜 새 계명을 따라 형제를 사랑하는 일이 그렇게 어려워지는가? 그것은 우리가 세상을 사랑하기 때문이 아닌가? 자신의 육신의 정욕, 안목의 정욕, 이 생의 자랑을 따라 살면, 형제를 사랑할 수가 없게 된다. 부모의 유산을 놓고 종종 형제끼리 다투는 것과 같은 이치이다. 그래서 요한은 형제 사랑을 위해서는, 세상을 사랑하고자 하는 유혹을 이겨 내야 한다고 말하고 있는 것이다.

조금 가까운 문맥을 보아도, 15절에서 '세상을 사랑하지 말라'고 하는 또 다른 이유를 알 수 있다. 14절에서는, 청년들이 그들 안에 거하는 말씀을 통해, '악한 자'를 이겼고, 이길 수 있다고 격려한다. 그러면 '악한 자'를 이긴다는 것은 어떻게 한다는 것인가? '이 세상은 악한 자 아래 놓여 있다'는 5:19의 말씀은, 그래서 요한일서를 이해하는 데에 결정적인 열쇠가 된다. 그러니까 '악한 자'(14절)를 이긴다는 것은, '세상'(15-17절)을 사랑하지 않음으로써만 가능하다는 결론이 나온다.

즉, 하나님의 말씀이 우리 안에 거할 때 우리가 악한 자를 이길 수 있는 이유는, 그 말씀을 통해 세상을 사랑하지 않고 끝까지 하나님을 사랑할 수 있게 되기 때문이다. 아버지 하나님을 끝까지 사랑한다면, 우리는 언제고 그의 자녀들인 우리의 형제들도 끝까지 사랑할 수 있게 되고, 그의 계명 곧 그의 뜻도 끝까지 순종하며 행할 수 있게 될 것이다(2:14, 17; 5:1-2).

요약하면, 15-17절에서는, 11절에서 요구한 형제 사랑의 결정적인 장애물이 무엇인지를 파헤치고 있다. 그리고 14절에서 알려 준 대로 '말씀이 우리 안에 거할' 때 우리가 '악한 자를 이긴다'는 전략이 어떻게 실행되어야 하는지도 구체적으로 설명한다. 그것은 우리가 '무엇을 어떻게 사랑하느냐'에 달려 있다. 결국, 세상과 하나님 사이에 놓인 우리의 '사랑', 그것이 핵심적인 문제이다. 그리고 이 '사랑'이 '사귐' 곧 코이노니아의 핵심이다. 이 흥미롭고도 결정적인 본문을 꼼꼼하게 읽어 보자.

> [15] 여러분은 세상이나 그 세상 안에 있는 것들을 사랑하지 마십시오. 만일 누구든지 세상을 사랑하면 아버지의 사랑이 그의 안에 있지 않은 것입니다. [16] 왜냐하면 세상에 있는 모든 것, 육신의 정욕과 안목의 정욕과 이 생의 자랑은 아버지께로부터 온 것이 아니라 세상으로부터 온 것이기 때문입니다. [17] 무엇보다 이 세상은 지나가고 있으며, 그 정욕도 마찬가지입니다. 하지만 하나님의 뜻을 행하는 자는 영원히 거할 것입니다.

인격적 우주

성경의 주장대로 이 세상이 하나님께서 창조하신 것이 맞는다면, 이 세상은 단지 '물질' 덩어리가 아니다. 보이는 세계뿐 아니라, '정사들'(principles)과 '권세들'(powers), 그리고 '천사들'이 활동하는, 물질적이고도 초자연적인 세계이다. 그뿐 아니다. 이 모든 존재하는 것들의 중심에는, 만유(萬有)를 창조하신 인격적인 하나님과 그 만유를 '유업'(inheritance)으로 받아 다스리도록 지음 받은 사람과의 관계, '하나님과 사람의 관계'가 놓여 있다.

이것이 신약에서 '세상' 곧 '코스모스'를 바라보는 근본적인 관점이다. 그러니까 하나님께서 창조하시고 사람에게 주신 이 세상을 무대로, 하나님과 인간 사이의 인격적인 관계가 나머지 모든 것을 결정하는 핵심적인 원리가 된다는 뜻이다. 이렇게 생각해 보자. 두 사람이 사랑했다. 그리고 결혼했다.

집을 샀고 차를 샀고 아이들을 낳았다. 두 사람이 사랑하지 않았다면, 결혼도, 집도, 차도, 재산도, 아이들도 없었을 것이다. 반대로 두 사람의 관계가 파국에 이르러서 서로 영영 헤어지게 되었다면, 그들의 집도, 차도, 아이들의 세계도 모두 산산조각 나 버리게 될 것이다. 인격 간의 사랑은, 그렇게 모든 것의 중심에 놓여 있다.

그런 것이다. 앞의 본문도 마찬가지이다. 앞의 본문은 창세기 1-3장이 묘사하는, 하나님의 천지 창조와 '에덴동산' 한가운데서 일어난 '하나님과 아담' 사이의 사건을 떠올리게 만든다. 거기서도, 하나님, 사람, 세상, 뱀(마귀, 악한 자)이 등장했고, 그 핵심적인 문제는 '말씀'에 관한 것이었지 않은가! 거기서도, 아담이 '하나님의 말씀'을 그의 마음으로 받아 순종하느냐, 아니면 그 말씀을 저버리고 마귀의 '다른 말들, 그 거짓말들'을 먹느냐 하는 것이 결정적인 문제였지 않은가!

요한일서 2:14과 15-17절의 이야기도 본질상 같은 장면이다. 창세기 1-3장의 이야기가 그 뒤에 어른거리는, 인류 본연의 가장 핵심적인 문제를 보여 주는 것이다. 사실, 온 세상의 운명은, 하나님의 말씀에 대한 인간의 응답에 달려 있다(창 3:1-24; 마 4:1-11). 아담이 하나님의 말씀을 버렸을 때, 죄와 사망이 세상에 들어왔다(롬 5:12). 그때부터 옛 뱀 곧 악한 자 마귀가 세상을 장악하기 시작하지 않았던가.

지금 요한일서의 본문도, 그 뿌리 깊은 동일한 유혹들을 묘사하고 있다. 사탄, 곧 악한 자 마귀는 그때 선악과를 이용했던 것처럼, 지금도 '이 세상과 세상에 있는 것들로' 우리를 유혹하고 있다. 우리로 하여금 하나님의 말씀을 버리고 그의 거짓을 먹게 만들어서, 끝내 우리가 세상을 사랑하고 하나님을 버리도록, 그래서 하나님께서 우리에게 주신 모든 것을 잃도록 유혹하고 있는 것이다.

결국, 우리가 이 세상이나 이 세상에 있는 것들로 우리를 속이는 마귀의 거짓말을 삼켜 버리고, 그래서 하나님의 말씀을 버리고 나면, 우리는 하나님의 사랑을 잊을 뿐 아니라, 더 이상 하나님을 사랑할 수 없게 되고 만다. '하나님과의 코이노니아'가 붕괴되는 것이다. 두 사람이 갈라서면, 두 사람을 위해 존재했던 모든 세계가 붕괴되듯이, '하나님과의 관계' 곧 그 '사귐', 그 '코이노니아'가 파괴되면, 나머지 모든 우주는 산산이 파괴되고 흩어져, 아무런 의미도 남지 않는 황량한 광야처럼 변질되고 만다.

그래서 코스모스의 핵심은 코이노니아이다. 이 우주는 마치 물질과 돈과 권력과 무기와 땅과 건물과 무수한 집단과 세력들로 채워져 있는 것 같지만, 그 핵심에는 하나님과 인간의 관계가 있는, 그 코이노니아를 축(軸)으로 돌아가는 '인격적 우주'인 것이다. 그래서 세상의 모든 것은, 당신이 하나님과 어떤 관계에 놓여 있는지, 그분의 '말씀'에 대해 어떤 응답을 하는지에 따라, 즉, 그 '하나님과의 코이노니아'에 따라 완전히 달라진다. 모든 것은, 결국 이 '코이노니아'가 결정하기 때문이다.

배타적 사랑

기독교는 종종 '독단적이고 배타적'이라는 비난을 받는다. 세상은 '오직 예수 그리스도를 믿지 않고는 구원이 없다'는 기독교, 소위 '자신을 믿지 않으면 모두 지옥에 보내 버리는' 기독교의 하나님을 '쩨쩨한' 하나님이라고 비아냥거리기도 한다. 확실히 기독교의 진리에는 '배타적'인 차원이 있다. 지금, 15절도 같은 분위기이다. 이 세상을 사랑하면, 아버지의 사랑이 그의 안에 있지 않다고 잘라 말한다. 둘 중 하나라고 선을 긋는 단호한 말투가 분명하다. 요한은 종종 이런 식으로 말한다. 그 본질과 영적인 원리를 핵심적으로 짚어 말하는 방식이다.

'세상을 사랑하는 것'과 '아버지의 사랑'은 근본적으로 양립할 수 없다. 그것이 영적 본질이고 타협할 수 없는 원리이다. '아버지의 사랑'(헤 아가페 투 파트로스, ἡ ἀγάπη τοῦ πατρὸς)에 사용된 2격은 주격이나 목적격, 어느 쪽으로도 해석될 수 있다. 즉, 아버지 하나님께서 우리를 사랑하신 그 사랑을 가리킬 수도 있고, 아버지 하나님을 사랑하는 우리의 사랑을 가리킬 수도 있다. 둘 다 포함하는 포괄적 의미일 가능성은 더 높다. 어떤 경우라도, 우리가 세상을 사랑한다면 동시에 하나님을 사랑할 수 없고, 그것은 하나님께서 우리를 사랑하신 그 사랑이 우리 안에 있지 않다는 증거라는 뜻이다. 그렇지 않은가?

15절에서, 아버지의 사랑이 그의 안에 '있지 않다'(우크 에스틴, οὐκ ἔστιν)는 표현은 '사실'을 묘사한다. 이것은 무슨 뜻일까? 우선, 15절에서 사용되는 '사랑'은 모두 '아가파오'(ἀγαπάω)로, 통상적으로 '사랑한다, 선호하고, 이끌리며 좋아한다'는 일상적 의미일 수도 있지만, 하나님께서 우리를 사랑하시는 사랑처럼 조건 없이 사랑하는 전폭적인 사랑의 의미가 짙다. 선명한 대조는 문맥 안에도 놓여 있다. 세상을 사랑하는 것과 아버지의 사랑이 서로 배타적인 관계 속에 놓여 있기 때문이다. 왜 이렇게 되었을까?

세상과 하나님을 동시에 사랑할 수는 없을까? 요한은 왜 이렇게 극단적으로 말하는 것일까? 현실에서 우리는, 하나님을 전심으로 사랑하지만, 세상이나 세상에 있는 것들을 좋아하기도 하며 애착을 갖기도 한다. 그것이 현실이다. 요한이 이런 현실적인 상태를 부인하려 하는 것은 아닌 듯하다. 두 사랑이 본질상, 대립된다는 것이다. 예컨대, 집이나 새로 산 차, 새로 얻은 직위나 권력, 새로 알게 된 어떤 사람, 혹은 세상의 그 어떤 것이나 이 세상을 좋아하는 정도가 아니라, 그것에 집착하여 하나님의 뜻도 거스를 정도가 되면, 하나님이 우리를 사랑하신 사랑을 점점 더 잊게 되고, 하나님을 사랑하는 그 사랑도 그만 시들어 결국 있으나 마나 한 명목상의 사랑이 되고 만다.

하지만 우리는 끊임없이, 세상 사랑과 하나님 사랑을 전부 붙잡으려 애쓴다. 옛 언약 백성이 우상 숭배할 때도, 하나님을 예배하기를 그만두지는 않았다. 둘 다 하고 있었다(삼상 7:3). 그것이 타락이다. 한국 교회도 사실은 오랫동안, 이 둘이 서로 양립할 수 있다고 설교하고 가르쳐 왔다. '영혼은 구원받고 천당 가고, 세상에서는 건강의 복, 물질의 복, 사업의 복 받는 것'을 성공한 신앙의 표본처럼 가르치지 않았는가? 그래서 15절에 나타난 요한의 선언은 사실 충격적이다. 요한은 세상 사랑과 하나님 사랑 사이를 칼로 베듯이 갈라놓기 때문이다.

이미 온 세상이 하나님을 떠나 하나님을 대적하는 이 타락한 상태에서, 세상을 사랑하기 시작하면 더 이상 하나님을 사랑할 수가 없게 된다. 반대로 하나님을 열정적으로 사랑하면, 세상을 그렇게 사랑할 수가 없다. 서로가 서로를 방해한다. 만일 둘 중 하나를 포기해야 한다면, 세상 사랑을 버려야 한다고 말하는 것이다. 언제나 그럴 준비가 되어 있어야 한다. 하나님 사랑이, 그 어떤 사랑으로도 방해받지 않게 해야 한다는 것이다.

한 걸음 더 나아가서, 세상을 사랑하기 때문에 하나님 사랑을 잊어버릴 정도가 된다면, 그것은 애초부터 하나님 사랑이 당신 안에 없었다는 '증거'가 된다고 경고하는 것이다. 하나님의 사랑을 받았고, 그 사랑 안에 거하며, 그 사랑으로 하나님을 사랑한다는 '증거'는 무엇인가? 그것은 당신이 이 세상이나 이 세상에 속한 것들에 대한 당신의 사랑에 의해 휘둘리지 않는다는 것이 아닌가? 그런데 당신이 '세상을 사랑하면', 그것은 당신 안에 원래부터 하나님 사랑이 없었다는 것이 '사실'이라는 증거가 되는 셈이다. 요한은 그렇게 단호한 투로 말하는 것이다.

이렇듯, 하나님의 사랑은 근본적으로 세상 사랑과 양립할 수 없을 만큼 배타적이다. 오늘날의 포스트모던 사회의 '다원주의적' 분위기는 이런 '사랑의 배타성'을 오해한다. 종종 기독교의 하나님은 배타적이어서 문제가 많다고 비난한다. 왜 자신만 믿어야 구원받는다고 말하는가? 왜 자신만 사랑하라고 하는가? 그것은 독선적이고 쩨쩨한 사랑이 아니던가? 모든 것을 차별하지 않고 너그럽게 '환대'하는 사랑이 못 되지 않는가?

하지만 원래 진실한 사랑은 모두 배타적 속성을 갖는다. '모두를 사랑한다'는 것은 '아무도 사랑하지 않는다'는 것과 같기 때문이다. 역설이지만, 그래서 사랑은 원래 차별적인 차원을 내포한다. 그렇지 않다면 '질투'가 존재하지 않을 것이다. '모두를 다 사랑합시다'라고 말하는 사람이, 연인 관계에서는 아무런 질투도 느끼지 않을까? 특별히, 언약적인 관계 속에 들어갈 때, 그것은 다른 사람이 아닌 '당신'을 택하는 것이다. 그래야 그 약속의 관계가 성립한다.

그리고 그 배타적 사랑의 관계를 통해야만 비로소 포괄적인 사랑의 길이 열린다. 두 사람이 수많은 상대를 제치고 서로를 선택해서, 서로에 대한 헌신을 약속하며, 결혼을 하고 자녀를 낳고 가정을 이루어, 점차 이웃과 사회에 열린 사랑의 공동체가 되어 가는 과정과도 같다. 사랑은 원래 배타적인 차원과 포용적인 차원을 모두 포함한다. 배타적인 언약 관계에 기초하는 사랑이라야, 언약적 생명 곧 코이노니아의 결속을 통해, 더 폭넓은 이웃 사랑으로 열리게 되기 때문이다.

'세상'이란 무엇인가?

무엇보다, 사랑이라고 다 사랑이 아니다. 16절은, 사랑의 출처에 따라, 두 가지 사랑을 구별한다. 하나는 '세상으로부터 온'(에크 투 코스무, ἐκ τοῦ κόσμου) 사랑이고, 다른 하나는 '아버지께로부터 온'(에크 투 파트로스, ἐκ τοῦ πατρὸς) 사랑이다. 출처가 다르니 본질과 그 결과도 다르다. 세상은 무엇인가? 요한일서에서 세상은 '악한 자 아래 놓여 있다'(5:19). 그래서 세상으로부터 온 사랑에 붙잡히면, 결국 그 악한 자와의 '악의 연대' 곧 '죄와 죽음과 허무의 카르텔' 안에 갇히게 될 것이다.

반면에 '아버지께로부터' 온 사랑이란, 15절에서 '아버지의 사랑'이라고 표현한 것과 같이, 그 사랑의 특징이 아버지께로부터 온 것이다. 요한일서에서, 아버지의 사랑은 특징적으로 '그 아들을 세상에 보내셔서 죄인 된 우리를 살리신' 사랑이다(4:9, 10, 14). 그래서 아버지께로부터 온 사랑은, 우리를 '은혜와 의와 생명의 코이노니아' 안에 거하게 만든다. 그래서 다르다. 출처가 다르고, 본질이 다르고, 그 인도하는 바의 목적지까지가 모두 다르다.

다만, 둘 다 '사랑'이기 때문에, 사랑의 현상에서는 유사한 점들이 나타날 것이다. 둘 다 열정적일 수 있고, 황홀할 수 있고, 즐거움이나 기쁨을 가져다 줄 수 있다. 그래서 분별을 못 하고 자주 속기도 하는 것이다. 15절에서는 세상을 사랑하든 하나님 아버지를 사랑하든, 모두 '사랑한다'(아가파오, ἀγαπάω)는 동사를 쓴다. 그러니까 명확한 차이는 사랑의 '현상'보다는, 사랑하는 그 '대상'에서 나는 셈이다. 뒤집어 말해서 우리가 '사랑할 때', 우리는 사랑하는 것 자체로 그 사랑의 과정에 빠질 수 있다. 하지만 어떤 대상을 사랑하느냐에 따라 그 내용도 결과도 달라진다.

도대체 '세상'이 무엇이기에, 세상을 사랑하면 하나님의 사랑도, 하나님을 사랑하는 것도 잊게 된다는 것인가? '세상'(κόσμος)은, 신약에서는 요한이 가장 많이 사용하는 특징적인 개념이다. 요한복음과 요한서신의 용례를 다 합치면 신약에서 사용되는 경우의 57퍼센트나 되고, 요한일서에서만 23회나 사용된다.[31] '세상' 곧 '코스모스'는 구약이나 헬라 문헌에서 하나님의 피조 세계로서 대체로 긍정적으로 그려진다. 하지만 신약 전체뿐 아니라, 특히 요한복음 13-17장, 그리고 요한일서에서, '코스모스'는 자주 부정적인 의미로, 그리고 주로 이원론적 틀 안에서 사용된다.[32]

---

31   요한일서 2:2, 15[x3], 16[x2], 17; 3:1, 13, 17; 4:1, 3, 4, 5[x3], 9, 14, 17; 5:4[x2], 5, 19 이하, '코스모스'에 관한 자세한 논의는, 채영삼, 『공동서신의 신학』, 570-572을 참조하라.
32   이렇듯, 신약에서 '세상'의 비교적 적대적이고 부정적인 이미지들은 구약의 종말론에서뿐 아니라, 예수님과 초기 교회의 시대 배경이 되는 제2 성전기 유대교 문헌들의 특징적인 '묵시론적 이원론'의 영향도 컸다고 할 수 있다; 참조. Brown, *The Epistles of John*, 222-223. *Jubilees*나 *Enoch*은 창세기 6:1-

그렇다면 '세상'은 어떤 의미인가? 우선 '코스모스'는, 단순히 피조 된 '물질세계'나 '인류로서의 사람들'이 아니라, '악한 자의 권세 아래 있는, 타락한 본성으로부터 나오는 삶의 방식 전체'(the whole way of life)를 가리킨다. 즉, '세상'이란 사람들 혹은 복음을 거부한 사람들의 총합보다 큰 무엇인데, 악한 자의 휘둘림 아래 있는 어떤 영역을 대표하는 그 전체를 가리키는 것으로(5:19; 참조. 요 12:31; 14:30), 그것 자체 안에 하나님과 대적하는 관계에 놓인 특징들과 권세를 갖고 있는 무엇이다.

그러니까, 요한일서에서 '세상' 곧 '코스모스'는 '하나님을 떠나 악한 자의 지배 아래 놓인 영적·물질적 세계, 그 지배 아래 놓인 사람들, 그리고 그들의 타락한 본성으로부터 나오는 모든 삶의 방식'까지를 총칭하는 개념이라 할 수 있다. 더 본질적으로 말하자면, 요한일서가 말하는 '세상'은 '하나님의 코이노니아'를 대적하는 '악한 자의 연대'(solidarity with the evil)라고 정의할 수 있을 것이다. 그럼에도 불구하고, '세상'은 여전히 하나님의 사랑의 대상이다. 하나님께서 이 타락한 '코스모스'를 위하여 자기 아들을 아끼지 않고 보내셨기 때문이다(요 3:16-17).

이제, 악한 자 마귀 아래 놓인 세상으로서의 '악의 연대'(5:19)는, 참빛이신 그 아들의 오심으로 '이미' 붕괴되었고 '지나가고 있다'(2:8, 17). '온 세상'을 위하여 자신을 '속죄 제물'로 드리신 그 아들의 희생을 통해, 그 '악의 연대'를 묶는 죄의 사슬이 끊어지고 사람들은 믿고 죄 사함 받고 해방되는 중이기 때문이다(2:1-2). 결국 그 '악한 자의 연대, 코이노니아'의 고리를 끊고 그 아래 있던 사람들과 세상을 '하나님의 코이노니아'(God's koinonia) 안으로 되찾고 회복하는 것, 그것이 요한일서가 드러내고자 하는 '하나님 나라'의 복음의 핵심인 셈이다.

4을 근거로 '하나님의 아들들'의 타락이 온 세상에 퍼진 것을 기록하며, 4 Ezra 7:12은 세상의 타락의 원인을 아담의 범죄로 돌린다.

거짓 사랑의 삼위일체

　이렇게 큰 그림을 그려 놓고, 다시 요한일서 2:15-17의 본문을 자세히 들여다보자. 이 세상을 볼모로 잡은 '악의 연대'는 어떤 식으로 하나님의 자녀들, 그리고 세상 사람들을 공략하는가? 그것은 '사랑'을 통해서이다! 그러므로 '사랑'보다 더 중요한 신학적이고, 실존적이며, 심지어 이보다 더 우주적인 주제는 없다. 무엇을, 어떻게, 어떤 목적으로 사랑하느냐? 온 세상에서, 이것보다 더 심오하고 결정적인 주제는 없다는 뜻이다.

　17절은 이 '악(evil)의 연대'로서의 '세상'이 어떤 방식으로 '사랑'의 영역을 공략하는지를 세밀하게 보여 주는데, 이 '세상'의 영적 본질, 그 실체를 폭로함으로써 그렇게 한다. 세상이 무엇인가? 세상은 그저 물질 덩어리가 아니다. 인류 전체도 아니다. 눈에 보이지는 않지만, '악의 연대'로서 세상이 갖는 본질이 뚜렷이 있다. 그것은 강력한 세력이다. 특히, 우리의 '사랑'의 영역을 충동질하고 휘몰아칠 수 있는 영적이고, 지적이고, 정서적이고, 의지적인, 심지어 육체와 물질세계를 총동원한 강력한 힘, 곧 '거짓 사랑'의 강력으로 활동한다.

　16, 17절은 그것을 '정욕', '자랑'이라고 규정한다. 이는 15절에서 말한 '사랑'의 다른 이름이다. '사랑'은, 우리가 사랑하는 대상에 따라서 그 내용과 방식이 변질될 수도 있다. 16절의 '육신의 정욕'과 '안목의 정욕', 그리고 '이 생의 자랑'은, 17절에서처럼 한마디로 이 세상의 '정욕'으로 요약할 수 있다. '정욕'(헤 에피쑤미아, ἡ ἐπιθυμία)은, 사실 그 자체로서 선하거나 악한 것은 아니다. 차라리 하나님께서 인간을 창조하실 때 주신 '본능적인 열정'에 가깝다. 하지만 신약에서 '에피쑤미아'가 정욕을 의미할 때는 자주 부정적인 문맥에서 부정적인 의미로 사용된다(예. 약 4:1-3; 벧후 3:3; 갈 5:24).

　왜 그런가? 이 세상 자체가, 하나님을 떠나 하나님을 대적하는 악한 자의 세력과 결탁한 채로 죄와 사망과 허무에 붙잡혀 있기 때문이다. 그래서 원래는 창조주이신 하나님께서 우리에게 인간의 조건으로서 주신 '정욕들' 역시, 왜곡된 방향으로 비틀어지고 그 본질 자체도 부패한 채로 작동하기 때문이다. 예컨대, 식욕이나 성욕 그리고 사랑하고 사랑받고 싶은 욕구, 명예를 추구하고 싶은 욕구, 무엇인가를 영광스럽게 떠받들고 싶은 욕구, 이런 정욕들은 그 자체로서 인간 조건으로 주어져 있다. 하지만 이 타락한 세상 속에서는, 늘 잘못된 대상을, 잘못된 방식으로, 잘못된 목적을 위해 추구하는 방향으로 달려 나가기 쉬운 것이다.

그렇다면, '육신의 정욕'과 '안목의 정욕'과 '이 생의 자랑'은 정확히 어떤 욕망들을 지칭하는가? '육신의 정욕'(헤 에피쑤미아 테스 싸르코스, ἡ ἐπιθυμία τῆς σαρκὸς)은, 넓은 의미에서는 죄와 사망과 허무에 붙잡힌 인간의 존재 방식(mode of life) 전체를 가리킬 수 있는 표현이다. 하지만 지금처럼 '안목의 정욕'과 '이 생의 자랑'과 구분되어 좁은 의미를 가리킬 때는, 부패한 인간의 죄 된 본성이 특히 육체적으로 표현되는 경우를 가리킨다. 그것은 종종, '탐욕'(greed; lust)이라고 부르는 죄인데, 다른 죄들의 뿌리가 되는 부패한 욕망이다. 바로 이 '탐욕'에서, 하나님의 율법, 말씀, 계명이 정하는 모든 선(線)을 넘는 죄악들이 생겨난다. 그것은 절제 없는 욕심이며, 그 욕심으로 해서 타인뿐 아니라 자신도 망가뜨리는 '거짓되고 왜곡된 사랑'의 전형적인 형태이다.

이에 비해 굳이 '안목의 정욕'(헤 에피쑤미아 톤 옵살몬, ἡ ἐπιθυμία τῶν ὀφθαλμῶν)이라 표현한 것은, 그것 역시 거짓되고 왜곡된 사랑이면서, 특히 '눈으로 보고 알고 즐기고 느끼는' 통로로 채워지는 정욕이기 때문이다. 이쯤 되면, 창세기 3장이 알려 주는 '아담과 하와'의 선악과 사건을 떠올리는 것이 이상하지 않다(또한, 마 4:1-11, '예수님의 광야 시험').[33] 선악과는 '먹음직도 하고 보암직도' 한

---

33 예수님의 광야 시험도, 아담이 마주한 그 뿌리 깊은 세 가지 시험과 깊은 관련이 있다. 본질은, 육신의 정욕은 떡이 아니라 생명의 말씀으로, 안목의 정욕은 하나님을 아는 신뢰의 지식으로, 이 생의 자랑은

것이었다. 보면서 채워지는 정욕은 '심미적'인 것, '아름다움'에 관한 것이며, 그것은 결국 '아는 것'과 관련 있는 정욕이라 할 수 있다. '육신의 정욕'처럼, 무엇을 소유하여 그것을 내 것으로 쟁취하는 데서 얻는 '자아 확대'(自我廓大)의 만족이라기보다, 그 얻은 것을 알고 누리고 느끼며 그 안에 몰입하는 데서 오는 '몰아'(沒我)의 정욕이다.

세 번째로 '이 생의 자랑'(헤 알라조네이아 투 비우, ἡ ἀλαζονεία τοῦ βίου)은, 앞의 두 정욕에 따라오는 결과이다. 자아를 확대하고 자기 자신에게 몰입하면, 자연스럽게 스스로를 우상화시키려는 유혹이 뒤따른다. 그것이 '자랑'이다. 그 자랑은, 이 생(生) 곧, 재물이든 권력이든 자신의 업적이든, 세상이나 이 세상에서 정욕으로 얻은 것들을 기반으로 하는 자랑인데, 결국 자기 자신에게 그 영광을 돌리는 것이 본질이다. 누군가에게 영광을 돌리고자 하는 것도 사랑의 한 표현이다. 사람은 원래, 하나님께 영광을 돌림으로써 가장 큰 만족을 얻도록 창조되었다. 하지만 하나님을 영화롭게 하는 사랑이 왜곡되고 거짓되면, 이런 식의 헛된 자랑으로 변질, 추락하게 되는 것이다.

아담과 하와 역시, 선악과를 보고 '먹음직도 하고 보암직도' 하게 느꼈을 뿐 아니라, 그것이 그들을 '지혜롭게 할 만큼 탐스럽기도'(창 3:6) 하다고 느꼈다. 이 세 번째의 묘사가 '이 생의 자랑'에 해당할 것이다. 결국은 자신의 지혜가 하나님의 지혜보다 낫다고 자랑하고 싶은 욕구, 자기 자신을 극대화하여, 모든 것이 자신 앞에 무릎 꿇고 경배하도록 만들고 싶은 욕구를 가리킨다. 이렇게 보면, 선악과가 바로 '세상이나 이 세상에 있는 것들'의 대표적인 상징이라는 사실을 알게 된다. 순서도 일치한다. '육신의 정욕'은 '먹음직한 것'에,

---

세상의 헛된 영광이 아니라 하나님의 영광을 위한 순종으로 채워야 승리하게 된다는 것이다. 예수님은 광야 시험을 이기셨고, 그분의 승리는 곧 예수님을 믿고 소유한 새 백성의 승리이다. 교회도 그분 안에서 이미 승리했다, 그 '생명의 말씀'에 거함으로써 승리할 수 있다. 참조. 채영삼, 『긍휼의 목자 예수: 마태복음의 이해』, 77-85.

'안목의 정욕'은 '보암직한 것'에, 그리고 '이 생의 자랑'은 '지혜롭게 할 만큼 탐스러운 것'과 짝을 이루며 잘 어울린다.

이렇듯, 요한일서 2:16의 '거짓된 사랑의 삼위일체'가 창세기 3:6의 선악과로 유발된 정욕의 특징들과 짝이 맞는다는 것은, 이런 타락한 사랑 또는 정욕의 본질이 매우 뿌리 깊은 것이고 인간 본성에 보편적인 유혹으로 잠재되어 있음을 의미한다. 하나님을 알든 모르든, 이 세상 안에 사는 모든 사람은 누구나 이런 타락한 정욕, 곧, 죄와 사망과 허무에 붙잡혀 거짓되고 왜곡된 사랑의 다양한 형태를 경험할 뿐 아니라, 이에 시달리며, 이끌리며, 휩쓸려, 바로 그 죄와 사망과 허무의 무저갱 속으로 빨려 들어가고 있는 것이다. 사랑은 그 어느 것보다 더 강렬한 불길이므로, 이런 부패한 사랑이 다양한 정욕들로 표출되면, 그 불길은 정말이지 걷잡을 수 없이 그 자신과 모든 것을 불살라 버리고 만다(참조. 약 3:6).

'정욕'에 대한 전통적 해법

전통적으로, '육신의 정욕, 안목의 정욕, 이 생의 자랑'이라는 인간의 부패한 사랑의 세 가지 형태를, 보다 구체적인 대상과 엮어 '돈, 섹스, 권력'(money, sex, power)으로 표현하기도 했다. 위의 세 가지 인간의 부패한 정욕이 꼭 이런 세 가지 대상과 얽혀 있는 것은 아니지만, 대표적인 예로 생각해 볼 수 있다는 점에서는 유익한 표현이다. '육신의 정욕'은 그 본질이 '탐심'으로, 음식을 절제 없이 먹는 '폭식'이나 남의 것을 훔치는 '도적질'로 나타날 수도 있다. 물론, 끝도 없이 '돈'이나 '재산'을 탐하는 '부'(富)에 대한 절제 없는 갈망이 대표적이다.

'안목의 정욕'도 반드시 '성적 타락'을 통해서만 나타나는 것은 아니다. 지식의 최고 형태는 미적인 아름다움에 있다. 그래서 지식을 위해 지식을 탐닉

하는 것도 '안목의 정욕'에 휘둘리는 거짓된 사랑의 일종일 수 있다. 거기로부터, 덕을 세우지 않거나 윤리를 잊은 지식의 교만이 나오는데, 그것이 그 자신과 사회에 끼치는 폐해는 이루 말할 수 없을 정도이다. 하지만 '성적 타락'이 그중에서도 '안목의 정욕'에 관한 한 대표적인 영역이라 할 수 있다. 오늘날, 온갖 성적 죄악에 더해, 남자와 여자의 구분이 혼돈 속에 빠지고, 심지어 인간이 자신의 생물학적 성(sex)을 마음대로 결정할 수 있다는 풍조는 이렇듯 왜곡되고 거짓된 사랑의 전형적인 표출이 아닐 수 없다.

'이 생의 자랑'은 사실, '권력'의 추구에서 가장 잘 드러난다. 권력이 '이 생의 자랑'이라는 헛된 정욕의 노리개가 되면, 그것은 곧바로 자기 자신을 하나님의 자리에 놓는 우상 숭배의 죄에 빠지게 만든다. 중세 어느 수도사가 겸손을 배우고자 한 달 동안 침묵 수행을 한 후에 수도원의 형제들 앞에 나서서, '형제들이여, 나는 드디어 겸손을 다 이루었소!'라고 자랑했다는 우스갯소리처럼, '자랑' 역시, 인간이 그것 없이는 살 수 없는 사랑의 한 표출이다. 그것이 꼭 '권력'이 아니라, 자신의 작은 업적이나, 별것 아닌 재산이나, 미천한 지식처럼 이 세상의 사소한 것들일지라도, 그것을 자랑하며 자신을 영광을 받는 자리에 놓으려는 인간의 부패한 정욕은, 참으로 헤어나기 어려운 왜곡되고 거짓된 사랑의 표출인 것이다.

그렇다면, 이러한 '거짓되고 왜곡된 사랑'의 정욕들을 어떻게 극복할 수 있다는 말인가? 요한은 이 세상이나 이 세상에 있는 것들을 '사랑하지 말라'고 권면한다. 육신의 정욕과 안목의 정욕과 이 생의 자랑에 붙잡히고 휘둘리면, 그 사람 안에 하나님의 사랑과 하나님을 사랑하는 것이 남아 있을 수가 없다. 이 세상과 함께 이 세상이 가는 길, 그 죄와 죽음과 허무의 밑도 끝도 없는 '무저갱'(abyss)의 나락으로 빨려 들어갈 뿐이다. 그렇다면, 어떻게 하면, 이런 거짓되고 왜곡된 사랑의 정욕들에서 나올 수 있을까?

요한은 16-17절에서 이를 명확히 말하고 있지는 않다. 그렇다면 어떤 해법이 있을까? 리처드 포스터는 『돈, 섹스, 권력』이라는 책에서, 이 해묵은 죄의 문제를 다루면서 중세의 수도원과 청교도 전통에 기대어 나름대로의 해법을 제시한다. 돈에 대한 탐욕의 문제에 대해서는, '청빈'의 훈련과 삶이 답으로 제시된다. 청교도들처럼 직업을 소명으로 알아 근면하게 살며 청빈을 실천하는 삶만이 우리로 하여금 재물에 대한 탐욕에서 자유하게 할 수 있다. '성'에 대해서는, 결혼 제도를 중심으로 한 '정절'이 답이다. 정절의 훈련만이, 문란하고 혼돈스러운 성적 타락에서 우리를 지켜줄 수 있다. 그리고 '권력'을 우상으로 삼아 숭배하지 않으려면, 정해진 공의로운 질서에 스스로 '복종'하는 훈련을 통해 그 교만의 뿔을 꺾고 제어할 수 있다고 제안한다.

그렇다. 청빈과 정절과 복종의 훈련이 잘 이루어진다면, 돈과 섹스와 권력의 올가미에서 벗어날 수 있을 것이다. 확실히, 이러한 경건의 훈련이 갖는 중요성은 아무리 강조해도 지나치지 않다. 하지만 요한일서가 제시하는 해법은 이와 조금 다르다. 중세의 수도원과 청교도적인 전통에서 가져온 이러한 경건의 제도와 훈련들과는 조금 다른 접근, 이를테면, 조금 더 신비주의적이고 영적인 접근을 하는 듯이 보인다. 만일, 우리가 요한일서의 문맥이 제시하는 이런 영적이고 신비주의적 전통에서 길어 올리는 요한의 해법에 귀 기울인다면, 우리는 위에서 언급한 도덕적 훈련의 참된 동기와 영적 동력의 근원을 얻을 수도 있을 것이다.

우선, 돈, 성, 권력은 그 자체로 나쁜 것이 아니다. 인간에게 주신 '정욕들'이 인간의 조건이듯이, 이런 욕망의 대상들도 하나님께서 주신 '좋은 선물'(*dona bona*)이라는 사실을 잊지 말아야 한다. 그래야 우리를 종종 곁길로 가게 만드는 '금욕주의적 율법주의'의 함정에 빠지지 않을 수 있다. 청빈하겠다고 돈을 멸시하며 성을 악마화하고 권력을 증오하면, 곧바로 자기모순과 위선의 길로 들어서게 될 것이기 때문이다. 반대로, 돈은 무조건 많을수록 좋으며, 성욕도 어떤 방식으로든 얼마든지 누려도 되고, 권력 역시 많을수록 좋다는 태도도 위험스럽다. 그런 '자유방임주의'에 빠지면, 그로 인해 짓게 되는 죄들까지도 자연스러운 정욕의 일부로 받아들이게 되고 말 것이기 때문이다.

사랑의 신학

그렇다면 무슨 다른 해법이 있는가? 요한은 분명히, 이런 부패한 정욕들을 자유방임적인 태도로 접근하지 않는다. "하나님은 빛이시며, 그에게는 어둠이 결단코 조금도 없으시다"(1:5). 죄는 발견되는 즉시, 빛 가운데에서 처리되어야만 한다. 타협은 없다. 죄를 정욕의 일부로 눈감아 주지 않는다. 그런 법은 없다. 반대로, 율법주의적인 방식으로 접근하지도 않는다. 하나님은 빛이시지만, 그 안에는 뜨거운 긍휼, 하나님의 사랑의 불이 타오르고 있어서, 그 사랑의 불 속에서 모든 죄는 소멸되며, 그 사랑의 은혜 안에서 죄인은 용서받을 뿐 아니라, 그 아들의 생명과 거룩, 의와 영광으로 회복된다(1:7, 9; 2:1-4; 2:29-3:7).

그러면 요한의 해법은 무엇인가? 다시 2:15로 돌아가 보자. '세상을 사랑하는 것'이 '아버지의 사랑'과 극명하게 대조되어 있다. 요한의 해법이 바로 여기에 숨어 있다. '아버지의 사랑'(헤 아가페 투 파트로스, ἡ ἀγάπη τοῦ πατρὸς)이다. 문법적으로 '아버지의 사랑'은, 아버지 '하나님께서' 주신 사랑이며, 그 사랑 안에서 '하나님을' 사랑하는 사랑, 그리고 그 사랑으로 '형제와 이웃을 사랑하는' 사랑까지를 포함한다. 이 '아버지의 사랑'이, '이 세상과 이 세상의 것들' 그리고 그것의 본질인 '육신의 정욕, 안목의 정욕, 이 생의 자랑'을 이겨 내는 요한의 해법이다!

15절의 문맥 안에서 단순하게 생각하면, 우리가 '아버지의 사랑'을 받고 그 사랑으로 하나님과 우리 자신과 믿음의 형제와 이웃들을 사랑한다면, 그 아버지의 사랑을 누리고 나누는 동안에는 '이 세상의 사랑'이나 부패한 정욕에 따라 살 수가 없다. 그러니까, 요한의 해법은 매우 단순하고 핵심적이다. 아버지 하나님의 사랑을 받으라. 그리고 적극적으로 그 아버지의 사랑 안에 머물라. 그리고 그 아버지의 사랑으로 하나님을 사랑하라. 그리고 그 사랑으로 자신을 사랑하고, 형제를 사랑하고, 이웃을 사랑하라. 그러면, 모든 부패한 정욕들에서 벗어날 길을 얻는다. 그래서 요한의 해법은, '사랑의 묘약'이다. 신비하고 단순한 해법이다.

단순하지만, 그 하나님의 사랑이 우리의 심령과 삶 안에 펼쳐질 때, 우리의 '거짓되고 왜곡된 사랑'은 뿌리에서부터 치유를 받게 된다. 그렇게 되면, 그 거짓되고 왜곡된 사랑에서 나오는 모든 부패한 정욕들도 치유받고, 각기 제자리로 돌아올 길을 찾게 된다. 아버지 하나님께서 우리를 어떻게 사랑하셨는가? 그 아들을 주셨다(4:9-10, 14). 그리고 그 아들은 우리 안에서 '영원한 생명'이 되신다(1:2; 5:12).

'육신의 정욕'이 무엇인가? 무엇을 탐하고 얻어서, '영원한 생명'보다 더 큰 것을 얻겠는가? 육신이 얻고자 하는 것은 무엇인가? 돈으로 결국 무엇을 사서 소유하고자 하는 것인가? 탐식과 탐욕을 통해 얻고자 하는 것은, 결국 '생명과 더 풍성한 생명'이 아닌가? 하나님이 우리를 사랑하셔서 주신, 그 '영원한 생명'보다 더 크고 비싸고 풍성한 생명이 있는가? 생명의 결핍은 생명의 풍성함으로만 채워진다. 육신의 정욕을 채우고도 남는 것은, 그 아들의 영원한 생명뿐이다. 그러니 생명에의 갈증은 그 아들의 생명으로 채우는 것이다.

'아버지의 사랑'이 어떻게 해서, '안목의 정욕'을 다스리며 훈련시키며 제자리로 돌려보내는가? '성'(性)적 탐닉은 사랑에 굶주린 허기에서 나온다. 그렇지 않은가? 아름다움과 친밀함의 결핍에서 나온다. 그렇지 않은가? 하나님의 사랑은, 그 아들을 통해 우리의 심령에 '성령'의 향기로운 기름을 부어 주셨다(2:27). 그 성령은 우리로 하여금 하나님의 아름다움을 알게 하신다.

안목의 정욕을 만족시킬 뿐 아니라, 우리로 하여금 더 이상 세상의 아름다움과 비교할 수 없는 하나님과 그의 진리, 은혜, 그의 나라의 아름다움을 깨닫고 누리게 하신다. 성령은 우리로 하여금 하나님과의 사귐을 누리게 하시고, 그 사귐 안에서 하나님을 깊이 '알게' 하신다. 그것보다 더 큰 만족은 없을 만큼, 사랑의 포도주에 취하게 하신다. 안목의 정욕이나 성적 탐닉은 사랑의 결핍에서 오고, 사랑의 결핍은 참되고 아름답고 진실하며 영원한 사랑으로 채워질 때 치유받는다. 사랑의 결핍은 더 크고 영원하고 온전한 하나님의 사랑으로 치유하는 것이다.

'아버지의 사랑'이 어떻게 '이 생의 자랑'을 치유하는가? 그럴 수밖에 없다. 이 생의 자랑과는 비교할 수 없는 영광을 주셨기 때문이다. 아버지의 사랑으로 내어 주신 그 아들 예수 그리스도의 얼굴에 있는 하나님의 영광을 아는 빛이 우리의 심령에 비춘다(고후 4:6). 하나님의 이름을 사랑하고, 그분을 영원토록 즐거워하며, 그분의 영광을 구하는 일보다 신나는 일이 없다. 참된 신자는, 결국 내가 잊혀지고 영원히 기억되지 않는다 해도, 하나님이 영광을 얻으신다면 그보다 더한 기쁨이 없는 삶을 살게 된다. 그에게 주어진 권력은 그의 영광이 아니다. 그의 영광은 오직, 아버지께서 사랑으로 내어 주신 그 아들의 영광뿐이다. 그 아들의 영광이 이미 내 것이므로, 나에게 주어진 모든 권력과 기회는 오직 아버지의 영광을 위해, 형제와 이웃을 사랑하고 섬기는 일에 사용될 뿐이다. 그래서 세상 영광에의 갈구는, 이미 주어진 그 아들의 영광으로 치유한다.

오직, 아버지의 참된 사랑이, 우리의 거짓된 사랑을 치유한다. 아버지의 거룩하고 온전한 사랑만이, 우리의 왜곡되고 결핍된 사랑의 굶주림을 채운다. 요한의 신학은 그래서 '사랑의 신학'이다. 우리의 허무한 사랑은, 오직 아버지께서 주신 영원한 사랑에 의해 채워진다. 그 아들의 생명과 성령의 지식과, 그 놀라운 코이노니아를 주신 아버지의 사랑만이, 우리를 부패한 정욕들에서 구원해 내신다. 육적인 생명은 영원한 생명으로, 왜곡된 사랑은 아버지의 사랑으로, 헛된 영광은 하나님의 영광으로 치유된다. 아버지의 사랑을 받고, 그 사랑 안에 거하며, 그 사랑으로 사랑함으로써, 당신의 모든 왜곡된 사랑을 치유받는 것, 그것이 '하나님의 코이노니아'이다. 그것이 교회이다. 하나님의 사랑으로 사랑하라. 더욱 사랑하라!

재창조는 창조의 역순

왜 종말은 이렇게 더디게 오는 것일까? 약속된 새 하늘과 새 땅은 어디에 있는가? 정말 오는 것인가? 지구 환경은 점점 더 나빠져 가고 있다. 모든 피조물들이 썩어짐에 종노릇하며 허무한 데 굴복하여 신음하고 있다. 언제 끝이 오는가? 이미 시작된 종말은 언제 그 완성에 이르게 되는가? 하나님께서는 지금 무엇을 하고 계신 것인가? 왜 기다리시는가?

무수한 질문들이 솟아오른다. 생각해 보면, 창조 때에는 하나님께서 세상을 먼저 지으시고, 그다음에 사람을 만드셨다. 그리고 사람이 범죄함으로 타락하고 사망이 세상에 들어온 것이다. 그러니까, 세상의 창조, 사람의 창조, 사람의 타락, 세상의 파괴, 이런 순서였다.

그러나 재창조는 그 순서가 다르다. 여기가 주목해야 할 부분이다. 성경 전체를 훑어보면, 이 커다란 흐름이 눈에 띈다. 하나님께서는 왜 지금, 오늘, 이 참혹한 세상을 다시 창조하셔서, 당장 새 하늘과 새 땅을 만들지 않으시는가?

그 이유는 '재창조의 순서'에 있다. 하나님께서 만물을 새롭게 하시는 순서가 있다. 다시, 첫 번째 창조를 생각해 보자. 그때에는 세상이 먼저 지음 받고, 사람이 창조되었다. 그러나 재창조는 그런 순서가 뒤집어진다. 사람이 먼저 새롭게 지음 받고, 그다음에 새 하늘과 새 땅이 완성된다.

물론, 고린도후서에서, '누구든지, 그리스도 안에 있으면 새로운 피조물이라'(고후 5:17)고 했을 때, 그리스도 안에서 이미 새 사람과 새 하늘과 새 땅이 모두 재창조된 것이다. 그러나 중생(regeneration), 거듭남의 부활 생명의 역사는, 그리스도를 믿는 사람들의 심령 안에서 먼저 일어난다. 사람들이 중생하며, 영적으로 새 사람들이 태어난다.

　사람들이 먼저 새로워진다. 하나님은 새 하늘과 새 땅을 가져오시기 전에, 그의 새로운 백성을 먼저 만드신다. 왜 그렇게 하실까? 첫 번째 창조에서, 세상에 죄와 죽음과 허무가 들어온 것은 첫 사람 아담의 타락 때문이었다. 그러니까, 오늘 밤에 하나님께서 새 하늘과 새 땅을 만드셔도, 그 재창조의 세계가 하나님의 뜻대로 다스려지고 보존된다는 보장이 없다. 그 재창조의 세계를 하나님의 뜻대로 다스릴 하나님의 새 백성이 준비되지 않았기 때문이다.

　첫 번째 창조, 곧 이 세상의 타락의 원인은, 첫 사람 아담이 하나님과 맺은 관계를 깨뜨렸기 때문이다. 그래서 두 번째 창조, 새로운 아담인 하나님의 새 백성이 하나님과의 관계를 회복하는 거기에, 다시 하나님의 말씀을 품고 따르고 살아 내는 거기에, 즉 그 코이노니아가 회복되는 거기에 코스모스의 재창조를 완성하는 길이 열린다.

　그래서 하나님은 지금 전(全) 역사를 통틀어, 자기 백성을 재창조하시는 일에 주목하고 계신다. 교회에 주목하고 계신다. 거기가 새 백성이 만들어지는 곳이기 때문이다. 거기가 새 하늘과 새 땅의 완성의 관건이 달려 있는 장소이다. 코이노니아의 회복이 곧 코스모스의 회복이다. 코스모스의 회복은 코이노니아의 회복에 달려 있기 때문이다.

　하나님의 말씀에 순종하는 새 백성의 탄생, 거기에 새 창조의 완성이 달려 있다. 그것은 사랑의 회복이다. 사랑 없는 새 하늘과 새 땅이 무슨 의미가 있겠는가? 그러므로 하나님을 사랑하고, 그 사랑 안에 거하고, 그 사랑으로 자신과 형제와 이웃을 사랑하라. 그 길만이, 온 세상을 새롭게 만드는 길, 새 하늘과 새 땅을 가져오는 가장 확실한 길이다.

5. 코이노니아의 경계(2:18-23)

이사를 갔다면, 집 안을 정리할 것이다. 가구들을 제자리에 놓고 방마다 제대로 꾸며져 있는지 살피고, 거실도 부엌도 모두 제 모습을 갖추도록 잘 정돈할 것이다. 그러고 나면, 밖으로 나가 대문과 담장을 살필 것이다. 아파트라면 필요 없겠지만 말이다. 주민 센터에 가서 전입신고도 하고, 우편물들이 제대로 도착하도록 주소도 모두 새로 바꿀 것이다.

지금 2:18-23까지의 내용이 그런 것이다. '코이노니아의 경계(boundary)'를 이곳저곳 다지며 분명하게 정리하는 내용들이다. 1장에서는 '그 아들과 아버지와 우리와 너희의 코이노니아'라는 집을 지었다면, 2:1-14에서는 그 안에 사는 아버지와 어린 자녀들과 장성한 청년들이 사는 모습을 그렸다고 생각하면 쉬울 것이다. 그리고 15-17절에서는, 집 안 정리가 끝나고 가족들을 돌아본 후에, 이제 우리가 어떻게 '저 밖에 있는 세상'을 맞서서 함께 잘 살아갈지를 이야기하는 상황과 같다.

더 나아가서 이제 18-23절에서는, 집 밖에, 즉 '하나님의 코이노니아' 밖에 어떤 것들이 도사리고 있으며, 그것들과 '우리는' 어디가 어떻게 다른지, 그 '경계들'이 무엇인지를 정확히 구분해 주는 대목들이다. 집 밖에, 그러니까, '하나님의 코이노니아' 밖에는 어떤 것들이 있는가? 적그리스도가 있다(18절). 우리에게서 나간 자들도 있다(19절). 그리고 저 밖에 있는 자들과 세상의 특징은 '거짓'이다(21-22절). 무엇보다, 그들에게는 그 아들 예수 그리스도가 없고, 그 아들이 없으니 아버지도 없는 자들이다(23절).

그러니까 밖에 있는 자들은, '하나님의 코이노니아' 안에 있는 하나님의 자녀들이 아닌 것이다. 거기는 '하나님과의 코이노니아'가 없는 어둠의 '코스모스'이다. 요한일서의 수신자 교회의 정황을 생각하면, 이렇게 '코이노니아' 곧 '하나님과의 사귐 가운데 남아 있는 교회'의 '경계'를 명확히 해 줄 필요가 있었을 것이다. 그들 가운데 있다가 밖으로 나간 자들 때문에(19절), 남아 있는 성도들 가운데서도 혼란스러운 상태에서 상처받은 채 확신을 잃고 흔들리는 자들이 있었을 것이기 때문이다.

오늘날도 마찬가지이다. 예수 믿는다는데, 세상 사람들과 별반 다르지 않다. 신앙 고백은 있는데, 그 삶이 세상 사람들과 다르지 않은 부분도 있다. 자신이 무엇을 믿는지, 그 믿는다는 내용이, 세상 사람들이 믿는 것과 어떻게 어떤 점에서 확연히 다른지 명확히 알지 못하는 경우도 많다. 그래서 물에 물 탄 듯, 술에 술 탄 듯, 흐리멍덩하게 알고 흐리멍덩하게 사는 그리스도인들이 많은 것이다. 특히, 오늘날과 같은 '다원주의' 사회는 '관용'을 강조한다. 두드러지지 않기를 기대한다. 혼자 진리를 알고 있다고 나대거나, 다른 사람에게 자신이 진리라고 믿는 것을 확신을 가지고 전하는 일 자체를 꺼린다. 이런 사회 분위기 속에서, '하나님의 코이노니아'를 소유하고 누리는 사람은 어떻게 살아야 하는가? 본문에서 답을 찾아보기로 하자. 우선, 18, 19절을 살펴보자.

¹⁸ 아이들이여, 지금이 마지막 때입니다. 그래서 이와 같이 적그리스도가 온다는 것을 여러분이 들었습니다. 그리고 이제 많은 적그리스도들이 생겨났습니다. 이로써 마지막 때라는 것을 우리가 압니다. ¹⁹ 저들은 우리에게서 나갔으나 우리에게서 난 자들이 아닙니다. 만일 우리에게서 난 자들이라면, 우리와 함께 머물렀을 것입니다. 그러나 저들에 관한 모든 것이 우리에게서 난 것이 아님이 나타내진 것입니다.

시간의 경계 – '종말의 시작'

복음이란 무엇인가? 예수 믿고 죽어서 천당 가는 것인가? 살아 있는 동안은, 믿음으로 세상 복 많이 받고 성공하는 것인가? 18절에서 '아이들이여'(파이디아, παιδία)는, 14절에서처럼 신앙적으로 아직 성숙하지 못한 성도들을 지칭하는 칭호와 같다. 죄 사함을 알고 하나님이 '내 아버지'라는 것도 알지만, 아직 '하나님과의 사귐' 안에서 청년다운 씨름 곧 세상과 피나는 믿음의 전투를 겪어 보지 않았고, 그래서 영원하신 하나님을 아는 성숙한 아비의 자리에 이르지 못한 초보적인 신앙을 가리킬 것이다.

그래서 신앙적으로 '아이' 상태에 있는 성도라면 더욱더, 반드시 알아야만 할 것이 있다고 힘주어 말하는 것이다. 무엇을 알아야 하는가? 지금이 '마지막 때'라는 사실이다. '마지막 때'(에스카테 호라, ἐσχάτη ὥρα)란, 이 세상과 역사가 그 끝에 다다랐고 그 끝에 이른 시간이라는 뜻이다. 그런데 이 편지는 2천여 년 전에 기록된 서신이다. 그때도 마지막 때였는데, 지금도 마지막 때란 말인가? 이것은 무슨 뜻인가?

18절을 다시 보면, 요한이 지금이 '마지막 때'라고 하면서 제시하는 증거는 '적그리스도'가 나타났다는 사실에 놓여 있다. 즉, '적그리스도'가 나타났다면, 바로 그때가 역사와 세상의 마지막 시간이라는 의미이다. 여기서 잠깐 성경이 말하는 '종말'(the end) 개념에 대해 설명이 필요하다. 성경이 '종말'이라고 할 때, 그것은 우리가 물리적이고 자연적인 시간을 계산할 때 그런 시간 개념에 따른 것이 아니다. 즉, 문자적으로 6천 년 동안 지속하는 역사의 마지막 천 년이라든지, 또는 한국의 종말론적 이단 중에 1992년에 예수님이 재림하시며 지구의 종말이 온다고 주장했던 '다미(다가올 미래) 선교회' 같은 이단의 '시한부(時限附) 종말론'을 가리키는 것이 아니다.

성경적 종말론의 특징은, 세상과 역사의 종말을 결정할 때, 자연적 날짜나 시간을 말하는 것이 아니라(참조. 마 24:36, '그날과 그때는 아무도 모르나니'), '인물'과 '사건'을 중심으로 결정된다. 즉, 역사와 세상의 마지막에 '오리라'고 약속되었던 '그 인물'이 와서, '이루어지리라'고 약속되었던 그 일이 진실로 '이루어졌다면', 진실로 그 약속된 역사와 세상의 끝이 왔다고 판단하는 것이다.

사실, 우리의 인생에도 시간 개념을 이런 식으로 판단하는 경우가 있다. 불

행한 일이지만, 만일 어떤 어머니가 사랑하는 아들을 교통사고로 잃었다면, 그 어머니의 삶은 그 엄청난 사건이 일어난 그날 전과 후로 나뉘게 될 것이다. 그만큼 아들을 잃은 그 사건이 일어난 시간은, '이제 모든 것이 끝났다'고 할 만큼이나 결정적인 시간이 되기 때문이다. 마찬가지로, 이미 2천 년 전에 하나님께서 구약에서부터 종말에 오리라 약속하셨던 그 메시아, 곧 그 하나님의 아들이 '육체로' 세상에 오셔서 십자가에서 죽고 부활하신 사건이 실제로 일어난 그때는, 그 전과 후를 가르는 순간, 곧 세상과 역사의 '종말'이 시작된 결정적인 때인 것이다. 즉, 예수 그리스도가 세상에 오심으로써 세상의 종말이 시작된 것이다.

그런데 왜 '종말이 시작된 때'라고 말하는가? '이미'(already) 세상에 오셨던 그 하나님의 아들 예수 그리스도께서 죽으시고 부활하시고 승천하신 후, 하나님의 보좌 우편에 앉으셔서 다스리시다가, 다시 오셔서 온 세상을 심판하시고 만물을 새롭게 하실 때가 '아직'(not yet) 남아 있기 때문이다(2:28-3:2). 그러니까, 성경적 종말관은 시간이 아니라 '인물'과 '사건'을 중심으로 한다. 하나님의 아들이 세상에 오신 사건, 그의 십자가와 부활의 사건이 곧 세상과 역사의 '종말'이고, 그것이 그 이후 2천 년이 아니라 3천 년이 지나도 여전히 '종말의 시작'인 이유는, 그 종말을 종말로 만드시는 그분이 다시 오시는 '주의 재림'의 사건이 아직 일어나지 않았기 때문이다.

그러므로 교회는 이 세상에서 '이미' 일어난 '종말의 시작'과 '아직' 일어나지 않은 '종말의 끝', 그 사이에 낀 기간을 살고 있는 것이다. 세상도 마찬가지이다. 우리가 살고 있는 이 세상은 '이미 지나가고' 있다. 즉, 참빛이신 예수 그리스도께서 이 어둠의 세상 안으로 들어오심으로써 이 세상의 모든 어둠은 그 빛에 의해 쫓겨나고 있는 중이다(1:5). 그러나 그 어둠이 완전히 내쫓긴 것은 아니다. 이 세상이 하나님의 빛으로 완전히 충만하려면, 참빛이신 그분이 다시 한 번 나타나셔서 심판과 재창조를 완성하셔야 한다(3:2). 그래서 교회는, '이미' 심판받아 사라지고 있는 세상을 지나가면서, '아직' 완성되지 않은 새 하늘과 새 땅을 기다리며 살고 있는 것이다.

그러므로, 2:18에서 '적그리스도'의 나타남은 '그리스도'의 나타남의 반증(反證)인 셈이다. 무슨 말인가? 적(敵)그리스도가 나타났다는 것은, 이미 '그리스도'가 나타났다는 사실을 전제하기 때문이다. 또한, 그리스도가 세상에 나타나셨다는 것은 세상이 이미 끝났다는 사실을 의미하기 때문이다. 그러므로 수많은 적그리스도들이 나타나서 예수 그리스도를 대적하고 모욕하며, 예수 그리스도를 믿고 따르는 교회의 신앙을 조롱하고, 교회를 핍박하는 일이 많아질수록, 우리는 그리스도의 나타나심이 그만큼 확실하며, 그리스도께서 다시 오심이 그만큼 가까워졌다고 확신할 수 있는 것이다.

빛이 강렬히 비치면, 어둠은 더 짙게 보이고 그 저항도 더 강렬해진다. 하나님의 아들이 세상에 나타나셨기 때문에, 그 하나님의 아들을 대적하는 적그리스도들도 난리를 치는 것이다. 왜 그런가? 이 세상을 잠시 손아귀에 쥐고 있는 그 악한 자 마귀가 마지막 저항을 하기 때문이다. 그리스도를 대적하거나 '가짜 그리스도'를 흉내 내는 이단, 사이비들을 세상에 많이 풀어놓아, 어떻게 해서든지, 하나님의 백성을 훼방하고 세상을 빼앗기지 않으려고 몸부림을 친다. 성도는 어느 경우에도 낙심하지 말아야 한다. 계속해서 견고한 믿음을 붙들고, 서로 사랑함으로 연합하며, 꾸준히 선을 행하여야 한다.

그러므로 복음이란, 이 세상에 육체로 오신 하나님의 아들 예수 그리스도 안에서 세상과 역사는 '이미 끝이 났고', 이제 '그 아들과 아버지와의 코이노니아' 안에서 새 하늘과 새 땅이 '이미 시작되었다'는 확신을 갖는 것을 의미한다. 그러므로 뒤를 돌아볼 일이 없고, 다시 세상으로 돌아갈 일도 없다. 오직 '하나님의 코이노니아' 안에 지속적으로 거하는 일, 그것뿐이다. 거기가 참 빛의 한복판이요, 영원한 생명이 있는 곳이며, 하나님의 사랑이 거하는 곳이고, 새 하늘과 새 땅의 사귐이 회복되는 곳이기 때문이다. 성도여, 그 사귐 안에 거하며 결단코 그 사귐에서 떠나지 말라!

정통 교회의 경계 – '사귐 안에 거하는가?'

누가 구원받는 자들인가? 우리는 종종 같은 그리스도인들에게 실망할 때가 있다. 예수 믿는다는데 도저히 예수 믿는 사람이라고 보기 어려운 행동을 하는 경우이다. 더구나 그런 악한 행동으로 사회적 물의를 일으키고, 더 나아가서 그것 때문에 복음 전도의 길이 막히는 사태까지 벌어지면, 이렇게 묻게 된다. 정말 교회 다닌다고 다 예수 믿는가? 예수 믿는다고 말한다고 해서 정말 구원받은 사람인가? 누가 정말 구원받은 사람이고, 누가 가짜인가? 이런 질문이 참된 교회의 '경계'를 결정하는 관건이 된다.

안타깝게도, 교회에 다닌다고 전부 구원을 받는 성도는 아니다. 예수님은 이미 이 땅에 존재하는 현실 교회 안에는 '알곡'도 있지만 '가라지'도 섞여 있다고 말씀하셨다. 그리고 예수님께서 다시 오셔서 직접 가라지를 뽑아 불에 던져 버리실 때까지 그런 상태로 남아 있으리라 말씀하셨다(마 13:24-30). 그래서 교회 안에서 도저히 그리스도인이라고 생각할 수 없는 사례들도 생긴다는 사실을 기억해야 한다. 그날이 올 때까지, 누가 진정으로 '그 아들과 아버지와의 코이노니아' 안에 속해 있는지 절대적으로 확인할 수 있는 방법은 없다는 뜻이다. 최후의 순간까지 우리는 그런 모호함과 긴장을 견디며, 스스로 신앙의 진정성을 점검하고, 때로 건강한 의심 속에서 더욱 힘써 그 코이노니아 안에 거하여야 한다.

하지만 누가 참된 코이노니아에 속해 있고 누가 그 밖의 세상에 속해 있는지 명확히 알게 되는 경우도 있다. 19절은, 함께 신앙생활을 하다가 교회를 떠나 버린 자들에 대해 기록한다. 문제는, 교회를 나간 그들이 주장한 내용이 결정적으로 '이단적'(heretical)이라는 사실이다. 22절에 의하면, 그들은 '예수께서 그리스도이심을 부인하는' 자들이다. 이런 경우는 명백히 참된 교회에 속한 자들이 아니라고 단정할 수 있다.

19절은, 교회를 떠난 그 이단적 적대자들이 '우리에게서 나갔으나(엑스 헤몬 엑셀싼, ἐξ ἡμῶν ἐξῆλθαν), 우리에게서 난(엑스 헤몬 에산, ἐξ ἡμῶν ἦσαν)' 자들은 아니라고 설명한다. 그러니까, 함께 신앙생활 한다고 전부 하나님에게서 난 '하나님의 자녀'라고 확신할 수 없다는 뜻이다. 이런 경우는, 그 적대자들이 예수가 그리스도이심을 부인하는 교리적인 이단임이 명백한 경우이다. 하지만 19절은 이단이 결국 교회와 '분리되는' 특징, 즉 '코이노니아'를 파괴하는 특징이 있음을 강조하고 싶어 한다.

다시 말해서 어떤 성도가 정말 그 아들과 아버지와의 코이노니아에 '속해 있다면', 즉 그가 진정으로 하나님께로부터 난 하나님의 자녀라면, 그는 끝까지 그 코이노니아 안에 '머물렀을'(메메네케이산, μεμενήκεισαν) 것이라는 사실이다. 거꾸로 말해서, 가짜 성도의 결정적인 특징은, 하나님의 코이노니아 안에 지속적으로 그리고 끝까지 머물러 있지 못하고, 그 코이노니아를 떠나며 파괴해 버린다는 것이다.

결국 요한은 19절 이하에서, 교리적 이단의 특징을 교회적 연합, 즉 '하나님의 코이노니아'를 견디지 못하고 떠나 버리는 현상에서 찾는다는 점이 특이하다. 결과적으로 '하나님의 코이노니아 안에 머무는 사귐'을 견디지 못하는 자들은, 그들 스스로가 예수 그리스도에 대한 교리적 이단이나 다름없는 자라고 판정하는 셈이다. 즉, 그들의 영적 존재의 정체는 단순히 그들의 교리적 고백이 아니라, 그들이 '그 아들과 아버지와의 코이노니아'에 머무느냐 그렇지 않느냐 하는 '사귐'의 문제에서 결정적으로 나타나게 된다는 것이다.

여기서 우리는 '그 아들과 아버지와 우리와 너희의 코이노니아의 결속'이 참된 교회의 얼마나 중요하고 결정적인 특징인지를 새롭게 깨닫게 된다. 19절에서 '저들이 나타내졌다'(파네로쏘신, φανερωθῶσιν)는 표현은, 그들이 이

'하나님의 코이노니아'를 파괴하고 떠남으로써, 그들 스스로의 영적 정체성이 폭로되었다는 뜻이다. 즉, 그들은 처음부터 하나님께 속해 있던 것이 아니라 이 세상에 속해 있었으며, 더 나아가서 이 세상이 그 아래에 놓인 그 악한 자 마귀, 곧 적그리스도적 세력에 속해 있는 자들이라는 사실이 확실히 나타나게 되었다는 의미이다.

그러므로 참된 교회의 본질은 무엇인가? 그것은 '그 아들과 아버지와 우리와 너희의 코이노니아'이다. 누가 이단인가? 단지 교리적으로 잘못된 신앙고백을 하는 자뿐 아니라, 그 '하나님의 코이노니아'를 떠난 자들이다. 따라서 우리는, 예수 그리스도에 대해 전통 교리뿐 아니라, 결단코 교회의 본질인 '하나님의 코이노니아'를 포기해서는 안 된다. 설사 불가피한 상황이 있더라도, 참된 성도는 끊임없이 '그 아들과 아버지와 우리와 너희의 사귐 안에 머물기'를 그치지 않는 자이기 때문이다. 하나님과의 살아 있는 사귐을 누리고 있지 못하다면, 당신의 신앙 고백이 참되다는 것을 무엇으로 증명할 것인가? 당신은 지금도 이 '영원한 생명과 진리, 은혜와 사랑의 코이노니아' 안에 적극적으로 머물고 있는가?

코이노니아의 안과 밖

요한은 '집 안'과 '집 밖'을 명확히 구분한다. 그 차이는 간과할 수 없을 만큼 크고 치명적이다. 그것은 예배당 안과 예배당 밖의 구분이 아니다. 단지 명목상의 '기독교'와 '비기독교'의 구분도 아니다. 요한이 애써 명확히 묘사하고자 하는 것은, '코이노니아'와 '코스모스'의 구분이다. '코이노니아' 안에는 삼위 하나님과의 사귐이 있다. '코스모스' 안에는 악한 자와 거짓 영과 죄와 죽음의 카르텔이 있다. 그리고 이 대조는 빛과 어둠의 대조만큼이나 상반된다. 그래서 요한이 결국 묻고자 하는 질문은, '당신은 지금 어디에 속해 있으며, 진정 어디에 거하고 있는가?'이다. 20-23절까지, 빛처럼 환하게 빛나는 이 생명의 말씀을 들여다보자.

> [20] 그러나 여러분은 거룩한 자에게서 기름 부음을 받아 모든 것을 알고 있습니다. [21] 내가 여러분에게 쓴 것은 여러분이 진리를 알지 못하기 때문이 아니라, 여러분이 그것을 알고 또 모든 거짓은 진리로부터 나오지 않음을 알고 있기 때문입니다. [22] 만일 예수께서 그리스도이심을 부인하는 자가 거짓말하는 자가 아니면 누가 거짓말하는 자이겠습니까? 그는 적그리스도이며, 아버지와 아들을 부인하는 자입니다. [23] 누구든지 그 아들을 부인하는 자는 그 아버지를 가지고 있지 않고, 그 아들을 고백하는 자는 그 아버지를 가졌습니다.

위의 본문은, 크게 세 가지 내용을 담고 있다. 첫째는 기름 부음, 둘째는 아들, 셋째는 아버지이다. 생각나는 것이 없는가? 그렇다. 성령, 성자, 성부, 이렇게 삼위 하나님이다. 20절에서 요한은, '그러나 여러분은'으로 시작한다. 그들을 떠나 세상으로 가 버린 이단적 적대자들이 아니라, 여전히 '하나님의 코이노니아' 안에 거하고 있는 '하나님의 자녀들'에게 말하고 있는 것이다. '여러분'이 거하고 있는 이 '코이노니아'는 감히, 성령과 성자와 성부 하나님과 함께 거하고 있는 '하나님의 코이노니아'라는 사실을 알려 주고 있는 것이다.

이것이 복음이다. 기쁜 소식이며, 이것보다 기쁜 소식은 세상에 존재하지 않는다. 당신은 하나님과의 코이노니아 안에 들어와 있다. 그것도 삼위 하나님과 한 팀이다. 당신이 속한 팀을 상대하여 이길 다른 팀이 있는가? 말도 안 되는 일이다. 악한 자와 세상이 그 모든 거짓 영과 거짓 선지자들과 하나님과 그의 백성을 대적하는 온 세상 사람들을 모두 동원해서 싸워도, 당신이 '삼위 하나님과 함께 거하는 그 코이노니아'를 깰 수도, 훼손할 수도 없다. 그것은 창조주와 피조물의 차이처럼, 빛과 어둠의 차이처럼, 부활 생명과 죽음의 차이처럼, 크고 이겨 낼 수 없는 차이로 존재하기 때문이다(참조. 요일 4:4). 우리가 그 안에 거하는 이 '삼위 하나님과의 코이노니아'가 얼마나 놀랍고 강력한지를 자세히 살펴보자. 이것이 교회이다.

성령과 지식

20절은 '그러나 여러분은'(카이 휘메이스, καὶ ὑμεῖς)으로 시작한다. 19절에서 교회를 나간 이단적 적대자들과 대조시키는 강조 어법이다. 남아 있는 성도들은, 떠난 그들과 어떤 점에서 어떻게 다른가? 교회에 분열이 일어나면 묻지 않을 수 없는 질문이다. 도저히 그리스도인이라고 말할 수 없는 '저들'과 그렇지 않은 '우리들'은 정말 어떤 점에서 다르다는 말인가, 이런 질문 말이다.

우선 20절은, 남아 있는 참된 성도들이 '거룩한 자에게서 기름 부음'을 받았다고 말한다. 기름 부음을 주신 '거룩한 자'(투 하기우, τοῦ ἁγίου)는, 구약에서 '거룩한 자'(The Holy One)이신 하나님 자신을 가리킨다(시 71:22; 사 48:17; 합 1:12; 3:3). 하지만 신약에 들어오면, 구체적으로 예수 그리스도에게 사용되기도 한다(막 1:24; 요 6:69; 계 3:7). 이렇게 보면, 요한일서 2:20의 '거룩한 자'는 우선적으로 예수 그리스도를 가리킨다고 볼 수 있다. 특히, 조금 뒤에 나오는 27절에서 '그에게 받은 그 기름 부음'이라는 표현에서 '그'는 28절에서 장차 나타내신 바 될 다시 오시는 주 예수 그리스도를 가리키는 것이 명확하다.

하지만 3:24에서 '그가 우리에게 주신 성령'이라 할 때 '그'는 문맥상 하나님을 가리키는 듯이 보인다. 이처럼, 2:20에서 기름 부음을 주시는 '거룩한 자' 곧 '주'(27절)는, 성부 하나님이나 하나님이신 그 아들 주 예수 그리스도를 함께 포함하는 표현이라 추정할 수 있다. 즉, 20절의 내용은, 성부 하나님께서 성자 하나님이신 '주' 예수 그리스도를 통해, 성령 하나님을 믿는 자들에게 보내신 사건을 염두에 두는 표현이다(마 3:15-17; 행 2:4, 33).

그렇다면 '기름 부음'의 의미는 더욱 자명해진다. 구약에서 기름 부음은 왕이나 제사장이나 선지자와 같은 '메시아적 인물'에게 부어진 하나님의 특권적 은혜와 권능 그리고 사명을 의미하는 의례였다(출 40:15; 삼상 16:13; 시 2:2). 동시에 장차 새 언약이 성취됨으로써 '새 언약 백성'에게 부어질 내주하시는 성령을 가리키는 상징이었다(겔 36:26-27; 욜 2:28-29). 그러므로 지금 요한일서 2:20에서, '기름 부음'(크리스마, χρῖσμα)은, '하나님의 말씀'이라기보다 하나님의 성령을 가리키는 표현에 훨씬 더 가깝다고 볼 수 있다(Strecker, 102; Klauck, 194).

중요한 것은, 교회 안에 남아 있는 예수 믿는 자들에게는 '성령'이 부어졌고, 그와 대조적으로 그들과 분리되어 떠난 '이단적 적대자들'은 '성령이 없는 자들'로 판정했다는 사실이다. 예수 그리스도를 부인하는 결과는 항상 '성령 없음'이다(벧후 2:12; 유 19절). '그리스도' 즉, '크리스토스'(Χριστὸς)라는 칭호 자체가, '메시아, 곧 기름 부음 받은 자'를 헬라어로 번역한 것이다. 동시에, 그 '기름 부음 받은 자 메시아' 곧 예수 그리스도를 믿는 새 언약 백성 역시 '기름 부음 받은 자들' 곧 성령을 받은 공동체라는 것은, 성령은 오직 성자이신 예수 그리스도를 증거하시는 분이라는 사실을 명확히 알려 준다.

그래서 누가 성령을 받았다든지, 성령 충만하다든지, 성령을 통해 어떤 환상을 보았다든지 하는 주장은, 오직 그가 예수 그리스도의 사역과 가르침을 증거하고 그분이 행하신 그대로를 따르는 경우가 아니라면, 단지 거짓 주장이며 악한 속임수에 불과하다는 사실을 기억해야만 한다(2:6, 29). 동시에 상대적으로, 예수 그리스도를 믿음과 함께 성령의 기름 부음, 곧, 새 언약의 성취의 결과로 자기 안에 '성령의 내주'가 없는 경우, 그런 자들에게는 '무지(無知), 곧 알지 못함'이 가장 큰 특징이 된다는 사실이 중요하다.

왜 성령이 '아는 일' 곧 지식과 관계될까? 20절은, '생명의 말씀'(1:1)이신 예수 그리스도를 믿음으로 성령을 통해 기름 부음을 받은 자들은, '모든 것을 알고 있다'(오이다테 판테스, οἴδατε πάντες)고 말한다. 그렇다면, 예수 믿고 중생한 성도는 아무것도 배우거나 알 필요가 없다는 말인가? 그렇지 않다는 것은 분명하다. 요한 자신이 이 편지를 써서 '알게 하려고' 애쓰고 있는 중이기 때문이다. 특히, 하나님의 아들의 이름을 믿는 '여러분에게' 이 편지를 써서 '여러분에게 영생이 있음'을 알게 하려고 했다는 사실은 흥미롭기 그지없다(5:13).

그러니까, 지금 수신자인 예수 믿는 성도들 안에는 이미 '영원한 생명'이 있다. 그런데 그들은 자신들이 그 영원한 생명을 가지고 있다는 사실도 잘 모를 뿐 아니라, 그 영원한 생명이 무엇을 의미하는지, 그것을 어떻게 누리는지, 그 누림이 과연 어떤 능력이 되는지도 잘 모르고 있다는 것이다. 이는 이 편지를 읽고 깨닫고 배워야 알 수 있는 것들이다. 2:20에서 '모든 것을 알고 있다'는 표현은 이런 맥락이다.

그러니까, 너희가 '모든 것을 알고 있다'는 표현은, 그 아들을 믿는 자가 받은 '영적 생명', 그 '영원한 생명'을 통해 알고 있고, 알게 되는 능력을 가리키는 것이다. 양적(量的)으로 모든 것을 아는 지식이 아니라, 말하자면, 그 '영원한 생명'에서 나오는 '영적 본성(本性)에 따라 아는 지식'이다. 예를 들면, 예수를 믿고 죄 사함을 받으면, 하나님을 아버지로 알게 되고 부르게 된다(2:12, 14). 왜 그런가? 예수 그리스도를 믿는다는 것은, 그의 십자가를 통해 죄 사함을 얻고 그래서 죄의 결과인 사망에서 해방되는 것, 즉 그 아들의 부활 생명으로 거듭나 영원한 생명을 얻는 것이기 때문이다.

이처럼 '존재'와 '인식'은 서로 밀접한 관계로 연결되어 있다. 요한복음은 이것을, '그 안에 생명이 있었으니, 이 생명은 사람들의 빛이라'(요 1:4)고 표현한다. '생명'이 있어야 '알게' 된다. 빛은 생명에서 나오기 때문이다. 예수 그리스도를 믿음으로 얻은 그 '영원한 생명'으로 말미암아, 비로소 하나님을 아는 참된 '영적 지식'이 가능해진다. 반대로, 어떤 사람이 아무리 신학적인 지식을 듣고 배우고 쌓아 올려도, 그의 안에 영원한 생명, 곧 그 아들의 생명이 없다면, 그는 '아무것도' 알지 못한다. 마치, 어린 비둘기에게 나는 법을 가르치면 그 비둘기는 날게 되지만, 아무리 해도 뱀에게는 나는 법을 가르칠 수 없는 것과도 같다. '지식'은 우선적으로 그것을 얻는 자가 가지고 있는 '생명'에 의존하기 때문이다.

한 걸음 더 나아가서, '지식의 종류' 역시 '생명의 종류'에 의존할 것이다. 즉, 개미가 알고 있는 지식은, 사람이 알게 되는 지식과 차원이 다르다. 또한 이런 식으로, 지식의 풍성함은 그가 가진 생명의 풍성함에 의존하기도 한다. 그래서 예수 그리스도 안에서 풍성한 영적 생명을 누리는 자가, 가장 많이 아는 자라고 말할 수도 있다. 단지 신학 책이나 성경을 많이 읽는 것, 또는 수없이 설교를 많이 듣는 것조차, 자신 안에 있는 예수 그리스도의 영원한 생명이 풍성하게 살아 있지 않다면, 그것은 살아 있는 지식, 형제를 살리고 교회를 살리고 이웃을 살리는 지식으로 열매 맺지 못한다.

그렇다면, 우리 안에 있는 '영원한 생명'은 어떻게 더욱 풍성해지는가? '코이노니아'를 통해서이다. 예수님은 우리에게 '생명을 얻게 하고, 더 풍성히 얻게 하려고' 오셨다(요 10:10). 그리고 그분이 주신 성령은 단연코 '코이노니아의 영(the Spirit of Koinoia)'이시다. 성령이 우리로 하여금 '그 아들과 아버지와 우리와 너희의 코이노니아'를 가능하게 하시고, 친밀하게 누리게 하시며, 경험하여 알게 하신다. 지식은 사귐의 결과이며 유력한 특징이다. '하나님과의 사귐'의 열매는, 하나님과 하나님의 것들에 대한 '살아 있는 지식'이며 또한 '살리는 지식'이다.

그러므로 경건의 지식에 있어서 성장하려면, 그의 영적 생명이 활력이 있어야 한다. 동시에, 그의 영적 생명은 부지런히 배우고 훈련하여 얻는 경건의 지식으로 더욱 풍성하게 성장한다. 성장하지 못하는 생명은 제구실을 할 수 없다. 생명이 있다면 반드시 성장한다. 전혀 성장하지 않는다는 것은, 애초에 생명이 없는 것일 수도 있을 만큼 위태롭다는 증거이다. 나는 영적 생명이 풍성한 하나님과 형제와 이웃과의 코이노니아를 경험하고 있는가? 나는 하나님을 아는 지식에서 성장하고 있는가? 무엇보다, 하나님을 아는 나의 지식은,

나를 살리고, 형제를 살리고, 이웃을 살리고, 교회와 세상을 살리는 지식으로 살아 역사하고 있는가?

아들과 진리

오늘날과 같은 다원주의적 사회 속에서, 사람들은 '절대적인 진리는 없다'는 것만이 '절대적인 진리'라고 믿는다. 그러니까 자기모순이다. 그래도 사람들은 다원주의가 그런 독단적인 모순 위에 기초해 있다는 사실에는 눈을 감는다. 그리고 '관용'(tolerance)이 최고의 덕목이라고 가르친다. 누군가 이것은 '절대 진리야'라고 주장하면, 그는 곧바로 독단적이며 무례하고 다른 사람을 관용할 줄 모르는 무식한 사람으로 취급당한다.

진리에 이르는 길도, 마치 산 정상에 오르기 위해 여러 갈래의 길들을 따라 오를 수 있는 것처럼 다양하다고 믿는다. 어느 길을 가든 정상에 오를 수 있고, 사실 그렇게 도달하는 산 정상의 진리가 모두에게 똑같을 필요도 없다. 주변에서 흔히, '진짜 맛있어, 카푸치노가 역시 진리야!'라고 할 때처럼, 진리는 상대적이다. 나에게 유익하고 나를 행복하게 해 준다면, 그것이 부처이든 약물이든 팝송이든 예수든, 모든 것이 진리가 될 수 있다고 믿는다.

하지만 그것은 '어둠' 속에서 무엇이 진짜고 무엇이 가짜인지를 분별하지 못하기 때문에 일어나는 현상이다. 만일 진짜 '빛'이 있고, 그 '빛 가운데서' 볼 수 있게 된다면, 가짜와 진짜는 확연히 구분될 것이다. 하나님은 그 아들을 세상에 보내셨고, 그 아들은 '세상의 빛'이셨으며, '하나님이 빛이시라'는 사실도 나타내 보이셨다. 그 '빛'은 사실 '생명' 안에 있었고, 그 생명은 그 '아들'을 통해 주어졌다(1:1-10; 4:7, 10, 14; 요 1:1-4, 14; 3:16). 그 아들이 우리의 죄를 사해 주셨기 때문이다. 죄의 특징은 '오염'(contamination)이다. 안경이 더러워지고 깨지면, 제대로 볼 수 없게 되는 것과 마찬가지이다. 죄의 결과도 사망이다. 죽음의 가장 큰 특징은 무지(無知)와 망각(忘却)이다. 어둠 속에서는 아무 것도 보이지 않고, 모든 것을 잊게 되기 때문이다. 이처럼, '존재'와 '인식'은 서로 뗄 수 없는 관계로 연결되어 있다.

요한일서에서도 마찬가지이다. 당신이 '생명의 말씀'(1:1)을 믿음으로 당신 안에 '영원한 생명'(1:2; 5:11-12)이 거하게 되었다면, 그래서 당신이 '빛이신 하나님'(1:5) 안에 거하고 있다면, 당신은 무엇이 거짓이고 무엇이 진짜인지를 볼 수 있게 된다. 알 수 있고, 구분할 수 있게 된다. 당연하지 않은가? 2:21에서, 요한은 자신이 편지를 쓰고 무엇인가를 알려 주는 이유는, 그들이 '진리를 알지 못하기 때문'이 아니라, 오히려 '진리를 알고 있기 때문'이라고 말한다. 무슨 뜻인가?

이런 것이다. 우리가 어린아이에게 걸음마를 가르치고, 말을 가르치고, 더 자라면, 국어, 영어, 수학, 사회, 윤리를 가르치는 이유는, 그런 지식들을 배우고 깨달을 수 있는 '인지(認知) 능력'이나 '양심', '이성'은 물론, 그 만물의 이치(理致)도 이미 그 아이 안에 있기 때문이다. 그 아이가 사람이기 때문에 사회나 윤리를 가르치면 알게 되고 배워서 행하게 되는 것이지, 만일 토끼나 뱀이라면, 그것들에게 사회나 윤리를 아무리 가르쳐도 알지 못할 것은 당연한 이치이다.

마찬가지로, 예수를 믿음으로 그 생명의 빛 안에서 가짜와 진짜, 거짓과 진리를 보고 알고 분별할 수 있기 때문에, 그것에 관해 편지를 써서, 그 영적으로 분별되는 그 지식을, 이제는 전인격적으로 깨닫고 알아서 그 자신의 것으로 소유하고 누리고 행할 수 있도록 하겠다는 것이다. 생명을 얻는 것과, 그 얻은 생명을 내 것으로 소유하고 누리고 나누며 행하는 것은 별개의 문제이기 때문이다. 그래서 예수 믿고 영원한 생명을 얻는 것이 중요한 만큼, 그 영원한 생명의 빛 속에서 보고 알고 깨닫고 소유하고 누리고 나눔으로써, 더욱 풍성한 생명으로 누리는 것도 못지않게 중요한 일이다. 예수님은 우리에게 생명을 주시고, '더욱 풍성히 얻게 하시려고' 오셨기 때문이다.

다시 요한일서 2:21, 22을 살펴보자. 진리와 거짓을 분별할 수 있는 것은, 빛 안에 거하기 때문이고, 그 빛은 영적 생명, 곧 아들을 통해 받은 영원한 생명에서 나온다는 사실을 알게 되었다. 그렇다면 거짓은 어디로부터 오는가? 하나님으로부터 오는가? 그럴 수 없다. 그 아들로부터 오는가? 그럴 수 없다. 성령으로부터 오는가? 그럴 수 없다.

거짓은 '거짓의 아비' 마귀 그 악한 자에게서 온다(요 8:44). 그리고 그 악한 자 아래 놓인 세상의 거짓된 종교, 철학, 사상, 문화, 유행의 헛된 속임수를 통해, 마치 오염된 미세 먼지처럼 삶의 모든 영역에 가득 차 있다. 그렇다고 세상의 모든 것이 그 자체로 죄악된 것은 물론 아니다. 그 안에는 여전히 창조 세계에 베푸신 하나님의 일반 은총의 선한 것들이 남아 있음을 잊어서는 안 된다. 그러므로 실제의 세상은, 거짓과 진리, 선과 악, 의와 죄가, 혼돈스럽게 뒤섞여 있고, 전체적으로 죄와 악과 허무의 지배 아래 놓여 있다.

22절은, '거짓말'을 직접적으로 '예수 그리스도를 부인'하는 것과 연관시킨다. 그 배경에는 '거짓의 아비' 즉, 모든 거짓이 나오는 그 악한 자 마귀가 서 있다. 마귀는 적그리스도의 세력들을 사용해서, 사람들로 하여금 그 아들을 부인하도록 유혹하거나 핍박하고(4:1-2), 그 아들의 진리와 생명의 통치, 그 아들을 세상에 보내신 아버지의 사랑의 통치에 반역하고 저항한다. '빛이 어둠에 비치되, 어둠이 깨닫지 못하더라'는 말씀 그대로이다(요 1:5).

요한일서 역시 동일한 구속사적 사실을 선포한다. '참빛이 이미 왔고, 어둠은 이미 세상과 함께 지나가고 있는 중이다'(2:8). 하지만 세상은 여전히 '어둠에 속해 있고', 하나님의 자녀들 역시 '그 어둠에 거하고자 하는' 유혹과 핍박 아래 놓여 있다. 악한 자 마귀는, 거짓을 통해 그 아들을 부인하게 만든다. 그래서 거꾸로, 거짓말하는 자를 분별할 수 있는 가장 확실한 길이 생긴다. 그것은 '예수 그리스도를 부인하는' 경우이다.

한편, 22절에서 '예수가 그리스도이심을 부인한다'는 말은, 마치, 유대인들의 주장처럼 들린다. 인간인 예수가 그리스도, 즉 하나님의 아들일 수가 없다는 주장은 요한복음에서 유대인들이 주로 하던 주장이다. 한편, 요한일서 4:2-3은, 요한서신의 배경이 되는 이단적 적대자들의 주장을 보다 정확히 반영하는 표현을 한다. 곧, '예수 그리스도께서 육체로 오신 것을 고백하지 않는 영'마다 '적그리스도의 영'이라고 확인해 준다.

그러니까, 요한서신에서 예수 그리스도를 부인하는 적대자들의 주장은, '하나님의 아들이신 그리스도가 정말로 인간인 예수로서 세상에 육체를 입고 오셨다'는 사실을 부인하는 '가현설'(docetics)의 거짓 가르침에 가깝다(또한 요이 7절). 가현설의 이단적 주장의 핵심은, 하나님의 아들이 '육체로 세상 안에 진짜 들어오셨다'는 사실을 부인하고 인정하지 않으려는 데에 있다. 2:22에서, '예수가 그리스도이심을 부인'하는 이단적 주장도 실상은, '그리스도이신 예수가 육체로 오셨다는 사실을 부인'하는 전형적인 가현설론자들의 주장을 조금 다르게, 함축적으로 표현한 것으로 볼 수 있다(Kruse, 105; Painter, 51).

그렇다면, 예수 그리스도에 대해 누가 거짓말을 하고 있는가? 또는, 누가 거짓말을 하고 있는지 어떻게 알 수 있는가? 가장 확실한 방법이 있다. '하나님은 그 아들을 세상에 육체로 보내셨다'(4:9, 10, 14; 요 3:16). 그것이 실제로 일어난, 역사적이고 동시에 초역사적인 '사실'(fact)이다. 아무도 이것을 바꿀 수 없다. 이미 일어난 사실이기 때문이다. 만일, 이 사실을 부인하면, 그 부인하는 자가 곧 '거짓말쟁이'가 된다. 하나님이 '거짓말쟁이'가 될 수는 없지 않은가? 그러므로 누가 거짓말을 하는 중인가?

요한은 '세상의 빛'이신 예수 그리스도와 '빛이신 하나님' 안에서 가장 분명하게 보이는 사실을 밝히 선포하는 중이다. 누가 거짓말쟁이인가? 예수를 부인한다는 것은, 하나님이 그 아들을 세상에 보내지 않았다고 주장하는 것과 같다. 그렇다면, 그 아들을 세상에 '육체로' 진짜로 보내셨다는 하나님이 거짓말쟁이인가? 둘 중 하나여야 한다. '빛'이 비치기 시작하면, 모든 것이 드러난다. 드러나지 않는 어둠이 없다. 그래서 빛이 비치면, 분리가 일어난다. 가족 안에서도 나뉘고, 형제자매 안에서도 나뉜다(마 10:34-37). 복음이 전해지면, 하나님께 속한 자들은 빛 가운데 나아오고, 어둠과 세상과 악한 자에 속한 자들은 더욱 어둠 속으로 물러간다. 그러므로 '나는 세상의 빛이다'라고 하신 예수님의 주장 앞에서(요 9:5), 당신이 그것은 '거짓말'이라고 말한다면, 가능성은 둘 중 하나이다. 즉, 예수님이 정말 거짓말쟁이든가, 아니면 당신이 보지 못하는 자이든가! 그렇지 않은가?

아버지와 사랑

2:22은, 예수께서 세상에 육체로 오신 하나님의 아들임을 부인하는 것은, '거짓말'이라고 단언한다. 그 아들이 '빛'이 아닐 수 없고, 하나님이 '거짓말쟁이'일 수는 없기 때문이다(1:5, 10). 그리고 이 세상에 그 아들이 육체로 진짜 오셨다는 사실을 부인하면, 그것은 그 아들을 세상에 보내신 아버지를 부인하는 것이 된다. 22절 하반절이 밝히는 대로, 그는 그리스도를 대적하는 자요, '아버지와 아들'을 함께 부인하는 자가 된다.

왜 아들을 부인하는 것이 아버지를 부인하는 것이 되는가? 요한일서에서, 5:19의 '이 세상은 악한 자 아래 놓여 있으며'라는 말씀과 함께, 요한일서를 이해하는 가장 중요한 열쇠는 4:9, 10, 14에서 '하나님 아버지께서 그 아들을 세상에 속죄 제물로, 구주로 보내셨다'는 사실이다. 그래서 요한서신 전체는 사실, 요한복음 3:16, 곧, '하나님이 세상을 이처럼 사랑하사 독생자를 주셨으니, 이는 그를 믿는 자마다 멸망하지 않고 영생을 얻게 하려 하심이라'는 말씀을 다각적으로 풀어 설명해 놓은 편지들과 같다고까지 할 수 있다.

그만큼, 요한일서에서 '아들'은 '아버지'로 설명되고, 동시에 '아버지'는 '아들'로 설명되며, 그 둘은 서로 분리시킬 수 없다. 그러므로 유대교처럼, 예수가 하나님의 아들이 아니라고 주장한다면, 그것은 '거짓말'이 될 수밖에 없고, 심지어는 하나님을 거짓말쟁이로 만드는 주장이다. 왜냐하면 하나님 아버지께서는 분명히 그 아들을 세상에 보내셨기 때문이다.

또한, 이슬람처럼, 하나님은 애초에 아들이 없는 유일한 '알라'이며, 예수는 단지 선지자들 가운데 하나라고 주장한다면, 그것 역시 하나님을 거짓말쟁이로 만드는 일이 될 것이다. 하나님은 아버지로서, 단지 선지자가 아니라 '자신의 독생자, 유일한 아들'을 세상에 보내셨기 때문이다. 그러므로 '세상에 보내어진 아들이신 예수 그리스도'를 중심으로 하나님을 이해하면, 모든 것이 선명하게 드러난다. 실로, 그 아들은 '세상의 빛'이시며, '빛이신 하나님과의 교제'를 세상에 가져오신 분이다. 오직 예수 그리스도 안에서만, 우리는 하나님과 모든 종교들과 철학과 사상, 문화와 세상을 가장 밝히 보게 된다.

하나님은 누구신가? 그 아들을 세상에 보내신 아버지이다. 그래서 하나님의 가장 뚜렷한 특징은 그의 '사랑'이다(4:7). 그 아들을 세상에 보내신 아버지이기 때문이다. 그래서 요한서신에서 '사랑'은 '아버지'를 대표하는 고유 명사와 같은 역할을 한다. '아들'은 누구인가? 그 아버지가 '우리를 살리려' 보내신 '속죄 제물'이요 '생명의 말씀'이시다(1:5; 2:2; 4:9-10). 우리는 그 복음의 말씀을 통해 죄 사함을 얻고 영원한 생명을 얻기 때문이다. 그래서 그 아들은 '생명'이요 '진리'이다. 요한서신에서, 생명이나 진리는 그러므로 그 '아들'을 가리키는 고유 명사와 같은 역할을 한다. 그러므로 우리는 사랑 안에서 진리와 생명을 얻는다. 반대로, 진리와 생명은 오직 사랑을 통해 우리에게 전달되었고, 또 그래야 한다.

오늘날과 같은 다원주의 사회에서 '오직 예수 그리스도 외에는 구원받을 만한 다른 이름을 주신 일이 없다'(행 4:12)는 진리를 선포하고 전하는 일은 쉽지 않다. 물론, 진리는 언제나 사랑 안에서 전해야 한다. 사랑 없는 진리 선포는 폭력처럼 느껴지기도 한다. 복음을 전하고자 하는 상대방에 대한 진실한 공감과 체휼이 전제되어야 한다. 혹시, 우리 안에 있는 소망의 이유를 묻는 자들에게는, 잘 예비된 대답을 언제나 '온유와 두려움으로'(벧전 3:15) 전해야 한다.

하지만 진리가 없는 사랑은 아무도 살리지 못한다는 사실도 기억해야 한다. 진리가 없는 '관용, 포용, 환대'는 그것 자체로 구원이 될 수 없다. 어느 경우에도, 진리 자체를 타협해서는 안 된다. 그것은 누구에게도 도움이 되지 않고, 누구도 살릴 수 없다. 하나님이 세상을 이처럼 사랑하셔서 보낸 이는 오직 그 아들뿐이다. 그래서 세상을 참으로 사랑하는 방식은, 그 아들을 전하는 것이다. 영원한 생명과 아버지의 사랑은 오직 그 아들을 통해서만 얻어지기 때문이다. 동시에 이 진리와 생명의 말씀을, 자기 아들을 아끼지 않고 내어 주신 아버지의 사랑으로 전달해야 한다. 아버지와 분리된 아들이 없고, 아들과 분리된 아버지가 없듯이, 사랑 없는 진리는 진리가 되지 않고, 진리 없는 사랑도 사랑이 되지 않는다.

교회가 세상에 관여하는 방식

교회가 세상에 관여하는 방식에는 크게 두 가지가 있다. 하나는 교회가 받은 '특별 계시', 곧 예수 그리스도에 관한 복음을 액면 그대로 전하는 종교적이고 신앙적 활동이다. 예수 그리스도의 교회로서 하나님 나라의 복음을 전해야 한다. 이런 '특별 은총'의 복음, 예수 그리스도의 복음은 모든 사람들에게 열려 있으며, 교회가 교회로서 선포하고 전해야 하는 복음이다.

정치적 파당에 상관없이, 이념과 상관없이, 인종과 상관없이, 세대와 상관없이, 누구나 들어야 할 회개와 죄 사함과 생명의 복음이고 성령 안에서 사랑으로 화목하게 하는 복음이다. 교회는 이 복음, 예수 그리스도와 그의 나라에 대한 복음을 선포하고 살아 내도록 부르심을 받았다. 이것이 교회가 세상 속에 존재하는 가장 근본적인 이유이다. 예수 그리스도의 복음을 선포하는 교회로 살아가야 하는 것이다.

교회가 세상에 관여하는 또 다른 방식은, '일반 계시'의 영역에서 하나님께서 모든 사람에게 주신 양심과 이성을 따라 선하고 정의로우며 합리적인 사안들을 지지하고, 악하고 불의하며 불합리한 사안들에 반대하며 저항하는 일에, 사회의 시민들과 함께 연대하고 참여하는 길이다. 교회가 직접적으로 교회의 이름을 걸고 하거나, 기독교의 이름을 내세우거나, 목사의 신분으로 이러한 정치적이고 사회적 사안들에 직접 의견을 표명하고 지지하거나 저항하기보다는, 시민들과 함께 시민의 일원으로서 그렇게 하는 것이다.

이런 구분은 단순해 보이지만, 우리가 자주 실수하고 실패하여 많은 부작용을 일으키는 영역이다. 교회의 설교 강단에서 목사가 마이크를 잡고 자신의 정치적 입장을 성경 해석과 뒤섞어 그대로 설교하면, 반드시 그 설교자와 정치적 입장을 달리하기 때문에 실족하고 시험에 드는 성도들이 생긴다. 설교단에서는, 성경적 가치와 하나님 나라의 가치를 전달할 수 있고 그래야 한다. 하지만 설교자가 정치적 입장까지 콕 집어서 강요해서는 안 된다. 가치를 전달하고 나면, 그 테두리 안에서 각자가 하나님께서 주신 양심과 이성에 따라 스스로 판단하고 선택할 자유가 있다. 그 인격으로서의 자유를 빼앗아서는 안 되는 것이다.

교회가 머리에 띠를 두르고, 목사를 앞장세워서, 광화문이나 시청 앞 광장에 집단으로 나가 특정한 정치적 이념이나 입장을 지지하거나 반대하는 집회를 한다면, 세상은 교회를 편향된 정치 집단으로 볼 것이다. 그것은 누구나 하나님께로 돌아와야 하고, 누구나 예수 그리스도로 말미암아 하나님의 자녀가 되게 해야 하는 교회 본래의 복음적 사명을 훼방하는 일이 된다.

혹자는, 독일의 본회퍼 목사님이 나치 정권에 저항하여 정치 참여를 한 것은 어떻게 이해해야 하느냐고 물을 것이다. 당시 독일의 교회는 '국가 교회'였고, 일반 시민 사회도 '기독교 국가'라는 종교적, 사회적, 문화적 배경 안에 있었다. 반면에, 우리나라는 단 한 번도 '기독교 국가'가 된 적이 없다. 초기 정부의 건국 당시, 기독교가 영향을 크게 미친 바는 있지만, 역사적으로 기독교 국가로서 일반 시민 사회에서도 '하나님, 예수, 성령, 아멘, 할렐루야'가 아무런 저항감 없이 통용되던 시기는 단 한 번도 없었다는 사실을 기억해야 한다. 그래서 교회가 한국 사회에 영향을 미치고자 할 때는, '정의, 불의, 사랑, 안전, 생명, 복지, 공정' 등과 같은 일반적 용어들로 소통하는 차원에서 그렇게 하는 편이 적절할 것이다.

한국 교회는 여전히, 한국 사회 속에서 소수로 존재한다. 한때는 개신교가 비교적 큰 영향력을 끼칠 수 있는 위치에 있었지만, 그마저도 선한 영향을 준 만큼이나 부정적인 결과도 많이 남겼다. 사회는 교회에 대해 점점 더 적대적이 되어 가고 있다. 이런 때에, 교회는 사회를 향해 꾸준히 '선한 일들'을 많이 행해야 한다. 조금 오해받고 불이익을 당할지라도 참고 희생하며, 다시금 사회의 신뢰와 존경을 받을 때까지, 꾸준히 선(善)을 행하여야 한다.

선한 일이라면 적극적으로 세상 정부에 순복하고, 그것이 양심이나 이성의 합리적 판단에 따라 악한 일이라면, 교회의 이름으로 하기보다는 일반 사회의 고통당하는 시민들과 '연대'(solidarity)하여 이 사회의 불의와 악에 저항하고, 양심을 따르는 시민들과 함께 '선한 일에 협력하는 조직된 힘'을 지지하며, 그것을 통해 사회에 선한 영향력을 끼치는 방식이 지혜로운 일일 것이다.

그러므로 교회는 영적으로 악한 보이지 않는 권세들과 세력들을 대항하여, 교회로서 '하나님과 그 아들과 새 하늘과 새 땅의 코이노니아'에 참여하라는 예수 그리스도의 복음을 선포해야 한다. 동시에 그리스도인들은, 사회적으로 악한, 눈에 보이는 권세들과 세력들의 '악한 카르텔'에 저항하여, '선한 시민'으로서 양심을 따라 선을 행하고 덕을 세우는 일에 적극적으로 참여해야 한다. 그것이 하나님의 나라가, '빛과 진리, 생명과 사랑의 코이노니아'를 통해 이 땅에 임하기를 기도하는, 교회의 마땅한 삶이기 때문이다.

6. 코이노니아와 확신(2:24-27)

다시, 이사 간 집의 비유로 돌아와 보자. 이제 집 주변을 돌며 안전을 확인했다. 담벼락에 금이 간 부분도 보수했고, 삐걱거리는 대문도 고치고 새로 칠했다. 전입신고도 마쳤고, 납입고지서들이 제대로 도착하도록 주소도 변경했다. 그리고 집 안으로 들어온다. 여기저기 흩어져 있는 가구들을 제자리에 배치하고, 거실을 깨끗하게 치운다. 이제 여기서 아주 살아야 하기 때문이다. 24-27절은 이런 분위기이다. 우선 이 본문을 읽으며, 과연 어떤 인상을 받게 되는지 생각하며 찬찬히 읽어 보시라.

> 24 여러분이 처음부터 들었던 것이, 여러분 안에 거하게 하십시오. 만일 처음부터 들은 것이 여러분 안에 거한다면, 여러분은 그 아들 안에 거하고, 여러분은 그 아버지 안에 거하는 것입니다. 25 또한 이것이 그가 여러분에게 약속하신 약속이니, 곧 영원한 생명입니다. 26 내가 여러분에게 쓴 이것들은, 여러분을 미혹하는 자들에 관한 것입니다. 27 하지만 그에게 받은 그 기름 부음이 여러분 안에 거하고 있습니다. 그래서 여러분은 누가 여러분을 가르칠 필요가 없고, 도리어 그의 기름 부음이 모든 것에 관해 여러분을 가르치는 대로, 그것은 참되고 거짓이 없으니 이와 같이 여러분을 가르친 대로 그 안에 거하십시오.

가장 많이 반복되는 말이 무엇인가? 집 안에 머무는 것처럼 지속적으로 '거(居)한다'는 표현이다. 네 구절밖에 되지 않는 본문 속에서 무려 6회나 사용되었다. '떠나지 말라'는 말이다. '너희들의 소속'을 분명히 알라는 것이다. 여기를 떠나는 것은, 미혹되어 길을 잃는 것이다. 이 안에 있는 것들이 얼마나 놀라운 것들인가! '이것들을 보라'는 것이다. 떠날 이유가 전혀 없고, 떠나서는 안 된다는 것이 주된 논조이다.

그러면, 무엇을 보라는 것인가? 이 '하나님의 코이노니아' 안에 있는 것들이 무엇이기에, 여기를 떠나서는 안 되며, 끝까지 이 사귐 안에 거하라고 권면하는 것인가? 그 내용은 다음과 같다. 첫째, '처음부터 들었던 것', 둘째, '영원한 생명', 셋째, '기름 부음'이다. 이러한 것들을 소유하고 놓치지 않는다면 확실하게 그 코이노니아 안에 거하는 것이며, 동시에 결코 미혹되어 길을 잃을 이유가 없게 된다. 하나씩 살펴보자.

'처음부터 들은 것', 그때 나를 살린 그 복음

사귐 곧 '코이노니아'란, 상호 내주가 그 핵심이다. 서로가 서로의 안에 거하는 것이다. 서로가 서로의 안에서 사는 것이다. 내가 당신 안에서 살고, 당신이 내 안에서 사는 것이다. 그러므로 '하나님과의 코이노니아'란, 하나님이 내 안에 사시고, 내가 하나님 안에 사는 것이다. 그런 일은 어떻게 일어나는가?

24절을 보면, '그 아들과 아버지 안에 거하는' 일은, '처음부터 들은 것'에 대해 어떻게 하느냐에 달려 있다. 그렇다면 '처음부터 들은 것'은 무엇을 가리키는가? 요한일서에서 '처음부터'(아프 아르케스, ἀπ' ἀρχῆς)라는 표현은 단지 한 시점만을 가리키지 않고 다분히 중의적이다. 수신자 교회가 사도들에게 복음을 듣고 가르침을 받았을 때를 포함해서, 아마도 구약의 옛 언약과 옛 계명(2:7), 세상이 창조된 직후(3:8), 그리고 예수 그리스도께서 세상에 오셔서 선포하고 가르치신 때나 '생명의 말씀'이신 그 아들이 계셨던 그 세상이 창조되기 이전까지도 포함할 수 있는 용어이다(1:1).

하지만 문맥에 따라, 이런 다양한 '때'들 가운데 어느 시점을 더 중점적으로 의미하는지도 생각해 볼 수 있다. 24절에서는 확실히, 수신자 공동체가 복음을 들었을 그때가 가장 표면상의 의미이다. 하지만 이 표현이, 단순히 시간적으로 '처음부터' 들었던 것이라는 데에 초점이 있는 것이 아님은 분명하다.

이를테면, 처음부터 이단이나 사이비 집단에 들어가서 어떤 '유사(類似) 복음'이나 '거짓 가르침'을 들었는데, 그 이후로도 계속해서 그 처음 들었던 가르침을 붙들고 떠나지 말라고 말하는 것이 아닐 것이기 때문이다.

그러므로 24절의 '처음부터 들은 것'은 요한일서 전체의 문맥 안에서 중의적인 의미로서, '처음부터 들은' 그 복음의 기원이 상고(上古)에, 태초부터 있어 온 '생명의 말씀'으로서, 악한 자 마귀의 거짓말이 아닌 '하나님의 말씀'이며, 그것이 곧 옛 언약과 계명으로 전해진 은혜와 사명의 말씀이고, 동시에 그 아들 예수 그리스도께서 세상에 오셔서 성취하시고 선포하며 가르치신 말씀, 그리고 사도들이 그들에게 전한 복음과 가르침의 말씀이라는 의미이다.

더구나 24절 자체의 문맥 안에서도, 그들이 '처음부터 들은' 복음과 가르침의 결과가 그들로 하여금 '그 아들과 아버지와의 사귐 안에 거하도록' 만들어 주었다는 사실이 중요하다. 우리는 어떻게 해서 그 아들 안에 거하게 되는가? 그것은 우리가 예수 그리스도를 믿고 영접하기 때문이다. 어떻게 예수 그리스도를 영접하게 되는가? 그 아들 예수 그리스도의 복음의 말씀을 듣고 믿기 때문이다. 그 말씀이 생명을 주셨다. 그 아들이 우리를 위해 십자가에서 죽으시고 부활하시고 승천하셨다는 복음, 그리고 그가 주(主)가 되셨다는 복음이며 다시 오셔서 심판하시고 재창조하시는 구세주라는 복음의 말씀이다.

바로 그런 하나님의 아들이 가져오셨고, 가져오고 계시고, 온전히 완성하실 하나님의 나라에 대한 복음이다. 우리는 그 복음을 듣고, 죄와 사망의 굴레에서 해방되었다. 이 세상의 허무의 속박에서도 벗어나, '살아 있는 소망'(벧전 1:3-4)으로 새 하늘과 새 땅을 누리고, 소유하고, 바라보고 있다. 바로 그 '살아 있고 영원히 거하는 복음의 말씀'(벧전 1:23-25)을 통해, 우리는 우리를 '능히 구원할 우리 안에 심겨진 말씀'(약 1:21)을 따라, '그 아들과 아버지와의 영원한 생명과 사랑의 코이노니아'(1:3-4) 안으로 들어가게 된 것이다. 할렐루야!

그러므로 24절의 '처음부터 들은' 그 말씀은, 우리에게 영원한 생명을 주신 말씀이다. 죄 사함을 통해서, 죄의 결과인 사망에서 해방시키신 그 복음이다. 그리고 그 생명의 복음 안에서, 더욱 풍성한 생명을 누리도록 가르쳐 주신 그 말씀이다. 당신은 언제, 이 생명의 복음을 만났는가? 당신에게서 모든 죄의 멍에를 벗겨 내시고, 그의 부활 생명으로 살려 내시며, 주께서 당신의 심령에 그의 거룩한 성령과 아버지의 사랑을 물 붓듯이 부어 주신 그때가 언제인가?

그때, 당신의 심령에 성령과 함께 살아서 역사하신 그 말씀을 끝까지 붙들어야 한다. 그 말씀을 떠나지 말아야 한다. 그 생명의 말씀이 언제까지나 당신의 심령에 거하게 해야 한다. 우리가 그 아들의 생명과 그 아버지의 사랑 안에 거할 수 있는 것은, 오직 그 말씀과 그 말씀과 더불어 역사하시는 성령을 통해서이기 때문이다.

'영원한 생명', 삼위 하나님과의 사귐

성령은 '코이노니아의 영'이시다. 그분은 하나님의 말씀을 통해 우리 안에 역사하시며, 우리 안에서 그 아들과 아버지와의 코이노니아를 만들어 내신다. 그분이 사귐의 영이시다. '그 아들과 아버지와의 코이노니아'라고 할 때, 그것은 '삼위 하나님과의 사귐, 그 영원히 끊을 수 없는 연대(連帶)'를 의미한다. 그 사귐 안에 아들이 있고, 아버지가 있다. 성령은 어디에 계신가? 그렇다. 그 코이노니아 자체, 그 사귐 자체를 가능하게 하고 붙들고 계신 분이 성령이시다.

25절에서 '영원한 생명'은 무엇을 가리키는가? 바로 '이것'(하우테, αὕτη)이다. '이것'이 무엇인가? 하나님께서 약속하셨던 그것이다. 곧 그 아들이 오셔서 새 언약을 성취하심으로 이루어진, 삼위 하나님과의 새로운 언약 관계, 그 영원한 사귐의 관계이다. 그러니까, 25절에서 '영원한 생명'의 내용은 그 앞에 나오는 24절의 '그 아들과 아버지 안에 거하는 것'이다. 이미 설명되었다. '생명'이란 무엇인가? '영원한' 생명이란 무엇인가? 그것은, 영원하신 삼위 하나님과의 코이노니아를 통해 누리는 그 모든 삶을 총칭하는 표현이다. 그렇지 않은가?

생각해 보라. '영원한'(텐 아이오니온, τὴν αἰώνιον)이라는 수식어는 오직 하나님께만 속한 특징이다. 하나님 외에 누가, 어떤 것이 영원한가? 그러면 '생명'(텐 조엔, τὴν ζωὴν)이란 무엇인가? 그것도 하나님께 속한 것이다. 하나님만이 창조주, 곧 생명을 창조하신 분이시다. 그러므로 영원한 것도, 생명도, 모두 하나님께 속해 있고, 하나님께로부터 나온다. 하나님이 없는 인생에는, 영원한 것도 생명도 없다는 뜻이다.

그러므로 하나님 없이, 세상에서 생명을 찾는 일은 헛수고이다. 하나님과의 관계 없이, 영원한 것을 구하는 일도 헛되고, 헛되고, 헛된 일이다. 늦은 나이까지 건강을 유지하고, 정기적으로 운동하고, 좋다는 보약을 다 사서 먹을 재력이 되어도, 생명은 손가락에 모래 빠져나가듯 우리의 육체와 삶에서 빠져 달아난다. 세상에서 맺는 그 어떤 관계, 그것이 일이나, 취미나, 자신의 은행 통장과 맺은 끈끈한 관계이든, 아니면 어떤 사람들과 맺은 관계이든, 그것을 통해 얻는 의미와 기쁨과 슬픔과 보람과 후회는, 죄와 실패, 고통과 후회 속에서 죽음과 함께 사라진다. 이 땅에, 온전한 생명, 영원한 생명은 없다.

영원한 생명은, 영원하신 하나님, 생명을 창조하시고, 죽은 자를 다시 살리시는 하나님 안에만 있다. 그 아들의 복음을 통해 아버지의 사랑 안에서 성령께서 누리게 하시는, 그 삼위 하나님과의 코이노니아 안에만 있다. 그 안에서만, 우리의 삶의 모든 기쁨과 슬픔과 실패와 깨달음과 성장은 영원한 의미를 갖는다. 원래 '생명'은 오직 '나눔'의 형태로만 존재한다. 나누지 않는 생명은 실상 죽은 것이다. 사귐이 생명의 본질이다. 생명은 어떤 돌멩이처럼 단단한 물체로 소유할 수 있는 것이 아니다. 코이노니아 안에 있다.

특히, 영원한 생명의 누림은, 오직 영원하신 삼위 하나님과의 나눔과 사귐, 그 영원한 코이노니아 안에만 있다. 어디, 다른 곳에서 생명을 찾고 있는가? 어디, 다른 곳에서 영원한 것을 구하고 있는가? 찾을수록 목마르고, 구할수록 굶주릴 것이다. 돌아서서, 그 말씀과 성령과 사랑의 사귐의 문을 열라. 그 안으로 들어가라. 거기서 잠시 거하고, 더 오래 거하라. 습관적으로 거하고, 거기서 살고, 거기서 영원토록 거하라. 거기에만 영원한 생명의 샘이 솟아난다.

'기름 부음', 생명적인 지식과 확신

27절은, '여러분은, 그 안에 거하십시오(메네테, μένετε)'라는 최종적인 권면으로 마무리된다. 24-27절까지의 결론이다. 세상 모두가 떠나가도, '당신만큼은 절대로' 이 사귐을 떠나지 말라는 것이다. 그렇다면, 어떻게 해야 삼위 하나님과의 코이노니아 안에 지속적으로 거할 수 있다는 말인가? 어떻게 해야 우리를 그 사귐 바깥으로 끌어내는 수많은 유혹과 협박을 견디며, 그 거짓에 속지 않을 수 있을 것인가? 어떻게 해야 이 사귐 바깥으로 나가, 길을 잃고 헤매지 않을 수 있을 것인가? 어떻게 하면, '하나님과의 코이노니아'를 더욱 견고하게 다질 수 있을까? 27절이 제시하는 답은, '기름 부음'과 '가르침'이다.

하나님께서 우리에게 어떤 '요구'를 하시는 것은, 그 요구를 능히 행할 수 있는 '은혜'를 이미 주셨기 때문이다. 하나님은 은혜를 주지 않고 순종을 요구하시는 법이 없다. 옛 언약 백성에게 십계명을 명하시기 전에, 그들을 애굽에서 건져 내셨다. 새 언약 백성인 우리에게도, '서로 사랑하라'는 새 계명을 주시기 전에, 그 아들을 아끼지 않고 내어 주심으로써 우리에 대한 자신의 사랑을 확증하셨다. 그것이 '언약의 구조'이다. 먼저 은혜 주시고, 그다음에 요구하신다. 요구는 그 은혜의 증거이지 조건이 아니다. 그것이 언약 관계의 구조이다. '하나님의 코이노니아'도 마찬가지이다. 지금, 그 안에 '거하라'고 요구하신다. 그 안에 영원토록 거할 수 있도록, 이미 우리에게 허락하신 은혜는 무엇인가?

'기름 부음'이다. '기름 부음'이라는 주제는 이미 20절에 나왔고, 그때는 '지식'과 관련되어 있었다. 지금 27절에서 '기름 부음'은 우리로 하여금 '하나님의 코이노니아 안에 거할 수 있게 하는' 근거요 능력으로 제시되어 있다. 어떻게 '기름 부음'이 사귐 안에 거하게 하는 능력이 되는가? 27절에서 '기름 부음'(크리스마, χρῖσμα)은 무엇을 가리키는가?

27절은, '기름 부음'이 '여러분 안에 거한다'고 말한다. 요한일서에서 '신자 안에 거한다'고 명확하게 일컬어지는 대상은 '기름 부음'(2:20, 27) 외에도, '말씀'(1:10; 2:14), '진리'(1:8; 2:4), 생명이나 영원한 생명(5:12, 13), '하나님'(4:15-16), 그리고 '하나님의 사랑'(2:5; 4:12)이며, 혹시 '하나님의 영'(4:1-2)이나 '진리의 영'(4:6)도 포함시킬 수 있을 것이다. 이렇듯, '기름 부음'이라는 표현은 '말씀'이나 '성령'과도 구분되어 쓰일 수 있다. 그것은, '기름 부음'이 말씀과 성령 둘 다를 포함하는 어떤 것을 가리킬 수도 있다는 의미가 된다.

물론, '기름 부음'의 이미지에 가장 잘 들어맞는 것은 역시 '성령의 역사'이다. 하지만 신자가 받는 '기름 부음'이 성령의 역사라 하더라도 '말씀' 없이 단독으로 일어나는 것은 아니다. 학자들이 '기름 부음'에 관해 성령과 함께 말씀을 지목하기도 하는 것처럼, 신자의 거듭남에 있어서 말씀과 성령은 함께 역사한다. 그것이 '기름 부음'이 가리키는 정확한 의미일 것이다. 즉, '말씀과 함께 신자 안에 영원한 생명을 일으키는 성령의 역사'이다.

그렇다면 어떻게 이 '말씀과 성령의 역사'가, 신자로 하여금 하나님의 코이노니아 안에 지속적으로 거할 수 있게 하는가? 그것은 그 기름 부음을 통해 그들에게 '영적 생명'이 생겼고, 그 생명을 통해 그들에게 빛 곧, 어둠과 거짓을 분별할 수 있는 '영적 지각(知覺) 능력'이 생겼기 때문이다. 즉, 영원한 생명을 가진 존재로서 그 영적 생명에 합당한 지각 능력을 갖게 된 것이다. 문제는, 어떻게 이 '영적 지각 능력'을 더 풍성하고 온전하게 성장시키고 성숙시키느냐 하는 것이다. 즉, 그 영적 생명을 풍성하게 하는 것이, 신자가 하나님과의 사귐 안에 더욱 견고하게 남아 있게 되는 해법이다. 그렇다면, 구체적으로 어떻게 하라는 것인가?

이렇게 생각해 보자. 지금 요한이 가장 강조하는 것은, 신자에게 '이미' 기름 부음이 있다는 것이다. 그것은 어떤 금식이나 특별 기도를 통해서 특별한 사람들만이 얻는 영적 능력이 아니다. 이미 예수를 믿고 있는데, 누군가가 와서 전혀 새로운 것을 가르쳐 주어서, 그때 처음으로 갖게 된 것도 아니다. 27절에서 '누가 여러분을 가르칠 필요가 없고'라는 말은 물론, 성경 공부도 하지 말고 경건 서적이나 신학 서적도 읽지 말라는 말이 아니다. 바로 뒤에, '이와 같이 여러분을 가르친(에디닥센, ἐδίδαξεν) 대로'라는 말은 실제로 저들이 가르침을 받아 배운 사실을 언급하기 때문이다.

오히려 그것은, 성도가 받은 영적 생명은 누가 가르쳐서 줄 수 있는 것이 아니라는 뜻이다. 같은 절에서 '그의 기름 부음이 모든 것에 관해 여러분을 가르치는 대로'라는 표현은 흥미롭다. 가르치는 주체가 그의 안에 거하는 '기름 부음'이다. 그러니까 마치 아이가 스스로 걷는 것을 배우고 말하고 생각하듯이, 거듭난 하나님의 자녀는, 자신 안에 거하는 영적 생명이 성장함에 따라 깨닫게 되는 것을, 단지 더욱 명확하고 풍성하게 배울 뿐인 것이다. 사실, 하나님께서 주신 영원한 생명은 하나님께서 주신 말씀과 성령을 통해서만 바로 알게 된다. 그래서 성도에게 필요한 지식은, 그의 영적 생명을 '더욱 풍성하게' 하는 지식이다. 성도가 무엇을 배우고 깨닫게 되는 것은, 단지 자신이 은혜로 받은 영적 생명의 전개요, 더욱 풍성한 소유이지, 전혀 이질적인 영적 본질을 소유하게 되는 것이 아닌 것이다.

종종 교회에서는, 날마다 배우기에 열심을 내지만, 늘 새로운 것만을 쫓아다니며, 난생처음으로 새것을 깨닫게 된 것처럼 흥분하기 좋아하는 성도들이 있다. 목회자도 늘 새로운 세미나, 새로 나온 프로그램, 새로 나온 학설에서 무언가 전혀 새로운 것을 얻을 것처럼 늘 굶주려 찾아다니는 경우도 있다. 어떤 설교자들은, 매 주일 하는 설교가 매번 새롭고 매번 깜짝 놀랄 만한 내용으로 가득 차야 한다는 압박감에 시달리기도 한다. 이렇게 무언가 '새로운' 가르침을 찾아 여기저기 방황하는 것이 습관이 되면, 어느새 이단적인 거짓 가르침에도 쉽게 휘둘리는 위험에 빠지기도 한다.

하지만 요한은, 밖에서 무엇인가 새로운 가르침을 찾지 말고, 눈을 돌려 주께로부터 받은 '이미 자기 안에 거하는 그 영적 생명'에 주목하라고 가르친다. 그리고 자신 안에 이미 주어진 그 영적 생명을 더 풍성하게 할 방법을 찾으라고 말한다. 말씀과 성령의 역사를 통해 태어난 그 '영원한 생명의 코이노니아'를, 더 뚜렷하고 깊게 알고 누리게 해 줄 '신령한 젖'인 순결한 말씀과 그 말씀에 신실하게 근거한 가르침을 구하라는 것이다(벧전 2:1-2). 밖에서부터 전혀 새로운 것을 가져다가 얹어 놓는 '벽돌집'이 아니라, 이미 있는 '생명'을 더 풍성하게 살찌우고 건강하게 하는 방식으로(요 10:10), 그 생명의 성장과 성숙을 추구하는 데 주력하라는 것이다.

많은 목회자들이나 성도들이, 자신의 신앙이나 교회가 부흥하려면, 외부에서부터 획기적인 무엇인가가 더해져야 한다는 환상에 사로잡힌 경우가 많다. 그러나 요한이 밝히 알려 주는 바는, 교회는 '하나님의 코이노니아'로서 '이미' 그 안에 그 어느 것도 그 성장과 성숙을 막을 수 없는 '영적 생명, 영원한 생명'이 존재하고 있다(!)는 사실이다. 한번은, 창립 50주년이 된 장성한 교회의 설립 기념 예배에 참석한 적이 있다. 그때, 초창기부터 그 교회를 섬기며 성장의 길을 함께 걸어오신 목사님이 설교한 내용이 기억난다. "교회는 예수 그리스도의 생명을 가진 공동체입니다. 교회가 성장하려면, 세상으로부터 오는 거짓되고 더러운 것들로부터 교회를 보호하고, 하나님의 말씀을 먹이고 기도와 사랑 안에 거하게 하면, 자연스럽게 성장한다는 사실을 깨닫게 되었습니다"라는 고백이었다. 요한의 가르침과 다르지 않은 내용이다.

그렇다고, 이미 받은 영적 생명이 있으니, 아무것도 하지 않아도 된다는 영적 게으름에 떨어져서도 안 될 것이다. 27절에는, '참되고 거짓이 없는 것을 가르치는' 모습이 나온다. 기름 부음이 있으니, 아무도 전혀 새로운 것을 가르칠 필요는 없지만, 그들 안에 있는 영적 생명에서 나오는 영적 지각을 통해, 참과 거짓을 분별하는 훈련을 해야 한다. 세상의 모든 혼돈되고 어그러지고 뒤얽힌 어둠을, 빛 가운데서, 사랑 안에서, 참된 진리로 분별하고 행하는 훈련에 관해서는 꾸준히 배우고 성장해야 하는 것이다. 그것은 마치, '어린 비둘기에게, 너는 비둘기니까 날 수 있다'고 확신을 줄 뿐 아니라, 먹이고 성장시켜 날갯짓을 가르치고, 용기 내어 실제로 날게 하는 것과도 같다.

결론적으로, 어떻게 우리는 '하나님과의 사귐' 안에 더욱 견고하게 거할 수 있는가? 먼저, 신자가 예수 믿었을 때에 자신의 속에 이미 받은 '기름 부음'을 잊지 않는 것이다. 하나님의 말씀과 성령을 통해, 죄와 사망과 허무에서 벗어난 그 영적 생명이 있는 그 자리를 굳세게 붙들어야 한다. 더 나아가서 적극적으로, 자신 안에 있는 그 영원한 생명이 제대로 말씀을 먹고, 성령의 생수(生水)를 마시며, 무엇보다 자신의 심령이 하나님의 얼굴빛을 향하며, 그 빛 안에서 지속적으로 성장할 수 있도록 힘써 코이노니아 안에 거해야만 한다. 우리에게 영원한 생명을 주신 분께서 친히 그 생명을 풍성하게 하실 수 있도록, '그 아들과 아버지와 우리와 너희의 코이노니아', 그리고 '이웃과 세상과의 바른 관계'의 훈련과 성장에 우리 자신을 내어 드려야 한다. 결국, 사귐을 견고하게 하는 최고의 방법은, 어떤 일이 있어도 그 사귐 안에 지속적으로 거하는 것이다.

기도가 없다면

기도하지 않고 사역하는 수가 많다. 기도는 대충하고 사역하는 경우가 많다. 그러면 쉽게 지친다. 지칠 수밖에 없다. 내 힘으로 해야 하기 때문이다. 내가 가지고 있는 동기로 힘을 내야 하기 때문이다. 그 동기가 물질적 보상이건 혹은 어떤 목표이건 그것들로는 사역을 기쁨으로, 진심으로, 주의 뜻대로 계속할 수가 없다. 내 속에서 나오는 것들로 지탱하기에는 너무 버거운 사역, 버거운 대상들이기 때문이다.

양 무리를 향한 지치지 않는 예수님의 사랑, 하나님의 사랑을 빌려야 한다. 날마다 내 가슴에 하나님의 사랑, 그들을 향한 예수님의 사랑을 채워 넣어야 한다. 그 사랑, 그들을 향한 그분의 사랑 없이 사역지로 나가는 것만큼 위험하고 승산이 없는 전투는 없다.

엎드려 간구해야 한다. 기도가 아니면 어떻게 내 심령을 그분의 사랑으로 채울 수 있는가. 내게는 없는, 저들을 향한 그분의 사랑을 어디서 어떻게 구하는가. 말씀 없이, 그 말씀을 통한 기도 없이 사역은 그래서 불가능하다. 좌절감이 든다. 잘못 시작한 것 같은 절망을 느낀다.

기도 없이는 사역을 할 수가 없다. 사랑 없이는 사역을 할 수가 없기 때문이다. 나를 통해 저들에게로 흘러가는 하나님의 사랑은, 간구하는 내가 저들을 위하여 엎드려 구하지 않으면 얻을 길이 없는 유일한 능력이기 때문이다.

엎드려 구하라. 우리로 하여금 끝까지 사역하게 하는, 기쁨으로 지치지 않게 사역하게 하는 능력은 오직 그분의 사랑밖에 없다.

너의 어둠을 밟으며

날마다 가르쳐 주신다. 부족해도 가르쳐 주신다. 더럽고 추해도 가르쳐 주신다. 어리석어도 빛을 비추신다.

말씀의 빛 가운데 서면, 그 빛 안에서 있는 그대로 그 말씀의 중심으로 걸어 들어가면, 거기서 그분은 그 긍휼의 빛, 거룩한 진리의 빛으로, 따뜻하게 죄인을 맞으신다. 비추시고 밝히시고 싸매신다.

얼마든지 가르쳐 주신다. 한 걸음씩, 한 발자국씩, 너의 어둠을 밟으며 그분께로 가라. 말씀의 등불을 켜고 울며, 그 어둠 속을 가라. 조금씩 조금씩, 어두워도, 조금씩 그 빛을 따라가라. 그분이 비추신다.

그분이 가르쳐 주신다. 얼마든지 그분의 풍성함을 부어 주신다. 그분은 빛이시다. 그분은 사랑이시다.

"하지만 그가 빛 가운데 계신 것같이 우리도 그 빛 안에서 행하고 다니면, 우리가 서로 사귐을 갖고 또한 그의 아들 예수의 피가 우리를 모든 죄에서 깨끗하게 합니다"(1:7).

제3장

코이노니아, 성화와 사랑

(2:28–3:24)

    요한일서는, '코이노니아'와 '코스모스'를 날카롭게 구분한다. 하지만 그 '하나님의 코이노니아'가 '악한 자의 코스모스' 안에 들어와 있다는 사실을 직시한다. 빛이 어둠 속에 들어와 있는 것처럼, 소금이 생선 위에 뿌려져 있는 것처럼, 서서히 세상의 어둠을 밝히며 착실하게 세상의 부패한 곳을 치유하는 생명으로 회복해 나간다. 죄가 있는 곳에서, 죽음이 있는 곳에서, 거짓과 증오가 있는 곳에서 직접적으로 부딪히며 씨름하고 이겨 낸다. 세상을 구하려면, 세상 속에 있으면서도, 세상과 달라야만 한다. 세상 자체가 세상과는 전혀 다른 하나님의 나라를 요청하고 있기 때문이다. 어둠이 스스로를 밝힐 수 없기 때문이며, 썩어 가는 모든 것들이 스스로 그 썩어짐에서 나올 수 없기 때문이다.

    이번 단락의 시작인 요한일서 2:28은 '그러므로 이제 자녀들이여, 그의 안에 거하십시오'라는 권면으로 시작하고, 마지막 단락의 끝 구절인 3:24은 '그가 우리 안에 거하십니다'로 끝난다. 아버지의 사랑 안에서 자녀들이 모두 그 사랑 안에 거하며, 서로 사랑함으로써 화목하게 마무리되는 하나님의 '집 안' 이야기이다. 이제 '하나님의 코이노니아'라는 집을 거의 다 지은 모양새이다. 2장의 내용이 '하나님의 코이노니아'를 바깥세상과 분리하고 구분하며, 담장을 두르고 대문을 달고 주소를 확인하는 '경계 짓기'에 주력했다면, 3장에 들어와서는, 하나님 아버지와 그 독생하신 아들, 그리고 하나님의 자녀들이 집 안의 거실에서 둘러앉아, 본격적으로 그 놀라운 하나님의 가족의 코이노니아의 삶을 꾸려 가는 모습을 묘사한다.

당연하지만, 요한일서에서 교회를 묘사하는 '코이노니아'는, 단 한 번도 예배당 같은 돌로 지은 건물과 연결 지어 설명된 적이 없다. 필요에 따라 예배당도 있어야 하지만, 예배당이 있고 없고의 문제가 '하나님의 코이노니아'를 보장하는 본질적 요건이 되지는 않는다. 지금 요한은 지역적으로 멀리 떨어진 수신자 교회와 '그 아들과 아버지와의 코이노니아'를 나누고 있는 중이다(1:3-4). '하나님의 코이노니아'로서의 교회는, 차라리 '하나님의 가족'이라는 개념에 가깝다. 계속적으로 반복되는, '자녀들이여'(2:28; 3:7, 18), '사랑하는 여러분'(3:2, 21), '하나님의 자녀들'(3:1, 10), '형제 여러분'(3:13)이라는 표현들은 모두 가족 간에 쓰는 칭호들이다.

요한은 먼저, 하나님의 '코이노니아' 안에 들어와 있는 하나님의 자녀들에게, 그 아들의 생명과 약속된 영광을 누리고 동시에 그를 따라 의롭고 거룩하게 살기를 독려한다(2:12-3:3). 그 아들이 어떻게 우리를 '코스모스'의 악한 자 마귀의 손아귀 안에서 꺼내 오셨는지, 어떻게 그 마귀의 일을 파멸시키셨는지를 알려 주면서, 동시에 우리가 어떻게 죄짓지 않을 수 있으며 또 왜 죄를 지어서는 안 되는지를 설명한다(3:4-10). 그 아들의 생명과 능력 안에 거하는 하나님의 코이노니아의 특징은 '아버지의 사랑을 따라 사랑하는 삶'이다(3:11-18). 그것은 무엇보다, 이 세상에 오셔서 아버지의 사랑을 자신의 육체로 '나타내신' 그 아들의 삶을 따라 오직 '행함과 진실함'으로 그 사랑을 온전하게 하는 삶이다(3:17-24). 이제, 이 '하나님과의 코이노니아'의 중심부에서 일어나는 이 보배로운 내용들을 하나씩 들여다보자.

1. 코이노니아와 성화(2:28-3:3)

'하나님의 코이노니아'의 중심에는 항상 그 아들이 있다. '하나님은 빛이시라'고 했을 때에도, 그 빛의 중심에는 속죄 제물이 되신 그 아들의 붉은 피, 그 아버지의 불타오르는 긍휼이 환하게 빛나고 있다(1:5-9). 지금도 마찬가지이다. '하나님의 코이노니아'의 중심부에 그 아들의 '의'와 '영광'이 빛나고 있다. 세상의 악한 자의 일을 멸하신 그 아들의 '승리'와 속죄 제물이신 그 아들을 통해 흘러나오는 아버지의 '사랑'이 여전히 불타오르고 있다(2:29; 3:2, 9, 16). 그 아들 예수 그리스도야말로, '하나님의 코이노니아'의 모든 비밀과 능력의 원천이다. 바로 그 아들 안에, 하나님의 자녀들이 '의롭게 되어 의롭게 사는' 능력, '영광을 얻고 거룩하게 사는' 비밀이 숨어 있다. 이 놀라운 말씀을 한번 주의 깊게 읽어 보라.

> 2:28 그러므로 이제 자녀들이여, 그의 안에 거하십시오. 이는 그가 나타내신 바 될 때에 우리가 담대함을 갖기 위함이며, 그의 오시는 날에 그로부터 부끄러움을 당하지 않기 위함입니다. 29 만일 여러분이, 그가 의로우신 줄 안다면, 의를 행하는 모든 자들이 그에게서 난 줄을 알 것입니다. 3:1 보십시오. 과연 어떠한 사랑을 아버지께서 여러분에게 주셨는지! 이는 우리가 하나님의 자녀들이라 불림을 받게 하심입니다. 또한 우리가 그러함으로, 이로써 세상이 우리를 알지 못하는 것은 그분을 알지 못하기 때문입니다. 2 사랑하는 여러분, 이제 우리는 하나님의 자녀입니다. 우리가 장차 어떻게 될지는 아직 나타나지 않았습니다. 하지만 만일 그가 나타내신 바 되면, 우리도 그와 같이 될 줄을 압니다. 우리가, 그가 계신 그대로 보게 될 것이기 때문입니다. 3 그러므로 그에 대하여 이러한 소망을 가지고 있는 자마다, 그가 깨끗하심과 같이 자신을 깨끗하게 하는 것입니다.

우선, 2:28은 '그의 안에 거함'이 중요한 이유를 제시한다. 왜 단지 예수 그리스도를 믿는 것뿐 아니라, 그의 안에 거하는 것이 그리도 중요한가? 그다음 29절은, 우리가 어떤 방식으로 '그의 안에 거할 수' 있는지를 예시한다. 덧붙여, 3:1에서는 우리가 그의 안에 거하고자 할 때 맞닥뜨릴 수 있는 곤경을 알려 주는 동시에, 우리가 정확히 누구인지, 무엇을 받은 존재인지를 확인시켜 준다. 그리고 드디어 3:2에 이르면, 요한일서의 '생명신학'(生命神學)이라 부를 만한 내용이 나온다. 마지막으로 3절은, 하나님의 자녀들이 어떠한 근거에서 지금, 여기에서 성화를 이루어 갈 수 있는지를 역설한다. 그것은 또한, 이 '악한 자의 코스모스' 안에서 '하나님의 코이노니아'에 지속적으로 거하는 결정적인 방식이다.

'그의 안에 거함'이 중요한 이유

이런 경우를 생각해 보자. 춘향전 같은 옛 이야기들 속에는 종종 '암행어사'가 등장한다. 그는 마치 걸인인 것처럼 허름한 복장을 하고, 부패한 탐관오리가 백성의 피 같은 세금으로 날마다 호화로운 술잔치를 벌이는 관청의 앞마당에 나타난다. 저들의 불의(不義)를 빗대는 시조를 지어 읊어 대지만, 술잔을 돌리며 비웃는 탐관오리와 그 패거리들은 그를 마음껏 조롱한다. 걸인은 끝내 포졸들에게 매를 맞고 쫓겨난다. 하지만 모두가 알듯이, 이야기는 그렇게 끝나지 않는다. 얼마 되지 않아, 또 술잔치를 벌이는 현장에 그 걸인이 다시 나타난다. 이번에는 머리부터 발끝까지 말끔한 관복을 차려입었다. 허리에는 왕이 하사한, 고위 관직을 상징하는 금빛 나는 허리띠를 두르고, 손에는 암행어사의 '마패'를 쥐고 있다. "암행어사 납신다. 이놈들아, 이제 너희는 끝났다!"

2:28-29을 읽으면서, 이런 이야기를 떠올리면 쉽게 이해가 될 것이다. 28절에서, '그(주)의 오시는 날'(엔 테 파루시아 아우투, ἐν τῇ παρουσίᾳ αὐτοῦ)은 당시 로마 시대에 왕이나 고관들이 마을에 행차할 때 종종 쓰던 관용구였다. 요한일서에서 '주 예수 그리스도'께서 다시 오시는 것의 위엄과 영광은 그에 비할 수 없다. 로마의 모든 황제들을 다 합쳐도, 그 황제들이 잠시 왕 노릇 하는 이

세상이 창조되기 이전부터 계셨던 '생명의 말씀'(1:1)이신 그 아들의 오심과는 비교조차 할 수 없는 것이다.

로마의 황제들 정도가 아니라, 온 세상이 잠시 그 아래 놓여 있는 '그 악한 자 마귀'(5:19) 곧 '세상 임금'을 파멸시켜 버리신 '그 아들'이 장차 다시 오실 때의 그 위엄이란 실로 상상하기 어렵다(3:8; 요 12:31; 16:11). 그날은, 악한 자 마귀가 드디어 잠시 그의 아래 놓였던 그 '코스모스'를 그 아들에게 넘겨주고 굴복하는 날이며, 새 하늘과 새 땅, 그리스도와 하나님 아버지의 나라가 펼쳐지는, 그 이전에 귀로 들어 본 적도 눈으로 본 적도 없는 엄청난 영광의 날이 될 것이다(4:4, 17; 5:5; 계 11:15).

문제는 그 영광스러운 아들, 곧 최후의 '심판주'요, 세상을 회복하고 재창조하실 그분이, 지금은 패배한 자들 중에 가장 심하게 패배한 자처럼 우리 가운데 '속죄 제물'로 와 계신다는 사실이다. 다시 위의 예화로 돌아가 보자. 그 '걸인'이 처음에 탐관오리의 관청에 나타났을 때, 그에게 다가가 혹시 호의를 보이고 긍휼을 베푼 사람이 몇이나 되었을까? 그런 사람이 있었다면 필시 그 탐관오리와 그를 추종하는 부패한 관리들의 따가운 눈총뿐 아니라 위협도 받았을 것이다. 하지만 만일 그 걸인이 실제로는 왕이 보낸 '암행어사'인 것을 알았다면 어떻게 했을까? 온갖 위험을 무릅쓰고라도 그 '걸인'에게 호의를 베풀지 않았을까?.

그리고 만일 그랬다면, 그 암행어사가 자신의 정체를 드러냈을 때 그는 어떤 대접을 받았을까? 그날에 그는 참으로 떳떳하고 담대하게 얼굴을 들 수 있었을 것이다. 반대로, 그 탐관오리뿐 아니라 그와 짝하여 백성의 고혈(膏血)을 빨아먹고 불의를 일삼았던 패거리들은 모두 돌이킬 수 없는 수치와 형벌을 받았을 것이다. 28절의 이야기가 그런 것이다. '그가 나타내신 바 될 때'에서 '나타내신 바'(파네로떼, φανερωθῇ)라는 표현은 수동태인데, 그 '주'(主) 예수 그리스도의 영광스러운 정체가 전능하신 하나님 아버지의 뜻에 따라 나타나게 되는 순간을 가리킨다. 결국 그 아들을, 온 세상의 심판주요 하나님의 나라를 유업으로 받으실 분으로 만천하에 드러내시는 분은 하나님 아버지이시다.

그리고 그때, 그 아들이 만유의 주로 나타나게 될 그때, 과연 누가 담대할 수 있으며 수치를 피하게 될 것인가? 당연히, 지금 여기서 '그 아들과의 코이노니아 안에 거하는' 자들, 곧 지금 이 땅에서 '그와 연대'를 맺고 그 안에 거하는 자들일 것이다. 지금 그 아들은 어떤 모습인가? 지금 그 아들과 아버지 안에 거하는 코이노니아, 곧 교회는 어떤 모습인가? 필시, 장차 그가 나타내신 바 될 때 드러나게 될, 그 위엄과 권능과 영광과 능력의 모습은 아닐 수 있다. 여기에 그 아들을 아는 생명적 지식과 그 아버지의 사랑 안에 굳건히 뿌리내리는 견고한 사귐이 요청되는 이유가 있다.

'그의 안에 거하는' 방법

'태초부터 있어 온 생명'이요 '영원한 생명'이신 그 아들은, 지금도 '말씀'으로 다가오신다. 완악한 마음과 어리석은 고집으로 단번에 거절해 버릴 수도 있는, 복음의 초청으로 다가오신다. 당신이 덮어 버리고 다시는 열어 보지 않으면, 당신의 영혼에 대고 소리칠 수 없는 기록된 성경 말씀을 통해 당신 옆에 계신다. 말씀은 그것이 생명을 주는 것이라 해도, 우리가 듣지 않으면 그만이다. 그렇게 연약한 사랑의 권면으로 우리 곁에 계신다. 그래서 무시하고 거절하기 쉽다. 우리는 얼마나 쉽게 그분과의 사귐을 거절하는가? 얼마나 다른 사귐들에 바쁜가? 가장 절박한 것이 그분과의 사귐이라는 것을 어렴풋이 느끼면서도, 우리는 우리의 갈증을 채우지도 못할 수많은 거짓되고 부패하고 헛된 사귐들에 몰입하지 않는가?

그것이 수치를 면하지 못할 신앙생활이다. 우리는 그런 사실을 알면서도 그런 유혹에 빠지기 쉽다. 장차 두렵고 위엄 가득한 심판주로 오실 그분이,

지금은 우리의 죄 사함의 요청에 매번 자신을 내어 주는 속죄 제물이시며 '죽임당하신 어린양'으로 우리 곁에 계시기 때문이다(2:2; 4:9-10). 그러니 무시하기 쉽다. 악용하기도 쉽고, 그 보배로움을 무시하고 그 은혜의 강력을 외면하기가 쉽다. 하지만 바로 그분이 '어제도 계셨고, 지금도 계시고, 장차 오실 심판주'이시다(계 1:4-18). 그 '죽임당하신 어린양'이신 그분이 지금도 하늘 보좌 우편에 앉아 계시며, 생명수가 흘러나오는 하늘의 그 보좌 가운데서 결국 우리의 눈에서 모든 눈물을 씻겨 주실 바로 그 '목자'이시다(계 5:1-14; 7:9-17).

그러니 그날에 수치를 당하지 않으려면, 지금 그분 안에 거해야만 한다. 그날에 담대한 기쁨과 환호성으로 그분을 맞이하려면, 지금 여기 이 땅에서도 어린양이신 그분을 붙잡고 떠나지 말아야 한다. 설사 우리가 세상에서 다른 모든 것을 잃는다 해도, 그 아들의 생명과 그 아들을 우리에게 주신 그 아버지의 사랑 안에 거해야 한다. 그 사랑에서 결단코 떠나지 말아야 한다. 그 아들과 아버지와의 코이노니아를 떠나는 것은, 어리석은 일들 중에서도 가장 어리석은 일이다. 모든 것과 함께 자기 자신을 영원토록 잃어버리는 일이 될 것이기 때문이다.

그렇다면, 누가, 과연 누가 이 땅에서 이 영원한 생명과 사랑의 코이노니아 안에 거하는 자인지 어떻게 알 수 있을까? 29절 하반절은 흥미로운 기준을 제시한다. 그는 '의를 행하는' 자이다. 그러므로 어떤 사람이 예수를 믿으며, 그리고 그가 의를 행하고 있다면, 그는 적어도 그 영광스러운 코이노니아 안에 거하고 있는 자라고 간주할 수 있다. 요한의 이런 '의'의 기준은 사뭇 놀랍고 의미가 깊다. 생각해 보라. 주님이 다시 오셨을 때에, 누가 고개를 들고 기쁨으로 그분을 맞이할 수 있는 사람이겠는가? 단지 목사이거나 장로이거나, 권사이거나 집사라는 직분으로 그렇게 당당함을 얻을 수는 없을 것이다. 설혹, 큰 교회를 세우고 엄청나게 위대한 신학자가 되었더라도, 그런 업적으로는 '수치 없이 담대함으로 주를 볼 수' 없을 것이다. '의'를 행하는 자가 되어야 한다. '의'(義)란 무엇인가?

'의', 선물에서 샬롬까지

요한은 코이노니아의 증거로 '의'(디카이오수네, δικαιοσύνη)의 기준을 내세운다. 주님이 친히 말씀하셨듯이, 이 참혹하고 불의한 세상에서 주님처럼 '의에 주리고 목마른 자'가 다시 오실 주님을 당당히 뵈올 것이다(마 5:6). 하지만 29절에서 '의를 행하는 모든 자들이 그에게서 난 줄을 알 것입니다'라는 표현은, 예수를 믿든지 안 믿든지 상관없이, 누구나 어떤 의로운 일을 행하면 모두 자동적으로 하나님의 자녀가 된다는 뜻은 아니다. 요한일서는 '그 아들이 없는 자' 곧 하나님의 아들의 이름을 믿지 않는 자에게는 아예 '생명이 없다'고 선언하기 때문이다(5:13).

이것이 요한의 어법(語法)이다. 뒤집어서 말함으로써 더 강조하는 방식이다. 그러니까, 원래 의미는, 만일 하나님께로부터 난 하나님의 자녀라면 당연히 의를 행할 것이고, 그렇지 않을 수 없다는 뜻이다. 다시 말해서, '의를 행하면' 누구든지 자기 힘으로 하나님의 자녀가 된다는 의미가 아니다. 의를 행하는 것은 하나님께로부터 나기 위한 '조건'이 될 수 없다. 영적 생명, 그 영원한 생명을 얻는 것은 언제나 그 아들을 믿음으로 주어지는 선물이기 때문이다. 하지만 '의를 행하는' 것은 그 영원한 생명을 갖고 있다는 '증거'이다. 요한은 이런 당연한 논리를 거꾸로 뒤집어서 강렬하게 표현하기를 좋아한다(예컨대, 3:6, 9).

그러나 하나님께로부터 '났다면'(게겐네타이, γεγέννηται), 그러니까 하나님께서 그 아들을 믿는 자에게 영원한 생명을 주셨고, 그 영원한 생명이 그의 안에 살아 있다면, 그 살아 있는 생명의 증거가 반드시 나타날 것이다. 그 영원한 생명의 특징 가운데 29절이 지목하는 것은 '의'이다. 그렇다면 '의'란 무엇인가? 우리는 이 '의'를 단지 '의로운 행동'이라고만 생각해서는 안 된다. 그러면 오해의 소지가 많이 생긴다. 아래의 도표를 참고하라.

[도표 7] 의(義), 선물에서 샬롬까지

선물 → 관계 → 성품 → 행위 → 새 창조의 질서('의와 평강')

믿음을 통해서 영원한 생명을 선물로 얻는 것처럼, '의'도 예수 그리스도를 믿음으로 선물로 받는다(롬 3:22-24; 갈 2:16; 벧후 1:1). 그래서 새 언약 백성에게 '의'는 일차적으로, 그리스도를 믿고 세례를 통해 그와 연합한 성도가 은혜로 받는 '그리스도의 완전한 의'를 가리킨다(고전 1:30). 여기가 시작이다. 이렇게 우리 안에 은혜로 심겨진 '의'는, 그 결과로 하나님을 아버지로 섬기고 사랑하는 바른 관계, 자기 자신과의 바른 관계, 그리고 이웃과 또한 세상과의 바른 관계를 세워 준다(마 5:17-7:12).

그다음, 하나님과의 바른 관계 곧 '그 아들과 아버지와의 코이노니아'는(요일 1:1-4), 하나님과 주 예수 그리스도를 아는 지식과 사귐을 통해 '의의 성품, 신적 성품'의 꽃을 피워 내고 또 그래야만 한다(벧후 1:1-11). 그리고 바로 이 신적 성품에서 '선한 행실'의 열매가 맺히는데(벧전 2:12, 20; 3:16-17), 코이노니아로서의 교회가 세상의 '제사장 공동체'로서 '의롭고 선한 행실'을 할 수 있는 것은, '영원한 나라'에 대한 '살아 있는 소망' 안에서 지속적으로 신적 성품에 참여하고 성장해 가기 때문이다(벧전 1:3-4; 벧후 1:9-10).

결국, 은혜의 선물로 우리 안에 심겨지고 코이노니아를 통해 꽃피고 열매 맺는 신적 성품과 선한 행실은, 새 하늘과 새 땅의 전망 안에서 그 최종 단계에 이른다. 즉, 교회가 받은 '의의 선물'이, 교회를 둘러싼 이 땅의 열방의 만국 백성이 먹고 살아나는 생명나무의 열매가 되는 것이다(계 22:2). 하나님이 이 땅에 심으신 '의의 나무'로서 교회가 열매 맺기 시작하는 '의의 싹'(사 61:1-3, 11; 마 5:13-16)은, 마침내 이 세상의 어그러지고 부패하고 타락한 질서를 회복하는 '새 창조의 질서'로 나타나게 되는 것이다.

세상의 질서가 새롭게 회복되고, 그 회복된 바른 질서 안에서 주의 통치로 인한 생명이 막힘없이 충만하게 채워지는 것, 그것이 새 창조에서 누리게 될 최종적인 '의의 결과' 곧 '샬롬'(shalom, 화평)의 내용이다(벧후 3:10-13; 약 3:17-18). 그러므로 예수 믿는 성도의 '의'란, 믿음을 통한 은혜의 선물이요, 바른 관계와 사귐이며, 그 안에 거함으로 자라나는 신적 성품과 이를 통해 나타나는 의의 행동을 가리킬 뿐 아니라, 그 의로운 성품과 행위를 통해 회복되는 창조 세계의 바른 질서, 곧 새 하늘과 새 땅의 온전한 '의와 화평'까지를 포함하는 은혜롭고, 광범위하고, 하나님 나라의 전모(全貌)를 밝혀 주는 핵심적인 개념인 것이다.

이런 의미에서 '의'의 행동은, 그 아들을 믿는 교회가 '그의 안에 거하고 있다'는 것, 곧 '그 아들을 알고 사랑하며 함께하며 따라가는' 코이노니아의 가장 뚜렷한 증거이다. 의를 행하고 있지 않다면, 우리는 그의 안에 거하고 있지 않은 것이다. 반대로 우리가 '의를 행한다'는 것은, 단지 의로운 행동을 한다는 것만이 아니다. 가장 일차적이고 근본적인 의미는, 자신에게는 전혀 의가 없는 죄인으로서 오직 '그리스도의 완전한 의'만을 의지하는 겸손과 회개의 삶을 산다는 것을 뜻한다. 예수 그리스도를 믿음으로 '의의 선물'을 은혜로 받지 않는다면, 그에게서 '충성'으로서의 믿음이 나올 리도 없다. '믿음'(피스티스, πίστις)은 반드시 '신실함'(faithfulness) 또는 '충성'(loyalty)으로 나타난다. 하지만 그 충성으로서의 믿음은 언제나 '은혜의 선물로 받은 그 아들의 완전한 의'를 전제하고, 우리 자신으로부터가 아니라 오직 그 아들의 의의 선물로부터만 발생한다.

동시에, 믿음을 통해 선물로 주어진 '그리스도의 의'를 힘입어, 성도는 오직 하나님과 자기 자신, 이웃과 세상과의 바른 관계를 누리게 된다. 하나님 아버지로부터 사랑과 사명을 받은 자신을 사랑하고 온전한 자아상을 통해 인생을 바로 보게 된다. 가장 가까운 이웃인 가족과의 관계에서 시작해서, 직장, 사회, 민족, 국가, 환경, 세상과의 바른 관계를 추구하게 된다. 그 모든 바른 관계 안에서 바른 사귐으로 그 관계를 바르게 회복하기를 항상 힘쓰는 자가 되어 가는 것이다.

무엇보다 '의를 행한다'는 것은, 그리스도와 하나님을 앎으로써 그 사귐을 통해, 영원한 나라에 합당한 신적 성품에 참여하여 의의 성품을 가진 성도로 성장함을 뜻한다. 이렇듯 '영원한 나라'에 합당한 신적 성품을 가진 자로서, '의와 화평이 거하는' 새 하늘과 새 땅이 임하는 것을 위해 전 생애를 바쳐 힘쓰게 된다. 그것이, '의에 주리고 목마른' 하나님 나라 백성의 삶이며, 그것이야말로 '그 아들과 아버지 안에 거하는' 코이노니아의 살아 있는 증거이다.

요한일서의 생명신학

그렇다면 어떻게 이런 '의'를 행하고 또 이루어 갈 수 있는가? 요한은 이런 영적 비밀에 관해, 이를 특징적으로 '생명적'인 방식으로 이해하고 설명한다. 29절에서 '그에게서 난' 자들이라는 표현은, 그 아들의 복음을 믿고 그 아들로 인해 죄 사함과 부활 생명을 얻게 된, '거듭난 성도'를 가리킨다. 그렇게 믿음으로 받은 영적 생명을 통해 성도는 하나님 아버지가 의로운 분이심을 '알게' 된다. 여기서 '안다'(에이데테, εἰδῆτε)는 것도 역시 그의 안에 있는 영적 생명의 활동이며, 하나님과의 사귐의 결과이다.

그러니까, 성도가 '의를 행하는' 것은 하나님을 알고 사귀는 사귐에서 나오고, 그 사귐은 그가 가진 영적 생명 때문에 가능해지는 것이다. 결국은, 성도가 '의를 행하는' 것은 '의로우신 아버지'로부터 나오는 영적 생명, 영원한 생명의 실현인 것이다. 너무 당연한 이야기이다. 하나님을 아버지로 부르는 영적 생명을 가진 자녀가 아버지를 닮아 성장해 나간다는 것보다 자연스러운 일이 어디에 있겠는가?

요한은 이런 식으로, 성도가 의를 행하는 일이 가능한 이유는 그가 하나님의 자녀로서 그의 안에 그 아들의 생명을 가지고 있기 때문이라는 사실을 전제한다. 29절에서 '그에게서 난' 자라는 표현 외에도, 이미 28절에서도 '자녀들'이라고 부르는데, 여기서 '자녀들아'(테크니아, τεκνία)는 단순히 '어른이 아닌 미숙한 아이'라는 의미보다는 '아버지와 같은 생명을 이어받은, 같은 혈통'이라는 의미가 더 강한 표현이다. 3:2에서도 똑같이 하나님의 '자녀들'(테크나, τέκνα)이라는 표현을 사용하는데, 이 경우는 1절에서 밝히는 대로 '하나님께서 우리를 사랑하신' 결과이다.

'하나님께서 사랑하셨다'고 할 때, 그것은 요한에게 있어서 독특한 사건을 가리키는데, 하나님께서 세상을 이처럼 사랑하셔서 그 아들을 보내신 사건, 즉, 그 아들이 육체로 세상에 오신 사건을 말한다(4:2, 14; 요 3:16). 그리고 세상에 오신 그 아들은 곧 그를 믿는 자에게 '영원한 생명'을 주시는 분이시다(5:12). 그래서 하나님께서 사랑하신 결과로 '하나님의 자녀'가 되었다는 것은, 요한이 설명하는 복음의 문맥 안에서 자연스럽게 연결되는 내용이다.

그러므로, 세상이 하나님도 알지 못하고, 하나님께로부터 난 그의 자녀들도 알지 못하는 것은 당연한 일이다. 요한에게, '안다는 것'은 근본적으로 '생명'의 현상이기 때문이다. 생명이 있어야 알게 된다. 즉, 생명이 없다면 알 수도 없다. 또한 어떤 종류의 생명이냐에 따라 어떤 종류의 지식이냐가 결정된다. 뱀이 사람과는 다른 종류의 인식 능력과 지식을 가진 것과 같다. 하나님의 자녀로서의 영적인 생명이 없다면, 그가 누구든 무슨 방법을 쓰든 하나님을 하나님으로 알 수가 없다. 이렇듯, 지식은 생명의 결과이다.

3:1은, '세상이 우리를 알지 못한다'는 현상을 지적한다. 이것은 말은 쉽지

만, 실상은 매우 곤혹스러운 상황이다. 믿는 사람과 믿지 않는 사람이 하나님에 관하여 합리적으로 대화를 하면, 다 함께 같은 결론에 도달할 수 있다는 보장이 없기 때문이다. 그래서 복음은 '증거'(testimony)로 전달된다. 성육신, 십자가에서의 죽으심, 부활 같은 초자연적이면서도 동시에 역사 안에서 일어난 사건을, 그것이 사실이지만 믿음의 형태로 전달할 수밖에 없는 것이다. 그리고 그 구속적 사건이 진리라는 것을 자신의 목숨을 걸고 보증하는 것이다.

그런 경우에도 그런 증거 자체는 '달을 가리키는 손가락'밖에 되지 않는다. 그래서 하나님에 대해서 알기 위해서는, 하나님 자신이 개입하셔야만 한다. 우리가 말씀을 전하고 삶으로 전해도, 성령 하나님께서 개입해서 역사하셔야 하나님이 알려지신다. 그래서 교회는 세상으로부터 온갖 오해와 핍박을 받을 가능성 아래 놓여 있다. 요한은, 이럴 때에, 세상의 오해와 핍박을 단지 우리 자신 곧 하나님의 자녀들을 향한 것만으로 생각지 말라고 권면한다. 세상이 그렇게 하는 것은, 하나님이 누구신지를 모르기 때문인 것이다. 하나님을 알지 못한다는 것은, 그들 안에 하나님을 아버지로 알 수 있게 하는 영적 생명이 없다는 증거이다. 생명이 없다면, 지식이 따라오지 않는다.

그렇다면 어떻게 그 아들의 생명을 세상에 전해 줄 것인가? 요한은 이런 질문에 매달리지 않는다. 3:2에서 도리어 하나님의 자녀들을 향한다. 그리고 그들 안에 있는 이 영적 생명의 결국, 그 영광스러운 장래의 소망을 확신하게 만든다. 더 중요한 것은, 그 영원한 생명의 풍성한 영광에 대한 확실한 소망으로 말미암아, 지금, 여기에서, 즉, 이 죄와 죽음과 허무의 어둠의 세상 한복판에서, 어떻게 거룩함을 이루며 살아갈 수 있을지를 말하고자 한다. 교회는 세상을 향해 그 아들 예수 그리스도의 생명의 복음을 전해야 한다.

세상은 '잘 먹고 잘사는 생존, 그런 생명'을 원하지만 정작 '영원한 생명'은 없는 곳이다. 영원하신 하나님으로부터 분리되었기 때문에 세상은 허무와 무의미(無意味)의 지배를 받는다. 생명의 창조주이신 하나님과 분리되었기 때문에, 생존은 남아 있을지 몰라도, 생명다운 참생명은 찾을 수 없다. 그 생명에 따른 참된 진리가 아니라 거짓이 가득한 곳이며, 그 거짓 속에서 다시 죄와 죽음을 쌓아 가는 곳이다.

이런 세상 아래서 살아가는 사람들에게 복음을 전해야 한다. 동시에 하나님의 자녀들은 자신들 안에 가진 그 영원한 생명을, 그 영광의 소망을 따라 지금, 여기서, 펼쳐 내야 한다. 그렇게 펼쳐진 영원한 생명의 삶이 그들의 거룩함으로 나타난다. 그것은 죄와 죽음으로 오염된 세상에는 없는, 새 하늘과 새 땅의 특징이다. 그것이 거룩함이다. 이 세상이 가장 필요로 하는 것이다. 세상의 소금인 것이다.

성화는 영화의 결과

2:28에서 시작해서 3:3로 끝나는 이 단락은, '그의 안에 거하십시오'로 시작해서, '자신을 깨끗하게[거룩하게] 하는 것'으로 끝난다. 그러니까, 성도가 자신을 거룩하게 하려고 애쓰고 있다면, 그것은 '그 아들과 아버지와의 코이노니아에 거하고 있다'는 확실한 증거이다. 거꾸로, 하나님과 사귐이 있다고 주장하는 성도는, 반드시 거룩함을 추구하고 있어야 한다.

그런데 요한이 말하는 이 거룩함의 추구는 단지 종교적 행위로서 하는 것이 아니다. 요한은 성도가 추구하고 행하는 거룩함이란, 그가 그 아들을 믿음으로써 받은 영적 생명, 그 영원한 생명의 실현, 나타남이라고 말한다. 여기가 흥미롭고 중요하다. 먼저, 3:2을 보자. 이 구절은, '예수 그리스도의 생명'이 현재와 미래를 잇는 결정적인 내용이라는 사실을 밝혀 보여 준다. 즉, 예수 그리스도께서 육체로 세상에 오신 그 첫 번째 나타남과 그가 부활한 육체를 입고 영광스러운 모습으로 두 번째로 나타나시는 사이에 놓인 전(全) 과정은, 영원한 생명의 탄생과 성장과 완성이라는 '생명적인 과정'인 것이다.

이것이 2절 곳곳에 드러나는데, '사랑하는 여러분'(아가페토이, ἀγαπητοί)이라는 표현에도, 하나님의 사랑을 받은 자들, 곧 하나님께서 세상을 사랑하사 내어 주신 그 아들의 생명을 받은 자라는 의미가 함축되어 있음은 물론이다. '하나님의 자녀들(테크나, τέκνα)' 역시 생명적 표현이다. 주의 재림 때에 어떻게 '될지'(에소메따, ἐσόμεθα)라는 표현이나, 그가 나타내신 바 되면 우리가 그분과 같이 '될 줄'(에소메따, ἐσόμεθα) 안다는 표현 역시, 모두 생명의 성장과 변화에 관련된 존재에 관한 용어들이다.

요한에게, '존재'의 영역은 하나님께 속한 것이다. 생명 자체는, 창조주이시고 구원자이시고 심판주이시며 재창조하시는 전능하신 하나님께 달려 있다. 그런데 그 아들을 믿고 우리가 얻게 된 그 영원한 생명에는 그 시작과 완성, 그리고 그 중간의 성장 과정이 있다. 특이한 점은, 요한이 하나님의 자녀로서의 영적 생명을 묘사할 때, 시간적 순서대로 하지 않는다는 사실이다. 시간적 순서대로 하지 않을 뿐 아니라, 현상적으로, 즉, 우리가 눈으로 관찰할 수 있는 현상적인 순차대로 설명하지도 않는다. 이를 쉽게 설명하기 위해, 다음 도표를 먼저 살펴보자.

[도표 8] '영원한 생명'의 나타남

(A) 과거에 나타남	(B) 현재에 나타남	(C) 미래에 나타남
그 아들(1:2)	하나님의 자녀(3:2, 10)	그와 같이 될 줄(3:2)
중생 →	성화 ←	영화

도표를 보면, 과거에 그 아들의 나타남(A)이나, 현재에 하나님의 자녀들의 나타남(B)이나, 또는 미래에 주께서 나타나실 때 우리도 그와 같이 나타남(C)이나, 모두 '영원한 생명의 나타남'으로 설명된다. 요한은 이런 식으로 생각한

다. 과거에 일어난 성도의 중생 곧 그의 거듭남 역시, 그 영원한 생명이 그에게 나타나는 것이다. 장래에 주께서 나타나실 때에, 우리가 그와 같이 영화롭게 변화될 일도 그때에 나타날 것이다. 더 중요한 것은, 그 태초부터 있어 온 영원한 생명, 그리고 주의 재림 때에 나타날 그 영화롭게 완성된 생명이, '지금 여기서' 하나님의 자녀 된 우리들을 통해서도 '나타난다'는 사실이다(A → B ← C; 참조. 3:10).

이는 가히, 요한의 '나타남'의 신학이라 할 수 있을 만큼 뚜렷하다. 영원한 생명으로서 그 아들의 나타남과 장차 영화롭게 될 생명이 지금 하나님 안에 거하는 그의 자녀들을 통해서도 나타난다는 것은, '지금, 여기'가 얼마나 중요한 무대인지를 보여 준다. 우선 3:3을 보자. "그러므로 그에 대하여 이러한 소망을 가지고 있는 자마다, 그가 깨끗하심과 같이 자신을 깨끗하게 하는 것입니다." 자신을 '깨끗하게'(하그니제이, ἁγνίζει) 하는 것, 또는, 거룩하게 하는 성화의 삶은 어떻게 가능하다고 말하는가?

무엇이 우리로 하여금 자신을 깨끗하게 하며 살게 하는가? 그 근거는 '소망'에 있다. 어떤 소망인가? 지금 우리가 '그의 안에 거하는' 그 주께서 장차 다시 나타나실 때, 우리가 '그와 같이 될 것'이라는 소망이다(2절). '그와 같이'(호모이오이, ὅμοιοι) 된다는 말은, 그가 영광스러운 생명, 즉 그의 거룩과 의와 지혜와 사랑의 충만함으로 나타나시는 것처럼, 우리도 그런 영광스러운 생명의 충만으로 변화될 것이라는 뜻이다(참조. '하나님의 형상', 창 1:26; 3:5; '생명과 영광', 골 3:4; Strecker, 89).

보다 구체적으로 문맥을 통해 보면, 주의 재림 때에 '그와 같이' 되는 그 상태란, '온전히 거룩한 상태'임을 알 수 있다. 3절에서 그 소망을 가진 자가, 장차 주를 따라 온전하게 될 그 영광의 소망을 따라 하는 일이 '거룩함'의 추구이기 때문이다. 동시에, 그 소망의 내용, 주께서 나타나실 때 우리도 그렇게 되는 그 영광스러운 상태는, 2절에서 '이제 우리는 하나님의 자녀'라는 사실을 근거로 추정할 수 있다. '이제' 또는 '지금은'(눈, νῦν)이라는 표현은 장차 완성될 영화로운 상태가 '아직' 이루어지지 않았지만, 하나님의 자녀로서 갖게 된 영적 생명의 형태로 지금 여기에 '이미' 와 있다는 의미이다.

다시 말해서, 지금 우리가 하나님의 자녀로서 '그의 안에서' 받아 누리고 있는 그 '영원한 생명'이, 주께서 다시 오시는 날에 주의 모습처럼 영광스럽게 변화되리라는 것은 이미 결정된 사실이다. 2절이 강조하는 대로, 장래의 영광은 이미 있는 것이고 그때에 주와 함께 '나타내신 바 될'(에파네로떼, ἐφανερώθη) 것이다. 그러니까, 요한은 지금 우리가 하나님의 자녀로서 이루어 나가야 할 '성화'(sanctification)의 삶이란, 장래의 '영화'(glorification)의 상태를 얻기 위한 '조건, 원인'이 아니라, 도리어 그 '나타남, 결과'라고 말하고 있는 셈이다.

따라서, 그것을 '소망'(엘피다, ἐλπίδα)이라고 부르는 것은, 그저 그렇게 되기를 바라서 말하는 희망 사항 정도가 아니다. '살아 있는 소망' 즉, 이미 주 안에서 결정되어 있는 확고한 미래이다(참조. 벧전 1:3-4). 종말이 그렇게 결정이 되어 있기 때문에, 그 확실한 사실에 근거한 소망이, 도리어 우리로 하여금 지금 여기서, 이 어둠의 세상 속에서라도, 우리 자신을 깨끗하게 하게 하는 어쩔 수 없는 이유, 그렇게 할 수밖에 없는 근거와 추동력이 된다는 것이다.

다시 말해서, 성화를 이루었기 때문에 영화의 상태에 이르는 것이 아니라, 이미 영화의 상태가 결정되어 있고 그때에 나타날 것이기 때문에 성화를 이루는 것이다. 그래서 주가 오시는 그때에 나타날 영화의 상태를 향해 진행되고 있는 성화의 현상이, 지금 여기서 하나님의 자녀에게 일어나고 또 나타나게 된다는 것이다. 뒤집어 말하자면, 지금 여기서 우리에게 그 영광의 소망이 우리를 깨끗하게 하는 그러한 삶이 나타나지 않는다면, 정말 그 영화가 보장되어 있는지를 확인할 길이 없다는 뜻도 된다. 성화는 영화의 '증거'(evidence)이기 때문이다. 그러니까 지금 성화를 이루고 있지 않은 사람은, 영화로운 생명을 받지 못했다는 증거를 보이고 있는 셈이다. 그래서 현실적으로 그리고 눈에 보이는 현상적으로는, 성화에 힘쓰는 성도가 결국 영화에 이르는 것처럼 보인다. 하지만 성화는 영화의 조건이 아니라, 증거요 그 나타남이다.

이것이 요한이 강조하는 신비로운 생명신학이다. 태초부터 있어 온 '영원한 생명' 자체인 그 아들이 세상에 들어오셨다. 어디로부터 들어오셨는가? 이 세상이 창조되기 이전부터 계신 하나님 아버지로부터 오셨다(1:1). 동시에 그 영원한 생명은, 이 세상이 끝난 그 이후, 그 영원한 나라, 새 하늘과 새 땅으로부터 온 것이다(1:2). 그 영원한 생명을, 그 아들을 통해 받은 자들이 지금 하나님의 '자녀들'이다. 그리고 장차 주께서 오실 때 그의 영광스러운 생명으로 변화될 그 영원한 생명은, 그들을 통해, 지금, 여기서, 이 죄와 죽음과 허무의 세상, 악한 자의 어둠의 세상 한복판에서, 거룩함으로 자신을 드러낸다.

요한일서는 이렇듯, '나타남'의 신학이다. 만일, '칭의' 곧 '믿음으로 의롭다 칭함'의 교리가 '이미' 구원을 얻은 것을 강조했다면, 그리고 '영화' 곧 '장차 그리스도로 말미암아 영화롭게 변화되는 것'이 장래의 구원을 강조했다면, 요한일서는 그 영원한 생명이, 지금, 여기에 '나타나는' 성화의 삶을 강조한다. 예수 그리스도께서 세상에 육체로 오셨고, 그렇게 나타나셨듯이, 그 아들을 통해 영원한 생명을 가진 하나님의 자녀들도, 그 영원한 생명을 지금, 여기서, 세상 한복판에서, 그들의 육체로, 그들의 모든 삶 속에서 '나타내야만' 한다.

바로 여기에, '그 악한 자의 코스모스'가 붕괴되고 해체되는 해방의 역사가 달려 있기 때문이다. 우리가 이 땅에서 가지고 있는 매 순간은, 우리가 믿음으로 받은 그 영원한 생명을 나타낼 다시 오지 않을 기회이다. 하나님의 코이노니아 안에 있는 그 '영원한 생명'은 하나님의 자녀들을 통해 이렇게 '현재'로, 이렇게 '세상으로' 다시 들어오고 있고, 들어와야 한다. '코이노니아'의 중요성과 역할이 여기에 있다.

수련회 신학

70-80년대 교회의 중·고·청 수련회의 하이라이트는 단연 캠프파이어였다. 임원들은, 작은 불꽃이 철삿줄을 타고 '좌-악' 내려와 마당 중앙에 쌓아 놓은 장작더미에 닿으며 일순간에 커다란 모닥불을 일으키는 장면을 연출하기 위해 많은 준비를 해야 했다. 마지막 날 저녁, 붉게 타오르는 모닥불 앞에 모여 눈물의 회개 기도를 드리며, 종종 자신의 죄들을 적은 쪽지를 불에 던져 태우곤 했다. 간혹, 담당 장로님이 불쏘시개로 그 참회 목록 쪽지들을 잘 타도록 정리하던 장면도 기억난다.

왜 어린 시절 수련회의 '절정'은 항상 죄의 회개와 십자가여야 했을까를 돌아보게 된 것은, 신약을 공부하면서 단지 십자가뿐 아니라, 부활, 승천과 그 이후 그리스도의 사역이 갖는 엄청난 능력에 대한 확신이 점점 더 커지면서였다. 우리를 죄의 권세에서 해방한 십자가는, 언제까지나 그리스도의 다른 모든 사역의 기초이고 중심 원리이다. 바로 그 때문에, 십자가 사건은 더 놀라운 그리스도의 사역으로 우리를 이끄는 출발점의 역할을 한다. 그 뒤이어 나오는 부활의 복음은, 죽음의 권세를 깨뜨린 더욱 폭발적인 능력이기 때문이다.

그런데 그것보다 더 놀라운 복음도 있다. 그것은 그가 드디어 하늘에 오르셔서 하나님 보좌 우편에 앉으셨고, 거기서 '주'(Kyrios)가 되셨다는 사실이다(시 110편; 엡 2:6). 현실적으로, '주(主) 기독론'이 실제로 심령에 와 닿지 않으면 성도는 세상에서 미약한 삶을 살 수밖에 없다. 십자가는 교회 안에 갇혀 있게 되고, 세상은 낯설고 버려진 곳처럼 느껴지게 되기 때문이다. 하늘 보좌에 앉으셔서 교회와 세상을 함께 통치하시는 '주' 되신 예수 그리스도에 대한 확신이 있다면, 세상 한복판에서 펼쳐지는 그분의 뜻에 순복하는 것이 참된 예배라는 것을 알게 될 것이다.

하지만 그보다 더 놀랍고 충격적인 기독론적 복음의 '절정'은 그분이 '다시 오신다'는 사실이다. 다시 오셔서 하나님의 진노와 심판 아래 놓인 세상으로부터 우리를 건져 내시는 '구주'(Soter, 救世主)가 되신다는 것이다. 거기가 절정이다. 거기서 우리는 한없이 위로받고, 다시 일어나 세상 한복판을 그분을 따라 걸어갈 새 힘을 얻는다. 사실, 예수 그리스도에 대한 신앙의 가장 큰 무게 중심은 여기에 있어야 한다. 주의 재림(parousia)은 부록이 아니다. 칭의가 시작이라면 재창조가 그 완성이기 때문이다. 그가 오셔서, 악과 악한 자와 불의와 죄의 세상을 심판하시고, '의와 화평이 거하는' 새 하늘과 새 땅을, 이미 시작된 그 나라를, 온전히 이루신다는 확신, 이 확신이 우리로 하여금 지금, 여기에서, 황홀한 확신에 찬 기다림으로 걷게 하기 때문이다.

오늘날 "복음으로 돌아가자!"라고 외쳐도 무언가 계속 헛물을 켜는 듯한 느낌을 받는 이유는 무엇일까? 그것은 종종, 우리가 또다시 갈라디아서 3장의 '대속의 십자가'에서 멈추고 다시 돌아오는 현상을 반복하는 익숙함을 예상하기 때문은 아닐까. 그 어린 시절 수련회를 마치고 내려오면서, 종종 '천사가 된 것처럼' 느꼈던 경험, 그리고 몇 주 후부터 다시 '마귀처럼' 살다가, 그다음 해 수련회까지 다시 씻어야 할 죄들을 쌓으며 살아갔던 그 반복된 경험을 돌이켜 본다. 왜, 그때 그 수련회들은 항상 골고다의 십자가로 끝났을까? 왜 복음은 항상, '내 행위가 아니라 오직 은혜로의 죄 사함과 믿음'의 캠프파이어의 불꽃과 눈물과 결심에서 끝났을까? 그것은 우리가 이해하고 받은 신학과 신앙의 중심이 너무 한쪽에만 치중했기 때문은 아니었을까? 그래서 알게 모르게 우리의 어린 시절 수련회들도 그렇게 짜여지게 된 것이 아니었을까?

가끔 '수련회의 신학'이라는 말을 떠올려 보게 된다. 그 시절 당연하다고 생각했던 수련회의 내용이나 형태도, 사실은 우리가 당시에 강조하고 있었던 어떤 신학의 내용을 따라, 알게 모르게 그 틀에 끼워 맞추어져서 진행되었던 것 같다는 생각 때문이다. 그렇다면 혹시, 예수 그리스도의 '재림'에 올인(all-in)하는 수련회는 어떨까? 그러니까, 수련회의 첫날 저녁을 '언제나 중요한 근거가 되는' 십자가로 시작하고, 다음 날은 '죽음을 이긴 부활 생명의 능력'을, 그다음 날은 승천하사 '주' 되신 예수 그리스도를 따라 사는 세상 속의 교회의 길을, 그리고 마지막 날은 '반드시 다시 오셔서, 공의로 심판하시고, 자기 백성의 눈에서 모든 눈물을 닦아 주실 그분'에 대한 확신에 찬 '신천신지'(新天新地)의 돌이킬 수 없는 확신과 기쁨이라는 내용을 다루는 것이다.

그래야 온전한 기독론에 맞는 수련회가 되지 않을까? 우리를 죄의 권세에서 해방시키는 십자가의 보혈은 언제나 간절히 필요한 신앙의 근거요 핵심이다. 하지만 우리가 늘 고백하는 '사도신경'의 내용대로, 우리는 예수 그리스도의 죽으심만이 아니라, 부활과 승천 그리고 다시 오셔서 심판하시고 재창조하시는 온전한 복음으로 돌아가, 그 복음을 충만히 누려야 한다. 우리가 받은 그리스도의 1/4만을 선포한다면, 우리가 누리는 구원도 능력도 기쁨도 1/4일 수밖에 없을 것이다. 우리가 살아 낼 수 있는 삶은, 언제나 우리가 알고 있는 예수 그리스도만큼뿐이기 때문이다.

2. 코이노니아의 능력(3:4-9)

하나님은 은혜 주시지 않고 요구하시는 법이 없다. 그분께서 우리에게 무엇인가를 명하시고 요구하신다면, 그것은 이미 그분께서 우리가 그렇게 할 수 있는 모든 능력과 은혜를 주셨다는 사실을 의미한다. 3:4-9에서는, 하나님의 자녀라면 죄를 짓지 말고, 의를 행하라고 권면한다. 그러나 그것은 단순한 권면 정도가 아니다. 요한은 그 특이한 어법으로, 말을 뒤집어서 표현하기도 한다. '만일 당신이 죄를 짓는다면, 당신은 하나님의 자녀가 아니다'라는 식이다.

죄를 짓지 않고 살아가는 성도는 없다는 현실을 생각하면, 이는 확실히 충격적인 표현이다. 하지만 요한이 그렇게 표현할 수 있는 이유는 그의 '생명신학' 때문이다. 생명이 있다면 그 생명이 살아 있다는 표시가 날 것이다. 살아 있는 생명이 아무런 움직임도 변화도 나타내 보이지 않는다면, 그것은 죽은 것이라는 합리적 의심을 피할 수 없다. 생명은 반드시 살아 있다는 증거를 보인다. 그것이 싹이 움트는 것이든, 꽃을 피우는 것이든, 혹은 바람직하게도 열매를 맺는 것이든, 생명은 진실로 살아 있다면 자신을 나누고 드러내고 펼쳐 나간다.

'그 아들과 아버지와의 코이노니아'가 위대한 이유는, 그 안에 '악한 자의 코스모스'를 파괴할 만큼 가공할 '생명의 능력'이 잠재되어 있기 때문이다. 3:4-9 본문에서는, 그 생명의 비밀을 찾고 이해하는 것이 관건이다. 그 영원한 생명이 코이노니아의 중심에 살아 있는 한, 우리는 죄를 이기고 의를 행하며, 이 악한 자의 세상에서 하나님의 자녀로 나타날 수 있기 때문이다.

⁴ 죄를 행하는 자는 모두 무법(無法)을 행하는 것입니다. 죄는 무법입니다. ⁵ 우리가 아는 것은, 그가 나타나신 것이 죄를 없이하려 하심이며 그의 안에는 죄가 없으셨다는 것입니다. ⁶ 그의 안에 거하는 자는 모두 죄를 짓지 않습니다. 죄를 짓는 자는 모두 그를 보지

못하였고, 그를 알지도 못한 것입니다. ⁷ 자녀들이여, 아무도 여러분을 미혹하지 못하게 하십시오. 누구든 그가 의로우신 것같이, 그도 의를 행하는 자라야 의롭습니다. ⁸ 죄를 짓는 자는 마귀에게서 난 것입니다. 왜냐하면 마귀는 처음부터 죄를 짓는 자이기 때문입니다. 이를 위하여 하나님의 아들이 나타내신 바 되었는데, 곧 마귀의 공작을 해체하려 하심입니다. ⁹ 하나님께로부터 난 자는 누구나 죄를 짓지 않습니다. 왜냐하면 그의 씨가 그의 안에 거하기 때문입니다. 죄를 지을 능(能)이 없으니, 이는 그가 하나님께로부터 났기 때문입니다.

구원받았으니 죄와 관계없다?

구원론적 이단들 가운데는, 한번 구원받았으니, 죄를 얼마나 짓든 그것이 구원과는 상관없다는 주장이 있다. 그러니까, 구원을 받은 영역과 죄를 짓는 영역은 서로 분리되어서 서로에게 영향을 주지 않는다는 생각이다. 또 다른 이단의 형태도 있다. 일단 구원을 받은 자로서 과거, 현재, 미래의 모든 죄를 용서받았기 때문에, 살아서 무슨 짓을 하더라도 그것은 아예 죄로 성립될 수가 없다는 식으로 주장하는 거짓 가르침이다. 어떤 형태이든, 구원의 확신과 죄짓는 것을 분리하고 서로 상관없는 듯이 가르치는 형태는 모두 이단적인 거짓 가르침이다.

요한일서가 일관되게 가르치는 진리는, '하나님의 아들 예수 그리스도께서 육체로 세상에 오셨다'는 기독론적 사건의 선포이다(2:22; 4:2). 그가 '육체로' 세상에 '나타나신' 것처럼, 그 아들을 믿고 영원한 생명을 얻은 하나님의 자녀들도 '그의 안에 거하며' 누리는 그 영원한 생명을 그들의 행위와 삶을 통해 나타내야 하고, 나타나는 것이 마땅하다(3:2-3, 10). 구원받은 영역과 육체로 행하는 영역을 분리시키거나, 구원받았다고 주장하는 자신을 특별한 존재로 만들어서, 죄와는 상관없거나 죄가 아예 성립되지 않는 존재처럼 만드는 것이, 악한 자 마귀의 거짓과 미혹에 속은 이단적 사상이다.

요한은 단호하게 이런 구원론적 이단 사상을 배격하고 단죄한다. 4절에서 '죄를 행하는 자는 모두 무법(無法)을 행하는 것'이라고 판결한다. 여기서 '무법'(아노미아, ἀνομία)은 정확히 말해서 '불법'(不法, 개역개정)이 아니다. '불법'의 경우는 법을 인정하는 상태에서 그 법규를 어길 때 성립하는 죄를 가리킨다. 하지만 '무법'이라 표현할 때에는, 그 '법' 자체뿐 아니라, 그 법을 제정한 입법권자, 그 법대로 심판하는 사법권자, 그 법대로 집행하는 행정권자의 권위 자체를 무력화하고 파괴하는 죄의 특성을 강조하려는 것이다.

사실, '무법'은 유대교나 기독교적인 묵시 문학에서 자주 사용되는 용어로, 종말 직전에 하나님에게 대적하는 사탄의 활동을 가리키는 데 쓰이곤 했다(Strecker, 94). 신약 성경에서도 '무법'(lawlessness)은, 아예 하나님과 그의 기름 부은 자 메시아 곧 그리스도를 대적하는 '적그리스도'를 가리키는 대표적인 용어로 사용된다(살후 2:3, 8, 9; 고후 6:14; 눅 13:27). 요한일서에서는 무엇보다, 종말에 나타나 하나님과 그리스도를 대적하는 '적그리스도'의 배경에 있는 악한 자 마귀의 활동과 직결되는 표현이다(2:18; 4:1).

그러므로 죄를 짓는 것은, 단지 구원과 연관되는 문제일 뿐 아니라, 그것을 죄로 정한 하나님의 법과 그 법을 주관하시는 하나님의 주권에 대한 도전이다. 더 나아가서, 죄를 짓는다는 것은, 전(全) 우주적인 싸움, 곧 그리스도의 편에 설 것인가 악한 자 마귀의 편에 설 것인가를 결정하는, 매우 결정적이고 중대한 행위인 것이다. 그 아들 예수 그리스도를 믿고 구원받은 자가, 그의 구주가 되시는 그리스도를 대적하는 적그리스도의 편에 설 수가 있는가?

특히, 4절에서 '죄를 행하는 자는 모두'에서 그 '모두'(파스, πᾶς)라는 말은, '그 어떤 누구라 할지라도' 자신이 영적으로 신령한 경험을 했다든지 혹은 하나님과 아주 친해서 무슨 신령한 특권을 가졌다든지 하는 주장을 근거로, 자신이 짓는 죄는 죄가 되지도 않을뿐더러 무엇을 하든 자신은 죄로부터 자유롭다고 할 수 있는 자는 결단코 '아무도 없다!'는 사실을 강조하는 표현이다.

요한은 아마도, 당시 영혼과 육체의 세계를 분리시켜 놓고, 영혼의 세계에서 신비한 지식을 통해 받은 구원은, 육체의 세계에서 무슨 짓을 해도 상관없이 보장되는 구원이라는 식의 '영지주의적' 거짓 가르침을 염두에 두었을 것이다. 그들은, 자신들이 그런 신비한 지식을 가진 '신령한 소수의 엘리트'라고 주장했는데, 4절의 반박은 그런 배경을 두고 읽을 때, 그 의미가 더욱 선명하게 드러난다.

6절에서는 더 엄정하게 단정적인 어투로 죄의 문제를 다룬다. '그의 안에 거하는 자'는 '죄를 짓지 않습니다'(욱스 하마르타네이, οὐχ ἁμαρτάνει). 만일 이를 문자 그대로 읽는다면, 한 번이라도 죄를 지을 경우, 그것은 그분 안에 거하는 자가 아니라는 의미가 되는가? 억지스러운 해석 같지만, 실제로 구원론적 이단들 가운데는 이런 식으로 본문을 읽는 경우가 더러 있다. 죄를 짓는다는 것은 구원받지 못했다는 증거이므로, 구원받았다면 죄를 지을 수가 없고, 그래서 자신이 하는 모든 행위는 결코 죄가 될 수 없다는 식으로 자신과 남을 속이게 되는 것이다(참조. 1:8, 10).

하지만 6절에서 요한은, 이런 오해의 위험을 무릅쓰고라도 죄와 타협할 의향이 전혀 없는 투로 한 걸음 더 나아간다. '죄를 짓는 자는 모두 그를 보지 못하였고, 그를 알지도 못한 것'이다. 여기서 '보지 못하였다'(욱스 헤오라켄, οὐχ ἑώρακεν)든지 '알지도 못한 것'(우데 에그노켄, οὐδὲ ἔγνωκεν)이라는 표현은 애초에 구원을 받은 적이 없다는 뜻에 가깝다. 처음부터 그런 영적 구원의 경험이 전혀 없었다는 판정이다. 즉, 그렇다면, 요한이 말하는 '죄를 짓는다'는 것은 어떤 의미인가? 정말, 한 번이라도 죄를 지었다면, 나는 하나님의 자녀가 아닌가? 죄를 한 번이라도 지었다면 나는 구원받은 적이 없는 사람인가?

죄를 짓지 않는다?

그렇지 않고, 그럴 수 없다. 왜냐하면 요한은 이미 하나님의 자녀가 된 성도가 죄를 지을 수 있고, 실제로 죄를 짓기도 한다는 '사실'을 알고 있기 때문이다. '만일 우리가 우리의 죄들을 자백하면'(1:9)이라든지, '누가 죄를 지으면'(2:1)이라는 표현들이 그 명백한 증거이다. 그렇다면, 9절에서처럼 '하나님께로부터 난 자는 누구나 죄를 짓지 않습니다'라는 표현은 무슨 뜻일까? 이 질문에 답하는 것이 이 단락을 이해하는 열쇠를 쥐는 일이다. 여기서 '죄를 짓지 않는다'(하마르티안 우 포이에이, ἁμαρτίαν οὐ ποιεῖ)라는 표현을 두고 여러 가지 해석들이 제시되어 왔다.

우선, '신자가 죄를 짓지 않는다'는 비현실적인 표현을 이해하기가 어렵기 때문에, 이 난제를 간단하게 풀어 버리고자 하는 시도가 있어 왔다. 먼저, 여기서 말하는 죄를, 통상 짓는 윤리적, 도덕적 차원의 죄가 아니라 신자라면 지을 수 없는 아주 특별한 죄를 가리킨다고 규정하는 것이다. 이는 4절에서 '죄를 행하는 자는 모두 무법을 행하는 것'이라는 선언을 근거로 한다. 즉, 9절에서도 신자가 죄짓지 않는다고 할 때 그 죄는 '무법'을 가리키고, 그 '무법'은 곧 적그리스도를 가리키는 것으로 보아, 신자라면 '적그리스도를 시인하는 죄'를 범할 수는 없지 않은가 하는 식으로 해석하는 것이다. 하지만 4절에서 '무법'으로서의 죄가 반드시 적그리스도 자체를 가리키는 것은 아니다. 죄를 짓는다는 것의 본질이, 그 죄를 죄로 규정하는 법 곧 말씀과 그 말씀을 주신 하나님의 권위에 저항하는 것임을 명시하고자 한 것이다. 그래서 9절에 나오는 '죄'를, 예수 그리스도를 부인하는 죄라고 해석하는 것은, 일면 타당한 차원이 있기는 하지만 다소 지나친 해석이다. 그렇게 간단치가 않다.

하나님의 자녀로서 '죄를 짓지 않는다'고 할 때, 그 죄를 통상 신자가 일상생활 속에서 지을 수 있는 죄 가운데, 주로 '고의적인(intentional) 죄'를 가리키는 것으로 보는 경우가 있다. 그러니까, 하나님의 자녀라면 '고의적으로' 죄를 짓지 않는다는 것이다. 하지만 이것은 현실에 맞지 않다. 성도라고 해서, 그것이 죄인 줄 알면서도 고의적으로 죄를 짓는 경우가 없지 않다. 속죄 제물 되신 그 아들을 소개하는 2:1-2의 문맥에서, '만일 누가 죄를 지으면'이라는 표현이, 우리가 알면서도 지은 죄를 배제하는 것이라고 보기 어렵다. 우리는 알면서도 죄를 짓기도 할 만큼 어리석고 연약하기도 하기 때문이다.

한편, '죄를 짓지 않는다'는 표현은 현재가 아니라 '미래적인' 표현이라고 보기도 한다. 그러나 헬라어 문법에서 현재형을 문맥에 따라 그렇게 해석할 수도 있지만, 본문은 명확하게 미래 상태를 가리키지는 않는다. 도리어 '죄를 짓지 않는다'(3:9)는 묘사는 뒤이어 나오는 '의를 행하고'(3:10), '사랑하는'(3:11) 현재의 행위들과 병행되어 있다.

이와 유사하게, '죄를 짓지 않는다'는 표현을 당위적인, 또는 '이상적인' 표현으로 해석할 수도 있다. 마땅히 죄를 짓지 말아야 한다든지, 죄를 짓지 않는 것이 가장 이상적인 상태라는 말을 직설적으로 표현한 경우로 보는 해석이다. 하지만 본문의 뉘앙스는 훨씬 강력하다. 단지 당위적이라든지 이상적인 표현을 통해, 현재 죄를 짓는 것은 '어쩔 수 없다'는 식으로 무마하려는 의도가 보이지 않는다. 마치 현재에도 죄를 전혀 짓지 않을 수 있다는 '실상'(reality)을 강조하려는 것처럼 보인다는 것이 문제이다.

또한, 9절의 '죄를 짓지 않는다'에서 사용된 현재형(포이에이, ποιεῖ)이 '반복적이고 습관적인 현재'를 가리키기 때문에, 신자가 계속 습관적으로 같은 죄를 지을 수는 없다고 보는 견해가 있다. 문법적으로도 가능하고, 현실적으로도 어느 정도 이해될 수 있는 측면이 있다. 정말 하나님의 자녀로서 자기 안에 예수 그리스도의 생명이 살아 있는 사람이라면, 습관적으로 짓는 죄가 점점 심해져서, 그 죄를 죄로 지적하는 하나님의 말씀을 거짓이라고 부인하는 지경에까지 이르지는 못할 것이다. 그런 의미라면, 어느 정도 타당한 해석이라 할 수 있다. 하지만 그런 신자라도 이 땅에 사는 동안에는 같은 죄를 반복해서 짓지 않는다는 보장이 없다는 것도 사실이다.

그렇다면 '그 사귐 안에 거할 때만' 죄를 짓지 않는다고 조건에 국한시켜서 해석하면 어떠한가? 빛이신 하나님, 의로우신 그 아들 안에 거하는데, 어떻게 죄를 짓겠는가? 그 자체로는 맞는 말이다. 확실히, 6절에 그렇게 되어 있는 것처럼, '그의 안에 거하는 자'(호 엔 아우토 메논, ὁ ἐν αὐτῷ μένων)가 죄를 짓지 않는다는 것은 명백하다. 하지만 9절에서 '죄를 짓지 않는' 그 성도를 묘사하는 표현은 '그의 안에 거하는 자'가 아니다. '하나님께로부터 난 자'이다. 그러니 뉘앙스가 조금 다르다. '그의 안에 거한다'는 것은 '사귐'을 의미하고, '하나님께로부터 난 자'는 신자의 영적 본질, 그가 가진 영적 생명을 강조하는 표현이다. 사실, 여기에 힌트가 숨어 있다.

죄와 사망의 '공작'을 '해체'하심

9절의 '하나님께로부터 난 자'는 어떤 의미인가? 여기서 '난 자'(호 게겐네메노스, ὁ γεγεννημένος)란 다분히 '생명적'인 표현이다. 정확히 표현하면 완료 수동태로, '낳은 바 된' 자라는 의미이고, 그것은 하나님께서 그를 '낳으셔서' 그에게 영적 생명을 주셨다는 사실을 전제한다. 그러니까, '거듭난' 성도를 가리키는 것이고, 요한일서의 표현으로 하면, 그 아들을 믿음으로써 자기 안에 영원한 생명을 갖게 된 중생한 성도를 가리킨다(4:10-12). 그렇다면, 그 아들은 어떤 존재이고 무엇을 했기에, 그를 믿는 것이 그 믿는 자에게 영원한 생명을 준다는 말인가?

이 내용은 바로, 9절 앞에 있는 8절에서 미리 전제한 내용이기도 하다. 8절을 보면, '하나님의 아들이 나타내신 바 되었는데, 곧 마귀의 공작을 해체하려 하심'이라고 밝히고 있다. 그러니까, 그 아들을 믿는 것이 그에게 '하나님의 자녀'가 되는 영원한 생명을 주는 이유는, 그 아들이 마귀의 공작을 해체해 버리신 사건이 있었기 때문인 것이다. 이렇듯, 하나님의 자녀로서 '죄를 짓지 않게' 되는 일은, 먼저 그 아들의 정체성과 사역에 기초해 있다.

5, 6절의 관계도 마찬가지이다. 6절에서 '그의 안에 거하는 자는 모두 죄를 짓지 않습니다'라고 선언하기 전에, 그 앞에 5절에서 그렇게 되는 근거를 먼저 설명한다. '그가 나타나신 것이 죄를 없이하려 하심'이라 하면서, 그가 오셔서 '죄를 없애는' 사역을 하셨다는 것을 전제하기 때문이다. 그러니까, 6, 9절에서 신자가 '죄짓지 않는다'는 말은, 문맥 안에서는 우선적으로, 그 죄나 그 죄와 직접 연관되는 악한 자 마귀에 대한 예수 그리스도의 사역을 전제하는 것임을 확연히 알 수 있다. 그렇다면, 죄와 마귀에 대하여 예수께서 이루신 사역이 무엇인가? 그것이 무엇이기에, 하나님의 자녀로 하여금 죄를 짓지 않게 하는가? 아래의 도표를 보며 설명해 보자.

[도표 9] 죄를 없이하시고, 마귀의 공작을 해체하심

죄	(A) →	사망	
		↓ (B)	
의	← (C)	생명	

먼저, 5절에서 '그가 나타나신 것이 죄를 없이하려 하심이며'란 무슨 의미인가? 요한일서에서 '나타내신 바 되었다'(에파네로떼, ἐφανερώθη)는 것은, 특히 이 세상 속에서 펼쳐지는 하나님의 주권적인 구원의 역사를 표현하는 중요한 용어이다(1:2; 2:19, 28; 3:2, 8; 4:9). 그것이 육체를 입고 세상에 오신 성육신 사건이든지, 십자가에서 죽으신 사건이나 부활 후 육체로 나타나신 일이든지, 분명하게 '물과 피'(5:6)로, 눈으로 보고 손으로 만질 수 있는 방식으로, 즉, '세상

속에서' 확고하게 이루어진 일이라는 의미이다.

그래서 무엇이 이루어졌다는 것인가? 5절에서 '죄를 없이하려(아레, ἄρῃ)' 한다는 것은 가정법 과거로 기록되었는데, 그 나타나신 목적으로 일어난 사건의 총체를 한 번에 묶어서 표현하는 것이다. 그가 세상에 오심으로써, 결국 죄를 '취하여 치워 버리셨다'(take away)는 뜻이다. 이는 예수 그리스도의 성육신뿐 아니라, 그가 십자가에서 '속죄 제물'로서 우리의 죄를 담당하시고 심판을 받으심으로서써, 우리의 죄를 스스로 담당하여 취(取)하셨을 뿐 아니라, 그 모든 죄에 대한 심판으로서 그 죄의 결과인 사망을 해치워 버리신 사역을 가리킨다.

위의 도표를 따라 설명해 보자. 먼저, 죄는 우리를 사망으로 끌고 간다(A). '죄의 삯은 사망'이기 때문이다(롬 6:23). 예수 그리스도께서는 우리의 죄를 대신 짊어지시고, 속죄 제물로서 십자가에서 죽으셨다(1:7; 2:2; 4:10). 그러니까 요한일서 3:5에서 '죄를 없이하려' 나타나신 사역은 주로 속죄의 사역을 가리킨다. 즉, 그가 우리의 속죄 제물이 되심으로써, 그 죄가 우리를 더 큰 죄를 짓는 구렁텅이로 끌고 가는 올가미가 되지 못하도록, 우리의 죄의 자백과 회개를 통해 계속해서 우리를 죄의 사슬에서 해방시키는 실제적인 효력과 능력을 발휘함을 뜻한다.

그 결과는 무엇인가? 죄를 짓는 경우라 하더라도, 근본적으로 우리를 그 죄의 올가미에서 벗어나게 하시고, 그 죄가 우리를 사망으로 끌고 가지 못하게 그 사슬을 끊어 버리시는 것이다. 그러므로 그 아들을 믿는 신자들은, 죄가 그들을 완전히 구속하여 사망으로 끌고 가지 못하도록, 죄의 진정한 자백과 신실한 회개를 통해 언제든지 그 죄와 죄의 결과로부터 해방될 수 있는 것이다. 그러니까, 예수 그리스도의 십자가는, 악한 자 마귀의 편에서 볼 때는 속수무책의 공략인 셈이다. 마귀는 어떻게 해서든, 욕망을 통해서든 선한 율법을 이용해서든, 죄를 짓게 유혹하고 그 죄로 엮어서 사망의 열린 입 속으로 끌고 들어가 그 자신의 허무의 무저갱 속에 우리를 가두고 싶어 하지만, 이제 그 아들이 세상에 나타나셨고, 그가 마귀가 우리를 끌고 가는 '죄의 사슬'을 이를테면 십자가의 '다이너마이트'로 산산이 폭파하고 부수어 끊어 버리신 것이다. 얼마나 큰 복음이며, 얼마나 놀라운 기쁨의 큰 소식인가.

6절의 선포는 바로 이런 맥락에서 나온 것이다. 이제는 누구든지 '그의 안에 거하면' 즉, 빛 되신 하나님과 속죄 제물 되신 그 아들과의 코이노니아 안에 거하면, 그는 죄짓지 않을 수 있다는 것이다. 오히려 언제든, 그를 사망으로 끌고 가는 죄의 결과와 그 세력을 끊고 해방될 수 있는 길이 열린 것이다. 그가 하나님께로부터 난 자녀라면, 자기 안에 그 아들의 생명을 가지고 있다면, 그리고 하나님을 아버지로 부르며 그 아들을 알아 가는 그 사귐 가운데 있다면, 그는 언제든지 죄로부터 자유할 수 있는 길이 열린 것이다.

그렇다면 8절에서 '하나님의 아들이 나타난 것은 마귀의 공작을 해체하려는 것'이란 어떤 의미인가? 개역개정에서 '마귀의 일'로 번역된 '마귀의 공작'(타 에르가 투 디아볼루, τὰ ἔργα τοῦ διαβόλου)이란, 일차적으로 마귀 곧 '디아볼로스'(διαβόλος)가 '참소하는 자'(accuser)라는 뜻이므로, 곧 죄를 묻고 정죄하여 고발하고 심판을 받게 하는 것이다. 마귀가 하는 일은 재판으로 치면 '검사'의 역할인데, 요한일서 2:1에서 예수 그리스도를 '변호사'로 묘사한 것과 대조하면, 쉽게 이해할 수 있다. 즉, 그리스도는 '피고인' 된 우리의 속죄 제물과 변호인이 되심으로써, 우리를 마귀의 고발과 참소로부터 풀어 주신다.

한 걸음 더 나아가서, 지금의 문맥으로 보면 '마귀의 공작'이란, 이것보다 더 크게 작동하는 전체 구조처럼 들린다. 즉, '악한 자 마귀 아래에 놓인 코스모스' 안에서, 마귀가 사람들을 죄로 엮어 사망과 허무, 하나님을 대적하는 진영(陣營), 곧 그 '악의 연대' 속으로 끌어들이는 '파괴적인 악의 시스템' 전체의 작동을 가리키는 것이다. 마치 쓰레기 처리 공장에서, 버려진 물건들이 컨베이어 벨트가 돌아가는 라인을 따라 폐기 처분되고 소각되는 과정과 유사하다. 즉, 악한 자 마귀는, 죄와 불법의 컨베이어 벨트를 돌려서 사람들을 점차로 사망과 허무라는 용광로 속으로 집어넣고 있는 것과 같다.

이런 큰 그림 안에서, 그 아들의 나타나심과 그가 마귀의 '공작을 해체'하시는 사역을 이해해 보자. 5절에서처럼 8절에서도, 하나님의 아들이 '나타내신 바 된'(에파네로떼, ἐφανερώθη) 것은, 우리를 구속하고자 하는 '목적'(히나, ἵνα) 때문인 것이 분명하다. 그렇다면 마귀의 공작을 '해체'(루쎄, λύσῃ)한다는 것은, 마귀가 사람들을 죄를 통해 사망으로 끌고 가 하나님을 대적하는 그 악의 연대로 묶는 연결 고리 자체를 '파괴한다'는 뜻이 된다. 그것은 '그의 나타나심'을 선포하는 5절에서 밝힌 대로, 일단은 '속죄 제물'로서 사람들이 죄를 짓고 사망에 이르는 그 과정을 단절시키는 것을 포함한다. 그러나 8절에서는 한 걸음 더 나아가서, 이 전체 과정 자체를 해체시키는 예수 그리스도의 '부활', 즉 '죽음으로부터의 부활'과 그의 부활을 믿는 자들 안에 주어지는 '영원한 생명'의 선물까지를 가리킨다고 말할 수 있다.

다시 위의 도표를 보며 설명해 보자. 5절은, 그 아들이 '속죄 제물'로서, 사람들이 죄 때문에 사망으로 끌려가는 그 길을 끊어 버리고 해체하는 역할을 보여 준다(A). 하지만 8절은 아예, 사망에서 부활 생명 곧 영원한 생명으로 넘어가게 하는 예수 그리스도의 부활 사건을 전제하는 것이다(B). 즉, 그 아들을 믿는 자에게는 이미 '영원한 생명'이 그에게 주어진다(5:13). 이는 얼마나 강력하고 놀라운 능력인가! 왜 그것이 강력하고 놀라운 능력인가 하면, 그 아들을 믿는 자는 이미, 죄의 결과로서 필연적으로 주어지는 사망에서 벗어나서, 사망과는 전혀 상관없는, 사망이 도저히 어쩔 수 없는 부활 생명을 얻은 자리로 '옮겨졌다'는 뜻이기 때문이다(3:14).

요한일서가 누누이 강조하는 것처럼, 그 아들을 믿는 자가 이미 죄와 사망의 영역에서 나와 '생명'으로 들어갔다는 사실은, 그로 하여금 더 이상 죄짓지 않게 하는, 그리고 죄짓지 않을 수 있는 영적 근거를 강조한다. 그것은 그 아들이 온 세상의 죄를 담당하셔서 죄책과 그 결과인 사망을 '치워 없애신' 것이며, 이제는 사망에 영원히 묶이지 않을 뿐 아니라, 부활 생명 곧 영원한 생명을 이미 선물로 주셨다는 것이다. 그 결과는 무엇인가? 이제 그 '영원한 생명의 코이노니아'를 통해 죄를 짓지 않고 '의를 행함으로써'(C), 온몸으로 '죄와 사망과 악의 연대'를 그 빛과 진리와 생명과 사랑으로 해체할 수 있는 자리에 섰다는 것이다. 그 아들이 이미 그 '악한 자의 연대'를 해체하셨고, 해체하고 계시고, 완전히 해체하실 것이기 때문이다.

생명의 확신과 건강한 의심

더 놀라운 것은, 이렇듯, '속죄 제물'과 '영원한 생명'이 되신 그 아들을 가진 자, 그 아들과의 교제 가운데 거하는 하나님의 자녀는, 이제 소극적으로는 죄를 짓지 않으며, 적극적으로는 의를 행하는 '새 생명의 존재'가 되어 간다는 사실이다. 이것이 요한일서의 생명신학이며, 그 생명신학이 설명하는 중생과 성화(sanctification)의 이해이다. 3:9에서 '하나님께로부터 난 자는 누구나 죄를 짓지 않는다'는 말씀은, 5, 8절에 기록된 예수 그리스도의 십자가와 부활의 사역을 전제로 한다. 즉, 그 아들을 믿음으로써 영원한 생명을 가진 자는, 그가 진실로 그러하다면, 결단코 죄를 지어 사망에 이를 수 없으며, 사망이 그의 결론이 될 수 없다. 그는 이미, 죄가 절대로 가져올 수 없는 영원한 생명을 가진 자이기 때문이다.

하지만 요한은 당시나 오늘날의 이단적 가르침이 주장했을 법한 함정에 빠지지 않는다. 즉, '하나님께로부터 난' 자이기 때문에, 죄를 지어도 되고 죄와 상관없는 자가 되는 것이 아니라, 도리어 '죄를 짓지 않는' 자리에 이른다고 확신한다. 그래서 '죄를 짓지 않는다'는 이 말씀은, 신자에게 있어서 '생명적 당위'이다. 즉, 비둘기는 뱀처럼 기어 다니지 않는다는 말과도 같다. 그럴 수도 없고(생명), 그래서도 안 된다는 이야기이다(당위적 윤리). 더 나아가서, 설혹 어린 새끼 비둘기가 바닥을 기어 다녀서 뱀처럼 보일 수는 있지만, 그는 뱀이 아니기 때문에 점차로 더 이상 기어 다니지 않고, 결국은 날개를 치며 하늘을 날 것이라는 것이다. 그것이 하나님께로부터 난 자가, 죄를 짓지 않고 의를 행한다는 의미이다.

거기에는, 영원한 생명을 소유한 자라는 단회적이고 결정적인 사건에 대한 기쁨과 확신이 깃들어 있다. 동시에, 그 영원한 생명이 하나님의 코이노니아 안에 거함으로써 점차 확실하게, 그 영생의 본질인 의와 거룩과 진리를 그의 행위와 삶 가운데 드러내고 열매 맺는 점진적인 성화의 과정이 존재할 것이고 존재할 수밖에 없다는 설명이다. 다시, 위의 도표로 돌아가 보자. 바로 이 부분이 '생명'에서 '의'(義)로 가는 화살표의 방향이다(C). 요한일서의 생명신학의 흐름을 따라 표현하면, 그것은 정확히 '그 생명이 의로운 행위로 나타나는' 과정이다.

놀라운 것은, '의'를 행해야만 '생명'을 얻는 과정이 아니라는 사실이다. 요한은 그렇게 설명하지 않는다. 의를 행함이 영원한 생명을 얻거나 거기에 이르는 '조건, 원인'(cause)이 될 수 없다. 반대로, 그 아들을 통해 그 영원한 생명을 자기 안에 얻은 자는, 반드시 그 생명의 나타남, 즉, 거룩과 의와 진리라는 삶의 '열매, 증거'(evidence)를 나타낼 수밖에 없는 것이다. 마치, 시험을 보는데 시험을 치르기 전에 이미 A+라는 점수를 받고 시작한다고 생각해 보라. 얼마나 놀라운 은혜인가! 하지만 당신이 정말 잘 배워서 문제를 다 풀고 답을 달아, 당신의 실력으로 A+가 나올 때까지는 그 시험장을 빠져나가지 못한다. 그러니 한없이 기쁘면서도, 고단하고 힘든 삶일 수밖에 없다. 요한은 이런 식으로 설명하는 것이다.

그러니까, 만일 어떤 자가 '나는 하나님을 알고 있고, 빛 가운데 있고, 그와 사귐이 있다'고 주장하면서, 죄를 짓고, 어둠 가운데 거하고, 불의를 행하며,

말씀까지 부인하면 어떻게 될 것인가? 요한은 매우 단호한 어조로, 그런 자는 애초부터 그 영원한 생명을 갖지 못한 자라고 쏘아붙일 것이다. 진실로 영생을 가졌다면, 그런 증거가 나올 수가 없고, 나오지도 않는다는 것이다. 하지만 요한이 그런 식으로 말하는 것은, 최종적인 판단은 아니다. 본질적이고 논리적인 판단이다.

즉, 그것은 그 열매 없음의 증거를 근거로 한 확실한 판정이며, 동시에 강력한 목회적 경고로 존재하는 것이다. 요한의 어투가 그렇게 강력하다. 독자는 그 칼날같이 섬뜩한 판정을 충격으로 들어야 한다. 요한의 말이 맞을 수도 (!) 있기 때문이다. 누가 아는가? 당신이 가진 구원의 확신이 거짓일지! 그러므로 신자는, 자신이 성령 안에서 갖고 있는 영생의 확신을 누리면서도, 삶을 통한 증거를 확인하면서 건강한 의심과 회의에 빠지며, 스스로를 돌아보고 철저히 점검할 수밖에 없다. 그것이 '이미'와 '아직'의 종말, 그 가운데 끼인 기간을 살아가는 그리스도인의 삶이 가질 수밖에 없는 '구원론적 긴장'이다.

'하나님의 씨', 새 언약의 성취

이런 생각들을 전제로, 다시 9절 하반절과 10절을 살펴보자. '하나님의 씨'를 중심으로 신자의 중생과 성화를 다루는 부분이다. 흥미롭게도, 5, 8절이 예수 그리스도의 객관적이고 역사적인 구속 사역을 다루었다면, 9, 10절은 그런 구속 사건의 효력이 어떻게 신자의 내면에서 주관적이고도 개별적으로 일어나는지를 묘사한다고 할 수 있다. 물론, 요한일서의 '생명신학'의 원리는 일관되게 나타난다.

특히 3:9은, 2:29에서 3:12까지의 문맥의 중심에 놓여 있을 뿐 아니라, 사실상 전체 서신의 중심부에 놓여 있고, 그중에서도 '하나님의 씨'라는 표현은 그 정중앙에 위치해 있다(Preez, 110). 그래서 '하나님의 씨'가 무엇을 가리키며, 그것이 요한일서가 구원에 대하여, 즉, 신자의 거듭남과 거룩하여짐에 관하여 무엇을 가르치는지를 살피는 것은 지면을 할애해서 자세히 설명할 가치가 있다. 이를 잘 살펴보자.

9절은, 하나님께로부터 난 자가 죄를 짓지 않는 이유가 '그의(하나님의) 씨가 그의 안에 거하기 때문'이라고 말한다. 도대체 '하나님의 씨'가 무엇이기에, 그로 하여금 죄를 짓지 않게 하는가? '그의 씨'(스페르마 아우투, σπέρμα αὐτοῦ)가 무엇을 가리키는가에 대하여는 학자들 간에 논란이 많다.[34] 대부분의 학자들은, '하나님의 씨'를 중생한 신자 안에 거하는 '어떤 신적인 능력' 같은 것으로 보지만, 어떤 학자들은 '하나님의 씨'를 '하나님의 자녀들'로 간주하여 9절을 '하나님의 자녀들이 하나님 안에 거할 때, 죄를 짓지 않는다'는 식으로 해석하는 경우도 있다. 이렇게 되면, 6절에서 '그의 안에 거하는 자는 모두 죄를 짓지 않는다'는 표현과 다르지 않은 반복이다.

그런데 9절에서는 단지 '죄를 짓지 않는다'라고 하지 않고, 죄를 지을 '능이 없다'(우 두나타이, οὐ δύναται)라고 표현하는 점이 색다르다. 이 본문은 '죄짓는' 주제에 관해 무언가 다른 차원을 말하고 싶어 하는 것은 아닐까? 9절의 '씨'를 두고 '하나님의 자녀들'로 해석하는 것은 신약에 여러 사례들이 있지만(갈 3:16; 요 8:33, 37; 롬 4:18; 9:7-8), 그 근거는 취약하다. 무엇보다, 신약에서 요한일서 3:9에서처럼 직접적으로 '그의[하나님의] 씨'라는 독특한 표현은 찾아볼 수 없다. 또한, 9절에서 '그의 씨'를 '하나님의 자녀들'로 번역하면, '죄를 지을 능이 없다'가 단수라서 문법적으로도 맞지 않고, 문장 전체가 큰 의미 없이 '동어(同語) 반복적'으로 들리는 것도 약점이다.

대다수의 학자들은, 9절의 '하나님의 씨'가 '중생한 신자 안에 거하는 어떤 것'으로서, 하나님의 '말씀'이나 '성령', '하나님의 형상' 혹은 하나님께로부터

---

[34] 이하의 자세한 논증에 관해서는, 채영삼, "요한일서 3:9의 '그의 씨'(σπέρμα αὐτοῦ)의 의미, 공동서신의 전통 그리고 새 언약의 성취", 574-632을 참조하라.

오는 어떤 '창조적 생명의 능력' 중 하나이거나, 이 전체를 상징하는 은유적인 표현일 것이라고 추측한다. 하지만 보다 구체적으로, 9절의 '하나님의 씨'는, 신약에서 통상 '씨앗'(스포라, σπορά)이 사람의 마음 밭에 뿌려진 '하나님의 말씀'을 상징하듯이, 하나님의 말씀을 가리키는 것으로 보기에 무리가 없다 (마 13:37; 막 4:14; 눅 8:4-5).

더 나아가서, 공동서신에서는 신자의 중생을 주로 '하나님의 말씀'을 통해 일어난 것으로 설명하는 굳건한 전통이 있다. 야고보서의 구원론이 그렇다. "그가 그 피조물 중에 우리로 한 첫 열매가 되게 하시려고 자기의 뜻을 따라 진리의 말씀으로 우리를 낳으셨느니라 … 너희 영혼을 능히 구원할 바 마음에 심어진 말씀을 온유함으로 받으라"(약 1:18, 21). 그러니까, 중생한 신자의 가장 큰 특징이란, 그 자신을 구원할 능력이 있는 하나님의 말씀이, 그가 중생할 때 그의 안에 심겨져 있다는 것이다. '심겨 있다'라는 표현이나, '말씀'이 '씨앗'을 가리킬 수 있다는 당시의 시대적 표현을 고려하면, 신자가 중생할 때 하나님의 말씀이 가장 중요한 역할을 한다는 사실을 알 수 있다.

이는 요한일서 3:9에서, 하나님께로부터 난 자 곧 중생한 '신자 안에 거하는 하나님의 씨'와 일맥상통하는 설명이 아닐 수 없다. 베드로전서가 신자의 중생을 하나님의 말씀을 통해 이루어진 것으로 설명하는 방식은 더 명확하다. "너희가 거듭난 것은 썩어질 씨로 된 것이 아니요, '썩지 아니할 씨'(스포라스 … 아프타르투, σπορᾶς … ἀφθάρτου)로 된 것이니 살아 있고 항상 있는 하나님의 말씀으로 되었느니라 … 주의 말씀은 세세토록 있도다 하였으니 너희에게 전한 복음이 곧 이 말씀이니라"(벧전 1:23, 25). 여기서는 신자의 중생에 결정적 역할을 하는 '하나님의 말씀'이 정확히 '씨앗'과 일치한다.

더구나, 신자의 중생을 하나님의 말씀의 역사로 설명하는 야고보서, 베드로전서, 요한일서의 설명은 우연으로 보기에는 너무 일관성이 뚜렷하다. 그것도 모두 공동서신 안에 있는 책들인데, 그 배후에는 신자의 중생을 설명하는 어떤 확연한 공통적인 배경, 전통이 있지 않을까? 있다. 흥미롭게도, 위에서 신자의 중생과 하나님의 말씀과의 밀접한 관계를 표현한 야고보서 1:18, 21, 그리고 베드로전서 1:23, 25은 모두 '새 언약의 성취'라는 구약적 근거를 가지고 있기 때문이다. 그렇다면, 요한일서 3:9의 '하나님의 씨' 역시 동일하게 새 언약의 성취라는 배경으로 이해될 수 있지 않을까?

오늘날 신약 시대에 예수 믿는 성도는 모두 '새 언약 백성'이다. 하지만 정작 '새 언약'(New Covenant)의 내용이 무엇인지 아는 성도는 극히 적다. 새 언약을 모른다는 것은 그리스도인인 내가 누구인지를 모르는 것과 같다. 그렇다면 '새 언약'이란 무엇인가? 새 언약에는 어떤 약속들이 있는가? 예레미야 31:31-34과 에스겔 36:22-28에 기록된 '새 언약'의 내용을 간추려 요약하면 다음과 같이 여덟 가지의 약속들로 정리할 수 있다: (i) 영원한 속죄, (ii) 마음에 기록된 말씀, (iii) 성령의 내주, (iv) 새 마음, (v) 말씀을 순종하는 새 백성, (vi) 열방의 회복, (vii) 하나님의 이름과 영광, (viii) 새 하늘과 새 땅.

특히 이 가운데, '마음에 기록된 말씀'은 새 언약이 성취될 때 새 언약 백성에게 일어나는 중대한 특징임에도 불구하고, 오늘날 구원에 대해 가르칠 때 잘 다루지 않는 내용이다. 통상, 예수 믿는다는 것을 거듭났다고 표현하기도 하고, 성령님이 내 안에 거하신다고도 표현한다. 하지만 '나는 예수 믿는다. 그것은 하나님의 말씀이 내 심령에 기록되었기 때문이다'라고 말하는 경우를 들어 보았는가? 그만큼, 신자의 중생을 '하나님의 말씀이 그 안에 기록된 것'으로 설명하는 방식은, 우리에게 익숙하지 않다. 그래서 능력 있는 신앙생활을 위해서 성령 충만을 구하라고는 권하지만 야고보서의 권면처럼 '마음에 심어진 말씀을 온유함으로 받으라'(약 1:21)는 권면은 쉽게 접하지 못한다.

여기서, 야고보서의 '마음에 심어진 말씀'이나 새 언약에서 '마음에 기록된 말씀'은 단지 주일날 예배 때 설교 말씀을 듣고 마음에 잘 새긴다는 정도의 의미가 아니다. 요한일서식으로 하면 '생명의 말씀'을 듣고 그 말씀의 '생명'

으로 거듭나서 '하나님의 자녀'가 될 때, 그 신자 안에 그의 중생한 심령과 그 안에 거하는 하나님의 말씀이 서로 분리될 수 없는 방식으로, 즉 한 생명으로 연합되어 있음을 가리킨다. 그것은 동시에 새 언약에서 약속한 그대로, 장차 하나님이 새 백성 안에 '내주(內住)하게 될 성령'과 함께 역사하는 '말씀'이다. 그래서 새 언약 백성이 '성령으로 역사하는 말씀'을 통해 거듭나고, 결과적으로 그의 안에 '기록된 말씀'과 '내주하는 성령'이 항상 함께하셔서, 그의 안에서 중생 때에 받은 '영적 생명, 영원한 생명'이 지속적으로 역사하도록 활동하는 것이다.

'하나님의 씨', 중생과 성화의 능력

이처럼 9절의 '하나님의 씨'는, 새 언약의 성취의 결과로서, 중생한 신자의 심령에 성령을 통해 역사하는 '심겨진 말씀'을 가리킨다. 이것은 앞서 설명한 대로, 야고보서와 베드로전서에서도 동일하게 선포하는, 새 언약 성취에 따라 탄생한 새 언약 백성의 특징이다. 한마디로, 새 언약 백성인 교회의 가장 큰 특징은, 그들 안에 '생명의 말씀'이 거(居)하고 있다는 사실이다. 요한일서는 끊임없이 이것이 '그 아들과 아버지와의 코이노니아'의 중대한 특징이라고 설명한다(1:1-4).

'코이노니아'가 무엇인가? 결국, 새 언약의 성취에 따른 '마음에 심겨진 말씀'과 '내주하는 성령'을 통해 이루어지는 '내면적이고 친밀한'(interior and intimate) 언약 관계의 절정을 표현한 것이다(Malatesta, 23-24, 116). 이렇듯, 요한일서는 하나님과 그의 백성 사이의 관계의 핵심인 '언약'이 드디어 새 언약의 성취를 따라 이루어진 그 특징적인 관계를 '코이노니아'로 표현한다. 그러니까 요한일서가 말하는 '코이노니아'가 내면적이고 영적인 친밀함을 담은 표현이라는 것은, 새 언약이 약속했던 '마음에 기록된 말씀'과 '내주하는 성령'

때문에 가능해진 상태인 것이다.

이런 측면에서 '하나님의 씨'가 갖는 중차대한 의미는, 옛 언약 백성의 불순종의 문제, 즉, 말씀을 순종하지도 않고 할 수도 없는 우리 편의 '무능'(inability)을 해결하신 하나님의 해결책이라는 것이다. 이제 하나님은, 새 언약 백성의 중생과 성화를 가능하게 하고 온전하게 할 핵심적 능력으로서, '하나님의 씨'가 그 안에 거하는 새 백성을 창조하신 것이다. 그 결과는 무엇인가? 그들 안에 기록된 말씀을 내주하는 성령을 통해 순종하는 새 백성의 탄생이다. 결국 '하나님의 코이노니아'는, 구약의 언약들에 관해서 늘 반복되는 '나는 너희의 하나님이 되고, 너희는 내 백성이 되리라'는 언약 공식(covenant formula)의 새롭고 또 다른 차원의 실현인 것이다.

동시에, 새 언약의 성취로 태어난 '하나님의 코이노니아'는 당시 이방 사회에 있었던 온갖 잡신들이나 우상들과의 외설스러운 '코이노니아'와는 현격하게 대조된다. 종교적으로는 다양한 잡신들이 아니라, 세상을 창조하신 하나님 아버지의 사랑, 그 세상으로 육체를 입고 오셔서 죄와 사망과 악한 자의 권세를 해체하신 그 아들의 생명, 그리고 그 아들과 아버지와의 영적이고 내면적이며 '인격적인' 교제를 가능하게 하시는 성령, 이렇게 영원하신 삼위 하나님과의 코이노니아이기 때문이다.

더구나 '하나님의 코이노니아'의 내면성(interiority)은, 그 코이노니아에 참여하는 신자의 심령에 '심겨진 말씀과 내주하는 성령'으로 인해서 더욱 친밀하고 인격적인 방식으로 유지된다. 당시 헬라의 스토아학파처럼 인간 속에 있는 '씨앗과 같은 이성[理性]'(로고스 스페르마티코스, λόγος σπερματικός) 정도가 아니라, 죄와 죽음으로부터 사람을 해방시킨 그 아들의 '생명의 말씀'이 그 안에 내주하는 새 언약 백성으로서, 그 아들의 생명을 주신 아버지의 사랑 안에서 성령을 통해 누리는 전혀 새로운 코이노니아인 것이다.

요한일서 3:9은, 이렇듯 '하나님의 씨'가 '새 언약의 코이노니아'를 가능하게 하는 새 백성 안에 '내재하는'(indwelling) 신적 생명의 능력으로서, 어떻게 신자의 중생뿐 아니라 그의 성화의 삶에서도 지속적으로 역사하는지를 선명하게 묘사한다. 9절 안에서 '하나님의 씨'를 중심에 두고 중생과 성화의 주제가 대비되어 있는 구조를, 아래의 도표를 통해 살펴보자(Preez, 110).

[도표 10] '하나님의 씨', 3:9의 중심

(A) 하나님께로부터 난 자
　(B) 죄를 짓지 않는다
　　(C) 하나님의 씨가 그의 안에 거하기 때문이다
　(B′) 그는 죄를 지을 능(能)이 없다
(A′) 하나님께로부터 났기 때문이다

도표에서 보듯, 9절의 중심에는 새 언약의 코이노니아 안에 들어와 있는 신자의 심령 속에 '하나님의 씨'가 내주한다는 사실이 있다(C). 그 성도의 중생을 표현하는 '하나님께로부터 난 자'라는 표현이 가장 외곽에 놓여 있다 (A, A′). 그리고 그 안쪽으로는, 이렇게 하나님께로부터 나서, 그 영적 생명을 가진 자, 곧 그의 안에 '하나님의 씨'가 거하는 그 새 백성이 '죄를 짓지 않는다'(B)라든지 '죄를 지을 능이 없다'(B′)는 성화에 관련된 표현이 중심부를 둘러싼 전후에서 강조되어 있다.

그렇다면 '죄를 지을 능이 없다'는 말은 무슨 의미인가? 개역개정에서는 그저 '범죄하지 못하는 것'으로 표현했는데, 무엇 때문에 범죄하지 못하는가 하면, 그럴 '능력이 없다'는 데에 강조가 있다. 왜 그런가? 그것은 9절의 중심에 있는 '하나님의 씨' 때문이다. 중생한 신자 안에 항상 거하는 '그 마음에 기록된 말씀, 내주하는 성령을 통해 역사하는 말씀'이 바로 죄를 짓지 않게 하고 의를 행하게 하는, 그의 안에 거하는 새로운 신적 능력이기 때문이다.

그러므로 '죄지을 능이 없다'(C)는 말씀은, 하나님께서 그의 새 언약 백성을 그의 생명의 말씀으로 재창조하신 새로운 본성을 가리킨다. 중생한 심령에 기록된 그 생명의 말씀은, 성령 안에서 하나님과의 교제를 통해, 그의 안에서 죄의 본성을 무력화하고 그 말씀의 생명에 속한 거룩과 의와 진리와 영광을 나타내고 행하여 열매 맺게 하는 신적 능력으로 존재하는 것이다. 이것이 '하나님과의 코이노니아'에 참여하는 파트너로서 새 언약 백성의 특권이요, 그들에게 주어진 은혜의 선물이다.

그러므로 요한일서 3:9의 '하나님의 씨'가 전해 주는 기쁜 소식은, 이제 언약의 하나님께서 자기 백성의 심령 안에 자신의 말씀을 친히 기록하시고, 그들 안에 내주하시는 자신의 영, 곧 성령을 통해, 그들 안에서 그 말씀의 생명을 꽃피우고 열매 맺는 순종을 만들어 내신다는 사실이다. 언약 백성에게 늘 치명적인 문제가 되어 왔던 '불순종'의 문제를 하나님께서 친히 하나님 자신의 방식으로 해결하시는 것이다. 그것이, '하나님과의 코이노니아'라는 내면적이고 친밀한 영적인 교제 가운데 들어와 있는 새 언약 백성으로서 교회가 받은 새 언약의 축복이요 능력이다.

분명히, 새 언약에서는, 종말에 하나님의 백성이 그들 안에 '이미'(already) 내주하시는 성령을 통해, 그들 안에 기록된 말씀을 아무런 막힘이나 저항 없이 '마치 숨 쉬듯 자연스럽게' 순종하는 시대를 내다보았다. 그렇다면, 오늘날 새 언약이 성취되고 '하나님의 코이노니아'가 된 교회는 이렇게 숨 쉬듯 하나님의 말씀을 순종하며 사는가? '아직'(not yet)은 온전히 그렇게 되지 않았다는 것을 누구보다 우리 자신이 잘 알고 있다(1:8, 10; 2:1). 그래서 야고보서는 우리 안에 심어진 말씀을 '온유함으로 받으라'(약 1:21)고 명령하고, 베드로전서는 그 살아 있고 영원한 말씀의 '신령한 젖을 사모하며 먹고 자라 가라'고 권면한다(벧전 1:23-2:2). 요한일서는 어떻게 권면하는가?

요한은 도대체 너희들 안에 있는 이 '생명의 말씀' 곧 그 '영원한 생명'을 '알고 있느냐?'고 묻는다(5:13). 새 언약 백성으로서 자신 안에 영원한 생명이 '있다'는 사실과, 그것이 있다는 사실을 '알고 있는' 것은 전혀 다르다. 부족한 비유지만, 집에 부모님이 남겨 주고 가신 수백억 가치의 땅문서가 있어도, 그것이 있다는 사실을 '모르면' 평생 가난에 쪼들리며 살 수밖에 없는 상황과도 같다. 그래서 요한은 끊임없이 '그 아들과 아버지와의 코이노니아' 곧 그 영적이고 인격적이고 지속적인 교제 가운데 '머물라'고 권면하는 것이다. 지식은 생명에서 나오지만, 사귐을 통해서 풍성해지기 때문이다(요 10:10).

단언컨대, 그 아들 예수 그리스도를 진실로 믿는다면, 당신 안에, 살아 있고 영원한 하나님의 생명의 말씀이 이미 심겨 있다. 당신은 당신의 중생한 심령과 그 생명의 말씀을 분리시킬 수가 없다. 그 말씀을 버릴 수 있다면, 애초에 받지도 않은 것이다. 생명은 취소될 수 있는 종류의 것이 아니기 때문이다. 더구나 당신이 받은 그 생명은, '영원한' 생명, 즉, 죄나 죄의 결과인 죽음도 이길 수 없는, 이미 승리한 생명이다. 그 생명의 말씀이 당신 안에 살아 있는데, 어떻게 그 생명이 말과 행동, 삶으로 나타나지 않을 수 있는가? 만일 나타나는바, 싹이 나고 잎이 나고 꽃이 피고 열매 맺는 바의 성장이 없다면, 당신은 처음부터 그 생명을 받은 것이 아니다. 하나님의 자녀일 수가 없다. 요한은 이렇게 잘라 말하는 것이다.

말씀과 세상

홍수가 나고 물이 범람하지만, 주께서는 모래로 바다의 경계선을 만들어 놓으셨다. 아무리 크고 흉용한 파도라도 그 경계선을 아주 넘지는 못한다.

인간이 하나님과의 관계, 그 의의 질서를 무너뜨림으로써, 그 무너진 질서 속에서 신음하기도 하지만, 자연은 여전히 창조 질서를 붙들고 있는 말씀의 권위에 순복한다. 하지만 뒤틀리고 파괴된 창조 질서에 얽매인 채, 탄식하고 신음하며 간절히, 하나님의 자녀들이 나타나기를 기다린다. 하나님께로부터 의롭다 함을 입고, 그 의로운 관계 속에서, 모든 의를 땅에서 솟게 하며 열매 맺는 하나님의 자녀들을 애타게 기다린다. 의와 화평이 거하는 새 하늘과 새 땅이 올 때까지, 자연은 기다리며 탄식하며 주어진 말씀에 순복한다.

인간만이 그 의의 질서, 그 말씀에 순복하기 어려워한다. 중국에서 홍수가 나고, 유럽과 시베리아에 폭염이 휩쓸지만, 실은, 경계를 넘은 광풍(狂風)과, 모든 조화롭고 선한 것들을 지옥 불로 태우는 것은, 말씀에 순복하지 못하는 우리의 나뉜 마음에서 나온다.

말씀의 굴레를 벗은 그 자유에 지옥의 불길과 광풍을 불어넣는 것은, 우리의 나뉜 마음에서 나오는 말이요, 그 거짓된 말의 뒤틀린 힘에서 나오는 왜곡된 사상, 헛된 철학, 파괴적이고 부패한 문화들이다(약 3:1-12).

그래서 구원이란, 모든 생각을 그리스도께 복종시키며 우리의 말을 말씀의 질서와 아름다움에 맞추어 가는 것, 그 말씀의 강(江)가에서 우리의 생각과 말을 씻어 내는 일이다. 그것보다 세상의 회복과 재창조에 더 빠르게 기여하는 다른 길은 없다.

말씀이 구원한다. 능히 우리를 구원할 능력은, 능히 세상을 붙들고 다시 창조하며 회복할 능력은 오직 주의 말씀에, 주의 말씀에만 있다.

바다가 그 경계를 넘지 못한다. 결국은 아무것도 그분이 세우신 질서를 아주 파괴하지는 못한다. 아무것도 말씀을 대적하여 서지 못한다. 그 말씀은 살아 있고, 세세토록 거한다(벧전 1:23-25; 벧후 3:1-14). 풀은 마르고 시들고 풀의 꽃은 다 떨어져도, 주의 말씀은 영원히 모든 것을 다시 굳게 세운다.

"너희는 내가 두렵지도 않으냐? 나 주의 말이다. 너희는 내 앞에서 떨리지도 않느냐? 나는 모래로 바다의 경계선을 만들어 놓고, 바다가 넘어설 수 없는 영원한 경계선을 그어 놓았다. 비록 바닷물이 출렁거려도 그 경계선을 없애지 못하고, 아무리 큰 파도가 몰아쳐도 그 경계선을 넘어설 수가 없다"(렘 5:22, 새번역).

3. 코이노니아와 사랑[b](3:10-16)

앞 문단에서는 '코이노니아의 능력'에 대해 설명했다. 하나님의 자녀가 죄 짓지 않고, 죄를 짓지 않을 수 있는 근거로서, 죄와 악한 자 마귀의 공작을 파괴하신 예수 그리스도의 사역, 그리고 그 사역의 열매로 신자 안에 거하는 '하나님의 씨'가 그의 중생과 성화의 능력임을 밝혔다. 그 결과는 무엇인가? 죄짓지 않고, 의를 행할 수 있고 실제로 행하는 것이다. 요한에게 있어서 의(義)의 절정은 사랑이다. 그래서 이번 단락인 3:10-16에서는 '사랑하라'로 시작해서 '사랑하라'로 끝난다. 요한은 바로 이 사랑이 어떻게 가능한지, 어떤 의미에서 중요하고 결정적인지를 설명하고 싶어 한다.

구체적으로는 '믿음과 행함', '증오의 코스모스', 그리고 '사랑의 코이노니아', 이 세 가지가 이번 단락의 주요 주제들이다. 믿음과 행함이라는 문제를, 요한은 '생명'으로 풀어간다(10절). '콩 심은 데 콩 나고, 팥 심은 데 팥 난다'는 속담이 있다. 그대로이다. 현실적으로, 콩이나 팥이나 다 싹이 나고 줄기가 올라오는 단계에서는 크게 달라 보이지 않을 수도 있다. 내가 예수 믿는 사람인지 세상 사람인지, 하나님의 자녀인지 마귀의 자녀인지 헷갈리는 경우들도 있을 것이다. 하지만 콩 심은 데 팥이 난다면, 그것은 처음부터 팥을 심었다는 증거밖에 되지 않는다.

그러니까, 구원을 '확신'하기만 하면 끝나는 문제가 아니다. '확증'의 영역이 있다. 그렇다고 우리의 행함이 구원을 가능하게 하는 것은 아니다. 반대이다. 우리가 믿음으로 받은 그 아들의 생명이 우리로 하여금 행함을 가능하게 한다. 콩을 심었기 때문에 콩의 싹이라도 나는 것이다. 하지만 행함이 중차대한 의미를 갖는 것은, 그것이 눈에 보이지 않는 우리의 영적 생명의 본질을 '나타내기' 때문이다. 나타내어서 그 생명을 '확증'할 뿐 아니라, 그 영적 생명의 최종적인 발현인 그 '목적'을 이루어 준다. 콩을 심었는데 아무것도 나지 않는다면, 무엇 하러, 왜 심겠는가?

한 걸음 더 나아가서, 요한은 이런 주제를 '증오와 사망이 특징인 코스모스'와 '사랑과 생명이 그 특징인 코이노니아'라는 거대하고도 대조적인 무대를 배경으로 설명한다(13-16절). 비유를 계속해 보자. 악한 자의 땅인 코스모스에는 '사망'을 심은 것이고, 하나님의 코이노니아에는 '생명'을 심은 것이다. 그래서 코스모스에는 불의와 증오, 살인이라는 증거와 열매가 맺힌다. 대조적으로, 코이노니아에는 의와 사랑, 구원이라는 증거와 열매가 맺히는 것이다(11-12절). 그러니까, 불의와 증오의 열매가 나타나는데, 생명에 거하고 있다고 말하지 말라는 것이다. 즉, 팥을 거두면서 콩 심었다고 하지 말고, 콩을 심었다면 콩의 열매를 보이라는 것이다. 다만, 그 아들의 생명에 거하며 그 생명에 따라 살라는 뜻이다.

하지만 이것이 어려운 일이 되는 이유는, 예컨대, 팥을 심어 놓은 밭 한가운데 콩을 뿌렸기 때문일 것이다. 즉, 하나님의 코이노니아가 악한 자의 코스모스 한복판에 들어와 있기 때문이다. 그러니 이것은 싸움이다. 영적 생명이 육체와 물질과 세상이라는 구체성과 그 단단한 저항을 뚫고 끝내 '나타나게' 하는 싸움, 결국 성육화(成肉化, incarnated) 되느냐의 싸움이다. 예수 그리스도는 이미 이 성육화의 싸움에서 승리하셨다. 그리고 그의 승리하신 영원한 생명이 이미 하나님의 자녀들 안에 거하고 있다는 것이 가장 놀랍고 기쁜 소식이다. 마치 밭에 씨를 뿌려 놓고 어찌 되는지 살펴보는 농부의 시선으로, 이 생명의 말씀을 가까이 들여다보자.

[10] 이로써 하나님의 자녀들과 마귀의 자식들이 나타난 것입니다. 의를 행하지 않는 자는 모두 하나님께로부터 난 자가 아니며, 그의 형제를 사랑하지 않는 자도 그렇습니다. [11] 왜냐하면 이것이 여러분이 처음부터 들었던 소식인데, 이는 우리가 서로 사랑해야 한다는 것입니다. [12] 가인같이 하지 마십시오. 그는 악한 자에게서 나서 그의 형제를 죽였습니

다. 무엇 때문에 그를 죽였습니까? 자신의 행위는 악하였고, 그의 형제의 행위는 의로웠기 때문이 아닙니까. 13 그러니 형제 여러분, 만일 세상이 여러분을 증오하거든, 놀라지 마십시오. 14 우리는 사망으로부터 생명 안으로 옮겨져 있음을 알고 있습니다. 우리가 형제들을 사랑하기 때문입니다. 사랑하지 않는 자는 사망 가운데에 거하고 있는 것입니다. 15 그의 형제를 증오하는 자는 살인하는 자입니다. 우리는 또한 모든 살인하는 자는 그의 안에 영원한 생명이 거하지 않음을 알고 있습니다. 16 이로써 우리가 사랑을 알게 된 것은, 그가 우리를 위하여 그의 목숨을 내어 주셨기 때문입니다. 그러니 우리도 형제들을 위하여 목숨을 내어놓는 것이 마땅합니다.

이 단락은 시작부터 끝까지, 전체적으로 '사랑하라'는 계명에 의해 지배받고 있다(10, 16절). 그러나 요한은 단순히, '서로 사랑하십시오'라고 권면하고 끝내지 않는다. '사랑하라'는 새 계명의 주제를, 하나님의 자녀라는 영적 존재와 그가 받은 생명, 그리고 그 안에 거하는 일과 직결시킨다. 그리고 이 주제를, '코스모스'라고 하는 악한 자의 세상이라는 어두운 무대의 중앙에서, 빛의 조명을 받아 밝게 빛나는 '생명의 코이노니아'를 부각시키면서 진행한다. 이 본문 안에 흐르는 요한의 논리를 이해하고 따라가려면, 아래의 도표를 먼저 보는 것이 유익할 듯하다.

[도표 11] 코스모스와 코이노니아의 이원적, 다층적인 구조

영역	존재	거함	행함
코스모스	마귀의 자식	사망	죄, 증오
코이노니아	하나님의 자녀	생명	의, 사랑

우선, 제일 위에 있는 범주들을 보라. 영역, 존재, 거함, 행함의 순차로 되어 있다. '영역'에 해당하는 코스모스나 코이노니아는 눈에 보이지 않는다. 마귀의 자식이나 하나님의 자녀 역시 그들의 영적 정체가 눈으로 보고 손으로 만지듯 확인될 수 없는 '존재'에 관한 내용이다. 사망이나 생명은, 신앙의 영역 특히 '거함'의 영역이다. 그것은 믿음이나 불신앙을 통해, 거기에 거할 수도 있고 그렇지 않을 수도 있다. '행함'은 전적으로 거함에서 나온다. 여기가 요한이 강조하는 대목이다. 어떤 신자가 입으로는 하나님을 안다고 하며 무슨 신령한 영적 교제 가운데 깊이 들어갔다고 주장해도, 그의 행함이 죄나 증오나 살인으로 나오면, 그 주장은 거짓말이다. 요한은 단호하게 잘라 말할 것이다. 행함은 존재에서 나오는데, 그 존재는 거함을 통해 행함으로 열매를 맺기 때문이다. 자, 이런 범주들을 염두에 두고 요한의 설명을 따라가 보자.

나타나 있다

10절에서 가장 눈에 띄는 문구는 '나타나 있다'(파네라 에스틴, φανερά ἐστιν)는 표현이다. 요한에게 있어서 보이지 않는 영적 실체가, 보이고 만져지는 방식으로 이 세상 한가운데에 '나타난다'는 것은 매우 중요한 신학적이고도 신앙적인 표현이다. 그것은 마치, 하나님의 아들이 '육체로 세상에 오셨다'는 진리, 그 신학적 선언만큼이나 중요성을 띤다. 지금 수신자 교회가 맞닥뜨리고 있었을 '가현설적 이단', 즉 예수는 하나님의 아들이지만 실제로 육체로 십자가에서 죽으신 것은 아니라는 식의 거짓 가르침의 위험을 염두에 두고 있기 때문이다.

예수 그리스도가 하나님의 아들이라고 한들, 실제로 육체를 입고 세상에 오셔서 '물과 피'를 흘리고 십자가에서 죽지 않았다면, 그가 어떻게 '속죄 제물'이 되시겠는가?(2:2; 5:6) 그가 어떻게 죄와 그 죄의 결과인 사망에서 우리를 해방하시겠는가? 이것이 다 '악한 자 마귀'의 거짓말의 공작이다. 마귀는 예수께서 진실로 육체로 오셨을 때, 그분을 죽이고자 했으나 실패했다. 광야에서 유혹했지만 그것도 실패했고, 감람산의 피와 땀이 뒤섞인 기도의 현장에서도, 골고다의 극한 고통과 수치 가운데서 죽어 가시던 그 현장에서도, 마귀는 예수 그리스도께서 '육체로 오셔서 죽임당하시는' 그 구속 사역을 중단시키지 못했다. 그래서 마귀는 포기했는가?

아니다. 예수가 십자가에서 죽으셨고 그래서 그 사실을 부인하지는 못하게 되었지만, 그렇게 죽은 예수는 '육체로' 죽은 것이 아니라는 거짓말을 만들어냈다. 마귀는 사실(fact)을 바꿀 수 없다면 사실에 관한 교리(dogma)를 변질시키는 방식으로, 하나님과 그리스도의 일을 훼방한다. 이제 요한은 이런 신학적인 이단을 대적하느라, 예수 그리스도가 육체로 '나타나심'을 강조한다(1:1; 2:22; 3:2; 4:2). 동시에, 예수 그리스도께서 '육체로 나타나심'과 함께 적그리스도 역시 '나타나고'(2:19), 더불어, 하나님의 자녀들과 마귀의 자식들도 '나타난다'(3:10).

이것이 종말의 특징이다. 세상과 역사가 그 끝에 다다르니 '그 아들의 나타나심'을 따라, 그 배후의 모든 영적 실체들이 나타나고 드러나기 시작하는 것이다. 10절은 이런 우주적이고 묵시론적인 종말을 배경으로 하고 있다. 일대 전쟁이다. 하지만 이 영적이고, 우주적인 전쟁은 총과 칼로 하는 것이 아니다. 영적인 실체에 따른 진리와 사랑, 의와 불의, 거짓과 증오로 치러지는 전쟁이다.

10절에서 '이로써'가 가리키는 바도 바로 이 점을 강조한다. 문법적으로 '이로써'(엔 투토, ἐν τούτῳ)는 죄를 짓느냐 의를 행하느냐, 형제를 사랑하느냐 증오하느냐의 신앙적이고도 윤리적인 '행함'을 가리킨다. 즉, 그의 '행함'을 통해 그의 영적 정체성, 즉 그가 하나님의 자녀인지 마귀의 자식인지가 '나타난다'는 사실이다. 일면 당연해 보이지만, 우리가 영적 실체를 눈으로 보고 손으로 만질 수 없다는 점을 생각하면, 요한이 판단하는 방식은 매우 중요하고 심각하게 받아들일 필요가 있다.

나타나지 않은 것은, 나타난 것으로 확증된다. 육체의 영역, 물질세계의 영역, 이 세상의 영역은 사라져 버리고 끝날 어떤 무대가 아니다. 이 세상의 악한 구조는 심판받고 사라지지만, 하나님은 이 창조 세계를 포기하거나 폐기하지 않으신다. 갱신하신다. 새롭게 태어나게 하시는 것이다. 그래서 이 코스모스의 영역이 그렇게 중요하다.

10절에서 '파네라 에스틴'은 이런 의미가 들어 있다. 하나님의 자녀들은 어떻게 '나타나는가?' 마귀의 자식들은 어떻게 나타나는가? 각기, 의로운 행동과 불의한 행동으로 나타난다. 사랑의 행위와 살인의 행위로 나타난다. 물론, 하나님의 자녀가 불의한 일을 행할 수도 있다. 요한은 신자가 죄를 짓는다는 사실을 모르지 않는다. 하지만 열매를 보고 나무를 판단할 수밖에 없다. 그 사람의 행동을 보고 판단하고, 경고하고, 돌아보게 해야 한다. 구원을 확신하니까, '아무래도 좋다. 다 은혜로 넘어가자', 이런 태도는 요한에게 통용되지 않을 것이다. 그것이 불의하거나 죄이거나 증오와 살인의 행동이라면, 반드시 죄를 죄로 인정하고 돌이키며 회개하고 용서함을 받는 실제적인 과정이 있어야 한다. 그렇지 않고 구원의 확신을 이유로 그저 간과하고 덮는 식으로는, 결단코 요한이 가르치는 '파네라 에스틴'의 신학과 신앙을 통과할 수 없다.

'의'에 주리고 목마른 코스모스

그렇다면 '죄를 짓지 않는다'(9절)든지 '의를 행하지 않는다'(10절)는 것은 구체적으로 어떻게 한다는 것인가? 요한은, 의를 행하는 것과 '그 형제를 사랑하는'(10절) 것을 동일시하거나, 아니면 '형제 사랑'을 의를 행하는 것의 가장 중요한 요체로 본다. 10절에서 '의'(디카이오수넨, δικαιοσύνη)란 무엇인가?

의(義)는, 신구약에서 공히 '바른 관계'를 뜻한다고 할 수 있다. 하지만 사람이 타락한 이후로, 하나님과 바른 관계에 놓여 있지 않기 때문에, 그 바른 관계는 하나님의 은혜의 선물로서 믿음을 통해 거저 주어질 수밖에 없다. 그래서 '칭의' 곧 죄인을 의롭다 칭하는 '법정적인 의'(forensic righteousness)가, 새 언약 백성에게 주어지는 첫 번째 의의 형태일 수밖에 없다.

하지만 예수 그리스도께서 우리 죄를 대신한 속죄 제물이 되심으로써 우리에게 전가(轉嫁)해 주신 선물로서의 의는, 우리로 하여금 하나님과의 바른 관계에 놓이게 하고, 그 바른 관계 속에서 화목을 누리며 살게 해 준다. 요한일서에서 그 아들의 '속죄 제물' 되심이, '하나님과의 코이노니아'의 중심에 놓여 있는 것과 같은 이치이다(1:5, 7, 9; 2:1-2). 하나님과의 바른 관계, 즉, '그 아들과 아버지와의 코이노니아 안에 거하는' 삶은, 우리로 하여금 '의의 성품'에서 자라게 하고 실제로 '의의 행동'을 할 수 있게 해 준다. 김치를 담은 그릇에서 김치 냄새가 나는 것은 자연스러운 현상이 아닌가! 그런 것이다. 씨앗을 심었을 뿐 아니라, 거기에 한동안 물을 주고 햇빛을 비추고 바람이 통하게 하면, 머지않아 푸릇한 싹이 돋아나지 않는가.

행함은, 그런 식으로 존재와 사귐으로부터 나온다. '선물로서의 의'는, 바른 관계의 사귐을 통해 의의 성품을 형성하고, 거기서 나오는 의의 습관적 행동을 통해, 다시금 '의의 성품'을 견고하게 세우기에 이른다(벧후 1:1-11). 결과적으로, 그 의의 성품을 가진 하나님의 자녀들이 더욱더 의의 행위를 함으로써, 불의와 죄, 사망과 허무로 고통하며 탄식하는 코스모스 안에서, 하나님과의 바른 관계, 자신과의 바른 관계, 이웃과의 바른 관계, 환경, 세상과의 바른 관계를 회복하는, 새 하늘과 새 땅의 일꾼들이 되는 것이다.

그 '의로운 하나님의 자녀들'이 '온 세상'(2:2)에 널리 흩어져, 씨앗처럼 뿌려지고, 뿌려진 곳에서 그들 안에 있는 그 아들의 영원한 생명의 싹을 틔우는 것, 그것이 새 하늘과 새 땅의 도래요 증거요 성장이며, '의로우신 주께서 다시 오실 때 완성하실 새 하늘과 새 땅을 향한 간절한 소망과 기도가 된다. 이것이, 지금도 썩어짐 곧 사망에게 종노릇하며 어쩔 수 없이 허무한 데 굴복하며 탄식하는 온 피조물이, 하나님의 자녀들이 '나타나기를' 애타게 기다리고 대망하는 이유이다(롬 8:18-22).

눈먼 증오

11-13절은 작은 단락을 이룬다. 11절에서 '처음부터 들었던 소식'이라 했을 때, 그 소식은 '서로 사랑하라'는 계명이다. 그렇다면, '처음부터'(아프 아르케스, ἀπ' ἀρχῆς)는 언제부터라는 것인가? 수신자 공동체가 새 언약의 복음과 가르침을 들었을 때인가? 아니면, 구약에서 옛 언약 백성이 '하나님 사랑, 이웃 사랑'의 율법을 들었을 때인가? 흥미롭게도, 그다음 구절인 12절은 창세기 4장의 가인과 아벨의 이야기로 거슬러 올라간다. 요한일서 3:8에서도 마귀가 '처음부터' 죄를 지은 자라고 한 언급과도 같은 맥락이다. 이처럼 요한이 사용하는 '처음부터, 태초에'는 다분히 다양한 시점들을 포괄해서 지칭하는 중의적인 의도가 짙다(또한, 1:1; 2:7, 13, 24).

11절의 '처음부터'는 시간적 의미가 짙지만, 13절에서 '세상이 여러분을 증오하거든'이라 할 때 '그 세상'(호 코스모스, ὁ κόσμος)은 다분히 공간적이다. 이렇듯, 요한의 이해에 따르면, '처음부터 세상'은 하나님을 떠났고, 악한 자 마귀의 거짓에 속아 죄와 불의, 증오와 살인의 어둠 속에 갇혀 있는 영역으로 드러난다. 그러니까, '코스모스'라는 시공의 영역은, 동시에 영적이고 인지적(認知的)이고, 윤리적인 차원들과 뒤섞여 있는 영역인 것이다.

요한은 이 '코스모스'의 특징을 '증오'(hatred)로 요약한다. 12절에서 가인이 아벨을 증오하여 그를 죽인 이야기와 13절에서 '세상이 여러분을 증오하거든'이라는 본문이 서로 이어지고 병행하는 구조가, 과연 '코스모스'의 어둠이 어떤 영적이고 윤리적인 본질을 갖고 있는지를 잘 폭로하고 있다. 코스모스 자체는 하나님의 선한 피조 세계이다. 다만, 그 코스모스가 악한 자의 거짓에 속아 그의 죄와 죽음의 지배 아래 들어가 있을 뿐이다(5:19). 그러니까, 지금 이 상태의 코스모스는 악한 자와의 결탁, '어둠의 코이노니아', 즉, '악의 연대'에 묶여 있는 것이다. 요한이 '코스모스가 여러분을 증오하거든'이라 할 때 코스모스는 이런 맥락에서 이해되어야 한다.

12절은 이 코스모스의 영적, 윤리적 특징이 '증오'라고 꼬집어 표현하는데, 개역개정의 '미워하거든'(에이 미세이, εἰ μισεῖ)이라는 표현은 강렬한 증오를 뜻한다. 문맥 안에서는, 아주 강렬해서 증오 자체에 눈이 멀어 버린 증오, 지나친 증오라는 의미를 가질 수 있다. 12절의 가인과 아벨의 이야기가 13절에서 말하는 그 '증오'의 본질을 잘 설명해 준다. 가인은 왜 아벨을 죽였는가? 통상, 성경에서 죽음은 죄의 결과여야 한다(롬 6:23). 그것이 마땅하다. 만일 의를 행했다는 이유로 죽임을 당한다면 어떻게 되겠는가? 그것은 불의한 판단이다. 그런데 가인이 동생 아벨을 죽인 이유는, 아벨이 불의한 일을 했기 때문이 아니다. 정확히 그 반대이다. 아벨의 행위가 '의로웠기'(디카이아, δίκαια) 때문이었다. 여기가 핵심이다.

의로운 행위를 했기 때문에 죽였다니! 그럴 수가 있는가? 불의한 일이 심판을 받고, 의로운 일이 보상을 받는다면, 그것은 당연하고 자연스럽다. 하지만 불의가 칭찬을 받고, 의로운 행위가 벌을 받는다면, 누구나 충격을 받고 놀라며 분노하게 될 것이다. 어찌 이럴 수가 있는가! 그런데 13절에서 요한은 아주 차분한 어조로 단호하게 말한다. "형제 여러분, '놀라지 마십시오'(메 따우마제테, μὴ θαυμάζετε)." 세상이 성도를 미워해도, 그것은 전혀 놀랄 일이 아니라는 것이다. 가인이, 아벨의 행동이 의로웠기 때문에 죽인 그 사건이야말로, 이 '악한 자의 코스모스'의 본질이 무엇인지(!) 정확히 보여 주기 때문이다.

생각해 보면, '의로우신 그 아들' 역시 십자가에서 부당한 죽임을 당하셨다. 익숙해서 그런지, 우리는 예수님이 십자가에서 죽으신 사건이 극도로 불의한 사건이었다는 사실을 자주 잊는다. 하지만 십자가 사건을 우리의 죄를 대속했다는 관점이 아니라, 세상과의 관계에서 보면 또 다른 측면이 드러난다. 즉, '그가 의로우신' 분이라는 사실과 그 '죄가 없으신' 분이 죽임을 당하셨다는 것은, 이 세상의 정체가 무엇인지를 가차 없이 폭로한 사건이 되기 때문이다(참조. 골 2:15). 죄 없는 무고한 자에게 고의로 죄를 뒤집어 씌워 정죄하고 죽이면, 그런 악한 자는 어떻게 되는가? 그런 자를 어떻게 해야 하겠는가?

십자가 사건은 의인의 억울하고 부당한 죽음의 절정이다. 죄 없으신 하나님의 아들을 십자가에 매달아 놓고, 마귀와 세상은 서로 결탁하여 그를 정죄하고 죽여 버렸다. 마치, 자기네들이 심판할 모든 권리를 찬탈이라도 한 듯이, 스스로 심판주의 자리에 앉아 마음껏 정죄하고 그 '의로운 자'를 죽였던 것이다(참조. 약 5:6). 그래서 그 십자가 사건은 그대로 묻혀 버렸는가? 그렇지 않다. 그럴 수도 없었다. 전능한 심판주이신 하나님께서, 불의한 재판으로 죽으신 그 아들을 사흘 만에 죽음에서 일으키셨다. 부활시키신 것이다. 그것은 무슨 뜻인가? 마귀와 세상이 손을 잡고 정죄하고 심판한 그 불의한 재판을 뒤집어 엎어 버리신 것이다.

이제, 마귀는 무고한 의인을 죽인 최악의 살인자가 되었다. 원래부터 거짓말쟁이요 살인자였고, 참소하며 살인을 부추기는 자였지만, 그는 골고다의 십자가 사건으로, 이제는 하나님의 법정에서 돌이킬 수 없는 살인자, 그것도 '하나님의 죄 없는 아들'을 죽인 살인자가 된 것이다. 마귀는 어찌 되겠는가? 그를 기다리는 것은 최후의 심판과 꺼지지 않는 '불 못'이다(계 20:10). 온 세상이 악한 자 마귀 아래에 놓여 있다는 것이 요한일서가 알려 주는 코스모스의 정체이다(5:19). 이 세상도, 악한 자 마귀의 증오와 살인에 어쩔 수 없이 동참한다. 거기에 묶여 있기 때문이다. 그래서 '세상이 미워하는' 그 증오는 '정상적인 미움'이 아니다. 일반 은총으로서 모든 사람에게 주어진 양심은 원래 불의한 것을 미워하고 선한 것을 좋아한다. 정의를 사랑하고 불의를 미워한다. 하지만 타락한 세상의 특징은, 불의를 사랑하고 의로운 것을 증오하는 것이다. 그러니까 이런 증오는 '정상이 아닌 미움'이다.

그것은 이를테면 '눈먼 증오'이다. 마귀가 죄 없으신 하나님의 아들을 증오한 것과 같은 종류의 무지한 증오, 의와 불의를 판단하는 양심이 마비된 정도가 아니라 썩어서 악해져 버린 마음에서 나오는 증오이다. 사람에게 있어서, 미워한다든지 좋아한다든지 하는 감정은 정상적인 정서의 자연스러운 표현이다. 그리스도인이라고 해서, 모든 것을 '허, 허, 허' 하며 다 좋다고 해야 하는 것은 아니다. 그리스도인이 해야 하는 사랑을, 그런 식으로 분별없고 양심이 마비된, 강요된 호감(好感)으로 생각해서는 안 된다. 정상적인 사랑은, 불의에 대한 미움을 포함하고, 정의에 대한 호감과 열정을 포함하기 때문이다.

하지만 13절에서 말하는 '세상이 너희를 미워하는' 그 증오는 정상적인 양심에서 나오는 정서가 아니다. 간혹 그런 경우가 있지 않은가. 회사에서 열심히, 성실하게, 정직하게 일할수록 미운털이 박히는 경우 말이다. 세상에는 아직 선한 것이 남아 있지만, 세상의 본질에 접근할수록, 타락한 인간의 본성에 접근할수록, 우리는 그 중심 깊이 그 아래에 뙈리를 틀고 웅크린 그 옛 뱀, 마귀의 섬뜩한 본성에 접촉하게 된다. 그것은 눈먼 증오이며, 그 앞을 보지 못하는 증오에 휘말리면, 돌이킬 수 없는 살인과 파괴만 있을 뿐이다. 이것이 교회가 그 안에 놓여 있는 세상의 본질이다. 하나님의 코이노니아는 이런 눈먼 증오의 코스모스 한복판에 놓여 있다. 교회는, 하나님의 자녀들은, 이제 어떻게 해야 하는가?

눈먼 사랑

14절은 우리가 세상과는 얼마나 '다른 존재'인지를 강조하면서 시작한다.

세상은 '사망' 아래 거하고 있지만, 우리는 사망으로부터 '생명 안으로 옮겨져 있음'을 알려 준다. '옮겨졌다'(메타베베카멘, μεταβεβήκαμεν)는 표현은 완료형으로, 지금도 그 옮긴 사실이 역동적으로 효력을 발휘하고 있음을 강조한다. 누가 우리를 사망에서 생명으로 옮길 수가 있었는가? 죽음에서 다시 일어나 부활하신 그 아들이 아니면, 어떻게 사망에서 생명으로 옮기겠는가? 그래서 믿음이란 그저 그 아들을 그 아들의 죽으심과 부활의 생명과 함께 '받아들이는' 것이다. 그것은 은혜의 선물이다. 새 언약이 제공하는 은혜이다. 그리고 그 은혜에는 요구가 따라온다. 언약적 요구는 은혜의 조건이 아니지만, 필수 불가결한 증거이다.

요구는 무엇인가? 새 언약의 요구인 새 계명은 '내가 너희를 사랑한 것같이 서로 사랑하라'는 명령이다(11, 14절). 14절에서 '우리가 형제를 사랑하기 때문입니다'라는 표현은, 우리가 형제를 사랑하기 때문에 사망에서 생명으로 옮겨졌다는 뜻이 아니다. 사망에서 생명으로 옮겨진 것은, 죄의 결과인 사망을 이기시고 부활하신 예수 그리스도를 믿음으로써 우리에게 일어난 은혜의 사건이다. 다만, 우리가 사망에서 생명으로 옮겨진 영적 존재라는 사실을 '알고 있다'(오이다멘, οἴδαμεν)는 것은, 우리가 형제를 사랑함으로써, 즉 그 새 계명의 요구를 준행함으로써 얻어진 우리의 영적 존재에 대한 '인식'(recognition) 때문이라는 것이다. 요한일서에서 인식 곧 아는 것은, 사귐의 결과이고, 행함은 사귐이 있다는 강력한 표현이며 증거라는 점을 기억해야 한다. 사귐을 통해 상대방을 알게 되는 것이 아닌가.

그렇다면, 우리가 예수 그리스도를 믿어 사망에서 생명으로 옮겨졌다고 해도, 그 은혜에 따른 새 계명의 요구를 준행함으로써 그 '생명의 코이노니아 안에 거하지' 않는다면, 우리가 진정으로 생명으로 옮겨졌다는 확신, 그 영적이고 실제적인 앎은 가질 수 없다는 뜻이 된다. 요한은 이런 식으로 성도의 영적인 '지식과 확신'이란, 우선적으로 그의 영적 생명을 통해 '가능하게' 되지만, 실제적으로는 사귐에서 나오는 행함을 통해 그의 '소유'가 된다는 사실을 거듭해서 강조한다. 여기에 사귐과 행함의 중요성이 놓여 있다. 꽃도 안 피고 열매도 맺히지 않는 사과나무를 어떻게 사과나무로 알아보며, 어떻게 그 가치를 맛보고 누릴 수 있겠는가! 같은 이치이다.

그러니까, '형제를 사랑하지 않는다면', 즉 그 생명이 있다는 증거가 나타나 보이지 않는다면, 그것은 생명이 아니라 아직도 사망 안에 거하고 있을 가능성이 높다는 것이다. 요한은 이것을 단호하게, '사랑하지 않는 자는 사망 가운데에 거하고 있는 것입니다'(14절)라고 표현하는 것이다. 여기서 사망 가운데 '거하고 있는'(메네이, μένει)이라는 표현은, 아직 그 사람의 영적 존재에 관한 최종적 판단은 아니다. 요한에게 있어서, '존재'는 '거함'과 서로 다른 범주이다(도표 11 참조). 그가 혹시 영적 존재로서는 하나님의 자녀라 하더라도, 그의 형제를 '증오한다면' 그는 여전히 악한 자의 세상을 지배하는 그 사망 안에 '거하고 있다'는 것이다. 이를테면, 그는 세상의 증오를 그대로 따라함으로써, 스스로 죄와 사망의 세력과의 '불의한 교제나 연대 가운데' 얽혀 있음을 나타내는 것이다.

그러므로 우리의 영적 존재가 하나님의 자녀라 하더라도, '그 아들의 생명의 사귐 안에 거하기'를 힘써야 한다. 그래야, 형제를 사랑할 수 있게 된다는 것이다. 왜 그런가? 거꾸로 생각해 보면 답이 나온다. 우리는 왜 형제를 사랑하지 못하게 되는가? 요한의 분석에 따르면, 우리가 '사망 가운데 거하기' 때문이다. 사망은 무엇인가? 죄의 결과이다. 그래서 사망 가운데 거한다는 것은, 죄를 행한다는 뜻이다. 죄를 행함으로써 사망 가운데 계속 거하고 있는 것이다.

죄란 무엇인가? 의(義)가 아니다. 하나님의 법, 하나님의 말씀을 떠나고, 어기고, 왜곡하고, 부인하는 지경에 이르는 불의이다(1:6, 8, 10; 2:4-5; 3:4, 8). 하나님의 말씀, 그 계명의 핵심은 무엇인가? '내가 너희를 사랑한 것과 같이 너희도 서로 사랑하라'는 새 계명이다(2:7; 4:11-12; 요 13:34). 그래서 사망 가운데 거한다는 것은 죄를 통해서 그렇게 한다는 것이고, 문맥 안에서는 사랑이 아닌 '증오'를 통해서 사망 안에 머문다는 뜻이다.

반대로, '영원한 생명이 우리 안에 거한다'(15절)는 것은 어떻게 한다는 것인가? 그것은 그 아들을 통해 우리를 사망에서 생명으로 옮기신 아버지 하나님의 '사랑'이 우리 안에 거한다는 뜻이다. 그렇다면, 예수 그리스도는 어떤 식으로 하나님의 사랑을 나타내셨는가? 그는 의롭고 선한 우리를 위하여 친구로서 죽어 주셨는가? 하나님의 진리를 행하며, 선을 행하고, 의를 준행하는 '온 세상'을 위해 자신을 제물로 주셨는가? 전혀 반대이다. 예수 그리스도께서는 '경건하지 않은 자를 위하여' 죽으셨다. '우리가 아직 죄인 되었을 때에' 그리스도께서 우리를 위하여 죽으심으로, 하나님 아버지께서 우리에 대한 자기의 사랑을 확증하셨다(롬 5:6-8).

한 걸음 더 나아가서, 그가 '우리의 죄뿐 아니라 온 세상의 죄를 위한' 속죄제물이 되어 주셨다면(2:2), 그 사랑은 하나님을 떠나 '악한 자의 손에 붙들려 있는 이 코스모스 전체'를 위한 사랑이 아니던가! 그렇다면 그것은 어떤 사랑인가? 정당한 사랑인가? 이해가 되는 사랑인가? 선을 좋아하고 악을 미워하며, 불의를 싫어하고 정의를 사랑하는 정상적인 판단과 의지와 정서인가? 그렇지 않다. '은혜'(grace)라는 말이 아니면 도저히 설명할 수 없는 그런 '극한 사랑'이다(참조. 벧전 2:19-20). 그것은 불의한 자와 악한 자에 대한 사랑이요, 악한 자를 위한 희생이지 않은가.

이렇게 보면, 16절이 증거하는 예수 그리스도의 사랑은, 12절이 묘사하는 가인의 증오나 13절이 드러내는 '세상의 증오'와 정확히 대조되고 있다는 사실을 알 수 있다. 말하자면, 가인의 증오가 '비정상적'인 증오였듯이 그리고 세상이 하나님의 자녀를 증오하는 것이 마땅한 이유도 근거도 없는 '부당한' 증오이듯이, 이와 마찬가지로, 예수 그리스도께서 우리를 위하여, 그리고 온 세상을 위하여, 자기의 목숨을 내어 주신 것 역시, 이를테면, '비정상적'인 사랑이며 '부당한' 사랑인 것이다. 가인의 증오, 세상의 증오를 '눈먼 증오'라고 부를 수 있다면, 죄인을 위하여 자신을 속죄 제물로 내어 주신 예수 그리스도의 사랑 역시 '눈먼 사랑'이라고 불러야 할 것이다.

그러나 '눈먼 사랑'은 '눈먼 증오'처럼 '무지'에 의해 충동되고 장차 닥칠 피할 수 없는 심판을 보지 못한 채 내달리게 만드는 교만과는 거리가 멀다. 그 정반대의 극단에 서 있는 은혜의 발현이다. 즉, 예수 그리스도 안에 나타난 '눈먼 사랑'은, 보지 못하는 사랑이 아니라, 빛 가운데에서 죄와 사망을 넘어선 영원한 부활 생명의 나라를 바라보는 데에서 나오는 선택과 행동이다. 오직 '눈먼 사랑' 곧 하나님의 은혜만이, '눈먼 증오'로 인한 살인과 반역의 부당성을 빛 가운데 폭로할 수 있다. 그때에, 하나님의 공의로운 심판이 개입하고, 비로소 악은 의인을 부당하게 죽인 죄로 인해 영원히 심판받는다.

동시에, 교회의 눈먼 사랑을 통해, 세상은 은혜의 세계, 곧, '인과응보'의 닫힌 세계 안에서 반복되는 '복수'(revenge)의 사슬을 끊어 내는, 하나님의 은혜의 강력을 경험하게 될 것이다. 복수는 복수를 불러오고, 정의는 악을 제한할 뿐이지만, 은혜가 나타나면 악은 소멸한다. 그래서 죄와 사망에 붙들려 허무와 파괴에 종노릇하는 사람들을, 그 악의 사슬에서 풀려나게 하는 것은 결국 교회의 '눈먼 사랑'이다. 거기에 용서가 있고, 죄의 결과인 사망을 뛰어넘어, 죄인들을 살려 내는 생명의 역사가 있다. 오직 하나님의 공의를 그의 눈먼 사랑으로 나타낸 그 십자가의 능력을 통해서, 악(evil)은 소멸되었고, 소멸되고 있으며, 완전히 소멸될 것이다.

질문

"하나님은, 비기독교인도 사랑하시나요?"

오늘 학부의 한 학생이 사뭇 진지하게 물었던 질문이다.

기독교에 관심이 있지만, 믿기를 주저하는 학생이다.

당연한데, 당연하게 들리지 않는 이유는 무엇이었을까?

질문 자체가 답이다.

기독교가 세상의 눈에, 어떻게 비치고 있는지에 대한 답.

교회가, 교회만 사랑하고 있지는 않은지에 대한 답.

왜 예수 믿는 자의 수가 줄어드는지에 대한 답.

복음이란 무엇인지에 대한 답.

우리가 무엇을 잃어버렸는지에 대한 답.

우리도 한때, '비기독교인'들이었음을 기억해야 하는 이유.

엎드려 단단해진 가슴을 치며, 낮아지고 낮아져야 하는 이유.

귀 기울여 듣고 아직도,

마음에 새겨 보는 질문이다.

4. 코이노니아와 소통(3:17-24)

이런 상상을 해 보라. 황막하고 드넓은 사막 한구석에, 작은 샘물이 솟고 푸른 싹들이 돋기 시작한다. 처음에는 두 사람이 마주 앉을 만큼밖에 되지 않는 작은 풀밭이었다. 하지만 시간이 지나고, 한 해 두 해 세월이 흐르자 놀라운 일이 일어난다. 그 작은 샘은 계속 물을 흘려보내고, 주변의 풀밭은 점점 더 넓어진다. 영화 필름을 빠른 속도로 돌리듯이 장면을 돌려 보면, 이내 온 사막이 푸른 풀밭으로 변하고 형형색색의 꽃들과 크고 작은 나무들이 솟아나고, 그 사이사이로 작고 큰 동물들이 뛰어다니며 어슬렁거린다. 옛 선지자도 오래전에, 이러한 미래를 내다보았다. "뜨거운 사막이 변하여 못이 될 것이며 메마른 땅이 변하여 원천이 될 것이며"(사 35:7). "땅이 싹을 내며 동산이 거기 뿌린 것을 움돋게 함같이 주 여호와께서 공의와 찬송을 모든 나라 앞에 솟아나게 하시리라"(사 61:11).

이제 하나님께서 그 아들을 세상에 보내심으로, 뜨거운 사막 같은 이 세상 한복판에 '에덴동산'처럼 그 안에서 마르지 않는 생명수의 샘이 솟아나고 의의 싹과 영광의 꽃들이 피어나는 '하나님의 코이노니아'를 창조하셨다! 사막 같은 코스모스 한복판에 영원한 생명의 코이노니아의 샘을 터뜨리신 것이다. 이제는, 그 생명의 코이노니아를 통해서 이 메마르고 황량한 코스모스 안으로, 그 은혜와 생명과 진리와 성령, 그 영원한 사랑의 강수(江水)가 흘러가야만 한다. 주께서 다시 오셔서, 이 처참한 코스모스를 새 하늘과 새 땅으로 '새롭게 하실' 그때까지, 이 땅에 이미 와 있는 하나님의 코이노니아는 중단 없이 그 생명과 사랑을 나누고 또 나누어 코이노니아를 확장해 나가야만 한다.

이번에 살필 본문인 3:17-24은, 바로 이러한 하나님의 코이노니아의 '소통'(communion)에 관한 내용이다. 그래서 17, 18절은 우리의 '영적인 코이노니아'가 '물질적인 코이노니아'로 나타나는, 막히지 않고 열려 흐르는 코이노니아를 강조한다. 19-22절은, 하나님의 뜻을 행하는 것과 기도 응답이라는 주제를 통해, 하나님과의 수직적인 코이노니아는 형제들 사이의 수평적인 코이노니아와 서로 필수적인 소통 관계에 있다는 사실을 설명한다. 마지막으로 23, 24절은, 이렇듯 다방면에서 막히지 않는 '소통의 코이노니아'를 통해, 하나님과 그의 언약 백성 사이의 '상호 내주'(mutual indwelling)가 어떻게 새 언약 성취의 절정의 모습이 되는지를 묘사한다. 우선, 17, 18절을 세세히 살펴보자.

> 17 그러므로 만일 누구든지 세상의 재물을 갖고 있는데 그의 형제가 궁핍한 것을 보면서도 자신의 긍휼을 차단해 버린다면, 어떻게 하나님의 사랑이 그의 안에 거하겠습니까? 18 자녀들이여, 우리가 말과 혀로만 사랑하지 말고, 행함과 진실함으로 합시다.

어처구니없는 은혜의 교환

코이노니아의 본질은 '나눔'이다. 코이노니아는 오직 '나눔'의 방식으로만 존재한다. 나누지 않으면서 코이노니아일 수가 없기 때문이다. 사귐이란 나눔을 통해서만 성립한다. 나의 것을 나누고 나 자신을 나누며, 상대방은 상대방의 것과 상대방 자신을 나눌 때, 그 나눔 안에서 사귐이 일어난다. 생명도 그런 것이다. 생명이 나누지 않으면서 존재하는 것을 보았는가? 세포는 스스로 분열하면서 둘로 성장한다. 자신을 나누어 주면서 둘이 되는 것이다. 사랑도 마찬가지이다. 사랑하면 주고 싶어진다. 아무것도 나누지 않고, 오직 자기 자신을 위해서만 쌓아 놓는 사랑은 무엇인가? 그것은 자기가 자기와만 나누는 것이다. 그것은 왜곡된, 방향이 잘못된 사랑이다. 결국은 사해(死海)와 같이 밖으로 흐르지 않고 쌓여서, 그 안에서는 아무것도 살 수 없는 죽음에 갇히게 된다.

그러므로 코이노니아에는 나눔이 본질적이다. 먼저, 하나님과 나누어야 한다. 하나님께서 우리에게 나누어 주시는 것은 '그 아들'이다. 그것은 곧 자기 자신을 나누어 주시는 것이다. 우리는 아버지 품에 있던 그 아들을, 그의 죄사함, 의, 거룩, 지혜, 영원한 생명과 함께, 그리고 그 아들을 내어 주신 아버지 하나님의 쏟아지는 사랑과 함께, 거저 믿음으로, 은혜의 선물로 받아야 한다(참조. 고전 1:30). 동시에, 그 아들을 받음으로 가능해진 코이노니아 안에서, 우리 자신을 있는 그대로 그분께 드려야 한다. 우리의 비참, 우리의 어둠, 그 죄, 그 불의와 더러움, 허무와 절망까지, 우리 속에 있는 죽음의 남은 그림자까지 모두 그분께 내어 드려야 한다.

그것이 어떻게 그분께 드리는 '선물'이 되는가? 그것을 어떻게 '사랑의 교환'이라 부를 수 있는가? 하지만 사랑하는 이에게 우리 자신을 있는 그대로 보여 주고 그대로 내어놓는 진실한 소통은 가장 훌륭한 나눔이 된다. 그것이 진정한 코이노니아의 규칙이다. 그 아들은 '빛이신 아버지'와 함께 오시며, '사랑이신 아버지'와 함께 오신다. 그래서 우리는 그 빛 가운데서 드러난 우리의 어둠을 그분께 드리지 않을 수 없다. 그럴 때에 그 빛 한가운데 있는 그분의 뜨거운 긍휼을 만난다. 거기서 치유받고 살아나는 역사를 경험한다(1:5-10).

이것이, '그 아들과 아버지와의 코이노니아'에서 일어나는 '거룩하고 복된 교환'(holy and happy exchange)이다. 하나님 편에서는 늘 손해나는 교환이지만, 부족함이 없으신 하나님은 우리와 이런 선물의 교환을 원하신다. 우리가 드릴 것은, 죄와 상실, 허무와 죽음뿐이지만, 그분은 그 초라한 것들을 들고 나아오는 우리의 부끄러운 손을 사랑하신다. 그렇게 내민 가난한 손을 잡아 주신다. 떨군 고개를 들라 하신다. 우리는 그분이 언제나, 절대로 필요하다. 그분은 그것을 사랑으로 받으신다. 그분께서 원하시는 것은, 진실한 그 사랑의 코이노니아이기 때문이다.

이것이 17절에 앞서, 16절이 먼저 나오는 이유이다. 우리는 사랑을 어떻게 알게 되었는가? 그 아들이 우리를 위하여 목숨을 버리셨다. 우리는 이 '어처구니없는 은혜의 복된 교환'을 잘 알고 있다. 왜냐하면 우리가 그 은혜 안에서 하나님의 '눈먼 사랑'을 입은 자들이기 때문이다. 그러므로 '하나님과의 사귐'을 무슨 신령하고 고상한 경지에 오르는 것처럼 생각하지 말라. 부자와 거지가 만나면, 거지는 항상 도움을 받을 수밖에 없다. 하나님과의 사귐 속에서, 우리가 점점 더 하나님의 신적 성품에 참여하게 되는 것도, 결국 그분께로부터 끝없이 '거저 받기' 때문이다. 우리는 '하나님의 코이노니아' 속에서 그 아들을 받았고, 받고 있고, 영원토록 받는다. 그 아들의 영광스러운 형상으로 변모될 때까지, 계속해서 받을 것이다(3:1-2).

육체로 '나타나는' 코이노니아

이제 17절을 보도록 하자. 17절을 이해하려면 세 단어에 주목해야 한다. 첫째는 '재물'이요, 둘째는 '차단'이요, 셋째는 '거하겠습니까?'라는 질문이다. '세상의 재물'로 번역된 단어는 원래 '세상의 생명'(비온 투 코스무, βίον τοῦ κόσμου)인데, 앞서 14절이나 15절에서 사용된 '생명' 즉, 예수 그리스도를 통해 사망에서 생명으로 옮겼다 할 때, 그 '영원한 생명'(조엔 아이오니온, ζωὴν αἰώνιον)과는 다른 의미이다. 즉, 17절의 '재물'로 번역된 생명은 이 세상에서 육체를 갖고 제한된 시간과 공간 안에서 소유하는 목숨이라는 의미에서의 생명이다.

그러니까, 사망에서 생명으로 옮겨져서 '영원한 생명'을 갖게 된 하나님의 자녀들은, 이제 이 세상 안에서 그들에게 주어진 육체적이고 물질적인 생명을, 자신 안에 거하는 그 영원한 생명이 '나누어지고' 구체적으로 '나타나는 기회'로 사용해야 한다는 것이다. 이런 점에서 우선, 요한이 이 육체의 세계, 물질적인 세상을 상당히 중요한 영역으로 취급한다는 사실에 주목해야 한다. 구원이란, 이 육체나 물질세계를 떠나 어디 초월적인 영역으로 도피하는 것이 아니다. 당시의 헬라적 이원론이나 초기 영지주의 또는 요한일서의 직접적인 배경으로 간주되는 '쎄린투스'와 같은 가현설론자들의 가르침들과는 근본적으로 그 본질과 방향이 달랐던 것이다.

예수 그리스도의 복음의 놀라움과 그 능력은 처음부터, 그 아들이 '육체로' 세상에 오셨다는 데에 있었다(2:22; 4:2). 그의 죽음도 부활도 '육체'의 차원을 떠나지 않는다. 새 하늘과 새 땅도, 결국 이 첫 번째 세상의 놀라운 '갱신'(regeneration)이지 '폐기'가 아니기 때문이다. 마찬가지로, 요한일서에서는 그 아들도, 빛도, 생명도, 진리도, 사랑도 모두, 육체로, 물질세계로, 일상으로, 행동으로, 구체적으로 '성육화되는'(incarnation) 방향으로, 이 세상 속으로 속속들이 구체화되어 나타난다. 빛이 어둠을 삼키고, 생명이 죽음을 삼키고, 진리가 거짓을 소멸하고, 사랑이 증오를 이길 때까지 계속해서 침투하고 침투한다. 코스모스가 코이노니아로 회복될 때까지 말이다.

하나님과의 영적인 코이노니아는, 반드시 형제들과의, 그리고 더 나아가서, 세상의 이웃들과의 '물질적인' 코이노니아로 확대되어 나타나야만 한다. 영적인 세계와 물질적인 세계는 서로 구분은 되지만, 분리되지는 않기 때문이다. 다시 한 번 기억해야 한다. 예수 그리스도는 세상을 떠난 것이 아니다. 세상 속에 '육체로' 오셨으며, '육체로 부활'하셨으며, '부활하신 육체로' 다시 세상에 오신다. 오셔서, 그 부활 생명에 합당하도록, 새 창조를 완성하실 것이다.

그러므로 하나님과 누리는 우리의 모든 영적 교제는, 반드시, 우리의 육체로, 물질로, 재물을 사용하는 방식으로, 가난한 형제, 교회, 이웃과 재물을 나누는 구체적인 방식으로, 나타나야만 한다. 영원한 생명은, 매 순간, 매번의 기회마다, 육체적 생명을 뚫고, 육체로 나타나야 하는 것이다. 그럴 때, 영원은 이 순간 속으로, 하늘은 이 땅속을 뚫고, 하늘의 생명을 꽃피우게 되는 것이다. 요한의 신학은 이렇듯 신비하고 초월적이며 동시에 극히 구체적이고 육체적이다. 마치, 하나님의 아들이 십자가 위에서 '물과 피'를 쏟으시면서

(5:6), 하늘의 나라를 이 땅에 가져오신 것처럼 말이다.

그래서 '코이노니아'는 '그 아들과 아버지와의 영적인 사귐'을 뜻하기도 하지만, 신약 안에서 구체적으로 '연보'나 '헌금'을 가리키는 용어로 사용되기도 한다(롬 15:26; 고후 8:4; 9:13; 히 13:16). 이 둘은 전혀 관계없는 것처럼 보이지만, 둘 다, '나눔'이라는 점에서 공통점을 갖는다. 그리고 하나는 수직적인 차원에서 보이지 않는 하나님과의 교제이고, 다른 하나는 수평적인 차원에서 나타나 보여지는 형제들, 이웃과의 교제이지만, 이 둘이 하나의 '코이노니아'라는 개념 안에 통합되어 있다는 사실을 잊지 말아야 한다.

더구나, 요한에게 있어서 '나타나지 않는' 것은 '확증'이 없다는 적극적인 의미를 갖는다. 열매를 보아야 나무를 확증할 수 있는 것과 같다(마 7:20; 12:33). 먹지 못할 '돌배'가 잔뜩 달린 나무를 보고, 포도나무라고 우길 수는 없지 않은가. 그런 것이다. 요한에게 있어서, 영적 본질과 정체성의 '나타남'은 부차적인 것이 아니라, 그 영적 생명의 필연적 결과요 표현으로서, 결정적 증거의 역할을 한다.

코이노니아의 '단절'과 소통'

17절에서 '차단'은 핵심 단어이다. '그의 형제가 궁핍한 것을 보면서도 자신의 긍휼을 차단해 버린다면'에서 '차단한다'(클리쎄, κλείσῃ)는 것은, 말 그대로 마치 저수지에서 물이 밖으로 흘러나오지 못하도록 수문을 닫듯이, 닫아 버리는 모양을 가리킨다. 그렇다면, '하나님의 코이노니아' 안을 가득 채운 것은 무엇인가?

17절은 그것을 '아버지의 사랑'이라고 표현한다. 즉, 14절이나 15절에서 설명한 그 아들의 '영원한 생명'과 함께, 그 영원한 생명을 우리에게 주신 아버지의 사랑의 물결이다. 그 아들과 아버지와의 코이노니아 안에는, 그 아들의 생명과 아버지의 사랑의 강수가 가득, 가득히 차 있다. 그 사귐 안에 거하면 거할수록, 우리는 그 생명과 사랑의 폭포수가 우리의 심령과 삶을 가득 채우는 것을 경험하게 된다.

문제는 그 생명과 사랑의 강물을, '흘려 보내느냐' 아니면, '닫아 버리느냐' 하는 것이다. 신앙생활이란 내가 나의 사랑과 생명을 쏟아붓는 일이 아니다. 그런 식으로 봉사하면 얼마 못 간다. 그런 식으로 목회하고 사역하면 계속 할 수가 없다. 누구나 경험하고 고백하는 사실이다. 신앙생활이란 그 중심에 '하나님의 코이노니아 안에 거하는' 나눔과 사귐이 지속적으로 살아 있어야만 한다. 주님께서도, 제자들을 불러 사역을 시키기 전에, '와서 나와 함께 있자'고 권하셨다(막 3:14). 주님과 함께 거함이 없이, 그분과 사랑 안에서 생명의 나눔과 사귐을 누리지 못한 채로 하는 사역이란, 마치 사막에서 모래를 퍼서 물컵에 담아 사랑하는 형제와 이웃들에게 나누어 주고 부지런히 마시게 하는 일처럼 어리석고 고통스러운 일이다.

먼저, 그 아들의 생명과 아버지의 사랑이 나의 심령과 삶에 채워지도록 그 하나님과의 사귐 안에서 '오래 머물고, 기다려야'만 한다. 이런 사랑의 사귐에 익숙하지 못하면, 사역이란 마치 노예가 마지못해 일하는 고역(苦役)같이 될 수밖에 없다. 반면에, '하나님의 코이노니아 안에 거함'으로써, 그 아들의 생명과 아버지의 사랑이 우리 안에 깊고 풍성하게 채워져 출렁이고 있을 때 그것이 우리를 통해 흘러나가지 못하도록 '막는 것'은, 코이노니아로서의 교회가 갖는 신앙에서 가장 주의해야 할 걸림돌이 된다.

죄에는 실로 여러 가지 의미가 있지만, 요한일서처럼 코이노니아가 하나님의 존재 방식이고 교회의 존재 방식이라고 가르치는 서신에서, 가장 큰 죄로 떠오르는 것은 아마도 '단절시키는'(disconnect) 죄일 것이다. 하나님의 사랑이 흘러가는 길을 막는 것, 그 아들이 육체로 오셔서 그 영원한 생명을 죽음의 세상 속에 내어 주는 그 십자가의 길을 막는 것이 죄이다. 빛이 어둠을 비추지 못하도록 막는 것, 용서와 치유와 사랑의 사귐에 들어가지 못하도록 막는 교만과 어리석음, 더 나아가서 나눔을 통해 그 코이노니아를 확장하지 못하도록 막아서는 이기심이 죄이다. 그래서 다시 교회와 세상을 단절의 벽들 가운데 가두고, 그 어둠 속에서 죽어 가게 하는 것, 그것이 '코이노니아로서의 교회'가 피해야 할 '가장 큰 죄'로 부각된다.

무엇보다 기억할 것은, '악한 자의 코스모스' 속으로 침투해 들어가는 '하나님의 코이노니아'의 가장 강력한 동력은 하나님 아버지의 '사랑'이라는 사실이다(17절). 그 사랑이 아버지에게서 아들로, 아들에게서 교회로, 교회 안에서 서로서로에게, 그리고 하나님의 자녀들을 통해서 세상 속으로 흘러가지 못하게 '막는 것'은 무엇인가? 그것은 '단절의 죄(罪)'이다. 교만이나 이기심 때문이든, 무지나 게으름 때문이든, 그 사랑의 코이노니아가 확대되는 길을 막는 것이 가장 큰 죄이다.

거꾸로 생각하면, 신앙생활이란 자연스럽고 쉬운 것이다. 주께서 '내 짐은 쉽고 가볍다'고 하신 그대로이다. '마음이 온유하고 겸손하다'는 것은, 하나님의 사랑을 '막지 않는' 낮고 열린 마음을 가리킨다(마 11:29). 그 사랑이 흘러가, 그 사랑으로 살아나는 사람들이 비록 마음에 들지 않는 죄인이고 악한 자일지라도, 그들을 온유하게 받아들이는 마음이다. 예수님 자신도, 아버지 하나님의 사랑이 이 증오와 죽음의 세상에 흘러 들어오는 것을 막지 않으셨다. 오히려 그 아버지의 사랑에 자신의 모든 것을 던져 넣으시고, 스스로 그 사랑에 떠밀려 광야로, 갈릴리로, 골고다로, 사망의 음침한 골짜기 한복판까지 휩쓸려 가도록 허락하셨다.

코이노니아에 거하는 신앙이란 이런 것이다. 하나님의 사랑에 이끌려, 그 사랑이 데려가는 그곳까지 기꺼이 이끌려 가는 것이다. 17절에서 우리 안에 거하는 하나님의 사랑은 우리 안에서 '긍휼'의 파도를 일으킨다. '긍휼'(스플라흐나, σπλάγχνα)이란 문자적으로 하면, 상대방의 처지가 안쓰럽기 그지없어서

'애간장이 끊어질 듯 괴롭고 아프다'고 할 때 쓰는 표현이다. 상대방의 궁핍이든, 목마름이든, 상처이든, 죄악이든, 그의 처지가 안타깝고 그의 고통을 자신의 고통처럼 아프게 느끼는 마음이며, 어떻게 해서든 그를 치유하고 살려내고 싶어 하는 마음이다. 그런 궁휼의 마음은 누구의 것인가? 그것은 하나님 자신의 사랑에서 나온다. 우리 안에 거하는 하나님의 사랑이 우리 속에서, 그렇게 약하고 때로는 악하여 스스로를 어쩌지 못하는 그 대상을 향해 불붙는 듯한 '궁휼'을 불러일으키는 것이다(호 11:1-8).

요한은, 이러한 하나님의 사랑이 우리 안에서 불붙이고 타오르게 하는 그 궁휼의 마음, 그 궁휼이 가고자 하는 길을 우리가 스스로 차단한다면, '어떻게 (그렇게 하고도) 하나님의 사랑이 (계속해서) 그 안에 거하겠느냐'고 묻는다(17절). 다시 말해서, 하나님의 사랑이 우리 안에 지속적으로 거하게 하는 유일한 길은, 우리 안에서 궁휼로 불붙어 타오르는 그 하나님의 사랑이 우리를 통과해서 드디어 형제들에게 그리고 세상의 이웃들에게까지 흘러가도록 허락하는 길뿐이라는 것이다. 진정, 예수님이야말로 그런 분이셨다. '내가 곧 길이요'(요 14:6)라고 하신 그분이야말로, 하나님의 사랑이 우리에게 흘러 들어오게 하는 길이 되셨고, 다시 우리가 하나님의 사랑에 이끌려, 형제 사랑과 이웃 사랑을 통해, 아버지께로 이르는 그 길이 되어 주신 것이다.

그러니, 하나님의 자녀들은 '말과 혀'로만 사랑하지 말고, '행함과 진실함'으로 해야 한다. '말과 혀'로 한다는 것은, '나는 하나님과 사귐이 있다', '나는 빛 가운데 있다', '나는 하나님을 알고 있다'고 말만 하고 그에 따르는 행동이 없는 상태를 강조하는 표현이다(1:6; 2:4, 6). 요한은 말뿐 아니라 행동을 주시한다. 행동은 우리의 신앙에서 있어도 되고 없어도 되는 요소가 아니다. 구원에 부차적인 요소가 아니다.

행동이란 우리의 신앙의 본질이 '나타나는' 현장이다. 나타나지 않으면 증거가 없다. 확증도 담대함도 가질 수 없다. 보이지 않는 신앙은, 보이는 행동으로 나타날 때, 드디어 목적지에 이르게 된다. 그 아들은 육체로 세상에 오셨고, 부활의 육체로 다시 세상에 오신다. 지금, 여기, 육체로, 세상 한복판에서 어떻게 행동하느냐가, 우리의 신앙의 '진실성'을 증명한다.

그래서 '행함과 진실함'으로 사랑해야 한다. '진실함'(알레떼이아, ἀληθείᾳ)이란 일차적으로 '신실함'(faithfulness)을 의미한다. 그것이 이 단어의 구약적 의미이다. 신실함이란, 하나님의 말씀이 육신이 되어 세상에 오신 것처럼, 그 모든 장벽들, 불순종과 배신, 실망과 긴 침묵, 절망과 포기까지 뚫고 끝내 그 생명을 꽃피우고 열매 맺어, 그 내용을 결국 실현하는 것을 가리킨다. 그것이 '진실함' 곧 '진리'의 특징이다. 그래서 진리는 반드시 승리한다. 포기되는 법이 없이, 결국 성취되기 때문이다.

또한 '진실함'은 그래서 '참된 것' 즉, 그 '원형'(original)을 보여 준다는 뜻이다. 이것이 이 단어의 헬라적 의미이다. 하나님의 자녀들은, 그들이 받았고 그들 안에 거하는 하나님의 사랑의 원형을 그들의 행함을 통해, 그대로 나타내 보여 주어야 한다. 자신의 것, 왜곡된 것, 거짓된 것을 흘려 보내고 나타내는 것이 아니라, 그 아들을 통해 우리에게 주신 그 아버지의 사랑 그대로를 흘려 보내야 한다. 우리의 행함이란 그렇듯 열린 통로요, 하나님의 사랑의 강수(江水)가 흘러가는 길이어야 하는 것이다. 그래서 '행함과 진실함'의 신앙이라야, 그 하나님의 사랑 그대로를 끝까지 변함없이 나타내 보이는 일에 성공하는 신앙인 것이다.

'소통하는 코이노니아'의 유익들

이제 19-22절을 살펴보자. 하나님과의 코이노니아가 수평적으로 어떻게 확장되어 나가야 하는지를 설명한 다음, 요한은 다시 코이노니아의 수직적 차원 즉, 하나님과의 관계에 있어서 '막힘이 없는' 곧 '소통하는 코이노니아'

가 어떤 유익을 가져다주는지를 설명하고 싶어 한다. 그 유익이란, 신자의 마음이 누릴 수 있는 확증과 담대함, 그리고 기도의 응답과 기쁨의 삶이다. 기쁜 마음으로 본문을 찬찬히 들여다보자.

[19] 이로써 우리가 아는 것은, 우리는 진리에서 난 자들이라는 것입니다. 이처럼 그의 앞에서 우리의 마음을 확증할 것입니다. [20] 왜냐하면 만일 우리가 마음으로 책망을 느낀다면, 그것은 하나님께서 우리 마음보다 크시고 모든 것을 아시기 때문입니다. [21] 사랑하는 여러분, 만일 우리 마음이 스스로 책망하는 것이 없다면, 우리가 그의 앞에서 담대함을 갖게 될 것입니다. [22] 그래서 언제든 우리가 구하는 것을 그에게서 받는 것은, 우리가 그의 계명을 지키고 그의 앞에 기쁨이 되는 일을 행하기 때문입니다.

그 사랑만이 아는 길

19절의 '이로써'(엔 투토, ἐν τούτῳ)는 그 앞에 '행함과 진실함으로 사랑하자'는 권면을 받아 하는 말이다. 당신이 믿는 바가 진리라는 것을 어떻게 아는가? 당신이 하나님의 자녀라는 사실을 어떻게 증명할 수 있는가? 그것은 단지 '말과 혀'로 할 수 있는 것이 아니다. 예수 그리스도의 십자가 사건은, 하나님의 사랑이 이웃을 사랑하여 수고하고 대신 무거운 짐을 지는 사랑의 행위와 '결단코 분리될 수 없다'는 사실을 확고하게 만든 사건이다. 우리가 믿는 예수 그리스도의 십자가 사건 때문에, 우리는 형제 사랑을 제외시켜 놓고 그것과는 상관없이 하나님을 사랑한다고 말할 수 없게 되어 버렸다. 그것은 실제적으로 십자가를 부인하는 것만큼이나 강력한 모순이 되기 때문이다.

'진리에서 났다'(에크 테스 알레떼이아 에스멘, ἐκ τῆς ἀληθείας ἐσμέν)는 표현은 '진리로부터 난 존재'라는 뜻이다. 그 사람의 영적 기원(origin)과 존재를 표현한다. 요한일서에서 '존재'는 '사귐'을 거쳐 '행함'으로 나타난다. 그러므로 행함은 존재와 사귐의 결과이다. 있어도 좋고, 없으면 그만인 영역이 결코 아니다. 행함이 없는 존재와 사귐이란, '영혼이 없는 육체'나 '육체가 없는 영혼'처럼 공허한 것으로 남는다(참조. 약 2:14-26).

다시 한 번, 요한일서가 끊임없이 그 아들 예수 그리스도께서 '육체로' 세상에 오셨다는 진리를 왜 그토록 강력하게 변호하고 있는지를 생각해 보아야 한다. 주께서 '육체로' 세상에 오셨다면, 그를 믿는 모든 신자 역시, 그의 '행함'으로 그의 믿음의 내용 즉, 자기 안에 있는 영원한 생명과 아버지의 사랑을 '나타내 보여야' 한다. 그것은 진리의 진실함이다.

진리가 그 자신의 '진실함'을 통해, 자신이 진리임을 드러내는 것이다. 예수 그리스도의 복음이 진리라는 것은, 그저 책장에 꽂혀 있는 기독교 교리책 속에 기록된 문자로 존재하는 것이 아니다. 예수 그리스도의 진리는 그를 믿는 성도의 심령과 삶 속에, 그들의 존재와 행위 속에, 그를 믿는 남자와 여자로 구성된 성도들의 교회 안에 현실적으로 나타나는 것이다. 진리란 무엇인가? 예수 그리스도 자신이다(요 14:6). 따라서 그에게서 난 자는, 그의 생명을 나타내고, 꽃피우고, 열매를 맺는 방식으로 그 진리의 진실함을 증명할 것이다. 진리이신 그 아들은 우리에게 생명을 주시고 더 풍성하게 하려고 오셨기 때문이다(요 10:10).

그러므로 20절에서 '마음으로 책망을 느낀다면'이라는 표현은, 성도 안에 거하는 하나님의 사랑과 그가 실제로 나타내 보이는 행동 사이의 괴리에서 생기는 책망이다. '책망한다'(카타기노스케, καταγινώσκῃ)로 번역된 동사는 원래, 자신이 이미 알고 있는 것이 지금 하려고 마음먹은 생각과 충돌하고 모순되어 스스로 혼돈과 괴로움 속에 빠지는 상태를 가리킨다. 그것을 '책망하는' 것으로 표현한다면, 그것은 흔히 사람이 양심의 가책을 느낀다든지, 성도의 경우에는 성령께서 우리 안에서 근심하고 탄식하는 결과적인 상태에 더 어울리는 번역이 될 것이다.

그러므로 우리의 '행동'은 우리 안에 거하는 '하나님의 사랑'의 실재와 함께, 우리의 신앙 양심을 구성하는 매우 중요한 요소이다. 아무도 자신의 행동으로부터 자유로운, 그 행동으로부터 분리된 절대적인 신앙을 가질 수 없다. 만일 그렇게 생각한다면, 그것은 요한일서에 나오는 적대자들의 배경이 되는 헬라적이고 영지주의적인 이원론적 세계관과 다르지 않은 잘못된 발상에서 나온 것일 것이다. 우리의 육체와 세상은 아무렇게나 되어도 상관없다는 식의 생각은 예수 그리스도의 복음과 정면으로 충돌한다.

하나님의 사랑은 우리 안에서, 우리가 마주하는 궁핍한 형제, 절박한 이웃, 스스로 죄에서 나오지 못하는 사람들을 향한 뜨거운 긍휼을 불러일으킨다. 마치, 집 나간 둘째 아들이 탕자의 생활을 마치고 집으로 돌아왔을 때, 아버지가 먼발치에서 내다보고 있다가 맨발로 뛰어나가 그 탕자가 되어 버린 아들을 끌어안고 기뻐하듯이, 하나님의 긍휼은 우리 안에서 우리의 이기심과 자기중심성의 벽을 깨뜨리고, 터진 저수지의 물처럼 콸콸 흘러가려 한다. 그것을 우리의 생각뿐 아니라 행동으로 막아설 때, 우리는 심한 책망을 느낀다.

그리고 그 책망은, 스스로 속일 수 없는 종류의 것이다. 만일 그가 하나님과의 진실한 코이노니아 안에 거하고 있다면, 빛 가운데 거하고 있다면, 하나님의 사랑을 받고 그 사랑 안에 진실로 거하고 있다면, 그 책망이 쇠망치보다 강하게 그의 마음의 장벽을 두드려 내리치고 있음을 깨닫게 될 것이다. 그것은 속일 수 없고, 듣지 않을 수 없는, 마음의 소리이다.

20절에서 하나님께서 우리 마음보다 '크시고'(메이존, μείζων)는 무슨 뜻인가? 왜 우리 마음보다 크신 것이, 하나님이 모든 것을 '아시는' 것과 관련되어 있는 것일까? 이렇게 생각해 보자. 우리가 어떤 사물에 대해 객관적인 지식, 공정하고 전체적인 지식을 갖는 것은, 우리가 그 대상보다 '크기' 때문이다. 예를 들어, 개미는 사람의 존재를 다 파악할 수 없다. 작은 개미는 자기가 보는 만큼만 우리 인간을 보고 딱 자기 존재의 크기만큼만 우리를 파악할 것이다. 인간과 하나님의 관계도 마찬가지이다. 인간이 하나님을 알려고 해도, 다 알 수가 없다. 하나님이 사람보다 크시기 때문이다. 그런 것이다. 그래서 인간은 하나님께서 자신을 알려 주시는 만큼, 즉 '계시하신'(reveal) 그 만큼만 알게 되어 있다.

하나님은 그렇지 않으시다. 모든 것을 알고 계신다(욥 28:12-24; 시 33:13-15; 사 46:9-11; 마 6:8; 롬 11:33; 히 4:13). 온 세상을 다 알고 계신다. 창조주로서 이 세상보다 크시기 때문이다(참조. 4:4). 공간적으로 크면, 시간도 뛰어넘는다. 별과 별 사이가 수억 광년이라도, 우주를 창조하신 하나님은 그 온 우주보다 크시니, 이쪽 별에서 비치는 별빛이 수억 광년 동안 달리고 달려서 저쪽 별에 닿는 그 전체 과정을 한눈에 볼 수도 있으시다. 크시기 때문이다. 그래서 하나님께는, 과거나 현재나 미래가 모두, 그의 앞에 펼쳐져 있다. 창조되기 이전의 세상과 타락한 이후의 세상 그리고 새 하늘과 새 땅이 모두 그분 앞에는 동시적으로 놓여 있다. 아브라함과 이삭과 야곱이, 죽은 자가 산 자와 함께 그분 앞에, 그대로 동시적으로 놓여 있는 것이다(마 22:32). 하나님은 크신 분이기 때문이다.

이렇듯 크신 하나님 앞에서는, 속으로 앞뒤를 재는 나의 '찌질한 이기적인 계산'을 속일 수가 없다. 내가 나 자신을 속이려 해도, 만일 그 빛의 사귐, 그 사랑의 사귐 가운데 거하고 있다면, 모든 것이 낱낱이 드러난다. 속일 수가 없다. 하나님의 사랑을 받고, 그 사랑 안에 거하며, 그 사랑에 휩쓸려, 그 사랑이 이끄는 대로 떠밀려 가는 것이 가장 복된 길이다. 내 계산으로 내가 계획하고 있는 그 길로 가는 것보다, 하나님의 사랑에 떠밀려 가는 그 길이 훨씬 더 풍성한 생명이 기다리고 있는 복된 땅으로 가는 길일 것이기 때문이다.

그 사랑에 떠밀려 가면 어디까지 이르게 될까? 광야일까? 골고다일까? 그럴지도 모른다. 하지만 결국, 골고다의 십자가를 지나, 빈 무덤을 지나, 하늘의 하나님의 보좌 우편까지 이르게 될 것이다(벧전 3:22; 계 7:13-17). 아니, 결국,

빛이신 하나님 자신이 친히 우리와 함께 거하시는 그 새 하늘과 새 땅, 그 영원한 생명의 나라, 그 온전한 코이노니아의 한복판에 이르게 될 것이다(1:5; 벧후 3:12-13; 계 21:1-3; 22:1-5). 그 길을 누가 알까? 오직 하나님의 사랑이 이끄는 대로 떠밀려 갈 수밖에 없다. 하나님의 사랑만이 그 길을 알고 있기 때문이다.

담대함과 기쁨

하나님의 사랑에 떠밀려 가는 길에서 얻는 유익은 무엇인가? 첫째가 '담대함'이다. 둘째가 '기도 응답'이다. 셋째가 '기쁨'이다. 이것이 21, 22절의 내용이다. 하나님의 사랑에 이끌려 결국 도달하는 목적지가 하나님의 보좌 우편이요, 거기가 목자이신 그 어린양이 우리의 눈에서 모든 눈물을 닦아 주시는 그 생명수 강가라는 사실도 놀랍지만(계 7:15-17), 그 길에 이르기까지 신자가 누리는 담대함과 응답되는 기도 생활과 넘치는 기쁨도 놀랍고 감사한 경험이다.

담대함은 진실로 스스로 자신의 신앙 양심에 비추어 거리낌이나 책망할 거리가 없을 때에 가질 수 있는 마음의 태도이다. 하나님 앞에서 거리낌이 없고 담대한 상태라면, 사람 앞에서나 세상 앞에서도 두려움 없는 담대함을 유지할 수 있다. 간혹, 명백히 죄가 있음에도 불구하고, 흔들리지 않는 눈빛과 철면피 같은 표정으로 그 죄를 감추려 하는 공직자들을 보는 때가 있다. 과오와 실책이 분명한데도 '모르쇠'로 일관한다면, 그것은 뻔뻔함이지 담대함이 아니다. 우리는 먼저, 하나님 앞에 엎드려, 그 빛의 사귐 가운데 믿음으로 담대히 나아가야 한다. 그 빛 가운데서, 우리의 어둠과 죄를 자백하고, 그의 아들의 피로 죄 사함을 받고 회복되기까지 그 사랑 가운데 머물러야 한다(1:5, 7, 9; 2:1-2).

'담대함'(파레시아, παρρησία)이란 원래 '자유롭고 공개적으로, 그리고 거침없이 말하는' 모양새를 강조하는 용어이다. 요한복음에서는 주로 예수님께서 자신에 관해서 담대히 증거하는 문맥에서 사용되었다(요 10:24; 11:14; 16:29; 18:20). 하지만 요한일서에서는 신자가 하나님과의 코이노니아 가운데서 갖는 영적, 심령적 담대함, 그리고 그 절정으로서 심판날에 하나님 앞에서 갖는 담대함을 묘사하는 데 사용됨을 볼 수 있다(2:28; 4:17; 5:14). 유사하게, 신약의 다른 본문에서 하나님 앞에 믿음으로 나아갈 때 갖는 심령적인 담대함을 표현하기도 하지만(엡 3:12; 딤전 3:13; 히 4:16; 10:19), 사도행전에서는 자주 사람들 앞에서 담대하게 하나님의 말씀을 증거하는 모습을 묘사하는 데 사용된다(행 2:29; 4:13, 29, 31; 28:31).

그러므로 '담대함'은 그저 편안한 심리 상태를 나타내기 위해 쓰는 단어가 아니라, 그리스도인의 증언, 복음의 전파, 진리의 가르침의 경우처럼, 어느 상황에서도 위축되지 않고 진리를 막힘없이 선포하고 가르치는 활동을 위해 매우 신중하게 유지해야 하는 심령의 상태라는 사실을 알 수 있다. 자신이 명백하게 마음속으로 책망을 느낄 만큼 하나님의 뜻을 거스르고 있으면서, 예수 그리스도와 그의 나라, 그 나라의 진리에 대해 위협에 굴하지 않고 담대하게 선포하기는 어려운 일이다. 생각해 보라. 당신은 어느 때에 진리를 진리라고 말하기를 주저하고 두려워하는가? 예수 그리스도를 증거해야 하는 자리에서, 성경의 진리를 명확히 수호해야 하는 상황에서, 발을 빼고, 몸을 사리고, 진리를 당당히 증언하지 못한다면, 그리스도인의 삶은 비참해질 뿐 아니라, 점점 더 위축되어 그리스도인이라는 이름은 결국 유명무실하게 되어 버린다.

예수 그리스도에 관한 진리를 가볍게 받아들여서는 안 된다. 진리란 본래 증언을 요구하는 것인데, 증인 또한 순교자(martyr)처럼 그 진리에 자신의 목숨을 걸 수 있을 만큼의 진정성을 가져야 한다. 그것은 하나님과의 사귐 가운데서 책망받을 일을 내려놓고 심령의 담대함을 유지하는 데에서 가능해진다. 하나님 앞에서 담대한 심령만이, 사람들과 세상 앞에서 복음의 진리를 담대하게 증거할 수 있기 때문이다. 하지만 마치 동맥경화에 걸려 피가 통하지 않는 것처럼, 그리스도의 생명과 아버지의 사랑과 성령의 교통하심이 그리스도의 몸 된 지체들 가운데로 흘러가지 못할 만큼 곳곳이 막혀 버린 교회가 얼마나 많은가.

한 사람의 신앙에 있어서도 마찬가지이다. 하나님의 사랑을 받았고 그 사랑은 알지만, 수없이 상처받고 좌절하여, 그 사랑을 인격적으로 경험하지도 못하고 인격적으로 나타내지도 못하는 그리스도인들이 너무도 많지 않은가. 피가 통해야 사는 것처럼, 예수 그리스도의 생명과 아버지의 사랑의 피가 손끝과 발끝까지 온몸에 막힘없이 흘러야 그 삶이 살아나는 것이다. 그렇게 하려면, 먼저 하나님과의 사귐에서 막힌 모든 담들을 헐어 내야 한다. 그 빛과 사랑 안에 거하며, 지속적으로 막힌 곳을 뚫고, 걸리는 것들을 치워 내야 한다. 그 사랑의 사귐을 통해, 그 아들의 생명을 받고 그 생명으로 더욱 풍성하게 되도록 막힘없는 소통에 힘써야 한다. 그래야, 하나님과 사람과 세상 앞에서 담대하게 진리를 증거하는 증인으로서 담대하고 기쁜 삶을 살게 될 것이다.

응답받는 기도와 기쁨

22절이 설명하는 응답받는 기도 역시, 이렇듯 하나님과의 코이노니아 안에서 막힘없는 소통이 가능한 관계에 따라오는 유익이다. 22절 상반절만 보면, '세상에, 이렇게 좋을 데가 있나' 싶을 만큼 복된 상태를 묘사한다. '언제든 우리가 구하는 것을 그에게서 받는다'면 얼마나 좋은가. 기도란 무엇인가? 혹자는, 기도가 필요한 이유는 우리가 할 수 있는 것보다 천만 배나 더 강력한 힘을 동원할 수 있기 때문이라고 설명하기도 한다. 손으로 파내면 한두 달 걸릴 땅을 포클레인으로 파내면 한순간에 해치울 수 있는 것과 같다는 식의 논리이다.

물론, 기도할 때에 '힘으로 되지 아니하며 능력으로 되지 아니하고 오직 나의 영으로 되느니라'(슥 4:6)는 말씀을 붙들어야 한다. 우리가 할 수 없는 일을 하나님께서는 우리의 기도를 통해 이루실 수 있다. 하지만 요한일서 3:22은, 기도에 대해 그런 '능력'의 차원에서 접근하고 있지는 않다. 그것은 당연히 전제된다. 그보다는 '무엇이' 그렇게 되기를 원해서 기도하는지를 물어야 하는 것에 관해 가르친다. '무엇이' 내 힘으로가 아니라 하나님의 능력으로 이루어지기를 원하고 간구하는가? 무엇이든 구하는 대로 받는 기도는 어떤 기도인가?

22절 하반절은, 구할 때마다 응답받는 기도의 비밀이 우리가 하나님의 뜻을 순종하는 데에 있음을 명확히 한다. 여기서도 코이노니아의 원리가 작동한다. 코이노니아는 '상호적'이다. 하나님의 주권적인 은혜로 시작되고 이끌리지만, 그럼에도 그것이 사귐이기 때문에 상호적이다. 우리가 그의 말씀을 순종하면, 항상 그의 뜻이 이루어지기를 간구하고 기도할 것이다. 하나님께서 하나님의 뜻을 이루시는 것이 나의 기도에 대한 응답이라면, 그런 기도는 언제나 구하는 대로 응답받는 기도일 수밖에 없다.

사랑하는 관계에서는 상대방의 소원이나 품은 뜻이 내 소원이 되고 내 뜻이 된다. 나는 그가 바라고 원하는 것을 바라고 원한다. 사랑하기 때문이다. 우리가 하나님을 사랑한다면, 하나님의 뜻이 이루어지는 것이 나의 가장 큰 소원이요 기쁨이 될 것이다. 그러므로 기도 응답을 말하기 전에, 기도를 통해 맺고 있는 나와 하나님 사이의 관계, 그 코이노니아가 진실한 것인지, 인격적인 것인지, 상호적인 것인지, 그 안에서 진실로 하나님의 사랑을 받고 하나님을 사랑하게 되는 관계인지를 물어야 할 것이다.

기도 응답보다 사귐이 먼저이다. 사랑이 먼저이다. 그 사랑 안에서 우리는 무엇을 원하고 기도해야 할지를 깨닫게 된다. 그래서 주기도문을 따라 하는 기도는 언제나 옳다. 주님은 이 땅에 계실 때 항상 '아버지와 함께' 계셨다. 성부(聖父)와의 친밀한 사귐 속에서, 항상 아버지의 뜻이 이루어지고 그 나라가 임하는 것을 자신의 소원과 간구의 제목으로 삼으셨다. 자신의 기도를 우리에게 그대로 가르쳐 주셨다. 예수님을 통해 죄 사함을 받고 구원을 확신한다면, 예수님의 기도가 나의 기도가 되어야 한다. 날마다, 주기도문을 한 구절씩 묵상하며, 그대로 되기를 기도하라. 그 기도는 언제나 응답된다.

하지만 그보다 더 기쁜 일은, 주님의 뜻을 내 뜻으로 품고 하는 기도 생활을 통해, 더욱더 주님의 마음을 알게 된다는 것이다. 더욱더 주님이 가셨던 그 길을 따라가며, 가까이서 그분을 뵈옵게 된다는 것이다. 사귐이 깊어진다는 것은 기도 응답보다 훨씬 더 기쁜 일이다. 아버지 하나님은 우리가 그의 뜻을 품고 이루어 가는 것을 보며 기뻐하신다. 사랑의 사귐 안에서, 상대방의 기쁨은 곧바로 나의 기쁨이다. 그것은 '행복한 전염병'이다. 막힘없는 나눔과 교제가 이루어지는 코이노니아 안에서는, 기쁨도 생명도 사랑도 나눌수록 배가 되며 잔칫집처럼 풍성한 기쁨으로 가득 차게 된다. 코이노니아는 기쁨이다.

코이노니아, 언약의 꽃

이제 요한은 23, 24절에서, 코이노니아가 어떻게 기쁨이 가득한 상호 교제의 인격적 나눔과 사귐이 되는지를 설명한다. 요한일서가 말하는 '하나님의 코이노니아'를 구성하는 필수적인 요소는 무엇인가? 23, 24절은 그것을 '계명'으로 요약한다. 코이노니아의 근본 구조는 무엇인가? 그것은 '상호 내주'(mutual indwelling)이다. 이 부분이 흥미롭다. 그저 단순히 서로의 안에 거한다는 정도의 설명이 아니기 때문이다. 일단, 본문을 자세히 들여다보자.

[23] 무엇보다, 그의 계명은 이것이니 우리가 그의 아들 예수 그리스도의 이름을 믿고, 우리에게 계명을 주신 바대로 우리가 서로 사랑하는 것입니다. [24] 그의 계명을 지키는 자는 그의 안에, 그는 그 사람 안에 거하십니다. 이로써 우리는 그가 우리에게 주신 성령으로

말미암아, 그가 우리 안에 거하시는 것을 알고 있습니다.

우선 23절에서 '계명'이란 무엇을 가리키는가? '그의 계명'(헤 엔톨레 아우투, ἡ ἐντολὴ αὐτοῦ)이란, 좁은 의미로는 하나님께서 그의 언약 백성에게 행하라고 주신 명령으로서 '서로 사랑하라'는 새 계명의 요구를 가리킨다(본서의 2:3 용례에 대한 설명을 참조하라). 그런데 23절 상반절은, 단지 '서로 사랑하라'는 것만이 아니라 '그 아들 예수 그리스도의 이름을 믿는' 것까지 '계명'으로 표현한다. 그러니까 23절에서 '계명'은 넓은 의미로 사용되었음을 알게 된다.

다시 말해서, 23절에서 '계명'은 통상 언약 관계 안에서 주어지는 하나님의 은혜와 그 은혜를 전제로 한 요구 모두를 포함하는 용어로 사용된 것이다. 새 언약 안에서, 하나님께서 그 새 언약 백성에게 베푸신 은혜는 곧 '그 아들'을 통한 구원이다. 그 아들의 '영원한 속죄'를 통해 그 아들의 '생명의 말씀'이 믿는 자의 심령에 기록된 것을 포함한다. 더 나아가서, 그 아들의 영, 곧 '하나님의 영'이신 성령께서 믿는 자의 심령 안에 친히 거하심도 포함한다(렘 31:31-33; 겔 36:22-32; 또한, 본서의 3:9에 대한 설명을 참조하라).

그래서 죄 사함을 보장받은 심령이, 자기 안에 심겨진 하나님의 생명의 말씀을 내주하시는 성령의 능력으로 순종하는 삶을 살게 되는 것이다. 그 순종의 결과는 앞의 문맥인 21, 22절에서 보았듯이, 담대함과 기도 응답의 기쁜 삶이다. 새 언약 교회는 이런 식으로, 그 아들의 죄 사함과 생명의 말씀 그리고 성령의 역사를 은혜로 누리며, 하나님의 뜻을 행함으로써 하나님과의 막힘없는 소통의 코이노니아를 누리게 되는 것이다.

그러니까 23절은 새 언약의 은혜와 요구를 함께 묶어 '계명'으로 표현하고 있다. 통상, '계명'이라 하면 내가 지켜야 하는 것이라는 의무감만을 생각하는데 그렇지 않다는 사실을 알게 된다. 하나님이 우리에게 요구하시는 것은 우리의 구원이며 우리의 복락(福樂)이다. 우리가 그 아들의 이름을 '믿는'(피스튜

오멘, πιστεύσωμεν) 것, 그것이 하나님이 우리에게 가장 먼저 원하시고 요구하시는 것이라는 사실은 기쁜 소식이 아닐 수 없다. 부모가 자식을 자기 목숨처럼 사랑할 때, 그 사랑을 받으라고 요구하는 것은 독재가 아닐 수 있다. 무엇을 해 달라는 것이 아니다. 그런 경우, 자식이 부모에게 할 수 있는 가장 큰 보답은 부모의 사랑을 기쁨으로 받는 것이다.

이처럼 믿음의 첫 번째 기능은, '받는 것'이다. 입이 음식을 받아 몸이 살고, 귀가 사람의 격려하는 말을 들어 마음이 살아나듯이, 믿음은 하늘로부터, 하나님께로부터 오는 말씀, 그 영적인 생명을 그 말씀을 통해 받아들이는 '영적 수납 기관'이다. '믿음'은, 창조주이신 하나님께서 인간에게 입과 귀를 만들어 주신 것처럼, 구원자이신 하나님께서 그의 새 언약 백성 안에 만들어 주신 것이다. 그래서 믿음도 선물이며, 그것도 가장 귀한 선물인 이유는, 신자가 이 믿음을 통해서 계속해서 하나님께로부터 오는 모든 신령한 은혜를 받고 또 받기 때문이다.

새 언약 백성이 믿음을 통해서 받는 신령한 은혜의 요체(要諦)는 그 아들 예수 그리스도이다. 그 아들 안에 모든 신령한 지혜와 능력과 영광이 다 들어 있기 때문이다(골 2:2-3). 아버지는 언제나 그 아들을 우리에게 내어 주시고, 그 아들은 언제나 우리를 살려 내신다. 성령께서는 우리가 그 아들을 통해 그 생명을 받아 누리고 그 아버지의 사랑 안에 거함으로써, 아들과 아버지를 '알고 그 안에서 성장'해 가도록 도우시는 코이노니아의 영이시다. 24절이 말하는 대로 '그의 계명을 지키면', 즉, 그 아들을 믿음으로 받고, 그 아들과 함께 '서로 사랑하라'는 새 계명대로 살게 되면, 코이노니아의 상호 내주의 신비한 사귐이 이루어진다. 다시 본문을 찬찬히 설명해 보자. 그 안에는 놀라운 코이노니아의 역동적인 원리가 숨어 있다.

나는 너희의 하나님이 되고

24절을 보면, 하나님과 하나님의 새 언약 백성이 상호 교차적으로 내주(內住)하는 관계가 눈에 띈다. '그의 계명을 지키는 자는 그의 안에' 그리고 '그는 그 사람 안에' 거하신다. 우선 '안에 거한다'(메네이 엔, μένει ἐν)는 표현은 새 언약의 특징적인 '내면성'(interiority)의 요소를 가리키는 표현이다. 2:3-7과 3:9의 본문을 해설할 때 충분히 설명했지만, 새 언약에서는 옛 언약의 십계명의 경우와는 달리, 하나님의 계명이 돌판에 기록되어 있지 않고 중생한 성도의 심령에 직접 기록되어 있다(참조. 약 1:18, 21; 벧전 1:23-25). 하나님의 영 곧 성령께서도 옛 언약에서처럼 돌로 지은 성전이나 개인들에게 간헐적으로 임재하지 않으시고, 새 언약에서는 '영원한 속죄 제물'이 되신 그 아들을 믿는 심령 안에 친히 임재하여 계신다. 이것이 '그는 그 사람 안에 거하신다'는 표현의 이중적인 내용이다.

하나님께서 성도 안에 거하신다는 것은 그래서 단순히 감정적인 느낌이 아니라, 새 언약의 본질적인 내재성(immanency)을 잘 드러낸 묘사인 것이다. 하나님께서 새 언약 백성 안에 거하신다는 것은, 그들의 중생과 성화 그리고 영화의 과정 전체에 걸쳐 말씀과 성령으로 친히 내주하여 활동하고 계신다는 것을 의미하기 때문이다. 이것은 사실상, 구약의 모든 언약들, 곧, 아브라함의 언약, 모세의 언약, 다윗의 언약, 노아의 언약, 그리고 새 언약에 걸쳐 일관되게 약속하신 핵심적인 내용 즉, '나는 너희의 하나님이 되고, 너희는 내 백성이 되리라' 하신 그 '언약 공식'(covenant formula)의 결정적인 실현이다.

중요한 것은, 이 '언약 공식'이 구약에서 여러 번 명시됨에도 불구하고(레 16:11; 출 25:8; 겔 37:27; 참조. 계 21:3), 지금 요한일서 3:24에서처럼, 이렇듯 명확하게 '상호 내주' 즉, 하나님과 그의 백성이 '서로의 안에 거한다'는 식으로는 표현되지 않았다는 사실이다. 그때에는, 새 언약에서 약속한 대로 '내 법이 너희 속에 기록되고' 또한 '내 영이 너희 안에 거한다'(렘 31:33; 겔 36:27)는 그 약속들이 아직 성취되지 않았기 때문이다. 말씀과 성령이 새 언약 백성의 심령 안에 '내주할 것이라'는 새 언약의 약속은, 하나님께서 '생명의 말씀'이신 그 아들을 세상에 보내신 성육신 사건, 그리고 그 아들의 부활, 승천을 통해 성령, 곧 그의 영을 새 언약 백성인 교회에 보내셔서 그들 안에 거하게 하신 오순절 사건을 통해 드디어 역사 안에 성취된 것이다(1:1; 요 1:14; 행 2:1-4).

요한일서 3:24은, 그래서 신약의 어느 본문보다 더 명확하게, 새 언약의 성취를 통해 하나님의 언약 백성인 교회가 드디어 하나님과 어떤 언약 관계에 들어오게 되었는지를 선명하고도 아름답게 묘사하고 있다. '내가 그들의 남편이 되었어도 그들이 내 언약을 파하였음이라'(렘 31:32)고 탄식하시며, 새 언약이 성취될 때에는, 하나님의 말씀을 아예 그들의 심령에 기록할 것이라고 약속하신 그대로, 하나님은 자신의 말씀을 통해, 그리고 말씀과 더불어 역사하는 성령을 통해, '영원토록 자기 백성 안에' 내주하게 되신 것이다.

따라서 지금 24절의 '하나님이 우리 안에 거한다'는 표현은, 언약 공식에서 '나는 너희의 하나님이 되고'라는 약속의 실현이라 할 수 있다. 그분이 우리 안에 거하심으로써, 하나님께서 온전히 우리의 하나님이 되어 주시기 때문이다. 이는 하나님께서 내 안에 거하심으로써, 나의 능력, 나의 생명, 나의 의, 나의 거룩, 나의 지혜, 나의 구원, 나의 영광, 나의 모든 것이 되어 주신다는 사실을 의미한다(고전 1:30). 내가 나로서는 도저히 꿈꿀 수 없는 것에 대하여, 또는 나로서는 극복하고 이길 수도 없는 원수들에 대해서, 하나님은 나에게 하나님이 되어 주시는 것이다. 피조물인 나에게, 하나님은 생명을 창조하시는 창조주가 되어 주신다. 죽음 아래 놓인 나에게 그분은 부활 생명, 영원한 생명이 되어 주신다. 죄 아래서 시달리는 나에게 그분은 의와 거룩이 되어 주신다. 아무것도 없는 나에게 그분이 모든 것이 되어 주시는 이 복음, 이 기쁜 소식을 그 무엇에 비할 수 있으랴!

새 언약 백성은, 더 이상 스스로 하나님이 될 필요가 없다. 하나님이 되려는 죄악 되고 본능적인 노력에서 해방된다. 인간이 피곤하게 살 수밖에 없는 이유는, 스스로 할 수 없는 것, 즉, 스스로 하나님의 일을 하려고 하고, 하나님의 자리에 서려고 하기 때문이다. 그러니 평생 쉬지를 못한다. 할 수 없는 일을 하려 들기 때문이다. 인간은 스스로 죄를 이길 수 없다. 스스로 죽음을 이길 수도 없다. 스스로 하나님이 받으시는 영광을 취할 수도 없고, 그것을 감당할 수도 없다. 그런데도 그런 허망한 일들을 꿈꾼다. 그것이 인간의 비극이다.

새 언약의 복음은, '내가 너희에게 하나님이 되어 주겠다'는 약속이, 온전히 실현된 것이다. '그분이 내 안에 거하고' 계시기 때문이다. "너희는 두려워하지 말고 가만히 서서 여호와께서 오늘 너희를 위하여 행하시는 구원을 보라"(출 14:13) 하셨을 때, 바로 그 하나님, 모든 것을 그의 전능한 능력과 지혜로 행하고 이루시는 하나님께서 새 언약 백성 안에 친히 내주하여 계신다. 우리 안에서 그 구원을 시작하시고, 그 착한 일을 이루어 가신다(빌 1:6). 그분이 우리의 모든 것이 되어 주시기 때문이다.

그래서 하나님이 우리의 하나님이 되어 주시는 이 놀라운 사귐 안에서, 우리는 얼마든지 쉴 수 있다. "수고하고 무거운 짐 진 자들아, 다 내게로 오라. 내가 너희를 쉬게 하리라"(마 11:28). 하나님의 코이노니아 안에서 가장 많이, 쉽게 할 수 있는 일은 쉬는 것이다. 신앙이란 그분 안에서 쉬는 법을 배우는 것이다. 누구도, 그분 안에서 쉬는 법을 배우지 못하면, 그분의 일을 할 수 없다. 그분 안에서 쉬는 법을 배우지 못한 사람은, 하나님의 일을 한다고 하면서도 결국 자기의 일을 하고, 자기의 이익과 영광을 구할 수밖에 없게 된다. 하나님이 그의 전부가 되지 않았기 때문이다.

그래서 오늘날 신약의 성도가 누리는 '하나님과의 코이노니아'는, 새 언약의 성취로 피어난 화려하고 아름다운, 향내 나는 꽃과도 같다. 그 은혜로운 코이노니아 안에서는 항상 '거룩하고 행복한 교환'이 이루어진다. 하나님은 우리의 모든 것이 되어 주신다. 그분은 우리의 성공이며, 우리의 돈이며, 우리의 생명이며, 우리의 자랑이시다. 그분이 그 코이노니아 안에서, 그 아들을, 그분 자신을 우리에게 기꺼이 내어 주셨다. 또한 이 코이노니아 안에서, 그분은 비천하고 실패하고 누추한 우리 자신을 있는 그대로 받으신다. 초라한 나 자신도 그분의 것이다. 그분은 내가 실패한 빈손으로 그분께 나아갈 때, 얼마든지 환대하시고 받아 주신다. 그분은 영광스러운 그분 자신을 나에게 주시고, 나는 비참하기 그지없는 나 자신을 내어 드린다. 그것은 실로 '은혜로운 사귐'이고, 세상 그 어디에서도 찾을 수 없는 복된 치유와 회복의 코이노니아이다.

너희는 내 백성이 되리라

다시, 언약 공식으로 돌아가 보자. 언약 공식에서 앞부분은, '나는 너희의 하나님이 되고'이다. 나머지 뒷부분은, '너희는 내 백성이 되리라'이다. 24절에서 '그의 계명을 지키는 자는 그의 안에 거한다'는 말씀은 무슨 뜻인가? 왜 계명을 지킴으로 그의 안에 거한다고 말하는가? 더 나아가서, '우리가 그의 안에 거한다'는 것과 '그가 우리 안에 거한다'는 것은 서로 차이가 있는 표현인가? 물론, 차이가 있다.

지금 24절에서 하나님의 계명을 지키는 '그가 그(하나님)의 안에 거한다'는 것은 정확히 언약 공식의 뒷부분 즉, '너희는 내 백성이 되리라'의 성취에 해당하기 때문이다. 왜 그러한가? 언약 공식의 앞부분 즉, '나는 너희의 하나님이 되고'가 마음에 심겨진 씨앗이라면, 이 뒷부분은 거기서부터 피어나는 아름답고 향기 가득한 꽃이다. 이제 드디어, 그들 안에 심겨진 말씀과 내주하시는 성령을 통해, 그 말씀을 순종하는 새 백성이 태어나는 것이다. 드디어, 이

산에서도 말고 저 산에서도 말고, 즉, 장소나 의례나 시간에 구애 없이, 그들 안에 기록된 말씀과 내주하는 성령을 통해 즉, '성령과 진리로'(엔 프뉴마티 카이 알레떼이아, $\dot{\varepsilon}\nu$ πνεύματι καὶ ἀληθείᾳ, 요 4:24) 하나님을 예배하는 새 언약 백성이 탄생하기 때문이다.

이제는 더 이상 두 돌판도, 짐승의 피를 흘려 드리는 번제단도, 백성의 속죄를 대신 집행하는 제사장 계급도, 돌로 지은 성전도 없다. 오직, 참되고 영적인 코이노니아 안에서 예배드리는 신령한 종말의 새 언약 백성이 탄생한 것이다! 더 이상은, 돌로 지은 성전이나 제사장 계급이나 짐승의 피로 돌아갈 이유가 없으며, 이제는 자신들 안에서 말할 수 없는 탄식으로 영원토록 함께 하시며 구원을 이루어 가시는 성령의 능력으로 말미암아, 그들의 거듭난 심령 안에 심겨 있는 그 생명의 말씀을 순종하는 백성, 그래서 온 열방 안에서 의의 싹을 틔워 내는 하나님의 새 백성이 탄생한 것이다. 결국 그 열방의 회복으로 '하나님의 이름과 영광'을 온 땅에 충만하게 하는, 코이노니아로서의 새 언약 교회이다.

그러므로 '서로 사랑하라'는 새 언약의 계명을 준행함으로써 '하나님 안에 거하는 자들'은, 언약 공식에서 '너희는 내 백성이 되리라'는 약속을 성취하는 것이다. 이렇게 생각해 보자. 하나님이 우리 안에 거하시면, 하나님의 모든 것, 그 아들이 우리의 것이 되는 은혜와 능력과 기쁨을 누리게 된다. 하나님이 나의 하나님, 우리의 하나님이 되시는 은혜요 기쁜 소식이다. 동시에 상호적으로, 우리가 그의 계명을 지킴으로써 그분 안에 거한다면, 우리는 그분의 것이 되고, 그분이 가고자 하시는 대로 따라가게 된다. 예컨대, 마치 내가 자동차 안에 타서 그 차 안에 거한다면, 그 차가 가는 대로 내가 가게 되는 것과 같다. 우리가 계명을 순종함으로써 그분 안에 거한다면, 그분이 원하시는 대로 가게 된다. 그것이 우리가 하나님의 백성이 되는 방식인 것이다.

코이노니아는 이렇게 상호적인 관계 속에서 완성된다. 언약이 '상호적'이라는 것은 언약의 핵심 구조에 해당한다. 언약에는 하나님께서 주권적으로 베푸시는 은혜가 전제되어 있다. 이것은 그가 일방적으로 베푸시는 '구출'(救出, rescue)로서의 구원이다. 자식이 없는 아브라함을 열방의 아비로 만드실 수 있는 창조주로서 생명의 은혜를 베푸시고, 애굽 아래서 신음하는 노예들을 해방하셔서 홍해를 건너게 하시는 구원주이시다. 언약에서는, 요구 곧 순종해야 할 계명이 주어지기 전에 반드시 은혜가 주어진다. 주권적 은혜가 전제되는 것이다.

한편, 언약은 '하나님 주권적'이지만 동시에 '상호적'이어서, 그 은혜에는 반드시 요구가 따라오게 되어 있다. 그렇지 않다면, 인격적인 관계가 생기지 않기 때문이다. '나는 너희의 하나님이 되어 주겠지만, 너희도 내 백성이 되어야' 하는 것이다. 이것은 우리가 순종해야 할 계명들로 표시된다. 아브라함에게 '너는 내 앞에서 행하여 완전하라' 하셨듯이, 애굽을 나온 백성에게 십계명을 주셨듯이, 새 언약 백성에게도 '서로 사랑하라'는 새 계명을 주셨다.

그리고 언약 백성이 계명에 순종할 때 언약 안에 머물게 되듯이, 우리도 새 계명에 순종할 때 비로소 '그분 안에 거하게' 된다. 이는 단지 우리 편에서 해야 하는 의무가 아니라, 우리 자신과 세상의 치유 곧 '회복'(回復, restoration)으로서의 구원의 성취이다. 그래서 구원을 온전히 이루려면, 하나님과의 코이노니아 안에서 전적인 은혜로 그 아들을 받을 뿐 아니라, 적극적으로 그의 계명을 순종함으로써 진실로 그분 안에 거해야 한다. 코이노니아는 사귐이고, 사귐은 상호적이며, 인격적인 자유와 특권 그리고 책임을 전제하기 때문이다.

새 언약의 새 계명을 잘 들여다보라: "새 계명을 너희에게 주노니 서로 사랑하라, 내가 너희를 사랑한 것같이, 너희도 서로 사랑하라"(요 13:34). 앞부분 즉, '내가 너희를 사랑한 것같이'가 새 언약의 은혜이다. 그 은혜는 '그분이 우리 안에 거하심'으로써 다 이루어졌다. 그분이 그 아들을 통해 우리의 하나님이 되어 주신 것이다. 뒷부분, '이와 같이 너희도 서로 사랑하라'는 새 언약의 요구, 계명이다. 그 계명에 순종함으로써 우리는 그의 백성, 온 열방 앞에서 그 열방을 아버지 하나님께로 돌아오게 하고 그렇게 함으로써 하나님의 이름이 거룩히 여김을 받으시게 하는 그의 백성이 된다.

그 아들의 은혜와 그 아버지의 사랑 안에서, 형제들과 세상의 이웃을 사랑함으로써, '우리가 그분 안에 진실로 거하는' 친밀한 코이노니아를 완성하게 된다. 마치 잃었던 그 에덴동산에서, 이제는 하나님과 온 열방이 함께 거닐며, 그 동산에 다시 푸른 싹들이 돋아나고 울긋불긋한 꽃들이 피어나고 온갖 과실들이 풍성히 열매 맺는 것과 같다. 얼마나 복되고 은혜로우며, 또한 강력하고 아름다운 코스모스의 회복인가!

우리의 '칭의' 신앙

우리 신앙의 근간인 '칭의 신앙'(justification by faith)을 돌아볼 때이다. 칭의란, 오직 그 아들을 믿음으로 죄 사함 받고 의롭다 함을 얻는 것이다. 오직 믿음이요, 오직 은혜이다.

'칭의와 자기 의(義)' - 그런데 언제부터인가, 우리 안에 '자기 의'의 가라지가 올라왔는지도 모른다. 칭의 신앙에 있어서, '자기 의'는 죽이는 독(毒)이다. 믿음으로 은혜받고 승리하고 나오면, 그 독버섯 같은 '자기 의'가 생긴다. 누구에게나 말씀을 의지하고 목숨을 걸고 믿음을 통해 이룬 승리는 늘 반복하게 되는 '무용담'이다. 문제는, 오직 하나님의 은혜에 대한 간증이 어느덧, 그런 경험을 함께한 우리 자신의 자랑과 권리 주장의 근거가 되어 버리는 것이다.

하나님의 은혜였지만 그것을 자신이 세웠다고 말하기 시작하면, 그때부터 자신이 세운 것을 자기 손으로 다 허물 때까지, 수치와 고통을 피하지 못한다. 수치와 고통을 멈추려면, '내가 했다. 우리가 했다. 우리 세대가 했다. 교회가 했다'는 공로 의식을 버려야 한다. 그리고 하나님을 믿고, 이웃을 믿고, 새로운 세대를 믿고 그들의 밑거름이 되어 주어야 한다. 자연은 만물을 길러 내지만 스스로 공(功)을 내세우지 않는다. 성경은, 저주를 축복으로, 핍박을 사랑으로 갚는 교회가 되라고 가르친다. 최소한, 모든 것을 주었어도 공을 내세우지 않는 겸허함을 가진 교회가 되었으면 좋겠다. 그것이 교회가 사회의 존경을 회복하는 첫걸음이 될 것이다.

'칭의와 정의 코드' - 교회는 종종 칭의 신앙에서 '의'가 법정적으로 주어진 선물이라는 이해에 머물러 있기 때문에, 구약과 신약에서 공히

'의'(righteousness)가 '정의'(justice), 곧 모든 '바른 관계'를 포함한다는 사실을 자주 잊는다. 하지만 '칭의'의 '의'(義)를, 성경을 따라 보다 온전하고 균형 있게 이해하지 못한다면, 우리의 신학과 신앙, 교회가 나아갈 길은 계속 막혀 있을 것이다.

'자유'만이 성경적 가치는 아니다. 자유와 함께 '정의'도 뚜렷한 성경적 가치이다.'자유'라는 이름으로 우리는 얼마나 그 자유를 남용해 왔는가? '정의'의 요구를 피하기 위해, 그 '자유'로 온갖 악을 덮는 것을 사랑이라고 말해서는 안 된다(벧전 2:16). 사랑은 모든 허물을 덮는 것이지만, 주께서는 그 허물을 덮기 위해서 하나님께서 요구하시는 의로운 삶을 사셨고, 이웃을 위한 의로운 사랑의 희생 제물이 되어 주셨다. 정의 없는 사랑은 기만이고, 사랑 없는 정의는 공허하다. 교회는 사랑과 정의를 서로 충돌하는 것으로 생각해서는 안 된다. 우리가 힘입은 구주 예수 그리스도의 '의'는, 장차 새 하늘과 새 땅에 거하는 '의'와 다르지 않다. 그것은 '의의 회복'의 시작과 끝일 뿐이다(벧후 1:1; 3:13).

'칭의의 사회적 의미' – 자신의 행위가 아니라, 그리스도를 믿음으로, 은혜로 구원받는다고 설교하면서, 교회 안에 온갖 차별이 존재한다면, 그것은 아직 칭의의 복음을 온전히 배운 것이 아니다. 신약 시대와 초기 교회는, 칭의의 복음으로, 유대인과 이방인을, 부자와 가난한 자를, 남자와 여자를, 모두 그리스도 안에서 하나님의 형상으로 대접한다. 그것은 당시 유대 사회나 로마 사회 속에서, 놀랍고도 강력한 사회-문화 변혁의 동력으로 나타났고, 전혀 새로운 코이노니아 공동체의 출현을 가져왔다.

칭의의 복음은, 수직적으로 죄인이 하나님께 받아들여진 은혜의 복음이지만, 수평적으로는 더 충격적인 공동체를 창출한 사회적 화해의 능력이었다. 1세기 당시 로마 제국 안에 어디 그런 공동체가 있었던가? 유대인과 헬라인, 주인과 노예, 부자와 가난한 자, 남자와 여자의 차이를 넘어서서, 공동체 안에서 하나님의 거룩한 집, 성전이 되어 버린 그곳, 거기가 교회였다.

수직적인 칭의만큼, 수평적인 칭의의 의미, 칭의의 사회적 의미를 충분히 설교하고 가르치고 진지하게 실천해야 할 때이다. 교회 안에 무슨 '좌우'가 있으며, '혈연'이 있으며, '학연'이 있으며, '지연'(地緣)이 있는가? 세상의 죄를 지적하기 전에, 교회 안에서 세속적 차별을 극복하는 이신칭의의 사회적 차원을 온전하게 실현하려는 노력이 있어야 한다. 그렇지 않다면, 어떻게 교회가 세상에 희망을 주는 빛의 공동체로 드러나게 되겠는가?

갈 길이 멀고 아득하다. 이미 희망을 주고 있는 선한 교회들도 많다. 곳곳에서 우리의 과거와 해결해야 할 과제를 명확하게 집어 내고, 회개하고 돌이키는 수고의 걸음들이 더욱 많이 일어나기를 기도한다. 회개는 가던 길에서 돌이키는 것이다. 돌이키지 않는다면, 다른 길이 나오지 않을 것이다. 이 시험의 때에 주께서 우리에게 무엇보다 지혜와 인내를 더하시기를 간구한다(약 1:2-5).

제4장

코이노니아, 사랑과 온전함

(4:1-21)

요한일서 3장은 코이노니아의 능력과 소통에 대해 설명했다. 새 언약의 성취와 그 결과가 코이노니아를 가능하게 하는 신적 능력이다. 성도 안에 심긴 생명의 말씀과 내주하시는 성령을 통한 기도와 순종의 삶은, 하나님과의 막힘없는 담대한 소통을 가져온다. 4장에서는 한 걸음 더 나아간다. 과연 이런 생명과 사랑의 코이노니아는, 저 '악한 자의 코스모스'와 어떻게 관계를 맺어야 하는가? 이는 교회와 세상의 관계를 묻는 질문이다. 세상 속에서 교회는 어떻게 살아야 하느냐 하는 문제를 다루는 셈이다.

결론부터 말하자면, '교회는 더욱더, 교회다워져야만 한다'는 것이다. 그것이 궁극적으로 교회가 세상과 소통하는 방식의 핵심이다. 특별히 4장 전체는, 교회가 '사랑'에 있어서 탁월함을 나타내는 '하나님의 코이노니아'가 되어야 한다고 가르친다. 그것이 세상과 소통하는 교회의 가장 교회다운 강력한 '소통'의 방식이라고 말한다. 그래서 4:1-6은 먼저, 교회와 세상 사이의 '불통'(不通)의 현상과 그 이유를 설명한다. 소속이 다르다는 것이다. 교회가 세상과 공유하는 차원이 있고, 공유하지 못하는 차원이 있다. 공유할 수 없는 부분에 있어서는 '불통'을 감수해야 하고, 그 어쩔 수 없음을 이해해야만 한다.

그럼에도 불구하고, 교회는 '사랑의 공동체'라는 언어로 세상과 소통해야 한다. 요한일서는, 교회가 세상에 어떤 식으로 영향을 미쳐야 하는지에 관해 직접 다루지는 않지만, 코이노니아와 코스모스 사이에서 오직 그 사랑의 길을 유일한 해법으로 남겨 둔다. 왜 그렇게 생각할 수밖에 없는가? 요한이 '서로 사랑하라'는 계명의 실현을 강조할 때, 그 대상은 우선적으로 새 언약 백성 곧 교회 안의 형제들이다. 하지만 7-10절에서 강조하는 대로, 그 '서로 사랑'의 시작은 하나님이 그 아들을 '육체로 세상에 보내셨다'는 사실에 근거함을 잊지 말아야 한다. 육체를 가진 모든 죄인들과 이 타락한 세상도, 하나님께서 '이처럼 사랑하신' 사랑의 대상이기 때문이다.

요한은 이 세상에 그 아들을 보내신 아버지의 사랑을 선포한 후에, 11-21절에서는 그 아버지의 사랑 안에 거하며 그 사랑으로 서로 사랑하고 그 사랑을 세상에 흘려 보내는 교회가 어떤 식으로 그 '온전한 사랑'에 이르게 되는지를 설명한다. 여기가 요한일서의 절정이다. 가장 높은 봉우리이면서 동시에 가장 깊은 계곡이다. 마치 어둠 속에서 활활 타오르는 불길과 같은, 이 빛나는 말씀들 가까이로 다가가 보자.

1. 코이노니아와 소속(4:1-6)

먼저, 1-6절의 본문은 크게 두 부분으로 되어 있다. 1-3절에서는 '교회 안에서' 거짓 영과 거짓 가르침을 따르는 자들을 분별해 내는 문제를 다룬다. 그리고 그 판단은 '예수께서 육체로 오셨다'는 사실을 기준으로 하는 '기독론적 분별'이다. 상대적으로 4-6절에서는, 그 폭을 넓혀 '세상과의 관계'에 있어서 교회가 어떻게 본질적으로 다른지를 설명하는 '교회론적 분별'을 다룬다. 종합하면, 1-6절에서는 '하나님의 코이노니아'와 '악한 자의 코스모스'가 현실 교회 안에서 그리고 교회 밖 세상에서, 그리고 기독론과 교회론을 중심으로 어떻게 서로 충돌하며 또 분별되는지를 보여 주는 것이다.

이런 분별과 이해가 필요한 이유는 무엇인가? 현실적으로는 코이노니아와 코스모스가 뒤엉켜 있기 때문이다. 현실 교회 안에는, '하나님의 참된 코이노니아에 속한' 알곡만 있는 것이 아니다. 그리스도인이라고 신앙 고백을 하지만 그 정체가 가라지인 가짜 신자들도 섞여 있다. 더 심각한 문제는, 누가 알곡이고 가라지인지, 현실 교회 안에서 심판하고 분리해 낼 수가 없다는 곤혹스러움에 있다(마 13:30).

그렇다고 예수님께서 재림하셔서 알곡과 가라지를 분리해 내실 때까지, 그저 손 놓고 아무것도 하지 않을 수도 없는 일이다. 교회는 끊임없이 자신과 세상을 분별함으로써, 참된 교회다운 길을 가도록 되어 있다. 추운 겨울 눈보라가 몰아치는 황량한 벌판에서라도, 뜨겁고 밝게 타오르는 모닥불이 있다면, 추위에 떠는 사람들이 그 불 가까이로 나아올 수 있을 것이다. 문제는 그 불 자체가 사그라지는 경우이다. 교회는 더욱 교회다워야 한다. 1-6절의 본문을 살펴보자.

¹ 사랑하는 여러분, 온갖 영들을 다 믿지 말고, 그 영이 하나님께로부터 온 것인지 검증하십시오. 왜냐하면 많은 거짓 선지자들이 나와 세상에 들어왔기 때문입니다. ² 하나님께로부터 온 영은 이로써 알 것인데, 곧 예수 그리스도께서 육체로 오셨다는 것을 고백하는 영은 모두 하나님께로부터 온 것입니다. ³ 그리고 그 예수를 고백하지 않는 영마다 하나님께로부터 온 것이 아니며, 이는 곧 적그리스도입니다. 온다고 하는 것을 여러분이 들었고 이제 세상에 이미 와 있습니다. ⁴ 여러분은 하나님께로부터 난 자녀들이며, 그들을 이겼습니다. 왜냐하면 여러분 안에 계신 분이 세상에 있는 자보다 크기 때문입니다. ⁵ 그들은 세상으로부터 났고, 이 때문에 세상으로부터 나오는 말들을 합니다. 그래서 세상은 그들의 말을 듣습니다. ⁶ 여러분은 하나님께로부터 났고, 하나님을 아는 자는 우리의 말을 듣습니다. 하나님께로부터 나지 않은 자는 우리의 말을 듣지 않으니, 이를 통해 우리가 진리의 영과 미혹의 영을 아는 것입니다.

다 믿지 말라

1절은 모든 그리스도인들에게 '의심할 것'을 요청한다. 의심은 나쁜 것인가? 혹시 내가 고혈압에 걸린 것은 아닐까? 혹시 사랑하는 내 어머니가 골다공증에 걸린 것은 아닐까? 이렇게 의심하는 것이 나쁜 것인가? 의심이 다 나쁜 것은 아니다. '무조건 믿으라. 덮어 놓고 믿으라'는 말은 성경적 신앙과 전혀 어울리지 않는다. 의심은 믿기 전에도, 믿은 후에도, 영적 건강을 위해서 정당하게 요구된다. 1절에서 '온갖 영들을 다 믿지 말라'(메 판티 프뉴마티 피스튜에테, μὴ παντὶ πνεύματι πιστεύετε)는 말은, 아무것도 믿지 말라는 뜻이 아니라, 무턱대고 믿지 말라는 뜻이다. 신앙생활에서 건강한 의심과 분별의 책임은 필수적이다.

물론, 의심은 '완고한 거부'와는 다르다. 건강한 의심이란, 앞에 놓은 음식을 다 먹어 치우기 전에 맛을 보는 것과 같다. 하지만 하나님의 계시의 말씀을 두고 그것이 단지 자신의 이성적 판단이나 경험적으로 이해가 되지 않는다는 이유로 애초부터 거부한다면, 그것은 음식을 앞에 두고 아예 쳐다보지도 않는 '편견'에 가깝다. 그래서 '다 믿지 말라'는 것은, 분별하고 판단해 가며 검증해 보면서 받아들이라는 뜻이다. 성도가 하나님의 말씀인 성경의 권위 외에 다른 인간적 권위에 복종하여 자신의 머릿속을 비워 버리고 영적 감각을 헌납하는 것도, 말씀과 성령이 내주하는 하나님의 백성이기를 스스로 포기하는 것이나 다름없다. 항상, 말씀과 성령을 따라, 분별하는 데 게으르지 말아야 한다.

성도의 입장에서 가장 믿을 만한 설교자는, 성경에 기록된 말씀을 충실히 설교하며, 성도들이 자신의 말이 아니라 오직 성경의 가르침만을 따라가기를 소원하는 설교자이다. 오래전 그런 설교자를 목도한 적이 있다. 그날 설교 시작 전에 목사님은 단 옆으로 내려와, 성도들에게 공식적으로 사과했다. 그 전

주일에 한 설교에서 성경의 한 본문을 잘못 해석한 것이 있었는데, 이를 솔직하게 시인한 것이다. 그러고는 다시 설교단에 서서, 성경을 손에 쥐고 높이 들어 올렸다. 그리고 이렇게 말했다. "사랑하는 성도 여러분, 제가 설교하는 내용을 다 믿고 따라오기를 바랍니다. 하지만 앞으로도 제가 한 설교 내용이, 여러분이 가진 이 성경 말씀에 어긋나거든 결단코 저를 따라오시면 안 됩니다. 오직 하나님의 말씀만 좇아가시는 하나님의 양 무리가 되시기를 간절히 축복합니다." 하나님의 말씀만을 전하는 목회자를 만나려면, 성도 자신이 스스로 오직 하나님의 말씀을 분별하고 따르는 훈련을 감당해야 한다.

그렇다면 어떻게, 무슨 기준으로 거짓 가르침을 분별할 수 있는가? 물론, 하나님의 말씀이다. 성경 66권 전체가 참된 가르침과 거짓 가르침을 나누는 분별의 기준이다. 하지만 그중에서도, 성경의 모든 진리는 하나님의 아들 예수 그리스도에 관한 진리로 응축된다. 그래서 누가 예수 그리스도에 관해 무엇을 어떻게 가르치는지를 보면, 그가 거짓 영을 좇아 하는 것인지, 하나님께로부터 온 영을 따라 가르치는 것인지를 분별할 수 있다. 마치 현미경으로 사물을 들여다보는 것처럼, 예수 그리스도를 중심으로 판별하면 모든 것이 정확하고 선명하게 보이기 시작한다.

특별히 1-3절은, 요한일서의 수신자 교회를 배경으로 그 당시의 거짓 가르침을 겨냥한 중요한 '기독론적 기준'을 제시하고 있다. 그것은, '예수께서 육체로 오셨다'는 사실에 관련된 가르침이다. 우선 1-3절의 '영들' 또는 '영'(프뉴마, πνεῦμα)은, 각 사람을 그의 영적인 본질을 대표로 총칭해서 부르는 표현이라기보다, '정사'(principalities)나 '권세'(powers)나 천사들처럼 영적 존재들을 일컫는 것으로 보는 것이 적절하다(막 3:11; 5:13; 행 8:7; 골 2:10, 15; 히 1:14; 계 3:1; 16:13). 실제로 그렇기도 하지만, 당시 고대의 세계관에서는 현실 세계에서 일어난 일들과 영적인 세계에서 일어나는 일이 서로 연동되며 영향을 주고받는다는 사실을 믿었고 그것을 어렵지 않게 표현할 수 있었다.

문맥 안에서도, 눈에 보이는 이 세상의 영역에서 거짓 선지자들이 거짓 가르침을 말하거나(1절), 또는 사람들이 눈에 보이지 않는 영적 영역에서 일어난 사건들에 대해 어떤 신앙의 고백을 할 때(2-3절), 그것은 단지 그들의 판단일 뿐 아니라, 영의 세력들의 활동이 영향을 미친 것으로 보고 있음이 분명히 드러난다. 사실 요한일서는, 이 세상의 배후에 악한 자 마귀가 있고 그 마귀의 보이지 않는 '미혹하는' 활동이, 눈에 보이는 적그리스도나 거짓 선지자들의 활동으로 나타난다는 사실을 전제하고 있다(5:19).

그래서 우리가 믿지 않는 자에게 복음을 전할 때 그 영혼을 위해 하나님께 간곡히 기도할 수밖에 없는 것이다. 성령께서 친히 찾아가 주셔서 영적으로 감화하시고 감동시키는 일이 없다면, 사람이 예수 그리스도를 믿거나 안 믿는 일이 단지 논리적인 설득이나 감정의 변화로 일어나지 않음을 잘 알고 있기 때문이다. 하지만 우리 편에서도 끊임없이 사랑 안에서 참된 진리의 말씀을 온유함으로 전하려는 노력을 다해야 한다. 지금 요한일서의 본문에서도 마찬가지이다. 영적으로 일어나는 일들이 있지만, 눈에 보이는 현실의 차원에서 반드시 분별해야 하는 일도 있는 것이다.

즉, 눈에 보이지 않는 영적인 세계에서 일어나는 일들은 우리가 직접적으로 알 수 없다. '정사'나 '권세'나 천사들 같은 영적 존재들의 활동은 눈에 보이지 않는다. 오늘날의 사람들은 눈에 보이지 않는 영적 세계의 존재를 무시하는 경향이 있다. '눈에 보이지 않는 영적 세계는 존재하지 않거나, 존재해도 알 수 없다'는 식의 서구 17세기의 계몽주의의 과학 혁명으로 시작된 근대 문명의 영향은, 후기 산업 사회나 후기 근대주의라고 일컬어지는 오늘날에도 여전히 유행하는 세계관이다.

하지만 신약 성경의 세계는, '보이는 것은 나타난 것으로 말미암아 된 것이 아니다'(히 1:13)라고 가르친다. 눈에 보이는 이 세계는, 보이지 않는 영적 세계와 깊은 연관을 갖는다. 거꾸로, 보이지 않는 영적 세계는, 보이는 세계에서 드러나게 된다. 모든 것이 인간에게서 시작하고 물질세계에 갇혀 있으며, 단지 이성과 경험 안에서 이해되고 끝날 것이라는 생각 자체가, 성경적 세계관에 비추어 보면 거의 불구(不具)에 가까운 비정상적인 사고방식인 것이다.

그러나 동시에 '모든 것이 귀신의 활동'이라는 식으로, 현실 세계의 일들을 획일적으로 영적인 세계의 활동으로 '환원'(reduce)시켜서도 안 된다. 현실 세계 역시 하나님의 일반 은총의 영역으로 하나님께서 보이시는 방식으로 자신의 뜻을 계시하시는 영역이기도 하며, 인격적으로 지음 받은 인간이 분별과 판단, 선택과 행위를 통해 책임을 지며 살아가는 영역이기 때문이다. 이와 같은 성경적 세계관을 전제로, 요한은 거짓 영들을 분별하는 방법을 알려 준다. 보이는 것으로, 보이지 않는 영들의 정체를 판단하는 것은 결코 쉬운 일이 아니지만, 요한은 매우 명확한 기준을 제시한다.

분별의 기준, 예수 그리스도에 관한 진리

그 기준은 '예수 그리스도'이다(2-3절). 어떤 사람이 만일, '예수 그리스도는 하나님의 아들이시며 육체로 세상에 오셨다'는 것을 인정하고 고백한다면, 그는 하나님께로부터 온 영에 따라 그렇게 말하는 것이라고 판정할 수 있다. 반대로, 겉으로 보기에는 아무런 확증이 없지만, 어떤 사람이 하나님께로부터 온 것이 아닌 다른 적그리스도적인 악한 영적 세력으로부터 온 영에 따라 말하는 것인지를 어떻게 알 수 있는가? 그가 예수 그리스도에 대해 어떻게 말하는지, 어떻게 증거하는지를 보면 알 수 있다는 것이다.

그러니까 '예수 그리스도'가 영(靈) 분별의 시금석이다. 이 말을 뒤집으면, 다른 것들은 명확한 기준이 될 수 없다는 것이다. 그래서 함부로 '저건 마귀에 씌었어. 마귀 자식들이야' 그런 식으로 말해서는 안 된다. 단지 정치적 견해가 다르다는 이유로, 혹은 성경 해석에 있어서 성경 본문 자체가 논지는 분명하지만 부분적으로 다른 해석들을 가능하게 하는 경우, 그런 부차적인 문제를 놓고 함부로 '이단'(heresy)이라는 판정을 내려서는 안 되는 것이다.

그 사람이 예수 그리스도를 하나님의 아들로 시인하고 고백하는 이상, 우리는 믿음의 형제자매들에게 함부로 '당신은 이단이오. 즉, 하나님의 가족이 아니오'라고 선언해 버릴 수 없는 것이다. 형제들이 오랫동안 헤어져 살면, 서로 많이 달라진다. 생김새도 성격도, 생활 습관도 엄청나게 달라질 수 있다. 그러나 아버지 자신의 증언을 들어 보지도 않고, 단지 자신과 다른 점들이 너무 많다고 해서 가족이 아니라고 판정해 버리면, 아버지는 무엇이라고 말씀하시겠는가?

그러므로 성경 해석에서 그 의미가 명확하지 않고 확정적이지 않은 문제로 믿음의 형제자매들을 쉽게 '이단'으로 낙인을 찍는 일은 극히 주의해야 한다. 하지만 성경이 명백히 '저들은 하나님의 가족이 아니다'라는 판정을 할 수 있도록 해 주는 이단에 대한 판별 기준을 간과해서도 안 될 것이다. 교회 전통이 강조해 온 대로, '본질에서는 일치를, 비본질에서는 관용을' 실천해야 하는 지혜가 필요하다. 그렇다면 본질은 무엇인가? 그것은 우리의 본문이 가르치는 대로, 예수 그리스도에 관한 진리이다. 이것만큼은 절대로 양보할 수 없는 핵심적인 판별 기준인 것이다.

흔히 '종교 다원주의'로 불리는 사상이, 오늘날 후기 현대주의의 '관용'(tolerance)의 시대정신을 따라 독버섯처럼 자라고 있는 이때에, 교회는 '예수 그리스도의 중심성'이라는 반석 위에 흔들림 없이 굳게 서야 한다. 오직 예수 그리스도가, 모든 주장과 사상과 종교의 진위를 가르는 판별 기준이다. 이렇게 말하면, '기독교는 독단적이고 배타적이야'라고 힐난할 것이다. 그래도 할 수 없다. 그 기준은 우리가 정한 것이 아니라, 그 아들을 세상에 보내신 하나님 아버지께서 증거하신 말씀 그대로이기 때문이다.

요한일서는 요한복음과 함께, '하나님이 세상을 이처럼 사랑하사 독생자를 보내셨다'는 역사적이며 동시에 초역사적인 하나님의 구속 사건을 사도들의 증거와 성령 자신의 증거를 통한 견고한 말씀으로 보존하고 있다(요 3:16; 요일 1:1-4; 4:9-10, 14; 5:5-8). 그래서 누군가가 예수 그리스도에 대한 어떤 신앙 고백을 한다면, 그것은 곧 하나님이 무엇을 하셨는지에 대한 본인의 진술을 확정하는 것이나 마찬가지이다. 그러니까 누가 예수 그리스도에 대해 증거한다면, 그것은 하나님 자신의 행동과 증거에 직결되는 것이다.

'하나님이 그 아들을 세상에 보내셨다'는 확고한 사실에 근거해서 추론하면 되는 것이다. 만일 누군가가 '하나님은 그 아들을 세상에 보내지 않으셨다'고 주장한다면(요 8:21-59), 그것은 하나님 자신의 행동과 증거에 정면으로 충돌한다. 하나님을 거짓말쟁이로 만드는 것이다(1:10). 예수가 구약에서부터 세상에 오기로 약속되어 왔던 바로 그 메시아임을 알지 못하고 부인했던 유대교가 그런 경우이다.

만일, 누군가가 '신은 홀로 하나뿐이며, 하나님에게는 아들이 없고, 예수는 단지 선지자일 뿐'이라고 하면, 그런 주장은 하나님을 아들이 없는 하나님으로 만들어 버리는 것이고, 처음부터 삼위 하나님으로 계시는 하나님, 영원한 사랑의 코이노니아 안에 거하시는 삼위 하나님을 부정하는 거짓 주장이 될 것이다. 하나님 아버지는 분명히 '그 아들'을 세상에 보내셨기 때문이다. 이슬람이 그런 거짓 주장을 하는 종교에 해당할 것이다.

'육체로' 오심을 부인하는 진짜 이유

하나님께서 그 아들을 '세상에' 보내셨는데, 누군가가 이렇게 말한다고 해 보자. 즉, '하나님이 계시고 하나님께는 그 아들도 있고, 하나님께서 그 아들을 세상에 보내셨다는 것도 인정한다. 그러나 그 아들이 '육체로' 오신 것은 아니다.' 상당히 많이 인정한 것 같지만, 결국 유대교나 이슬람의 경우와 크게 다르지 않은 결과를 가져온다. 왜냐하면 성경과 충돌하는 이런 거짓 주장대로라면, 하나님이 아들이 있고 그 아들을 보내셨어도, 결국 세상에는 아무런 변화도 일어나지 않기 때문이다.

요한일서의 배경이 되는 '가현설'(docetics)적인 이단들이 이런 주장을 한다. 현명한 독자들은, 이런 거짓 가르침의 영적 배경이 '세상이 그 아래 놓여 있는 악한 자 마귀'의 계략이라는 것을 눈치챌 것이다. 왜 마귀는 거짓 영들을 부려, 이런 거짓된 교리, 이단적 가르침을 온 세상에 가라지처럼 뿌려 놓는 것일까? 만일 하나님께서 자기 아들을 보내셨다고 해도, 그 아들이 진짜 '세상에 오지 않은 것'이라면, 세상은 그대로일 것이다. 즉, 악한 자가 죄와 죽음과 허무의 지배를 통해 하나님을 대적하는 견고한 진을 쌓아 놓은 그대로인 것이다.

이것이 마귀가 거짓 영들을 부려, 그 아들이 세상에 왔다 해도, '육체로'(엔 싸르키, ἐν σαρκὶ) 오신 것은 아니라고 극구 부인하고 싶어 하는 진짜 이유이다. 하지만 뒤집어 생각해 보면, 이런 이단적 주장은 마귀의 전략을 그대로 폭로한다. 마귀는 이 세상에 예수 믿는 사람들이 차고 넘친다 해도, 그들로 해서 이 세상이 하나도 바뀌지 않기를 바라고 있다는 사실이다. 곳곳에 예배당 건물이 세워지고, 신학생들과 목사들이 넘쳐나고, 전 국민이 모두 기독교인들이 된다 해도, 그들의 신학과 신앙이, '육체로' 나타나지만 않게 한다면, 마귀가 죄와 죽음과 허무와 하나님께 대한 극한 혐오로 지배하는 이 세상은 털끝 하나 다치지 않고 그대로 보존할 수 있을 것이기 때문이다.

요한일서가 알려 주는 바에 의하면, 이 세상은 '악한 자 아래에 놓여 있다'(5:19). 보이는 세계는 보이지 않는 영적 세력과 서로 연대해 있다. 1세기 당시, 인구의 3분의 1인 노예들이 떠받치고 있던 사회, 황제가 자신을 '신(神)의 아들'(filius dei)이라 불렀던 로마에서, '하나님의 아들'이 '육체로' 세상에 오셨다는 소식은 실제로 무엇을 의미했을까? 철학자들과 자유 시민들이 '육체의 감옥'을 벗어나 '영원한 이데아(Idea)'의 추상적인 세계에 도달하는 것이 진리요 구원이라 생각하던 문화 속에서, 하나님의 아들이 육체로 죽으시고 육체로 부활하셨으며, 육체로 사는 우리 안에 '영원한 생명'을 주셨다는 '주'(kyrios) 예수 그리스도의 복음은, 당시 노예들에게, 자유인들에게, 그리고 황제에게 과연 어떻게 들렸을까?

초기 교회의 멤버들은 대체로 가난한 소작농들, 노예들이 다수였다. 그들은 함께 모여, 육체로 오신 하나님의 아들을 믿고, 버려진 세상을 '이처럼 사랑하신' 하나님 아버지의 사랑 안에서, 영적으로, 인격적으로 물질을 나누며 함께 교제했다. 세상 안으로 들어온 이 놀라운 생명과 사랑의 코이노니아는, 정치적으로나 경제적으로 노예 해방의 혁명을 선동하지는 않았다. 하지만 육체와 물질의 창조 세계를 멸시하고 이원론적인 추상적 정신세계로 도피함으로써 개인적, 사회적 죄악을 덮어 버렸던 로마 사회는, 얼마 가지 않아 결국 '육체로' 오신 하나님의 아들 예수 그리스도께서 가져오신 의와 생명과 사랑의 코이노니아에 의해 무너지고 갱신되고 말았다.

당시 동방의 신비 종교에 그 기원을 두었던 '초기 영지주의'(the early gnosticism) 역시 마찬가지로 이원론적 세계관을 퍼뜨렸고, 헬라의 철학적 이원론과 초기 영지주의의 영향을 받았던 '가현설론자'들도 그 아류였음이 분명하다. 예수 그리스도가 하나님의 아들이라 한들, 그가 세상에 왔다 한들, 진정으로 '육체로' 오지 않았다면, 그가 십자가에서 죽으신 일이 어떻게 인간인 우리의 끔찍한 모든 죄, '온 세상의 죄'(2:2)를 대신 속하는 '속죄 제물'의 희생이 될 수 있었겠는가! 결국 하나님의 아들이 '육체로 오지 않았다'는 거짓 주장은, 그의 대속(代贖) 사역과 부활을 통해 죄와 죽음의 권세를 깨뜨리고 사람들과 세상을 해방하신 '하나님의 큰일'(행 2:11)을 전면 무효화하려는 악한 자 마귀의 수작이 아니고 무엇이겠는가!

악한 자 마귀는 처음부터 '거짓말쟁이'였다(요 8:44). 그는, 전공이 거짓말을 지어내서 하나님의 말씀을 사람들이 믿고 받아들이지 못하게 하고, 그들로 그와 결탁하게 하여 '악의 연대'의 바벨탑을 쌓아 하나님의 주권과 나라에 반역하고 도전하게 하는 것이 목적이었던 자이다. 요한일서의 배경에 있는 '교회를 나간' 그 적대자들, 이단들은 바로 이런 식으로, 악한 자 마귀의 거짓에 놀아난 자들이었다.

생각해 보라. 만일 하나님의 아들이 세상에 왔다 해도, 그 아들이 진실로 '육체로' 온 것이 아니라면, 이 세상은 여전히 악한 자 마귀의 손아귀에서 빠져나올 길을 찾지 못했을 것이다. 여전히, '하나님 아버지의 사랑'을 받지 못한, 죄와 죽음의 저주 속에 갇힌 비참하고 비통한 감옥일 수밖에 없는 것이다.

예수 그리스도께서 친히 '육체로' 세상에 오셨기 때문에, 이 세상은 비로소 그 죄와 죽음과 허무의 사슬에서 풀려 해방된 것이다. 사막에 강물이 흐르고 꽃이 피어나고 온갖 종류의 나무가 열매를 맺기 시작하듯이, 이 세상은 원래 이 세상을 창조하신 아버지 하나님의 사랑으로 다시 따뜻해지고 살아나고 빛나기 시작하는 것이다. 이 세상은 버려진 황무한 광야가 아니라, 하나님 아버지께서 그 사랑으로 친히 그의 백성 가운데 거하셨던 그 낙원, 곧 에덴동산의 기쁨으로 가득 차게 되는 것이다. 마귀가 거짓 가르침으로 예수의 '육체로' 오심을 결단코 부인하는 이유가 바로 여기에 있지 않은가!

'육체로' 나타남이 없는 신앙

오늘날은 어떠한가? 예수를 믿는 그리스도인들이 상당수에 이르렀지만, 혹시 사회가 그리스도인이라는 사람들로 해서 더 불의하고 거짓되고 어두워졌다면 그것은 무엇이 잘못된 것인가? 유대교처럼 하나님께서 보내신 자가 그 아들이라는 사실을 부인하는 것도 아니고, 이슬람처럼 하나님은 애초에 아들이 없었다고 믿는 것도 아니고, 하나님께서 그 아들을 세상에 보내셨다는 것을 분명히 믿는다면, 도대체 무엇이 잘못된 것인가? 혹시, 우리의 신앙에서 그 '육체로' 오셨다는 그 부분, 즉, '육체로'가 빠진 것은 아닐까?

'행함이 아니라 믿음으로, 은혜로 구원받았으니, 이제 세상에서 복 받자'는 신앙은 여전히 주류(主流)가 아닌가? 만일 예수 믿고 곧바로 천당 가는 것이 구원이라면, 이 세상은 공백으로 남는다. 신자가 월요일부터 토요일까지 살아야 하는 세상은 그저 예수 잘 믿어 복 받고 성공해야 하는 세상으로 남게 되는 것이다. 그 세상 속에서, 신자가 '육체로' 나타내야 할 신앙의 내용은 실종되고 마는 것이다. 그렇다면 이렇게 '축소되고 왜곡된 복음'을 가르친 자들은 '거짓 교사들'이 아니었던가? 요한일서에 의하면, 그들은 과연 '어떤 영(靈)을 따라' 그런 왜곡된 복음을 전한 것인가?(4:2)

한동안 한국 교회를 휩쓸었던 '삼박자 구원'을 떠올려 보라. 그것은 뜻밖에도 '육체로' 받는 구원을 포함한 것이다. 그러나 그 '육체로' 받는 구원의 내용은, 예수 그리스도께서 '육체로' 오셔서 나타내 보이신 거룩과 의에 주리고 목마름과 화평과 희생과 십자가의 길이었던가? 아니면 의나 거룩이나 진리와는 관계없이 '육신의 건강과 사업의 성공과 자녀의 출세'였던가? 그렇다면 그런 왜곡된 복음의 영적 출처는 어디였다는 말인가? 요한일서는 예수 그리스도의 복음에 관한 한, 엄밀하고 확실한 분별을 요구하고 있다.

예수를 아무리 잘 믿는다고 해도, 그 영원한 생명과 의와 사랑이 '육체로' 나타나는 신앙이 아니라면, 우리의 삶은 그대로일 것이다. 우리의 사회도 불의한 채로 그대로 있을 것이고, 이 세상도 악한 자의 거짓과 죄의 참혹함과 죽음의 어두운 그늘 아래서, 하나님께 대한 깊은 혐오의 골짜기를 헤매는 그대로일 것이다. 마귀는 그것을 원한다. 교회가 많아지든, 신학교나 목사가 많아지든 말든, 우리의 신앙이, 빛으로, 생명으로, 사랑으로, 삶으로 나타나지만 않는다면, 얼마든지 그대로 둘 것이다.

그래서 요한의 신학은 '성육신'(incarnation)의 신앙이다. 내가 이미 '믿음으로 의롭다 함'을 받고 구원을 확신하든지, 아니면 장차 주께서 오실 때에 영광스러운 모습으로 변화할 것이라고 확신하든지, 그 구원에 대한 확신이 그 아들의 생명과 의, 진리와 은혜, 아버지의 사랑과 함께, '지금, 여기서, 육체로 나타나지' 않는다면, 마귀의 견고한 진(camp)은 그대로일 것이다. 날마다 주께서 가르치신 대로 '나라가 임하옵시며'라고 기도한다면, 우리의 신앙은, 지금, 여기서, 육체로 나타나야만 한다.

교회와 세상의 소통

4-6절 역시 '분별'에 대해 말한다. 다만, 앞선 1-3절이 '예수 그리스도에 관한 진리'를 분별의 기준으로 내세웠다면, 여기서는 '교회와 세상 사이의 소통 관계'를 기준으로 내세운다. 먼저, 교회와 세상이 서로 소통이 불가능하다는 판정을 살펴보자. 하나님의 자녀들은 그 영적 기원과 출처가 하나님 자신이다. '하나님께로부터 난'(에크 투 떼우, ἐκ τοῦ θεοῦ) 자들이라든지 '하나님의 자녀들'이라는 표현은 모두, 하나님께로부터 온 그 아들의 영원한 생명으로 거듭난 자들, 죽음에서 그 아들을 일으키신 부활 생명의 영이신 성령께서 내주하시는 하나님의 새 언약 백성이라는 의미이다.

반면에 어떤 사람들이 '세상으로부터 났고'(에크 투 코스무, ἐκ τοῦ κόσμου)라는 의미는 대조적으로, 그 사람의 영적 기원과 출처가 하나님과 분리되어 죄와 사망과 허무 아래 갇힌 세상의 육적인 생명만을 가지고 있다는 뜻이다. 이 구분은 너무나 명확해서, 교회가 세상을 대할 때 이런 구분을 잊어서는 안 될 만큼 결정적인 차이를 나타낸다. 생명이 있고 없고의 차이는, 다른 어떠한 차이들보다 현격히 다른 결정적인 영역이기 때문이다.

그다음으로, 요한은 '말을 하고, 말을 듣는' 소통의 불가능성을 언급한다. 하나님께서 보내신 그 아들의 생명을 받은 자들과 이 세상에 속한 생명만을 가진 자들 사이에 주고받는 말들 가운데는 전혀 소통이 불가능한 영역이 있다는 것이다. 가장 특징적인 예가 바로, '예수는 하나님께서 이 세상에 보내신 그 아들이요 구세주이시다'라는 말씀일 것이다. 예수 그리스도에 대한 신앙고백은, 하나님께로부터 온 성령의 역사가 아니면 인정할 수 없는 내용이기 때문이다.

영적으로 그 출처와 기원이 다르기 때문에, 그런 영역에 대한 대화는 서로 소통이 되지 않는다. 이런 점에서, 다원주의 사회 속에서 '타 종교와의 대화'는 한계가 있고 또한 그런 한계를 겸허하게 인정해야 한다는 사실도 알 수 있다. 타 종교와 대화한다는 것이, '어떤 길로 가든지 산꼭대기에서 만난다'는 식의 논리를 전제로 베푸는 관용이라면, 그것은 배려가 아니라 부정직한 것일 수밖에 없다. 요한은 이미 앞선 1:1-2에서 예수 그리스도에 관한 증거라는 절대 기준에 대해 언급하면서, 이런 타협 불가능한 진리의 측면을 충분히 설명했다.

그러니 그 영적이고 진정한 의미에서 '소통'이란, 결국 같은 영역에 속한 자들 안에서 '끼리끼리' 할 수밖에 없는 것이 된다. 6절에서 보듯, 세상으로부터 난 자들은 세상으로부터 나오는 말들을 하고, 세상은 저희들의 말을 듣는다. 말을 하는 존재의 영적 본질과 그 말의 내용, 그리고 그 말을 알아듣는 소통의 관계가, 모두 '동일한 영적 세계' 안에 갇혀 있는 것이다.

이 세상은 '바벨탑 아래'에 놓여 있다고 할 수 있다(창 11:9). 단지, 언어만이 다른 것이 아니다. 서로 영적인 소속이 달라서, 그 다른 영적 영역 간에는 무슨 말로도 소통이 불가능한 '단절'(disconnection)의 차원이 있다. 죄가 여러 형태로 그 모습을 드러내지만, 이런 점에서 '단절'이야말로 죄 중에 가장 뚜렷한 죄의 현상이 아닐 수 없다. 세상에서 가장 어려운 것이 '소통'이 아니던가!

6절은, 하나님의 참된 교회 내에서 하나님의 자녀들은 그 영적인 내용들로도 얼마든지 소통할 수 있고, 소통이 가능하다는 사실을 보여 준다. 영적인 출처와 기원이 같고, 그래서 그 말의 내용과 그 말을 듣는 소통도 동일한 '영적 세계' 안에 거하고 있기 때문이다. 그러므로 내가 어떤 '신앙적인 말'을 했을 때, 그것을 알아듣는 사람이 있고, 전혀 알아듣지 못하는 사람이 있다는 사실에 놀라지 말아야 한다.

당연한 듯하면서도, 오늘날 교회가 세상 속에서 가장 쉽게 하는 실수가 바로 여기에 있다. 교회가 세상 사람들이 모이는 시내의 광장 한복판에 모여서, '할렐루야, 아멘'을 외치고, '성령, 기도, 헌금'을 언급하며, 온갖 신앙적인 용어로 무엇인가를 주장할 때, 세상 사람들이 보기에는 마치 어항 속의 물고기들처럼 입을 열고 뻐끔거리는 것 장면 이상의 의미가 없다는 사실이다. 아무리 신앙적인 호소를 했어도, 그런 경우는 단지 정치적, 사회적 집단의 특정한 어떤 주장들로 비치게 될 것이기 때문이다.

이처럼 교회가 세상과 소통할 때, 주의해야 할 것들이 생긴다. 그렇다고 교회가 세상과 전혀 소통할 수 없는 이원론적 장벽 안에 갇혀 있는 것만은 아니다. 이것이 요한이 4:7 이하부터 '사랑'에 대해 장황하게 설명하는 이유이다. 교회가 하나님의 사랑으로 충만해 있을 때, 교회는 광장에 나서서 종교적인 용어로 어떤 정치적 가치를 부르짖지 않아도, 그 거룩하고 순결한 사랑으로 사회와 소통할 길을 얻을 수 있다. 세상은 여전히 일반 은총의 영역이다. 세상 사람들에게는 여전히 창조주 하나님께서 주신 '양심'(良心)이 남아 있고, 무엇이 의롭고 불의한지, 선하고 악한지에 대한 기준이 마음에 남아 있다.

비록 온 세상이 죄와 불의에 붙들려 있고, 죽음의 두려움과 절박함 아래 갇혀 있지만, 세상 사람들 안에 남아 있는 '양심'은, 교회가 그들과 소통할 수 있는 최적의 통로가 된다(벧전 3:16; 『십자가와 선한 양심』 참조). 교회는 세상을 향해 우선적으로 '양심의 언어'로 소통해야 한다. 그것은 의와 불의, 선과 악의 언어이며, 동시에 '사랑의 언어'이다. 사랑이야말로, 세상이 자신의 양심으로 알아들을 수 있는 최고의 언어, 그들을 창조하신 창조주 하나님 자신의 언어이기 때문이다. 교회는, 하나님이 그 아들을 육체로 보내신 곳이 '세상'이며, '세상을 이처럼 사랑하사' 보내셨다는 사실을 결단코 잊지 말아야 한다. 이런 양심과 사랑의 언어와 행실이 소통될 때, 세상은 교회가 짊어진 하나님의 거룩하신 이름을 부르며, 우리 안에 살아 있는 소망의 이유를 묻게 되고, 교회는 하나님을 두려워함과 그들에 대한 온유함으로 최선을 다해 복음의 진리를 소개할 수 있게 된다(벧전 2:12; 4:15).

세상을 이기신 분

마지막으로, 요한은 하나님의 자녀들이 '소통이 되지 않는' 세상 속에서 살아갈 때, 그들이 이미 '승리했다'는 사실을 알고 확신하기를 원한다. 4절에서 그들을 '이겼습니다'(네니카테, νενικήκατε)라는 표현은 완료형으로, 그 승리가 현재도 승리로 남아 있어서 언제든 누릴 수 있는 은혜의 선물로 주어져 있음을 강조한다. 그 승리는 물론, 그 아들의 승리이다. 그 아들이 이미 십자가에서 '육체로' 승리하셨고, 빈 무덤에서 '육체로' 나오시면서 승리하신 그 승리이다. 동시에, 그 아들을 믿고 받아들인, 그래서 그 아들이 그 안에 거하는 자들의 승리이다.

또한, 교회가 세상을 '이겼고, 이기고 있고, 이길 것이다'라는 승리의 복음은, 십자가의 승리, 진리와 사랑의 승리이다. 총이나 칼로 하는 승리가 아니며, 물질적 부요함이나 세상적 성공으로 측정할 수 있는 승리가 아니다. 요즘에도, 예수 믿고 열심이 넘쳐서 불교의 사찰까지 들어가 '땅 밟기'를 한다거나, 심지어 탑이나 건물을 훼손하기도 하고 불을 지르는 일까지 있다는 뉴스를 들으면 섬뜩하다. 진리를 반드시 수호해야 하지만, 결단코 폭력의 방식으로 전해서는 안 되는 것은 자명한 일이다.

예수님께서는 '칼'이 아니라 '십자가'로 진리를 전하셨다(마 26:52). 역사적으로 그리스도인들이 '칼을 맞아' 순교자가 생겼을 때는 교회가 살아났지만, '칼을 써서 강제로' 승리를 얻거나 지키려 했을 때는 교회가 여지없이 타락했다. 우리에게 맡겨진 것은 무력해 보이나 사실은 강력한 '진리와 생명과 사랑의 코이노니아'뿐이다. 특히 기독교에 적대적인 사회에 처한 교회가, 악을 악으로 갚지 않는 온유한 십자가 사랑으로, 자기희생의 겸허한 섬김으로 복음을 나타낼 때, 거기에 비로소 진실한 소통이 생긴다. 그것이 교회의 살아 있는 소망을 세상에 전하는 가장 적합한 방식이 됨을 결코 잊지 말아야 한다.

때로 세상은 그리스도인들에게 커다란 위협과 두려움의 대상이 된다. 하나님의 자녀들이 세상 속에서 하나님의 진리와 사랑을 따라 살고, 그 진리와 사랑을 삶으로 나타내는 일은 결코 쉬운 일이 아니다. 직장을 잃을 위험에 처하기도 하고, 재정적으로 큰 손해를 감수할 수밖에 없는 경우를 만나기도 한다. 귀한 친구를 잃어버리게 되기도 하고, 자신이 아끼고 소중히 여기는 삶을 포기해야 하기도 한다. 그럴 때, '우리 안에 계신 이가 세상에 있는 자보다 크시다'는 사실은 얼마나 큰 기쁨이요, 얼마나 큰 능력인가!

'세상에 있는 자'는 악한 자 마귀이다(5:19; 요 8:44). '여러분 안에 계신 분'은 누구인가? 새 언약 백성 안에, 생명의 말씀과 성령으로 현존해 계시는 이는 '그 아들'이시다. 그 아들은 누구인가? 요한일서에서 신앙의 아비들은 '태초부터, 세상이 창조되기 이전부터 계신 이'를 알고 있다. 그분은 '태초부터 계셨던 말씀'이신 하나님, 곧 '그 아들'이시다. 하나님의 아들이 세상이 있는 자 마귀보다 '크시다'(메이존 에스틴, μείζων ἐστίν; 본서의 3:20의 설명을 참조하라).

이것보다 당연한 사실이 없을 정도이다. 하나님의 아들의 영광과 존재 자체는, 악한 자 마귀의 그것과 비교 자체가 불가능하고 무의미하기까지 하다. 마귀는 피조물이다. 천사로 지음 받아 하나님을 반역한 피조물이며, 하나님과 그리스도와 그의 나라를 훼방하지만, 여전히 하나님의 주권 아래에 갇혀 있으며, 오직 제한된 시간과 제한된 권한 아래서 제한된 영역에서만 하나님께 반역할 기회를 허락받았을 뿐이다(계 7:3; 11:2; 12:6; 17:12, 17; 20:3).

요한일서에서 가장 놀라운 복음이 바로 여기에 있다. 세상에 있는 자보다 크시고, 당연히 세상보다 크신 이가 곧 '우리 안에 거하고 계신다(!)'는 사실이다. 여기에 교회의 승리가 있다. 여기에 세상을 향한 교회의 담대함의 근거가 있다. 아무것도 두렵지 않다. 모든 것을 잃어도 아무것도 잃은 것이 없기 때문이다. '나'라는 존재에서 온 세상을 제거하고 나서도 내 안에 계신 세상보다 크신 이, 곧 그 아들 예수 그리스도가 남기 때문이다. 이것보다 더 큰 승리가 어디에 있는가. 이것보다 더 확실하게, '이미 주어진 승리'가 어디에 있는가.

그리스도인에게 있어서, 나보다 큰 세상이 두렵지 않은 이유는, 내 안에 거하시는 하나님의 아들이 세상보다 크신 분이시고, 그가 '담대하라, 내가 세상을 이기었노라!'(요 16:33)라고 말씀하셨기 때문이다. 그가 이기신 그 승리, 그 십자가와 부활과 승천과 영원한 통치의 승리, 새 하늘과 새 땅을 내게 유업으로 주신 그 승리가 영원토록 내 안에, 교회 안에 거하고 있기 때문이다. 교회는 세상을 이미 이겼고, 이기고 있고, 완전히 이길 것이다. 교회여, 담대하라. 교회여, 오직 너희 안에 있는 그 아들을 따라, 그 십자가의 길, 영광의 길을 좇으라. 승리한 교회여, 승리를 누리고, 승리를 향해 오늘도 힘차게 나아갈지어다.

예수님은 보수? 진보?

수업 시간에 학생이 물었다. "예수님은 보수입니까, 진보입니까?" "교회는 어떻게 정치에 참여해야 합니까?" 예수님은 보수이셨다. 그분보다 전통적 가치, 거룩과 경건을 추구한 분이 없었다. 오른손이 범죄하면 잘라내고, 오른눈이 범죄하면 뽑아내라 하셨다. 여자가 국그릇을 엎어도 이혼당할 수 있었던 유대 사회에서, 남자와 여자가 결혼으로 하나가 되면 아무도 나눌 수 없다고 하셨다.

그분은 진보이셨다. 죄인이라 낙인찍힌 자들과 함께 먹고 마셨다. 공식적으로, 습관적으로 그들에게 찍힌 낙인을 알면서도 열심당원이든 세리이든 그들과 함께 어울리심으로 종교적, 사회적 차별에 역행하셨다. 지금 같으면, 빨갱이라 낙인찍힌 자들뿐 아니라, 토착 왜구라고 낙인찍힌 자들과도 스스럼없이 어울리셨을 것이다.

하지만 당대의 바리새인들과 서기관들처럼 탐욕과 방탕을 그럴듯한 말로 포장하는 가짜 보수가 아니셨다. 죄를 죄라 하셨지만, 죄인들의 친구가 되셨다. 반대로, 당대의 열심당처럼, 증오를 동력으로 삼고 위선의 탈을 쓴 가짜 진보도 아니셨다. 죄인을 환대하고 품으셨지만, 가서 다시는 죄를 짓지 말라고 하셨다.

"보수는 그분에게서 진보를 보았고, 진보는 그분에게서 보수를 보았다. 그들은 모두 그분에게서 아버지 하나님을 보았다"(『삶으로 드리는 주기도문』, 71쪽 인용).

동성애가 죄라면, 교회 세습도, 사법적 권력의 남용도 죄라 해야 한다. 교회 세습과 사회적 불의가 죄라면, 동성애도 죄라 해야 한다. 왜 거룩하시며 또한 정의로우신 하나님을 둘로 쪼개려 하는가? 기독교는 이념으로 나눌 수 없다. 말씀도, 예수 그리스도도 이념으로 나누어지지 않는다. 좌도 우도, 모두 죄인으로서 하나님 앞에 나아와 그 아들의 복음을 들어야 한다.

그래서 교회는 정치적 당파가 되어서는 안 된다. 하나님 나라의 가치를 선포하지만, 그 정치적 선택은 성도의 양심과 자유로운 선택에 맡겨야 한다. 하나님 나라는 자본주의보다 크고, 사회주의보다 크다. 하나님 나라의 가치 안에는 자유도 있고, 평등도 있다. 그 어떤 정치 체제도 하나님 나라와 일치하지 못한다.

교회는 하나님 나라의 가치를 적극적으로 선포하고 가르치고, 성도로 하여금 세상 속에서 시민으로서 그 가치를 실현하도록 인도해야 한다. 하지만 교회는 모든 죄인들이 하나님 앞에 나아오는 복음의 자리에, 그리스도와 함께 십자가 앞에, 하나님 보좌 우편에 그분과 함께 남아 있어야 한다.

2. 코이노니아와 사랑[c](4:7-10)

잠시, 3장의 끝자락에 놓인 두 구절인 23, 24절을 들여다보자. 여기에는 세 가지 주제들이 나오는데, 그 주제들은 4장이 펼쳐지면서 차례대로 하나씩 다루어진다. 먼저, '예수 그리스도를 믿는' 주제는 4:1-6, 그리고 '서로 사랑하는' 주제는 7-10절, 마지막으로 하나님과 그의 백성인 교회가 그 사랑의 계명을 순종함으로써 그 온전한 사랑을 이루어 '상호 내주'를 누리는 주제는 11-21절까지 계속된다.

그중에서도, 짧지만 가장 화려하고 아름답고 장엄한 본문이 바로 4장의 중심부에 놓여 있는 7-10절이다. '하나님의 사랑'에 관한 말씀이다. 여기가 '하나님의 코이노니아'의 토대를 설명하는 요한일서의 본령(本領)이다. 요한일서는 이미 '하나님의 사랑'에 대해 중요한 언급을 한 적이 있다(3:11-16; 또한 2:15-17). 하지만 이 본문이 그 사랑에 대한 가장 직접적이고 강력한 증언에 해당한다. 여기가 '코이노니아의 꽃'이다. 그리고 그다음 본문 즉, 11-21절은 그 결과로 맺어지는 '코이노니아의 열매'라고 할 수 있다.

그러니까 4:1-6에서 '하나님의 코이노니아'를 '악한 자의 코스모스'를 배경으로 그려 놓고, 그 대립적인 구조를 통해 세상의 저항과 그 척박함을 부각시켰다면, 7-10절에서는 바로 그 불통(不通)과 저항과 어둠의 세상 가운데로, 하나님께서 자신의 아들을 보내심으로써 그 사랑을 쏟아부으신 사건을 기록한다. 그것은 사랑의 봇물이다. 한번 터진 후에, 그 열린 수문(水門)으로 하늘의 생명과 사랑과 빛, 그 진리와 은혜의 강물이 계속해서 쏟아져 들어오는 생명수의 강줄기와도 같다. 그 아들 예수 그리스도의 허리에 난 창 자국과 손에 박힌 못 자국을 통해 '물과 피'로 쏟아져 나오는 아버지의 사랑은, 오늘도 이 메마른 세상의 갈라진 황무지 한복판으로 흘러 그 깊은 영과 육의 타는 목마름을 채우고 있다.

사랑이란 무엇인가? 부모 잃은 어린아이부터, 자식 잃은 부모까지, 짝을 찾아 헤매는 청년들부터 노년이 되어 끝내 갈라서는 부부까지, 그것이 하나님에 대한 사랑인지 자신의 욕망 때문인지 분간할 수 없이 달려오다가 문득, 자신에게 아무런 사랑도 남아 있지 않음을 발견하는 목회자들까지도, 매번 다시 묻고 또 물어야 하는 질문이다. 사랑이란 무엇인가? 본문은 인간과 세상, 아니 교회와 하나님 자신에 관해서도 가장 중대한 질문에 관한 이야기를 간결하지만 깊이 있게 설명한다. 어쩌면 신약 성경에서 가장 위대한 본문 가운데 하나인, 7-10절까지를 온 마음을 기울여 읽어 보자.

7 사랑하는 여러분, 우리가 서로 사랑합시다. 왜냐하면 사랑은 하나님께로부터 난 것이며, 사랑하는 자는 모두 하나님께로부터 났고 하나님을 알기 때문입니다. 8 사랑하지 않는 자는 하나님을 알지 못한 것입니다. 왜냐하면 하나님은 사랑이시기 때문입니다. 9 이로써 하나님의 사랑이 나타내신 바 되었으니, 하나님께서 그의 독생하신 아들을 세상에 보내셨고 그로 말미암아 우리를 살리려 하신 것입니다. 10 사랑은 여기 있으니, 우리가 하나님을 사랑한 것이 아니요, 그가 우리를 사랑하셨고, 그래서 우리의 죄를 위하여 그의 아들을 속죄 제물로 보내신 것입니다.

사랑의 탄생과 타락

누구나 사랑을 한다. 그런데 사랑처럼 어려운 것이 없다. 그것이 연인 간의 사랑이든지, 부모와 자식 간의 사랑이든지, 혹은 애국심이나 조직을 사랑하는 사랑이든지, 누구나 사랑을 하는 것이다. 하나님을 사랑하고 교회를 사랑한다. 그래서 평생을 하나님과 교회에 헌신한다. 그래서 참으로 아름다운 성도로, 목회자로 생애를 마무리하기도 하지만, 그렇지 않은 경우도 종종 보게 된다. 사랑이란 진정 무엇인가? 어떻게 하는 것이란 말인가? 사람이 사람을 사랑하는 것이야말로 온 세상 사람들이 가장 관심을 갖는 주제임이 분명하다. 대중가요의 90퍼센트가 사랑 타령이다. 초등학교 어린아이에서부터 노년의 어르신들까지 '내 나이가 어때서'라고 노래한다. 어느 연령에 있든지 사랑하기 좋은 나이라지 않은가.

사랑하지 않는 사람은 없다. 사람을 사랑하기 어려워하는 사람들은, 물건이나 돈이나 일이나 스포츠 클럽이나 혹은 이념(理念)이나 특정 정파(政派)를 사랑하기도 한다. 술이나 도박을 사랑해서 거기로부터 빠져나오지 못하는 사람들도 많다. 인간에게 사랑하지 말라는 것은 죽으라는 것과 같다. 사람은, 설령 그 대상이 무엇이든지 간에, 사랑하지 않고는 살 수 없는 존재이기 때문이다. '나는 아무도 사랑하지 않는다'고 말하는 사람은 고독을 사랑하는 것이든지, 그렇게 홀로 살겠다는 자기 자신을 사랑하는 것이다. 사랑하지 않는 사람은 세상에 존재하지 않는다.

이것이 7절에서 사랑은 '하나님께로부터 난 것'(에크 투 떼우, ἐκ τοῦ θεοῦ)이라 할 때에 포함된 의미이다. 물론, 7절은 '사랑하는 여러분'(아가페토이, ἀγαπητοί)으로 시작한다. 그것은 예수 믿는 하나님의 자녀들을 염두에 둔 표현이다. '사랑하는 자는 모두' 하나님께로부터 났고 하나님을 아는 자라는 표현은, 누구나 그 어떤 사랑이라도 하면 모두 하나님의 자녀가 된다는 의미가 아니라는 사실은 분명하다.

이것은 말을 뒤집어서 강조하는 요한의 습관에 따른 표현이다. 즉, 당신이 하나님께로부터 나서 하나님을 안다고 말하는 하나님의 자녀라면, 당신은 분명히 하나님의 사랑을 닮아 가는 사랑을 하는 사람이어야 한다는 뜻이다. 만일 당신이 하나님의 사랑을 닮지 않은 부패한 사랑을 하고 있다면, 당신은 하나님의 자녀라든지 하나님을 안다고 말할 수 없다는 것이다.

그럼에도 불구하고, 7절에서 사랑이 하나님께로부터 온 것이라든지, 사랑하는 것이 하나님을 아는 사람의 특징에 속한다는 표현들은, 그 앞에 1-6절에 나오는 '세상으로부터 난' 사람들에게도 어느 정도는 적용될 여운을 남기고 있다. 왜냐하면 세상 사람들도 모두 '사랑을 하기' 때문이다. 사랑하지 않는 사람은 존재하지 않는데, 그것은 첫째, 모든 사람들이 하나님께서 '자기의 형상을 따라' 창조하신 피조물이기 때문이고, 둘째, 사랑도 원래는 그 기원이 하나님께로부터 난 것이기 때문이다. 그래서 모든 사람은 어쩔 수 없이 사랑하게 되어 있다. 이런 의미에서 사랑은 그 기원(origin)이 하나님께 있는 것이다.

그래서 피조 된 인간이 '사랑한다'는 것은, 자신 안에 있는 하나님의 형상의 반영이고 표현이다. 사람인 이상, 그렇게 살지 않을 수 없다는 뜻이다. 그래서 모두가, 그것이 어떤 형태이든, 사랑을 한다. 하지만 그 사랑이 그렇게 어렵다. 도대체 왜 그렇게 어려운가? 그것은 인간 안에 있는 하나님의 형상이 어그러지고 파괴된 상황과 일치한다. 아직 그 파괴된 하나님의 형상이라도 남아 있어서 사랑을 할 수밖에 없지만, 항상 타락한 세상 속에서 왜곡되고 변질되고 부패한 채로 사랑하게 되는 것이다. 어쩌면, 하나님의 형상으로 지음 받은 인간에게 있어서, 그 타락과 부패의 죄성(罪性)이 가장 강력하고 폭넓고도 깊게 발현되는 영역이 바로 사랑일 것이다.

우리가 하는 '사랑'은 상당히 폭이 넓고 다양한데, C. S. 루이스는 사랑을 네 종류로 분류해서 이야기한다. 조금 현대적 해석을 가미해서 설명해 보자. 먼저 '애호'(愛好, affection)란, 무엇인가를 좋아해서 애착을 느끼는 마음이다. 낚시, 야구팀, 등산, 새로 산 차, 기르는 개, 고양이, 또는 사람이라도 단순히 필요해서 좋아하고 그래서 소유하려 하며 집착하는 형태의 사랑에 빠질 수 있다. 애호도 사랑이지만, 아직 충분히 '인격 간의 코이노니아'에 이르는 사랑은 아니다. 오히려 그런 소유에 대한 집착이나 중독적인 애착이, 건전한 인격 관계를 해치기도 한다. 낚시나 골프에 빠져 가족을 내팽개치는 사람이나, 자기의 집이나 차와 결혼한 사람, 애완동물을 핑계로 그보다 훨씬 복잡하지만 의미 있을 수 있는 인격 관계를 회피하려는 태도는, 무언가 온전한 사랑에 미치지 못하는 결핍을 느끼게 한다.

'우정'(friendship)도 사랑의 일종이다. 루이스는 우정을 높이 평가한다. 인간이 인간을 사랑하는 방식 중에 가장 숭고할 수 있는 형태라는 것이다. 예컨대 남녀 간의 사랑은 '서로'를 바라보지만, 우정 관계에 있는 친구들은 '함께 다른 곳'을 바라보는 관계라는 것이다. 그만큼 남녀 간의 성적(性的) 사랑은 둘밖에 없는 배타적인 관계를 추구하지만, 우정은 더 많은 친구들이 가세할수록 더 풍성해지는 사랑이다. 하지만 이렇듯 고결할 수 있는 우정도, 인간의 사랑이 갇혀 있는 이 실낙원(失樂園)의 세상에서는 왜곡과 실패를 피하지 못한다. '끼리끼리'의 폐해는 개인들에게 상처를 줄 뿐 아니라, 사회적으로 악영향을 끼친다. 그 흔한 '혈연' 즉, 가족끼리, 사돈의 팔촌까지 혈연에 따라 뭉치는 것, 또는 같은 지역, 같은 고향, 같은 학교 등, 나름 친밀하고 위로가 되는 우정을 나눌 수 있는 공동체이지만, 잘못되면 지연과 학연으로 묶여 사회적 지탄의 대상이 되는 '불의(不義)의 카르텔'로 추락할 수도 있기 때문이다.

'에로스'(eros)는 대표적인 사랑의 형태이다. 남녀 간의 성적인 이끌림에 따른 이 사랑은, 서로를 절대시하고 우상화하는 경향이 있다. 에로스에 빠지면 내 남자는 '백마 탄 왕자'로 보이고 내 여자는 '잠자는 숲속의 공주'로 보인다. 부모가 '너는 어떻게 그런 아이와 결혼하니?'라고 핀잔을 주어도, 한번 눈에 씌워진 콩깍지는 잘 벗겨지지 않는다. 그것이 에로스의 특징이고 동시에 함정이기도 하다. 모든 반대를 뚫고 어렵사리 결혼에 골인하고 나면, 그 콩깍지가 가을 낙엽처럼 후드득 떨어지기 일쑤이기 때문이다. 연애 시절 백마 탄 왕자로 보였던 남편이 그냥 백마로 보이기도 하고, 숲속의 공주 같았던 아내는 그냥 온종일 잠만 자는 여인으로 보이기도 하는 것이다.

'자비'(charity)는 사람이 사람에게 할 수 있는 사랑의 형태 중에 가장 숭고한 사랑으로 여겨진다. 그것은 부모가 자식을 사랑하는 것처럼, 아낌없이 주는 사랑이다. 내가 애호하는 어떤 소중한 대상이 아니어도 괜찮다. 굶주린 길

고양이에게도 먹을 것을 주는 마음이다. 나와 동기동창이 아니어도 좋다. 그에게 좋은 기회를 내어 주는 것이다. 꼭 내가 사랑하는 이성이 아니더라도, 진심으로 이야기를 들어 주고 고민을 해결해 주려는 마음이다. 상대방의 결핍을 보고, 공감하고 내 일처럼 동정하여 그 결핍을 채워 주고자 하는 사랑이다.

하지만 루이스는, 하나님만이 하실 수 있는 사랑 곧, 순수하게 상대를 위해 내어 주는 '선물의 사랑'(gift-love)과는 달리, 인간이 하는 모든 사랑들에는 한 가지 공통점이 있음을 간파한다. 그것은 '필요의 사랑'(need-love)이다. 정확하게 말하면, 인간의 사랑은 아무리 숭고해도, '자신의 필요에 따른 사랑'이라는 범주를 벗어나지 못한다는 것이다. 불편한 예일 수 있지만, 부모가 자식을 사랑하는 사랑은 비록 인간으로서는 가장 '아가페'(agape)의 사랑을 닮은 숭고한 사랑이다. 하지만 그 사랑조차 '필요의 사랑' 즉, 자신의 필요를 채우기 위해 사랑하는 그 차원을 피할 수는 없다. 실제로, 부모가 자신의 욕망을 채우기 위해 자녀에게 무엇을 요구하면서, 이를 부모의 사랑으로 포장하는 경우도 적지 않다.

아무리 순수하게 아낌없이 주기만 하는 사랑을 하고 싶어도, 인간은 '내가 필요해서, 나의 필요를 위해 하는 사랑'의 수준을 벗어날 수 없는 한계 안에서 산다. 비록 그 '필요의 사랑'은 결국 우리가 하나님을 필요로 하는 믿음에 중요한 역할을 하지만, 인간관계에서는 때로 비극적인 상황을 만들어 낸다. 많은 학생들을 상담하면서, 그중에 더러 자신의 자녀를 놓아 주지 못하는 경우들을 보았다. 자녀를 사랑한다는 명목하에, 실제로는 그 자녀를 사랑해야만 자신이 살 수 있기 때문에, 자신의 필요를 채우기 위해 자녀를 보호와 애착의 대상으로 묶어 두려는 경우들이다. 날개가 꺾이고 발목에 족쇄가 채워진 것같이 어둡게 살아가는 청년들이 참으로 많다는 사실에 놀라게 되었다.

그만큼 부모도 사랑이 어려웠기 때문일 것이다. 그들도 사랑에 굶주렸었고, 채워지지 못한 사랑에 지쳐서 그랬을 것이라 생각한다. "세상 모두 사랑 없어, 냉랭함을 아느냐. 곳곳마다 사랑 없어, 탄식 소리뿐일세." 찬송가 가사 그대로이다. 이 세상에 가장 없는 것은, 생명뿐 아니라 사랑이다. 사람들이 가장 애타게 찾는 것도 사랑이고, 가장 찾을 수 없는 것도 사랑이다.

사랑의 원형과 회복

모두가 사랑을 하지만, 사랑이 가장 어려운 이유는, 우리가 하나님의 형상으로 창조되었지만 죄와 죽음과 허무에 굴복하는 세상 속에서 존재하며 살아가고 있기 때문이다. 마치, 자동차가 도로를 달리는데, 휠(wheel)이 비틀어져 있으면 달릴수록 옆으로 비껴 나가는 것과 같다. 사랑하면 할수록 잘못되는 것이다. 부모가 극진히 사랑하고 공을 들인 자녀가 잘못될 수도 있지 않은가? 왜 그런가? 어떻게 그렇게 평생 교회를 사랑하고 섬겼는데, 결국은 그렇게 세운 교회를 다 헐어 버리기까지 고집을 피우고 자기주장을 놓지 않게 되는 것일까? 그러므로 단순히 '사랑한다'는 선언만으로는 아무것도 해결할 수 없다는 사실을 깨닫게 된다. 어떤 사랑을, 어떻게 해야 한다는 것인가?

본문의 8절에는, 사랑의 원형(原型, archetype)이 잘 나타나 있다. 우리 모두가 잃어버린, 그래서 잊어버린 사랑, 그 사랑의 원래의 모습이다. '하나님은 사랑이시라'(호 떼오스 아가페 에스틴, ὁ θεὸς ἀγάπη ἐστίν)는 말씀은 무슨 의미인가? 우선 이 표현은, 하나님께는 사랑의 '속성'(attribute)이 있다는 정도의 단순한 의미로 들리지 않는다. 하나님은 공의로우시기도 하지만 사랑하시기도 한다는 의미로 쓰인 것 같지도 않다. 오히려 요한일서에서, '하나님은 사랑이시다'라는 선언은, 정확히, '그가 자기 아들을 세상에 육체로 보내셨다'는 사건을 가리키는 표현이라 할 수 있다(2:22; 4:2).

뒤집어 말해서, 하나님께서 세상에 보내신 그 아들을 보면, 하나님의 사랑이 무엇인지, 하나님이 사랑이시라는 뜻이 무엇인지를 정확히 알 수 있다는 것이다. 그러니까 세상에 보내어진 그 아들만이, 하나님이 사랑이시라는 의미의 전모(全貌)와 핵심을 설명할 수 있는 결정적인 증거요 표현이라는 것이다. 만일, 우리가 우리의 시선을 예수 그리스도에게서 돌리면, 우리는 하나님의 사랑이 무엇인지에 대해 금방 길을 잃고 분별력을 잃게 된다는 의미이기도 하다.

사랑이 무엇인가? 수많은 세상 사람들은 사랑이 무엇인지 알기 위해, 예수 그리스도를 바라보지 않는다. 세상 사람들은 세상에 속해 있기 때문에 세상의 말을 듣는다(4:5). 대중가요를 듣고 따라 하고, 영화를 보고 배우고, 친구들을 따라, 연속극을 따라, 본능을 따라, 철학과 사상을 따라, 사랑은 '이런 거야'라고 생각하고 그렇게 살아간다. 하나님의 자녀들은 하나님께 속해 있기 때문에 하나님의 말씀을 듣는다. 사랑이란 무엇인가? "하나님이 사랑이시다"(4:8). "사랑은 여기에 있으니, 하나님이 우리를 사랑하셨다"(4:10). 어떻게 사랑하셨는가?

'그 아들을 세상에 보내신' 것이다(4:7-10). 이것이 사랑이다. 그래서 하나님의 사랑은 실제로 일어난 사건으로 해석되어 있다. 단순히 하나님 속에 있는 어떤 성품이 아니라, 돌이킬 수 없는 방식으로 역사 안에서, 이 세상 한복판에서, 육체로, 죽음으로, 부활로, 증명된 사랑으로 굳건하게 서 있다. 하나님의 자녀들은 바로 이 '사랑의 원형', '진짜 사랑'을 만나고 경험하며 그 안에 거하는 유일한 사람들이다.

그 참사랑, 우리의 모든 '다른 사랑들'을 빛 가운데로 드러나게 할 뿐 아니라, 치유하며 회복하는 그 하나님의 사랑은 어떤 사랑인가? 사랑이란 무엇인가? 7-10절까지의 말씀은, 이 하나님의 사랑, 원형 그대로의 사랑을 네 가지의 특징을 따라 묘사한다. 첫째는, '나타난 사랑'이요(9절), 둘째는, '보내신 사랑'이며(9, 10절), 셋째는 '살리는 사랑'(9절)이고, 넷째는 '먼저 하는 사랑'(10절)이다. 이 놀라운 사랑의 면면을, 하나씩 자세히 살펴보자.

사랑이란? - (1) '나타난' 사랑

하나님께서 세상을 사랑하사 독생자를 보내신 것, 그것이 사랑이다. 마치 아버지가 아이에게 야구를 가르쳐 주기 위해 필드에 나가, 직접 타자석에 서서 어떻게 배트를 휘둘러서 공을 치는지 그 실제를 보여 준 것과 유사하다. 물론, 예수님의 성육신과 죽으심 그리고 부활과 승리의 사건은, 단지 따라야 할 시범이나 모델 정도가 아니다. 그 아들의 사건은 그로부터 영원토록 솟아나는 생명의 샘물처럼, 그 아들을 믿고 받아들인 하나님의 자녀들 안에서는 날마다 샘솟는 사랑의 능력으로 경험된다. 그렇다면, 이러한 아버지 하나님께서 행하여 증거하신 그 사랑의 첫 번째 특징은 무엇인가?

9절은, 하나님의 사랑이 우리에게 이렇게 '나타내신 바 되었으니'라고 말하는데, '나타내신 바 되었다'(에파네로떼, ἐφανερώθη)는 것은 요한일서에서 아주 결정적인 신학적 표현이다.[35] 그것은 하나님의 아들 '예수 그리스도께서 육체로 세상에 오셨다'(2:22; 4:2)는 요한일서의 핵심 주장과 일맥상통한다. 요한복음식으로 하면, '말씀이 드디어 육신이 되어' 우리 가운데 거하게 되신 것이다(요 1:14). 그것은 언약의 실현이다. 언약이 무엇인가? 하나님께서는 어떻게 그 약속을 지키셨는가? 하나님의 말씀은 그의 입에서 나와, 마치 비가 하늘에서 내려 토지를 적셔 싹이 나게 하며 열매를 맺게 하여 먹는 자에게 양식을 줌과 같이, 결단코 헛되이 그에게로 돌아가지 않는다. 반드시 그의 보내신 일을 이루고야 만다(사 55:10-11; 요 4:34).

실제로 예수 그리스도께서 세상에 오셨을 때는, 옛 언약 백성이 실패한 후 포로로 끌려가고 나서도 수백 년이 지난 후였다. 하나님께서는 약속대로 그들을 애굽에서 건져 내셨으며, 홍해를 건너게 하신 후 광야에서도 40년간을

---

35 채영삼, "요한일서의 φανερ-용어 사용과 '나타남'의 신학적 의미", 499-546을 참조하라.

굶지도 목마르지도 않게 보호하셨다. 그리고 약속대로 젖과 꿀이 흐르는 땅으로 넣어 주셨다. 그런데 거기서 그들은 무엇을 했던가? "하나님, 우리에게도 저들 세상 사람들처럼 왕을 주옵소서." 그렇게 기도하지 않았던가? '우리도 세상 사람들처럼 살게 해 달라'는 것이 그들의 밤낮 비는 소원이었다. 그리고 그렇게 되었다. 구약 교회가 가나안 땅에 살았던 일곱 족속들과 다르지 않은 세상 사람들처럼 되어 버렸을 때, 그들은 길가에 버려진 맛 잃은 소금처럼 짓밟혔고 결국 그 약속의 땅에서 쫓겨나고 말았다.

이제 하나님은 포기하셨는가? 그의 백성을 버리셨는가? 그들이 약속을 어기고 깨뜨리며, 그들에게 주어진 은혜는 누리면서 그 계명의 말씀은 땅에 버리고 짓밟았을 때, 하나님도 그들을 영영 잊으셨으며 그들에게 하신 약속을 버리고 마셨는가? 그렇지 않았다. 믿기지 않을 만큼 길었던 400여 년의 침묵을 깨고, 하나님은 그 아들을 통해 말씀하셨다(히 1:1-2). '다윗의 아들, 하나님의 아들'이 약속대로 베들레헴에서 태어났을 때, 그가 세례를 받으실 때, 하늘이 열리고 하늘에서 소리가 나서, '이는 내 사랑하는 아들이요, 내 기뻐하는 자라'고 하셨을 때, 그가 그 이전에는 사람들이 본 적도 들은 적도 없는 비할 바 없는 권세와 긍휼로 그 백성들 가운데 나타나셨을 때(마 1:1-17; 3:15-17; 9:8; 15:31), 그것은 하나님의 비할 바 없는 사랑의 절정에 관한 작은 시작에 불과했다.

그분은 결국 십자가에 달리신 채 이렇게 말씀하셨다. "다 이루었다"(요 19:30). 하나님의 모든 약속이, 창에 찔린 그의 허리, 못에 박힌 두 손, 가시 면류관으로 찢긴 이마, 채찍에 맞아 터진 살점들, 단말마의 고통으로 비틀어진 그의 육체 안에서 다 이루어졌다. 사랑이란 이렇듯, 구체적으로 '나타나는' 것이다. '나타나지 않는' 사랑은 아직 사랑이 아니다. 실패한 사랑이며 부족한 사랑이며 하나님의 사랑에 이르지 못하는 사랑이다.

'나타난다'는 것은 그러므로, 그 모든 난관에도 불구하고, 반복되는 실패와 지치게 만드는 실망, 뜻밖의 배신과 속절없는 좌절, 견딜 수 없는 침묵과 무능력, 마른 뼈가 가득한 죽음의 골짜기를 지나가는 것 같은 세월, 쌓이는 원망과 견딜 수 없는 비난, 그리고 절망의 절벽 그 너머까지를 모두 뚫어 내고, 그리고 결국은 실현되는, 이루어지는, 육신으로, 진짜로 이루어지는 것을 뜻한다.

사랑이란 무엇인가? 지나가는 중학생들을 붙잡고 물어보라. "사랑이란 무엇인가?" 그중에 어느 아이가 '사랑은 오래 참는 것'(고전 13:4)이라고 말하겠는가? 세상은 세상의 말을 하고 세상의 말을 듣는다. 세상에서 사랑의 특징은 결단코 오래 참는 것이 아니다. 사랑은 가슴이 터지는 것이며, 밤잠을 못 자는 것이고, '너 없이는 하루도 못 사는' 것이다. 성경은 사랑을 전혀 다르게 정의한다. 사랑의 첫 번째 특징이 '오래 참는' 것이란다. 얼마나 동의가 되는가?

동의가 어렵다면, 그만큼 우리는 사랑이 무엇인지 모르며, 사랑 비슷한 것을 하면서 사랑한다고 믿으며, 그래서 상처받고 상처 주고 실패하는 길을 가는 것이다. 이유가 다른 데에 있지 않다. 세상은 사랑의 첫 번째 특징을 '오래 참는' 것으로 정의하지 않는다. 그랬다면, 사랑에 대한 그 많은 할리우드 영화들이 만들어지지 않았을 것이다. 사랑은 그 순간 감정에 충실한 것이 아니던가? 적어도, 그 순간에는 감정에 충실하지 않았던가. 사랑이란 무엇인가?

결혼 생활도 쉽게 그만두고, 목회도 쉽게 그만두고, 직장도 쉽게 그만두고, 성격이 맞지 않고, 상사가 힘들게 하고, 예수 믿는 것이 부끄럽고 불편하고 힘들어서 그만두고, 자식들이 속 썩이고, 성도들이 괴롭혀서, 교회가 실망스러워서, 그렇게 그만두는 것이 유행인 시대가 아닌가. 사랑이란 무엇인가? 인간을 성숙하게 하고, 인생을 알게 하고, 역사를 더욱더 생명과 정의와 평화로 가득하게 만드는 그 사랑의 길은 어디에 있는가?

하나님의 자녀들은, 사랑이 무엇인지를 알고 있다. 하나님을 알고 있는 것처럼, 사랑이 무엇인지도 알고 있다. '하나님께로부터 난' 자들인 것처럼, 그들은 '십자가'라고 이름 붙은 '사랑의 자궁으로부터 난' 사랑의 자녀들이다. 하나님의 사랑, 그 오래 참는 사랑, 결국 끝까지 나타나는 그 사랑이 그들의 심령 안에 거하고 있기 때문이다. 그 아들을 믿고 받아들인 그 심령, 그의 생명의 말씀과 성령으로 거듭난 그 심령, 아버지의 사랑이 쏟아부어졌고, 지금도 부어지고, 영원토록 부어질 그 심령 깊이에서부터, 그들은 사랑이 무엇인지, 사랑이 그들에게 무엇을 요구하는지 이미 알고 있다.

그들은 그 사랑의 이끌림을 받는다. 그 사랑의 강권하심을 입는다. 그들 중 아무도, 그들을 휩쓰는 그 하나님의 사랑의 물결에서 헤어 나올 자가 없다. 그가 진정으로 하나님의 자녀라면 말이다. 그래서 그들은 오래 참는다. 그럴 수밖에 없다. 그들에게 주어진 하나님의 사랑으로 그들의 모든 어그러진 사랑들이 치유받고 회복되기까지, 그들은 아버지의 사랑 안에 머문다. 그리고 회복되어 가는 그들의 모든 사랑의 통로들을 통해, 아버지의 사랑이 강같이 흘러간다.

가족들에게, 성도들에게, 이웃들에게, 민족에게, 사회에, 세상으로 흐르고 흘러간다. 새 하늘과 새 땅이 오기까지 그들은 그 사랑 안에 거하기를 포기하지 못한다. 나 자신을 포함해서, 나에게 맡겨진 그 누구도 결코 사랑하기를 포기하지 않는다. 그날이 올 때까지 아무것도 포기하지 않는다. 사랑은 모든 것을 믿고, 바라고, 견디기 때문이다. 하나님의 말씀이 일점일획까지 모두 다 이루어지는 그날까지 결코 포기하지 않는다. 사랑은 반드시 이루어지고 나타나는 것이기 때문이다.

사랑이란? – (2) '보내신' 사랑

사랑이란 무엇인가? 10절에는 하나님께서 그 아들을 속죄 제물로 '보내셨다'고 되어 있다. 여기서 '보내셨다'(아페스테일렌, ἀπέστειλεν)는 것은 역사적 사건이고 특히 그가 십자가에서 우리의 죄를 대신하여 속죄 제물이 되어 주셔서 죽으심으로써 이루신 구속 사건을 강조한다. 9절에도 하나님께서 그 아들을 세상에 '보내신' 사실이 언급되어 있다. 하나님께서 그의 독생하신 아들을 세상에 '보내셨다.' 9절의 '보내셨다'(아페스탈켄, ἀπέσταλκεν)는 표현은, 그 아들을 보내셔서 우리를 '살리셨고' 그리고 그 살려 내시는 생명의 역사가 지금도 계속되고 있다는 사실을 강조하는 표현이다.

중요한 것은, 하나님의 사랑의 본질적인 특징이, 우리를 위하여 그 아들을 세상에 '보내신' 사랑이라는 점에 잘 나타난다는 사실이다. 그 아들은 누구이며, 어디에서 어디로 보냄을 받았다는 것인가? 9절에서 '독생하신'(모노게네, μονογενῆ) 아들이란, 예수 믿는 하나님의 자녀들이 그의 아들들 또는 딸들이라는 차원과는 다른 '하나님의 아들'로서의 독특한 지위와 영광, 사역과 능력을 표현하는 예수님의 고유한 칭호이다.

모든 창조된 만물보다 '먼저 나신 자'라든지, 죽음을 이기고 부활하신, 종말의 새 백성 중에서 '맏아들'(프로토코스, πρωτότοκος, 롬 8:29; 참조. 골 1:15, 19), 또는, 하나님께서 아끼지 않고 내어 주신 '그 자신의 아들'(이디우 휘우, ἰδίου υἱοῦ, 롬 8:23; '자기 아들')과도 유사한 표현이다. 특히, 요한복음에서는, 오직 그만이 아버지의 영광을 나타내며, 오직 그만이 하나님 자신이 누구신지를 나타내고, 오직 그를 통해서만 영원한 생명을 얻을 수 있으며, 오직 그를 통해서만 최종적 심판이 결정되는, 바로 그 아들을 가리킨다(요 1:14, 18; 3:16, 18).

다시 물어보자. 사랑이란 무엇인가? 지금 9, 10절은, 하나님의 사랑이 그 독생자를 '보내심'으로 나타났다고 설명한다. 자기 아들, 자신의 영광과 생명, 계시의 절정, 자신의 사랑하는 유일한 아들, 그 아들을 내어 주신 것이다. 어디로, 누구에게 보내셨는가? '온 세상의 죄'를 위하여 보내셨다(2:2). 온 세상은 어떤 곳인가? 자신을 쥐고 흔드는 악한 자 마귀의 편에 서서, 자신을 창조한 창조주를 자신의 모든 것으로 모독하고 능멸하며, 그의 아들이라도 죽여서 십자가에 매달 만큼 무모하고, 무례하고, 무지하고, 배은망덕하며 사악한 세상이다(2:11, 15-17, 18-19; 3:13-14; 4:1-3; 5:19, 21).

바로 그런 세상을 위하여 하나님은 자신의 독생하신 아들, 영광과 생명과 거룩과 지혜로 가득 찬, 모든 보화가 그 안에 가득한, 그 아들을 보내신 것이다. 그러므로 '보내 주신' 사랑은, 자신에게 있는 최고의 것을, 그것을 받을 가치가 전혀 없는 대상을 위해 내어 주신 사랑이다. 그것은 '은혜'이다. '은혜가 가득한 사랑'이다. 도대체, 하나님께서 그 아들을 어디에서 어디로 보내신 것인지를 생각한다면, 우리는 정말 사랑이 무엇인지를 가늠할 수 있게 될 것이다. 사랑이란 무엇인가?

귀하게 키운 아들이 군에 입대한다고 할 때, 아무리 애국심이 들끓는 부모라도 자신의 가장 귀한 것을 빼앗기는 듯한 애잔함과 상실감을 느끼게 된다. 딸은 어떤가? 세상에 그렇게 애지중지 기른 딸을 도대체 누가 왜 데려가야 한다는 것인가? 덩치가 큰 동료 목사가, 말썽 피우던 큰딸을 시집보내고 두 주간이나 울었다는 이야기를 들은 적이 있다. 도대체, 하나님께서 하늘 보좌에 앉으셔서 자기의 품 안에 품고 계셨던 그 영광스럽고 흠 없는 아들을, 그 하늘에 비하면 쓰레기가 가득하고 쥐가 득실거리는 시궁창 같은 이 세상에 '보내신 그 사랑'은, 과연 어떤 사랑이라는 것인가?

문제는, 자신의 독생자를 이곳까지, 거짓과 불의가 자주 진실과 의를 짓밟는, 때로는 정말 지옥 같은 이 세상 안으로, 자기의 아들을 아끼지 않고 '보내신' 그 아버지의 사랑이 믿는 자들의 심령에 부어져 있고, 그 심령 안에 거하고 있다는 사실이다. 그래서 그들도 그 '보내신' 사랑에 늘 시달리며, 자주 이끌리며, 결국 휩쓸려, 가난하고 억눌리고 비참에 처한 자들을 위한 사역에 자원하며, 광야로 오지(奧地)로, 위험을 무릅쓰고 고된 사역의 길로 나서게 되기도 하는 것이다.

아버지께서 그 아들을 '보내신' 그 사랑은, 오늘 나를 어디로 '보내고' 계신가? 하나님의 자녀들의 삶은, 그래서 기회가 닿는 대로 세상에서 높이높이 올라가는 삶이 되기가 어렵다. 그 아들을 나 같은 죄인을 위하여, 여기까지 보내 주신 아버지의 그 사랑이 내 마음에 차오르면, 지금 내가 처해 있는 삶이 가시방석 같을지라도 그 삶에서 쉽게 달아날 수 없다. 그가 나를 지금, 여기, 이곳에 '보내셨다면' 나는 어쩔 것인가? 그가 나를, 이 가망 없는 사람들 곁에, 저 완고한 형제들 곁에, 적대감 가득한 이웃들과 함께 살라고 부르셨다면 어떻게 할 것인가? 지금, 여기, 내 초라한 환경이, 그가 보내신 그 자리라면, 나는 과연, '사랑할' 것인가?

한 학생이 돌연 이렇게 물어 온 적이 있었다. "왜 공부를 해야 하지요?" 총명한 학생이었는데, 부모가 닦달하는 그 성공과 출세라는 목표가 받아들여지지 않는 모양이었다. "열심히 하거라. 열심히 하되 죽도록 열심히 최선을 다해서, 네게 맡겨진 영역에서는 최고가 될 수 있을 만큼 열심히 하라. 그리고 네가 배우고 갖게 된 것을 가르치고 내어 줄 때는, 그것을 받기에 가장 가치가 없는 사람들에게 거저 주어라. 그것이, 예수 믿는 사람이 열심히 공부해야 하는 이유이다." 대략 이렇게 말해 주었다. 그것이 선교사의 마음이다. 자기 아들을 우리에게까지 보내신 하나님의 마음이다. 최고의 것, 최선의 것을 준비해서, 그것을 받을 가치가 가장 없는 사람들, 그 대가로 되돌려줄 것이 거의 없는 사람들을 위해 내어 주는 인생, 그것이 '보내는 사랑'을 살아 내는 삶이다.

하지만 설사 그렇게 우리가 우리의 모든 것, 우리의 최선, 우리의 최고의 것을, 우리 눈에 보기에 그것을 받을 가치가 전혀 없는 어떤 사람들에게 일평생 내어 주었다 한들, 우리는 아무것도 한 것이 없다는 사실을 깨달아야 한다. 설사 우리가 그들을 위해 십자가에서 피 흘리며 죽는다 해도, 우리는 그들의 죄를 그 털끝 하나라도 속죄하지 못한다. 최고의 설교, 최고의 실력, 최고의 경력, 최고의 헌신이라도, 우리가 줄 수 있는 것은, 하나님께서 그 미미한 한 사람을 위하여 보내신 그 아들의 생명과 영광에 비하면 아무것도 아니라는 사실을 기억해야 한다.

그러니 혹시라도, 왜 하나님은 이렇게 '실력 있고 인격 좋고 능력 있는 나'를 이런 '완악한' 사람들에게 보내셨느냐고 묻지 말아야 한다. 대신, 왜 '내 눈에 보기에 그토록 별것 아닌' 그들에게도, 왜 하나님은 그 영광의 아들, 모든 지혜와 능력과 부요와 힘과 권세가 충만한 그 영원한 생명의 아들을, 거저 내어 주신 것인지를 물어야 한다. 왜 사랑하셨는지를. 왜 사랑하고 계신지를. 그러므로 우리가 누구를 만나든, 우리가 섬겨야 하는 그 사람은, 하나님께서 자기 아들을 내어 주신, 그토록 사랑받은 바로 그 사람이라는 사실을 결코 잊어서는 안 된다.

꽃 중에 가장 아름다운 꽃은 들꽃일 것이다. 아무도 보아 주지 않아도, 하늘 아래 태양 빛 아래서 즐거이 흔들리며 피는 꽃. 바람과 별과 하늘만으로도 충분히 아름다운 관객이 되는 꽃. 하나님 앞에서 홀로라도 아름답게 피었다가 그렇게 하나님의 품에 지는 꽃. 그런 인생이 아름답다. 왜 나는 이런 가정에서 태어났는가? 왜 하나님은 이런 자녀를, 이런 부모를, 이런 성도를, 이런 목사님을 나에게 맡기셨는가? 나를 괴롭히고 힘들게 하는, 믿지 않는 직장 동료가 곁에 있다면, 바로 거기가 하나님이 당신을 보내신 그 자리, 당신에게 그 아들을 '보내신 사랑'을 힘을 다해 꽃피워야 할 '꽃자리'일 것이다.

사랑이란? - (3) '살리는' 사랑

사랑이란 무엇인가? 9절은, '하나님께서 그의 독생하신 아들을 세상에 보내셨고 그로 말미암아 우리를 살리려 하신 것입니다'라고 말한다. '우리를 살리려 하신 것'(히나 제조멘, ἵνα ζήσωμεν)이라는 표현은 목적이나 결과를 나타낸다. 사랑에는 목적이나 결과가 있고, 그것은 사랑의 본질에 해당한다. 사랑의 목적은 상대방을 '살리는' 것이다. 사랑의 결과도 상대방이 '살아나는' 것이어야 한다. 당연해 보이지만 전혀 그렇지 않다. 살리는 사랑도 있지만, '죽이는 사랑'도 있기 때문이다.

하나님께서 그 아들을 세상에 보내신 목적은 우리를 살리려 하심이다. 그 결과로 우리는 살아났다. 그가 속죄 제물이 되어 주심으로, 우리는 우리 스스로는 도저히 벗어날 길이 없는 죄의 사슬을 끊어 버릴 수 있었다. 죄가 끊기니, 죄의 결과인 죽음의 올무에서도 벗어난다. 주께서 친히 죽음을 이기시고 부활하셨다. 죽음이 더 이상 어쩌지 못하는 생명, 그 부활 생명을 우리가 받은 것이다. 그 아들을 믿고 받는 사람은 누구나 그의 안에 죄 사함의 능력, 그 보혈(寶血)의 공로, 거저 주시는 그리스도의 완전한 의(義)의 선물, 그리고 죽음을 이긴 부활 생명의 능력이 살아서 역사한다. 그 아들을 받았기 때문에, 그 아들에게 속한 모든 보화와 부요, 능력과 지혜, 영광과 권세도 함께 그의 것이 된다. 이것이 살아나는 것이다.

죄에 대하여 죽고, 의에 대하여 살아난다. 드디어 의롭고 선한 것을 꿈꾸고 시도해 보고, 실행해서 조금씩 이루어 갈 수 있다. 애초에 뱀이었다면 하늘을 날아 볼 꿈도 꾸지 못했을 것이다. 하지만 이제 비둘기로 다시 태어났기에, 비둘기가 되어 날갯짓을 해 볼 수 있는 것이다. 성도가 진실로 '살아났다'는 것은, 그 이전의 삶의 연장이 아니다. 하나님의 자녀라는 권세를 받은 하늘의 성도, 새 하늘과 새 땅의 새 사람으로서 사는 새로운 삶의 시작이다. 죽음을 두려워하지 않는 부활 생명을 누리는 삶이란 어떤 삶인가? 가난해도 하늘나라를 품고 사는 사람은 어떤 삶을 누리는가? 의에 주리고 목마르면서도, 하늘의 상급에 배부르고, 그 아들의 영원한 생명이 더욱 풍성하게 알아지고 누려지는 삶은 얼마나 부요한 삶인가.

하나님의 사랑은 우리를 살려 낸다. 우리의 사랑은 우리가 사랑하는 사람을 살려 내는가? 반드시 그렇지는 않다. 그래서 우리는 하나님의 사랑을 받아야만 한다. 사랑을 모르기 때문이다. 그 완전한 사랑 안에서 그 아버지의 사랑을 받고, 그 사랑 안에 거하며, 그 사랑으로 우리의 모든 어그러지고 파괴된 사랑이 치유받아야 한다. 그것이 일평생이 걸리는 신앙생활이며 교회 생활이다. 교회로 모여서 우리가 해야 하는 일이 여기에 있다. 우리의 사랑을 치유받는 것이다. 치유받고, 하나님의 온전한 사랑 안에서 그 사랑으로 성장하며 회복되어야 한다. 이것 없이는, 교회로 모이고 함께 사는 것이 무슨 유익이 있는가. 교회는 코이노니아이다. 그 아들의 생명과 아버지의 사랑 안에서 치유받고 성장하는 일이 있어야만 한다.

세상은 세상의 말을 듣고, 세상을 따라 사랑한다. 그것이 사랑하면 할수록 상대방뿐 아니라 자신을 죽이는 이유이다. 사랑해서 상대방을 파괴하고 망치고 죽음에 이르게 한다. 문자적으로 '데이트 폭력'이 그런 것이 아닌가. 분명히 사랑한다는데, 사랑하고 있다는데, 상대방에게 폭력을 가하고 죽음에 이르게 한다. 부모의 사랑은 좀 나은가? 그렇지 않은 경우도 있다. 부모가 자식을 너무나 사랑해서, 그 자식을 죽음에 이르게 할 수도 있다. 우리는 그런 비극을, 오직 성적, 오직 일류 대학, 오직 출세를 목표로, 학생들의 개성과 은사를 묵살하고 마치 성적을 올리는 기계처럼 만들어 버리는 경쟁 교육을 통해 수없이 목격해 왔다. 학교에 가서 학생들이 죽어 가는 것이다. 교육이라는 이름으로 사랑이라는 이름으로 돌보고 가르치는데도, 학생들이 숨을 쉬지 못하고 죽어 간다면, 도대체 무엇이 잘못된 것인가?

교회는 다른가? 모든 것을 다 사랑의 이름으로 한다. 그런데도 성도들이 살아나지 않고, 움츠러들고, 벗었던 멍에를 다시 짊어지고, 더 큰 죄책감과 위선과 형식적인 신앙에 빠져, 자기 안에 있는 예수 그리스도의 생명이 마치 손가락 사이로 물이 빠져나가듯 빠져나가 버리는 그런 비극은 또 얼마나 많은지 모른다. 사랑이란 도대체 무엇인가? 무엇이기에 하면 할수록, 상대방도 나도 죽어 가기만 하는가?

오늘날 다원주의 사회에서 '성'(性)은 점점 더 한 개인이 자기 스스로 결정할 수 있는 자율에 맡겨진 채 표류하는 듯이 보인다. '하나님께서 사람을 남자와 여자로 지으셨다'는 말씀은 너무 갑갑하고 견디기에는 무거운 짐이며, 심지어는 혐오스러운 표현이라고 느끼기도 한다. 그것이 하나님의 말씀이라도, 내가 원하는 '사적'(私的)인 욕망에 맞지 않으면 혐오스럽다고 생각하는 것이다. 포스트모던 사회에서 진리란 결국 내 취향이기 때문이다. '역시 카푸치노가 진리야'라고 말하듯이, 진리란 결국 나를 편하게 해 주고 내 기분에 맞아야 하는 것일 뿐이다. 포스트모던 사회는 성경을 읽을 때, '성경이 내 욕망을 어떻게 정당화해 주는가?'로 접근하지, 결코 '성경은 내가 무엇을 욕망해야 한다고 가르치는가?'로 들으려 하지 않는다.

진리란 무엇인가? 사랑이란 무엇인가? 요한일서는 진리는 변치 않는 하나님의 말씀, 우리에게 영원한 생명을 주시는 '생명의 말씀'(1:1)이라고 못 박는다. 내가 그것을 진리로 여기거나 진리가 아니라고 우긴다고 해도, 그것과는 상관없이, 진리는 언제나 진리로 존재한다. 당신이나 내가 존재하지 않아도, 하나님과 그 아들과 성령께서 말씀하시고 성취하시고 증거하시는 그 말씀은 살았고 영영토록 존재하기 때문이다(2:17; 사 40:6-8; 벧전 1:23-25). 진리는 내가 결정하는 것이 아니다. 진리가 당신과 나를 판단한다. 당신이나 내가 아니라, 오직 그 아들만이 '길이요, 진리요, 생명'이기 때문이다(요 14:6).

인간이 지을 수 있는 죄 중에 가장 큰 죄 가운데 하나가, 하나님의 말씀이 진리라고 하는 것에 대해 아니라고 부인하는 죄, 말씀을 부인하는 죄이다. 그것이 중대한 사안인 이유는, 하나님과 당신, 둘 중 하나가 거짓말쟁이라는 선택지에 서게 하기 때문이다. 당신이 하나님의 말씀을 버리면, 당신은 하나님을 거짓말쟁이로 만드는 것이다(1:10). 이보다 더 큰 거짓말은 없다. 거짓의 아비가 그 악한 자 마귀이며, 온 세상이 그의 아래 놓여 있다는 것을 알면(5:19), 당신이 세상에 속해 세상의 말을 듣는다는 사실을 깨닫게 될 것이다(4:5).

다시 묻자. 왜 우리는 사랑하면 할수록 상대방을 살리지 못하고, 도리어 파괴하고 죽이게 되는가? 하나님의 말씀을 벗어난 사랑은, 하면 할수록 상대를 파괴하게 되어 있다. 죽이고 멸망시킨다. 하나님에게서 나온 사랑이 아니라, 파괴하고 죽이는 것이 일인 마귀에게서 나오는 사랑이기 때문이다. 그것도 사랑의 형태를 띠고 있다. 그렇기 때문에 속는 것이다. 원래 악(惡)이란 선(善)의 부패이다. 사랑이라는 빵 덩어리가 있는데, 그것이 잘 보존되지 않으면 곰팡이가 나고 썩는다. 썩은 것을 먹으면 병들고 죽는다. 사랑도 마찬가지이다. 하나님의 사랑은 말씀 안에서 생명으로 역사한다. 말씀을 떠난 사랑은, 그렇게 사랑할수록 더욱더 우리를 죄와 죽음으로 끌고 간다.

말씀을 벗어난 사랑은 살리지 못한다. 진리가 없는 사랑은 사랑이 되지 않기 때문이다. 진리가 없는 사랑이 얼마나 많은가? '사랑합시다. 사랑이 이깁니다'라고 아무리 말해도, 진리가 없다면 다시 '거짓과 죄에 얽매이고 지게' 될 뿐이다(벧후 2:20). 진리가 없으면 사랑은 죽이는 것이 되기 때문이다. 마치, 고속도로를 열정을 가지고 전속력으로 달릴 수 있다 해도, 중앙선을 넘어 질주하면 그 결과는 불을 보듯 뻔한 것과 같다. 아무리 열심히, 성실히, 진심을 다해 사랑해 보라. 진리를 떠나고, 말씀을 떠나면, 생명이 아니라 죽음을 마주하게 될 것이다.

우리가 짓는 죄 중에, 우리에게 진실하게 느껴지지 않는 죄가 어디에 있는가? 성경이 죄라고 규정해도 그 죄를 짓기 원하는 사람에게는 다 절박하고 다 진실하게 보이는 법이다. 하지만 죄가 우리에게 자연스럽고 진실하게 느껴지는 이유보다, 우리가 원래부터 죄인이라는 명확한 증거는 없다. 그러니, 우리에게 자연스럽고 진실하다고 죄일 리가 없다는 것은, 단지 우리가 누구인지를 증명할 뿐이다. 말씀이 빛이다. 말씀이 없다면, 우리는 어둠 속에 갇혀 아무것도 분별하지 못하게 될 것이다.

그런데 만일 당신이 하나님의 말씀의 빛이 보이지 않는다고 주장하면 어찌 되는가? 당신은 분명히 눈을 뜨고 보고 있으니, 말씀이 빛이 아니라는 뜻인가? 정말 그런가? 만일, 하나님의 말씀이 정말 빛이라면, 그래서 그 진리의 빛이 비치고 있는데도 그것이 보이지 않는다면, 혹시 그 진리를 보지 못하는 당신이 그 어둠에 눈이 어두워져 앞을 보지 못하는 맹인이 된 것은 아닌가?(2:11)

한편, 진리가 없는 사랑은 사랑이 될 수 없지만, 사랑이 없는 진리도 온전할 수가 없다. 종종 진리를 외치지만, 그 진리가 사랑 안에서 겸손함과 온유함으로 행해지지 않으면, 그것은 전달되지도 않고 받아들여지기도 어렵다. 사랑이 없는 진리는 폭력에 가깝기 때문이다. 사랑으로 전달되지 않는 진리는 받아들여지지 않는다. 오늘날 교회는, 진리를 말하기 전에 먼저 충분한 사랑을 보여 주어야 한다. 긍휼이 먼저이다. 우리가 우리의 어둠을 보는 때는 오직, 빛 가운데 나아왔을 때뿐이다. 그렇지 않은가? 그러니, 어둠 속에 있는 자들에게 그 어둠을 보라는 것은 불가능을 주문하는 것이다. 빛 가운데 나아와야 한다. 그런데 어떻게 나아올 수 있는가? 오직 긍휼의 불, 사랑의 따뜻한 불길이 아니면, 나아오지 못한다.

차갑고 어두운 광야 같은 세상에서, 교회는 활활 타오르는 모닥불 같은 곳이어야 한다. 세상은 추위에 떨다가, 몸을 녹이기 위해 그 모닥불 곁으로 나아오게 된다. 그렇게 불 곁에서 몸을 녹이다가, 그 환한 불빛 속에서 자신의 모습을 보게 되는 것이다. 그래서 빛이신 하나님과의 코이노니아 안에는 그 아들의 피, 그 아들의 생명을 주신 아버지의 긍휼이 활활 타오르고 있다(1:5-10).

성도의 교제란, '그 아들과 아버지와의 코이노니아'를 의미한다. 그 아들은 생명의 말씀이시며 곧 진리이다. 아버지는 그 아들을 세상에 보내신 사랑으로 우리 안에 거하신다. 교회란, '그 아들의 진리와 그 아버지의 사랑의 코이노니아'이다. 아들 없는 아버지도, 아버지 없는 아들도 존재하지 않는다. 진리가 없는 사랑, 사랑이 없는 진리는 온전한 코이노니아를 이룰 수 없다. 교회는 진리도 사랑도 모두 붙들어야 한다. '사랑 안에서 참된 것, 진리를 말하고 행하는 것'(엡 4:15), 그것이 교회이다.

사랑이란? – (4) '선물(gift)의' 사랑

사랑이란 무엇인가? 당신은 어디에서 사랑을 찾고 있는가? 사랑은 '여기에'(!) 있다. 10절은 자신 있게 '사랑은 여기 있으니, 우리가 하나님을 사랑한 것이 아니요, 그가 우리를 사랑하셨다'라고 선언한다. 사랑의 원형으로서 하나님의 사랑의 또 다른 본질을 확고하게 드러내는 표현이다. '사랑은 여기 있으니'(엔 투토 에스틴 헤 아가페, ἐν τούτῳ ἐστὶν ἡ ἀγάπη)라는 표현을 문자 그대로 옮기면 '사랑은 이 안에 있으니'라고 읽을 수도 있다. 그만큼, 이제부터 말하려고 하는 것이, 사랑의 가장 사랑다운 특징이라고 할 수 있다는 뜻이다. 그만큼 하나님의 사랑의 특징을 잘 드러내는 측면이라는 것인데, 그것이 무엇인가?

10절 하반절이 그 내용을 알려 준다. 하나님의 사랑은, 우리가 하나님을 사랑하지 않았다는 전제 위에서 행해진 사랑이라는 사실이다. 사랑은 원래 상호적이고 인격적이다. 그런데 하나님의 사랑은, 우리가 아직 그를 사랑하지 않았던 때에도 우리를 사랑하신 사랑이고, 우리가 하나님을 사랑하는 것에 근거하지 않는 사랑이라는 것이다. 이것은, 인간으로서는 이해하기 어렵고, 행하기도 어려운 참된 사랑의 본질이다. C. S. 루이스가 말했던, 그 '선물의 사랑'(gift-love)이 여기에 해당할 것이다. 인간의 사랑은 '필요에 의한 사랑'이라는 한계를 벗어나지 못한다. 그런데 10절이 말하는 이 사랑이야말로 명확하게, '조건 없는 사랑'을 가리키고 있다.

그렇다면, 하나님은 우리의 사랑을 전혀 기대하지 않으신다는 것인가? 요한일서에 나타난 언약적 사랑은, 언제나 은혜를 전제하면서도 계명을 순종하라는 요구를 수반한다는 사실을 강조한다. 하나님의 사랑이 언약적 사랑이라는 사실을 감안하면, 지금 4:10의 표현, 즉, '우리가 사랑한 것이 아니요, 하나님이 우리를 사랑하셨다'는 것은, 그가 우리를 사랑하시는 은혜를 가리키는 표현임을 알 수 있다. 그러니까, 우리가 하나님을 사랑하는 것은, 응당, 그분의 사랑을 받은 결과요 열매로 있어야만 하는 것이지만, 하나님의 사랑은 우리가 그분을 사랑하는 것에 근거하거나 그것을 조건으로 삼지 않으신다는 뜻이다. 즉, 언약 관계에서 우리가 그 계명의 요구에 순종하는 것은, 받은 은혜의 열매와 증거이지, 전제나 조건이 아니라는 사실과 일치한다.

그러니까, '상대방이 아무렇게나 살아도 좋고, 내가 할 일은 그저 상대방을 사랑하는 것뿐'이라는 태도를 가리키는 것이 결코 아니다. 기대가 없는 사랑은 없다. 다만, 그 기대가 사랑을 하고 안 하고의 조건이 되지는 않는다는 것이다. 자식을 향한 부모의 사랑이 늘 이런 갈등 속에 처해 있음을 알게 된다. 자식에게 기대를 하지만, 자식이 그 기대를 저버린다 한들, 그 아이를 사랑하는 그 사랑을 그만둘 수 없는 것이 부모의 마음이다. 성도를 대하는 목회자의 마음도 이와 같을 것이며, 목회자를 대하는 성도의 마음도 이와 같을 것이다. 사실, 모든 그리스도인들이 주의 사랑하는 교회를, 믿음의 형제들을 대하는 마음도 이와 같다. 교회는 어머니이다. 어머니가 아프다고 버릴 수 없고, 형제들이 사고를 친다고 형제가 아닐 수가 없다.

사랑은 늘 '먼저' 해야 한다(4:19). 사랑하는 상대방의 반응, 응답, 결과, 열매를 기대하고 요구하지만, 사랑을 한다는 것은 그런 것들의 있고 없음에 좌우되지 않을 때, 참된 사랑에 가까워진다. 사람은, 받지 않으면 주기 어렵다. 어떤 식으로든 자기의 필요가 채워지지 않는 사랑이라면, 계속할 이유를 찾지 못하는 것이 인간이다. 그러니, '먼저 사랑'한다는 것, 더 정확히 말해서, '상대방의 응답이 조건이 되지 않는 사랑'을 한다는 것은 참으로 어려운 일이 아닐 수 없다. 그럼에도 불구하고, 하나님의 이런 사랑, 사랑의 원형으로서의 사랑을 따라가야 하고, 따라갈 수밖에 없는 이유가 있다. 그것은 하나님께서 우리를 '먼저' 사랑하셨기 때문이다. 그리고 언제나 '먼저' 사랑하시기 때문이다. 우리가 하나님의 사랑을 받을 만한 조건을 만들지 못했을 때에도, 하나님의 사랑은 줄어들지 않는다.

마치, 우리가 하나님께 사랑받을 만한 근거를 많이 만들어서 고개를 당당히 들고 있을 때조차, 하나님의 사랑은 더해지지도 않고 그럴 필요도 없는 것과 같다. 우리가 잘하고 잘못하는 것이, 이미 조건 없이 우리를 사랑하고 계신 하나님의 사랑을 줄어들게도 늘어나게도 하지 못한다. 하나님은 이미 우리를 무한히 사랑하고 계시며, 그 끊을 수 없는 사랑을 그 아들을 통해 확증해 주셨다(롬 8:31-39).

문제는 과연 이런 사랑을 '우리도' 할 수 있느냐는 것이다. 만일 그럴 수 있다면, 그것은 우리가 오직 이렇듯 '먼저 하시는 하나님의 사랑'을 받아 누리고, 또한 그 사랑 안에 끊임없이 거할 때뿐일 것이다. "너희가 나를 택한 것이 아니요, 내가 너희를 택하여 세웠나니"(요 15:16)라는 말씀은, 사역지로 나아가는 모든 사역자에게, 세상으로 나아가는 모든 그리스도인에게 견고한 닻과 같은 말씀이다. 주님은 우리의 부담을 덜어 주신다. 우리가 실패할 수도 있다는 사실을 너무도 잘 알고 계신다.

마치, 상사가 직원들에게 일을 맡기며 '최선을 다하라. 실패하면 모두 내 책임이다'라고 말해 주는 것과도 같다. 물론 하나님은 실패하지 않으신다. 우리도 그분 안에서 이미 승리했고, 승리하고 있고, 결국 승리할 것이다. 세상보다 크신 분이 우리 안에 거하신다. 그리고 그분은 우리를 '항상 먼저' 사랑하신다고 약속해 주셨다. 이보다 더 든든한 약속이 어디에 있는가.

우리도 우리에게 맡겨진 사람들에게 그렇게 해 줄 수 있을까? 조금만 틀리고 실수하면, 맡겼던 권리를 바로 빼앗고, 질책하고 다시는 하지 못하도록 기회를 막아 버리지는 않는가? 세상은 그러하다. 실패하면 다시 일어설 수 있는 기회가 거의 주어지지 않는다. 실패하면 낙오하는 것이고, 낙오하면 다시 따라잡을 수 없는 극한 경쟁의 사회이다. '하나님의 코이노니아'인 교회는 그래서는 안 될 것이다. 가정도, 사회도 그래서는 안 된다. 하나님의 사랑은 우리로 하여금 실패로 끝나지 않게 하신다. 실패할 때는 언제든, 다시 일어날 수 있는 사랑과 은혜를 항상 풍성하게 공급해 주시기 때문이다.

그래서 '용서'는 하나님의 코이노니아가 서 있는 기초이다. 우리 중 그 누구도, 용서받고 용서하지 않으면서도 계속해서 풍성한 생명의 삶을 살 수 있는 사람은 없다. 그 어떤 관계도, 용서 없이는 지속되지 않는다. 교회는 누구라도 용서받을 수 있는 곳이며, 언제나 용서가 가능해야만 하는 곳이다. 무엇보다, 하나님의 코이노니아 안에 들어온 자는 누구나 '용서받은 죄인'이라는 사실을 잊지 말아야 한다.

용서도 '먼저' 해야 한다. 화목(reconciliation)은 쌍방이 모두 합의해야 가능한 관계이다. 하지만 상대방이 여전히 죄를 뉘우치고 있지 않더라도, 아니, 아예 죄가 죄인지 모르고 있다 해도, 우리는 우리에게 죄지은 사람을 용서할 수 있고, 용서해야 한다. 그럴 때에, 하나님께서 우리를 먼저 용서하신 사실을 온전히 우리의 것으로 소유하며 누릴 수 있다. 그러므로 원수를 용서하는 자가 받는 첫 번째 은혜는 자기 자신이 증오와 복수(revenge)의 감옥에서 풀려나는 것이며, 또한 하나님의 사랑과 생명의 강물 속에 뛰어드는 기쁨을 누리는 것이다.

하나님의 코이노니아 안에 계속 거하고자 한다면, '먼저' 사랑하시는 하나님의 사랑의 흐름에 따라 우리도 '먼저' 사랑하는 삶으로 함께 흘러가야만 한다. 그것을 끊을 때, 그것을 멈출 때, 그것을 단절시킬 때, 우리는 더 이상, 그 생명과 사랑의 코이노니아, 곧 교회이기를 그치게 되는 것이다. 그가 먼저 우리를 사랑하셨으니, 우리도 우리에게 죄지은 자를 먼저 용서하고 용납해야 한다. 용서하지 못하는 마음을 버리는 것, 그것이 나의 가장 귀한 것을 내어 주는 사랑이다. 거기서 하나님의 사랑이 비로소 나타난다. 너도 살고 나도 살고, 모두가 사는 길이 열린다. 다른 길은 없다. 사랑은 바로 여기에 있기 때문이다.

사랑에 관한 '팡세'(1)

'팡세'(pensée)란 단편적인 생각들을 가리키는데, 사랑에 대해 생각해 보면 좋을 내용들을 몇 가지 모아 보고자 한다. 특히, C. S. 루이스, 중세의 수도사 클레르보의 베르나르, 그리고 어거스틴이 사랑에 대해 했던 말들을 풀어 설명하면서, 사랑에 대해 못다 한 이야기, 기억하고 묵상하면 좋을 이야기들을 나누어 보자.

첫째, "신(神)이 되어 버린 사랑은, 악마가 된다." – C. S. Lewis

남녀 간의 성적인 사랑인 에로스의 특징은, 상대방을 우상화하고 신격화하는 성향에 의해 이끌린다. 내가 사랑하는 남자는 남자의 대표이고, 내가 사랑하는 여자는 여자의 대표, 그 가장 이상적인 원형의 자리에까지 신격화된다. 눈에 콩깍지가 쓰인 것이다. 하지만 신의 자리를 차지해 버린 사랑은, 곧바로 악마가 된다. 악마는 거짓말쟁이요 죽이고 멸망시키는 자이다. 그러니, 우리가 사랑을 통해 상대방을 신격화하는 바로 그때, 그 사랑은 거짓된 것으로 변질되고 우리를 죽이며 파괴한다. 무엇이 잘못된 것인가?

그래서 사랑은 둘만이 하는 것이 아니라, 셋이 하는 것이라고 말하기도 한다. 사람 사이의 사랑 안에는 하나님이 서 계셔야 한다는 것이다. 그것이 에덴동산의 모습이 아니었던가? 그것이 또한 새 예루살렘에서 영원한 사랑의 삶을 누리는 방식이 아니던가? 사랑을 통해 인간이 인간을 우상화하고, 결코 인간이 올라갈 수 없는 신의 자리에까지 상대방을 올려놓는 순간, 그것은 곧 모두의 파멸을 의미한다. 그 사랑은 모든 것을 무너뜨린다.

지금 당신의 아내는 당신이 잃었던 '엄마'가 아니고, 지금 당신의 남편은 당신이 찾던 '아빠'가 아니다. 부모가 '하나님'이 아니듯이, 자식도 부모의 뜻을 이루어 주는 '신'(神)이 아니다. 목사는 하나님이 아니고, 성도는 예수님이 아니다. 신격화도 말고, 희생을 강요하지도 말아야 한다. 모든 사랑은 하나님 안에서 제자리를 찾아야 한다.

둘째, "누가 여러분에게 아무것도 사랑하지 말라고 하겠습니까? 분명히 아닙니다. 아무것도 사랑하지 않는다면, 여러분은 게으르고 진절머리 나는 비참한 자가 될 것입니다. 사랑하십시오. 그러나 그대가 무엇을 사랑하는지 눈여겨보십시오. 하나님에 대한 사랑, 이웃에 대한 사랑이 사랑입니다. 그러나 세상에 대한 사랑, 곧 이 세속을 사랑하는 것을 탐욕이라 합니다. 탐욕은 누르고 사랑은 일깨우십시오." - St. Augustine

사랑에 실패하면 우리는 상처받지 않는 안전한 삶을 택하려 한다. 다시는 사랑하지 않겠다는 방어벽을 세운다. 교회도 마찬가지이다. 교회에서 상처를 받으면, 교회를 떠나면 된다고 생각한다. 하지만 우리가 어디로 가든, 사랑하기를 올바로 배울 때까지 무엇인가를 사랑하지 않을 수 없다. 사랑하지 않기 때문에 아무런 상처도 고통도 받지 않는 삶은 죽은 것이다. 그런 면에서 '안전한 삶'은 단지 아무 일도 일어나지 않을 뿐, 전혀 안전하지 않은 삶이 되고 만다.

그런 삶은 오히려 우리를 '게으르고 진절머리 나는 비참한' 자로 만들 것이다. 마치 주인에게서 달란트를 받고 땅에 묻어 둔 종과 같다. 사업을 감행하는 위험을 감수하지 않는 대가는 '악하고 게으르다'는 평가뿐이다. 사랑에 실패했을 때, 그 답은 사랑을 그만두는 것이 아니라, 치유받고 회복되어 더 온전한 사랑을 향해 용기 있게 배우며 나아가는 것이다.

어거스틴은, 우리가 어떻게 사랑하느냐보다 '무엇을 사랑하느냐'가 우리의 사랑이 참된 것이냐 아니냐의 여부를 결정한다고 말한다. 사랑의 '대상'이 사랑의 '진위'(眞僞)를 결정한다. 세속을 사랑하는 탐욕은 우리를 옭아매지만, 하나님과 이웃을 사랑하는 참된 사랑은 우리를 자유하게 한다. 그때, 우리는 사랑의 참모습을 알게 된다.

셋째, "사랑은 위를 향하여 올라가고, 탐욕은 아래를 향하여 내려간다." – St. Augustine

하나님을 사랑하고 이웃을 사랑하는 사랑은, 그 사람을 더 높이 끌어 올린다. 마치 열기구에 올라탄 것과 같다. 하나님을 사랑할수록, 이웃을 사랑하면 할수록, 그는 하나님이 계신 하늘 보좌 가까이로 올라가고 올라가 고귀한 사람이 된다. 세속을 사랑하는 탐욕은, 그 욕망을 따라갈수록 아래로 내려간다. 마치 무거운 추(錘)를 매단 것처럼, 그의 마음은 점점 더 무거워지고, 그의 삶은 세상의 더러움과 썩어짐과 밑도 끝도 없는 무저갱 같은 허무의 골짜기로 떨어진다. 왜 그렇게 되는가?

세상은 그 자체로 하나님을 떠났기 때문이다. 하나님을 떠남으로써, 그 생명의 근원에서 끊겨져 나갔다. 죄 아래 있고, 죽음 아래 있고, 허무에 붙잡혀, 삼 겹의 어둠에 갇힌 채 무저갱으로 끌려 내려가고 있기 때문이다. 마치, 나락으로 떨어지는 추를 붙잡으면 그 무게에 딸려 자신도 그 밑으로 끌려 내려가는 것과 마찬가지이다. 세상이나 세상에 있는 것들을 사랑하는 결과가 이와 같다. 그러면 어떻게 해야 하는가? 아무것도 욕망하거나 사랑하지 말아야 하는가? 그렇지 않고, 그럴 수도 없다. 사랑하기를 그만둘 수는 없다. 하나님의 사랑 안에서 치유받고 회복되어, 올바른 대상을 올바른 방식으로, 올바른 목적을 위하여 사랑해야 한다. 그렇게 더욱더 사랑하기를, 제대로 사랑하기를, 배워야만 한다.

3. 코이노니아와 온전함(4:11-21)

　농부가 이른 봄에 밭을 갈아엎는다면, 그것은 곧 씨앗을 뿌리기 위해서이다. 씨앗을 뿌릴 것이 아니면서 밭을 가는 농부는 없을 것이다. 씨앗을 뿌린다는 것은 꽃을 피우기까지 길러, 결국 그 열매를 얻고자 함이다. 누가 열매를 기대하지 않으면서도 씨앗을 뿌리고 곡식을 기르겠는가. 하나님께서 보내신 그 '생명의 말씀'도 이 땅에 심겨 뿌리 내리고, 자라서 열매를 맺기까지 그 보내진 일에 신실하다(사 55:10-11).

　하나님의 사랑도 이와 같다. 그 사랑은 아버지 하나님의 품에서부터 출발한다. 하늘 보좌에 앉으신 아버지의 품 안에 있다가, 때가 이르러 이 세상으로 보내어졌다. 뿌려진 씨앗처럼, 대지를 적시는 이른 비와 늦은 비처럼, 그 사랑은 이 땅에 육체로 오신 그 아들의 삶과 죽음을 통해 꽃을 피웠다. 하지만 아직은 그 열매가 아니다. 하나님 아버지께로부터 시작되어, 그 아들을 통해 전달된 그 사랑이, 최종적으로 이르러 열매를 맺는 그곳은 어디인가? '악한 자의 코스모스' 한복판에 뿌려지고 심겨 있는 '그 아들과 아버지와의 코이노니아'이다. 결국, 이 코이노니아를 통해 새 하늘과 새 땅에 가득 찬 그 온전하고 풍성한 사랑의 열매를 보게 될 것이다. "이는 만물이 주에게서 나오고, 주로 말미암고 주에게로 돌아감이라. 그에게 영광이 세세에 있을지어다"(롬 11:36).

　흥미롭게도 요한일서 4:7-21에서는, '시작된 사랑, 전달된 사랑, 온전한 사랑'이 순차적으로 설명되어 있다. 즉, 11-21절까지는 그에 앞서 나오는 7-10절에서 설명된 '하나님의 사랑'의 네 가지 요소들을 하나씩 차례대로 설명하는 구조를 갖고 있다. 즉, 7-10절에서 하나님의 사랑이 그 아들을 통해 세상에 '육체로' 나타난 단계를 묘사한다면, 4장의 나머지 부분 즉, 11-21절에서는 그 아들을 통해 '전달된' 사랑이 어떻게 '하나님의 코이노니아' 곧 믿음의 형제자매들 안에서 그 '온전한' 사랑에 이르는가를 보여 주는 것이다. 이를 도표로 정리하여 나타내면 아래와 같다.

[도표 12] 4장 7-10절과 11-21절의 병행 구조

하나님의 사랑 / 시작된 사랑		교회의 사랑 / 온전한 사랑	
(A) 나타남	9절	온전해짐	11-13절
(B) 보내심	9절, 10절	상호 내주	14-16절
(C) 살리심	9절	두려움 없음	17-18절
(D) 먼저 하심	10절	형제 사랑	19-21절

우선 이 도표를 보면, 4:9이 묘사하는 하나님의 사랑의 첫 번째 특징인 '나타난 사랑'(A)이 11-13절에서 성도 간의 '서로 사랑'함을 통해 '온전한 사랑'에 이르게 됨을 설명한다. 그다음 9, 10절에서 묘사된 '보내신 사랑'은, 14-16절에서 하나님이 우리 안에, 우리가 하나님 안에 거하는 '상호 내주'의 실현으로 열매 맺는다. 또한, 9절이 묘사하는 하나님의 '살리는 사랑'은 17, 18절에서 심판의 날뿐 아니라 세상에서도 '두려움이 없는' 사랑에 이르게 한다. 마지막으로, 10절에서 우리를 '먼저' 사랑하신 하나님의 사랑은, 19-21절에서 우리가 먼저 '눈에 보이는 형제들을' 사랑함으로써 '보이지 않는' 하나님에 대한 사랑을 나타내는 것으로 성취된다.

이처럼 하나님의 사랑과 교회의 사랑을 설명하는 4장의 두 단락은 정확히 병행하는 문학적 구조를 가지고 있기 때문에, 서로 짝을 이루며 서로가 서로를 설명하는 효과를 가져온다. 하나님의 사랑을 받은 성도는, 그 아들을 통해 전달된 아버지의 사랑을 과연 어떻게 실현하고 나타내 보일 것인가? 우선, 9절의 '나타난' 사랑을 '온전한 사랑'으로 설명하는 11-13절의 말씀을 살펴보자.

¹¹ 사랑하는 여러분, 만일 하나님이 우리를 이처럼 사랑하셨다면, 우리도 서로 사랑해야 마땅합니다. ¹² 하나님을 본 자는 어느 때든지 아무도 없습니다. 만일 우리가 서로 사랑하면, 하나님이 우리 안에 거하시고 그의 사랑이 우리 안에서 온전히 이루어진 것입니다. ¹³ 이로써 우리가 아는 것은, 우리가 그의 안에 거하고 그가 우리 안에 거하시는 것입니다. 이는 그의 성령으로부터 우리에게 주신 것입니다.

(A) 온전히 나타난 사랑

12절에서 '그의 사랑이 우리 안에서 온전히 이루어진 것'이라고 했을 때, '온전히 이루어진'(테텔레이오메네 에스틴, τετελειωμένη ἐστίν)이라는 표현은 원래 정해진 그 목적지에 이르게 되었다는 뜻이다. 이는 9절에서 하나님의 사랑이 '이로써 나타내신 바 되었다'고 한 상태와 정확히 병행을 이룬다. 다시 말하면, 하나님의 사랑이 그 아들을 통해 우리에게 전달되었고, 그 결과로 이 땅 위에 '그 아들의 생명과 아버지의 사랑의 코이노니아'가 탄생한 것이다. 그러나 아직 그 사랑이 '온전히, 다, 끝까지 나타난 것'은 아니다. 그 사랑이 온전한 사랑이 되려면, 아직 '더 나타나야 하는' 무엇인가가 있다는 뜻이다. 그러므로 그 사랑이 온전해진다는 것은, 더욱더 '육체로 나타나야 할' 과정이 남아 있음을 의미한다.

그렇다면 하나님의 사랑이 온전히 이루어진 상태는, 정확히, 어떤 지점을 가리키는가? 요한일서에서 하나님의 사랑의 온전함을 언급하는 본문은, 지금 4:12 외에도 '계명을 행할 때' 하나님의 사랑이 온전하여졌다든지(2:5), '심판의 날에 두려움이 없을' 만큼 그 사람 안에서 하나님의 사랑이 '온전하여졌다'(4:17)는 표현, 그리고 온전한 사랑이 '두려움을 내어 쫓는다'(4:18)고 했을 때에도 사용되었다. 흥미로운 점은 네 본문에서 모두, 하나님의 사랑의 '온전함'이란 그 사랑 자체가 흠이 없이 완벽함(perfection)을 가리키기보다는, 하나님에게서 시작된 사랑이 나타나서 결국 도달하게 되는 그 '최종 목적지'(destination)에 관한 진술에 가깝다는 사실이다.

그렇다면, 4:12에서 하나님의 사랑이 온전함에 이르는 그 목적지는 어디인가? 그것은, 같은 절에서 밝히듯이 '우리가 서로 사랑하는' 형제 사랑이라는 지점이 명확하다. 즉, 하나님에게서 시작된 아버지의 사랑은, 그 아들을 통해 우리에게 전달되고, 우리가 비로소 서로 사랑할 때, 그 온전한 상태, 즉 원래 출발할 때부터 갖고 있었던 목적지에 이르게 된다는 뜻이다. 마치, 뜨거운 피가 심장에서 나와 대동맥과 굵은 혈관들을 통해 몸의 마디마디 전달되고 거기서부터 실핏줄들을 통해 몸의 극히 작은 지체들에게까지 퍼져 나가 온몸을 살려 내듯이, 하나님의 사랑은 그 사랑을 받은 사람들이 서로 사랑할 때에만 그 원래의 목적지에 이르러 온몸을 살려 내게 되는 것이다.

이렇듯 하나님의 사랑의 목적지로서 '서로 사랑하는' 사랑은 믿음의 형제자매들 사이에서의 사랑이다. '사랑하는 여러분'(11절)이라는 칭호나 '성령으로부터'(13절) 주어지는 지식 등의 표현들은, 결국 하나님의 사랑의 목적지가 성도 간의 서로 사랑임을 분명히 한다. 그럼에도 불구하고 하나님께서 그의 아들을 '세상에' 보내셨다든지(요 3:16; 요일 4:14), 그 아들이 '온 세상을 위한'(2:2) 속죄 제물이 되셨다는 사실은, 예수님께서 친히 말씀하신 '선한 사마리아인' 비유처럼, 하나님의 사랑은 당연히 교회를 넘어 세상으로 흘러 들어갈 것을 예상하게 한다.

14절이 하나님께서 세상에 보내신 그 아들을 '세상의 구주'로 부르는 이유가 여기에 있다. '세상의 구주'에서 '구주'(소테르, σωτήρ)라는 표현은 당시 헬라 세계의 영웅들이나 로마의 황제 숭배 종교에서 황제들에게 붙였던 칭호이기도 하다(*TDNT*). 만일, '세상의 구주'에서 '세상의'(투 코스무, τοῦ κόσμου)에 초점을 두고 읽으면, 요한일서가 염두에 두고 변증했다고 생각되는 '가현설' 즉 예수께서 하나님의 아들이기는 하지만 진짜 '육체로' 세상에 들어오신 것은 아니라는 주장에 대한 반박이 될 수 있다. 예수께서는 진짜 이 '악한 자의 세상' 한가운데를 뚫고 들어오셨으며, 그가 보내심 받은 목적은 이 세상, 곧 이 악한 자의 '코스모스'를 구원하는 것이라는 의미가 된다.

하지만 무엇보다, 하나님의 사랑은 '하나님의 코이노니아' 곧 성도 간의 사랑으로 나타난다는 사실을 명확히 해야 한다. 새 언약의 성취에 있어서, 하나님의 말씀을 순종하는 새 백성, 곧 '제사장 공동체'가 바로 세워져야, 그들을 통해 열방이 하나님의 이름을 부르며 하나님께로 나아올 수 있다는 이치와 같은 것이다. 그렇다면, 왜 하나님께 사랑을 받고 하나님을 사랑하는 사랑은 반드시 성도 간의 '서로 사랑'으로 이어져야만 하는가?

11-21절의 본문 전체가 말하는 바는, 그것이 원래 하나님의 사랑이 내포하고 있는 정향(定向), 곧 정해진 방향이라는 것이다. 즉, 하나님의 사랑의 목적지에 형제 사랑이 놓여 있는 것이다. 그러니까, '하나님의 사랑'이라고 할 때, 우리는 형제자매들의 '서로 사랑' 없이는, 그 하나님의 사랑을 말할 수 없게 되어 있는 것이다. 왜 이렇게 되었는가?

요한일서에서 '하나님은 사랑이시다'라는 명제는, 단지 하나님의 성품을 나타내는 정도가 아니라, 그 아들을 세상에 보내신 '사건', 곧 구원 행동으로 나타난 고정된 사건을 가리킨다(8, 16절). 그것이 육체로 세상에 오신 그 아들 예수 그리스도의 삶과 죽으심과 부활 사건의 핵심이다. 그가 '육체로' 오심은 우리를 위한 것이다. 그가 십자가에서 '육체로' 죽으신 것은, 우리를 향한 '이웃 사랑'의 율법적 요구를 다 성취하신 것이다(마 5:17-20; 22:34-40; 요 19:30). 그가 굳이 '육체로' 부활하신 것도 우리를 살리려 하심이고, 더 이상 죄나 죽음이나 하나님 없는 허무가 지배하지 않는 새 하늘과 새 땅의 코이노니아를 회복하시기 위함이다(고전 15:20-58; 벧후 3:10-13; 계 21:1-4).

그러므로 이 최종 목적인 재창조를 위하여, 그 아들 예수 그리스도는 아버지의 사랑으로 이 세상에 오셨고, '우리를 위하여, 온 세상을 위하여' 자신의 목숨을 내어 주신 '형제 사랑, 이웃 사랑, 서로 사랑'을 완성하신 것이다. 그가 그 자신의 '육체로써' 하나님의 사랑의 길을 내셨다. 그리고 그 하나님의 사랑이 어떤 길을 어떻게 가야 그 목적지에 도달할 수 있는지를 친히 보여 주시고 확정하셨다.

분리될 수 없는 사랑

'예수 그리스도께서 육체로 세상에 나타내신 바 된 이후'부터는 그 누구도 형제 사랑 없이 하나님의 사랑을 말할 수 없다. 만일 누가, 믿음의 형제들, 성도들을 사랑하지 않으면서 하나님을 사랑한다고 말하면, 그것은 예수 그리스도께서 육체로 오셨고 육체로 죽으셨다는 사실을 부인하는 것만큼이나 거짓된 주장이 되기 때문이다(2:4-5, 9-11). 이렇게 하나님 사랑과 이웃 사랑은 하나로 단단히 묶여 있다.

즉, '하나님과의 코이노니아'는 반드시 '성도 간의 코이노니아'로 나타나야 하고, 이 둘은, 구약의 율법에서 하나님 사랑과 이웃 사랑이 서로 묶여 있는 것처럼 단단히 묶여 있는 것이다. 다시 말해서, 예수님께서 율법의 '하나님 사랑과 이웃 사랑'의 계명을 온전히 순종하셨고, 그 율법이 요구하는 의(義)를 충족시키신 구원 사건이, 그 구원 사건을 통해 하나님의 사랑을 받은 교회가 그 사랑을 어떻게 나타내야 하는지를 결정한 것이다.

이렇듯, 하나님의 사랑이 흘러가는 방향과 목적지, 그리고 구약의 율법이나 그 율법을 성취하신 그 아들이 나타내고 이루신 구원 사건이 모두, 형제 사랑 없이, 이웃 사랑 없이는 하나님의 사랑을 보존할 수도 나타낼 수도 없음을 분명히 함에도 불구하고, 실제 교회의 삶은 그렇지 않은 경우가 많다. 즉, 하나님 사랑은 하나님 사랑이고, 형제 사랑이나 이웃 사랑은 이와는 전혀 별개인 영역으로 분리시켜 취급하는 것이다.

대표적인 예가, 교회 안에서 부한 자와 가난한 자를 차별 대우하는 경우이다. 하나님을 찬양하고 예배하면서, 형제들 곧 하나님의 형상으로 지음 받은 사람에게는 멸시와 천대를 서슴지 않는 것이다(약 2:1-13; 3:9). 마찬가지로, 큰 교회들이 고통당하는 작은 교회들의 어려움을 외면한다면, 최신식 시설을 갖춘 예배당에서 최고의 악기들로 가장 많은 경비가 들어가는 예배를 드린다 해도, 그것은 하나님의 사랑과는 아무런 관계가 없는 예배가 될 것이다.

형제 사랑과 이웃 사랑으로 나타나지 않는 하나님 사랑은, 하나님의 사랑이 나아가고자 하는 진로를 훼방하고 거스르는 반역 행위나 다름없다. 교회가 지역 사회의 이웃들에 맞서 이익에 관련된 문제로 서로 멱살을 잡고 싸우면서, 어떻게 하나님을 사랑하고 노래하는 찬양과 경배를 드릴 수 있는가? 아니, 믿음의 형제끼리 돈 문제로, 권력과 명예 문제로 서로 비난하고 욕하고 싸우면서 어떻게 하나님의 사랑을 설교하며 하나님께 예배할 수 있는가? 그것은 십자가에서 죽으심으로, 우리를 향한 하나님의 사랑을 그 육체로 확증하신 예수 그리스도를 부인하는 행위나 다름없는 것이다.

그래서 요한은 11절에서, 하나님께서 우리를 '이처럼' 사랑하신 대로, 우리도 서로 사랑하는 것이 '마땅하다'고 말한다. 여기서 '마땅하다'(오페이로멘, ὀφείλομεν)는 말은, 그렇게 묶여 있어서 서로 분리할 수 없다는 뜻이고, 또한 마치 빚을 진 것처럼 반드시 갚아야 하는 의무가 있다는 뉘앙스도 포함하고 있다. 사랑의 빚, 은혜의 빚을 진 것이다. 얼마큼이나 졌는가? '이처럼'(후토스, οὕτως)이라는 표현은, 우리가 형제들에게 흘려 보내야 하는 사랑의 크기와 깊이와 넓이와 길이를 결정한다. 얼마만큼까지 사랑해야 하는가? 얼마나 자주 용서해야 하는가? 하나님께서 그 아들을 통해 당신과 나에게 쏟아부으신 사랑만큼, 그만큼이다.

우리는 너무나 자주, 하나님을 사랑하는 것과 하나님께서 우리 곁에 두신 믿음의 형제, 이웃을 사랑하는 것을 쉽게 분리시켜 버린다. 하지만 그 둘을 분리하는 것은, 십자가를 두 쪽으로 쪼개는 것과 같다. 수직으로 난 축과 수평으로 난 축을 분리해 따로 가지면, 그것이 어떻게 십자가가 되겠는가? 그런 것이다. 한 분이신 예수 그리스도를 둘로 나눌 수 없는 것처럼, 하나님 사랑과 형제 사랑, 이웃 사랑은 서로 나눌 수가 없다('거룩과 화평', 히 12:14).

그렇다고, 이웃 사랑으로부터 '출발해서' 하나님의 사랑에 이를 수 있다는 것은 아니다. 그것은 윤리요 도덕이지, 하나님께서 우리에게 주신 그 아들을 믿고 따르는 구원의 길은 아니다. 참된 사랑은 오직 하나님께로부터 출발한다. 오직 그 아들이 우리에게 전해 주셨다. 하지만 그 참된 사랑을 받은 자는, 반드시 형제 사랑과 이웃 사랑에 이르러야만 한다. 그것이 그 참된 사랑을 받고 그 안에 거한다는 '확실한 증거'이기 때문이다.

(B) 보내심의 목적, 코이노니아와 코스모스

하나님께서 그 아들을 세상에 보내신 '최종 목적, 그 결과'는 무엇인가? 우리의 '죄 사함'인가? 아니다. 새 언약에 따르면(렘 31:31-34; 겔 36:22-32), 죄 사함은 단계이고 통로이지 그 최종 목적이나 열매가 아니다. 그렇다면 우리가 '하나님의 말씀을 믿고 받아들이는 것'인가? '성령의 내주와 충만'인가? 아니다. 그것도 받은 말씀을 성령을 통해 '순종하게 하시기' 위한 준비 단계에 속한다. 그렇다면, '말씀을 순종'하는 새 백성이 되는 것인가? 그것도 최종 목적이 아니다. 하나님께서 그 아들을 세상에 보내신 최종 목적은 무엇인가?

말씀을 순종하는 새 백성을 통해, 드디어 '열방이 주께로 돌아오는 일'인가? 그것도 다는 아니다. 열방이 주께로 돌아오는 것은, 하나님의 이름과 그의 영광을 위한 것이다. 하나님을 아는 지식이 온 땅에 가득하고, 그의 영광이 높이 들리면 어떤 일이 일어나는가? 새 하늘과 새 땅, 새 에덴동산(New Eden), 곧 하나님과 그의 백성이 서로의 안에 거하는, '영원한 생명과 사랑의 코이노니아' 곧 '새로운 코스모스'가 펼쳐진다. 이것이, 하나님께서 '세상을' 이처럼 사랑하사, 독생자를 보내신 목적이요 그 최종 결과이다. 그러므로 4:9, 10에서 밝힌, 하나님께서 그 아들을 '보내신 사랑'은 14-16절의 말씀이 묘사하는 것처럼 그 사랑을 통한 코이노니아, 즉 하나님과 우리의 '상호 내주', 그리고 궁극적으로 새 하늘과 새 땅의 회복된 코이노니아의 시작으로 묘사된다. 이 흥미로운 말씀을 자세히 들여다보자.

> 14 그래서 우리가 보았고 증거하는 것은, 아버지께서 그 아들을 세상의 구주로 보내셨다는 것입니다. 15 누가 만일 예수께서 하나님의 아들이심을 고백하면, 하나님께서 그의 안에 거하시고 그는 하나님 안에 거합니다. 16 그리고 하나님께서 우리 안에서 갖고 계신 그 사랑을 우리가 알았고 믿었습니다. 하나님은 사랑이십니다. 그 사랑 안에 거하는 자는 하나님 안에 거하는 것이며, 하나님께서도 그의 안에 거하십니다.

앞선 요한일서 4:9은, 하나님이 그 독생하신 아들을 '세상에 보내셨다'고 말한다. 마찬가지로 14절도, 하나님께서 자기 아들을 '세상의 구주' 곧 '구세주'로 보내셨다고 말함으로써 그와 병행을 이룬다. 최종적으로, 하나님께서는 그 아들의 생명과 그 영원한 생명을 받은 코스모스가 그 아버지의 사랑의 처소, 그 사랑의 코이노니아로 회복되기를 원하시고 계획하신 것이다. 그 목적을 위해, 아버지 하나님은 그 아들을 온 세상의 죄를 위한 속죄 제물로 '보내신' 것이다(2:2; 4:11).

그리고 4:15이 알려 주는 대로, 아버지께서 보내신 아들을 믿어 받아들이면, 하나님이 그의 안에, 그가 하나님의 안에 거하는 '상호 내주'의 새 언약이 그에게 성취된다. '상호 내주'는 3:23-24에서 설명한 대로, 그 아들을 믿고 그 아들이 주신 새 계명을 순종하는 '새 언약'의 은혜와 요구의 관계 안에 들어간 결과로 생기는, 새 언약의 코이노니아를 가리킨다. 즉, 하나님과 상호 내주의 코이노니아 안에 들어가려면, 우선적으로 그 아들을 믿음으로 받아들여야 하는 것이다.

15절에서, '예수 그리스도가 하나님의 아들이심을 믿는다'는 것은, 요한일서에서는 보다 구체적으로 '그 아들이 육체로 오셨음을 믿는다'는 뜻이다(2:22-23; 4:2). 즉, 예수 그리스도는 악한 자의 지배 아래에 놓인 채, 죄와 죽음과 허무 아래 갇힌 코스모스 안으로 진짜 들어와서, '육체로' 살고 죽으시고 부활하셔서, 우리를 진실로 이 코스모스에서 해방시키신 분이라는 의미이다. 이 '악한 자의 코스모스' 곧 사망으로부터, '그 아들과 아버지의 코이노니아' 곧 그 영원한 생명과 사랑의 사귐 안으로 옮기신 것, 그것이 하나님께서 그 아들을 보내신 결과이다.

그러므로 그 아들을 받았다는 것은 아버지를 받았다는 것이고, 그 아들의 영원한 생명을 받은 자는, 그 아들과 함께 그 아들을 보내신 아버지 하나님의 사랑을 받은 '하나님의 자녀들'이 된다(3:1). 그 아들을 믿는 그들의 심령과 삶 가운데, 아버지의 사랑이 쏟아부어진 바 된 것이다(롬 5:5, 8). 이제 그 아들을 믿는 자들 안에 차고 넘치는 아버지의 사랑은 어디로 흘러갈 것인가? 어디를 향해 흘러가야 마땅한가? 4:13은, 우리가 그 아들을 통해 하나님께로부터 받는 하나님의 사랑을 형제 사랑과 이웃 사랑으로 흘려 보낼 때, 즉 그 하나님의 사랑이 흘러가는 그대로 흘러가도록 막지 않고 통로가 될 때, 아주 놀라운 '코이노니아의 온전함'에 이르게 된다는 사실을 강조한다.

그러므로 우리는, '하나님의 코이노니아'가 온 세상 곧 이 '악한 자의 코스모스'를 뒤덮고 치유하고 회복하며 갱신할(regenerate) 그때까지, 그 아들의 생명과 아버지의 사랑을 육체로, 물질로, 삶으로, 세상 한복판에서 구체적으로 '나타내기'를 멈추지 말아야 한다. 코이노니아 신앙에 있어서 가장 큰 실패와 죄는, 단절시키고 분리시키는 것이다. 즉, 내 신앙을 죄 사함 받는 것에서 멈추는 것이다. 죄 사함의 은혜를 누리고, 다시 죄를 짓고, 다시 그 은혜를 확인하고, 다시 죄를 짓고, 다시 은혜를 확인하지만, 더 이상 새 언약의 성취의 길로 나아가지 않는 신앙이다. 우리는 언제까지나, 주께서 다시 오시는 그날까지, 죄 사함을 구하고 죄 사함을 필요로 하는 삶을 살아간다. 하지만 하나님과의 코이노니아를 거기에서 멈추어서는 안 된다. 말씀을 배우고, 성령의 충만을 통해, 그 말씀을 순종하여, 그 말씀의 생명을 아버지의 사랑으로 꽃피우는 삶으로 나아가야만 한다.

거기서 그쳐서도 안 된다. 이 땅에서 교회는 교회 자체가 목적인 채로 존재하지 않는다. 우리의 코이노니아는, 열방이 하나님의 이름을 부르고 하나님께로 돌아오는 코이노니아여야 한다. '우리끼리'의 코이노니아, '폐쇄된' 코이노니아는, 죽은 코이노니아이기 때문이다. 이웃의 아픔과 고통에 동참하고 긍휼과 온유로 연대하며, 그들을 그 아들의 생명과 진리, 아버지의 은혜와 사랑으로 이끄는 '세상에 열려 있는 코이노니아'로 확대되어야 한다. 여기서 멈출 수도 없다. 우리의 코이노니아는, 지금도 하나님의 자녀들이 나타나기를 고대하며, 썩어짐과 허무함에 종노릇하는 이 세상이 간절히 기다리는, 의와 화평, 거룩과 생명, 사랑과 영원의 새 하늘과 새 땅의 코이노니아를 향해 계속해서 나누고 교제하며 나아가야 한다.

그러므로 지금의 '악한 자의 코스모스'가 '삼위 하나님과의 영원한 코이노니아'로 재창조될 그날까지, 우리는 끊임없이 그 아들의 생명을 누리며 그 아버지의 사랑을 나누어야 한다. 우리 안에 거하는 그 영원한 생명이, 형제 사랑과 이웃 사랑으로 나타날 때, 우리는 비로소 '하나님이 우리 안에' 그리고 '우리가 하나님 안에 거하는' 상호 내주를 통해 친밀한 코이노니아를 이루어 가게 되는 것이다.

하나님의 사랑이 우리 안에서 우리를 강권하는 대로, 형제들을 향한 그리고 이웃을 향한 '하나님의 긍휼'을 우리를 통해 흘려 보내기를 원하실 때, 그 사랑에 우리 자신을 온전히 맡겨야 한다. 하나님이 우리 안에 거하실 뿐 아니라 우리도 그분 안에 거하는 그 생명과 사랑의 코이노니아는, 우리가 그 사랑이 이끄는 대로 용서하고 인내하며 나누고 베풀며 따라갈 때 더욱더 충만한 기쁨으로 채워진다.

코이노니아의 영

3:24에서 이미 설명했지만, 하나님이 우리 안에 거하시는 것과 우리가 하나님 안에 거하는 것은, 각기 다른 상태를 묘사한다. 언약 안에 하나님께서 주신 은혜가 있고, 그 은혜받은 자에게 요구하시는 계명이 있는 구조와도 유사하다. 더 나아가서, "나는 너희의 하나님이 되고, 너희는 내 백성이 되리라"라는 언약의 공식과도 병행한다. 즉, '하나님이 우리 안에 거하신다'는 것은 하나님이 '우리의 하나님'이 되신다는 은혜의 실현이다. 마치 보배가 질그릇 안에 놓인 것처럼(고후 4:7-12), 하나님이 우리 안에 거하시면, 그 아들을 통해 주신 모든 의와 거룩, 지혜와 영광, 부와 존귀와 함께 그 구원이 우리의 것이 된다(고전 1:30).

반면에, '우리가 하나님 안에 있다'는 것은 언약의 구조 안에서 주어진 계명을 순종하는 것과 같고, 그 결과로 '너희가 내 백성이 되리라' 하는 언약 공식의 나머지 반쪽을 실현하는 것과 같다. 우리가 하나님 안에 거한다는 것은, 하나님의 뜻이 우리의 뜻이 되고, 하나님께서 가지신 긍휼로 우리의 마음이 상하고 애통하여, 그가 그의 아들을 보내신 그 황량한 세상으로 그분을 따라 보냄을 받아 나아가는 '그분의 백성'이 되는 것을 의미하기 때문이다. 우리가 그분 안에 거하면, 그분이 원하고 가시는 방향대로, 그 목적지까지 계속 그분을 따라갈 것이다.

그래서 하나님이 우리 안에, 우리가 하나님 안에 거하는 '상호 내주'는, 보이지 않는 하나님의 사랑이, 우리의 육체로, 우리의 삶 가운데, 이 세상의 한복판에 구체적으로 '나타나는 사랑'이 된다(4:20). 이렇게 하나님의 사랑이 형제 사랑으로 나타나고, 그 결과로 하나님과 우리 사이의 친밀한 상호 내주 곧 친밀한 코이노니아가 온전함에 이르게 된다. 그렇다면, 우리가 하나님의 사랑으로 서로 사랑할 때, 하나님이 우리 안에 거하시며, 우리가 하나님 안에 거하고 있다는 그 친밀한 사귐을 어떻게 '알게' 되는가?

13절은, 그 친밀한 코이노니아를 이루어 가시고 또한 '우리가 알게'(기노스코멘, γινώσκομεν) 하셔서 누리게 하시는 분이 성령 하나님이심을 알려 준다. 하나님 아버지께서 그 사랑을 시작하셨고, 그 아들이 그 사랑을 전달하셨다면, 그 사랑을 우리 안에서 '코이노니아'를 통해 이루어 가시는 분은 성령 하나님이시다. 성령님은 '코이노니아의 영(靈)'이시다.

성령 충만하다는 것은 무엇인가? 코이노니아의 영에 붙잡혀, 가난하고 궁핍하며 억눌린 채 고통 가운데 있는 형제자매들과 이웃들에게 하나님의 긍휼을 흘려 보내는 것이다. 거기에 참다운 생명의 코이노니아가 일어나고 이루어져 간다. 코이노니아의 영이신 성령님은, 사랑의 영이시며 또한 살리는 영, 곧 생명의 영이시기 때문이다. 참된 성령의 충만이 있는 곳에는 항상 긍휼의 나눔, 모든 차별을 넘어서는 화평의 코이노니아가 일어난다(행 2:1-4, 43-47).

성령님의 존재와 역사를 강조하는 '오순절'(pentecostal) 교파는 원래 모든 차별을 뛰어넘어 하나님의 긍휼을 나누는 사역을 그 특징으로 했다. 성령의 임재와 역사를 강조하면 할수록, 인간적인 차별들은 초라해지고 그 빛과 강력을 잃는다. 부한 자나 가난한 자나, 많이 배운 자나 그렇지 못한 자나, 백인이나 흑인이나, 한국인이나 태국인이나, 성령의 충만과 그 역사 안에서는 그들 사이에 있는 모든 담들이 무너져 내린다.

1세기 신약 교회에서 유대인과 헬라인 사이의 막힌 담을 헐어 버리신 코이노니아의 영은, 지금도 그의 교회 안에서 모든 막힌 담을 허무시는 강력이다(엡 2:14). 교회는 이 강력한 코이노니아의 영을 사모해야만 한다. 인간의 오만

한 특권 의식이나, 지식에 대한 쓸데없는 교만, 부나 권력에서 오는 허세조차 성령의 뜨겁고 강력한 사랑의 역사, 거룩한 빛 앞에서는 태양 앞에 양초 녹아내리듯 소멸되기 때문이다.

성령의 역사는 나눔의 역사이다. 코이노니아는 오직 '나눔' 가운데서만 존재한다. 코이노니아는 근본적으로 그 아들의 생명과 그 아버지의 사랑을 나누는 사귐이다. 그것을 코이노니아의 영이신 성령께서 가능하게 하신다. 성도 한 사람이 하나님과 더불어 그 말씀을 나누며 그 말씀의 생명을 먹고, 그 생명의 말씀을 또한 지체들과 함께 나누는 코이노니아가 필수적이다. 말씀의 생명을 나누는 코이노니아는 그 아들을 보내신 하나님의 긍휼을 따라, 우리가 가진 것을, 교회와 사회 안의 가난하고 궁핍한 이웃들과 나누는 사랑의 코이노니아로 나타나야 한다. 초기 교회는 결코 가난한 자를 잊지 않았다(갈 2:10).

그러므로 '말씀의 코이노니아'는 언제나 가난한 자들에게 물질과 생명을 나누는 '사랑의 코이노니아'로 자신의 진정성을 증명하고, 그것으로 그 온전함에 이르게 된다. 그것이 '아들과 아버지와의 코이노니아'의 실제적 구현이다. 하나님의 형상을 파괴하는 온갖 세속적 차별이 무너지고, 생명의 말씀과 사랑의 떡을 나누는 바로 거기에, 하나님과 우리가 서로 안에 거하는 상호 내주의 '성령의 코이노니아'가 온전히 이루어진다. 성령님은 우리가 잃었던 참된 교제의 기쁨을 알고 누리게 하신다. 성령님은 기쁨의 영이시다.

(C) 두려움 없는 삶

사람이 이 세상을 살면서 두려움 없이 살 수 있을까? 그것이 가능할까? 사람들은 종종 '두려움 없음!(no fear)'이라는 큰 글자가 박힌 티셔츠를 입고 다니기도 한다. 두려워할 것들이 사방으로 둘러싸인 세상에서 살기 때문일 것이다. 두려움이야말로, 인간의 마음속 가장 깊은 곳에 위치한 감정이다. 사람들은 무슨 이유에서든 두려움에 붙잡힌 채 살아간다. 두려움 없이 사는 삶이 정말 가능한가?

요한일서 4:9은, 하나님께서 그 아들을 세상에 보내신 이유와 목적이 '우리를 살리려 하심'이라고 명시한다. 그러면 그 아들을 믿고 받은 하나님의 자녀들은 '어떻게' 살아난 것인가? 흥미롭게도, 9절의 '살리려'(제조멘, ζήσωμεν) 하심을 구체적으로 설명하는 17, 18절은, 그 아들을 통해 살아난 자들의 삶의 가장 큰 특징은 '두려움이 없는 사랑'이라고 설명한다. 당신에게 두려움 없는 삶을 가져다줄 17, 18절의 말씀을 자세히 들여다보자.

> ¹⁷ 이로써 그 사랑이 우리와 더불어 온전하게 된 것은, 우리로 그 심판의 날에 담대함을 갖게 하려 함입니다. 왜냐하면 저가 그러하심과 같이 우리도 이 세상에서 그러하기 때문입니다. ¹⁸ 사랑 안에 두려움이 없고, 도리어 그 온전한 사랑이 두려움을 밖으로 쫓아냅니다. 두려움에는 형벌이 있기 때문인데, 두려워하는 자는 그 사랑 안에서 온전하게 되지 않은 것입니다.

앞선 9절에서 하나님께서 그 아들을 세상에 보내신 것은 우리를 '살리려 하심'이라는 내용을, 그 아들을 통해 살아나게 된 '우리 자신의 관점에서' 풀어 설명한 것이 17, 18절이다. 만일 오늘날 신자들에게, 예수 믿어서 살아나게 된 내용이 무엇이냐고 물으면 어떻게 대답할까? 예수 믿고 병이 나을 수도 있고, 직장을 얻어 생계를 해결하게 될 수도 있다. 예수 믿고 나서 서로 용서하여 더 나은 인간관계를 누릴 수도 있고, 자신을 옭아매었던 죄의 습관에서 벗어날 수도 있다. 이러한 결과들도 모두, 하나님께서 그 아들을 우리에게 보내셔서 살리신 내용일 것이다.

심판과 두려움

지금 17, 18절에서 예수 믿고 살아난 것을 설명하는 맥락은 이와는 조금 다르다. 크게 보면 '심판'에서 벗어난 것이고, 그 '심판과 정죄의 두려움'에서 해방된 상태를 가리킨다. 그러니까, 모든 사람은 '이미 하나님의 심판 아래에 놓여 있다'는 사실을 전제하는 것이다. 모든 사람은 심판 아래에서 두려움 속에 살고 있다. 정말 그러한가? 겉으로 보면, 사람들은 심판도 걱정하지 않고 심판받을 두려움도 없이 사는 것처럼 보인다. 하지만 성경 말씀보다 더 실재(reality)를 정확하게 드러내는 진리는 없다.

즉, 17, 18절은 인간이 실제로 두려워하고 있고, 또 가장 두려워할 만한 근거가, '하나님의 심판'이라고 말한다. 17절의 '심판의 날'(헤메라 테스 크리세오스, ἡμέρα τῆς κρίσεως)은 구약에서부터 '주의 날', 여호와 하나님의 '진노의 날'로 알려진, 하나님의 공의의 심판이 실행되는 세상과 역사의 최후의 날이다. 지금 요한일서가 묘사하는 '악한 자 아래 놓인 코스모스'(5:19)는 바로 하나님의 공의의 심판 아래 놓여 있다. 그 악한 자 마귀는 물론이고 그가 휘두르는 죄와 사망의 권세 자체도 심판의 대상이며, 이 첫 번째 하늘과 첫 번째 땅도 반드시 심판받고 또한 다시 태어나게 될 것이다.

죄와 죽음, 그리고 하나님을 떠난 세상의 허무가 그 심판을 통해 깨끗이 정화되고, 새롭게 재창조된다. 지금 우리가 눈으로 보는 이 세상은, 아무 일 없이 그대로 영원토록 존속되지 않는다. 그러므로 이 세상이 하나님의 심판 아래 있으며, 그 심판을 피할 수 없다는 사실에서부터 출발하는 성경적 시각과 판단을 잊지 말아야 한다. 세상에 대한 심판은 피할 수 없는 것이고, 심판의 날도 이미 결정된 사실이기 때문이다.

하지만 악한 자가 세상에 내보낸 거짓 영들에게 휘둘리는 거짓 선지자들과 거짓 교사들의 거짓 가르침은, 세상을 이런 시각으로 보지도 않고 말씀에 따라 판단하지도 않는다(4:2). 그들은 자기의 정욕을 따라 조롱하며, 주께서 다시 오신다는 약속이 어디 있느냐고 되묻는다. 세상 만물은 처음부터 지금까지 그대로 있고, 심판받은 적도 없으며 심판받을 일도 없다고 주장한다(벧후 3:3-5). 이 세상이 심판 아래 있다는 사실은, 말하기 불편한 진실이다. 오늘날 후기 현대주의의 상대주의적이고 관용적인 사회에서는 더욱 그러하다.

이 세상이 하나님의 심판 아래 있다는 진리는, 세상 사람들의 귀에는 때로 폭력처럼 들리기도 한다. 누구도 하나님이 세상을 심판하신다는 사실을 믿고 싶어 하지 않을뿐더러, 말하고 싶어 하지도 않는다. 세상에 속한 사람들은 세상이 하는 말을 듣고 따른다. 하지만 하나님의 자녀들조차 성경이 명백하게 선포하는 심판의 사실을 말하기를 꺼린다. 그렇게 하면 '나이스'(nice)하게 보이지 않기 때문이다. 물론, 계시의 말씀을 직접적으로 알지 못하는 세상을 향해 심판의 사실을 말할 때는, 두려움과 온유함으로 조심스럽고도 지혜롭게 말해야 할 것이다. 스스로 세상을 심판하는 자세로 말하는 것은 옳지 않다. 언제나 자신도 심판의 대상임을 잊지 않는 겸손함과 비참한 처지에 있는 사람들을 충분히 체휼하는 마음으로 말해야 한다(벧전 3:13-15).

하지만 '온 세상이 심판 아래 놓여 있다'는 사실을 일부러 잊거나 부인하지 말아야 한다. 성경은 거기서부터 출발하기 때문이다. 그러니까, "사랑의 하나님인데 왜 세상을 심판하시나요?"라고 묻는 것은 제대로 된 질문이 아니다. "심판받아 마땅한 세상에서 왜 하나님은 우리를 건져 내려 하시나요?"라고 묻는 것이 차라리 정상적인 질문이다. 하나님께서 심판하시는 것은 당연한 일이고, 그중에 하나님께서 경건한 자들을 '아끼시는' 것이 오히려 기적이고 놀라운 은혜의 사건이 되는 것이다(벧후 2:5, 9). 마치 빵에 곰팡이가 슬어서 모두 버려야 하는데, 그중 아직 썩지 않은 부분을 떼어 내서 '아끼지만', 빵 자체는 이미 먹을 수 없이 오염되고 썩어 버린 상태가 된 것, 그것이 '온 세상'이 처한 죄와 죽음의 '현실'이기 때문이다.

그래서 죄와 죽음, 하나님을 떠난 허무, 그리고 공의의 심판 아래 처한 현실, 이것들에 대해 인간이 느끼는 가장 원초적인 감정은 '두려움'일 수밖에 없다. 심리학자들은 인간의 마음속에 있는 감정들 중에, 가장 깊은 곳에 자리 잡고 있는 감정이 두려움이라고 말한다. 18절 한 절에서만, '두려움'(포보스, φόβος)이라는 용어가 모두 4회나 나온다. 실로 우리 인생은 근본적으로 온갖 두려움으로 가득 차 있다. 갓난아이는 태어나자마자 운다. 엄마의 자궁으로부터 분리되어, 혼자 떨어진 불안에 대한 본능적인 반응일 것이다.

누구나 어느 정도의 '분리 불안' 증세를 갖고 있다. 부모, 사랑하는 사람, 배우자, 친구들과 영원히 떨어져 혼자 남게 될 사실에 대한 근본적인 불안 말이다. 그것은 공포이고 '두려움'이다. 철학자들이 '소외'(alienation)로부터 나오는 불안과 두려움이라고 했던 그것이다. 그 '소외'의 뿌리는, 인간이 하나님으로부터 분리되어 이 세상에 내동댕이쳐진 것 같은 느낌, 그 분리에 대한 감각에서부터 나온다. 하나님과의 분리는, 사람의 영혼을 막막하고 컴컴한 우주에 떠다니는 길 잃은 작은 먼지 같은 존재로 느끼게 만든다.

하나님으로부터의 원초적인 소외는, 사람과 사람 간의 소외감, 사람이 세상에 대해 느끼는 소외감으로 연결되고 증폭된다. 버림받을 것 같은 두려움, 아무도 나를 좋아하거나 인정해 주지 않을 것 같다는 두려움, 공격적이고 나를 내동댕이칠 것 같은 사회에 대한 두려움, 약육강식의 정글 같은 극한 경쟁 사회에 대한 솟구치는 두려움, 죽음에 대한 두려움, 모든 것을 잃거나 모두에게서 잊힐 것 같은 두려움, 죽음 뒤에 무엇이 있는지 전혀 알지 못하는 두려움, 실로 인간은 태어나면서부터 죽는 순간까지 두려움에 휩싸인 채로 살아갈 수밖에 없다.

어떤 시인이 숲속에 들어가 발을 딛는 순간, 그 숲에 있던 모든 새들과 작은 동물들이 두려움에 놀라 후드득 달아나는 소리를 들었다. "왜 저들은 나를 피하는가?" 시인은 스스로 그렇게 물으면서, 자연 세계 안에 깊이 자리한 인간에 대한 공포와 두려움을 묘사한다. 인간뿐 아니라, 자연 역시 두려움에 사로잡혀 있다. 이런 두려움들은 어떻게 물리치고, 어떻게 이겨 낼 수 있는가? 인간은 어떻게 두려움을 이겨 왔는가?

인간은 두려움을 극복하기 위해 컴컴한 벌판을 피해 도시로 모여들어 불을 밝히고, 도구를 만들고, 예술과 과학을 발전시키고, 지식을 쌓고, 끊임없이 기술을 개발해 왔다. 지식과 기술은 우리에게 대상에 대한 지배력을 강화하고 그 대상을 좌지우지할 수 있는 권한을 선사한다. 그래서 지식과 기술을 얻으면 어느 정도 두려움을 극복할 수 있다. 재물을 얻고, 권력을 얻고, 사람들과 일에 둘러싸이면, 두려움을 극복하거나 다소 잊을 수도 있다. 하지만 그것으로도 인간에게 뿌리 깊게 자리 잡은 두려움을 다 없애지 못한다. 오히려 그 두려움을 더 증폭시킬 수도 있다. 전쟁은 집단적인 '두려움'의 소산이라는 말이 있다. 주변의 강대국이 자신들을 공격해서 몰살시킬 수도 있다고 느끼는 적대감에서 오는 두려움은, 신기술로 만든 전차와 탱크, 핵무기와 최신 미사일을 다량 보유하고도 결코 사라지지 않는다.

결국, 인간의 두려움은 세상의 그 어떤 것으로도 몰아내지 못한다. 더구나, 성경이 말하는 근본적인 두려움, 최후의 심판에 대한 두려움은 가장 뿌리가 깊다. 하나님이 없는 두려움, 공의와 진노의 하나님을 마주 대할 것에 대한 두려움, 완전하지 못한 자신의 인생을 갖고는 그 절대자 앞에 설 수 없다는 마음 깊은 곳에서부터 자각하는 그 두려움, 그런 두려움은 잠시 잊을 수는 있지만 완전히 없앨 수는 없다. 사실이기 때문이다. 하나님은 하나님이시고, 우리는 하나님의 형상으로서 책임 있는 존재로 피조 된 인간이기 때문이다.

두려움을 쫓아내는 '온전한 사랑'

그렇다면, 온갖 두려움을 쫓아내려면 어떻게 해야 하는가? 18절은, 두려움을 '쫓아내는 것'이 '온전한 사랑'임을 알려 준다. 단순해 보이지만, 이 대답은 깊고도 오묘하다. '사랑'이, 그것도 '온전한 사랑'만이 모든 두려움을 쫓아낸다. 여기서 '쫓아낸다'(엑쏘 발레이, ἔξω βάλλει)고 할 때, 그것은 '밖으로 아주 내쫓아 버린다'는 의미이다. 사랑이 있으면, 그 사랑을 신뢰하면, 마치 빛이 비칠 때 어둠이 뒷걸음질 치며 물러나듯이, 두려움은 서서히 그리고 확실히 뒤로 물러나 사라지고 만다. 두려움이 어둠이라면, 사랑은 빛이다. 사랑이 있는 곳에서, 두려움은 소멸하기 때문이다.

왜 그럴까? 인간의 경험으로도, 정말 두려운 일을 당할 때에 누군가 옆에 있어 주고 손을 잡아 주면 그래도 조금은 견딜 만해진다. 사랑이 있기 때문이다. 신기하고 놀라운 일이다. 인간은 그런 사랑의 관계, 그런 사랑의 '코이노니아' 속에서 두려움을 이길 평강(peace)을 얻는 사귐의 존재로 지음 받았기 때문이다. 오직 하나님의 사랑만이 모든 두려움을 온전히 쫓아낸다. 사실, 우리가 갖고 있는 두려움의 뿌리는, 우리 안에 있는 하나님과 분리된 불안으로부터 비롯된다.

"하나님을 만나기 전까지, 내 마음은 쉬지 못했다"고 고백한 성 어거스틴의 경우처럼, 하나님의 사랑이 아니면, 인간은 그의 마음에서 쉼이 없는(restless) 불안과 두려움을 떨쳐 내지 못한다. 오직 하나님의 사랑만이 우리 안에 있는, 그리고 가정과 교회와 사회와 국가와 이 세상과 그 배후의 영적 세계를 가득 채운 이 두려움을 쫓아낼 수 있다. 어떻게 그런 일이 일어날 수 있을까? 하나님의 사랑이 무엇이기에, 우리의 두려움을 몰아낼 수 있는가?

18절에서 말하는 '온전한 사랑'(헤 텔레이아 아가페, ἡ τελεία ἀγάπη)은 무엇을 가리키는가? 그 사랑은 하나님 아버지께로부터 출발한 사랑이며, 그 아들이 전달한 사랑이다. 그 아들의 죽으심을 통해, 우리를 죄와 그 죄에 대한 형벌의 두려움에서 완전히 해방시키신 사랑이다. "그리스도 예수 안에 있는 자에게는 결코 정죄함이 없다!"(롬 8:1) 얼마나 강력한 사랑인가. 돈이 없어도, 건강을 잃는다 해도, 모두가 우리를 떠난다 해도, 아버지의 그 변치 않는 사랑은 언제나 그 아들을 믿는 자들 안에 '의와 거룩, 지혜와 구원'으로 항상 거기에 거하고 있다.

그 아들의 부활하심으로 인해, 그 아들을 믿는 자 안에는 죽음을 이긴 부활 생명, 그 '영원한 생명'이 언제나 살아서 숨 쉬고 있다(5:11). 우리는 죽어도 영원히 죽지 않는다. 우리는 이미 부활 생명으로 살아난 자들이다. 얼마나 놀라운 담대함인가! 세상의 무엇이 우리를 아주 망하게 할 수 있는가? 거꾸러뜨림을 당해도 망하지 않고, 핍박을 받아도 버림받은 바 되지 않는다. 하나님의 영광을 아는 빛으로 빛나는 보배이신 그 아들이, 질그릇 같은 우리 안에 항상 거하고 계시기 때문이다(고후 4:7-12).

그 아들을 믿는 자는, 이미 최후의 심판을 지나간 것이나 다름없다. 장차 있을 최후의 심판이 '이미' 그 아들 위에 쏟아졌기 때문이다. 죄 없으신 그 아들이 십자가에 달려 우리의 죄를 대신 짊어지시고, 그 무서운 공의의 심판을 받아 내셨다. 그러므로 그 아들을 지금, 여기서 믿는 자는 그 아들 안에서 이미, 장차 올 최후의 심판을 지나간 것이다. 그날에 그들은, 심판의 정죄를 벗어나 생명의 성령을 따라 맺은 그들의 의의 열매로 그들의 구원을 확증할 것이다. 반대로 지금 그 아들을 믿고 받아들이지 않는 자는, 이미 최후의 심판을 받은 것이나 마찬가지이다(요 3:16-18).

이것이 요한이 강조하는 '실현된 종말론'(realized eschatology)이다. 이미 최후의 심판이 그 아들 안에서 일어났다는 것이다. 그 아들을 믿는 자는, 그 아들 안에서 그 아들과 함께 최후의 심판을 지나간 것이다. 그래서 그 아들을 믿는 자에게는, 최후의 심판 이후에나 받을 것으로 여겼던 그 부활 생명, 새 하늘과 새 땅에서 누릴 것이라고 기대했던 그 '영원한 생명'을 이미, 여기서, 지금, 그 아들을 통해 소유하고 누리는 것이다. 그래서 아들이 있는 자에게는 생명이 있고, 그 아들이 없는 자에게는 생명이 없다(5:12).

더구나, 그 최후의 심판날에 만민을 심판하시는 심판주는 누구이신가? 요한복음은 거듭해서, 그 심판주가 그 아들 예수 그리스도이심을 분명히 한다 (요 5:22, 27, 30; 8:16; 12:31-33). 이것은 역설이다. 당신이 지은 죄 때문에 결국 재판정에 서서 선고를 받는데, 그 선고를 하는 판사가 당신의 변호사라면 어떤 기분이겠는가?(2:1) 당신이 그 최후의 날 하늘의 재판정 앞에 섰는데, 눈을 들어 당신을 심판할 심판주를 바라보니, 그가 곧 당신의 죄를 위해 속죄 제물이 되신 바로 그분이다. 얼마나 놀라운가! 모든 두려움이 사라진다. 얼마나 큰 안도감인가! 아무것도 두렵지 않다. 그래서 온전한 사랑은 두려움을 쫓아낸다.

'온전한'(perfect) 사랑이란, 그러므로 일차적으로는 '하나님의' 사랑이다. 자기 아들을 내어 주사, 우리로 하여금 심판을 이기고, 우리를 정죄하는 악한 자 마귀를 이기고, 그래서 죄와 죽음을 이기고, 더 나아가서 하나님 없는 허무와 소외도 이기게 하시는 아버지 하나님의 사랑을 가리킨다. 하지만 우리가 받은 아버지의 사랑은, 그 사랑으로 우리 자신을 제대로 사랑할 뿐 아니라, 그 사랑으로 형제들을 사랑하며 이웃을 사랑할 그때에, 비로소 확실한 증거를 갖게 되고, 더욱 견고하고 흔들림이 없는 '온전한'(complete) 사랑이 된다.

그러므로 온전한 사랑이 모든 두려움을 몰아낸다고 할 때, 우리는 끊임없이 하나님의 사랑 안에 '거함으로써' 우리의 모든 두려움이 치유받고 회복될 기회를 벌어야만 한다. 마치 빛이 들어올 때 어둠과 그 어둠 속에 있던 벌레들이 모두 밖으로 나가 버리듯이, 우리의 심령 안에 있는 온갖 두려움들이 모두 사라질 때까지 우리는 그 사랑의 빛 안에 오래도록 거하여야 한다.

우리가 맺고 있는 모든 관계들, 두려움의 그늘이 덮고 있는 그 모든 깨어진 관계들을, 그 사랑의 빛 아래로 가져와 거기서 스스로 아물고 치유되기까지 오래 놓아두어야 한다. 하나님의 그 뜨거운 긍휼이 그 모든 깨어진 틈으로 스며들어 우리의 심령이 부드러워지고 강해지고 살아날 때까지, 우리는 그 사랑 안에 머물고 머물러야 한다. 오직, 온전한 사랑만이 두려움을 쫓아낸다. 이처럼 놀랍고 효과적이고 아름다운 '코이노니아'의 능력이 또 있을까!

(D) 먼저 하는 사랑

요한일서 4:10이 알려 주는 하나님의 사랑의 또 다른 특징은, 조건적이지 않은 '선물의 사랑'(gift-love)이다. 즉, 하나님이 우리를 사랑하시는 것은, 우리가 하나님을 사랑한 것에 근거하지 않는다. 그러니까 하나님은 우리가 하나님을 사랑했기 때문에, 그 대가나 상급으로 우리를 사랑하신 것이 아니라는 뜻이다. 19절은, 하나님의 이러한 '선물의 사랑'을 '먼저(프로토스, πρῶτος) 하는 사랑'으로 풀어 설명한다. 물론, 하나님께서 우리를 먼저 사랑하시지만, 그 응답으로서 우리가 그 사랑을 나타내는 열매를 기대하지 않으시는 것은 아니다.

전혀 그 반대이다. 만일 우리가 '하나님의 조건 없는 사랑을 받았다'고 말하면서, 그 '조건 없는 사랑'으로 믿음의 형제자매나 이웃을 사랑하지 않는다면, 우리가 정말 그 '조건 없는 하나님의 사랑'을 받았다는 증거가 없는 셈이다. 하나님의 사랑과 우리의 응답으로서의 사랑의 관계는 사실상, 언약의 구조와 일치한다. 언약 안에서는 항상 조건 없는 은혜가 먼저 베풀어지고, 그 은혜를 받는 언약 백성이 지켜야 할 계명, 그 요구가 따라 나오기 때문이다. 그리고 그 요구를 행하는 것은 그 은혜를 받는 조건은 아니지만, 그 은혜를 받았다는 분명한 증거가 된다.

하지만 요한일서 4:19-21은, 하나님의 '선물의 사랑'을 그가 '먼저 하시는 사랑'으로 정의하면서도 한 걸음 더 나아간다. 즉, 우리가 행해야 할 형제 사랑을 조금 다른 각도에서 변형시켜 설명한다. 우선, 본문을 세밀하게 들여다보자.

[19] 우리가 사랑하는 것은, 그가 먼저 우리를 사랑하셨기 때문입니다. [20] 만일 누가 '나는

하나님을 사랑한다'라고 말하고 그의 형제를 미워하면, 그는 거짓된 자입니다. 왜냐하면 눈으로 본 그의 형제를 사랑하지 못하는 자가, 보지 못한 하나님을 사랑할 수가 없기 때문입니다. [21] 그리고 이것이 우리가 그에게로부터 받은 계명인데, 하나님을 사랑하는 자는 또한 그의 형제를 사랑해야 마땅하다는 것입니다.

우리가 하나님을 사랑하든, 바른 방식으로 자신을 사랑하게 되었든, 또는 형제들과 이웃을 사랑하든, 그것은 오직 하나님이 우리를 사랑하신 것의 조건이 아니라, 결과요 열매이다. 이것이 19절의 내용이다. 19절은 하나님의 사랑이, 우리가 하는 모든 참된 사랑의 출발이요 근거임을 강조한다. 뒤집어 말하자면, 결코 우리가 하나님을 먼저 사랑했기 때문에, 하나님이 우리를 사랑하시는 것으로 생각지 말라는 것이다.

'비(非)은혜'의 코스모스

이것은 매우 분명한 사실인데, 실제 신앙생활의 경험에서는 너무도 다르게 느껴지고, 또 자주 틀리게 가르쳐지기도 한다. 즉, 하나님의 사랑은 얼마든지 '조건적'이라고 가르치고 배우는 것이다. '상급론'이 대표적이다. 교회 봉사와 헌금을 한 만큼, 충성을 한 만큼 하나님이 사랑하신다는 것이다. 하나님의 사랑을 받아 내리면, 그만큼 노력을 하고 먼저 투자한 것이 있어야 한다는 것이다. 헌금도 마찬가지이다. 소위 '종잣돈'을 헌금해야 하나님께서 그 종잣돈을 기초로 삼아 그 돈을 부풀려 이자까지 더 풍성하게 쳐 준다고 속이는 말로 미혹한다.

이런 '상급론'을 더 확대해서, 이 땅에서 열심히 충성하고 봉사해야, 그 대가로 천국에 가서도 넓은 집에서 떵떵거리며 살 수 있다고 가르친다. 이 땅에서 직분도 없고 교회에서도 천시를 받는데, 천국에 가서도 금으로 두른 고급

저택에서 살지 못하고 가난한 동네의 쪽방 같은 곳에서 살면, 얼마나 창피하겠느냐는 식이다.

복음이란 무엇인가? 예수 믿는 사람이면 누구나 '영원한 생명'이라는 은혜의 선물을 받는다(5:12). 영원하다는 것은 그 부요함과 풍요함이 이미 '무한한' 것이다. 무한히 부요한 생명을 이미 받았는데, 거기에 무엇을 더한들 '이미 영원한' 생명을 더 커지거나 많아지게 할 수 있는가? 잠시 산수 계산을 해 보자. 무한대(∞, infinite) 더하기 100억은 얼마인가? 무한대 빼기 100억은 얼마인가? 결과는 같다. 물론, 현실에서는 흔들리겠지만 결국, 아무런 차이가 없는 것이다. 우리가 그 아들을 믿고 받은 영원한 생명은 그런 것이다. 온 세상을 잃든지 얻든지, 아무것도 그 받은 영광에서 더할 것도 뺄 것도 없는 영원한 생명을 얻은 것이다. 이것이 복음이다. 그래서 기쁜 소식이 아닌가!

물론, 신앙생활에 열심을 내야 한다. 그 받은 생명의 열매를 맺어야 한다. 그 받은 영광에 합당하게 살아야 한다. 하지만 그렇게 살고자 하는 열심과 충성의 동기나 목적은, '돈 놓고 돈 먹기' 같은 세상의 원리가 아니라, 은혜와 증거라는 언약적 원리여야만 하는 것이다. 이것이 교회를 세상 한복판처럼 변질시키느냐, 아니면 '하나님의 코이노니아'로 보존하고 세워 가느냐의 차이를 만든다.

생각해 보자. 혹시, 천국에서 더 많은 권세를 받게 된다면 그 권세로 떵떵거리며 살 수 있을까? 하나님 나라는, 그 큰 권세 가진 높은 자가 낮은 자들 앞에서 떵떵거리며 자랑하고 그들을 차별하는 곳인가? 그렇게 배웠는가? 천국이 세상인가? 인자이신 그 아들이 세상에 와서 하나님 나라에서는 어떤 원리가 통하는지를 알려 주지 않으셨는가!(막 10:43)

그러므로 '상급'에 관한 이런 식의 가르침은, 하나님의 나라가 무엇인지 전혀 모르고 하는 소리이다. 하나님의 나라를, 이 타락한 세상의 '연장'(extension) 정도로만 생각하는 데에서 나오는 착각과 오해에 기반하는 것이다. 사실, '투자한 만큼 얻는다'는 원리, '일찍 일어나는 새가 벌레를 잡는다'는 공식, '3시간 자면 합격하고 4시간 자면 떨어진다'는 비결, '팥 심은 데 팥 나고, 콩 심은 데 콩 난다'는 원리, '아니 땐 굴뚝에 연기 나랴'는 속담, 인과응보의 원리, '카르마'(Karma, 因緣)의 원리, 적자생존과 약육강식의 진화론적 법칙 등은 모두, 하나님의 '은혜'(grace)가 없어진 세상, 즉 모든 것을 은혜로, 선물로 창조하신 하나님을 잃어버린 세상, 곧 '악한 자의 코스모스'를 작동시키는 가장 근본적인 원리이다.

과학의 '원인과 결과'(causality)의 법칙으로 나타나든지, '자력 구원'의 종교적 가르침, 즉 자기의 힘으로 선을 행하여 그 선행의 대가로 구원을 얻는다는 신앙이든지, 하나님 없는 타락한 '코스모스'의 핵심적 작동 원리는, 스스로 수고한 대로 먹는(창 3:17), '은혜'라는 것이 실종된 '비은혜'의 원리인 것이다. 물론, 하나님의 은혜가 회복되고 다시 전제된다면, '심은 대로 거두는' 원리는 그 원래의 기능과 효력을 회복한다(갈 6:7-9).

하지만 하나님의 은혜를 잊은 세상 안에서 '심은 대로 거두는 원리'는, 하나님 없는 텅 빈 공간에서 곧바로 인간이 스스로의 노력으로 자신을 하나님의 자리에 올려놓는 우상들의 세상을 만들어 버린다. 그 허무한 공간 속에서, 인간은 온갖 선한 법칙들로도 차별적 세상을 만들어 내고, 정당한 경쟁을 표방하면서도 집단 이기심이 지배하는 억압과 착취의 구조를 고착화하기도 하는 것이다. 하나님의 은혜를 잊은 '악한 자의 코스모스'에서는, 선한 법칙이나 인과율이나 권선징악의 정의로운 원리조차 쉽게 억압과 착취의 수단으로 변질되곤 하기 때문이다.

그래서 이런 '비은혜의 변질된 세상'을 치유하고 회복하는 하나님의 언약 안에는, 창조주이시며 구원자이신 하나님의 조건 없는 은혜와, 동시에 '수고한 대로 얻는' 정의의 원리가 잘 조화되어 있다. 언약적인 범주로 생각할 때, 은혜는 반드시 그 은혜에 수반되는 계명에 순종할 것을 요구한다. 그 계명에 순종하는 것이, 은혜를 받는 '조건은 아니지만', 그 은혜를 받은 자에게 요구되는 '증거'의 역할을 하는 것이다.

이런 식으로 하나님의 은혜는 우리가 계명에 순종할 의무를 면제해 주지 않는다. 동시에, 그럼에도 불구하고, 하나님의 은혜는 우리가 그 계명에 순종하기 전에, '먼저' 주어진다는 점에서 '무조건적인(unconditional) 은혜'라고 할 수 있다. 그러니까, 새 언약 관계 안에서 주어지는 은혜는, 우리가 그 은혜에 따라 역시 은혜를 베푸는 사랑의 삶을 살 수 있게 하는 근거요 원인이다. 하지만 우리의 순종을 '조건'으로 하지는 않는다는 점에서 순전히, 선물로 주어지는 은혜요 사랑인 것이다.

은혜의 코이노니아

하나님께서 '먼저' 하시는 사랑은, 이러한 '은혜'의 강력한 작동을 회복시킨다. 그리고 이런 '은혜의 사랑'이야말로, 이 '악한 자의 코스모스'를 특징짓는 '비(非)은혜'와 극한 대조를 이루는 특징이 아닐 수 없다. '세상에는 공짜가 없다'는 흔한 말이 세상이 어떤 원리로 돌아가는지를 정확히 알려 준다. 하지만 창조주 하나님을 전제할 때, 은혜는 이미 이 창조 세계의 기초요 근간이다. 그러니까, 이 '악한 자의 코스모스'는 하나님의 은혜로 거저 주어진 세상을 마치, 스스로의 힘으로 얻고 세우고 차지하는 '적자생존'과 '양육강식'의 차별적 세상, 곧 바벨탑과 같은 극한 경쟁 사회로 변질시키고, 마치 그것밖에 없는 것처럼, 그 원리 자체를 신적인 진리로 숭배하며 살고 있는 것이다.

이런 '비은혜의 코스모스' 안에 하나님께서 자기 아들을 보내심으로써, 이 세상을 '먼저' 사랑하셨다. 세상은 '스스로의 힘으로 세운 업적'이라는 원리로 바벨탑을 쌓고 그 꼭대기에 자신의 영광을 신격화하는 우상을 세우지만, 하나님은 그런 '악한 자의 코스모스'에 자기 아들을 '선물로, 은혜로' 거저 내어 주심으로써, 그 우상들을 모두 무너뜨리신다. 그 아들은 육체로 세상에 진짜 들어오셨고, 그 아들을 통해 드러난 코이노니아는 '은혜의 통치'요, '생명의 통치'요, '사랑의 통치'요, '진리의 통치'요, '성령의 통치'이다.

무엇보다, 하나님의 은혜의 통치가 이 비은혜의 세상 안으로 들어오면, '오직 은혜'의 강력은 비은혜의 원리로 세워진 모든 바벨탑들을 무너뜨린다. '오직 그리스도를 믿음으로'의 강력은, 은혜 위에 세워지지 않은 모든 '자기 의(義)'로 높아진 성곽을 그라운드 제로(ground zero)로 파괴한다. 그리고 난 후, 그 은혜 위에 다시 심은 대로 거두는 정의의 원리를 회복시켜, 그 정의가 은혜를 드러내고 보존하는 방식으로 모든 것을 재건하신다(마 20:1-16; 롬 8:1-4).

이렇듯 하나님은 비은혜의 세상 한복판에 '은혜의 십자가'를 세우시고, '말씀과 성령을 따라' 사는 삶을 통해 세상을 회복하신다. 우선, 그 아들을 받아들이는 자는 모두 다, 그 아들의 은혜의 강력을 통해, 비은혜의 지배, 비은혜의 세상에서 해방된다. 왜냐하면 그들은, 그 아들을 믿을 때 주어지는 '영원한 생명'을 은혜로 받아, 비로소 '그 진리와 사랑의 코이노니아' 안에 거하게 되기 때문이다. 그리고 '하나님의 코이노니아' 안에서, 하나님의 자녀들은 하나님의 '먼저 하시는 사랑' 곧 그 은혜 안에 거하며, 그 은혜로 치유받고 회복되어, 점점 더 그 은혜의 원리를 실제로 살아 내게 된다. 이렇듯 은혜가 특징이고 은혜의 통치 안에 거하며 그 은혜를 따라 사는 삶을, 사도 요한은 하나님의 '먼저 하신 사랑'을 따라, 그 사랑의 은혜를 온전하게 하는 사랑으로 부르고 있는 것이다.

하나님이 받으시는 사랑

그렇다면 하나님의 '먼저 하신 사랑'을 받은 우리는, 어떻게 그 '먼저 하신 사랑'을 따라 사랑할 수 있을까? 이것이 19절이 제기하고 20절이 대답하는 문제이다. 하나님이 우리를 '조건 없이 먼저' 사랑하셨기 때문에, 우리도 하나님을 '조건 없이 먼저' 사랑할 수 있을까? 그것은 사실상 이 땅에서는 불가능하다. 인간이 하나님을 '조건 없이' 그것도 '먼저' 사랑하는 것이 불가능한 이유는, 인간의 사랑은 어떤 경우에도 '필요에 근거한 사랑'에서 벗어날 수 없기 때문이다(C. S. Lewis; Bernard of Clairvaux). 우리 중 누구도, 아무것도 바라지 않고 하나님을 먼저 사랑할 만큼, 생존의 조건이나 영육 간의 필요에서 벗어난 상태를 누리는 자는 없기 때문이다.

오히려, 너무도 간절한 필요에 따라 하나님을 사랑하는 것이, 모든 것을 창조주이신 하나님께 의존하도록 피조 된 인간의 본연의 모습이다. 단순히 물질적 생존을 위해서나 필요한 복을 얻기 위해 하나님을 찾고 이용하는 정도가 아니라, 그보다 더 깊은 필요, 즉 그런 복들뿐만 아니라 만복의 근원이신 그분 자신을 주고 싶어 하시는 하나님, 우리와 사랑의 코이노니아를 나누기를 원하시는 하나님 자신을 절박하게 필요로 하는 사랑을 하나님은 기쁘게 받으신다. 이처럼, 우리가 하나님을 향하여 순전히 '선물의 사랑' 즉, '조건 없이 먼저 하는 사랑'을 할 수는 없지만, 그분의 '먼저 하신 조건 없는 사랑'을 따라, 하나님을 간절히 필요로 하는 사랑을 할 수는 있다.

19절에서 '우리가 사랑하는 것'은, 그래서 언제나 우리를 먼저 사랑하신 하나님의 사랑의 결과요 그 사랑에 대한 응답이다. 하지만 우리는 과연 '어떻게' 사랑한다는 것인가? 20절은, 만일 우리가 하나님의 사랑에 대한 응답으로 하나님을 사랑한다고 말하면서, '믿음의 형제를 미워하면' 그것은 거짓된 사랑이라고 못 박는다. 이에 관해서는 더 이상 논할 여지가 없다는 어투이다. 우리를 '먼저 사랑하신 하나님의 사랑'에 대한 마땅한 응답은, 오직 우리가 '먼저 형제를 사랑'하는 그 사랑을 '나타내 보이는' 것에 있다는 뜻이다.

다시 말해서 우리가 하나님을 사랑한다는 것은, 하나님이 사랑하사 자기 아들을 아끼지 않고 내어 주신 우리의 형제들과 이웃들을 사랑하지 않고서는 성립되지 않는 주장이라고 말하는 것이다. 하나님을 사랑한다는 것이 무엇인가? 어떻게 하는 것이 하나님을 사랑하는 것인가? 하나님을 향해서 3시간, 10시간 동안 서서 찬양을 드리고, 그 앞에서 성경을 읽으며, 서서 기도한들, 그 옆에 있는 형제를 미워하고 사랑하지 못한다면, 하나님은 그런 사랑을 받지 않으신다는 것이다. 왜 그런가? 하나님은 사랑을 그렇게 정의하지 않으셨기 때문이다.

사랑이란 무엇인가? 더 정확히, '하나님은 사랑이시다'라는 의미가 무엇인가? 그 의미는, 요한복음 3:16과 요한일서 4:10, 14이 명시하는 대로, 하나님이 우리 같은 죄인을 위하여 자기 아들을 내어 주셨다는 사건 속에 있다. 다시 말해서, 우리와 같은 육체로 오신 '예수님의 입장에서' 하나님을 사랑한다는 것이 무엇인지를 생각해 보면, 하나님의 사랑의 의미가 더 명확해진다. 예수님께서 하나님 아버지를 사랑한다는 것은, 아버지의 뜻에 순종한다는 것인데, 아버지의 뜻은 그 아들이 죄인들을 위하여 속죄 제물로 그 자신을 드리는 것이었다. 즉, 예수님은 우리 같은 죄인들을 사랑하사 스스로를 내어 주심으로써, 하나님의 뜻을 순종하시고 그렇게 하나님께 대한 사랑을 바치신 것이고, 하나님 아버지는 그 아들이 스스로의 뜻에 따라 죄인들을 사랑하신 사랑을, 그 자신에게 바친 사랑으로 받으신 것이다.

그러므로 우리가 사랑하는 방식도, 그 아버지가 그 아들에게 사랑을 받으신 방식, 곧 그 아들이 아버지를 사랑한 방식과 똑같아야만 한다. 하나님께서 그 자신이 어떻게 사랑을 받으실지 그 방식을 정해 놓으셨고, 그 아들 역시 하나님을 사랑한다는 것이 과연 어떻게 하는 것인지 그의 삶과 죽음으로 정의해(define) 놓으셨기 때문이다. 그러므로 아버지와 아들이 정해 놓은 방식 외에 다른 사랑의 방식은 없다. 누구든지 하나님을 사랑한다고 하는 자는, 하나님께서 사랑하시고 그래서 그 아들이 자신의 생명을 주심과 같이, 그의 형제에게 목숨을 주기까지 사랑해야 한다.

예컨대, 설령 5시간씩 서서 찬양하든지, 성경을 읽든지, 기도하든지, 그것만으로는 아직 하나님을 사랑한다는 충분한 증거가 되지 못한다. 하나님도, 그 아들도, 그런 식으로 사랑을 증명하지 않으셨기 때문이다. 우리가 혹시 5시간씩 서서 찬양하고 기도하며 성경을 읽고 연구할지라도 그 이유는, 그렇게 함으로써 더욱더 형제들을 사랑하고 이웃을 섬기는 일에 지치지 않고 힘 있고 능력 있게 하기 위함이어야 한다. 오직 그렇게 할 때만, 즉, 우리의 사랑이 형제 사랑으로 효과적으로 나타날 때만, 하나님은 그런 방식으로 자신에 대한 우리의 사랑을 받으시는 것이다.

이런 경우도 있다. 교회 안에서 누군가가 당신에게 사랑의 빚을 졌다 하자. 그 사람은 당신에게 빚진 은혜를 갚으려 할 것이다. 말로 칭찬하고, 선물로 보답하고, 기회 있을 때마다 그 사랑을 갚으려 할 것이다. 하지만 당신이 그 형제에게 베푼 은혜와 사랑이, 당신이 이미 하나님께 조건 없이 받은 은혜와 사랑에 대한 마땅한 응답이라면, 당신은 그 형제에게 베푼 사랑을 돌려받겠다는 생각을 버려야 한다. 그 대신 이렇게 말해야 한다. "제가 베푼 사랑이 있다면, 그것은 주님의 것입니다. 그러니까 저에게 그 사랑을 갚지 마시고, 그 사랑이 필요한 또 다른 사람에게 주십시오. 그것이 저에게 감사하는 것이고, 무엇보다 하나님의 사랑에 대한 감사일 테니까요." 이렇게 말이다.

이것이, 우리가 하나님을 사랑하는 마땅한 방식이다. 이렇게 아버지를 사랑하신 그 아들이 말씀하셨다. "또 자기를 청한 자에게 이르시되, 네가 점심이나 저녁이나 베풀거든 벗이나 형제나 친척이나 부한 이웃을 청하지 말라. 두렵건대 그 사람들이 너를 도로 청하여 네게 갚음이 될까 하노라. 잔치를 베풀거든 차라리 가난한 자들과 몸 불편한 자들과 저는 자들과 맹인들을 청하라. 그리하면 그들이 갚을 것이 없으므로 네게 복이 되리니 이는 의인들의 부활 시에 네가 갚음을 받겠음이라 하시더라"(눅 14:12-14). 일평생 교회를 위해 수고했더라도 대가를 바라지 말라. 그 대가는 당신이나 내가 아니라, 그 사랑과 은혜와 물질이 필요한 또 다른 형제들이 받아야 한다. 그것이 하나님이 우리를 사랑한 방식이요, 그 아들이 하나님을 사랑한 방식이기 때문이다.

쉬운 사랑, 마땅한 사랑

요한은 20절 하반절에서, 하나님의 '먼저 사랑하신 사랑'에 응답하는 바른 방식에 대해 더욱 분명하게 못 박아 말한다. 눈에 보이는 형제를 사랑하지 못하는 자가, 눈에 보이지 않는 하나님을 사랑한다는 것은 말이 되지 않는다는 것이다. 그런데 정말 그런가? 우리는 눈에 보이지 않는 하나님을 얼마든지 잘 사랑할 수 있다고 생각하곤 한다. 예배를 드리고, 찬양을 하고, 헌금을 하고, 기도하며, 성경을 읽으면서 하나님을 떠올린다. 혼잣말로 "하나님, 사랑해요"라고 고백하기도 한다. 이런 방식으로, 보이지 않는 하나님을 잘 사랑할 수 있지 않은가?

반면에, 눈에 보이는 형제들, 예수 믿는 것을 달갑지 않게 생각하는 세상의 이웃들에 대해서, 그들을 향해 하나님께서 그 아들을 통해 나를 '먼저 사랑하신 사랑'을 나타내기는 참으로 쉽지 않다. 때로는 너무 어렵다. 예수님이 날 사랑하신 것은 너무나 쉽게 받아들일 수 있는데, 내가 그 사랑으로 형제나 이웃을 '먼저' 사랑하는 것은 그토록 어렵고 고통스러운 일이다. 그러니, 눈에 보이는 형제 사랑하기는 정말 힘들고, 눈에 보이지 않는 하나님 사랑하기는 정말 쉬운 일이 아닌가!

이렇게 되면 종교 생활이라는 것이, 실제의 일상생활과는 전혀 다른 것으로 분리되기 십상이다. 예루살렘에서 여리고로 내려가던 길에서 강도 만난 사람을 보고, 제사 드리러 가기 바빠 그냥 지나쳐 버린 제사장이나 레위인 같은, 내용 없는 껍데기의 삶을 살게 되는 것이다(눅 10:26-37). 그러므로 20절에 있는 말씀은, 어느 쪽이 '쉬우냐'라는 관점에서 보면 이해하기 어렵다. 눈에 보이지 않는 하나님을 사랑하기가, 눈에 보이는 형제를 사랑하기보다 쉽기 때문이다. 그렇게 형식적인 종교 생활로 구색을 맞추어 살기가 얼마나 쉬운가.

따라서 20절의 말씀은, 어떤 것이 '더 쉬운 것이냐'라는 관점에서 읽는 것이 아니라, 어떤 것이 '마땅한가'의 관점에서 읽어야 한다. 21절에서, 하나님을 사랑하는 자는 또한 그의 형제를 사랑해야 '마땅하다'고 말하기 때문이다(또한, 4:11). 즉, 하나님 편에서 '사랑이 무엇이냐'라는 정의에 따르면, 보이지 않는 하나님에 대한 사랑은 반드시 보이는 형제 사랑, 이웃 사랑을 통해서 하나님께 이르게 된다. 예수님 자신이 하나님 아버지를 사랑했기 때문에 그의 뜻에 '순종함으로써' 그 사랑을 나타내시고 증거하셨다. 그런데 그 아들이 순종한 그 아버지의 뜻이 무엇이었던가? 바로 우리 같은 죄인을 사랑하는 것, 그것을 아버지께서 자신을 사랑하는 사랑으로 받으신다는 것이 아닌가!

여기서 우리는 하나님의 사랑의 코이노니아가 어떻게 자신의 생명을 나누며 그 사랑의 코이노니아를 '확장'해 가는지를 볼 수 있다. 이는 마태복음 25:31-46의 최후의 심판이 보여 주는 장면과 정확히 일치한다. 누가 주께서 주릴 때에 먹을 것을 주었고, 목마를 때에 마시게 하였으며, 나그네 되었을 때에 영접하였고, 벗었을 때에 옷 입혔으며, 누가 주께서 병드신 것이나, 옥에 갇히신 것을 보고 가서 돌보았는가? 최후의 심판을 하시는 종말의 목자요 왕이신 그 아들이 말씀하셨다. "내가 진실로 너희에게 이르노니 너희가 여기 내 형제 중에 지극히 작은 자 하나에게 한 것이 곧 내게 한 것이니라"(마 25:40).

지금 요한도 같은 이야기를 전해 준다. 우리가 눈에 보이는 형제를 사랑할 때, 하나님께서 그 형제 사랑을 그분 자신에 대한 사랑으로 받아 주시는 이유는, 하나님 자신이, 때로 우리가 멸시하기도 하고, 도와주어도 아무런 대가가 없을 것이 뻔하고, 간혹 용서하거나 받아들이고 싶지도 않은 그런 형제들, 아무리 사랑을 쏟아부어도 밑 빠진 독에 물 붓는 것 같은 그런 죄인들, 그런 '지극히 작은 자들과 자기 자신을 일치시키셨기' 때문이다. 이것이 하나님께서 그 아들을 '육체로' 세상에 보내신 이유이기도 하다. 하나님은 주체할 수 없는 자신의 긍휼 때문에, 이토록 비참한 우리 자신이 되어 주신 것이다. 내 주변에 있는 지극히 작은 믿음의 형제, 지극히 작은 이웃에게 한 것이 곧 그분께 한 것이다.

그러므로 하나님께 사랑을 고백하기 위해, 굳이 음향 시설이 잘 갖추어진 넓은 현대식 예배당을 찾을 필요는 없다. 책꽂이마다 두꺼운 신학 책들로 가득한 도서관에서 하나님에 관한 지식을 찾는 것만으로는 절대로 부족하다. 교단이 다르고 교파가 달라도 믿음의 형제들이라면, 그리고 교회와는 관계가 없지만 우리의 강도 만난 이웃들과도, 그렇게 '우는 자들과 함께 울고 슬퍼하는 자들과 함께 슬퍼하는' 사랑이 곧 하나님께서 받으시는 하나님께 대한 거룩한 사랑이다. 일상의 어느 곳에서나 우연히 마주치는, 지극히 작아 보이는 한 사람, 그에게 베푸는 관심과 작은 친절, 인내와 도움의 손길, 그가 의지할 작은 어깨가 되어 주는 배려, 그것이 하나님께서 우리를 통해 받으시는 향기로운 사랑의 고백이다. 당신은, 어떻게 하나님을 사랑할 것인가?

사랑에 관한 '팡세' (2)

첫째, "그러나 우리의 욕망과 사랑이 올바른 방향을 설정하기만 하면, 그것은 은총에 의해 여러 단계를 거쳐 우리의 영(靈)이 완성되는 데까지 나아가게 될 것입니다."
— St. Bernard of Clairvaux

베르나르에 의하면, 우리의 사랑은 네 단계를 거친다. 처음 단계는, 본능적인 사랑이다. 사람이 자기 자신을 위해 스스로를 사랑하는 것이다. '노예의 사랑'으로 불리는 사랑이다. 인간이 어쩔 수 없이 자신의 생존을 위해 자신을 사랑하는 것이다. 인간은 이 본능적인 사랑의 굴레를 벗어날 수 없는데, 문제는 그렇게 자신을 아끼고 사랑해도 그것이 올바른 사랑이 되지 않는다는 것이다. 자신을, 그리고 자신만을 끔찍하게 아끼고 사랑하지만, 결국 그것은 자신을 온전히 사랑하는 것도 되지 못한다.

그다음 단계는, 자기 자신의 유익을 위해 하나님을 사랑하는 사랑이다. '장사치의 사랑'이라고도 불린다. 앞의 '노예의 사랑'은 하나님을 사랑하지 않는다. 하지만 장사치의 사랑은 하나님을 사랑하기는 하는데, 하나님보다 다른 것들을 더 사랑한다. 다른 것들이 자기에게 필요하기 때문에, 그것을 얻을 수단으로써 하나님을 사랑하는 것일 뿐이다. 하나님을 사랑하되, 자신의 필요와 이익을 따라 사랑한다. 이런 사랑은 하나님의 이름이 땅에 떨어지든 말든, 결국 자신의 유익만 지키면 괜찮다는 신앙이다. 애초부터, 하나님을 믿은 것이 자신의 성공을 위해서였기 때문이다.

세 번째 단계는, 하나님을 위해 하나님을 사랑하는 단계이다. 이런 사람은 하나님의 선하심을 맛보아 아는 사람이다(시 118:1; 벧전 2:3). 하나님께서 우리에게 다른 것이 아니라 우리의 사랑을 원하신다는 것을 알고, 하나님을 사랑하는 그 사랑의 교제 가운데 거하는 사람이다. 하나님의 이름, 평판, 영광을 사랑하는 사람이다. 하나님의 이름이 높여진다면, 자신에게 어떤 일이 일어나도 괜찮다고 생각하는 사람이다. 하나님의 기쁨이 곧 자신의 기쁨이 되어 버린 사람이다. 이런 사람은 마음을 다해 열정을 갖고 하나님을 사랑하고, 뜻을 다하여 그의 뜻을 분별하며, 힘을 다하여 인내하고, 끝까지 전심으로 하나님을 사랑한다(신 6:5).

마지막 단계는, 하나님을 위하여 자신을 사랑하는 사랑이다. 내가 나 자신을 사랑하는 이유가 나 자신의 어떤 욕망 때문이 아니라, 순전히 하나님을 사랑하기 때문인 경우이다. 하지만 인간이 인간의 필요를 따라 하나님을 사랑하는 그런 필요가 남아 있는 한, 이런 순수한 사랑은 이 땅에서 부분적으로만 가능할 것이다. 베르나르는 누구도 이런 사랑을 온전하게 다 이룰 수는 없다고 말한다. C. S. 루이스가, 인간은 '필요의 사랑'(need-based love)에서 벗어날 수 없다고 냉정하게 간파한 바와 같다. 하지만 역설적이게도, 우리는 그 필요의 사랑 때문에, 결국 이 땅에서 하나님을 찾는다. 하나님에 대한 깊고 깊은, 온 세상으로도 채울 수 없는 영적 가난함을 깨닫게 되기 때문이다.

둘째, "우리는 모든 사랑에 내재해 있는 고통을 피하려고 애씀으로써가 아니라, 그것을 받아들이고, 그분께 바침으로써 하나님께 더 가까이 다가가게 됩니다." – C. S. Lewis

실낙원 같은 이 세상에서, 사랑한다는 것은 곧 고통을 의미한다. 사랑하지 않으면서 살 수는 없기 때문에, 이 고통은 피할 수 없다. 사랑하는 상대방이 내게 주는 고통도 있지만, 그 사랑이 내 안에서 일으키는 고통도 크다. 나 스스로 온전한 사랑을 할 수 있는 온전한 사람이 아니기 때문이다. 사랑할수록 힘들다. 사랑할수록 좌절하고, 사랑할수록 어렵다.

그래서 많은 사람들이 사랑을 회피한다. 혼자 살고 싶어 한다. 공동체로부터 멀어진다. 가까이 만나면서 부딪히며 사는 삶은, 그것이 결혼이든 교회 생활이든 사회생활이든 피하고 싶어 한다. 그러나 거기에도 길은 없다. 사랑하며 살지 않는 것은 불가능할 뿐 아니라, 사랑 없이 살려고 하면 할수록 고통이 더 깊어지기 때문이다. "나 혼자 산다?" 불가능하다. 인간은 그렇게 살도록 지음 받지 않았기 때문이다.

비대면과 온라인이 일상이 되어 가는, 코로나19 이후의 시대에 교회는 어떻게 될 것인가? 만일 교회가 소그룹 단위로라도 인격적 코이노니아가 가능한, 진실한 사랑의 공동체를 보존한다면, 더욱더 기계화되고 인공지능(AI)이 모든 것을 해치우는 초(超)기술 시대에 오히려 정서적으로나 영적으로 메마른 개인들을 살려 내는 꼭 필요한 '희망의 공동체'가 될 가능성이 높다. 사람은 사랑을 포기할 수 없고, 그 사랑은 인격적 공동체 안에서만 성숙해지기 때문이다. 사랑을 통해 입은 상처와 실패는, 오직 더 크고 온전한 사랑을 통해서만 치유될 수 있다.

이 땅에서 우리가 하는 여러 모양의 사랑들이 전부 쓸모없고 헛된 것만은 아니다. 매일 저녁 지는 아름다운 노을이, 천국에 있을 그 영원한 노을의 아름다움의 한 조각이듯이, 우리가 하는 부족한 사랑들 속에도, 영원하고 아름다운 사랑의 조각들이 숨어 있다. 그래서 이 땅에서 우리가 할 수 있는 최선의 방법은, 우리의 어그러지고 상처 난 사랑을 피하지 않고, 그것을 있는 그대로 하나님께로 가지고 나아가는 것이다. 그리고 그분의 뜨겁고 거룩한 사랑, 우리를 치유하고 회복하시는 그 사랑 앞에 그 상처를 내어놓아야 한다. 그리고 그 사랑 안에 오래도록 머물러야 한다. 거기 거하고 있어야 한다. 그 사랑이 나를, 우리를 살리고 일으켜 세워 우리가 사랑하기를 온전히 배울 때까지. 그것 말고 다른 길이 있는가?

셋째, "'여호와의 계명은 순결하여 눈을 밝게 하시도다.' 오직 말씀만이 자신과 이 세상을 사랑하는, 그리고 이 세상을 향해 있는 마음을 하나님께로 돌려놓을 수 있기 때문입니다." – St. Bernard of Clairvaux

베르나르의 이 말은 매우 지혜롭다. 세속으로 향하여 탐욕으로 변질된 우리의 사랑을 우리는 어떻게 치유하며 어떻게 바꾸어 놓을 수 있는가? 세상을 사랑하여 세상과 묶여 세상이 가는 곳으로 함께 끌려 내려가던 그 욕망이라는 이름의 왜곡된 사랑을, 어떻게 바로 돌려세워 놓을 수 있다는 말인가? 베르나르의 이 조언은 요한일서가 가르치는 바와 정확히 일치한다. 그것은 우리가 '그 아들의 말씀, 생명의 말씀'을 먹을 때 가능하다.

그 말씀을 먹어야 한다. 몸이 아프면 약을 삼키듯이, 하나님의 말씀을 먹어 버리면 그 말씀이 우리 안에서 작동하기 시작한다. 그 말씀 안에 이미 아들의 생명이 있고, 아버지 하나님의 사랑이 들어 있다. 우리가 삼킨 그 말씀이 우리 속에서 '정향'(定向) 곧 방향을 바로잡게 하고, 그 올바른 방향으로 나아가도록 추진력까지 선사한다. 말씀은 의(義) 곧 바른 관계의 결정체이다. 그 말씀을 삼키면 모든 관계가 바르게 회복되기 시작한다. '말씀의 생명'이란 그 아들을 우리에게 내어 주신 아버지의 사랑으로 감싸여 있다.

그래서 우리 안에서 말씀의 생명이 작동하기 시작하면, 성령과 함께 아버지의 사랑도 역사한다. 우리가 말씀을 따라 회복된 바른 관계를 향해 힘차게 나아가도록 사랑의 열정으로 불붙게 만든다. 그렇기 때문에, 우리의 사랑이 탐욕으로 변질되었을 때 우리는 말씀을 먹어야 한다. 그 말씀이 우리의 마음과 생각과 감정과 의지 속에 녹아들어, 나의 전 존재가 재조정될 때까지 그 말씀을 우리 안에 거하게 해야 한다. 그 말씀 안에 거해야 한다. 그 아들이 계신 곳에 아버지께서도 함께 계시듯이, 오직 말씀의 생명을 소유하는 거기에만 참된 사랑의 회복이 있다.

제5장

코이노니아, 승리와 지킴

(5:1–21)

　요한일서는 '악한 자의 코스모스'를 배경으로 '하나님의 코이노니아'의 안팎을 들여다보며 설명해 나간다. 4장이 주로 코스모스를 배경으로 코이노니아의 '내부'를 집중적으로 설명했다면, 5장에서는 코스모스를 배경으로 주로 코이노니아의 '외부', 즉 하나님의 코이노니아가 악한 자의 코스모스와 부딪히는 부분들을 집중적으로 조명하면서 서신을 마무리한다. 코이노니아의 내부는, 그 아들의 생명과 아버지의 사랑의 충만이다. 그 안에서는 그 생명을 받은 자들이 그 사랑 안에서, 하나님이 그들 안에, 그들이 하나님 안에 거하는 상호 내주의 기쁨을 누린다.

　5장에 들어오면, 그 사랑의 코이노니아가 부딪히는 세상과의 관계에서 반드시 알아 두어야 할 사실을 조목조목 설명한다. 하나님의 코이노니아는 세상을 '이겼다'(1-4절). 이 승리는 그 아들이 육체로 세상에 오셨기 때문에 가능했던 것인데, 그 '증거'는 확실하다(5-9절). 이제 이 악한 자의 코스모스 안에는 '생명'이 없다는 것이 분명해졌다. 참된 생명, 영원한 생명은 오직 그 아들 안에, 그 아들을 가진 자들의 코이노니아 안에만 있다(10-12절).

　하지만 아직, 그 악한 자의 코스모스는 여전한 미혹과 위협으로 존재한다. 그래서 그런 세상 속에 있는 교회 안에서도 죄짓는 경우가 생기고, 하나님의 코이노니아 안에 지속적으로 머물기 위해서는 항상 '기도와 간구'가 필요하다. 그와 동시에, 세상에 속한 자들에 대한 명확한 분별과 경계는 필수적이다(13-17절). 하나님의 코이노니아는 이 악한 자의 코스모스 안에 놓여 있다. 어둠 속에 빛나는 별처럼, 밤이 아침을 잉태한 것처럼, 죽음과 어둠의 세상 속에 생명과 빛으로 감추어져 있다.

하나님의 코이노니아는, 악한 자로부터 '지키심'을 받는다. 그 코이노니아 안에 있는 하나님의 자녀들도 반드시 이 코이노니아를 지켜 내야만 한다(18-21절). 이제 어두운 밤하늘에 빛나는 은하수를 바라보듯, 5장에 펼쳐진 하나님의 코이노니아를 찬찬히 들여다보자. 우선, 1-4절까지 코이노니아의 승리에 관한 말씀이다.

¹ 예수께서 그리스도이심을 믿는 자는 모두 하나님께로부터 난 자입니다. 또한 그 낳으신 분을 사랑하는 자마다, 그에게서 난 자를 사랑합니다. ² 우리가 하나님을 사랑하여 그의 계명을 지키는 때마다, 이로써 하나님의 자녀들을 우리가 사랑하는 것을 압니다. ³ 하나님을 사랑하는 것은 이것이니, 우리가 그의 계명을 지키는 것입니다. 하지만 그의 계명들은 무거운 것이 아닙니다. ⁴ 하나님께로부터 난 자는 모두 세상을 이깁니다. 이것이 세상을 이긴 이김이니 곧 우리의 믿음입니다.

1. 코이노니아와 승리[b](5:1-4)

오늘날처럼 개교회가 경쟁적으로 생존과 성장을 추구할 수밖에 없는 구조 속에서, 형제 사랑이란 때로 낯설기까지 한 덕목으로 들린다. 교회 사랑도, 자신이 속한 교회의 교인들 사이에서나 통용되는 소리이지, 길 건너에 있는 교회까지 똑같은 사랑으로 사랑하라는 뜻으로 듣지는 않을 것이기 때문이다. 더구나, 교단이나 교파를 넘어서 형제 사랑을 이야기한다는 것은 아련히 먼 이야기처럼 들리기도 한다. 정말 교회의 연합은 가능한 것일까? 교파와 교단을 넘어 그리스도인들이 서로 형제 사랑을 나누고, 그 형제 사랑이 많은 벽을 무너뜨리고 뛰어넘는 일은 상상하지도 말아야 하는 일일까?

요한일서의 말씀은 그렇게 가르치지 않는다. 당시 1세기 로마의 변두리 아나톨리안 반도의 소아시아에 흩어져 살던 그리스도인들에게 '교회 성장'을 위한 '경쟁' 같은 것은, 구조적으로 있을 수 없는 일이었다. 아예 '예배당' 건물조차 존재하지 않았고, 가정에서 소규모로 모였던 그들에게는 다 함께 힘을 합쳐 로마라고 하는 거대하고 위협적인 세상과 그 배후에 있는 악한 자의 미혹을 상대하는 것이 훨씬 절박한 일이었다(계 2:1-3:22). 거짓과 증오의 전염병을 퍼뜨려 '하나님의 코이노니아'인 교회를 병들게 하고 무너뜨리려는 공격에 맞서는 싸움이 더 시급한 과제였던 것이다.

형제 사랑, 세상에 대한 승리

바로 그 일을 위하여, 5:1-4은 하나님의 계명을 따라 형제를 사랑하는 일(1-3절)과 세상을 이기는 승리(4절)를 서로 단단히 묶어 놓는다. 교회가 세상을 이긴다는 것은 무엇을 뜻하는가? 5장을 여는 첫 구절들을 읽으면, 믿음의 형제를 사랑하는 것과 세상을 이기는 신앙 사이에 이토록 밀접한 관계를 설정하는 것이 사뭇 낯설게 느껴지기도 한다. 오늘날, 교회가 '세상을 이긴다'는 것은 무슨 뜻인가? 유명한 목회자를 모시고 사회의 중류층 이상의 신자들로 크고 화려한 예배당을 채운다는 뜻인가? 아니면, 세상에서 기독교가 지지하는 특정 정당이 정권을 장악하거나, 아니면 기독교 정당이 직접 정권을 장악한다는 뜻인가? 교회는 언제나, 교회의 본질 곧 '하나님의 코이노니아' 된 교회로 돌아가야 한다.

'하나님의 코이노니아'의 핵심은 하나님의 사랑이 형제 사랑으로 '나타나는' 일이다. 이 일이 왜 그리 중요한가? 지금 5:1이 시작하기 전에 나오는 4장의 끝부분, 즉 19-21절 역시 '형제 사랑'에 대해 가르친다. 다만 거기서는, '하나님을 사랑'하는 사랑이 반드시 '형제 사랑'으로 표현되고 나타나야 함을 강조했다. 하지만 지금 5:1-4은 '형제 사랑'이 중요한 또 다른 이유를 알려 준다. 우리가 형제를 사랑함으로써 '세상을 이기게' 된다는 것이다.

뒤집어 말하자면, 세상은 여기서 반드시 실패하고, 바로 이것을 할 수 없다는 뜻도 된다. 1세기 당시 교회가 처해 있던 로마 사회를 떠올려 보라. 어떻게 주인과 그의 손에 목숨이 달려 있는 그의 노예가 서로 형제가 되는가? 어떻게 유대인과 그가 '개'라고 불렀던 헬라인이 형제가 되는가? 그들이 어떻게 서로 사랑할 수 있는가? 그런 차별 없는 '형제 사랑의 공동체'가 로마 사회에 존재했던가?

이것이 요한이 5:1-4에서, '그 아들의 생명과 아버지의 사랑 안에 거하는 코이노니아' 공동체에게 보내는 핵심적이고도 절박한 메시지이다. '세상을 이긴다'는 것은 무엇인가? 세상 속에서 존재하고, 이 세상을 지나가는 교회가 반드시 묻고, 항상 확실히 해 두어야 하는 부분이다. 4, 5절에서 '이긴다'는 표현은 무려 3회나 반복된다. 하나님의 자녀들은 모두 세상을 '이긴다.' 세상을 '이김'은 곧 우리의 믿음이다. 누가 세상을 '이기는' 자인가? 특히, 4절에서 세상을 이김 곧 '승리'(니케, νίκη)라는 명사형은, 당시 로마의 많은 신들 가운데 승리의 여신이었던 '니케'(Nike)를 떠올리게 한다.

주후 1세기 전후 '로마의 평화'(Pax Romana)를 외치며 강력한 기병을 앞세운 로마 군대가 주변 민족들과 나라들을 정복했던 시대에, '승리'란 국가 이념이고 그 시대를 지배하는 최고의 정신적 가치였을 것이다. 평소에 원형경기장의 검투사들이 죽기까지 싸우는 광경을 보고 즐기는 것이 최고의 스포츠였던 로마 시민들에게 '이긴다'는 것은 어떤 의미였을까? 그래서인지, 당시의 로마 황제나 귀족들은 물론 시민들이 추구해야 할 '덕'(virtue)이란 주로 군인에게 필요한 용기, 인내, 절제와 같은 것이었지, '사랑'이나 '온유' 같은 덕은 결코 추천할 만한 덕의 목록에 들지 못했다.

칼과 폭력으로 얻는 '승리'에 도취해 있던 사회 속에서, 십자가에서 죽으신 하나님의 아들을 믿고 따르기 위해 모인 작은 그리스도인들의 '코이노니아'를 향해서, '서로 사랑'하는 것이야말로 승리이며 그것도 '세상을 이기는 참된 승리'라고 가르치는 것은 도대체 무슨 의미가 있었던 것일까? 하지만 우리는 이 거대하고 폭력적인 제국이었던 로마가 4세기에 이르러 결국, 형제 사랑을 실천하며 강력한 '생명과 화평 그리고 희망의 코이노니아'를 세워 갔던 초기 기독교인들의 손에 넘어갔다는 사실을 알고 있다.

하나님의 사랑으로 '서로 사랑하는 코이노니아'의 공동체가, 결국 칼과 폭력을 의지하는 '승리의 여신, 니케'라는 우상, 당시의 거짓된 '시대의 영'(zeitgeist)을 이기고 굴복시켰던 역사를 만들어 낸 것이다. 교회는 세상을 어떻게 이기는가? 숫자로 이기는가? 기독교를 정치 세력화해서 이기는가? 큰 예배당으로 이기는가? 무엇으로 이기는가? 그것은, 하나님께서 그 아들을 통해 세상을 이기신 그 방법으로밖에는 할 수 없다는 사실을 고백함으로 찾을 수 있다(5-6절).

같은 생명, 같은 사랑을 받은 형제자매

5:1-3까지의 말씀은, '세상을 이기는'(4-5절) 진정한 길은 '형제 사랑의 코이노니아'에 있다는 확신으로 시작한다. 자유인과 노예가, 유대인과 헬라인이, 대지주와 소작농이 서로 뒤섞일 수 없었던 철저한 차별의 사회 속에서, 이는 실로 놀랍고 충격적인 코이노니아의 탄생이다. 어떻게 이런 일이 가능했을까? 1, 2절의 핵심적 내용을 논리적 순차로 늘어놓으면 다음과 같다. 초기 코이노니아 공동체였던 교회에는 어떤 일이 일어났던 것일까?

첫째, 하나님께서는 자기 아들을 믿는 자에게, 그 아들의 생명을 통해 거듭나게 하시고 하나님의 자녀가 되게 하셨다. 이것이 1절에서 '예수께서 그리스도이심을 믿는 자는 모두 하나님께로부터 난 자'라는 말씀의 뜻이다. 하나님께로부터 '난 자'(게겐네타이, γεγέννηται)라는 말은, 하나님과 생명적인 관계에 있다는 것이다. 예수께서 육체로 세상에 오셨기 때문에, 우리의 죄를 실제적으로 대속하신 속죄 제물이 되셨고, 그래서 그를 믿는 것은 죄로부터의 해방을 의미한다. 죄의 삯은 사망이므로, 죄 사함을 받았다는 것은 죽음의 형벌에서도 해방되었다는 것을 의미하며, 부활하신 그 아들을 통해 부활 생명을 받았다는 것, 곧 영원한 생명을 자기 안에 받아 누리고 있음을 뜻한다.

둘째, 이렇게 그 아들을 믿음으로 자기 안에 죄와 죽음에서 벗어난 부활 생명을 받고 누리는 사람은, 1절 하반절에서처럼 '그 낳으신(겐네짠타, γεννήσαντα) 분' 곧 하나님 아버지를 사랑할 수밖에 없다. 왜냐하면 하나님께서 그 아들을 보내신 것은 '세상을 이처럼 사랑하셨기' 때문이고(요 3:16; 요일 4:7-10, 14), 또한 누구든지 그 아들의 생명을 받은 자는 그 아들을 내어 주신 아버지의 사랑도 함께 받은 것이기 때문이다. 아버지의 사랑이 그의 안에 참으로 거하는 자는, 그 사랑을 주신 아버지 하나님을 사랑할 수밖에 없게 된다.

셋째, 1절 하반절의 뒷부분은, 한 걸음 더 나아간다. 그 아들을 통해 우리에게 생명을 주신 아버지를 사랑하는 성도는, 동일하게 그 아들을 통해 생명을 얻고 아버지의 사랑을 받은 자들, 곧 믿음의 형제들을 사랑하게 된다. 왜 그럴까? 1절에는 '낳았다'는 표현이 3회나 나온다. 하나님은 우리를 '낳으신' 분이고, 우리는 하나님께로부터 '났고', 우리가 사랑해야 하는 형제들도 하나님께로부터 '났다'는 것이다. 그렇다면, 가족이 아닌가? 가족끼리 서로 사랑해야 하는 것은 마땅하지 않은가. 그래서 '하나님의 코이노니아'는 하나님의 '권속', 즉 하나님의 가족들인 셈이다(엡 2:19).

당연하게 들리지만 조금 더 생각해 보면, 이는 우리가 믿음의 형제자매들을 바라보는 시각과 태도를 근본적으로 바꾸어 놓을 말씀이라는 사실을 알게 된다. 즉, 1절이 전달하고자 하는 논리는, 당신이 어떤 성도를 바라볼 때 결단코 그가 하나님께 당신보다 '덜 사랑받고 있다'고 생각하거나, 당신이 받은 그 아들의 생명보다 '덜 귀한' 것을 받은 사람처럼 바라보아서는 안 된다는 것이다. 왜 그런가? 사실이 아니기 때문이다! 그뿐이 아니다. 우리가 세상에서 만나는 그 어떤 사람을 바라볼 때에도, 그를 '하나님께서 자기 아들을 아끼지 않고 내어 주신' 바로 그 사람으로 보아야 마땅하다. 예수 그리스도는 '온 세상의 죄'를 위하여 죽으셨기 때문이다.

그래서 사도 바울은 이제부터는 아무도 사람을 그 육체대로 알지 않겠다고 단언한 것이다. "그러므로 우리가 이제부터는 아무 사람도 육체대로 알지 아니하노라 비록 우리가 그리스도도 육체대로 알았으나 이제부터는 이같이 알지 아니하노라"(고후 5:16 개역한글; 참조, 약 2:1-13). 그렇다면 무엇보다도 내 옆에 있는 믿음의 형제자매를, 그들의 겉모습, 세상에서의 위치, 경력, 지위, 그 어떤 것으로도 평가하지 말아야 한다는 것이다. 그럴 수가 없다. 그는 '하나님께로부터 난 자'이기 때문이다. 하나님이 당신을 귀하게 보신다면, 그와 똑같이 그 형제나 자매도 귀하게 보신다. 하나도(!) 다르지 않다. 당신은 다른 그리스도인 형제들을 어떤 눈으로 바라보는가? 그들이 주로 경쟁자로 느껴지는가, 아니면 끔찍이도 소중한가?

하나님을 사랑하는 증거

넷째, 2절은 하나님을 사랑하는 것을 어떻게 '알고, 확증하느냐'의 문제를 다룬다. 누구나 하나님을 사랑한다고 말할 수 있다. 하지만 그것을 어떻게 아는가? 2절에서 '이로써 하나님의 자녀들을 우리가 사랑하는 것을 압니다'라는 말씀은, 우리가 하나님의 사랑 안에 거하며 그 사랑을 따라 형제들을 사랑하는 코이노니아를 통해 그 사랑의 충만을 경험하여 알고 있다는 뜻이다. 무엇보다, 보이지 않은 영적 생명이나 그 영적 출처나 기원(origin)을 직접적으로 알게 하고 깨닫게 하는 지각(知覺)은 특징적으로 성령 하나님의 활동과 역사의 결과이다(2:27; 3:24; 4:13). 하나님 아버지께서 사랑으로 그 아들을 세상에 보내시고, 그 아들은 오셔서 생명을 주시며, 성령께서 '하나님의 코이노니아'의 실재(reality)를 알게 하시는 것이다.

그러므로 어떤 성도가 성령으로 충만하다는 것을 어떻게 확증할 수 있는가? 그가 형제를 진실로 사랑하는 것을 보고 알 수 있다. 우리가 형제를 사랑할 때, 성령께서 그것이 하나님을 사랑하는 분명한 증거라는 사실을 깨닫게 하시기 때문이다. 2절 상반절에서, '우리가 하나님을 사랑할 때'라는 말은 바로 그 뒤에 있는 하반절이 밝히듯, 하나님의 자녀들 곧 형제들을 사랑함으로써 하나님을 사랑하는 것을 뜻한다.

그것이 '우리가 그의 계명을 지키는 것'이 된다. 그의 계명은 '서로 사랑하라'는 새 계명이기 때문이다(2:3-4, 7-8; 3:23-24). 사랑하면 사랑하는 이의 말을 들어주고 싶고, 그의 소원을 이루어 주고 싶지 않던가. 우리가 하나님을 사랑한다면, 하나님이 원하셔서 우리에게 부탁하신 일을 듣고 그대로 해 드리고 싶을 것이다. 그런데 하나님은 우리가 '서로 사랑'하는 것을 원하신다. 그것이 새 계명이다.

내가 다른 그리스도인 형제를 진실로 사랑한다는 사실을 알게 될 때, 그때 비로소 '아, 내가 하나님을 사랑하고 있구나'라는 사실을 진실로 깨닫게 된다. 거꾸로 말해서, 늘 다른 그리스도인들을 우습게 보며 존귀하게 여기지 않으면서, 혼자만 하나님을 사랑하는 것처럼 생각하는 것은 스스로 속이는 일이요 큰 착각이다. 이런 것이다. 주변에 당신이 늘 못마땅해하는 그리스도인 형제가 있을 수 있다. '저 사람은 예수 믿는다면서 왜 저래?' 아무리 생각해도 당신만 못하다. 그런데 어느 날, 그 형제를 통해 하나님께서 귀한 일을 행하시는 것을 목격하게 된다. '아, 하나님은 저 형제를 통해서도 자신의 일을 행하시는구나!' 이렇게 깨닫고 난 후에는 그 믿음의 형제가 참으로 귀하게 보이기 시작한다. 그도 하나님 나라를 위해 귀하게 쓰임받는다는 사실을 알게 되었기 때문이다.

더 나아가서, 그 자매나 형제는 당신이 잘 할 수 없는 영역에서 자기 나름의 역할을 한다. 가만히 생각해 보면, 나와 다른 믿음의 자매나 형제들은 각자 서로 다른 은사를 갖고, 각자 서로 다른 삶의 자리에서 하나님을 사랑함으로 자신의 역할을 묵묵히 감당하고 있다. 나에게는 없는 은사를 잘 활용하면서 다양한 분야에서 활동하는 형제자매들이 많다. 그런 형제자매들을 보면, 그리고 하나님의 뜻이 이 땅에 이루어져야 할 것을 생각하면, 그 한 사람 한 사람이 얼마나 귀한지 깨닫게 되고 감사한 마음이 든다(참조. 막 9:38-40). 그럴 때, 비로소 깨닫게 된다. '아, 내가 하나님을 사랑하고 있구나.' 이렇게 말이다.

요한은, 이것이 바로 '세상을 이긴 이김'이라고 확신한다. 왜 그러한가? 당시 로마 사회에는 이렇게 사람들이 각자의 신분과 지위, 그가 가진 재산과 배경, 민족과 인종, 언어와 관습을 떠나, 서로 '형제'라고 부르며 차별 없이 사랑하는 진정한 '생명과 사랑과 화평의 코이노니아' 공동체가 존재하지 않았기 때문이다. 로마에는 크고 웅장한 건축물과 신전들도 많았고, 철학과 문화와 정치 제도와 행정 조직은 뛰어났으며, 군사력도 실로 막강했다. 그러나 요한은, 그 로마라는 세상이 '악한 자' 아래 있다는 영적이고 총체적인 현실을 꿰뚫어 보고 있다. 악한 자의 지배 아래 놓여 있다는 것은, 이 세상이 다른 모든 것들은 다 할 수 있어도, 스스로 '거짓'을 이기거나 '죄'를 극복하거나 '죽음'을 정복하거나, 무엇보다 '증오'를 이길 능력은 없다는 사실을 의미한다.

악한 자 마귀 자신이 거짓말쟁이요, 범죄한 자요, 죽이고 멸망시키는 자이기 때문이다(3:8-10; 요 8:44). 이것이 가장 치명적인 사실이다. 이것이 이 세상 안에 있는 하나님의 코이노니아가 서 있는 무대요 배경이라면, 과연 그 세상을 '이긴다'는 것은 어떻게 한다는 것인가? 그렇다. 거짓이 아니라 진리를, 죄가 아니라 의를, 죽음이 아니라 생명을, 증오가 아니라 사랑을 행할 수만 있다면, 이 세상과 이 세상을 쥐고 있는 악한 자 마귀를 이길 수 있을 것이다. 마귀는 다른 것들은 다 할 줄 알아도, 진리를 인정하거나 생명을 살리거나 용서하며 사랑하는 일에는 전적으로 무능한 존재이기 때문이다. 다음에 나오는 본문은 바로 이런 복음을 선포한다. 세상을 이기신 그 아들에 관한 기쁜 소식이다. 승리하신 그 아들과 그 아들을 믿는 자가 아니면, 누가 '세상을' 이길 수 있는가!

2. 코이노니아와 증거(5:5-9)

'세상에서' 이기는 것과 '세상을' 이기는 것은 전혀 다른 문제이다. 세상에서 이겨도, 세상에 지는 경우가 너무나 많기 때문이다. 반대로, 세상에서는 진 것 같아도, 세상을 이긴 믿음의 승리도 많다. 세상 속에서, 세상의 기준을 따라, 세상의 방식대로, 세상과 경쟁해서, 세상에서 이겼지만, 결국 '세상을' 이기지 못하고 하루아침에 무너져 버리는 인생과 성도, 교회와 목회자를 얼마나 많이 목격하게 되는가. 그만큼 이 세상 곧 '악한 자의 코스모스'의 카르텔 속에 발 들여놓고 붙잡혀 휘말리기 시작하면, 이 세상이 정해 놓은 '육신의 정욕, 안목의 정욕, 이 생의 자랑'의 싸움이라는 늪에서 헤어나기가 쉽지 않다.

이미 예수를 믿고 그 아들의 생명과 아버지의 사랑을 받았어도, 다시 이 세상의 더러움과 썩어짐과 허무함에 붙잡히고 뒤엉켜 그 악한 자의 세상으로 돌아가, 개가 토한 것을 다시 먹듯, '처음 들었던' 생명과 사랑의 복음을 다 잃기까지 피폐해지는 일도 얼마든지 있는 것이다(벧후 2:19-22). 그렇다면, 교회는 어떻게 세상 속에서 자기 자신을 지킬 수 있는가? 어떻게 하면 다시 그 악한 자의 코스모스 속으로 되돌아가지 않을 수 있는가? 어떻게 하면 진정으로 '세상을 이길' 수 있는가?

그것은 오직, 세상을 이기신 그 아들을 믿고, 그 아들과의 코이노니아 안에 '지속적으로 거함'으로써만 가능하다. 오직 그 아들이 세상을 이기셨기 때문이다. 그래서 교회는 그 아들이 육체로 세상에 오셔서 악한 자의 코스모스를 이기기 위하여 싸우셨던 그 선한 싸움을 계속해서 싸워야만 한다. 이 싸움은 진리를 증거하고, 의를 행하며, 그 아들의 생명으로 살고 살리며, 하나님의 사랑으로 증오를 이겨 나가는, 하나님의 아들의 싸움, 교회의 싸움이다. 5:5-9까지는, 세상을 이기신 그 아들이 어떻게 세상을 이기셨는지 그 확실한 증거는 무엇인지를 설명함으로써, 이 악한 자의 코스모스 한복판에 심어 놓으신 하나님의 빛나는 생명과 사랑의 코이노니아의 기초를 명확히 설명한다. 본문을 살펴보자.

> [5] 누가 세상을 이기는 자이겠습니까? 만일 예수가 하나님의 아들이심을 믿는 자가 아니면! [6] 그는 물과 피로 오신 예수 그리스도이시니, 물로만이 아니라, 물과 피로 오셨고, 성령께서 그 증거이며, 성령은 진리이십니다. [7] 증거하는 이는 셋인데, [8] 성령과 물과 피이며, 이 셋이 하나를 향하고 있습니다. [9] 만일 사람들의 증거를 우리가 받는다면, 하나님의 증거는 더욱 큽니다. 왜냐하면 이것이 하나님의 증거인데, 그가 그의 아들에 대해 증거하신 것입니다.

물과 피로 오신 이유

6절에서 예수 그리스도께서 '물과 피(디아 휘다토스 카이 하이마토스, δι' ὕδατος καὶ αἵματος)로 오셨다'는 것은 무슨 뜻인가? 여러 가지 해석을 듣기 전에, 6절이 나오는 문맥상의 이유가 이미 5절에 포함되어 있다는 사실에 주목해야 한다. 즉, 요한이 6절에서 말하는 '물과 피로 오심'을 설명하는 이유는, 예수 그리스도께서 바로 그런 방식으로 오셨기 때문에 세상을 이기셨다는 사실을 설명하기 위한 것이라는 뜻이다. 무엇보다, 5절에서 '예수가 하나님의 아들'이라는 표현은 하나님의 아들 곧 기름 부음 받은 메시아, 그리스도가 예수라는 의미인데, 요한일서에서 하나님의 아들이 '육체로' 세상에 오셨다는 사실과 다르지 않은 표현이다(2:22; 4:2).

그러므로 '물과 피'가 무엇을 상징하든지, 그 초점은 하나님의 아들이 '육체로' 세상에 오셨다는 사실을 확고히 하는 증거들로 언급되었다는 점을 잊지 말아야 한다. 그렇다면 '물과 피'가 무엇을 가리키기에, 예수 그리스도는 그것들을 통해서 세상을 이겼다고 말하는가? '물과 피'가 상징하는 바에 관해서는 여러 견해들이 있어 왔다. 첫째, '물과 피'는 세례와 성찬으로 이루어진 성례를 가리킨다고 보는 해석이 있다(Augustine, Chrysostom). 하지만 '물과 피'를 이렇게 교회론적으로 해석하려면, 어차피 '물과 피'가 예수 그리스도 자신과 관련되어야만 한다는 전제가 생긴다. 더구나 6절은, 하나님의 아들을 '믿는 자'들에 관한 본문이 아니라, 예수 그리스도 자신에 관한 설명이다.

둘째로는, 예수 그리스도께서 물과 피로 '오신'(엘똔, ἐλθών)이라는 표현에 중점을 두어, '물과 피' 둘 다 예수 그리스도의 성육신을 가리킨다고 보는 견해이다(Richter). 셋째는, 예수님께서 십자가에서 죽으실 때 옆구리에서 흘러나온 '물과 피'를 근거로, 그의 죽으심을 의미하는 것으로 보기도 한다(요 19:34). 마지막으로, 가장 보편적인 해석으로서 '물'은 예수님의 세례를 가리키고, '피'는 그의 십자가에서 죽으심을 가리키는 것으로 이해하는 입장이다(Bultmann, Marshall; Yarbrough, 282-283).

이 마지막 입장이 가장 설득력이 있다. 우선, 요한복음에서 세례 요한이 예수님께 '물로써'(엔 휘다티, ἐν ὕδατι) 세례를 주었다는 사실이 강력한 근거가 된다(1:29-33). 이는 6절에서 말하는 그대로, 예수님께서 '물을 통해'(디아 휘다토스, δι' ὕδατος), 즉 세례를 통해 '육체로' 세상에 오셨음을 확증한 사건이라고 보기에 부족함이 없다. 예수께서 세례를 받으신 사건의 핵심은, 그가 장차 자신을 통해 구원받을 '자기 백성'을 위하여, 그 죄에 대한 심판을 상징하는 물 아래에 들어감으로써, 실로 '온 세상의 죄'를 짊어지고 그 죄에 대한 심판에 '육체로' 참여하셨다는 것이다(마 3:13-17; 눅 3:21-22; 요 1:29, 31).

 그렇다면 6절에서 예수께서 '피로 오셨다'는 것은 무슨 뜻인가? 이에 관해서 신약의 폭넓은 증언들은, 한결같이 예수가 십자가에서 죽으신 사건을 가리키고 있다(마 23:35; 27:4, 6, 8; 히 9:12; 벧전 1:19; 계 1:5; 5:9; 7:14; 12:11). 무엇보다 요한일서 안에서도, '예수의 피'는 명확히 우리의 죄를 깨끗이 씻으시는 속죄 제물 되신 예수 그리스도의 죽으심을 의미한다(1:7; 2:2). 따라서 예수님이 '물로' 오셨다는 것은 그가 세례를 받으심으로써 죄 아래 있는 우리와 같이 '육체로' 그 죄를 담당하셨다는 뜻이고, '피로' 오셨다는 것은 역시 그가 '육체로' 온 세상의 죄에 합당한 하나님의 공의의 심판을 감당하셨다는 의미이다.

 한 걸음 더 나아가서, 예수님은 자신이 지실 십자가의 죽음을 두고 '내가 받는 세례'라고까지 말씀하셨다(막 10:38). 이런 점에서, 예수님의 세례 사건은 그가 십자가에서 죽으신 사건에 대해 '선취적'(先取的, proleptic)이고 예표적인 사건이라 할 수 있다. 결국, 세례와 십자가에서의 죽으심을 상징하는 '물과 피'는 서로 다른 사건의 동일한 본질을 나타내는 것이다. 둘 다 실제로는, 우리의 죄를 위한 '속죄 제물'이 되시는 사건을 지칭하기 때문이다. 그렇다면, 예수님이 '물과 피로 오셨다'는 사실이 왜 그토록 중요한 증거가 되는가? 무엇에 대한 증거인가?

 그것은 요한일서가 그 적대자들을 상대하면서 예수 그리스도에 관해 그토록 강조했던 바, 그가 '육체로' 세상에 오셨다는 사실을 확증하려는 것이다, 즉, 하나님의 아들로서 그가 진실로 '눈에 보이고 손에 만져지는'(1:1) 이 세상, 곧 '악한 자 아래 놓인 코스모스'(5:19) 안으로 진짜 침입해 들어왔다는 사실 말이다. '물'이나 '피'는 모두 손으로 만져지고 눈으로 보고 증거할 수 있는 실체이다. 보이지 않는 하나님의 아들, 곧 '생명의 말씀'이시며 '영원한 생명'이신 그 아들이, 세례받으신 사건과 십자가에서 죽으신 실제 사건을 통해, 다시는 돌이킬 수 없는 방식으로 이 '악한 자의 코스모스' 한복판, 그 중심을 꿰뚫고 들어왔다는 사실의 증거가 된다. 그래서 어떻게 되었다는 것인가?

'악한 자의 코스모스'의 해체

세상의 중심에는 무엇이 있는가? 지구의 중심에는 뜨거운 마그마가 불타고 있는가? 요한이 말하는 '세상, 코스모스'는 단지 물질세계만이 아니다. 1세기 당시 고대의 세계관도 그렇거니와 성경이 말하는 실제의(real) 코스모스는 물질적 세계와 그 배후에 있는 영적인 존재들과 세력들이 함께 연동하는, 즉 영적인 차원과 육적인 차원이 통합된 세계이다. 원래 '코스모스'는 그런 식으로 물질적이면서 동시에 영적이며, 하나님 앞에서 궁극적 책임이 있는 인간까지를 포함한 피조물의 총체를 가리킨다. 그 '코스모스'가, 그 코스모스를 하나님의 말씀대로 다스릴 자, 곧 하나님의 형상대로 지음 받은 인간을 필두로 하나님의 말씀을 버렸고, 그 결과로 '악한 자의 코스모스'라는 '악의 연대'(solidarity of evil)를 구축한 것이다.

그것이 동시에, 하나님께서 '이토록 사랑하신' 세상, 자기를 떠났지만 바로 그곳으로 자기의 독생하신 아들을 보내신 그 코스모스이다(4:7-10, 14; 요 3:16). 그러므로 이 '악한 자의 연대'로서의 지금의 코스모스는 '해체'(deconstruction)되고 '갱신'(regeneration)되어야 한다. 어떻게 해체될 수 있다는 말인가? 그것은 이 '악한 자의 코스모스'가 어떤 식으로 연결되고 조직되어 있는지에 달려 있다. 악한 자의 연대로서의 세상을 해체시키려면, 그 세상을 엮어 놓은 사슬들을 하나씩 끊어 내고 헤쳐 풀어서, 그 '악의 체제' 자체가 다시는 이전처럼 작동하지 않도록 만들어야 한다. 그렇다면, 악한 자의 코스모스를 연결하고 하나로 묶고 있는 사슬들은 무엇인가?

이 질문에 대한 정확한 답변은, 지금의 타락한 세상 곧 이 코스모스가 '악한 자 마귀'의 아래에 있다는 사실에서 추론되어야 한다. 즉, 악한 자 마귀가 이 세상을 지배하는 통로인 그의 악한 '정사와 권세들'이, 곧 이 세상을 옭아맨 사슬들인 것이다. 그 사슬들의 정체가 무엇인가? 그것은, 온갖 더러운 거짓들을 쏟아 내는 거짓의 영이요, 불의와 죄의 권세요, 죽음과 파멸의 세력이다.

그래서 마귀의 가장 큰 특징은, 그가 '거짓말쟁이'라는 사실에 있다. 그는 범죄한 자요, 참소하는 자이고, 죽이고 멸망시키는 자이며, 또한 눈먼 증오 때문에 자기 위치를 떠나 영원토록 길을 잃은 자이다(3:8; 유 13절).

그렇다면, 그 아들이 어떻게 '악한 자의 코스모스'를 해체하고 재창조하시는가? 무엇으로 그렇게 하시는가? 그것은 정확히, 지금의 코스모스를 장악하고 있는 악한 자의 사슬들을 하나씩 끊어 내는 것이다. 거짓의 사슬은 진리의 말씀으로 끊어 내고, 죄는 의(義)의 선물과 행함으로, 참소와 정죄는 속죄 제물로써, 죽이고 멸망시키는 압제는 살리고 회복하는 구원으로, 그리고 눈먼 증오는 눈먼 사랑과 은혜의 통치로, 그 악한 자와 세상의 변질된 코이노니아를 온전히 해체시켜 버리는 것이다. 이것이 요한일서가 처음부터, 생명의 말씀과 진리, 영원한 생명으로 시작하는 이유이다. 바로 이것이 요한일서가 변호사와 속죄 제물 되신 예수 그리스도, 의로우신 하나님의 아들, 하나님의 눈먼 사랑이 보내신 영원한 생명으로서의 그 아들을 소개하는 이유인 것이다(1:1-2; 2:1-2; 2:28-3:2; 3:13-16; 4:7-10).

진리와 의, 생명의 말씀이신 그 아들, 그 영원한 생명이신 아들이 진짜로 세상에 오셔서, 거짓과 죄와 죽음으로 세상을 장악한 그 악한 자 마귀의 일을 멸하신 것(3:8), 그것이 예수 그리스도께서 세상을 이기신 승리이다! 그 결과는 무엇인가? 이 '어둠의 코스모스' 안에, '하나님의 빛, 그 참빛'이 비치기 시작했다는 것이다(1:5; 2:8). 요한일서 5:5-6이 확증하는 바, 하나님의 아들 예수 그리스도께서 '물과 피'로 세상이 오셨다는 사실은, 곧 악한 자의 코스모스가 그 거짓과 죄와 죽음과 그리고 그 증오와 함께, 마치 아침이 오면 밤이 지나가 버리는 것처럼 다시는 돌이킬 수 없는 방식으로, 해체되고 궤멸되었다는 사실(!)을 확증하는 어찌할 수 없는 확고한 증거들이다. 단지 이론이나, 사상과 철학, 윤리나 도덕이 아니라, 실제로 악의 연대를 궤멸시킨 빛과 생명과 사랑의 침입(invasion)인 것이다.

마귀의 반격, 진리의 싸움

그렇다면, 왜 요한은 지금 5-6절에서 '물과 피'를 증거로 들며, 예수께서 진실로 육체로 세상에 오셨다는 사실을 변호하고 있는 것일까? 한 걸음 더 나아가면, 6절에서 '성령'의 증거까지 끌어들인다. 그리고 '성령은 진리이십니다'라는 말까지 덧붙인다. 성령을 왜 '진리'(알레떼이아, ἀλήθεια)라고 표현하는 것일까? 요한일서에서 성령이 진리라는 말씀은, 그 아들을 믿는 자의 심령 안에 내주하시는 성령께서 그에게 온갖 거짓들, 특별히 예수 그리스도에 관한 '거짓'이 무엇인지를 밝히 드러내 보여 주셔서 깨닫게 하시고 명확히 알게 하시기 때문이다(2:27; 3:24; 4:1-2, 13).

누가 거짓말쟁이인가? 악한 자 마귀이다. 누가 이 거짓에 사로잡혀 있는가? 온 세상이다. 누가 진리이신가? 생명의 말씀이신 그 아들이다. 성령은 무엇을 증거하시는가? 성령은 세상을 향하여 그 아들 예수 그리스도에 관해 증거하신다(요 16:7-15; 요일 4:2). 그렇게 하는 것이 곧, 그 아들을 보내신 참되신 아버지 하나님을 가장 정확히 알게 하는 유일한 길이기 때문이다. 그러므로 거짓의 원천인 악한 자 마귀는, 하나님께서 세상에 보내신 그 아들에 관해 '거짓말'로 일관해야만 한다. 그래야 그의 거짓에 갇혀 있는 세상을 여전히 그의 지배 아래 가두어 둘 수 있기 때문이다. 여기서, 교회가 예수께서 '육체로' 세상에 오신 사실을 '물과 피'의 증거로 변론할 필요가 생기는 것이다.

즉, 악한 자 마귀는 하나님께서 그 아들을 세상에 진실로 '육체로' 보내신 사실을 막지 못했다. 성육신, 예수님의 세례 사건, 그리고 십자가와 부활의 사건까지, 모두 그 아들이 '육체로' 행하신 그 구속(redemption)의 실제 사건들이 일어나는 것을 막지 못했다. 그 아들을 베들레헴에서 죽이려 했고, 광야에서 유혹했고, 헤롯과 유대의 거짓 목자들을 통해 핍박했고, 마지막으로 십자가에서까지 조롱하고 유혹했지만, 끝내 예수께서는 육체로 죽으셨고 육체로 부활하셨다. 이제 그 악한 자가 죄와 죽음과 허무로 장악했던 이 코스모스에는 커다란 구멍들, 그 누구도 다시 막을 수 없는 블랙홀(black hole) 같은 통로가 열린 것이다. 하늘의 하나님의 아들이 친히 육체로 오신 성육신의 블랙홀, 십자가에서 죽으심으로 심판의 형벌을 제하여 버리신 블랙홀, 그리고 육체로 부활하심으로 죽음의 흑암을 뚫어 버리신 블랙홀이 그것이다.

하나님의 아들 예수 그리스도께서 '육체로' 이 세상에 오신 후에, 그가 '물과 피'로 세례 받으시고 죽고 부활하신 후로, 이 '코스모스'는 전혀 그 이전과 같지 않다. 바닥이 뚫리고 수문이 열려 버린 저수지이며, 사방으로 뚫린 블랙홀들을 통해, 하늘의 하나님의 형용할 수 없는 광채가 쏟아져 들어오는 빛의 코스모스, 새 하늘과 새 땅의 아침이 되어 버린 것이다. 참빛이 세상에 이미 오셨고, 이미 비추고 계신다(2:8). 거기가 '그 아들과 아버지의 코이노니아'이다(1:3-4). 이제 악한 자 마귀는 어떻게 할 것이라고 생각하는가? 그가 포기했는가? 그렇지 않다.

'사실'을 바꿀 수 없다면 그 사실에 관한 '진리'를 뒤바꾸는 거짓을 퍼뜨려 사람들로 하여금 그 구속(救贖)의 사실에 접근하지 못하도록 '거짓의 바리케이드'를 친다. 이 세상 속으로 거짓 영들을 보내, 사이비 종교와 이단들과 거짓된 사상과 헛된 종교들을 통해 두꺼운 거짓의 장벽을 세우는 것이다. 사람들이 그 구원의 사실에 대한 진리의 말씀을 받아들이지 못하도록, 최대한 저들의 마음에 거짓의 미혹이라는 전염병을 퍼뜨리는 것이다(4:2; 고후 4:4). 이것이 마귀의 '플랜 B', 곧 하나님의 아들을 유혹하는 일에 실패한 후 그 대신으로 작업해 온 그의 거짓된 계략이다.

그래서 단지 '물과 피'의 확실한 역사적 증거만이 아니라, 그 '물과 피'의 증거를 진리의 빛 가운데서 명확히 보고 믿고 받아들이게 하는 성령의 조명(illumination), 곧 성령께서 진리를 알게 하시는 '영적 조명'의 활동이 절대로 필요한 것이다. 그래서 '육체로' 죽고 부활하신 예수 그리스도께서 승천하셔서 하나님 아버지께로부터 받아 우리에게 성령을 보내셔서 증거하게 하신 것이다. 성령께서는, 항상 예수 그리스도에 대한 진리 곧 말씀을 통해, 그 말씀과 함께 우리 안에서 예수 그리스도에 관한 사실을 명확히 보고 알 수 있도록 우리의 심령을 하나님의 빛으로 비추어 밝히신다. 거기에는 악한 자 마귀의 거짓과 어둠이 스며들 수 없다. 빛은 어둠을 몰아내기 때문이다.

그러므로 '그 아들과 아버지의 코이노니아'로서의 교회는, 악한 자 마귀의 거짓된 미혹과 싸우는 '진리의 전쟁'에 소집된 것이다. 사실을 바꿀 수 없다면 사실에 관한 진리를 거짓으로 뒤바꾸려는 마귀의 온갖 거짓들에 대항하여, 진실하고 충성스럽게 그리고 위축됨이 없이 담대하게, 이미 승리한 기쁨을 누리는 확신으로, 맡겨진 진리의 싸움을 지치지 않고 끝까지 감당해야만 하는 것이다. 그것이 세상을 이기는 길이다. 구속의 역사적 사건이 확고히 이루어져 있어도, 사람들이 거짓에 속으면 그 사실에 접근할 수도 그 사실의 유익을 누릴 수도 없다. 그만큼, 교회가 '진리의 코이노니아'가 되는 일은 결정적인 특권이요 온 세상을 위한 사명이다. 우리는 성령 안에서, 이 진리의 싸움을 진실하게 감당하고 있는가?

셋이 하나를 향하고 있다

6절은, 예수 그리스도께서 '물로만이 아니라' 물과 피로 오셨다고 강조한다. 왜 '물로만이 아니라'고 할까? 요한일서가 염두에 두는 이단적인 적대자들이 누구라고 특정하기는 어려워도, 그들이 '쎄린투스'(Cerinthus) 이단과 닮아 있다는 인상은 지우기 어렵다. 쎄린투스는, 하나님의 아들이신 그리스도와 인간 예수를 분리해서 생각했는데, 예수가 물로 세례를 받았을 때에 하나님의 아들이신 그리스도가 그에게로 내려와 그와 결합했다고 주장했다. 그리고 그렇게 결합한 '예수 그리스도'가 많은 기적들을 행하고 가르치다가, 십자가에서 죽을 때에 인간 예수만 죽은 것이고, 하나님의 아들 그리스도는 분리되어 그를 떠났다고 가르쳤다.

만일 6절에서 언급한 '물로만이 아니라, 물과 피로 오셨다'는 변론을 쎄린투스 이단의 거짓된 주장에 비추어 이해한다면, 요한이 왜 예수 그리스도의 세례만이 아니라, 그의 십자가에서 죽으신 사건 역시, 하나님의 아들이 '육체로' 오신 사건이라고 강조했는지를 무리 없이 이해할 수 있게 된다. 왜냐하면 쎄린투스가 말한 대로 '세례'만이 아니라, 하나님의 아들이신 예수 그리스도의 죽으심이 '피로' 즉 '육체로' 세상에 오신 사건이어야만, 요한일서가 줄곧 염두에 두는 '악한 자의 세상'을 그 죄와 사망의 사슬로부터 해방시키는 대속의 사건이 확실히 성립되기 때문이다(1:7; 2:2; 4:10).

만일 십자가에서 죽으신 예수가 '죄 없으신' 하나님의 아들이 아니라 단지 인간 예수뿐이었다면, 그가 어떻게 우리의 죄를 대속할 수 있는 속죄 제물이 되셨겠는가?(3:5; 벧전 3:18; 히 4:15) 바로 여기가 처음부터 거짓말쟁이인 악한 자 마귀가 노리고 있는 미혹의 표적이다. 즉, 하나님의 아들 예수 그리스도께서 육체로 실제로 대속의 죽음을 죽으신 것을 막을 수 없었다면, 십자가에서 죽은 예수는 사실상 하나님의 아들 그리스도는 아니었다는 식으로, 예수와 그리스도를 분리시키는 거짓 가르침을 통해, 그 대속의 효력(efficacy)을 무력화하려는 것이다.

이는 참으로 교활한 거짓이 아닐 수 없다. 하나님의 일을 끝까지 훼방하여, 온 세상이 하나님의 아들의 구원과 생명으로 나올 수 없도록 그 감옥의 자물

쇠를 걸어 잠그는 악행이요 간계인 것이다. 그러므로 이를테면 요한복음서에서는 하나님의 아들이 '말씀이 되신 사건'을 증거하지만, 그 일이 '다 이루어진' 후에, 지금 요한일서에서는 교회가, 그 아들이 육체로 오신 성육신 사건과 십자가와 부활의 사건에 '관한 증거들' 즉 그 '아들에 관한 진리'를 적극적으로 변호하게 되는 것이다(요 1:14; 19:30; 요일 2:24).

그렇다면 성령의 증거는, 어떻게 물과 피의 증거와 함께 하나의 증거가 되는 것인가? 8절에서 물과 피와 성령 이 '셋은 합하여 하나'(개역개정)라는 번역의 원문은 문자적으로 번역하면 '셋이 합하여 하나를 향하고(에이스, εἰς) 있다'는 의미에 가깝다. 이렇게 하든 저렇게 하든, 쉽게 이해되지는 않는 본문이다. 우선 성령은 그 존재나 그로 말미암은 증거도, '물과 피'와는 다른 차원에 속한다. 물과 피는 물질이지만, 성령은 영(靈)이시기 때문이다. 물과 피는, 예수 그리스도께서 '육체로' 세상에 오셨음을 확인해 주는 구속-역사적 표지이다. 반면에, 성령은 그 구속-역사적 사건을 믿는 자들의 심령에 영적으로 확증하시는 하나님의 영이시다. 이런 점에서, 물과 피는 성령과 차원이 다른 증거이다.

하지만 물과 피가 각기 예수 그리스도의 세례와 십자가의 사건을 가리킨다면, 성령은 그와 연속적으로 오순절(pentecost)의 사건, 즉, 그 아들의 성육신을 통한 세례받으심과 십자가의 사건을 근거로, 속죄 제물이신 그 아들을 통해 거룩하여진 자들 안에 하나님께서 영으로 직접 임재하여 거하게 되신 사건을 가리킨다(행 2:1-13). 이런 의미에서, 물과 피와 성령, 이 셋은 모두 '하나'의 증거, 즉, 온 세상을 그 악한 자 마귀의 죄와 죽음과 허무의 지배 아래서 해방시켜, '그 아들과 아버지와의 코이노니아'를 통해 새 하늘과 새 땅의 코스모스를 재창조하는 방향으로 나아가고 있다는 사실을 증거하는 것이다.

그러니까, 물과 피가 땅에서의 증거를 상징한다고 생각할 수 있다면, 성령은 하늘로부터 온 증거를 상징할 것이다. 그리고 물과 피와 성령 이 셋이 하나를 향한다는 것은, 마치 '땅과 하늘이 하나로 통일되는' 새로운 코스모스를 향해 간다는 의미와도 같은 것이다. 만일, 물과 피가 이 땅에서 사람들이 보고 확인할 수 있는 역사적 증거들이라면, 성령은 하나님 자신이 영으로 증거하시는 영적이고 내적인 확증이 될 것이다.

결국, 이 셋이 하나를 향한다는 것은, 이제 더 이상 하나님이 지으신 코스모스와 하나님께서 친히 좌정하시고 통치하시는 하늘의 세계가 나뉘지 않고, 하나의 새로운 코이노니아가 되는 재창조를 향해 나아간다는 뜻을 펼쳐 보인다. 그 아들과 아버지와 성령의 코이노니아로서 교회가 증거해야 할 생명과 사랑과 진리는, 그 자체로, 이미 새 하늘과 새 땅의 시작인 것이다. 그 새 창조의 완성이 지금, 여기서, 그 생명과 사랑과 진리로 증거하는 코이노니아의 공동체인 교회에 달려 있다는 사실은 얼마나 놀라운 특권이요 사명인가!

세상에 '감동'을 주는 교회

가슴이 탄다. 이런 고통스러운 위기를 당한 때에, 사회는 교회를 칭찬하는 분위기여야 맞다. 낡은 천으로 마스크를 만들어 복지 센터에 놓고 가신 그 팔순의 할머니처럼, 교회는 이 어려움을 당한 사회에 감동을 남기고 있어야 맞다.

'교회여 감사합니다'라는 소리를 듣고 있어야 맞다. 행정 공무원들이 규모가 크고 넉넉한 교회에 전화해서 위기에 처해 고통당하는 작은 교회들의 월세를 도와 달라고 요청하기 전에, 이미 형제 된 교회들뿐 아니라, 지역 사회의 생계가 곤란해진 주민들에게 예배 헌금, 특별 기금이라도 모아 전달했어야 했다.

더구나, 일부 부주의했던 교회들이 행정 지도를 받는다는 뉴스에 수없이 달리는 조롱의 댓글들을 보면 가슴이 탄다. 예배가 왜 권리가 아니겠는가. 특정한 장소에 집단으로 모여 예배하는 것을 방역을 위해 금지한다는 데에도, 그것을 종교 탄압이라고 느낀다면 그럴 수도 있을 것이다. 누가 하나님께 대한 그 충정, 교회에 대한 그 충정을 의심하겠는가.

하지만 설사 정부 정책이 공평하지 않아서 억울한 일을 당하고, 세상이 어떤 이유로든 기독교를 탄압한다 해도, 교회는 예수님이 가신 길을 따라갈 수밖에 없다. '악을 악으로, 욕을 욕으로 갚지 말고 도리어 복을 빌' 수밖에 없는 것이다. 세상의 비방하는 말, '어리석은 사람들의 무지한 말을 막는' 하나님의 방법은, 교회의 '선행'밖에 없다(벧전 2:15).

교회는 세상에서 자신의 권리를 주장하는 이익 단체로 존재하지 않기 때문이다. '교회가 선교하는 것'이 아니라, '교회가 곧 선교'이다. 우리에게 항의하고 우리를 비방하는 그 대상이 우리의 전도 대상이요, 그들을 섬기는 것이 교회의 존재 목적이다. 그런 교회가 외딴섬이 되어 가고 있다는 사실을 가슴 아프게 바라보고 있다. 이 사회에서 개신교 목사의 말을 신뢰하지 않는다는 부정적 평가가 무려 70%에 육박한다는 통계를 들었다. 2020년 통계 조사이다. 사회의 70%가 이미 마음을 닫고 있다.

세상의 비방을 잠재우는 길이 무엇일까? 머리에 띠를 띠고 항의하며, 숫자가 많은 것으로 위협할까? 옳고 그른 것을 말할 수는 있지만, 우리가 그렇게 처절하게 예배하는 우리 주님은 정작 비방에 비방으로, 위협에 협박으로, 힘에 힘으로 대응하지 않으셨다.

"욕을 당하시되 맞대어 욕하지 아니하시고 고난을 당하시되 위협하지 아니하시고"(벧전 2:23). 옳고 그르다고 믿는 것을 정당한 방식으로 항의할 수도 있을 것이다. 그러나 우리는 늘, 복음은 옳고 그른 것을 넘어서서 하나님의 무조건적인 은혜로 받는 구원이라고 확신하지 않는가.

그런 은혜로운 하나님을 목숨을 걸고 예배하는 교회가 이런 때에, 옳고 그른 것을 떠나, 자신을 비방하는 '죄인들'을 향해 무조건적으로 희생하신 주님을 따라, 억울해도 선한 행실을 통해 먼저 희생하는 모습으로 감동을 주는 길이, 진짜 예배이지 않을까. 항의를 뛰어넘는 감동이 필요하다. 가슴이 타서 기도할 수밖에 없다.

3. 코이노니아와 영생(5:10-13)

한때 함께 공동체를 이루며 신앙생활했던 형제자매들이라도, 세월이 지나면 그들 중 몇은 그만 떨어져 나가는 경우를 보게 된다. 심지어 더 이상은 예수를 믿지 않겠다고 공개적으로 선언을 하는 친구들도 있다. 청년 시절 참으로 순수하고 성실하게 신앙생활 했는데, 직장에 들어가고 세월이 흐르면서, 그가 더 이상은 교회에 나오지도 않고 예수를 믿지도 않는다는 이야기를 듣는 것은 얼마나 안타까운 일인가. 더구나 삶의 환경이 믿지 않는 세상 사람들에게 둘러싸여 있고, 갈수록 기독교에 대해 적대적인 감정이 심해지는 환경 속에서라면, 과연 공개적으로 티를 내 가며 예수를 믿는 것이 잘하는 것인가 라는 의구심까지 들 수도 있다.

예수를 믿어도 세상과 충돌하지 않고, 가능한 한 기독교의 교리들 가운데서도 '배타적'이라고 눈총을 받는 내용은 입에 올리고 싶지 않을지도 모른다. 그저 기독교 역시 신(神)에게 도달하는 세상의 그 많은 종교들 가운데 하나일 뿐이라고 다그치는 세상 앞에서, 그리스도인들은 어떻게 그리스도가 진리이심과 그 유일성을 드러낼 수 있을까? 요한일서가 강조하는바 그 아들의 생명과 진리는, 아버지 하나님께서 세상을 '이처럼 사랑하신' 것처럼 언제나 그 사랑을 통해서만 전달되어야 한다. 우리는 그 아들에 관한 진리를 '사랑 안에서', 온유함과 진실함으로 나타내야 하는 것이다. 하지만 그렇게 하려면 무엇보다, 우리가 믿는 바가 얼마나 확실한 진리요, 영원한 생명의 살아 있는 증거인지를 확신하고 흔들리지 말아야 한다.

5:10-13에서 요한이 하고자 하는 일이 바로 이것이다. 한때 그들 가운데서 함께 신앙생활을 했던 자들이, 결국 예수 그리스도에 관해 '다른 주장'을 하면서 그들을 떠나서 나가 버렸기 때문이다(2:19). 이제 남아 있는 성도들은, 공동체의 분리를 감수하고서라도, 설혹 온 세상이 반대하고 거부한다 할지라

도, 그들이 여전히 믿고 있는 바가 참으로 지켜 낼 가치가 있는 것인지를 확인하고 또 확신하는 일이 필요한 것이다. 이런 배경을 염두에 두고, 하나님의 증거(10절), 영원한 생명(11-12절), 그리고 서신의 기록 목적(13절)에 대한 본문의 말씀을 찬찬히 읽어 보자.

[10] 하나님의 아들을 믿는 자는 자신 안에 그 증거를 가지고 있습니다. 하나님을 믿지 않는 자는 그를 거짓말쟁이로 만들어 버린 것입니다. 왜냐하면 하나님께서 그 아들에 관하여 증거하신 증거를 그가 믿지 않았기 때문입니다. [11] 그 증거는 이것인데, 영원한 생명을 하나님께서 우리에게 주신 것입니다. 이것은 그의 아들 안에 있는 그 생명입니다. [12] 그 아들을 가진 자는 그 생명을 가지고 있는 것이며, 하나님의 아들을 가지지 않은 자는 그 생명을 가지지 못한 것입니다. [13] 이것을 내가 여러분에게 쓴 것은, 하나님의 아들의 이름을 믿는 여러분에게 영원한 생명이 있음을 여러분이 알게 하려는 것입니다.

하나님 자신의 증거

작은 물건을 살 때도 신뢰할 만한 기관으로부터 인증된 품질 보증서가 있다면, 구매하는 데 주저함이 덜할 것이다. 굳이 비교하자면, 예수 그리스도에 관한 증거는 그것을 전하는 우리가 얼마나 믿을 만한 사람이냐에 달려 있는 것만은 아니다. 물론, 복음을 전하는 자는 복음의 통로로서 상당한 영향을 끼친다. 하지만 복음 자체의 진실성과 능력은 그것을 전하는 자가 아니라, 그 아들에 관해 친히 증거하시는 하나님 자신의 증거에 달려 있다.

그래서 우리는 부족해도, 때를 얻든지 못 얻든지 기회 있을 때마다 예수 그리스도를 소개해야 한다. 그 아들에 관한 복음이 진실로 그러하다는 사실을 알게 하시는 분은 하나님 자신이기 때문이다. 이것이 10절에서, '하나님의 아들을 믿는 자는 자기 안에 그 증거를 가지고 있다'는 말의 의미이다. 10절은 그 앞의 9절에 이어 계속 하나님의 증거에 대해 말하고 있다. 그 아들에 관한 복음, 그 말씀이 전해질 때, 하나님께서는 그의 성령으로 그 말씀의 진실성을 듣는 이의 심령 안에서 확증하신다. 성령께서는 언제나 그 아들에 관해 증거 하신다. 그것도 그 아들에 관한 복음을 듣는 이의 심령에 직접 증거하시는 것이다. 그래서 '그 자신 안에'(엔 헤아우토, ἐν ἑαυτῷ) 그 증거를 갖고 있다고 말하는 것이다.

오늘날 '증거'(evidence)라고 할 때는, 소위 '객관적인 물적(物的) 증거'가 가장 확실한 증거로 여겨진다. 과학적으로나 법적으로나, 눈에 보이고 손으로 만져지며 숫자로 계측할 수 있고 경험적인 방식으로 검증되는 물적 증거들이 없다면, 그 사실 여부에 대한 '객관적'인 진실은 확인할 길이 없다고 믿는 것이 상식이다. 이런 관점에서 보면, 10절에서 하나님의 증거가 그 아들에 관한 말씀을 듣고 믿은 그 사람 '자신 안에 있다'는 주장은, 그리 신빙성 있게 들리지 않는다. '나는 안다. 왜냐하면 나는 알고 있기 때문이다'라는 식으로 말하는 것처럼 그저 자기 안에서 같은 말을 반복하는 것처럼 들리기 때문이다.

18세기의 서구 계몽주의와 과학의 발전을 필두로 하는 근대주의가 여전히 전 세계를 지배하는 오늘날 '성령의 확증'이라는 말은 그저 주관적인 '종교적 감정'(religious feelings)에 속하는 종교 현상 정도로 취급될 것이다. '객관적'(objective)인 증거란, 언제나 실증적으로 증명될 수 있는, 그러니까 인간의 시각, 청각, 후각, 미각, 촉각 같은 인간의 오관(五官)을 통해 경험적으로 확인될 수 있는 현상이나, 아니면 논리적 추론에 따라 합리적인 결론에 이르는 명제에 사용되는 용어이다. 상대적으로 '주관적'(subjective)인 증거란, 주로 감정이나 개인의 생각에 따른 그저 '심리적'인 확신 정도를 가리킬 때 사용된다.

그렇다면 10절에서 말하는 하나님 자신의 증거, 즉, '성령의 증거'는 어떻게 객관적인 증거가 될 수 있는가? 참으로 어려운 주제이다. 하지만 우리가 '객관적, 주관적'이라고 부르는 것은 '인간의 경험과 이성'을 기준으로 판단하는 것이지, 참으로 실재하는 존재의 상태(reality, '사물 그 자체')를 판단할 수 있는 용어들은 아니다. 모든 것을 창조하신 하나님의 존재를 인정한다면, 그리고 하나님의 관점에서 하나님을 기준으로 판단한다면, 참으로 '객관적'인 것이란 하나님 자신이 행한 일을 하나님 자신이 하나님 자신의 방식대로 설명하는 것이야말로 '객관적' 방식일 것이기 때문이다.

성경에서는 이것을 '계시'(啓示, revelation)라고 부른다. 하나님께서 직접 행하신 계시 행동을 가장 잘 설명할 수 있는 분은 누구이겠는가? 당신이 어떤 행동을 했는데, 그 행동을 가장 잘 설명할 수 있는 자는 누구이겠는가? 마찬가지이다. 하나님께서 행하신 계시 행동은 하나님 자신이 자신의 말씀으로 설명할 때 가장 '객관적'인 설명이 된다. 이것이, '성령의 증거'이다. 하나님께서 보내신 자신의 아들에 관하여, 하나님 자신의 영 곧 진리의 성령께서 친히 설명하시는 것이다. 그것이 믿는 자의 심령 안에서 영적으로 '내면적으로' 일어나는 이유는, 새 언약이 약속한 바 그 아들이 오셔서 우리의 죄를 영원히 대속하시고, 그 말씀을 우리의 심령에 기록하실 때, 성령께서 친히 우리 안에 오셔서 그 말씀을 증거하시고 이루시기까지 내주(內住)하신다는 약속을 성취하신 것이기 때문이다(렘 31:31-35; 겔 36:22-32).

물론, 이런 '계시'에 관한 성경의 방식이나 '새 언약'에 따른 '성령의 내주하심'의 성취와 같은 내용을 세상 사람들이 듣고, 그것이 '객관적인 사실'에 관한 내용이라는 것을 이해할 리는 없다. 그래서 이미 요한은 '저들은 세상으로부터 났고, 이 때문에 세상으로부터 나오는 말들을 하며, 세상은 저들의 말을 듣는다'고 선을 그었던 것이다(4:5) 엄밀하게 따지면, '성령의 확증'은 과학적 증거처럼 믿는 자나 믿지 않는 자에게 모두 소통될 수 있는 증거는 아니다. 요한은 이미 이런 불통(不通)의 현실을 인정하고 있다.

그래서 거짓은 진리가 아니고, 진리는 거짓이 아니며, 진리와 거짓 사이에는, 언제나 경험적이고 합리적인 절차를 거쳐 합의에 이를 수 있는 길이 있다는 보장이 없다. 만일 그렇다면, 복음을 증거하다가 순교하는 일은 없게 될 것이다. 요한이 바라보는 세상은 '악한 자 아래에 놓여' 있다(5:19). 그것은 '생명 없음'과 그 결과로 인한 '무지'가 특징인 세상이다. 애초부터 거짓의 아비 마귀의 지배 아래서, 거짓에 미혹되는 세상인 것이다. 그렇다고, 믿는 자들이 믿지 않는 자들과 소통할 길이 없는 것이 아니다. 일반 은총의 통로를 통해, 제한적으로나마 생명의 풍성함, 진리의 아름다움, 사랑의 따뜻한 행동과 그 열매는, 예수를 믿든지 믿지 않든지, 누구에게나 풍성함과 아름다움과 사랑의 따뜻함을 전달하기 때문이다.

그러므로 교회는 예수 그리스도의 복음을 세상 앞에 내어 놓을 때, 그 '불통과 소통의 양면성'을 모두 이해해야 한다. '성령의 내적 증거' 즉, 성령께서 믿는 자 안에서 확증하시는 그 아들에 관한 생명과 진리는, 있는 그대로 불신자에게 전달할 수가 없다. 그 성령의 내적 확증은, 그 아들의 생명과 아버지의 사랑의 풍성함과 따뜻함으로 '번역'되어야 한다. 혹은, '성육신화'되어야 한다. 여기에 육체로 '나타남'의 신학이 빛을 발한다.

하나님께서 그 아들을 세상에 '육체로' 보내신 것처럼, 그 아들을 받아 생명을 얻고 그 아들과 함께 아버지의 사랑을 받으며, 그 생명과 사랑에 대한 성령의 지식을 확증으로 누리는 자는, 그 생명과 사랑을 자신의 '육체로 번역하여' 나타내 보여야만 하는 것이다. 그럴 때에 그 성령의 증거는, 눈에 보이고 손으로 만져지는, 그렇게 전달되는 증거로 나타나게 된다. 여기가 세상 속에 존재하는 교회의 특권과 사명이 있는 자리이다.

누가 거짓말을 하고 있는가?

기독교는 그저 삶을 보다 평화롭고 행복하게 살아가기 위해 마음의 위안을 얻으려고 갖는 종교가 아니다. 설령 그렇게 시작했더라도, 거기서 그치지 못한다. 복음은 우리로 하여금 영원한 선택 앞에 서게 만든다. 빛이 비치면 온갖 어둠이 드러나지 않을 수 없다. 아침이 왔다면 밤은 지나간 것이다. '하나님께서 그 아들을 세상에 보내셨다'는 것은 사실이고 이미 일어난 일이다. 하나님께서는 그 아들을 세상에 보내셨고, 그 사실을 성령을 통해 증거하셔서 그 아들을 받은 자들이 그것을 알고 확신하게 하신다.

그래서 10절 하반절의 '하나님을 믿지 않는 자는 그분을 거짓말쟁이로 만들어 버린 것'이라는 말씀은 치명적이다. 하나님께서 어떤 결정적 행동을 먼저 하셨기 때문에, 그 하나님의 행동에 대해서 모든 사람은 어떤 판단을 내려야만 한다. 아침이 밝았다면, '아, 아침이구나'라고 인정하든지, 아니면 모든 창문을 닫고 방 안에 갇혀서 '아직도 어두운 밤이야!'라고 외치든지, 둘 중 하나이다. 인정을 하든, 부인을 하든, 무엇인가 하지 않을 수 없는 것이다.

그리고 그 결과는 치명적이다. 하나님께서는 분명히 그 아들을 세상에 보내셨다는데, 당신이 '아니요'라고 한다면, 당신은 그저 어떤 의견을 제출한 정도가 아니라, 전능하신 하나님, 창조주요 구원자시요 심판주이신 하나님의 행동을 '부인'하는 도발을 행한 것이다. 그리고 그 뒷감당은 당신 자신이 해야만 한다. '억울합니다'라고 말할 수도 없다. 원래 당신이 발 딛고 있는 땅조차, 숨 쉬고 있는 생명조차, 사실은 그분이 당신에게 허락한 선물이었기 때문이다. 인간이 하나님의 피조물이라면, 궁극적으로 자신이 소유하고 누리는 모든 것에 대해 하나님 앞에 책임이 있다. 평생 남의 집에 세 들어 살면서 한 번도 월세를 내지 않았다면, 당신은 그런 사람을 어찌 하겠는가?

그럼에도 세상은 '이 모든 무지와 불행은 전부 하나님 책임'이라고 항변할 것이다. '왜 하나님은 나의 무지와 불신조차 바꾸지 못했는가?'라고 물을지도 모르겠다. '하나님, 내가 당신을 거부하는 이 완고한 마음이 내게 있는 것조차 당신 책임이요!'라고 말하고 싶을 것이다. 하지만 우리가 하나님을 거부하고 부인하고 완악함으로 대적하는 원인을 하나님께로 돌릴 수는 없다. 당신이 사랑하는 사람에게 어떤 나쁜 선택을 하지 말라고 그토록 애원했는데도 그가 결국 그런 안 좋은 선택을 하고 말았다면, 그것을 당신 책임이라고 할 수 있는가? 아무리 말리고 붙잡고 설득해도, 인간은 자기 고집대로 가던 길을 갈 수 있다. '인격'으로 지음 받았기 때문이다. 제한적이지만 인격적 자유 안에서 사랑하거나 사랑하지 않기로 선택할 수 있는 존재로 지음 받았기 때문이다.

그러므로 이제 하나님께서 인격적 자유를 가진 하나님의 형상으로 지은 바 된 모든 사람들을 향하여 자기 아들을 보내심으로써, 그들이 가진 치명적인 결함, 그들도 어찌 할 수 없는 문제를 해결하도록 하셨다. 그것은 죄와 죽음과 허무의 굴레이다. 사람들은 스스로의 인격이나 지식이나 힘으로는, 죄나 죽음이나 허무에서 결단코 나오지 못한다. 그것이 그들이 '악한 자의 코스모스' 안에 갇혀 있다는 사실에 대한 확실한 증거이다. 그런 우리들에게 하나님께서는 그 아들을 내어 주셨다. 속죄 제물로 주셨고, 부활 생명으로 주셨고, 영원한 생명으로 내어 주셨다. 그리고 그 사실을 믿는 자들에게, 하나님께서 친히 자신의 영 곧 성령을 보내셔서 그들의 심령에 확증하셨다. '이것이, 내가 참으로 너에게 한 일이다. 너에게 준 생명이고, 너에게 쏟아부은 나의 사랑이다'라고.

그러므로 누구든지, 하나님께서 자기 아들을 그에게 내어 주셨다는 사실을 듣고 믿기만 하면, 하나님께서 친히 그의 심령에 그것이 사실임을 자신의 영으로 확증하신다. 만일, 듣기만 하고 거부하면 어찌되는가? 그는 하나님을 '거짓말쟁이'로 만드는 것이다(4:10; 1:10). 하나님께서는 분명히 그 아들을 세상에 보내셨다고 했는데, 당신이 예수 그리스도가 하나님이 보내신 그 아들이 아니라고 우긴다면, 누가 거짓말하는 자가 되는가? 둘 중 하나이다. 당신이 거짓말을 하든지, 아니면 하나님이 거짓말을 하고 있든지! 어느 쪽이 가능성이 높은가?

그만큼, '하나님이 그 아들을 세상에 보내셨다'는 복음, 즉, '예수가 그리스도이다. 예수 그리스도는 하나님의 아들이다', 또는, '하나님의 아들 예수 그리스도께서 육체로 세상에 오셨다'는 복음은 결정적이고 치명적이다. 누구도 이 복음 앞에 서지 않을 수가 없고, 이 복음에 대한 자신의 응답에 따라 하나님에 대하여, 심판에 대하여, 영원에 대하여 최종적인 결정을 하지 않을 수가 없다. 아침이 밝아 태양이 비치고 있다면, 빛 가운데에 서든지, 눈을 감고 그 빛이 없다고 우기든지 둘 중 하나인 것이다. 누가 거짓말을 하고 있는가?

영원한 생명, '끝이 왔다!'

세상의 많은 사람들은 '하나님은 없다'고 생각한다. 혹시 하나님이 존재한다 해도, 그는 '혼자만 존재하는 신(神)'이어서 아들이 있을 리가 없다고 믿고 있거나, 설령 아들이 있다 해도 그 '아들을 세상에 보냈을 리는 없다'고 생각한다. 만일 이런 생각이 사실이라면, 요한일서가 선포하는 복음은 거짓이 되고 말 것이다. 하나님도 '거짓말쟁이'가 된다. 왜냐하면 '하나님이 세상을 이처럼 사랑하사, 자기 아들을 세상에 보내셨다'고 말씀하기 때문이다.

그러니까, 하나님이 없다거나, 하나님께는 아들이 없다거나, 아들이 있어도 세상에 보내신 적이 없다고 믿는 자들에게는, 이 세상이 '이토록 사랑받은' 세상이 될 수가 없다. 하지만 하나님이 그 아들을 세상에 보내셨다는 사실을 믿는 하나님의 자녀들에게 이 세상은 갑자기 '이처럼 사랑받은' 세상이 된다. 비록 죄와 죽음과 허무에 시달리는 비참한 광야 같은 곳이지만, 그 아들의 생명과 아버지의 사랑 안에서 이 세상은 서서히 밝고 따뜻하고 꽃피는 동산(garden)처럼 변해 간다.

이렇듯, 11-13절은, 하나님께서 그 아들을 믿고 받은 우리에게 '영원한 생명'(조엔 아이오니온, ζωὴν αἰώνιον)을 주셨고, 우리가 그 영원한 생명을 이미 이 땅에서, 지금, 여기서, 소유하고 누리고 있음을 알려 준다. 이 '영원한 생명'의 실체는 무엇인가? 그것을 어떻게 누리는가? '영원한 생명'을 설명하기 위해 잠시 아래의 도표를 보도록 하자.

[도표 13] '영원한 생명'과 실현된 종말론

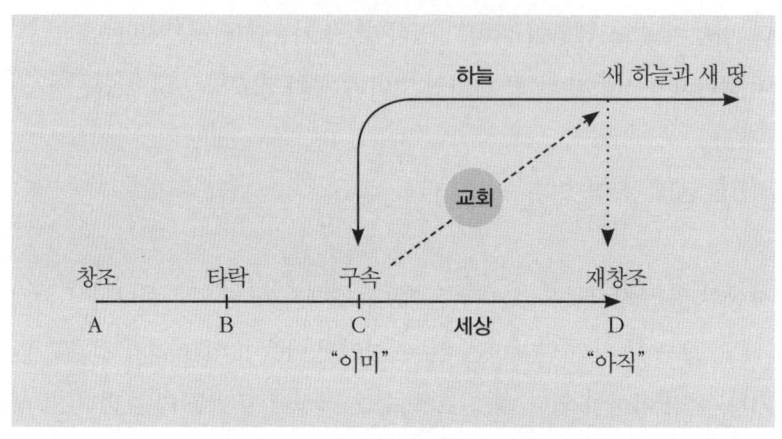

'영원한 생명'이란 그저 죽지 않고 오래 사는 것인가? 죽은 다음에 하늘나라 가서 영원토록 사는 것인가? 위의 도표를 보라. '영원한 생명'에서 '영원한'이라는 말은 원래 저 도표의 위쪽에 있는 '새 하늘과 새 땅'에서의 삶을 가리킨다. 그 새 하늘과 새 땅에서의 삶은, 이 세상에서의 삶과 어떻게 다른가? 질적으로 다르다. 도표에서, 창조, 타락, 구속, 재창조(A, B, C, D)로 표시한 선은, 지금 이 땅에서 진행되어 온 세상과 역사를 가리킨다. 이 세상과 역사는 '재창조'(D)의 순간에 끝난다. 그때가 주께서 다시 세상에 오셔서 최후의 심판을 행하시는 때이다.

그런데 놀라운 사실은, '재창조'(D)의 그 마지막 날에 일어날 것으로 기대되었던 사건들이 실제로 예수 그리스도의 십자가와 부활, 그리고 성령의 오심이라는 '구속'(C)의 때에, '이미' 이루어지기 시작한 것이다! 이것이 신약의 가장 근본적인 종말의 메시지이다. '끝이 이미 왔다!'는 선언이다. 그래서 요한일서는 '참빛이 이미 세상이 비치고 있다'고 선언한 것이며, '세상이 지나가고 있다'고 선포한 것이다(2:8, 17) 신약 성경에 이것보다 더 근본적이고 놀라운 복음은 없다. 세상과 역사의 '끝'(D)은 '이미' 예수 그리스도의 십자가와 부활, 성령의 오심이라는 '구속'(C) 사건에서 끝난 것이나 다름이 없기 때문이다.

동시에, 세상과 역사가 끝나면(D), 곧바로 하늘에 속한 '새 하늘과 새 땅'이 시작된다. 그런데 놀랍게도, 예수 그리스도께서 '육체로' 세상에 오신 사건, '물과 피' 즉, 세례와 십자가의 죽으심 그리고 부활하신 사건과 성령을 보내신 '구속의 사건'(C)을 통해, 그 하늘의 통치 곧 미래에 올 새 하늘과 새 땅의 통치가, 지금, 여기, 이 땅에 침입해 들어와 버린 것이다. 이것이 예수께서 '하나님의 나라가 가까이 왔다. 회개하고 복음을 믿으라!'(마 4:17)고 선포하신 천국 복음의 실체이다.

그러므로 12, 13절의 '영원한 생명'에서 그 '영원한'(아이오니온, αἰώνιον)이라는 표현은, 원래는 세상이 끝나고 난 후에야 시작될 '새 하늘과 새 땅'에서 사는 생명을 가리킨다. 원래는 이 땅이 아니라 '하늘'에 속해서 하늘에서 사는 생명을 가리키는 것이다. 그런데 지금 요한일서에서 '그 아들을 가진 자는 생명을 가지고 있다'는 말은, 지금, 여기, 이 세상에서도 그 영원한 생명, 참생명을 갖고 누리게 된 사실을 가리킨다. 그러니까, 그 하늘에 속한 생명, 미래의 하나님 나라에 속한 생명을, 그 아들이 지금, 여기, 이 세상 속으로 가지고 들어오셔서, 그를 믿는 자에게 그 영원한 생명을 주신 것이다. 이처럼 놀라운 복음, 기쁜 소식이 다시 있을 수가 없다.

더 살펴보자. 그렇다면, '영원한 생명'에서 왜 '생명'(조엔, ζωὴν)이라고 했는가? 그럴 수밖에 없다. 그 하늘에서 사는 삶, 장차 새 하늘과 새 땅에서 살게 될 삶의 특징이, 지금 죄와 죽음과 허무에 갇혀 있는 세상에서의 삶과 근본적으로, 질적으로 다르기 때문이다. 하늘에 속한 새 하늘과 새 땅에서의 삶의

특징은, '더럽지 않고, 썩지 않고, 쇠하지 않는' 것이고, 그것이 그 영원한 나
라의 본질적 특징이다(벧전 1:3-4; 벧후 1:11). '더럽다'는 것은 무엇인가? 거룩하
신 하나님과 분리된 죄의 특징이다. '썩는다'는 것은 무엇인가? 창조주 하나
님과 분리된 죽음의 본질이다. '쇠한다'는 것은 무엇인가? 영원하신 하나님이
없는 허무의 특징이다.

그런데 그 거룩하시고 영원하신 생명의 창조주 하나님께서, 그 아들을 세
상에 육체로 보내셨다. 그리고 그 아들은 십자가에서 죽으심으로써 죄의 더
러움을 씻을 길을 주셨고, 육체로 부활하심으로써 죽음의 썩어짐으로부터의
해방을, 그리고 영원한 성령을 보내 주심으로써 세상을 그 허무로부터 구원
해 내신 것이다(C). 바로 여기서, 즉, 예수 그리스도의 십자가와 부활과 성령
의 오심을 통해, 하늘의 통치와 종말의 새 하늘과 새 땅이, 지금 여기의 이 악
한 자의 세상 속으로 뚫고 들어오셔서, 그 '영원한 생명'의 삶을 '이미' 시작
하게 하신 것이다! 곧, 죄와 죽음과 허무의 지배 아래 갇혀 있는 이 세상과 역
사가 끝나고 난 후에야 시작될 그 '하나님의 나라'가, 예수 그리스도의 십자
가와 부활 그리고 성령의 오심을 통해, 지금, 여기, 이 세상 한복판에서 '이미'
주어진 하늘의 생명으로 시작된 것이다.

기록 목적, 영원한 생명을 누리고 사는가?

이것이 지금 요한일서가 '그 아들을 가진 자에게는 영원한 생명이 있다'고
선언하는 이유이다. 이것이, 예수님께서 '내가 곧 생명의 떡이니라 … 하늘에
서 내려온 살아 있는 떡이니 사람이 이 떡을 먹으면 영생하리라'(요 6:48, 51)
고 하신 이유이다. 이것이, 예수님께서 나사로가 죽었을 때, 그 누이 마르다가
'주께서 여기 계셨더라면 내 오라버니가 죽지 아니하였겠나이다'(요 11:21) 하
고, 유대인들이 통상 기대했던 것처럼, 나사로가 '마지막 날 부활 때'(D)에 '다

시 살아날 줄을 내가 아나이다'(요 11:24)라고 했을 때, 그때 거기 그 자리에서 그녀에게 '나는 부활이요 생명이니'(C)라고 말씀하신 이유이다.

바로 이것이, 하나님께서 세상을 이처럼 사랑하사 그 아들을 주셨으니, 지금, 여기 이 세상에서라도(C에서 D 사이의 기간) 그 아들을 믿고 받아들이는 자마다, 이미 '멸망치 않고 영원한 생명'(D 이후)을 얻게 된 것이며, 믿지 아니하는 자는 벌써 '최후의 심판'(D)을 받은 것이 되는 이유이다(요 3:16-19). 이것보다 놀라운 복음은 없다. 최후의 심판도 그 이후의 영원한 생명도 '이미' 그 아들 예수 그리스도의 십자가와 부활의 복음, 그리고 성령의 오심을 통한 증거로 이미 이 세상 한복판에서 이루어졌고, 이루어지기 시작한 것이다.

이것이, 요한복음이나 요한서신이 강조하는 '실현된 종말론'(realized eschatology)의 골자이다. 이미 끝이 여기에 와 있다. 그 미래의 새 하늘과 새 땅이 지금 여기에 이미 와 있다. 물과 피로 오신 그 아들이 직접 가져오셨고, 아버지와 아들이 하늘로부터 보내신 성령께서 친히 증거하고 계신다. 세상은 끝났다! 하나님의 나라가 이미 시작되었다! 겨울이 지나면 봄이 오듯, 밤이 지나면 아침이 오듯, 아무것도 이 영원한 생명의 완성과 충만을 막을 수 없다. 우리는 이미 승리했다. 그 아들이 승리하셨기 때문이다. 그 아들을 받은 자는 누구나 세상을 이긴 자이다. 죄가 아니라 의를 누리며, 죽음이 아니라 생명을 누리며, 허무가 아니라, 그 하는 모든 일 속에서 영원한 사랑의 삶을 살기 때문이다.

그래서 '그 아들과 아버지와의 코이노니아'는 이 '악한 자의 코스모스' 안에 이미 들어와 있는 영원한 생명의 삶이다. '영원한' 것은, 영원하신 아버지와 아들과 성령님과의 교제 가운데서 사는 삶이기 때문이고, 그것이 생명의 삶인 것은, 더 이상 죄에 함몰되지 않고, 더 이상 죽음의 두려움에 종노릇하지 않으며, 더 이상 허무한 일에 중독됨이 없이, 지금, 여기서, 우리의 육체로, 그 영원한 하늘의 생명을 살아 낼 수 있기 때문이다. 매일의 사소한 일상이라도, 영원한 생명을 통해, 영원한 의미, 곧 영원토록 거할 아버지의 사랑으로 사랑하며 살 수 있기 때문이다. 이것이 복음이다.

여기서 한 걸음 더 나아가 보자. 당신은 정말 이 사실을 알고 있는가? 세상이 정말 끝났다는 것을 알고 사는가? 새 하늘과 새 땅이 이미 그 아들 안에서 이루어졌고, 성령을 통해 우리 안에 영원한 생명으로 와 있다는 사실을 알고 풍성히 누리며 사는가? 죄 사함뿐 아니라, 부활 생명의 기쁨을 누리며 살고 있는가? 그 살아 있는 소망이 당신으로 하여금 그 어떤 경우에도 주의 뜻을 구하며 그 뜻을 이루는 기쁨으로 살게 하는가? 그 생명과 사랑을 주신 아들과 아버지와의 깊고 풍성한 사귐 가운데서, 그리고 그런 신자들의 공동체와 함께 기쁨을 누리며 살고 있는가? 묻지 않을 수 없는 질문이다.

왜냐하면 그 영원한 생명을 '갖고 있다'는 사실과 그 영원한 생명이 나에게 있다는 사실을 '알고 누리는' 문제는 서로 다른 차원이기 때문이다. 13절에서 요한은 바로 이것이, 이 편지를 쓰는 목적임을 밝히고 있다. 그 아들을 믿는 자는 그 영원한 생명을 자기 안에 '이미 가지고 있다'는 사실을 '알게 하는 것'(히나 에이데테, ἵνα εἰδῆτε)이다. 이를 요한복음을 기록한 목적과 비교하면 더욱 분명해진다. "오직 이것을 기록함은 너희로 예수께서 하나님의 아들 그리스도이심을 믿게 하려 함이요 또 너희로 믿고 그 이름을 힘입어 생명을 얻게 하려 함이니라"(요 20:31).

요한복음의 기록 목적은, 예수께서 하나님의 아들이심을 믿어서 영원한 생명을 '얻게 하는 것'이었다. 그런데 지금 요한일서는 그 예수 그리스도 곧 하나님의 아들을 믿은 자가 이미 얻은 그 영원한 생명을 '알게 하는 것'이 목적이라는 것이다. 차이는 분명하다. 그 생명을 갖고 있어도 갖고 있다는 사실을 알지 못하면 그것을 누릴 수 없기 때문이다. 여기서 '안다'는 것은 '먹는다'는 것과 유사하다. 당신의 손에 맛난 빵이 들려 있다고 해 보자. 그런데 당신이 손에 든 그 빵을 먹지 않는다. 먹지 않는데 배가 부른가? 그 빵이 얼마나 맛있는지 말해 볼 수 있는가? 예수 믿고 받은 그 영원한 생명도 마찬가지이다. 얼마나 많은 그리스도인들이 자신이 예수 믿고 받은 것이 무엇인지 알지도 못한 채, 평생을 죄책감과 두려움 속에서 죽기를 무서워하여 일생에 매여 종노릇하며 비참하게 살아가고 있는가.

4. 코이노니아와 간구(5:14-17)

그러므로 '성령의 증거'(6, 7절), 즉 하나님 자신이 그 아들에 대하여 우리 안에서 성령을 통해 하시는 증거(10, 11절)는, 우리가 그 아들을 통해 받은 그 영원한 생명을 '알고 누리는' 것까지를 포함한다(13절). 요한일서에서 성령의 특징적인 역사는 '알게 하시는' 일, 즉, 그 아들과 하나님에 대한 영적이고 내적인 확신을 동반하는 지식을 갖게 하시는 일이다(2:27; 3:24; 4:13). 그리고 성령께서 주시는 지식의 특징은, 그것이 그 아들과 아버지와의 코이노니아 안에서 주어진다는 것이다. 하나님을 아는 지식은 일차적으로 그 아들을 통해 주신 생명으로 말미암아 가능하게 된 앎이며, 그 생명은 그 아들로 인한 죄 사함에서 주어진다(2:12, 14).

성령은 그 아들의 십자가와 부활의 사역을 새 언약 백성의 심령에 적용하심으로써 실제로 그 죄 사함과 부활 생명의 효력을 누리게 하시는데, 이 모든 일이 '하나님의 코이노니아'를 가능하게 하시고 유지하시며 인도하시는 성령을 통해 이루어지는 것이다. 그렇다면 성령을 통해 자신 안에 영원한 생명이 있음을 아는 신자는 어떻게 그 생명의 코이노니아를 누리게 되는가? 14-17절을 묶는 개념은 바로 '생명의 교제'이다.

'생명'은 이미 11절부터 소개된 개념이고, 16, 17절에서도 '사망'이라는 반대 개념의 배경이 된다. '교제'는 어떻게 나타나는가? 그것은 14, 15절에서 우리가 간구하면 하나님이 들으시고 하나님께서 주신 것을 우리가 알게 되는,

기도와 간구를 통한 친밀한 소통으로 표현된다. 그러니까, 14-17절에서는, 그 아들을 통해 받은 '영원한 생명의 사귐'이 어떤 것인지를 잘 묘사한다. 성도의 특권이 가득 담긴 이 생명의 말씀을 잘 읽어 보자.

¹⁴ 그리고 이것이 우리가 그를 향하여 가진 바 담대함입니다. 만일 무엇이든지 우리가 그의 뜻을 따라 구하면 그가 우리를 들으신다는 것입니다. ¹⁵ 만일 우리가 무엇이든 구하는 것을 그가 들으심을 안다면, 우리가 그에게서 구한 그것을 가지고 있음을 아는 것입니다. ¹⁶ 만일 누가 그의 형제가 사망에 이르지 않는 죄를 범하는 것을 본다면, 그는 간구하십시오. 그러면 하나님께서 그에게 생명을 주실 것입니다. 사망에 이르지 않는 죄 범하는 자들에게 말입니다. 사망에 이르는 죄가 있는데, 나는 저에 관해서는 간구하라고 말하지 않겠습니다. ¹⁷ 모든 불의가 죄입니다. 하지만 사망에 이르지 않는 죄가 있습니다.

영원한 생명의 사귐

예수 믿는다는 것은 무엇인가? 의롭게 사는 것인가? 복음 전도하는 것인가? 교회 생활하는 것인가? 이렇게 겉으로 드러나는 행동이 있기 전에, 예수 믿는다는 것은 예수를 믿음으로 얻게 된 영원한 생명을 누리는 일이다. 그것은, 성령 안에서 '그 아들과 아버지와의 코이노니아'(1:3-4) 안에 거함으로써 이루어진다. 그 코이노니아의 삶이, 우리 안에 영원한 생명이 있음을 알아 가는 삶이다. 영원한 생명의 삶이란 무엇인가?

'영원한'(아이오니오스, αἰώνιος)이란 원래, 여러 시대/세상(age/world)이 겹쳐 있는 개념이다. 그러니까 '영원한 생명'이란 장차 이 세상과 역사가 끝나고 새롭게 시작되는 새 하늘과 새 땅에서 살아가는 삶을 가리킨다. 새 하늘과 새 땅의 특징이 무엇인가? '썩지 않고, 더럽지 않고, 쇠하지 않는' 나라이다(벧전 1:3-4). 죄로부터, 죽음으로부터, 그리고 하나님 없는 허무로부터 해방된 나라이다. 의와 생명의 충만으로 인해 화평(shalom)이 거하고, 하나님이 그의 백성과 친히 함께 거하는 코이노니아의 삶인 것이다.

놀라운 것은, 그 '더럽지 않고 썩지 않고 쇠하지 않는' 나라가, 십자가와 부활을 통해 우리를 죄와 죽음에서 해방하시고 성령을 보내심으로 우리와 영원토록 함께하게 하신 그 아들 예수 그리스도로 말미암아, 이미 이 세상 한복판에 왔고, 지금도 그 아들을 믿어 성령 안에서 용서받고 부활 생명을 누리는 그의 코이노니아를 통해 오고 있으며, 장차 그가 다시 오실 때에 온전히 이루실 소망을 주셨다는 복음이다.

그 결과 우리는 그 아들을 우리에게 내어 주신 아버지 하나님의 사랑 안에서 '온갖 두려움'으로부터 해방된 삶을 누린다(4:18). 우리를 정죄하는 악한 자 마귀의 참소도 두렵지 않고, 우리를 죽음으로 위협하는 세상도 두렵지 않게 된다. 우리 안에 계신 이가 세상에 있는 이보다 크시고, 세상보다 크신 분이기 때문이다(1:1-2; 4:4). 이처럼, 그 아들을 내어 주신 하나님의 사랑의 친교가 우리로 하여금 '영원한 사귐' 안에 속하게 한다. 아버지의 사랑은 영원하기 때문이다. 영원토록 아버지의 사랑을 받으며, 그 사랑 안에 거하고, 그 사랑으로 우리의 모든 어그러진 사랑들이 치유받으며, 우리도 아버지의 사랑을 따라 형제와 이웃을 사랑함으로 영원한 생명을 누린다. 그 아들과 아버지와의 코이노니아는, 이렇듯 우리와 너희와의 코이노니아를 포함하면서, 그 나눔과 사귐의 형태로 확대된다.

무엇보다, '생명과 사랑의 코이노니아'는 '나눔'(sharing)을 통해 사귐을 가능하게 한다. 나눔은 생명의 본질이다. 나누지 않는 생명은 없기 때문이다. 그러므로 영원한 생명이란, 영원하신 하나님께서 영원토록 그의 생명과 사랑을 우리에게 '나누어 주시는' 코이노니아이다. 요한은 이미 '그 아들과 아버지와의 코이노니아' 안에서 이런 '거룩하고 복된 교환'이 일어남을 알려 주었다 (1:7, 9; 2:28-3:2). 우리는 우리의 죄와 수치와 썩어진 것들을 내어 드리고, 하나님은 그 아들의 의와 영광과 생명을 우리에게 나누어 주신다. 그렇게 하심으로써 아버지의 사랑을 우리에게 나누어 주신다. 빛이 비치지 않고는 존재하지 않는 것처럼, 사랑도 나누지 않는 채로는 존재하지 않기 때문이다. 그 아들의 생명과 아버지의 사랑은 오직 나눔과 사귐의 코이노니아 안에만 존재한다.

요한은 5:14, 15에서, '영원한 생명의 사귐'에서 보다 더 긍정적이고 적극적인 나눔과 사귐의 모습을 소개한다. 하나님과의 '거룩하고 복된 교환'은 꼭 우리의 죄와 그 아들의 의, 우리의 죽음과 그 아들의 생명, 우리의 수치와 그 아들의 영광 사이의 교환만이 아니다. 우리가 절대적인 '필요의 사랑'에 따라, 하나님으로부터만 얻을 수 있는 것들을 얻는다면, 우리는 그렇게 받은 조건 없는 '선물의 사랑'에 근거해서, 보다 적극적인 사랑의 응답과 그 응답을 통한 더욱 친밀한 사랑의 교제를 나누게 된다.

담대한 소통

요한은 그것을 '담대함'을 지닌 하나님과의 사귐이라고 표현한다. 요한일서에서 '담대함'(파레씨아, παρρησία)은 막힘없는 소통이 일어나는 코이노니아를 표현하는 특징적인 용어이다. 코이노니아에서 '담대함'은 하나님과 그 아들과의 지속적인 사귐을 통해, 의로우신 그분을 알고 사랑하고 닮아 간 결과로 생기는 친밀한 상태를 가리킨다(2:28). 또한 '담대함'은, 우리 안에 거하는 하나님의 사랑, 특히, 궁핍한 형제나 이웃을 향한 그분의 긍휼이 우리를 통해 흘러가는 것을 막지 않을 때 생기는 '소통과 일치'의 관계에서 오는 기쁨과 그 결과로 막히지 않는 기도 응답의 관계를 묘사한다(3:21-22).

그리고 코이노니아에서의 '담대함'은, 그 아들을 통해 우리의 심령에 부어진 아버지의 사랑이 우리의 전인격과 삶 속에 남김없이 스며들고 배어들어, 우리 안에 최후의 심판이나 이 세상이나 이 세상에 속한 자나 그 어떤 것에 대한 두려움도 몰아내어 버린 상태, 즉, 하나님의 사랑에 대한 절대적 신뢰의 상태를 가리킨다(4:17). 그렇다면, 지금 5:14이 말하는 '담대함'은 코이노니아의 어떤 소통의 상태를 가리키는가? 우선, '구하면 들으신다'는 막히지 않는 기도 응답의 관계는 3:22에서도 언급되었다. 그것은 우리가 그분의 계명, 특히, 사랑의 계명을 지키고 행한다는 우리의 응답에 의해 더욱 열린 소통의 관계가 되는 경우이다. 바로 그런 점에서, 지금 5:14에서는 응답으로서의 우리의 사랑이 하나님과의 나눔과 소통을 어떻게 더욱 깊고 친밀하게 만드는지를 보여 준다.

'하나님의 코이노니아'란 '하나님'이 주권적 은혜로 먼저 사랑하시는 나눔과 사귐의 연대이지만, 그것이 '코이노니아'라는 점에서는 '인격적이고 상호적'이라는 의미가 있다. 이것은 성경이 내내 가리키는 '언약'(covenant)의 은혜와 계명의 구조를 그대로 반영한다. 요한일서가 말하는 '영적이고 내면적인' 코이노니아는 말씀과 성령의 내주를 실현하는 새 언약의 성취이다(렘 31:33; 요 3:9; 참조. 약 1:21; 벧전 1:23). 새 언약의 코이노니아 안에 들어와 있는 성도는, 자신의 심령 안에 기록된 말씀을 자신 안에 내주하는 성령의 도우심을 따라 순종함으로써, 더욱더 하나님과의 코이노니아를 깊고 친밀하게 만들어 간다. 우리가 하나님을 사랑하면, 그분의 뜻을 이루어 드리고자 한다. 그렇게 그분의 '뜻을 따라' 사랑의 계명을 지키고 이루어 가면, 그것은 그분의 기쁨이 되고, 그 기쁨은 우리의 기쁨으로 더욱 풍성하게 차고 넘치는 사랑이 된다.

그렇게 될 때, 하나님과의 친밀한 소통을 '알고 누리는' 지식이 더해진다. 15절에는 '우리가 알고 있다'(오이다멘, οἴδαμεν)는 표현이 두 번 사용된다. 첫 번째는, 단순히 우리가 구하는 것을 하나님께서 들으신다는 사실을 경험하는 것이 아니라, 구하는 것을 '들으신다는 사실을 아는 신뢰'의 관계를 표현한다. 이미 하나님의 조건 없는 사랑을 받고, 그 사랑 안에서 자신의 모든 어그러진 사랑들을 치유받으며, 회복된 사랑으로 하나님의 사랑의 계명을 따라 살기 시작하는 것이다.

그런 성도의 가장 큰 소원은 자신이 사랑하는 하나님의 뜻을 이루어 드리는 데에 있다. 기도 중에 가장 좋은 기도는 예수님께서 가르쳐 주신 기도이다 (마 6:9-13). 주님은 자신이 하지 않는 것을 제자들에게 가르치지 않으셨다. 주께서 친히 마음에 품고 살아 내신 그대로 제자들에게 가르쳐 주셨다. 그 주기도문의 첫 번째 간구는 무엇이었던가? '하늘에 계신 우리 아버지여, 이름이 거룩히 여김을 받으시오며'이다.

이 간구가, 아버지 하나님을 사랑하여 십자가를 지기까지 순종의 길을 걸으셨던 예수님께서 당신의 마음에 품으신 첫 번째 기도 제목이었다. 사랑하는 사람들은 서로에게 자신의 더욱 귀한 것을 내어 주지 못해 안타까워한다. 이처럼 진정으로 하나님의 사랑을 받고 그 사랑 안에 거하는 사람의 가장 큰 소원은, 오직 하나님의 이름이 열방 가운데 높아져 존귀를 얻으시고, 그의 뜻이 이루어져 그의 나라가 임하고, 끝내 하나님의 영광이 온 세상에 드러나는 날을 보는 것이다.

15절에서 첫 번째로 '우리가 알고 있다'라고 할 때, 그래서 우리가 아는 그것은 단순한 기도 응답의 사실이 아니라, 하나님의 뜻을 구하며 진실히 행하는 우리의 간구를 그분이 '들어주신다'는 사실, 즉, 하나님과의 친교 안에서 알게 된 그분께 대한 견고한 신뢰이다. 친구 사이에서 오랜 시간 동안 많은 일을 함께 겪고 난 후, '난 그 친구를 알아!' 할 때 그런 식의 앎, 친밀한 사귐을 통한 지식이다. 그것은 인격적이고 지속적인 하나님과의 코이노니아 안에 거할 때 얻어지는 신뢰의 지식이다.

15절에서 두 번째로 '우리가 알고 있다'고 할 때는 무엇을 안다는 것인가? 그것은 '구한 것을 이미 받았다는 것'을 아는 지식이다. 이것은, 그분이 이 신뢰의 사귐 속에서 우리의 '뜻을 이루어 주시는 방식'에 관한 지식이다. '아직' 다 이루어지지는 않았지만, 우리는 하나님과의 신뢰의 사귐을 통해서, 그분께서 우리의 간구를 따라 무엇을 허락하셨는지를 알게 된다. 그것은 아직 현실로 다 나타나지는 않았다. 하지만 '이미' 그 사귐 안에서 주어져 있다. 그러므로 15절의 두 번째 '우리가 알고 있다'는 것은 그분께 대한 신뢰를 바탕으로 한 확고한 소망을 가리킨다.

그 소망은 단지 우리가 '바라는 것' 정도가 아니다. 기도 중에 자기 뜻대로 구해 놓고는, 자기도취나 마취를 통해, 하나님이 그렇게 해 주실 것이라고 믿는 헛된 상상이 아니다. 마치 성령께서 그 아들을 믿는 우리의 안에 있는 영원한 생명을 확증해 주시듯이, 죄 사함의 확신을 주시듯이, 성령께서 그 아들과 함께 그 아들의 의와 거룩, 지혜와 구원, 존귀와 영광을 선물로 주셨음을 우리가 알고 누리듯이, 성령께서 하나님의 뜻에 따라 이루실 것이 이미 우리에게 주어졌다는 사실을 확증하시는 데에서 나오는 살아 있는 소망이다. 마치 하나님께서 그 아들을 통해 우리의 심령에 그 불붙는 사랑을 쏟아부어 주셨고, 그 사랑이 우리 안에 뜨겁게 타오르고 있음을 우리가 알고 있듯이, 그렇게 확실한 성령의 확증으로 와 있는 소망인 것이다.

반드시 이루어질 일인데, 이미 이루어져 있다는 것을 알기 때문에, 기도하고 기다리고 붙잡고 행하게 되는 그런 응답이다. 이런 확증과 소망을 통해, 하나님께서는 그의 자녀들과 함께, 온 세상을 '하나님의 코이노니아'의 온전한 성취, 곧 새 하늘과 새 땅으로 바꾸어 가신다. 장차 주께서 다시 오실 때 완성하실 그 원대한 계획을 지금 '그 아들과 아버지와의 코이노니아' 곧 이 연대, 동맹, 이 사귐 안에서 우리와 함께 이루어 가시기를 기뻐하신다.

사망에 이르는 죄

요한일서는 코이노니아의 내부 깊은 곳을 묘사하다가, 또다시 코이노니아의 외부를 향한 경계선을 긋고 분명히 하는 일을 반복한다(예. 2:1-17과 2:18-27;

3:13-24과 4:1-6). 지금 5:14-15이 그 생명의 사귐의 내부의 모습이라면, 16-17절은 이 사귐의 외부에 그어져 있는 불가피한 경계선이 무엇인지 알려 주려는 것이다. 이미 수신자 공동체 안에 거하고 있던 이단적 적대자들이 그들을 떠나 버린 상황을 고려한다면(2:19), 요한의 이러한 묘사 방식이 쉽게 이해될 수도 있다. '하나님의 코이노니아'는 '악한 자의 코스모스'와 결단코 같지 않고, 같을 수가 없기 때문이다.

그래서 요한은 '사망에 이르지 않는 죄'와 '사망에 이르는 죄'를 구분한다. 그리고 '사망에 이르는 죄'에 관해서는 굳이 간구하라고 말하지 않겠다고 선을 긋는다. 하지만 '사망에 이르지 않는 죄'에 대해서는 적극적으로 간구하여, 혹시 그 코이노니아 안의 형제가 그런 죄로 그 코이노니아 밖으로 나가지 않도록, 즉, 그 아들의 생명과 아버지의 사랑 가운데 머물도록 함께 힘써야 한다고 가르친다. 그렇다면 '사망에 이르는 죄'(하마르티아 프로스 따나톤, ἁμαρτία πρὸς θάνατον)란 무엇인가? 이것이 밝혀지면, '사망에 이르지 않는 죄'는 저절로 규명될 것이다.

혹자는 사망에 이르는 죄를, '고의적으로 범하는 죄'로 보기도 하고(레 4:2; 민 15:22-25), 다른 이들은 '용서받기 어려운 심각한 죄들', 예컨대 살인, 우상숭배, 간음 등으로 보기도 한다. 또는 성령을 모독하고 훼방하는 죄(막 12:31-32)나 지속적으로 진리를 거부하는 죄 등을 언급한다. 하지만 구체적으로, 요한일서에서 '사망에 이르지 않는 죄'는 신자들이 짓는 죄들이고, '사망에 이르는 죄'는 불신자들 즉, 수신자 교회를 떠난 이단적 적대자들이 짓는 죄라고 보는 것이 정황상 적절하다(Yarbrough, 307-311). 이와 관련하여, 몇 가지 그 의미를 명확히 해 두어야 할 것들이 있다.

첫째, 요한일서에서 '사망에 이르는 죄'를 예수 그리스도의 '육체로' 오심을 부인하는 이단적 적대자들의 거짓 가르침이라고 볼 때(2:19), 이는 범주적으로 '성령 모독, 훼방의 죄'나 '지속적으로 진리를 거부하는 죄'와 크게 다르지 않다. 모두 성령께서 증거하시는 예수 그리스도의 '속죄'와 '부활'의 증거를, 공개적으로 완강히 부인하는 죄이기 때문이다(참조. 히 6:1-8, 특히, 1-6절). 그렇다면 예수 그리스도나 그에 관한 진리를 부인하는 죄가 왜 '사망에 이르는 죄'가 되는가? 17절에서 '모든 불의는 죄'라고 말한 후 곧바로 '사망에 이르지 않는 죄도 있다'고 언급한다. 논리적으로 보면, 그 중간에 빠진 부분이 있다. 그것은 '죄의 삯은 사망'이라는 진리이다(롬 6:23).

즉, 모든 불의는 죄이고, 죄의 삯은 당연히 사망인데, 사망에 이르지 않는 죄도 있다는 뜻이다. 그렇다면, 어떻게 죄가 사망에 이르지 않을 수 있는가? 당연히, 그 죄가 죄로 고백되고 속죄 제물 되신 예수 그리스도의 피에 의해 사(赦)함을 입으면 된다. 그러면 죄라 하더라도 사망에 이르지 않는 경우가 생기는 것이다. 반대로, 그렇다면 어떤 죄가 사망에 이르게 되는가? 그 답은 이미 17절에 함축되어 있다.

모든 불의는 죄이고, 죄의 결과는 사망이다. 그러므로 '사망에 이르는 죄'란, 그 죄 사함을 가능하게 하는 예수 그리스도의 대속의 사건과 죄의 결과인 사망에서 다시 일어나신 부활 사건의 '교리'를 부인하는 '불신'의 경우를 가리키게 된다. 따라서 예수 그리스도를 부인하면, 자신이 용서받을 수 있는 근거를 스스로 파괴하는 셈이 되고, 어쩔 수 없이 자신의 죄에 대한 결과 곧 사망을 피할 수 없게 되는 것이다.

둘째는, 지금 요한일서 5:14-17의 본문이 '사망에 이르는 죄'를 짓는 자들을 단지 '예수 그리스도께서 육체로 오심을 부인한' 자들, 곧 그들에게서 분리되어 나간 이단적인 적대자들이라고 명시하지 않는 이유를 생각해 보아야 한다. 그것은 여전히 그들의 공동체 안에 남아 있으면서, 입으로는 '나는 하나님을 알고 있다, 하나님과 사귐이 있다'고 말하지만, 실제로는 죄를 짓는 것과 하나님과의 사귐을 갖는 것을 분리시켜 병행하는 위선이나, 죄를 지으면서도 스스로 말씀의 빛 가운데 서지 않고 자신을 속이는 기만의 경우, 그리고 심지어 자신이 짓는 죄를 죄로 규정하는 하나님의 말씀이 거짓이라고 왜곡하는 경우들을 강력히 경고하기 위함이다(1:6, 8, 10).

이들은 예수 그리스도에 관한 교리는 시인하지만, '그 아들과 아버지와의 코이노니아'의 실재가 없는 자들이다. 요한은 이런 경우도 단단히 경고하고 싶어 한다. 이런 자들을 최종적으로 확정해서 밝혀낼 수는 없을 것이다. 하지만 그들은 '모든 불의(아디키아, ἀδικία), 곧 죄'를 짓고도, 그 죄를 '빛이신 아버지와 속죄 제물이신 그 아들과의 코이노니아 안으로' 가져오려 하지 않는다. 예수 그리스도를 교리적으로, 말로는 인정한다고 하지만, 실제로 죄를 짓고 또 그 죄를 회개하지 않는 그들의 행동은, 그들이 완강히 하나님과의 코이노니아를 거부하고 있음을 증명한다. 신앙 고백은 하지만, 실제적으로 그 아들과 아버지와의, 생명과 사랑의 코이노니아 안에 거하지 않는다면, 결국 그 죄가 그를 사망으로 끌고 가는 것을 막을 도리가 없지 않은가.

마지막으로, 바로 이런 이유로 요한은 16절에서 '사망에 이르지 않는 죄'를 범하는 형제들을 위해 '간구할'(아이테세이, αἰτήσει) 것을 권면한다. 문맥적으로 판단하면, 예수 그리스도를 믿고 있으며 하나님의 코이노니아를 거절하지 않는 형제들의 경우에 해당한다. 하지만 실제적으로, 예수 그리스도를 완강하게, 공개적으로 부인하지는 않는 '불신자'들도 이 경우에 해당할 수 있다. 그들에게도 그들의 죄를 용서받고 부활 생명을 얻을 길이 열려 있기 때문이다.

반면에 '사망에 이르는 죄'를 범한 자들을 위해서는 간구하지 말라는 말은, 일단은 코이노니아의 경계(boundary)를 긋는 엄중한 경고이다. 뒤집어 말하자면, 예수 그리스도께서 육체로 오심을 부인하고, 그 아들과 아버지와의 코이노니아 안에 참여하기를 거절하는 자들에게 남은 것은, 죄 사함 받을 길이 없는 사망뿐이라는 선언인 셈이다. 그들이 다시 예수 그리스도를 시인하고, 실제적으로 하나님의 코이노니아 안에서 죄 사함과 생명을 받아 누리며 경험하는 것을 제외하면, 그들에게 무슨 방법이 남아 있겠는가? 그들의 무엇을 위해 간구해 주겠는가?

그러므로 16절에서 '사망에 이르는 죄'를 범한 자들을 위해 간구할 것이 없다는 말은, 저들이 예수 그리스도를 부인하고 코이노니아를 거절한 상태에서는, 심판과 영원한 사망밖에는 아무것도 기대할 것이 없다는 판정을 내린 것이나 다름없다. 뒤집어 말하면, 다시 그들이 예수 그리스도께서 육체로 오심을 인정하고, 코이노니아 안으로 들어오는 길 외에는, 결단코 다른 해결책이나 다른 간구가 있을 수 없다는 역설적인 촉구인 셈이다.

실제로, 한동안 신앙 고백도 하고 교회에 나오다가 다시 세상으로 돌아갔거나, 혹시, 이단에 빠져 버린 형제자매들을 위해 간구하지 않을 수 없다. 특히, 그들이 당신의 가족이라면 더욱더 간구하지 않을 수 없을 것이다. 혹시 그가 이미 거짓 이단 속으로 들어갔더라도, '어떤 자를 불에서 끌어내어 구원하라'는 긍휼의 권면이 가장 큰 원리임을 기억할 필요가 있다. 물론, '의심하는 자들을 긍휼히 여겨야' 함은 당연한 일이다(유 22-23절). 그러니, 둘 다 해야 한다. 우리가 아직 이 세상에 남아 있는 동안은, 과연 누가 사망에 이르는 죄에서 돌이키지 못할지, 최종적으로 알 수 없기 때문이다.

사람은 죄 때문이 아니라, 그 죄에서 돌이키지 못하기 때문에 지옥에 이르게 된다. 정확히 말하면, 그 죄에서 돌이킬 수 있는 기회인 예수 그리스도를 거절하기 때문에, 지옥에 간다. 누구에게나, 그가 돌이킬 것을 위해 간절히 간구하는 그 사람, 그런 공동체가 필요하다. 당신은 돌이키고 있는가? 그리고 누구를 위하여 간구하고 있는가?

5. 코이노니아와 지킴(5:18-21)

이제 요한일서는 5장에 이르러, '하나님의 코이노니아'의 내부로부터 시작해서(1-15절), 외곽의 경계선(16-17절)을 지나, '악한 자의 코스모스'를 배경으로 살아가는 교회에 꼭 필요한 권면을 남기고 서신을 맺는다(18-21절). 흥미로운 점은, 요한일서의 이 마지막 단락이, 서신의 맨 처음 단락(1:1-4)과 내용상 서로 상응한다는 사실이다. 공통 주제는, '영원한 생명의 코이노니아'이다. 서신의 처음과 나중에 모두 핵심적인 단어인 '영원한 생명'(1:2; 5:20)이 나온다. 그리고 두 본문 모두, 그 '아들과 아버지와의 코이노니아' 안에 거할 것을 강조하고 있다(1:3-4; 5:18, 21).

서신의 처음과 나중이 동일하게 '영원한 생명의 코이노니아'를 강조하지만, 다른 점도 있다. 그것은 서신의 맺는말이 '영원한 생명의 코이노니아'라는 동일한 주제를 반복하지만, 동시에 서신의 본론에서 다루었던 많은 주제들을 포함시킴으로써, 서신의 처음에 소개되었던 '영원한 생명의 코이노니아'라는 주제를 보다 색다르게 채색하거나 그 의미를 보다 뚜렷하고 구체적으로 드러낸다는 것이다. 그러니까, 요한일서는 같은 주제를 처음과 나중에 반복하지만, 나중에는 그 중간에 설명했던 모든 이야기들을 포함시켜서 새롭게 말하는 것이다.

이를테면, 서신의 처음에서 '생명의 말씀'과 동일시되었던 '영원한 생명'(1:1-2)의 실체가 나중에 가서는 명확하게 '그 아들 예수 그리스도'(5:20)임이 밝혀진다. 또한, 그 '영원한 생명이 나타난'(1:2) 곳은 '악한 자 아래 놓인 세상'(5:19)임이 확연히 드러난다. 그러니까, '그 아들과 아버지와의 코이노니아'가 '기쁨'(1:4)으로 가득 차기 위해서는, 이 '코이노니아'가 '악한 자로부터 지켜져야' 하는 것이다(5:18, 20). 어떻게 지켜지는가? 서신의 본론이 설명한 대로, 그 아들이 친히 지키시며(5:18; 참조. 2:1-2; 3:6-9; 4:7-10), 동시에 하나님의 자녀 역시, 성령 안에서 진리이신 그 아들을 앎으로써, 그리고 세상의 우상을 사랑하는 것에서 자신을 지킴으로써 그렇게 해야 한다(5:20-21; 참조. 2:15-17, 27; 3:24; 4:13).

이렇듯, 요한일서는 그 서두에서 이 '영원한 생명의 코이노니아'가 얼마나 복되고 기쁜 교회의 비밀인지를 소개한다. 그리고 본론에서는 그 코이노니아를 창조하시고 지키시기 위해서 하나님과 그 아들과 성령께서 친히 무엇을 어떻게 해 오셨는지를 설명한다. 동시에, 하나님의 자녀들 편에서 코이노니아의 장애물들인, 죄, 세상, 악한 자, 거짓, 증오 등을 처리하기 위해 무엇을 어떻게 해야 할지 알려 주는 것이다.

그리고 이제 마지막으로, 같은 이야기를 다시 한 번 한다. 마치 집 떠나는 자녀를 배웅하는 아버지처럼, 요한은 자신의 자녀가 그 낯선 세상에 도착할 때, 거기서 무슨 일을 당하든지 '너는 하나님의 사랑받는 아들, 딸이라는 사실을 잊지 말고, 결코 그 사랑 안에서 흔들리지 말라'는 안타깝고 애틋한 격려로 서신을 맺는다. 구체적으로 18-21절까지, 이 확신과 사랑의 위로로 가득한 맺음말을 우리도 마음으로 깊이 받으며 천천히 읽어 보자.

> 18 우리는 알고 있습니다. 하나님께로부터 낳은 바 된 자는 모두 죄짓지 않는다는 것을! 하나님께로부터 난 자가 그를 지키고 계셔서, 악한 자가 그를 장악하지 못합니다. 19 우리는 알고 있습니다. 우리는 하나님께로부터 났고, 온 세상은 악한 자 안에 처해 있다는 것을! 20 우리는 알고 있습니다. 그러나 하나님의 아들이 오셨고, 우리에게 지각(知覺)을 주셔서, 우리가 진리를 알고 있다는 것을! 또한 우리가 그 진리 안에, 그 아들 예수 그리스도 안에 있다는 것을! 그는 참하나님이시요 영원한 생명이시라는 것을! 21 자녀들이여, 여러분 자신을 그 우상들로부터 안전하게 지켜 내십시오.

본문을 읽자마자, '우리는 알고 있습니다'(오이다멘, οἴδαμεν)라는 도입 문구가 세 번이나 반복된다는 사실이 금방 눈에 띈다. 성도가 도대체 무엇을 알고 있다는 것인가? 첫째, 하나님께서 그의 자녀를 세상과 악한 자로부터 지키신다는 확고한 사실이다(18절). 둘째, 교회가 적대적인 '악한 자의 세상'을 맞닥뜨리고 있다는 부인할 수 없는 사실이다(19절). 셋째, 이 악한 자의 세상에서 '하나님의 코이노니아'를 지켜 낼 수 있는 능력은 오직, 그 아들을 통해 주신 진리의 지식과 영원한 생명에 있다는 사실이다(20절). 마지막으로 교회는, 하나님께서 교회를 지켜 주시는 견고한 은혜에 힘입어, 반드시 악한 자의 세상으로부터 자신을 지켜 내야만 함을 격려한다. 하나씩 살펴보자.

악한 자로부터 지키심

'하나님의 코이노니아'는 눈에 보이지 않고 손으로 만져지지는 않지만, 하나님에 의해 철통같은 보호를 받는다. 18절에서 완료형으로 표현된 '하나님께로부터 낳은 바 된 자'(호 게겐네메노스, ὁ γεγεννημένος)는, 하나님께서 보내신 그 아들을 믿음으로 중생하여 하나님의 자녀가 되었고, 지금도 '그 아들과 아버지와의 코이노니아' 안에 거함으로써 그 영원한 생명을 누리는 신자를 가리킨다. 그런데 그가 어떻게, 무엇으로부터 지키심을 받는다는 것인가? 한편, '하나님께로부터 난 자'는 누구이며, 그가 어떻게 하나님의 자녀들을 지킨다는 것인가?

우선, 18절의 '하나님께로부터 난 자'(호 겐네떼이스, ὁ γεννηθείς)는 부정 과거형으로서, 앞에서 그리스도인을 가리키는 '하나님께로부터 낳은 바 된 자'라는 표현에 비해 단회적으로 독특한 출생이라는 뉘앙스를 갖고 있다. 따라서 그저 거듭난 신자라기보다는 유일하신 하나님의 아들 그리스도를 가리키는 것으로 보는 것이 타당하다. 또한 '하나님께로부터 난 자가 그를 지키고 계신다'는 표현에서, 그렇게 누군가를 능력으로 '지키는' 역할은 신자가 아니라 하나님의 아들 자신의 능력과 역할을 가리키는 것이 분명하다(요 17:12-15).

더 중요한 것은, 18절에서 하나님의 자녀라면 '모두 죄짓지 않는다'는 의미가 무엇인지, 그리고 하나님의 아들이 어떻게 그 악한 자가 신자를 장악하지 못하도록 지키시는지에 대한 설명이다. 하나님의 자녀는 정말 '죄짓지 않는가?' 이 문제는 3:9을 다룰 때에 자세히 설명한 바 있다. 지금 18절에는 단순히 '죄짓지 않는다'(욱스 하마르타네이, οὐχ ἁμαρτάνει)로 되어 있지만, 3:9에는 '죄를 지을 능력이 없다'는 식으로 표현되어 있다. 하나님의 자녀로 중생한 자는 자기 안에 '하나님의 씨'가 거하기 때문이다.

'하나님의 씨'는 새 언약 백성의 심령에 기록된 말씀과 내주하시는 성령의 신적 능력을 가리킨다. 새 언약 백성으로서 하나님의 자녀가 죄를 짓지 못하고 죄를 짓지 않게 되는 근거는, 그들이 그 아들의 생명의 말씀을 듣고 믿을 때에, 그들 안에 새 언약이 성취되었기 때문이다. 영원한 속죄와 그로 인해 깨끗해진 심령을 얻었을 뿐 아니라, 그렇게 새로워진 심령 안에 있는 '살았고 영원한 하나님의 말씀' 곧 '썩지 아니하는 씨'로 거듭났기 때문이다(벧전 1:23-25). 진리의 말씀으로 거듭난 새 언약 백성의 심령에는 그들을 '능히 구원할 말씀이 그들 안에 심겨 있다'(약 1:18, 21). 그 말씀과 역사하시는, '살리시는 영'이신 성령께서 그렇게 거듭난 심령 안에 영원토록 내주하시는 것은 물론이다(롬 8:1-11).

요한일서는, 하나님의 자녀 안에 거하는, 중생과 성화의 신적 능력으로서 그들의 심령 안에 기록된 말씀과 내주하시는 성령을 '하나님의 씨'로 표현한다(3:9). '하나님의 씨'라는 표현은, 신자의 중생과 성화를 이끄는 신적 능력과 신적 성품의 '원형'(原型)과 함께 그 생명의 지속적 '성장'이라는 두 가지 모티브를 함께 담은 표현이다. 신자는 하나님의 자녀로서 영원한 생명이라는 DNA를 가진 것처럼, 이제 죄를 지을 능력을 잃고 의를 행할 능력을 얻은 자들이다. 하지만 그런 영적 생명은 성장을 요구한다. '이미' 주어졌지만, 여전히 그리고 '아직' 성장해야 할 여지가 남아 있는 것이다.

하나님의 자녀가 죄를 짓는가? 당연히, 요한은 하나님의 자녀들이 죄를 짓는다는 사실을 알고 있다(1:7, 9; 2:1-2). 죄의 삯은 사망인데, 그러면 하나님의 자녀들은 어찌 되는가? 하나님의 아들이, 하나님의 자녀들을 '악한 자'로부터 지키시는 부분이 바로 이런 영역이다. 반대로 물어보자. 악한 자 마귀가 하나님의 자녀들을 공략하여 그들을 탈취하고 장악하는 방식은 무엇인가? 5:18에서 악한 자가 하나님의 자녀를 '장악하지 못한다'고 할 때, '장악한다'(합테타이, ἅπτεται)는 표현은 단지 '손을 대는 것'을 넘어서서 '강제로 빼앗거나' 혹은 '탈취하여 쥐고 흔드는' 상태를 가리키는 듯하다. 악한 자는 어떻게 사람을 탈취하여 그의 뜻대로 쥐고 흔드는가? 그것은 그 악한 자 마귀가 누구이며, 그 특징이 무엇인가를 묻는 것과 같다. 그는 '거짓말쟁이며, 범죄한 자요, 참소하는 자이며, 죽이고 멸망시키는 자'이다(3:8; 요 8:44). 그래서 거짓말로, 죄로, 정죄함으로, 죽이고 파괴시킴으로써, 신자를 탈취하려 하는 것이다.

그렇다면, 하나님의 아들은 어떻게 하나님의 자녀를 악한 자 마귀에게서 지켜 내시는가? 거꾸로 생각해 보면 알 수 있다. 악한 자의 거짓말을 폭로하고 파괴하는 진리의 말씀으로 우리를 지키신다. 그래서 요한일서는 처음부터 그 아들을 '생명의 말씀'이요 '진리'로 소개한 것이다(1:1, 6; 2:4, 8, 27; 5:7). 또한 예수 그리스도는 '속죄 제물'이시요, 마귀가 참소자로 나서는 하나님의 법정에서 우리를 위한 '변호인'이 되신다(2:1-2; 4:10). 무엇보다, 하나님의 아들은 육체로 세상에 오셔서, 그의 십자가와 부활 사건을 통해, 그 악한 자가 묶어 놓은 죄의 결박을 푸셨고, 사람들을 가두어 둔 죽음의 감옥을 파괴하셨다.

그러므로 하나님의 아들을 믿는 자는, 이미 그 아들의 생명 곧 영원한 생명을 받은 자로서, 악한 자 마귀가 죄와 죽음과 하나님 없는 허무로 작동시키는 악의 사슬에서 해방된 자들이다. 하나님의 아들은 악한 자의 공작(工作) 자체를 해체시키고, 그것을 돌이킬 수 없는 방식으로 파괴시키셨다(3:5, 8). 바로 이런 방식으로, 악한 자 마귀는 '그 아들과의 코이노니아'에 속해 있고 그 안에 거하는 자들을 빼앗아 갈 수도, 손아귀에 넣고 좌지우지할 수도 없게 된 것이다. 진리의 말씀이요 영원한 생명이신 그 아들이, 거짓과 죄와 죽음의 사슬로 포획하고자 달려드는 악한 자 마귀로부터, 하나님의 자녀들을 지키고 보호하시는 것이다. 하나님께서 그 아들을 통해 말씀과 성령을 통해 의와 부활 생명으로 살려 내신 하나님의 자녀들은 얼마나 안전한 것인가! 어둠이 빛을 이길 수 없는 원리와 같은 확실한 보장이다. 진리는 거짓을 빛 가운데 폭로함으로 사라지게 만든다. 그 아들의 십자가는 죄를 소멸하고, 그의 부활 생명 안에서 의(義)는 더욱더 생명의 열매를 맺는다. 악한 자 마귀가 자신의 거짓과 불의, 살의와 어둠으로는 결단코 막을 수 없는 힘과 능력이다.

교회와 세상, 불편한 진실

두 번째로 하나님의 자녀들이, 그들의 중생한 본성, 즉, 그들 안에 있는 영원한 생명을 따라 알게 되는 것이 있다. 그것은 이 세상이 악한 자 아래 놓여 있다는 엄연한 사실이다. 비록, 하나님의 주권적인 통치 아래에서, 제한적이고도 일시적이지만, '온 세상'은 지금 악한 자 아래에 놓여 있다. 19절에서 '처해 있다'(케이타이, κεῖται)는 표현은 매우 세밀하고 정확한 표현이다. 이 세상이 그 악한 자 마귀의 것이라거나, 그에게 속해 있다거나, 영원토록 마귀의 것이라는 인상이 전혀 없는 표현이다. 잠시, 제한적으로, 그 악한 자가 이 세상을 하나님과 그의 백성의 손에서 빼앗아 간 것이다.

사실, '온 세상'이 그 악한 자 마귀에게 넘어간 것은, 첫 사람 아담이 하나님의 말씀을 버렸기 때문이었다. 하나님께서 말씀으로 창조하신 세상을 자기의 형상을 따라 지음 받은 사람에게 다스리라 하시고 그 원칙이 되는 말씀을 주셨는데, 인간이 그 말씀을 버린 것이다. 그 결과로 인간은 세상을 다스릴 능력도 잃었고, 말씀으로 지음 받은 그 세상도 잃어버렸다(창 2:15-17; 3:1-19). 이제 하나님은 어떻게 '온 세상'을 회복하시는가? 먼저 인간을 회복하심으로써 시작된다. 즉, 세상의 재창조는 인간을 새롭게 지으심으로써 시작되는 것이다. 왜 그런가? 세상을 악한 자 마귀에게 넘겨 준 원인이 인간에게 있었기 때문이다. 사람에게 무슨 문제가 있었는가? 하나님의 말씀을 버린 것이다.

그래서 온 세상을 회복하고자 하시는 하나님께서, 먼저 그 타락한 세상 속에 있는 사람을 찾아오신다. 아브라함과 노아와 모세를 찾아오신다. 무엇으로 찾아오시는가? '말씀'으로 찾아오신다. 왜 그런가? 인간이 말씀을 버린 데서 세상의 타락이 시작되었기 때문이다. 그래서 하나님은 인간을 '언약'(言約)으로 찾아오시는 것이다. 그 언약의 절정이 무엇인가? 말씀이 육신이 되신 사건이다. 곧 말씀 자체이신 그 아들이 세상에 오셨다. 그리고 하나님의 말씀을 모두 순종하는 첫 사람, 새 이스라엘이 되셨다(마 4:1-11; 요 19:30; 롬 5:12-21). 그 아들을 받는 것은, 곧 그 말씀을 받는 것이다. 그 말씀 안에 생명이 있고, 그 생명은 사람들의 빛이 되어, 사람들로 하여금 그들이 잃었던 모든 것을 깨닫게 한다(1:1-5; 요 1:1-4).

그래서 지금 19절이 말하는 대로, '하나님께로부터 난 우리들'은 '알고 있는' 것이다. 요한에게 있어서 영적 지식은 영적 생명에서 온다. 생각해 보라. 지식은 사실, 그 지식을 갖고 있는 생명에게 종속한다. 뱀이 알고 있는 지식은, 사람이 알고 있는 지식과는 다를 것이다. 알 수 있는 내용과 영역도 다르다. '하나님께로부터 난'(에크 투 떼우, ἐκ τοῦ θεοῦ)이라는 표현은, 하나님께 속한 자로서, 하나님과 생명적 관계에 있는 거듭난 자녀라는 의미이다. 그 아들을 믿음으로, 죄에서 벗어남으로써 그리고 부활 생명을 받음으로써, 죄로 인해 생겼던 무지와 지각 없음에서 해방되어, 그 생명이 주는 빛 가운데서 하나님과 하나님께 속한 영적인 것들을 분별하는 영적 지각을 갖게 된 것이다.

그 영적 지각으로 바라보니, 하나님의 자녀로서 자신의 소속과 '온 세상'이 처한 자리는, 마치 빛과 어둠처럼 다르다는 사실이 보이게 되는 것이다. 하지만 이것은 결단코 하나님의 자녀가 신앙적 독선과 오만을 가질 이유가 되지 않는다. 전혀 그 반대이다. 19절에서 지금 그 악한 자 아래에 놓여 있는 그 '온 세상'(호 코스모스 홀로스, ὁ κόσμος ὅλος)은 명확하게 하나님께서 자기 아들을 보내신 그 세상이며, 그 아들이 그것을 위하여 속죄 제물로 죽으신 바로 그 '온 세상'(2:2)이기 때문이다.

악한 자 아래에 놓인 세상 안에서, 죄와 죽음과 하나님 없는 허무에 붙들린, 그 한 사람 한 사람의 이웃들은, 바로 그들을 위하여 하나님께서 자기 아들을 내어 주신 그 사랑의 대상들이다. 사도 바울이 말한 대로, 이후로는 아무도 육체대로 알 수 없다(고후 5:16). 내 곁에 있는 믿음의 형제이든지, 주변에 믿지 않은 이웃이든지, 그들은 한 사람, 한 사람, 하나님께서 자기 아들을 내어 주기까지 사랑하신 사람이기 때문이다.

이것이 19절에서, 우리는 하나님께로부터 난 자이고 온 세상은 악한 자 아래 놓여 있다는 현 상황이 주는 의미이다. 우리는 빛 가운데 있고 그들은 어둠 속에 있다는 그 상황에 머물 수 없다. 물론, 교회와 세상이 소통할 수 없고, 소통이 되지 않는 차원이 분명히 있다. 하나님의 자녀들은, 진리의 말씀과 영원한 생명 그리고 아버지의 사랑을 누리는 코이노니아 안에 거하고 있다. 반면에 온 세상은 악한 자 아래, 그가 퍼뜨리는 거짓에 속고 그가 얽어매는 죄에 시달리며 그가 위협하는 죽음과 유혹하는 허무 가운데 붙잡혀 있다. 이런 상황에서, 우리가 받은 특권은 무엇이며 또한 사명은 무엇인가?

참생명, 참하나님

세 번째로 우리가 알고 있는 것은 20절에서 '하나님의 아들이 오셨다'는 사실이다. 그리고 그가 오셔서 우리에게 '지각을 주셨다는 것' 그래서 우리가 '진리를 알고 있다는 것'이며, 또한 '우리가 진리 안에, 그 아들 예수 그리스도 안에 있다는' 것이다. 마지막으로 우리가 아는 것은, 그 아들이 '참하나님이요, 영원한 생명'이시라는 사실이다.

우선, '하나님의 아들이 오셨다'는 것은 위에서 설명한바 그대로이다. 19절에서, '온 세상이 악한 자 아래 놓여 있다'는 말씀은, 요한일서를 이해하는 데 있어서 핵심적인 배경에 관한 지식을 제공하는 중요 구절이다. 이와 동일하게 요한일서를 이해하는 데 있어서 열쇠가 되는 본문은, 4:9 즉, '하나님이 그 아들을 세상에 보내셨다'는 말씀이다(또한, 4:10, 14). 이런 점에서 요한일서는, 요한복음 3:16에 대한 교회론적인 주해와 같다. 요한일서는, 하나님께서 그 아들을 육체로, 진짜로 세상에 보내셨다는 사실이 기독론뿐 아니라, 교회론에서 그리고 목회에 어떤 의미가 있는지를 알려 주기 때문이다. 하나님께서 그 아들을 세상에 '육체로' 보내신 것이 아니라면, 십자가의 죄 사함도 죽음을 이긴 부활도 무효화될 것이다.

그뿐 아니다. 교회란 결국 세상 속에서, 자기 안에 받아들인 그 영원한 생명과 아버지의 사랑을 육화(肉化)해서 나타내야만 한다. 하나님의 사랑을 받고 하나님을 사랑함이 없이 형제를 사랑하는 것은 불가능하거나 불완전한 일로 드러나곤 한다. 반대로, 형제 사랑, 이웃 사랑 없이 하나님을 사랑한다는 것은 전혀 불가능한 일이며 애초에 거짓된 일이다. 결국, 하나님 사랑과 형제 사랑을 분리시켜 둘 사이에 아무런 관계 없이 따로따로 행할 수 있는 것처럼 생각하고 행동하는 것은, 예수께서 육체로 오신 사실을 부인하는 거짓 가르침에 준하는 이단적인 주장과 방불한 것이 되고 만다.

예수 그리스도에 관한 교리는 결코 교리에 그치지 않는다. '하나님의 코이노니아'로서 교회가 그 교리를 공동체적으로 육화하여 보존하지 않으면, 그 교리는 종교적이고 추상적인 말의 집합에 불과하게 될 뿐이다. 하나님의 자녀 안에 있는 생명과 사랑은, 반드시, 지금, 여기에서, '나타나야만' 한다. 그 영원한 생명이 나타날 자리는, 하나님의 자녀 한 사람 한 사람이 서 있는 바로 그 세상 한복판의 그 자리이다.

또한, 신자가 그 아들을 믿음으로 받은 자기 안의 그 영원한 생명은 그에게 영적 지각을 준다. 인간 타락의 결과는 그 존재뿐 아니라 인식 능력에 있어서도 현저하게 나타난다. 죄와 죽음은 인간 존재만이 아니라, 그가 아는 것에도 그 짙은 어둠을 드리운다. 그래서 '무지'와 '무감각'은 타락한 인간 본성의 특징이다. 하나님에 대하여 무지하고, 그 아들과 진리에 대하여, 모든 바른 관계에 대하여 무지하다. 선하고 아름다운 것에 대하여, 무엇보다 긍휼에 대해 무감각하다. 그것이 세상이고 세상에 속한 사람의 특징이다.

그 아들의 생명과 그 아들을 주신 아버지의 사랑은, 하나님의 자녀 안에서, 참된 지식과 참된 감각을 일깨운다. 참된 지식을 알기 위해서는 IQ가 좋아야 하는 것이 아니라, 그 사람의 심령이 죄나 거짓, 왜곡된 사랑에서 벗어나야 한다. 사람이 죄 사함을 받을 때, 그의 심령에서 죽음의 그늘이 거두어진다. 그럴 때에 사람은, 그 죄 사함과 함께 받은 그리스도의 부활 생명의 빛 가운데서 참된 것들을 깨닫게 된다. 주변을 돌아보면, 성경이나 교회나 하나님에 대해 무엇인가를 많이 배우고 아는 듯하지만, 실상은 죽은 것같이 완고하고 전혀 성장하지 않는 교인들이 얼마나 많은가.

신자 안에 거하는 영적 생명과 그가 아는 지식은 서로 뗄 수 없이 연결되어 있다. 예컨대, 우리가 자신의 죄악 된 욕망을 변명하고 정당화하기 위해서 성경을 읽는다면, 아무리 읽어도 그 성경의 진리를 깨닫지 못하게 된다. 성경을 읽고 깨닫게 되는 지식은, 우리 안에 있는 영적 생명과 같은 본질을 갖고 있기 때문이다. 그래서 성경을 읽을 때, '어떻게 나의 욕망을 정당화할 것인가'가 아니라, '무엇을 욕망해야 옳은지' 알기 위해서 하나님의 말씀의 빛 아래 오래도록 머물러야 한다. 그럴 때에만 말씀의 진리와 생명이, 우리 안에 있는 영적 생명을 더욱 풍성하게 한다(벧후 1:19-21).

'하나님의 코이노니아'는 그 아들의 생명과 아버지의 사랑 안에 거하는 것인데, 그 나눔과 사귐을 가능하게 하시는 분은 '코이노니아의 영' 곧, 성령 하나님이시다. 성령님은 우리 안에서 그 아들과 아버지에 관해 증거하신다. 무엇보다, 새 언약의 하나님과 그의 백성 사이의 영적이고 내면적이며 실제적인 '상호 내주'(mutual indwelling)를 가능하게 하시는 것은 성령님 자신의 역사(役事)이다. 우리로 하여금 아버지 하나님과의 친교를 통해 그 넘치는 사랑을 알아 누리게 하시고, 그 사랑을 나누며 또 다른 친교로 나타내도록 이끄시는 분도 역시 성령님이시다.

'하나님이 우리 안에 거하신다'는 것은, 하나님이 우리의 하나님이 되어 주신다는 뜻이다. 그것은 비할 바 없는 복이다. 우리가 스스로 하나님이 될 필요 없이, 그분이 우리의 의와 거룩과 생명과 지혜, 능력과 영광이 되어 주시기 때문이다. '우리가 하나님 안에 거한다'는 것은, 우리가 하나님의 백성이 된다는 의미이다. 하나님의 뜻이 우리 자신의 소원이 되고, 그가 가시는 곳을 우리가 함께 따라가는 사귐이다. 그의 거룩을 따라 거룩의 길을 가고, 의를 따라 의를 행하고, 사랑을 따라 생명의 열매를 맺는 길을 가는 것이다.

마지막으로, 그 아들을 믿고 받은 자는 자기 안에 영원한 생명이 있음을 아는데, 그 아들 자신이 곧 영원한 생명의 실체라는 사실을 안다(1:2; 5:11-12). 왜냐하면 영원한 생명, 곧 새 하늘과 새 땅의 '썩지 않고 더럽지 않고 쇠하지 않는' 나라의 생명이란, 죄와 죽음과 허무를 벗어난 생명이고, 그것은 오직 그 아들의 십자가와 부활과 그가 주시는 성령을 통해서만 존재하기 때문이다. 20절은, 그 아들 예수 그리스도를 '영원한 생명'과 동일시할 뿐 아니라, '참하나님'(호 알레띠노스 떼오스, ὁ ἀληθινὸς θεὸς)으로 부른다. 요한은 종종 '참'이라는 수식어로 예수 그리스도를 묘사하기를 좋아한다. 예수 그리스도는 '참포도나무'요, '하늘로부터 내려온 참떡'이며, 세상에 와서 이미 비추고 있는 '참빛'이시다(요 15:1; 6:32; 요일 2:8).

이런 의미에서 '참'이란, '진짜, 원형'이라는 뜻이다. 원형이고 진짜인 하나님의 아들 예수 그리스도에 비교하면, 다른 것들은 단지 그가 오시기 전까지 그를 가리키던 모형(模型)이고 가짜라고 말하는 셈이다. 우리는 포도주를 마시지만, 일시적으로 취하기만 할 뿐이다. 포도주가 갈증을 해소하거나 영원토록 취하게 하는 즐거움을 주지는 못한다. 떡이나 밥도 마찬가지이다. 먹고 돌아서면 배고프고 다시 굶주린다.

빛은 어떠한가? 화려한 백화점의 불빛이 사람을 어디까지 만족시키는가? 불야성처럼 불을 밝힌 밤의 도시는, 참으로 우리의 온갖 두려움을 쫓아내는가? 멈출 줄 모르는 과학 문명의 이성(理性)의 빛은 과연 인류를 얼마나 이롭게 만들었는가? 정말 전쟁의 공포도 사라지게 했는가? 무엇이 참생명이고, 참기쁨이며, 참안식인가? 하나님은 자신을 떠나 죄와 죽음과 허무 아래 갇힌 세상을 살리기 위해, 그 아들을 보내셨다. 하나님이 주신 해법은 그 아들이다. 그 아들 안에, 참생명과 참기쁨과 참안식이 있기 때문이다.

지키심과 지켜 냄

21절에서 경고하는 '우상'은 정확히 20절의 '참하나님'이신 그 아들 예수 그리스도와 극명한 대조를 이룬다. '우상'(에이돌론, εἰδώλων)은 하나님이 아니다. 가짜요, 기껏해야 모형이라는 것이다. '하나님이라면 이랬으면 좋겠다'는 식으로, 타락한 인간 안에 남아 있는 하나님께 대한 파편적이고 왜곡된 지식을 어림잡아 투영(projection)해서 만든 무력하고 부정확한 신(神)인 것이다. 왜 우상을 헛되다고 하는가? 적어도 18-21절 전체의 문맥 안에서 이런 우상들은 그것을 숭배하는 사람들로 하여금 거짓이나 죄에서 벗어나게 하지 못하며, 사망이나 허무에서 그리고 무엇보다 세상을 장악한 악한 자 마귀의 지배 아래서 결코 해방시켜 주지 못하는 가짜 신들이기 때문이다.

이런 대조적인 구도 안에서 비교할 때, 하나님께서 세상에 보내신 '그 독생하신 아들'이신 예수 그리스도가 '참하나님'이시라는 표현이 가장 적절하게 이해된다. 이 세상에서는 오직 그 아들 예수 그리스도만이 '하나님 아버지'를 가장 정확히 계시하시는 유일한 '신의 형상'이기 때문이다. 인간이 만들어 자의적으로 숭배하는 다른 우상들은 모두, 참하나님을 올바로 나타내지도, 온전히 알게 하지도 못하기 때문이다. 반면에, 예수 그리스도는 하나님 아버지의 독생하신 아들로서, 하나님께서 자신을 스스로 계시하시기 위하여, 자기의 품에서부터 세상으로 보내신 하나님의 '자기 계시'(self-revelation)의 자체요 그 절정이다(1:1-2; 마 11:27; 요 1:18; 10:30; 20:28; 히 1:1-2).

그렇다면 구체적으로, 21절에서 '우상들'이 가리키는 바는 무엇인가? 무엇이 예수 그리스도를 대신해서 가짜요 헛된 신(神) 노릇을 한다는 것인가? 첫번째로는, 이를 '문자적으로' 취해서, 당시 많은 신들을 섬겼던 로마 사회 속에서 우상에게 절하고 제물을 바치며 그 제물을 함께 먹을 것을 강요했던 핍박의 상황을 가리킨다고 보기도 한다(고전 8:1-13; 계 2:9-10, 20). 요한일서의 수신자 교회들이 소아시아에 있던 에베소 교회를 중심으로 한 공동체들이라고 보면, 당시 다신교적 로마 사회에서 우상 숭배에 대한 유혹이나 핍박의 정황도 얼마든지 가능한 배경이 될 수 있다.

둘째로, 만일 우상들이 '상징적 표현'으로서, 종종 고전 헬라어에서 그런 것처럼, '거짓된, 그래서 실재하는 것이 아닌 허상(illusion)'을 의미한다면, 이는 요한일서에서 예수 그리스도께서 '육체로' 오신 것을 부인하는 적대자들인 '가현설적 이단'을 가리킬 수도 있다. 사실 가현설적 이단으로 보는 편이 요한일서의 자체 정황에는 잘 들어맞고 상당한 설득력이 있다. 하지만 21절의 '우상들'을 문자적으로 보든 상징적으로 보든, 어떤 경우도 배제하기는 어렵다.

셋째로, 21절의 우상들이 언급되는 인접한 '문맥'을 살펴보면 보다 포괄적이면서도 중요한 메시지가 드러남을 알게 된다. 즉, '우상들'은 '악한 자 아래 놓여 있는 세상'(5:19) 속에서 '거짓 신들'의 역할을 맡은 허수아비들이라는 것이다. 결국은 세상 사람들과 또한 하나님의 자녀들까지 유혹하고 미혹하여 진리의 길을 벗어나게 하며, 때로는 핍박까지 서슴지 않는, 잘못된 사랑의 대상들이다. 세상 속에서 가짜 신들로 서 있는 저 '우상들'이 무엇이건 간에, 그 '우상들'은 그것을 숭배하고 따르고 사랑하는 자들에게, 결단코 참된 것, 진리나 생명을 주지 못하는 허깨비들이라는 것이 초점이다.

그렇다면 어떻게 하는 것이, 하나님의 자녀들이 '우상들로부터 자신을 안전하게 지켜 내는' 길인가? 21절에서 '안전하게 지켜 내십시오'(풀락싸테, φυλάξατε)라는 표현은, 마치 파수꾼이 포도원을 지키듯이, 심지어 감옥의 간수가 죄수를 지키듯이, 말하자면 경비원이 관공서나 은행의 주변을 항시 살피며 지키듯이 그렇게 지키는 것을 뜻한다. 자나 깨나 조심하여 살피고 지켜야 하는 것은 무엇인가? 핵심은, 진리나 생명이나 참된 사랑을 줄 수 없는 '이 세상이나 이 세상에 있는 것들을' 사랑하는 '잘못된 사랑'으로부터 깨어 살피며 '자신을' 지켜야 한다는 것이다. 잘못된 대상을, 잘못된 방법으로, 잘못된 목적을 위하여, 잘못된 동기로 사랑하는 것이, 모든 거짓과 죄와 증오와 죽음과 허무의 뿌리이기 때문이다(2:15-17).

요한일서가 말하는 '그 아들의 생명과 아버지와의 사랑의 코이노니아'는, 그 안에 거하는 자에게 참된 생명과 진리의 지식을 선물한다. 죄 사함과 부활 생명을 통해 얻어 누리는 그 영원한 생명은 우리에게 참된 지각을 주고, 그 영적인 지각을 통해 우리는 진리의 말씀, 생명의 말씀을 먹고 마신다. 무엇보다, 그 아들을 우리에게 주신 그 아버지의 사랑을 받고, 그 사랑 안에 거하며, 그 사랑으로 우리의 모든 사랑들을 치유하고 회복해서, 그 아버지의 사랑을 그 아들의 생명과 함께 형제들에게, 그리고 세상의 이웃들을 향하여 이 세상 한복판으로 흘려 보낸다. 그것이, 악한 자로부터 우리 자신을 '지키시는' 그 아들의 생명과 아버지의 사랑을 누리며, 그것으로 또한 우리 자신을 가장 확실하고 안전하게 '지켜 내는' 코이노니아, 곧 교회의 삶이다.

우리 다시 만날 때까지

악질 전염병 때문에 함께 모이는 일이 어려워지면서부터 가끔씩, 중세의 수도원에서 신앙을 유지했던 수도승들이 떠오르곤 했다. 정기적인 기도 시간, 짧고 간결한 만남, 때로 긴 침묵의 시간, 말없는 노동, 절제를 통해 더욱 풍성하게 열리는 내면과 영적 세계를 추구함으로, 다시금 하나님의 아름답고 거룩한 세계의 질서를 되찾아 갔던 그 신앙 말이다.

얼굴과 얼굴을 보고 마주 앉는 것 역시, 마음과 마음이 마주하는 진실한 만남에 열려 있을 때에만 유익할 뿐이다. 왜냐하면 실제로 만나도 만나지지 않는, 수없는 공허한 만남들이 있기 때문이다. 오히려 대면으로 만날 때, 그 만남에 반드시 있어야 할 진실한 만남의 요소들, 예컨대, 경청할 시간, 생각할 여유, 서두르지 않는 말, 내 속의 거짓을 거를 시간이 없는 경우가 많다. 이런 것들이 없어지면, 그 만남은 자주 무익한 다툼이 된다.

3시간을 만나도 만남이 없는 만남도 있고, 3분을 만나도 진짜 만나는 만남도 있다. 대면으로 만나 예배드리며, '모이자. 돈 내자. 집 짓자'가 전부였던 시절도 있었다. 얼굴과 얼굴을 맞대고 만난다고 해서 만남이 보장되는 것이 아니듯이, 교회로 한자리에 모인다고 해서 코이노니아가 저절로 되는 것도 아니다.

코이노니아로서의 교회 안에는 반드시 예수 그리스도의 임재가 그 중심에 있어야 한다. 말씀의 임재와 그 말씀을 통해 온갖 거짓과 상처, 위선과 모순, 죄 된 욕망으로부터 우리를 해방하시고 자유하게 하시는 성령의 역사가 코이노니아의 중심에서 일어나야 하기 때문이다. 진실한 말씀의 나눔과 성령의 살아 있는 역사, 치유하고 회복하시는 역사가 없다면, 코이노니아는 대면으로 만날지라도 유흥에 그칠 뿐이다.

그렇다고 비대면으로 서로 떨어져 있다고 해서 저절로 진실한 만남이 되리라는 법도 없다. 교회가 흩어져 있는 상태에서, 말씀과 성령, 생명과 사랑의 나눔이 역사하는 코이노니아가 절로 되리라는 보장 역시 없기 때문이다. 하지만 서로를 직접 만나지 못할 때, 그 빈자리에서, 우리는 그간 잊고 지냈던 참된 코이노니아가 스며 들어올 빈 틈, 그 뜻밖의 공간을 맞이할 수는 있다.

상대의 말을 좀 더 오래 생각할 시간, 잘 들리지 않아서 더 경청해 볼 수 있는 공간, 내 말도 조금 가려서 하고 걸러서 해 볼 여유, 온갖 행사가 사라진 자리에서 펼친 성경, 예배를 보아도 허전했던 감정의 공백 속에서 열리는 기도, 하나님께 대한 갈망, 전염병과 불안, 싸움과 혼란의 세상에서 눈을 들어 바라보게 되는 새 하늘과 새 땅, 그 희망, 지금 나는, 우리는, 여기서, 어떻게 그 영원한 생명을 살아야 할까에 대한 묵상, 깊은 기도와 작지만 진실한 실천.

이런 요소들이, 교회를 깊게 할 것이다. 교회는 코이노니아이므로, 코이노니아가 깊어질 때 교회도 깊어질 것이다. 자기 언약 백성으로부터 자주 자신을 감추시고, 보이지 않게 하시고, 그 백성을 어둠 가운데 놓아두셨던 하나님, 우리가 더욱 그분을 찾고 그리워하고 갈망하게 하셨던 하나님, 그렇게 우리를 길러 오셨던 하나님께서, 오늘도 우리를 이 어둠과 고독 가운데서 더욱 그분께 가까이 이끌어 주시기를.

기도한다. 길어지는 비대면의 침묵이 주는 뜻밖의 만남들이, '얼굴과 얼굴을 맞댄' 우리의 코이노니아를, 그 이전과는 같지 않게 하기를. 더욱 진실하고 풍성하게 하기를. 그때까지, 우리 다시 만날 때까지, 하나님이 우리 모두와 함께하시기를.

에필로그

Koinonia and Cosmos

코이노니아, 커버넌트의 성취를 통한, 코스모스의 회복

코이노니아와 코스모스

'코스모스'의 본질은 '코이노니아'이다. 그것이 '동산'(garden)에서 시작하는 창세기부터 '도시'(city)로 끝나는 요한계시록까지 성경이 알려 주는 피조 세계의 본질이다. 공간(空間)이란 무엇인가? 성경은, 우주뿐 아니라 소우주(microcosmos)로서 사람의 몸도, '성전'(temple)처럼 '하나님과 사람, 사람과 사람 사이의 코이노니아'를 그 본질로 갖고 있음을 시사한다.

그러니까 모든 것들의 중심에는 '인격 간의 사랑'이 놓여 있다. 그래서 모든 것들이 파괴되는 비극의 발단에는, '인격의 파괴'와 '사랑의 파괴'가 있는 것이다. 그렇다면 모든 것들의 회복, 즉, 코스모스의 회복이란, 인격의 회복과 인격 간의 사랑의 관계, 곧 코이노니아의 회복을 의미할 것이다. 이것이 요한일서의 골자이다.

코스모스는 처음부터 단순히 물질 덩어리가 아니다. '정사들과 권세들과 천사들'과 분리된 우주는 존재하지 않는다. 그것은 하나님이시요 동시에 육체로 세상에 오신 예수 그리스도를 둘로 분리시키는 것만큼이나 낯선 일이다. 우주를 바라볼 때, 땅에서부터 시작하면, 흙먼지와 같은 태초가 보일 것이다. 모든 것을 인간의 경험과 제한된 이성(理性)의 '한쪽 눈'으로만 보면, 고대인들이나 성경의 기자들이 '두 눈'을 뜨고 보았던 그 원래부터의 '인격적 우주'는 보이지 않을 것이다.

태초에 삼위 하나님이 계셨고, 영원한 생명과 사랑의 코이노니아가 있었다. 이것이 피조 된 코스모스의 시작이고, 말씀으로 창조된 코스모스의 구조이며, 지금은 '악한 자의 손에 떨어진 타락한 코스모스'의 회복이 시작되는 지점이다(5:19). 그래서 회복된 코스모스인 '새 하늘과 새 땅'은, 지금, 여기, 이 땅에 있는 '하나님의 코이노니아'로부터 시작하는 것이다. 왜 코스모스의 회복이 코이노니아의 회복에 달려 있는가?

코스모스와 커버넌트

코스모스의 타락이, 코이노니아의 타락으로 비롯되었기 때문이다. 재창조는 창조의 역순이다. 코이노니아가 회복되지 않는다면, 새 하늘과 새 땅도 그저 황량한 새 벌판에 불과할 것이다. 언약(covenant)이란 무엇인가? 하나님과 그의 백성의 회복된 관계, 회복된 코이노니아이다. 코스모스의 운명은 바로 여기에 달려 있는 것이다. 그래서 하나님은 '언약'을 통해 자기 백성의 하나님이 되시고, 그 백성 안에 친히 거하고자 하셨다. 그것이 구약과 신약에 나타난, 옛 언약들과 그 언약들을 갱신한, 새 언약의 역사이다.

요한일서는 그 새 언약이 성취된 종말론적인 실재(eschatological reality)가 바로, '그 아들과 아버지, 그리고 우리와 너희의 코이노니아'라는 사실을 보여 준다. 그 '코이노니아' 안에 무엇이 있는가? 새 언약 백성의 심령 안에 친히 기록된 말씀과 영원히 내주(indwelling)하시는 성령을 통해, 그들 안에 역사하는 그 아들의 '영원한 생명'이 있다. 그리고 그 아들을 이 '악한 자의 코스모스'에 보내신 그 '아버지의 사랑'이 부어져 있다. 무엇보다, 그 아들의 생명과 아버지의 사랑을 알게 하시고 누리게 하시며 나누게 하시는 '코이노니아의 영'이신 성령이 친히 거하고 계신다.

그러니까 요한일서의 '코이노니아'는, '하나님의 장막이 사람들과 함께 있으매, 하나님이 그들과 함께 계시리니 그들은 하나님의 백성이 되고, 하나님은 친히 그들과 함께 계셔서'(계 21:3)라는 새 하늘과 새 땅의 실재가 이미, 지금, 여기에, 이 땅에 와 있는 종말의 선취적(先取的) 실현이요 증거이다. 요한이 자주 '영원한 생명'이라고 부르는 그 구원의 실체가 이것이다. 세상은 이미 끝난 것이다. 악한 자의 코스모스는 지금도 사라지는 중이다. 새 하늘과 새 땅의 코스모스가 이미 이 땅의 '코이노니아' 안에 들어와 있기 때문이다. 참 빛이 이미 왔고, 어둠은 쫓겨나고 있으며, 이 세상도 그 정욕도 모두 지나가고 있다. 영원한 생명의 통치가 시작되었다. 이것이 요한일서가 선포하는 기쁜 소식, 복음이다.

교회란 무엇인가?

신약에서 교회는 종종 '에클레시아'로 불린다. '에클레시아'가 '어디로부터(from) 부름을 받아 나온' 언약 공동체라면, '코이노니아'는 그래서 '어디로 들어간(into)' 언약 공동체이다. 그렇다면 '어디로 들어간' 것인가? 영원하신 삼위 하나님 자신의 코이노니아 안으로 들어가, 거기에 참여하게 되었다는 것이다! 이것이 요한일서가 교회에 관해 전하는 가장 황홀하고 기쁜 소식이다. 교회란, 죄와 죽음과 허무가 특징인 '악한 자의 코스모스'에서 구출되어, 영원하신 '삼위 하나님의 코이노니아' 안으로 들어간 그의 언약 백성이다. 요한일서는 교회를 이렇게 정의하는 것이다.

그러니까, '코이노니아'는 세상으로부터 나와 세상으로 보내어진 그 에클레시아의 본질, 그 내용이다. 코이노니아 없는 에클레시아는, 그래서, 껍데기라는 것이다. '그 아들과 아버지와 성령의 코이노니아'가 실제로 살아 있지 않은 교회, 각 성도가 '인격'으로 회복되는 것이 아니라, 숫자와 재물과 지위로 환원되는 교회, 그 안에 그 아들의 영원한 생명과 아버지의 사랑이 아니라, 세상의 복과 세상의 사랑이 '차별의 피라미드'로 지배하는 교회는, 그러므로 세상 속에서 '에클레시아'로 존재할 수도 없고 그 사명을 감당할 수도 없다.

비대면이냐 대면이냐가 교회의 본질을 결정하지도 않는다. 큰 예배당 건물 안에 대면으로 모이는 자체가 참된 코이노니아를 보장하지는 않기 때문이다. 반대로 비대면으로 흩어진다 해서 참된 코이노니아가 보장되는 것도 아니다. 가능하다면, 전인격적으로 만나 참된 코이노니아를 이룰 수 있을 만큼의 규모로 모이는 성도의 공동체가 이상적일 것이다. 점점 더 초(超)기술이 일상이 되는 비대면 사회가 되어 갈수록, 하나님 안에서 인격과 인격이 만나 그 생명과 사랑의 사귐 안에서 변화되는 코이노니아 공동체로서의 교회는, 메마른 사막에서 마시는 생수처럼 더욱 절실해지리라.

이제 예수 믿고 '세상을 얻는' 복음, 온 교회를 시험 들게 했던 왜곡되고 변질된 복음의 시대는 끝났다. 예수 믿고 세상을 얻었는데, 마치 '썩은 사과'를 트럭으로 쌓아 놓고 먹어 버린 사람들처럼, 교회는 세상으로 배불렀지만 동시에 많은 병도 얻었다. 복음으로 돌아가야 한다. 다시, 십자가의 복음, 행위가 아니라 은혜로 구원받는 복음, '이신칭의'의 복음뿐 아니라, '그 아들과 아버지와의 코이노니아'가 누리게 하는 '생명과 사랑'의 충만으로, '말씀의 생명 안에서 사랑과 영원을 누리고 나누는 코이노니아'의 복음으로도 돌아가야 한다.

한 '개인'이 칭의, 성화, 영화되는 복음만이 아니라, 코이노니아로서의 '공동체'가 새 하늘과 새 땅, 이 더럽고 썩어지고 허무한 코스모스의 대안이 되는 희망의 복음으로 돌아가야 한다. '오직 성경'으로 돌아가되, 율법의 저주로부터의 구원을 선포할 뿐 아니라, 코스모스로부터의 구원을 선포하는 '모든 성경'(*Tota Scriptura*)으로 돌아가야 한다. 그래야, 교회는 오늘날 맹렬히 도전해 오는 세속적 시대정신의 다양하고도 날카로운 공격을 막아 내고, 지금, 여기서 승리할 온전한 말씀의 검을 얻게 될 것이다.

교회를 '예배당 건물'로 치환하고, 건물의 크기를 성공의 상징으로 숭상하는 시대는 지나갔다. 물리적 공간이 필요하지만, 교회의 본질은 '코이노니아'의 존재 유무에 달려 있다. 교회 건축이란 성도의 건축이다. 성도의 공동체 안에 그 아들의 영원한 생명이 있는지, 그 아들을 세상에 보내신 아버지의 사랑이 그곳에 쏟아부어져 흐르고 있는지가 결정적이다.

그 안에 코이노니아의 영이신 성령께서 그들을 온갖 두려움에서 해방하시고 치유하시며, 아버지의 사랑 안에서 성장하게 하시는 회복의 역사가 일어나고 있는지가 결정적이다. 이 '악한 자의 코스모스' 안에서 마치 '물건'처럼 취급당하며 살고 있던 사람이, '하나님의 코이노니아' 안에 들어와 그 아들의 생명을 통해 비로소 '인격'이 되는 일, 그 인격들 간에 아버지의 사랑을 나누는 그런 공동체가 되느냐가 관건인 것이다.

무엇을 재건할 것인가?

결국, 코이노니아로서의 교회란, 그 아들의 생명을 받아, 아버지를 알고, 그 아버지의 사랑을 받으며 그 사랑 안에 함께 거하는 공동체이다. 그 사랑으로 자신들의 모든 왜곡된 사랑들을 치유받고, 그 아버지의 사랑으로 사랑하기를 배우며 성장해서, 그 생명과 사랑을 이 코스모스 안으로 흘려 보내는 '만남과 사귐과 나눔'을 본질로 한다. 우리가 그 아들의 생명과 아버지의 사랑 안에서 만나, 삼위 하나님과 더불어 사귀고, 그 생명과 사랑을 세상과 나눌 때에, 거기에 또 다른 코이노니아의 회복, 곧 새로운 코스모스의 창조가 시작되기 때문이다.

교회란 무엇인가? 이 질문에 대한 대답이 '코이노니아'라면, 세미나나 학회나 토론은 크게 도움이 되지 않을 것이다. 그 대신, 당신 자신이 그 아들 예수 그리스도를 받아들여야 한다. 그와의 진실한 만남과 사귐 안에 직접 뛰어들어야 한다. 아버지의 사랑으로 당신의 심령을 채우고 그 사랑에 이끌리고 휘말려야 한다. 그런 신자들이 모여서, 그 생명의 말씀을 중심에 놓고 거기서 밝게 타오르는 은혜와 진리, 아버지의 사랑의 모닥불 주변에 모여 그 사랑을 나누고 흘려 보내는 살아 있는 교제(communion)를 누리는 일이 일어나야 한다.

코이노니아는 코이노니아를 낳는다. 그래서 코이노니아는 열린 공동체이다. 코이노니아는 나눔과 사귐의 방식으로만 존재하기 때문이다. 요한일서의 가장 큰 주장은, '하나님께서 그 아들을 육체로 세상에 보내셨다'는 사실이다(2:22; 4:2). '육체로'가 결정적이다. 그 영원한 생명도, 그 아들을 보내신 아버지의 사랑도, 모두 '육체로' 세상 한복판에, 죄와 죽음과 허무가 지배하는 이곳에, 그 아들의 찢긴 살과 흘리신 물과 피로, 부활 생명의 육체로 '실제로 나타나셨다.'

1세기 당시 로마 사회에서 구원이란, 철학에서든지 초기 영지주의에서든지, '육체를 벗어나는 것'이었다. '육체는 영혼의 감옥'이었기 때문이다. 인구의 3분의 1이 노예였던 사회에서, 자유와 구원이란 이런 감옥 같은 육체를 벗어나고, 영혼을 가두는 물질세계에서 영원히 벗어나는 것이었다.

바로 이런 곳에, 하나님께서 '세상을 이처럼 사랑하사' 그 아들을 '육체로' 보내셨다. 그 아들은 육체로 와서 육체로 죽으시고 육체로 부활하셨다. 세상은 더 이상 버려진 곳이 아니라, 아버지 하나님께서 '이처럼 사랑하신' 대상이다. 구원이란, 이 세상을 떠나 육체를 벗고 어디 저 멀리 있는 천당에 가는 것이 아니다. 육체 안으로, 세상 안으로 들어온, 그 아들의 생명과 빛과 진리, 그 아버지의 사랑의 침투이다.

사망은 끝내 생명에 온전히 삼킨 바 될 것이다. 장차 온전히 임할 새 하늘과 새 땅, '더럽지 않고 썩지 않고 쇠하지 않는' 하늘의 유업은, '육체로 오신'

그 아들의 십자가와 부활 그리고 그가 승천하셔서 이 땅에 보내신 성령의 임재를 통해, 이미 전격적으로 이 세상 안으로 들어왔다. 교회란 바로 이 '더럽지 않고 썩지 않고 영원한' 말씀의 생명으로 거듭난 자들이다.

이렇듯, 하늘의 나라, 종말의 영원한 나라는, 이미 이 땅에 임했고, 임하고 있고, 온전히 임할 것이다. 마찬가지로, 새 하늘과 새 땅의 생명을 받아 거듭난 하나님의 자녀들이 누리는 코이노니아는, 그들 안에 있는 영원한 생명을 지금, 여기, 세상 한복판에서, 그들의 육체로, 그들의 삶으로, 그들의 일상으로, 나타내야만 한다. 구원은 그래서 '나타내는' 것이다. '이미' 받은 칭의만도 아니요, '장차' 완성될 성화나 영화만도 아니다. 구원은 그 '영원한 생명'이 우리 안에 있다는 사실뿐 아니라, 그 사실을 아버지의 사랑 안에서 성령을 통해 '알고, 누리고, 드러내' 열매 맺는 코이노니아의 삶 자체이다.

요한일서는 그래서 '생명신학'이고, '사랑의 신학'이면서, 또한 '나타남'의 신학이다. 영원한 생명을 가진 성도가 아무리 구원을 '확신'한다 해도, 스스로 확신한 믿음의 내용이, 단지 하나님을 사랑하는 것만이 아니라, 또한 '형제 사랑, 이웃 사랑'으로 나타나지 않으면 '확실한 증거'가 없는 구원에 그친다. 나타난 '증거'가 없다면, 우리가 '확신'하는 구원이 진짜인지 가짜인지 확인할 길이 없다. 성령의 내적 확증은 반드시 형제 사랑과 이웃 사랑의 증거로 '나타나게' 되어 있기 때문이다. 육체로, 삶으로 나타나지 않는 구원을 주장하는 것은, 마치 하나님의 아들이 '육체로', 즉 '물과 피'로 오신 것이 아니라고 주장하는 '가현설적'(docetic) 거짓 가르침을 실제적으로 받아들이는 것과 다름없다.

하나님이 그 아들을 세상에 보내셨다는 사실, 즉, 그래서 그 아들이 실제로 '육체로' 세상에 오셨다는 사실은, 교회론적으로, 윤리적으로, 공동체적으로 나타나야 한다. 모든 초점이, 지금, 여기에, 우리의 육체와 삶으로 나타내는 그 현장에 놓여 있다. 영원으로 가는 것이 아니라, 이미 받은 그 영원을 이 순간으로 밀어 넣어 끝내 진실하게 나타내는 것, 그것이 교회의 사명이다. 코이노니아에 속하고 이를 누리고 있지 않으면 감당할 수 없는 사명이다. 영원한 생명도, 천사들도, 하나님도, 새 하늘과 새 땅도, 지금 여기서 '회복된 새 에덴' 곧 '새 언약의 영적이고, 내면적인 코이노니아'를 누리는 교회가 과연, 그 영원한 생명을 끝내 육화(incarnate)하는지를 지켜보고 있다. 모든 것이, 온 우주와 종말이, 바로 여기에 달려 있다.

교회란 무엇인가? 우리는 무엇을 재건해야 하는가? 예배당 건물도, 교회 직제도 아닐 것이다. 그런 것들은 필요한 대로 세워야 하지만, 진짜 재건되어야 하는 것은, 눈에 보이지도 않고 손에 잡히지도 않는 '코이노니아'로서의 교회이다. 그 영적이고 내면적인 '새 하늘과 새 땅의 코이노니아'가 드디어 눈에 보이고 손에 잡히는 생명과 사랑의 증거들로 나타날 때까지, 다시 교회를 세워 가야 한다. 이미, 삼위 하나님이 시작하셨고, 여전히 세워 가고 계시고, 끝내 온전히 세우실 것이다.

"전능하신 하나님 아버지, 황량한 광야 같은 이 세상, 모든 진리와 의와 생명과 사랑이 무너진 곳, 타들어 가는 마른 땅처럼 말라비틀어져 가는 우리의 심령과 삶의 한복판에, 그 아들을 보내어 주심을 감사합니다. 그 생명으로 살아나게 하여 주옵소서. 그 사랑으로 사랑받고 그 사랑 안에 거하며 그 사랑으로 사랑하게 하여 주옵소서. 우리와 함께 영원토록 거하시며, 우리도 주와 함께 영원토록 살게 하옵소서!"

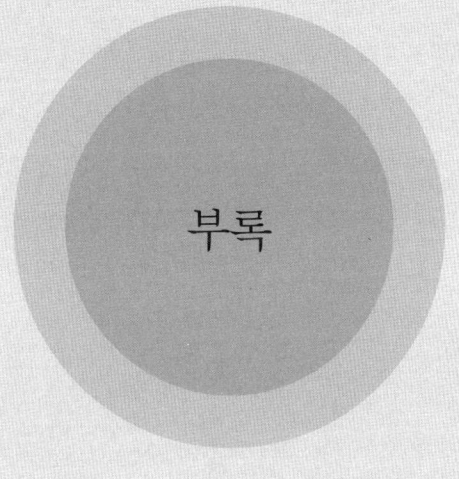

부록

Koinonia and Cosmos

요한일서 저자 사역

[1장]

1절 그것은 태초부터 있어 온, 우리가 들었고 우리 눈으로 보았던 것, 그리고 주목하여 우리 손으로 만진 바 되었던 그 생명의 말씀에 관한 것입니다.

2절 그리고 그 생명은 나타내신 바 되었고, 우리는 보았으므로 증거하여 여러분에게 그 영원한 생명을 전하는데, 이는 아버지와 함께 있다가 우리에게 나타내신 바 된 것입니다.

3절 우리는 보았고 들었던 것을 여러분에게 전하고 있습니다. 이는 여러분도 우리와 함께 사귐을 가지게 하려는 것이며, 이는 우리 아버지와 그 아들 예수 그리스도와 함께하는 사귐입니다.

4절 무엇보다, 이것을 우리가 여러분께 쓰는 것은 우리의 기쁨이 충만하게 하려 함입니다.

5절 그리고 이것이 우리가 그에게서 듣고 여러분에게 전하는 소식입니다. 하나님은 빛이시며 그에게는 어둠이 결단코 조금도 없으시다는 것입니다.

6절 만일 우리가 그와 더불어 사귐을 가지고 있다고 말하면서 어둠 가운데 행하고 다니면, 우리는 거짓되고 진리를 행하지 않는 것입니다.

7절 하지만 만일 그가 빛 가운데 계신 것같이 우리도 그 빛 안에서 행하고 다니면, 우리가 서로 사귐을 갖고 또한 그의 아들 예수의 피가 우리를 모든 죄에서 깨끗하게 합니다.

8절 만일 우리가 죄가 없다고 말하면 스스로를 속이는 것이요, 진리가 우리 안에 있지 않습니다.

9절 만일 우리가 우리의 죄들을 자백하면, 그는 신실하시고 의로우시므로 우리에게 그 죄를 사해 주시고 우리를 모든 불의에서 깨끗하게 해 주실 것입니다.

10절 만일 우리가 죄를 지은 적이 없다고 하면, 우리는 그를 거짓말쟁이로 만드는 것이요, 또한 그의 말씀이 우리 안에 없는 것입니다.

[2장]

1절 나의 자녀들이여, 내가 이것을 여러분에게 쓰는 것은 여러분이 죄를 짓지 않게 하기 위함입니다. 하지만 만일 누가 죄를 지으면, 아버지 앞에서 변호하시는 분이 우리에게 있으니, 곧 의로우신 예수 그리스도이십니다.

2절 그는 또한 우리의 죄를 위한 속죄 제물이시니, 단지 우리의 죄뿐 아니라 온 세상의 죄를 위한 것입니다.

3절 그리고 우리가 그의 계명을 지킨다면 이로써, 우리는 우리가 그를 알았다는 사실을 알게 됩니다.

4절 그를 알고 있다고 말하는 자가 그의 계명을 지키지 않는다면, 그 사람은 거짓말쟁이요, 이로써 자기 안에 진리가 없는 것입니다.

5절 하지만 그의 말씀을 지키는 자라면, 이로써 하나님의 사랑이 참으로 온전하게 된 것이고, 우리가 그의 안에 있다는 것을 이로써 아는 것입니다.

6절 그의 안에 거하고 있다고 말하는 자는, 저가 그와 같이 행하신 것처럼 자신도 이렇게 행하여야 마땅합니다.

7절 사랑하는 여러분, 내가 여러분에게 쓰는 것은 새 계명이 아니라, 여러분이 처음부터 가지고 있던 옛 계명입니다. 그 옛 계명은 여러분이 들었던 그 말씀입니다.

8절 내가 다시 새 계명을 쓰는 것은, 이것이 그의 안에서와 우리 안에서 참되고, 이미 참빛이 비치며 어둠이 지나가고 있기 때문입니다.

9절 빛 가운데 있다고 말하면서도 그의 형제를 미워하는 자는 아직까지 어둠 가운데 있는 사람입니다.

10절 그의 형제를 사랑하는 자는 빛 가운데 거하고 그의 안에 실족하게 하는 것이 없습니다.

11절 그의 형제를 미워하는 자는 어둠 가운데 있고 그 어둠 안에서 행하여 어디로 가는지를 알지 못합니다. 왜냐하면 어둠이 그의 눈을 멀게 하였기 때문입니다.

12절 자녀들이여, 나는 여러분에게 씁니다. 그의 이름으로 인해 여러분에 죄가 사해졌습니다.

13절 아비들이여, 나는 여러분에게 씁니다. 여러분은 태초부터 계신 그를 알고 있습니다. 청년들이여, 나는 여러분에게 씁니다. 여러분은 그 악한 자를 이겼습니다.

14절 아이들이여, 내가 여러분에게 쓴 것은, 여러분이 아버지를 알게 되었다는 것이며, 아비들이여, 내가 여러분에게 쓴 것은 여러분이 태초부터 계신 이를 알고 있다는 것이며, 청년들이여, 내가 여러분에게 쓴 것은, 여러분이 강하고 하나님의 말씀이 여러분 안에 거하고 있으며 여러분이 그 악한 자를 이겼다는 것입니다.

15절 여러분은 세상이나 그 세상 안에 있는 것들을 사랑하지 마십시오. 만일 누구든지 세상을 사랑하면 아버지의 사랑이 그의 안에 있지 않은 것입니다.

16절 왜냐하면 세상에 있는 모든 것, 육신의 정욕과 안목의 정욕과 이 생의 자랑은 아버지께로부터 온 것이 아니라 세상으로부터 온 것이기 때문입니다.

17절 무엇보다 이 세상은 지나가고 있으며, 그 정욕도 마찬가지입니다. 하지만 하나님의 뜻을 행하는 자는 영원히 거할 것입니다.

18절 아이들이여, 지금이 마지막 때입니다. 그래서 이와 같이 적그리스도가 온다는 것을 여러분이 들었습니다. 그리고 이제 많은 적그리스도들이 생겨났습니다. 이로써 마지막 때라는 것을 우리가 압니다.

19절 저들은 우리에게서 나갔으나 우리에게서 난 자들이 아닙니다. 만일 우리에게서 난 자들이라면, 우리와 함께 머물렀을 것입니다. 그러나 저들에 관한 모든 것이 우리에게서 난 것이 아님이 나타내진 것입니다.

20절 그러나 여러분은 거룩한 자에게서 기름 부음을 받아 모든 것을 알고 있습니다.

21절 내가 여러분에게 쓴 것은 여러분이 진리를 알지 못하기 때문이 아니라, 여러분이 그것을 알고 또 모든 거짓은 진리로부터 나오지 않음을 알고 있기 때문입니다.

22절 만일 예수께서 그리스도이심을 부인하는 자가 거짓말하는 자가 아니면 누가 거짓말하는 자이겠습니까? 그는 적그리스도이며, 아버지와 아들을 부인하는 자입니다.

23절 누구든지 그 아들을 부인하는 자는 그 아버지를 가지고 있지 않고, 그 아들을 고백하는 자는 그 아버지를 가졌습니다.

²⁴절 여러분이 처음부터 들었던 것이, 여러분 안에 거하게 하십시오. 만일 처음부터 들은 것이 여러분 안에 거한다면, 여러분은 그 아들 안에 거하고, 여러분은 그 아버지 안에 거하는 것입니다.

²⁵절 또한 이것이 그가 여러분에게 약속하신 약속이니, 곧 영원한 생명입니다.

²⁶절 내가 여러분에게 쓴 이것들은, 여러분을 미혹하는 자들에 관한 것입니다.

²⁷절 하지만 그에게 받은 그 기름 부음이 여러분 안에 거하고 있습니다. 그래서 여러분은 누가 여러분을 가르칠 필요가 없고, 도리어 그의 기름 부음이 모든 것에 관해 여러분을 가르치는 대로, 그것은 참되고 거짓이 없으니 이와 같이 여러분을 가르친 대로 그 안에 거하십시오.

²⁸절 그러므로 이제 자녀들이여, 그의 안에 거하십시오. 이는 그가 나타내신 바 될 때에 우리가 담대함을 갖기 위함이며, 그의 오시는 날에 그로부터 부끄러움을 당하지 않기 위함입니다.

²⁹절 만일 여러분이, 그가 의로우신 줄 안다면, 의를 행하는 모든 자들이 그에게서 난 줄을 알 것입니다.

[3장]

¹절 보십시오. 과연 어떠한 사랑을 아버지께서 여러분에게 주셨는지! 이는 우리가 하나님의 자녀들이라 불림을 받게 하심입니다. 또한 우리가 그러함으로, 이로써 세상이 우리를 알지 못하는 것은 그분을 알지 못하기 때문입니다.

²절 사랑하는 여러분, 이제 우리는 하나님의 자녀입니다. 우리가 장차 어떻게 될지는 아직 나타나지 않았습니다. 하지만 만일 그가 나타내신 바 되면, 우리도 그와 같이 될 줄을 압니다. 우리가, 그가 계신 그대로 보게 될 것이기 때문입니다.

³절 그러므로 그에 대하여 이러한 소망을 가지고 있는 자마다, 그가 깨끗하심과 같이 자신을 깨끗하게 하는 것입니다.

⁴절 죄를 행하는 자는 모두 무법(無法)을 행하는 것입니다. 죄는 무법입니다.

⁵절 우리가 아는 것은, 그가 나타나신 것이 죄를 없이하려 하심이며 그의 안에는 죄가 없으셨다는 것입니다.

⁶절 그의 안에 거하는 자는 모두 죄를 짓지 않습니다. 죄를 짓는 자는 모두 그를 보지 못하였고, 그를 알지도 못한 것입니다.

⁷절 자녀들이여, 아무도 여러분을 미혹하지 못하게 하십시오. 누구든 그가 의로우신 것같이, 그도 의를 행하는 자라야 의롭습니다.

⁸절 죄를 짓는 자는 마귀에게서 난 것입니다. 왜냐하면 마귀는 처음부터 죄를 짓는 자이기 때문입니다. 이를 위하여 하나님의 아들이 나타내신 바 되었는데, 곧 마귀의 공작을 해체하려 하심입니다.

⁹절 하나님께로부터 난 자는 누구나 죄를 짓지 않습니다. 왜냐하면 그의 씨가 그의 안에 거하기 때문입니다. 죄를 지을 능(能)이 없으니, 이는 그가 하나님께로부터 났기 때문입니다.

¹⁰절 이로써 하나님의 자녀들과 마귀의 자식들이 나타난 것입니다. 의를 행하지 않는 자는 모두 하나님께로부터 난 자가 아니며, 그의 형제를 사랑하지 않는 자도 그렇습니다.

¹¹절 왜냐하면 이것이 여러분이 처음부터 들었던 소식인데, 이는 우리가 서로 사랑해야 한다는 것입니다.

¹²절 가인같이 하지 마십시오. 그는 악한 자에게서 나서 그의 형제를 죽였습니다. 무엇 때문에 그를 죽였습니까? 자신의 행위는 악하였고, 그의 형제의 행위는 의로웠기 때문이 아닙니까.

¹³절 그러니 형제 여러분, 만일 세상이 여러분을 증오하거든, 놀라지 마십시오.

¹⁴절 우리는 사망으로부터 생명 안으로 옮겨져 있음을 알고 있습니다. 우리가 형제들을 사랑하기 때문입니다. 사랑하지 않는 자는 사망 가운데에 거하고 있는 것입니다.

¹⁵절 그의 형제를 증오하는 자는 살인하는 자입니다. 우리는 또한 모든 살인하는 자는 그의 안에 영원한 생명이 거하지 않음을 알고 있습니다.

16절 이로써 우리가 사랑을 알게 된 것은, 그가 우리를 위하여 그의 목숨을 내어 주셨기 때문입니다. 그러니 우리도 형제들을 위하여 목숨을 내어놓는 것이 마땅합니다.

17절 그러므로 만일 누구든지 세상의 재물을 갖고 있는데 그의 형제가 궁핍한 것을 보면서도 자신의 긍휼을 차단해 버린다면, 어떻게 하나님의 사랑이 그의 안에 거하겠습니까?

18절 자녀들이여, 우리가 말과 혀로만 사랑하지 말고, 행함과 진실함으로 합시다.

19절 이로써 우리가 아는 것은, 우리는 진리에서 난 자들이라는 것입니다. 이처럼 그의 앞에서 우리의 마음을 확증할 것입니다.

20절 왜냐하면 만일 우리가 마음으로 책망을 느낀다면, 그것은 하나님께서 우리 마음보다 크시고 모든 것을 아시기 때문입니다.

21절 사랑하는 여러분, 만일 우리 마음이 스스로 책망하는 것이 없다면, 우리가 그의 앞에서 담대함을 갖게 될 것입니다.

22절 그래서 언제든 우리가 구하는 것을 그에게서 받는 것은, 우리가 그의 계명을 지키고 그의 앞에 기쁨이 되는 일을 행하기 때문입니다.

23절 무엇보다, 그의 계명은 이것이니 우리가 그의 아들 예수 그리스도의 이름을 믿고, 우리에게 계명을 주신 바대로 우리가 서로 사랑하는 것입니다.

24절 그의 계명을 지키는 자는 그의 안에, 그는 그 사람 안에 거하십니다. 이로써 우리는 그가 우리에게 주신 성령으로 말미암아, 그가 우리 안에 거하시는 것을 알고 있습니다.

[4장]

1절 사랑하는 여러분, 온갖 영들을 다 믿지 말고, 그 영이 하나님께로부터 온 것인지 검증하십시오. 왜냐하면 많은 거짓 선지자들이 나와 세상에 들어왔기 때문입니다.

2절 하나님께로부터 온 영은 이로써 알 것인데, 곧 예수 그리스도께서 육체로 오셨다는 것을 고백하는 영은 모두 하나님께로부터 온 것입니다.

3절 그리고 그 예수를 고백하지 않는 영마다 하나님께로부터 온 것이 아니며, 이는 곧 적그리스도입니다. 온다고 하는 것을 여러분이 들었고 이제 세상에 이미 와 있습니다.

4절 여러분은 하나님께로부터 난 자녀들이며, 그들을 이겼습니다. 왜냐하면 여러분 안에 계신 분이 세상에 있는 자보다 크기 때문입니다.

5절 그들은 세상으로부터 났고, 이 때문에 세상으로부터 나오는 말들을 합니다. 그래서 세상은 그들의 말을 듣습니다.

6절 여러분은 하나님께로부터 났고, 하나님을 아는 자는 우리의 말을 듣습니다. 하나님께로부터 나지 않은 자는 우리의 말을 듣지 않으니, 이를 통해 우리가 진리의 영과 미혹의 영을 아는 것입니다.

7절 사랑하는 여러분, 우리가 서로 사랑합시다. 왜냐하면 사랑은 하나님께로부터 난 것이며, 사랑하는 자는 모두 하나님께로부터 났고 하나님을 알기 때문입니다.

8절 사랑하지 않는 자는 하나님을 알지 못한 것입니다. 왜냐하면 하나님은 사랑이시기 때문입니다.

9절 이로써 하나님의 사랑이 나타내신 바 되었으니, 하나님께서 그의 독생하신 아들을 세상에 보내셨고 그로 말미암아 우리를 살리려 하신 것입니다.

10절 사랑은 여기 있으니, 우리가 하나님을 사랑한 것이 아니요. 그가 우리를 사랑하셨고, 그래서 우리의 죄를 위하여 그의 아들을 속죄 제물로 보내신 것입니다.

11절 사랑하는 여러분, 만일 하나님이 우리를 이처럼 사랑하셨다면, 우리도 서로 사랑해야 마땅합니다.

12절 하나님을 본 자는 어느 때든지 아무도 없습니다. 만일 우리가 서로 사랑하면, 하나님이 우리 안에 거하시고 그의 사랑이 우리 안에서 온전히 이루어진 것입니다.

13절 이로써 우리가 아는 것은, 우리가 그의 안에 거하고 그가 우리 안에 거하시는 것입니다. 이는 그의 성령으로부터 우리에게 주신 것입니다.

14절 그래서 우리가 보았고 증거하는 것은, 아버지께서 그 아들을 세상의 구주로 보내셨다는 것입니다.

15절 누가 만일 예수께서 하나님의 아들이심을 고백하면, 하나님께서 그의 안에 거하시고 그는 하나님 안에 거합니다.

16절 그리고 하나님께서 우리 안에서 갖고 계신 그 사랑을 우리가 알았고 믿었습니다. 하나님은 사랑이십니다. 그 사랑 안에 거하는 자는 하나님 안에 거하는 것이며, 하나님께서도 그의 안에 거하십니다.

17절 이로써 그 사랑이 우리와 더불어 온전하게 된 것은, 우리로 그 심판의 날에 담대함을 갖게 하려 함입니다. 왜냐하면 저가 그러하심과 같이 우리도 이 세상에서 그러하기 때문입니다.

18절 사랑 안에 두려움이 없고, 도리어 그 온전한 사랑이 두려움을 밖으로 쫓아냅니다. 두려움에는 형벌이 있기 때문인데, 두려워하는 자는 그 사랑 안에서 온전하게 되지 않은 것입니다.

19절 우리가 사랑하는 것은, 그가 먼저 우리를 사랑하셨기 때문입니다.

20절 만일 누가 '나는 하나님을 사랑한다'라고 말하고 그의 형제를 미워하면, 그는 거짓된 자입니다. 왜냐하면 눈으로 본 그의 형제를 사랑하지 못하는 자가, 보지 못한 하나님을 사랑할 수가 없기 때문입니다.

21절 그리고 이것이 우리가 그에게로부터 받은 계명인데, 하나님을 사랑하는 자는 또한 그의 형제를 사랑해야 마땅하다는 것입니다.

[5장]

1절 예수께서 그리스도이심을 믿는 자는 모두 하나님께로부터 난 자입니다. 또한 그 낳으신 분을 사랑하는 자마다, 그에게서 난 자를 사랑합니다.

2절 우리가 하나님을 사랑하여 그의 계명을 지키는 때마다, 이로써 하나님의 자녀들을 우리가 사랑하는 것을 압니다.

3절 하나님을 사랑하는 것은 이것이니, 우리가 그의 계명을 지키는 것입니다. 하지만 그의 계명들은 무거운 것이 아닙니다.

4절 하나님께로부터 난 자는 모두 세상을 이깁니다. 이것이 세상을 이긴 이김이니 곧 우리의 믿음입니다.

5절 누가 세상을 이기는 자이겠습니까? 만일 예수가 하나님의 아들이심을 믿는 자가 아니면!

6절 그는 물과 피로 오신 예수 그리스도이시니, 물로만이 아니라, 물과 피로 오셨고, 성령께서 그 증거이며, 성령은 진리이십니다.

7절 증거하는 이는 셋인데,

8절 성령과 물과 피이며, 이 셋이 하나를 향하고 있습니다.

9절 만일 사람들의 증거를 우리가 받는다면, 하나님의 증거는 더욱 큽니다. 왜냐하면 이것이 하나님의 증거인데, 그가 그의 아들에 대해 증거하신 것입니다.

10절 하나님의 아들을 믿는 자는 자신 안에 그 증거를 가지고 있습니다. 하나님을 믿지 않는 자는 그를 거짓말쟁이로 만들어 버린 것입니다. 왜냐하면 하나님께서 그 아들에 관하여 증거하신 증거를 그가 믿지 않았기 때문입니다.

11절 그 증거는 이것인데, 영원한 생명을 하나님께서 우리에게 주신 것입니다. 이것은 그의 아들 안에 있는 그 생명입니다.

12절 그 아들을 가진 자는 그 생명을 가지고 있는 것이며, 하나님의 아들을 가지지 않은 자는 그 생명을 가지지 못한 것입니다.

13절 이것을 내가 여러분에게 쓴 것은, 하나님의 아들의 이름을 믿는 여러분에게 영원한 생명이 있음을 여러분이 알게 하려는 것입니다.

14절 그리고 이것이 우리가 그를 향하여 가진 바 담대함입니다. 만일 무엇이든지 우리가 그의 뜻을 따라 구하면 그가 우리를 들으신다는 것입니다.

15절 만일 우리가 무엇이든 구하는 것을 그가 들으심을 안다면, 우리가 그에게서 구한 그것을 가지고 있음을 아는 것입니다.

16절 만일 누가 그의 형제가 사망에 이르지 않는 죄를 범하는 것을 본다면, 그는 간구하십시오. 그러면 하나님께서 그에게 생명을 주실 것입니다. 사망에 이르지 않는 죄 범하는 자들에게 말입니다. 사망에 이르는 죄가 있는데, 나는 저에 관해서는 간구하라고 말하지 않겠습니다.

17절 모든 불의가 죄입니다. 하지만 사망에 이르지 않는 죄가 있습니다.

18절 우리는 알고 있습니다. 하나님께로부터 낳은 바 된 자는 모두 죄짓지 않는다는 것을! 하나님께로부터 난 자가 그를 지키고 계셔서, 악한 자가 그를 장악하지 못합니다.

19절 우리는 알고 있습니다. 우리는 하나님께로부터 났고, 온 세상은 악한 자 안에 처해 있다는 것을!

20절 우리는 알고 있습니다. 그러나 하나님의 아들이 오셨고, 우리에게 지각(知覺)을 주셔서, 우리가 진리를 알고 있다는 것을! 또한 우리가 그 진리 안에, 그 아들 예수 그리스도 안에 있다는 것을! 그는 참하나님이시요 영원한 생명이시라는 것을!

21절 자녀들이여, 여러분 자신을 그 우상들로부터 안전하게 지켜 내십시오.

기초 참고 문헌

김동수. 『요한신학 렌즈로 본 요한서신』. 서울: 한국성서학연구소, 2009.
김창대. "예레미야 30-31장 문맥에서 31:22의 '새 일'의 의미에 관한 고찰." 『신학사상』 140 (2008): 117-144.
베르나르. 『하나님을 사랑하는 것에 관하여』. 김재현 엮음, 서울: KIATS, 2011.
아우구스티누스. 『요한 서간 강해』. 최익철 옮김, 이연학, 최원오 해제, 역주. 교부 문헌 총서 19. 분도출판사, 2011.
성희찬. "코이노니아: 신약에 나타난 교회론적 의미 연구." 고신대학교대학원: Th.M. 학위 논문 (1998).
장동수. 『요한서신』. 서울: 한국성서학연구소, 2015.
정창욱. "요한일서에 나타난 그리스도인과 죄의 관계: 요한일서 1:8과 3:6, 8을 중심으로." 『신약논단』 13/3 (2006): 663-691.
채영삼. 『공동서신의 신학』. 고양: 이레서원, 2017.
_____. 『긍휼의 목자 예수』. 고양: 이레서원, 2011.
_____. 『십자가와 선한 양심』. 고양: 이레서원, 2014.
_____. 『지붕 없는 교회』. 고양: 이레서원, 2012.
_____. 『코이노니아 성경 해석 가이드북』. 고양: 이레서원, 2017.
_____. "계시 의존적 만남과 생명의 성경해석학을 위한 소고." 『말씀과 생명』 24/2 (2019): 149-181.
_____. "공동서신에 나타난 구원론과 선한 행실." 『신약연구』 15/3 (2016): 154-205.
_____. "마음에 심긴 도를 온유함으로 받으라: 야고보서 1:21b의 신학적 중심성." 『신약연구』 9/3 (2010): 465-515.
_____. "요한일서 3:9의 '그의 씨'(σπέρμα αὐτοῦ)의 의미, 공동서신의 전통 그리고 새 언약의 성취." 『신약연구』 19/3 (2020): 574-632.
_____. "요한일서의 φανερ-용어 사용과 '나타남'의 신학적 의미." 『신약논단』 27/2 (2020): 499-546.
한의신. 『신약성서의 코이노니아』. 서울: 대한기독교서회, 1996.
Baylis, Charles P. "The Meaning of Walking 'in the Darkness' (1 John 1:6)."

Bibliotheca Sacra 14 (1992): 214-222.

Becking, Bob. "Divine Reliability and the Conceptual Coherence of the Book of Consolation (Jeremiah 30-31)." *Reading the Book of Jeremiah: A Search for Coherence*. ed. by Martin Kessler. Winona Lake, Eisenbrauns, 2004.

Bigalke, Ron J. "Unravelling the structure of First John: Exegetical analysis, Part 2." *HTS: Theological Studies* 69/5 (2013): 1-7.

Block, D. I. *The Book of Ezekiel: Chapters 25-48*. Grand Rapids: Eerdmans, 1997.

Brooke, A. E. *A Critical and Exegetical Commentary on the Johannine Epistles*. Edinburgh: T&T Clark, 1976.

Brown, R. E. *The Epistles of John*. AB 30. Garden City, Doubleday, 1982; 『요한서신』. 홍인규, 홍승민 역, 서울: 기독교문서선교회, 2017.

Bruce, F. F. *The Epistles of John*. Grand Rapids: Eerdmans, 1970.

Brueggemann, Walter. *A Commentary on Jeremiah: Exile and Homecoming*. Grand Rapids: Eerdmans, 1998.

Dryden, J. D. "The Sense of σπέρμα in 1 John 3:9 in Light of Lexical Evidence." *Filologia neotestamentaria* 11 (1998): 85-100.

Dumbrell, William J. *Covenant and creation: An Old Testament covenant theology*. Milton Keynes: Paternoster, 2013.

Greenlee, J. "1 John 3:2: 'If It/He Is Menifested.'" Notes on *Translation* 14 (2000): 47-48.

Griffith, Terry. *Keep Yourselves from Idols: A New Look at 1 John*. JSNTSup 233. Sheffield: Sheffield Academic Press, 2002.

Findlay, George G. *Studies in John's Epistles*. Grand Rapids: Kregel, 1989.

Frey, Jorg. "Apocalyptic Dualism." *The Oxford Handbook of Apocalyptic Literature*, Pp. 271-294. Ed. John J. Collins. Oxford: Oxford University Press, 2014.

Greenberg, Moshe. "The Design and Themes of Ezekiel's Program of Restoration." *Interpretation* 38, 1975.

Haas, C. & M. de Jonge. *A Handbook on The Letters of John*. Broadway, UBS, 1972.

Jensen, M. D. *Affirming the Resurrection of the Incarnate Christ: A Reading of 1 John*. SNTS 153. Cambridge: Cambridge University Press, 2012.

Jobes, Karen H. *1, 2 & 3 John*. Grand Rapids: Zondervan, 2014.

Kennedy, H. A. A. "The Covenant-Conception in the First Epistle of John." *ExpTime* 28 (1916): 23-26.

Kim, Jintae. "The Concept of Atonement in Hellenistic Thought in 1 John." *Journal of Greco-Roman Christianity and Judaism* 2 (2001): 100-116.

Klauck, Hans-Josef. *Der erste Johannesbrief*. EKK. Zürich: Benziger Verlag, 1991.

Kruse, Colin G. *The Letters of John*. Grand Rapids: Eerdmans, 2000.

Lamb, David A. *Text, Context and the Johannine Community: A Sociolinguistic Analysis of the Johannine Writings*. London: Bloomsbury, 2014.

Lewis, C. S. 『네 가지 사랑』. 이종태 옮김. 서울: 홍성사, 2005.

Lieu, Judith M. "Authority to Become Children of God: A Study of 1 John." *Novum Testamentum* 23/3 (1981): 210-228.

_____. *I, II & III John*. IVP, rep. 2002.

Malatesta, E. *Interiority and Covenant: An Exegetical Study of εἶναι ἐν and μένειν in the First Letter of Saint John*. Rome: Pontifical Biblical Institute Press, 1978.

Marshall, H. *The Epistle of John*. NICNT. Grand Rapids: Eerdmans, 1987.

Neufeld, Dietmar. *Reconceiving Texts as Speech Acts: An Analysis of 1 John*. Leiden: E. J. Brill, 1994.

Olsson, Birger. *A Commentary on the Letters of John: An Intra-Jewish Approach*. Tr. R. J. Erickson. Eugene: Pickwick, 2013.

Painter, John. "The Johannine Epistles as Catholic Epistles." *The Catholic Epistles & Apostolic Tradition*. Eds. Karl-Wilhelm Niebuhr, Robert W. Wall. Waco: Baylor University Press (2009): 239-305.

_____. "The 'Opponents' in 1 John." *New Testament Studies* 32 (1986): 48-71.

Panikulam, George. *Koinōnia in the New Testament: A Dynamic Expression of Christian Life*. Rome: Biblical Institute Press, 1979.

Parsenios, George L. *First, Second, and Third John*. Grand Rapids: Baker Academic, 2014.

Perkins, Pheme. *The Johannine Epistles*. Wilmington: Michael Glazier, 1979.

_____. "Koinonia in 1 John 1:3-7." *CBQ* 45 (1983): 631-641.

Preez, J. du. "σπέρμα αὐτοῦ" in 1 John 3.9." *Neot* 9 (1975): 105-112.

Raitt, Thomas M. *A Theology of Exile: Judgment/deliverance in Jeremiah and Ezekiel*. Philadelphia: Fortress Press, 1977.

Renz, Thomas. *The Rhetorical Function of the Book of Ezekiel*. Leiden: Brill, 1999.

Reynolds III, B. H. "Demonology and Eschatology in the Oppositional Language of the Johannine Epistles and Jewish Apocalyptic Texts." *The Jewish Apocalyptic Tradition and the Shaping of the New Testament Thought*, Pp. 327-346. Ed. B. E. Reynolds & L. R. Stuckenbruck. Minneapolis: Fortress Press, 2017.

Schnabel, Eckhard J. *Early Christian Mission: Jesus and the Twelve*. Downers Grove: IVP, 2004.

Schnackenburg, R. *The Johannine Epistles*. Herder & Herder, 1992.

Smalley, S. S. *1, 2, 3, John*. Rev. WBC 51. Nashville: Nelson, 2007.

Strecker, G. *The Johannine Letters: A Commentary on 1, 2, and 3 John*. Tr. L. M. Maloney. Ed. H. W. Attridge. Hermenia. Minneapolis: Fortress, 1996.

Strett, Daniel R. *They Went Out from Us: The Identity of the Opponents in First John*. Beihefte zur Zeitschrift für die neutestamentliche Wissenschaft 117. Berlin: De Gruyter, 2011.

Swadling, Harry C. "Sin and Sinlessness in 1 John." *SJT* 35 (1982): 205-211.

Thomas, J. Christopher. *The Pentecostal Commentary on 1 John, 2 John, 3 John*. London: T&T Clark, 2004.

Thompson, Marianne M. *1-3 John*. Downers Grove, IL: IVP Press, 1992.

Whitlark, Jason A. "ἔμφυτον λόγον': A New Covenant Motif in the Letter of James." *Horizons in Biblical Theology* 32(2010): 144-165.

Wink, W. *Engaging the Powers: Discernment and Resistance in a World of Domination*. Minneapolis: Fortress Press, 1992.

_____. *Unmasking the Powers: The Invisible Forces That Determine Human Existence*. Minneapolis: Fortress Press, 1986.

Yarbrough, R. W. *1-3 John*. BECN. Grand Rapids: Baker Academic, 2008.

Zimmerli, W. *Ezekiel 2: A Commentary on the Book of the Prophet Ezekiel Chapters 25-48*. Philadelphia: Fortress Press, 1983.

Zizioulas, John. *Being as Communion*. New York: St. Vladimir's Seminary Press, 1985.